Abendbrot | Abendstille | Abgrund | Arbeitswut | Bauhaus | Bergfilm | Bierdurst | Bruder Baum | Buchdruck | Dauerwelle | Doktor Faust | Eisenbahn | Ernst und Unterhaltung | Fachwerkhaus | Fahrvergnügen | Feierabend | Forschungsreise | Freikörperkultur | Fußball

Gemütlichkeit | German Angst | Grenzen | Gründerzeit | Grundgesetz | Hanse | Heimat | Jugendherberge | Kindergarten | Kirchensteuer | Kitsch | Kleinstaaterei | Krieg und Frieden | Kulturnation | Männerchor | Mittelgebirge | Musik

Mutterkreuz | Mystik | Narrenfreiheit | Ordnungsliebe | Pfarrhaus | Puppenhaus | Querdenker | Rabenmutter | Reformation | Reinheitsgebot | Schadenfreude | Schrebergarten | Sehnsucht | Sozialstaat | Spargelzeit

Spießbürger | Strandkorb | Das Unheimliche | Vater Rhein | Vereinsmeier | Waldeinsamkeit | Wanderlust | Das Weib | Weihnachtsmarkt | Wiedergutmachung | Winnetou | Wurst | Zerrissenheit

Die deutsche Seele

德國文化關鍵詞

從德意志到德國的64個核心概念

Thea Dorn | Richard Wagner 苔雅・朵恩 | 理查・華格納——著

莊仲黎——譯

推薦詞

談及當代歐洲的變革，德國的關鍵角色不言而喻，但對不少朋友而言，德國文化依然是一個謎。為何一個為人類留下無數輝煌科學藝術遺產的民族，會認可極權領袖、默許大屠殺？為何對民族強烈自豪的德國，又強烈擁抱「大歐洲」的理想？探討一國民族性，離不開研究該國文化，而德意志文化包羅萬象，不可一言以蔽之。本書作者以德國本土文化人的身份，以別具一格的手法切入這主題，通過六十四個涵蓋德國生活各方面的關鍵詞，為讀者展示德國文化萬花筒。閱讀本書，讀者可以接觸原汁原味的德國，驅散心中對德國認知的迷霧。

香港中文大學社會科學院副教授及全球研究課程主任　沈旭暉

「德國製造」背後的研發精神究竟從何而來？古典音樂為何在德國文化扮演這麼重要的角色？準時、紀律和秩序如何成為德國人的民族性？台灣總算有一本書，透過幾個日常生活和社會文化關鍵詞的歷史脈絡追溯，將「德國心靈」（本書原名*Die deutsche Seele*）的深刻和多樣性完整呈現出來，這是理解當代德國必備的參考書。

記者、《歐洲的心臟：德國如何改變自己》作者　林育立本書詞彙雖出自兩位作者的主觀選擇，但細讀後發現，這些德意志文化關鍵詞的說明，涵蓋德語世界的歷史、社會、政治、藝術、科學、文學、醫學、宗教、語言各面向的發展，提供讀者認識、理解德意志文化傳承至今的過程，亦可思索追尋與架構己身環境的文化，值得一讀再讀。

輔仁大學德語語文系副教授　劉惠安

親愛的台灣讀者：

本人在此非常高興地看到，城邦文化麥田出版社出版了*Die deutsche Seele*這本書的中譯本《德國文化關鍵詞：從德意志到德國的64個核心概念》，讓台灣讀者能以相當特別的方式進一步了解德國和德國人。

德國向來不只以作曲家、哲學家和作家著稱，還以工程技術、機器設備和工具器械聞名於世，一些知名的德國汽車品牌也在台灣享有高度口碑。沒錯，德國的出口工業與足球表現確實獨步全球，環保方面也領先世界各國，每年十月熱鬧登場的慕尼黑啤酒節早已是全世界規模最大的民俗節慶，不過，到底什麼是「典型的德國特色」（typisch deutsch）？

本書作者苔雅．朵恩和理查．華格納藉由闡述六十多個與德國人普遍看法和感受息息相關的關鍵詞，試圖回答「做為德國人」（Deutschsein）的意義。他們的機智風趣、同理心以及對於主題的深入掌握，使本書的內容顯得相當精采出色。他們說明了「工作狂」、「舒適愉悅」以及「德國人的焦慮」這些德國人的精神狀態；在「市民農園」、「傳統的木桁架建築」和「基本法」章節中探討了德意志心靈；此外，還藉由「牧師住家」、「宗教改革」和「耶誕市集」論述了德國文化的基督教根基。

德國歷史有它的光明面和黑暗面。我們如果要探索德意志民族的心靈及其不同於其他民族的特點，就必須兼顧它本身截然相反的兩面性。其中，「深淵」和「重修舊好」這兩則關鍵詞，最能表明二十世紀的德國歷史。

世人對於文化原鄉的追尋，以及對於一些固定參考基準與一套明確價值體系的渴望，從未隨著全球化發展而有所縮減。在台灣，這樣的追求和渴望也對台灣人本土認同的形塑具有重大意義。

我認為，台灣讀者在細讀本書之後，對於德國人的了解，甚至還可能超越某些德國人對自身的了解。身為德國人，我同時也熱切期待台灣的作家能寫出一本以六十個關鍵詞描述台灣「文化自我」（das kulturelle Ich）的書籍！

德國在台協會處長　歐博哲（Martin Eberts）

台北・二〇一七年春

導讀

文化意義存在於閱讀行動中

——開啟一場與德國心靈的對話

亞洲大學外文系副教授　李舒萍

《德國文化關鍵詞》(原書名:《德國心靈史》)一書由六十四個德語詞彙組成,每一單元皆由淺入深介紹一德國特殊文化,並引導讀者連接其他相關的詞彙。如果僅看目錄,可能會猜想,這應是一本用關鍵詞介紹德國文化的書,對曾接觸德國文化的人或以一般常識判斷,或許會想,德國的麵包、啤酒文化、足球或德國人工作態度的嚴謹應該眾所皆知,為何還須那麼多的文字敘述?但仔細閱讀此書後你會發覺,一個關鍵詞可能是一段建築史、一個生活型態的由來或一種意識形態的形成,而且書中的敘述比你知道的深入多了!你會認識到嚴肅的德國人如何坦然面對過去的歷史、德國的過去如何影響現在的意識形態、中產階級如何看待所謂的文化修養、背後支撐德國特殊環境樣貌的原因、德國人為何對某事情有獨鍾等。詞彙的組成涵蓋具體事物,如:冷食麵包晚餐、啤酒癮、足球、鐵路;抽象的詞彙如:深淵、德國人的焦慮、秩序癖、荒誕詭譎、林中孤寂等。一如其德語原書名,閱讀此書,可以深入德國心靈,除了你可能已知道的通俗德國文化外,此書所呈現的深層文化會告訴你,德國還是什麼。

美國知名語言學家暨德語學者Kramsch在其著作《語言與文化》（*Language and Culture*）中強調，語言表達文化、承載文化、象徵文化，六十四個德語詞彙所傳遞的不僅是表層文化，更是詞彙所承載與象徵的文化意涵。「文化」與外語最基本的聯結是：學習語言就是學習文化，有趣的是，若問學習外文的學生「文化」的意指，得到的答案通常是生活方式、習慣、節慶、食衣住行、歷史、地理、文學等，在教科書的編排上，語言學習之外多有所謂的文化角落介紹標的語文化，或教師製造情境，或藉由影音資料解釋文化，外語教學中的「文化」往往被簡單化，被簡單化的「文化」是危險的，因為簡單化的「文化」有趣，通常不須經過思考就被接受，而且表層、零碎。但外語「文化」不可能如此簡單。文化知識就像學習外語，只學習語言形式或文法（forms）而忽略語言功能（function），就如同只知表層文化而忽略文化深層內涵。只知詞彙而忽略文化內涵就是簡單化文化，僅知簡單化文化如何談論文化？

語言學家Agar一九九四年提出的語言文化論（languaculture）強調，語言文化的結合即是透過文化間（外語文化與外語學習者的母語文化）的對話，使語言文化產生意義，文化間的對話使文化學習不僅是接收，且是進一步透過思考而產生創新的想法，如此所得的文化知識不是純粹的他者文化，而是一種交換的過程，透過文化間的對話製造新話語，給予自我文化與他者文化意義。Bostad等學者（2004）在《巴赫汀觀點的語言與文化：語言、藝術與新媒體中的意義》（*Bakhtinian Perspectives on Language and Culture. Meaning in Language, Art and New Media*）一書中同樣提出文化間的對話論，從學習端的角度，應視「文化」為一開放的概念（open concept），透過外語學習，「文化」的意義不應只是被動學習，更應是製造主動思考，一如歌德的《浮士德》提到的，「意義不在文字而是在行動中」，透過系統性的閱讀德語文化，意義就在東西文化差異中產生。《德國文化關鍵詞》一書即扮演文化間對話的橋梁，因為書寫深刻、有趣，所以讓閱讀產生了自我與德國文化間的跨文化溝通，更深刻思考東西文化差異所製造出的對話意義。

語言教育學家Gee（1998）在〈何謂識讀力？〉（What is literacy?）一文中主張，話語中含有想法、感覺、信仰、價值觀、態度、意識形態等，這是透過語言呈現的文化。他進一步指出，語言學習分為兩種主要話語等級：主要話語（primary discourse）與次要話語（secondary discourse）。上述如通俗文化、旅遊或節慶之類的「被簡單化」的文化，或傳統外語文化教學透過外語教授具體的文化知識，這些為主要話語的範疇，培養運用次要話語的能力，才是外語學習者需要達到的外語識讀力（literacy）。深層的文化屬次要話語範疇，例如《德國文化關鍵詞》中關於工作狂（Arbeitswut）一詞屬於主要話語的知識，為我們一般對德國人工作認真、嚴謹的印象，或如文中一開始從日常生活解釋何謂德國人的工作狂，但接下來作者從宗教、社會學、文學、哲學、歷史等不同角度深入剖析工作狂的由來與涵義，這即屬次要話語，也是一般教科書無法編寫如此深入之處，但特別是「文化」範疇的次要話語能力，往往在外語學習中或在對「文化」的理解上被忽略，藉由自我與德國文化間的跨文化溝通所製造出的對話可形成新話語，幫助批判式跨文化識讀能力的養成。

文化，一直是外語教與學中最難的一個課題，因為它基本上可以涵蓋關於一個社會的所有知識：生活方式、節慶、建築、文學、哲學、歷史、宗教、藝術、政治、音樂等皆是，表層知識、通俗文化易教，但深層文化卻難傳達。身為一位雙外語教學者，很樂見這本翻譯書的出版，提供了我多年來苦於思考如何教授外語文化的最佳參考。它也是外語界少見、深入且有系統性知識連結的介紹德國文化的著作，與坊間介紹德國通俗文化的著作非常不同，它具知識性，也具故事性，每一詞彙就像一篇精采的故事，詞彙與詞彙間又能找到可能的連結，無形中也幫助讀者建立起一張有系統的知識地圖。

《德國文化關鍵詞》是一般大眾認識德國文化的最佳管道。閱讀此書不須有壓力，可以從有興趣的關鍵詞開始，讓作者慢慢引導你進入一連串相關議題，也可以像讀故事一樣細細閱讀德國心靈。閱讀行動提供靜態的深刻文化之旅，並激發跨文化對話，當真正面對動態的跨文化溝通時，相信閱讀此書可以為你激發出新的話語，讓跨文化間的溝通不再是單向接受，更是理解、省思與創造文化間對話的過程。

參考書目

Agar, M. (1994). *Language Shock: Understanding The Culture of Conversation*. New York: Quill.

Bostad, F. et al. (Ed.) (2004). *Bakhtinian Perspectives on Language and Culture. Meaning in Language, Art and New Media*. New York: Palgrave Macmillan.

Gee, J. P. (1998). What is literacy? In V. Zamel & R. Spack (Eds.), *Negotiating academic literacies: Teaching and learning across languages and cultures* (pp. 51-59). Mahwah, NJ: Lawrence Erlbaum.

Kramsch, C. (1998). *Language and Culture*. Oxford: Oxford University Press.

導讀
在《德國文化關鍵詞》中看到德意志靈魂

獨立評論@天下「德意志思考」專欄作者、駐法蘭克福辦事處祕書
蔡慶樺

如何讀這本書？如何面對德國文化？我想以一個德文字來定位我讀這本書的態度，以及看待與德國文化的關係：auseinandersetzen。這個字有以下多層意義：一、試著向某人釐清、闡釋什麼東西；二、深入、甚至是批判性地處理什麼議題；三、與對話者在爭執的對話中辨明真理；四、分割共有財產；五、區分、分開。這個德語字彙的豐富與多義曖昧，某種程度上正可以代表初接觸德國文化者的感受，同時也道出了我們的猶豫。如何使用這個字彙，我們猶疑不定；正如同關於德國文化，每個人都能說上些什麼，卻又難以說清全貌。

這本書正是我們用以與德國靈魂auseinandersetzen的裝備：在閱讀本書中，我們試圖釐清德國文化，深入且批判性地思索這個文化的特質，但是也必須試著與兩位作者交鋒爭執，或甚至區分出我們與德國民族共有的、以及絕不可能共有的東西，在差異中試著築出一條共同道路。

兩位作者都是一流的博學作家，擁有絕佳的眼光與閱讀品味，他們選出六十四個關鍵詞彙解析德國文化，是一次龐大又迷人的創作計畫。其中有些詞彙所蘊含的內容極為特殊豐富，難以被直譯為外文，已作為外來字生根於英文詞彙中。這些關鍵詞提供讀者絕佳的素材，去探索德國文化之路上見到的各種迷人風景，甚至與之對話的可能性。

苔雅・朵恩（Thea Dorn）是德國文學界的才女，分別以推理小說、舞台劇本、電影劇本等獲得德國推理小說獎、格林電視獎等各文學獎，並主持廣電文學節目，我聽她的節目，非常喜愛她無比快速的說話速度裡銳利的觀察。二〇一七年三月開始，她接下廣受好評的文化類電視座談節目《文學四重奏》（*Das Literarische Quartett*），確是極好的主持人選。而理查・華格納（Richard Wagner），在羅馬尼亞出生的德裔少數族群（前妻是同樣來自羅馬尼亞的德裔諾貝爾文學獎得主赫爾塔・穆勒），在羅馬尼亞時已是用德文寫作的重要詩人及作家，長年遭共黨監控迫害後流亡德國，出版相當多探索流離與認同主題的作品，除獲各大文學獎外，還獲德國政府頒發聯邦十字服務勳章，由這樣一個既處在域外又身在核心的作家來書寫德國文化，我想不到更適合的執筆者。

岔路上的路標

這本書的對象不只是願意接觸繁花盛開的德國文化傳統的讀者，還是希望理解當今德國社會的讀者。許多複雜社會現象、政治議題，倘能自表象背後理解文化根源，將有更清晰的理解。例如，二〇一六年底柏林發生的耶誕市集恐攻事件，並不僅僅是一次血腥攻擊；德國人反應如此激烈，不只因為十二個人死於耶誕市集，還在於這是個充滿象徵意義的文化之戰。讀了本書「耶誕市集」一章即可知道，那不只是一個進行商品交易的場所，那還是銘刻著德國人們聽覺、嗅覺記憶之處，那是古老的日耳曼民族幾百年來與親友家人品嘗奶油長條糕餅的市集，此處有著「對童年之呼喚」。正因如此，我們才能理解為什麼恐攻事件後，梅克爾總理對恐怖份子宣示：我們德國人還是會與所愛之人一起上耶誕市集，絕不退讓。因為那不只是一個市集，那是決定了德國人之所以為德國人的、無法讓出的領域。

翻開本書的讀者們會感覺自己深入了文化的密林。哲學家海德格曾比喻思想者如同走在林中路，只能就著林葉間偶然洩下的微光辨認那些幽微模糊的小路，期待自己能找到早已多年不辨的方向。所謂的德意志文化正是這樣龐大的黑森林，而這本《德國文化關鍵詞：從德意志到德國的64個核心概念》，是在每一條岔路上的路標。兩位識途者在路標上寫下了耶誕市集、德式香腸、麵包、啤酒、合唱團、足球……這些尋常概念，引領讀者認識一個不尋常的國家。

或者我們可以想像那個格林童話糖果屋故事的場景，可憐的兄妹被丟棄於森林中，幸而留下了石子作記，最後能找到回家的路。本書的作者們知道讀者——不管是不是德國人——在探索德國文化的迷途裡，總是一次又一次地站在那些有時曖昧、有時指向相反方向的路口徬徨，於是為我們丟下了六十四顆石頭。

衝突的德意志靈魂

在這些關鍵詞中，德國文化總是充滿矛盾與曖昧。著迷的讀者們，必然得面對這樣的德國情結（Deutschlandkomplex）：這個文化既強調人類文化的光明，卻又嚮往著深淵（Abgrund）（本書「深淵」一章描述了這種對毀滅、陰暗與危境的迷戀，寫得不可思議地精采）；既產出了歌德、貝多芬、巴哈等偉大文化巨人，卻又在種族主義信仰中犯下大屠殺罪行；既在保存歐洲傳統上不遺餘力，對希臘羅馬思想的繼承與研究他國難望項背，卻又是包浩斯等各種創新思潮的誕生地。德意志靈魂，是一種矛盾與衝突的靈魂。

「德意志靈魂」（die deutsche Seele），是本書的德文標題。這個標題不能不讓我想起歌德花了六十年創作的《浮士德》史詩，那位以靈魂與魔鬼賭咒的求知者。飽讀群書的浮士德博士問魔鬼梅菲斯多，究竟他是什麼，梅菲斯多答以：「我是那樣的力量的一部分：永遠意欲著邪惡之事，而又持續創造出良善之物（Ein Teil von jener Kraft, / Die stets das Böse will und stets das Gute schafft.）。」浮士德追問此話何意，梅菲斯多答：「我就是那持續不斷否定的精神！且這合理合據，因為一切出現的東西都值得毀滅……（Ich bin der Geist, der stets verneint! Und das mit Recht; denn alles, was entsteht, Ist wert, daß es zugrunde geht……）」

歌德描述的在不斷毀滅與否定中期待見到某種建設性的創造，影響了黑格爾的辯證哲學，也連帶影響了馬克思的革命思想。也許從歌德到馬克思這些文化巨人的身影，我們可以勾畫出這樣足以代表德意志文化的特色——自矛盾、對立、毀滅與否定中期待良善之物的梅菲斯多精神，或者甚至說是一種「悲劇」。或如本書最後一個關鍵詞描述的：內在的衝突（Zerrissenheit）。

可是德國文化就在這種衝突中，在某種毀滅性的深淵中，迸生出人類文明的精華，也生出那種把我們這些接觸它的外來者吸入其深淵的力量。

構成德國認同的關鍵詞

外來者，是近年來德國政界與文化界的重要概念。在德國接納各異文化、異宗教移民的時代，在德國毅然決然承擔難民問題的時代，誰是外來者？外來者與在地者的關係為何？怎麼定義德國？德國認同？德國文化？這些是不能不問的問題，也是難以解答的問題。為了回答，近年來德國政界與媒體借用哥廷根大學敘利亞裔政治學者巴薩穆．提比（Bassam Tibi）創造的「主導文化」（Leitkultur）概念，辯論德國是否存在著一種外來者應該遵從的主導文化。然而，這個概念製造的問題不比它能解決的問題少，即使我們承認德國存在主導文化，主導文化也有其正面與規範作用，可是究竟什麼才是主導文化？就連自詡為「文化國度」（Kulturnation）的國民，德國人也難以說出那些外來者來到此處必須理解尊重並適應、屬於德意志靈魂的、使德國人得以如此與眾不同的那些特質。啟蒙？自由？民主？人權？法治？或者甚至只是一盤香腸與一杯啤酒？究竟在文化深層處，構建出德國人自我認同的，是什麼？

主導文化就是那給出德國身份認同（Identität）的種種內涵，這也是本書的六十四個關鍵詞彙探問並試圖回答的。這些詞彙敘說決定德國民族形成的關鍵歷史時刻（例如五百年前改變了德意志人民信仰、思想與認同的宗教改革），勾勒出了在全球化時代中仍留在德國民族靈魂深處的東西（例如那些哲學、音樂、文學繁花綻放的浪漫主義時代）。

換句話說，這些字彙描述了使德國（人）之所以是德國（人）的文化要素。在本書其中一個字彙「家鄉」中，華格納描述他的先祖幾百年前移民羅馬尼亞，始終被視為來自奧匈帝國的遺民，他的祖國是羅馬尼亞，但他的身份認同來自於德語、來自祖母與母親的吟唱中，他呼籲當我們重視外來移民與多元族群融合時，也應當正視自己的民族性。而這民族性，就是一種主導文化，一種讓我們即使在異國出生長大，也從我們骨子裡左右認同、將我們凝聚入那個共同體的文化根柢。

另外這些字彙也描述了使外國（人）認同德國（人）的文化要素。這些要素，不只影響在母文化中成長者，也影響了異文化者。翻開本書「音樂」一章，可以見到德國人對於音樂近乎宗教信仰的虔誠，因而能保存發揚音樂之美與崇高，這也使得外人對於德國文化產生認同。荷蘭作家伊恩．布鲁瑪（Ian Buruma）在《零年》（*Year Zero*）中描述了一個動人場景，他的父親二戰時被囚於集中營，一位蘇聯軍官拯救了父親，兩人無法用語言交談，但是貝多芬的音樂使兩人相處融洽——這正是德國文化最令人不解的特質，在毀滅與暴力中，卻又有著穿越各種國族身份的美麗和諧。

這些關鍵詞不只攸關德國民族，作為外來者，我們也受德國文化影響甚多，多到影響自身的認同——誰都曾唱幾句改編自德國音樂的民謠、歌德的《少年維特的煩惱》及〈野玫瑰〉詩句感動了無數青年、每一個孩子們都曾在灰姑娘小紅帽等童話中入睡、我們從德國引進法律以及其中的「對秩序之愛」（Ordnungsliebe，或者本書所譯的「秩序癖」）……。學習外語才能更好地理解自己的母語（歌德語），而理解異文化也有同樣的意義，德國文化可以作為我們熟悉又陌生的對照他者，讓我們從另一個視角檢視、反思自身的足與不足。

瑞士神學家卡爾·巴特（Karl Barth）在《德國人與我們》（*Die Deutschen und wir*）書中這麼斷言：「我們如果不或多或少與德國人交鋒，根本就無法成為瑞士人。」這亦是本書值得中文世界讀者閱讀的原因，我們也應當與德國人交鋒，與德國文化auseinandersetzen，以成為我們自己。

目錄

編輯說明

本書由兩位作者合著，執筆章節分列如下，可欣賞風格各自微妙之處：

苔雅・朵恩（Thea Dorn）：1、2、3、4、6、7、8、10、15、16、18、19、20、21、27、28、34、36、37、40、42、44、46、47、48、49、51、54、55、56、57、58、59、64

理查・華格納（Richard Wagner）：5、9、11、12、13、14、17、22、23、24、25、26、29、30、31、32、33、35、38、39、41、43、45、50、52、53、60、61、62、63

前言

親愛的讀者：

德國的現代史雖然有過不堪的種族屠殺暴行，不過，我們在此要提醒您放下這個刻板印象，因為，我們撰寫這本書並非要告誡您提防「邪惡的」德國人。我們不想為這個國家做病理解剖，我們不想穿上醫師的白長袍，拿著尖銳的器具，只為了從它的患部切下一小片組織切片，然後藉由顯微鏡的查驗來確認它的病症。德意志民族雖曾犯下可怕的歷史罪行，卻不是病態的民族！當我們在撰寫這本談論德國的著作時，並沒有把自己定位為旁觀的病理學家，而是身在其中的參與者。身為德國人，數十年來在納粹滔天罪愆的歷史陰霾下，我們內心其實懷有一股強烈探索自身文化的渴望，包括它種種的深刻與平實、出色和美好，當然也有一些怪異以及該被質疑的地方。

我們可以用空氣做譬喻：人們如果覺得呼吸空氣是理所當然的事，就不會注意到空氣的存在，只有來到空氣稀薄的地方，才會發覺空氣的重要性。當空氣開始消失不見時，你才知道自己多麼想擁有它。

我們並不擔心德國會把自己消耗殆盡，我們只是看到它精神委靡，失去了自己的記憶。德國人躲不開歷史汙名帶給他們的羞恥感，有些德國人會把這種羞恥感轉化成冷酷的自我防衛，並把自己柔軟的內心隱藏其中。德國人民對於納粹屠殺猶太人的罪行感到可恥與痛苦，他們甚至認為那段不光彩的過往，更是所有屬於德意志的東西都該被連根拔除的證明。跟從主流的德國人往往出於善意地想消除自己的文化根源，有些人則在這片文化荒原上嬉鬧玩耍，他們只要看得到電視節目，冰箱裡有足夠的啤酒可以開懷暢飲，就覺得生活沒有欠缺。然而，我們還是在同胞身上察覺出一股對自己的民族文化愈來愈強烈的念慕。

德國球迷在世界盃足球賽所展現的熱情是大家有目共睹的。德國人其實可以大大方方地用國旗和國歌來表達自己的愛國精神，或許全世界已經不再厭恨德國人了？並沒有，國際間老是有人在掀納粹的舊帳！如果德國人在國際足球賽所表現的「歡樂式愛國主義」（fröhlicher Patriotismus）只是讓他們每隔四年從櫃子裡取出那面黑紅黃三色旗，在比賽會場搖旗吶喊，這種愛國主義能讓德國人獲得什麼？難道德意志民族的國家、歷史和文化已經沒有什麼可以述說了？

這些年來，我們德國人為了哪些移民可以歸化為德國籍而爭論不休。這些辯論也讓我們注意到，其實我們應該聚焦於一個議題：在國際交流頻繁的今天，目前德國的種種有哪些是德國本有的特質？德國除了是百科全書所介紹的「位於中歐的自由民主法治國家，實行社會福利制度，由十六個邦所組成的聯邦制政體」之外，德國還是什麼？如果德國人一聽到「什麼是德意志？」這樣的問題，就不假思索地抵拒，避而不談，只讓它在隱僻處咕嚕作響，這並不是面對事情健康的態度。試想，一個人如果不知道自己從哪裡來，就不知道自己將往何處去，他就會失去方向感、自我肯定以及生活的勇氣！

我們在本書中完成了一場追尋德意志心靈的旅程，而且我們沿途所走的路徑並不都是平直的大道。本書的內容聚焦於六十四個我們認為最有德國味的語詞，身為作者，我們只是讓自己浸淫在這些詞彙中，逕自接受它們豐富的啟發：從「冷食麵包晚餐」到「男聲合唱團」，從「情同手足的樹木」到「開車的消遣」，從「深淵」到「內在的衝突」。

親愛的讀者！當您在閱讀本書時，不妨讓自己的心緒跟隨內在的渴望、好奇及熱情飄浮起來。您可以隨意從任何一個字詞開始這場德意志的漫遊。

總之，您可以自由自在地翻閱這本書！

苔雅・朵恩

理查・華格納

柏林，二〇一一年夏

1. 冷食麵包晚餐

Abendbrot

在用餐習慣方面，德國人的日常生活以熱食中餐為正餐，這一點和其他西方民族以熱食晚餐為一天當中的正餐並不相同。一般說來，德國人的晚餐以麵包為主食，再搭配起司、酸黃瓜片、火腿或德式香腸等，飲料冷熱皆可。這種餐食雖然簡單，卻散發著溫馨的居家氣氛，而且我們還可以在這方面看到德國人對於自己特有的冷食晚餐的講究與拘泥。

製作晚餐的麵包並不需要多費工夫，不過，要選擇什麼材料做麵包卻必須謹慎地考慮。究竟要做黑麥麵包、黑麥雜糧麵包或用全穀粒粉做小麥麵包？不管做哪一種麵包，它們上桌時都要工整地切好，麵包片的厚度一律為零點八公分，此外，晚餐的餐桌還會擺上奶油、起司（Tilsiter多孔乾酪）、火腿（黑森林地區的火腿）和香腸（德國獵人香腸〔Jagdwurst〕），如果還能有一盤整齊鋪疊的酸黃瓜片，那就更豐盛了！麵包片薄塗一層奶油後，人們會鋪上起司、火腿或德式香腸。麵包片上面鋪擺的食材最好能和麵包片的形狀及大小相吻合，不宜超出或覆蓋不足，因為只有這樣才能讓餐點顯得井然有序。德國道地冷食晚餐的特色正是來自這種視覺的協調一致，而不是餐食所帶給人們的味覺和嗅覺經驗。

德國人晚餐吃的那些鋪有配料的麵包和英、美的三明治並不一樣。由於深受基督教信仰的影響，那些晚餐麵包會讓德國人聯想到耶穌被門徒出賣前那頓「最後的晚餐」，只是人們在吃這種麵包晚餐時，不像耶穌當時那樣，用手慎重地把餅「擘開」，而是仔細地把麵包切得整齊劃一。因此之故，德國人即使晚餐只單吃麵包，沒有任何配料，也不可以隨便站在廚房裡或在窗前拿著麵包啃著吃。德國新教徒節食的智慧——「早餐要吃得像國王，中餐要吃得像公侯，晚餐要吃得像乞丐」——還讓人們獲得了生活的慰藉，這並非因為冷食的麵包晚餐能維持身材苗條或變得苗條，而是因為它可以讓人們享有簡單餐食所帶來的幸福。

對於那些剛接觸德國麵包晚餐、尚無法掌握正確用餐情緒的人，在此建議您不妨開一瓶啤酒來搭配這種以麵包為主食的冷食晚餐。德國文學家、一九二九年諾貝爾文學獎得主托瑪斯・曼（Thomas Mann, 1875-1955）曾在〈關於酒精〉（Über den Alkohol）這篇於一九〇六年發表的文章中透露：「我這個平凡的人每天晚餐吃麵包時，都會喝上一大杯淡啤酒。由於我對這一夸脫[1]半的啤酒反應強烈，它就這樣逐漸而徹底地改變了我的身心狀態。啤酒讓我變得平和放鬆，為我帶來一種坐在搖椅上的安適感，一種在生活上已有所達成的心境。哦，夜晚的我感覺如此舒適！」

熟悉音樂作品的德國人在晚餐吃麵包時，會自己哼唱這首以托瑪斯・曼的名句為開頭的德語歌謠，他們的歌聲聽起來就像信眾在教堂領用聖餐時所默唸的祈禱文：「哦，夜晚的我感到多麼舒適／夜晚的我／當鐘聲響起，提醒人們歇息／鐘聲響起／叮！噹！叮！噹！叮！噹！」

至於那些比較不熟悉德語歌曲的人，並不一定要在晚餐時間安靜地坐著吃麵包，他其實可以打開家裡的音響，播放德國流行樂團「犯罪元素」（Element of Crime）和它的主唱斯溫・雷格納（Sven Regener, 1961-）所唱紅的那首〈晚餐的麵包〉（Abendbrot）：「曬黑的手臂每天折斷／現實中那些又乾又硬的麵包，當作那是最後一次〔……〕吃晚餐的麵包／吃晚餐的麵包〔……〕。」

以麵包為主食的德國晚餐向來帶有孤獨者冥思默想的傾向。數百年來，德國家庭吃麵包晚餐的餐

1 一夸脫（Quart）等於九百四十六西西。

桌，一直是一家之主的父親聚集所有家庭成員交換一天生活經驗的地方。父親會告訴家人，今天他在外面碰到了什麼事，也順便聽家人談談他們這一天的活動和經歷，當然，接下來就等著餐具的鋪擺和麵包等餐食上桌了！這種德國家庭的飲食習慣仍保留至今，此外，晚餐的麵包對於那些在後青春期就決定脫離父母、獨自在外生活的年輕人而言，似乎還象徵家庭的束縛和可怕的市儈庸俗。他們往往會發誓，晚餐寧可開義大利水餃（ravioli）罐頭或拿出已經在冰箱裡放了三天的日本壽司，也不願再為自己準備德國冷食的麵包晚餐。

德國人或許已經忘記，從前的知識菁英聚在私人沙龍裡一起針對文學、政治及重大的國際問題高談闊論時，聚會的餐食也不過是鋪上配料的切片德國麵包。十九世紀哲學家阿圖爾・叔本華（Arthur Schopenhauer, 1788-1860）的母親約翰娜・叔本華（Johanna Schopenhauer, 1766-1838）是一位勤於筆耕的女作家，身為威瑪（Weimar）文藝沙龍的女主人，她曾經很驕傲地告訴當時年輕氣盛、性格有些狂妄的叔本華，他們家的沙龍聚會只提供熱茶和塗上奶油的麵包切片，僅此而已，並沒有什麼精緻昂貴的餐食。

十八、十九世紀之交，猶太裔女作家拉荷・范哈根（Rahel Varnhagen, 1771-1833）在柏林主持的「飲茶桌」（Teetisch）文藝沙龍是當時歐洲最重要的沙龍聚會之一。這位柏林當時最著名的沙龍女主人在家裡招待一些重要的浪漫派文人時，所端出來的餐點也非常簡單、普通。十九世紀普魯士法學家暨作家菲立克斯・艾伯堤（Felix Eberty, 1812-1884）曾在《一位老柏林人的青少年回憶》（*Jugenderinnerungen eines alten Berliners*）這本著作裡，生動地描述十九世紀前葉柏林社交聚會場合所提供、氣氛高雅的德式麵包晚餐：「通常那些充滿歡樂的夜間聚會，〔……〕如果餐桌上有熱茶和塗著奶油的麵包片，也就足夠了。有時桌上的餐盤還會擺上一些火腿片、香腸片和幾塊煎肉，這些餐食雖然很簡單，卻擺得很漂亮。」

德國人簡樸的餐食傳統並非源於吝嗇，他們其實只是想藉此凸顯自己和其他天主教國家人民的差異，比如法國人當時喜歡縱情夜宴的風氣，而且還鄭重其事地維護這種生活方式。試想，如果可以在歌德（Johann Wolfgang von Goethe, 1749-1832）、黑格爾（Georg Wilhelm Friedrich Hegel, 1770-1831）、洪堡德兄弟（Wilhelm & Alexander von Humboldt, 1767-1835; 1769-1859）、海涅（Heinrich Heine, 1797-1856）、貝緹娜．馮．阿爾寧（Bettine von Arnim, 1785-1859）[2]的作品中獲得一番精神饗宴，有哪位德意志菁英分子還會讓自己耽溺在法國牡蠣料理、烤鶴鶉或法式小餅乾（Petits Fours）這些美食裡？這種自我節制的生活態度要等到十九世紀後半葉，也就是德意志民族變得強大、德意志心靈已獲得足夠滋養之後，才逐漸鬆動起來。德國中上階層的女主人要等到這個時期，才開始很有自信地擺出愈來愈闊氣的套餐組合來款待她們的客人，由此可見，德國近代飲食現象的轉變有其背後的歷史文化因素，並不是偶發現象。

活躍於二戰後的德國諷刺秀藝人沃夫岡．諾伊斯（Wolfgang Neuss, 1923-1989）曾公開表示：「我只要不做麵包晚餐，就會有所擔憂！」這番話已經體現麵包晚餐的精神在德國社會徹底衰頹。不過，我個人倒認為，德國同胞如果打算為生活變換花樣，為飲食增添不同口味，而仍會覺得自己愧對傳統的冷食麵包晚餐，這或許也是個可喜的現象吧！

---

[2] 德國目前的通用貨幣是歐元，在使用馬克的時代，貝緹娜．馮．阿爾寧這位日耳曼浪漫派女文學家是德國馬克五元紙鈔上的肖像人物。

2. 夜之寂靜

Abendstille

夜闌人靜，窗戶玻璃上映現著電視跳動的畫面，螢光幕顯示圓型電子時鐘的時針和分針正一起跳到十二的位置。現在是午夜十二點整，夜的寂靜無所不在，只有夜鶯在小溪邊哀怨地唱著自己的曲調，柔美的嚶囀輕輕地飄過河谷。

傍晚時分，一位頭髮梳理得一絲不苟的播報員，正在新聞現場問候一位靜靜坐在自家木屋前樹蔭下的採摘工。知足的人們此時正在家中燒菜做飯，準備餐食。安靜的村落裡，教堂敲出陣陣晚鐘，歡迎漫遊旅人的到訪。離鄉水手們現在大概已經把他們的船舶駛入遠方城市的港口裡。「羅蕾萊二號」慘遭劫船，人們雖試圖營救，最後卻以失敗收場，而且場面相當血腥暴力。

令人開心的是，市場繁忙的嘈雜聲已漸次平息。人們已安然度過歐債危機最糟糕的情況，上上下下顯得如此安靜，儘管歐盟各國還未達成真正的共識。我自認，已無法再達成什麼，而且我也無法明白，自己到底要什麼。在一片荒野上，痛苦正如地上的繁花盛放著，發出沙沙響聲。我的內心輕率地面對一個令人暈眩的深谷，毫不警戒設防，十足像個荒唐的戲謔者。

我的內心繼續表露不安的心情和思緒。處理外在事物的那部分心智還試圖勸阻一些不必要的、通往內在靈魂的探索。

當夜幕降臨時，南德的施瓦本人（Schwaben）聚集在室內歡快地歌唱，身體還隨著音樂的節奏擺動；然而在北方，漢堡隊（HSV）和文達不來梅隊（Werder Bremen）這兩支北德最強職業足球隊的比賽現場卻出現一陣騷亂。維持秩序的警察後來快速地讓球場和市區回復平靜，雙方的球迷已不再出現爭執，而且還接受警力的引導，自制地走向火車站，搭車離去。

一天的時間飛快地消逝，當黑夜揮舞著它的旗幟時，滿天的星斗也隨之登場。疲累的人們結束勞動，成群地離開田野。那些鳥獸棲息的地方，現在正瀰漫著孤獨和寂寞。時間就這樣虛度了！這一生對我而言，就像在賽車場的跑道上駕車奔馳一般。死神不斷向我走近，再過幾年，你、我以及大家所擁有、所看到的一切將會消失無蹤，宛若燈火的熄滅。

所有的山峰安靜無風雨，所有樹木的端梢幾乎沒有微風拂過。樹林裡眾鳥沉寂無聲，牠們只是在等待，很快地，你的靈魂也將安息。

以上是本人根據奧圖．勞普（Otto Laub, 1805-1882）、約翰．賀德林（Johann Christian Friedrich Hölderlin, 1770-1843）、約瑟夫．馮．艾興朵夫（Joseph von Eichendorff, 1788-1857）、弗利德里希．呂克特（Friedrich Rückert, 1788-1866）、安德烈亞斯．谷綠菲斯（Andreas Gryphius, 1616-1664）及歌德這些德語文學家關於「夜的寂靜」的詩作內容，自行發揮的抒情聯想。

3. 深淵

Abgrund

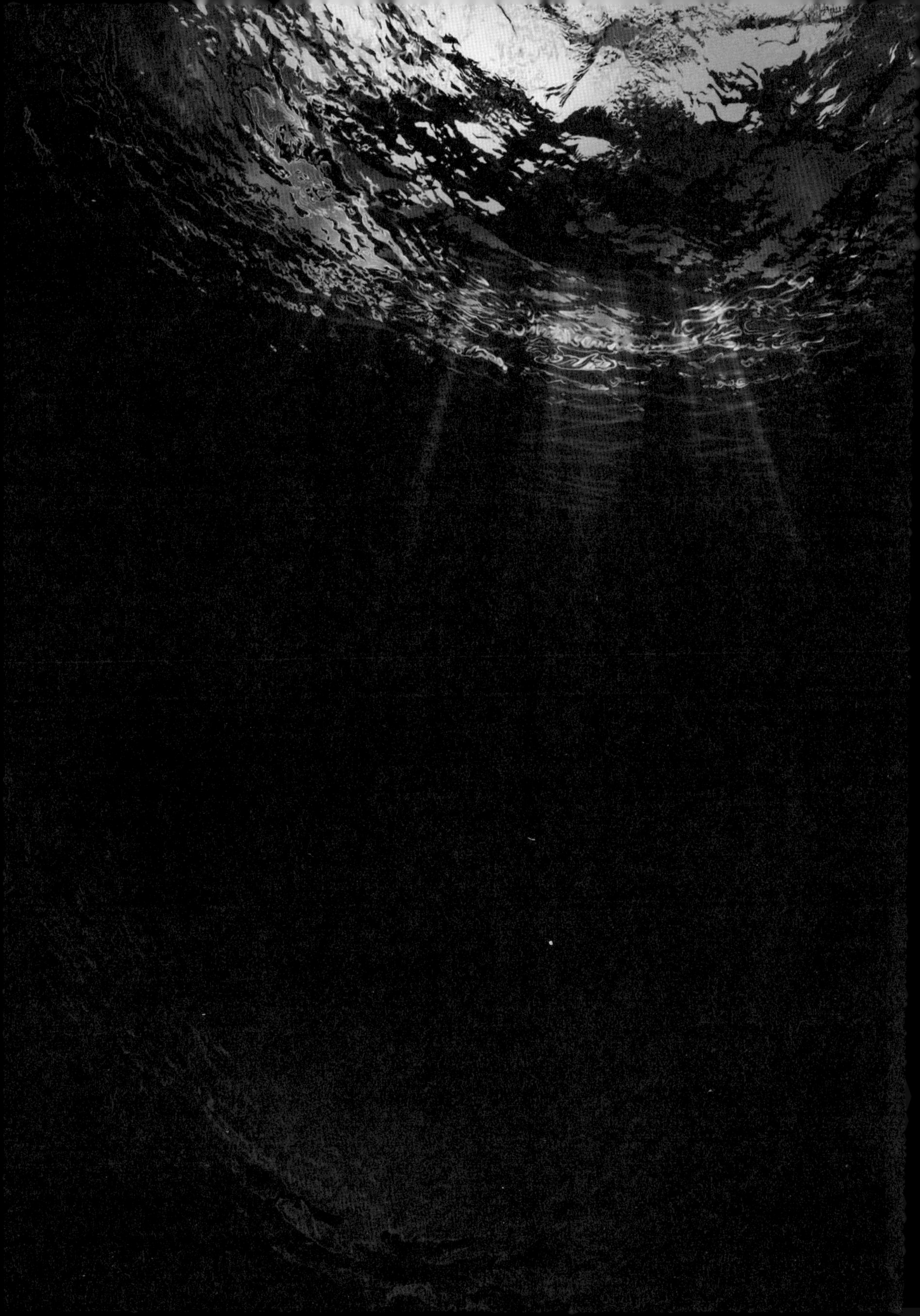

德國人的雙腳如果踩在堅實土地上，他們就會信任這個世界，也會信任自己、自己的能力和天生的機智，不過，這一切也可能在下一個瞬間全然消失：當地面忽然搖晃甚至裂出深溝時，安穩的確定性便頓時灰飛煙滅。這種令人恐懼的驟變就如同英年早逝的德國劇作家暨革命家格奧格・畢希納（Georg Büchner, 1813-1837）經典劇作《伍采克》（*Woyzeck*）當中的一幕：當命運悲慘的低階士兵伍采克在荒野中找到合適的樹枝，準備把它們削成棍棒時，由於疑心共濟會會員（Freimaurer）不僅在他身旁出沒，甚至已潛伏在他的下方時，便用力跺腳而發現，「地面下都是空的！」後來發瘋的伍采克看著背叛他（或者並沒有背叛他）的同居女友時，心裡還冒出這樣的想法：「每個人都是一個深淵。人們只要往人心的深處俯視，就會感到頭暈目眩。」

二戰過後，德國現代文學家弗利德里希・齊伯格（Friedrich Sieburg, 1893-1964）曾在一九五四年發表的〈沉淪的樂趣〉（Die Lust am Untergang）這篇文章中表示：「德國人向來善於把這個世界、或至少把人類帶向毀滅邊緣。」他還接著寫道：「萬丈深淵可能會驚嚇人們，也可能會誘惑人們。它可能是深層的自我本質，也可能意味著人性的沉淪。總之，德國人總是準備發表自己的想法並廣為宣傳，這讓世人不禁感到毛骨悚然。世人會因為這些思想的偉大而感到興奮，也會因為它們深不見底而感到驚恐。」齊伯格雖然是一位深具洞見的作家，但可惜的是，他在世時一直沒有獲得應有的重視與肯定。

一向被齊伯格視為追隨典範的托瑪斯・曼早在齊伯格發表這篇文章的四十年之前，即第一次世界大戰期間，便已在〈一位政治冷漠者的一些觀察〉（Betrachtungen eines Unpolotischen）這篇雜文中，用更簡短、更斬釘截鐵的措詞說到：「我們可以確定，德意志民族就是一個深淵！」

走到深淵的邊緣並穩住腳步：這個世界是否還有其他民族比德國人的思想更具毀滅性？德國人是否對深淵情有獨鍾？從語言學的角度來看，德語確實發展出許多關於下陷地形的詞彙，諸如深溝（Klüfte）、峽谷（Schlüfte）、深壑（Schlünde）、谷穴（Grüfte）等。德國當代著名哲學家、也是納粹政權擁護者馬丁·海德格（Martin Heidegger, 1889-1976）向來被公認為是「最德國的」德國哲學家，在德語區的哲學界裡，沒有一位學者像他這樣，把一生的哲學耕耘完全聚焦在人類思想和存在的深淵中。同時他還不忘批評那些希望藉由探求最終論據（Letztbegründungen）以牢牢連結任何關於真、善、美這些顛撲不破思想的哲學理論。他很清楚，一旦這些哲學家體認到可靠的生命依據並不存在時，一股突然望見深淵所出現的眩暈感便會襲向他們。此時哲學家必須挺住，必須克服失足墜落的恐懼，畢竟「存在是沒有理由的（Ab-grund）。當人們發現生命毫無依恃時，就會落入深淵的困境；反之，當人們認定生命有所憑藉時，就會到達頂峰。」

存在主義哲學家海德格並不希望人們直接從字面意義，解讀他寫下的這些充滿哲思的句子。他從未指望別人能理解自己的著作，也不想提出啟發性的論據來贊成或反對什麼。他其實只想提醒世人，應該意識到那些在日常生活中，被例行事務和人們苦心建構的生存保障系統小心翼翼防堵住的、生命深處的焦慮。人心總是懷著畏懼，害怕看似穩定的外在世界以及自我的存在可能會隨時崩落，而且更令人沮喪的是，人們對於為什麼會突然一腳踩空、墜入深淵的問題，無法期待一個有意義的答案。他認為，人們不該再苦苦思索什麼事情會因為什麼原因而發生，而是應該學會用一種無所憑恃、從容的感覺過生活。藉由坦然正視減緩生存的焦慮，而不是用迴避或戒備的態度面對它。不過，他也知道，要求人們在生活中放棄存在的理由，無所依憑地生存著，就等於要求人們拒絕因果律原則（Kausalitätsprinzip）一樣，確實非常困難，而且如果用這種哲學態度來處理政治事務，一定會惹惱公眾！

許多宗教都試圖解釋，為什麼人類世界會如此，它如何變成現在這樣——比方說，上帝或眾神祇如何創造出這個世界，而人類卻把它搞得烏煙瘴氣而必須接受懲罰。自古希臘的柏拉圖以來，西方哲學家也紛紛大膽地加入這種令人類虔誠、卻也責備人類的宗教思想行列。到了二十世紀，德國的海德格已不再認同西方哲學界這類的思考活動。這位存在主義者認為，哲學家不該再藉由掌握什麼來試著逃離虛無生命深淵的焦慮，不該再興築那些可以帶來生存確定性的高塔，而且還自以為經由塔樓垛口的窺伺就可以掌握生命全局。海德格反而建議哲學家們應該懷抱熱忱，讓自己離開生存的地面，勇敢地往深處墜落，並在墜落中了解什麼是生命，直到他們的自我撞上岩塊而粉碎為止。

在海德格提出這些主張將近半個世紀之前，德國存在哲學的先驅尼采（Friedrich Nietzsche, 1844-1900）便已在〈戴奧尼索斯頌歌〉（Dionysos-Dithyramben）裡呼籲人們，應該帶著鐵鎚探索哲學。尼采在四十五歲精神崩潰前完成這首詩歌，詩中那隻象徵孤獨者的猛禽還冷然譏笑人類：「人們若喜愛深淵，就該長對翅膀。」此外，在尼采的代表著作《查拉圖斯特拉如是說》（*Also Sprach Zarathustra*）裡，主人翁查拉圖斯特拉雖然宣告超人（Übermensch）的出現，不過，這位瑣羅亞斯德的創教先知卻同時感到畏縮不前。他已經被自己絆住，被這個世界絆住，因為他知道，如果鼓足勇氣，讓自己就此往下墜落，將會無法活命。

尼采還在晚期著作《善惡的彼岸》（*Jenseits von Gut und Böse*）中，帶有先見之明地指出：「當你長時間注視深淵時，那個深淵也已看向你的深處。」尼采當時大概已經料到，嘗試讓自己擁抱空無，會迅速帶來自我的毀滅：一八八九年，當他在義大利杜林（Turin）的街上看見一匹馬被人鞭打時，突然上前抱住這匹馬的脖子痛哭失聲，在街頭引起一陣騷動。此時，他的自我警告已逐漸消音，他的心靈已告別人間而走入不明、瘋狂的黑暗裡。而後，這位存在主義哲學家長期接受精神治療，直到過世前，病情一直沒有起色。

相較之下，尼采的後繼者海德格在這條哲學險徑上行走時，就顯得比較堅持不懈。難道哲學大師海德格——至少在某一段短期時間裡——相信，加入納粹行列就能擺脫存在的深淵？或者，這位主張生命存在並沒有理由的思想家當時會沉溺於納粹的政治運動，只是因為他察覺到，納粹向全世界所有民族所展開的「這場進發的壯麗與偉大」（Herrlichkeit und Größe dieses Aufbruchs）[1]實際上從一開始就是出於一種「對於墜入深淵的奇妙渴望？」詩人賀德林——海德格所崇敬的偶像——不也逐漸消逝在自毀的瘋狂中？海德格自保的方式是透過不斷回到跟土地連結的存在，來抗拒這個深淵致命的誘惑力：他在弗萊堡（Freiburg）附近的黑森林小山村托特瑙伯格（Todtnauberg）為自己蓋了一間房

---

[1] 海德格於一九三三年加入納粹黨並獲選為弗萊堡大學校長，他的就職演說因為有許多配合納粹宣傳的言辭，而讓自己背負歷史罵名，「這場進發的壯麗與偉大」這句話，正是出自他當時的演講詞。一九四五年德國投降後，海德格被西方盟軍逮捕，並遭弗萊堡大學停聘數年。

屋，而且經常住在這間屋舍裡，過著自己砍柴、自己取井水的孤寂生活，並在那裡完成了一生最重要的哲學著作。

然而，這個讓海德格自以為很踏實的住處卻在一九六〇年代末期因為保羅．策蘭（Paul Celan, 1920-1970）的造訪，成為一個勾起歷史傷痕並備受公眾矚目的現場：策蘭是二戰後最重要的德語詩人之一，出生於羅馬尼亞北部布可維那地區（Bukowina）一個說德語的猶太家庭，雙親均遭納粹迫害而枉死於集中營。這位以詩集《死亡的賦格》（*Todesfuge*）聞名於世的詩人一直期盼能和哲學家海德格碰面，因為他很想知道，為什麼這位撰寫《存在與時間》（*Sein und Zeit*）的哲學家會支持納粹的法西斯主義？策蘭到托特瑙伯格拜訪海德格時，並沒有得到問題的答案，事後海德格只是在日記中寫道，能帶著策蘭散步，「為他介紹黑森林，讓自己的內心覺得比較舒坦。」

實際上，並不只有德國人會走入深淵。古希臘人不也相信冥界之神黑帝斯（Hades）就住在地底？義大利詩人、文藝復興的開創者但丁（Dante Alighieri, 1265-1321）不也在他的敘事史詩《神曲》（*La Divina Commedia*）[2]〈地獄篇〉裡描述自己進入地獄幻遊，而且還不斷地朝更深處走去？不過，就希臘或拉丁文學而言，深淵都不是一個令人心神嚮往的地方：在古希臘神話中，彈奏豎琴的歌手奧菲爾（Orpheus）並未如願地把他的愛妻尤里蒂斯（Eurydice）從冥界地府帶回人間，但丁也沒有在他的詩作中把地面下的世界歌頌成一個令人渴望，甚至充滿希望的王國。即使地表底下對於人們充滿魅惑力，它依舊是個令人懼怖畏怯的地方。宣揚理性主義的啟蒙時代德意志哲學家康德（Immanuel Kant, 1724-1804）從不嚮往這種陰森幽暗的深處，他認為那根本是「墮落的深淵」。

德國人透過想像來窺探那些地表下方無法用言辭表達的景象時，不只覺得激動，而且還會受到驚嚇。然而，他們在此世愈想躲避這個深淵，而且無意尋求屬天的信仰慰藉時，就愈受到那個地下王國的吸引；當背負的重擔和所面臨的壓迫讓世間顯得如此殘酷，不值得流連，而且天堂根本就像雲一樣隨時會飄散無影的烏托邦時，人們便會走向地底的深淵，尋求（自己所臆想的）心靈療癒，因為，在那個陰暗的深穴裡，什麼都可能出現。德意志民族所認可的那個沒有疏離、真正的心靈故鄉就這樣轉入地下深處。

普魯士舊行省西利西亞（Schlesien；絕大部分在二戰後劃歸為波蘭領土）的日耳曼人雖然早在中世紀便已接受基督教信仰，不過，他們仍相信當地傳說中那個住在高山底部的山怪「呂柏查」（Rübezahl），至今這個地區許多民俗舞蹈及社團還以這個山怪命名呢！然而，在所有日耳曼的神話傳說中，巴巴羅薩神話（Barbarossa-Mythos）算是最能表達所有德意志人對於回歸地底故鄉的渴望，而且具有最強力的政治效應。

施陶芬王朝（Dynastie der Staufer）的腓特烈．巴巴羅薩國王（Friedrich Barbarossa, 1122-1190）於一一五五年登基為神聖羅馬帝國皇帝，而且備受德意志人民愛戴與崇敬。不幸的是，他在一一九〇年率領第三次十字軍東征軍前往耶路撒冷時，溺斃於土耳其的河流中。自十六世紀以來，這位紅鬍子皇帝一直是許多傳奇故事的主題，在這些傳說中，他並未溺死，只是在哈茨山（Harz）南邊的寇夫霍

2《神曲》是中世紀詩人但丁最重要的傳世作品，一共分為三部分：即〈地獄篇〉、〈煉獄篇〉和〈天堂篇〉。

伊瑟山脈（Kyffhäuser-Gebirgszug）一處洞穴裡沉睡，等待有一天能被接回自己的城堡裡。日耳曼人向來會把強烈卻意象模糊的希望，投射在這位安睡的皇帝身上：中世紀晚期的起義者如果想從事激烈的社會改革，就會以巴巴羅薩為號召；德意志民族在十九世紀——從反抗拿破崙統治的民族解放戰爭到德意志帝國建立——一直透過巴巴羅薩的象徵表達民族統一和強盛的願望。德國後期浪漫主義詩人呂克特曾在一八一七年把一首敘事詩題獻給這位紅鬍子皇帝，推崇他為「受人尊崇的偶像」，後來這首詩也成為呂克特最膾炙人口的作品：「年邁的巴巴羅薩／腓特烈皇帝／在地底的宮殿裡／他一直安睡著（……）。」

德國納粹把一九四一年德軍入侵蘇聯的毀滅性軍事行動稱為「巴巴羅薩計畫」，一些比較敏銳的德國主戰者早在德軍包圍列寧格勒之前，就已經預知，親近這個深淵是多麼危險的事！德軍當時在深淵的邊緣俯望地底深處時，似乎看到了浮現出來的天堂影像，但卻又無法擺脫那股侵襲內心的恐懼：後來事實果真證明，德軍在東線戰場的軍事攻擊行動，最終確實讓他們陷入了人間地獄！

唐懷瑟傳奇（die Legende vom Tannhäuser）自中世紀以來，便已在日耳曼民間流傳：唐懷瑟是一位騎士兼遊唱詩人，為了尋求肉欲滿足，大膽地進入華爾特堡（Wartburg）附近的維納斯山，（Venusberg）而被異教的愛神維納斯所迷惑。唐懷瑟在維納斯居住的洞穴裡所經歷的肉體歡悅雖然如此美妙，但他也察覺到，那是個只會令人沉迷於美色的邪惡世界。他突然對自己的行為感到罪惡，決定前往羅馬朝聖，請求教皇赦免他的罪愆，不過卻遭到教皇嚴詞拒絕：因為，教皇無法赦免曾經沉淪於肉欲的罪人，除非他的手杖長出綠葉。唐懷瑟在絕望之餘，重新回到維納斯山這個罪惡之地，妖豔的愛神維納斯再度讓這位自暴自棄的騎士在她的山洞裡縱情歡樂，對於這位失意的騎士而言，她的溫柔多情遠比羅馬那位上帝在地上的代言人更令人慰藉。後來，當唐懷瑟的友人高喊唐懷瑟貞潔的戀人「伊莉莎白」時，唐懷瑟又再度恢復心智，這個聖潔的名字也讓維納斯山突然消失在大地上。羅馬教皇的使者之後便前來宣布一項前所未有的奇蹟：教皇的手杖長出了鮮嫩的綠葉……

德國的浪漫主義文學最善於歌頌情色的墮落，這種讚頌已否定了教皇威嚴與上帝恩典而公然牴觸莊重的基督教教義：阿幸・馮・阿爾寧（Achim von Arnim, 1781-1831）和克雷門司・布連塔諾（Clemens Brentano, 1778-1842）這兩位德國詩人曾相邀採集德意志民間流傳的敘事詩和歌謠，而且還把一些民間傳唱的唐懷瑟歌曲編入《少年的魔法號角》（*Des Knaben Wunderhorn*）這本德語民謠詩集裡；格林兄弟（Jacob & Wilhelm Grimm, 1785-1863; 1786-1859）也曾把唐懷瑟的歌詞材料納入他們編纂的《德意志傳說集》（*Deutsche Sagen*）[3]當中；德國浪漫派文學家路特威・提克（Ludwig Tieck, 1773-1853）則把唐懷瑟這位遊唱騎士在美妙罪惡中迷失自己的故事寫成一部藝術童話；猶太裔浪漫主義詩人海涅第一次聽到唐懷瑟民謠時，也深深被他和維納斯的激情所征服：「這個故事對我來說，宛如在一個深層陰暗的礦井裡突然發現一大條黃金礦脈，那些自負並帶有某種原始力量的（urkräftig）字句發出耀眼光芒，朝我襲來。我的心幾乎被這股突如其來的光亮眩惑住〔……〕這首歌就像一場愛

---

[3]《德意志傳說集》是格林兄弟繼《格林童話》之後所出版的一本極具文學分量的故事集，篇幅僅次於《格林童話》，一些跟華格納歌劇有關的著名故事也收錄其中。

情的戰役，竄流著人心最鮮紅的熱血。」

這怎麼可能呢？大詩人海涅竟然深受唐懷瑟故事感動，並在〈原始的靈魂〉（Elementargeister）這首於一八三七年發表的長詩中，運用浪漫主義的精神和風格處理這個庸俗的中世紀故事。海涅當時對於這個「受到詛咒的歡樂窟」非常著迷，而不顧一切地走入這個深淵，對他來說，詛咒完全跟基督教所謂的地獄之火無關，詛咒其實就是歡樂本身，詛咒就是那股讓唐懷瑟墮落於維納斯肉體的強烈誘惑力。唐懷瑟雖然知道，無數英雄曾在他前面享有維納斯嫩白的胴體，往後也將有無數男人繼續對這位愛神投懷送抱。不過，他對維納斯的愛戀卻沒有牽扯男人對於情敵的嫉妒。唐懷瑟對愛神維納斯可能懷有永恆的愛，但他身為男人的生命卻非永恆，因此，他和不死女神所譜出的風流韻事根本是一種可笑的不協調。在古希臘神話裡，眾神祇會把祂們心愛的人類英雄變得跟自己一樣永生不朽，然而，日耳曼人的唐懷瑟傳說畢竟不是希臘神話。

在華格納（Richard Wagner, 1813-1883）的後期浪漫派樂劇《唐懷瑟》（*Tannhaüser*）裡，這位身陷情欲的吟遊騎士最後因絕望於自身生命的必朽，決意離開維納斯山。他悲嘆地唱著：「會腐朽的生命，哦！我就是這樣／您的愛對我過於偉大／如果可以一直享有一位神祇／我會屈從於這樣的改變。」

感嘆生命的短暫易逝是所有浪漫主義者共同的關懷。這些文學家以明知不可為而為之的態度，堅持不懈地關注、建構並神奇化這個有限而可悲的人世，卻同時也賦予生活現實一種永恆感。他們認為，應該從情感的愛戀中營造出「剎那即是永恆」這種弔詭的感受，而不是全然忘我地投入情欲的滿足中，因此，主人翁唐懷瑟還必須進一步領會，不斷追求永恆的片刻並非進入永恆的方式。這就如同陰莖持續地勃起、肉體持續受到快感刺激，不僅無法為男性帶來救贖，反而會讓生命陷於難堪的麻木狀態。

華格納在他的樂劇裡，讓唐懷瑟在另一種全然不同的深淵裡找到生命的救贖，這個深淵就是伊莉莎白這位人間處女純潔的愛。伊莉莎白因為對愛人唐懷瑟懷有深刻的真情，而過度擔憂他的罪惡無法獲得教皇赦免，最後心碎亡故。當伊莉莎白的棺材經過唐懷瑟面前時，唐懷瑟也隨之倒地，氣絕身亡，而不是重回維納斯女神那處充滿感官歡樂的山洞裡。對於膩煩於平淡死去的人們而言，這種轟轟烈烈的「愛之死」（Liebestod）確實為他們帶來靈魂終獲救贖的幻想。

然而，海涅在〈原始的靈魂〉這首長詩中，卻拒絕安排唐懷瑟走向極端浪漫主義的、空無的「愛之死」。這位詩人在這首敘事詩裡，非但沒有表達兩性情愛的美好，反而還挖苦這種男女關係：羅馬教皇拒絕赦免唐懷瑟的罪過之後，唐懷瑟便立刻決定回到維納斯身邊。他一進入這座山林裡的洞窟，便躺在維納斯的床上休息，維納斯小姐則到廚房為這位歷經長途跋涉、已筋疲力盡的情人烹煮熱湯。當華格納把戀人享有肉體歡悅卻備受道德譴責的深淵提升為永世相隨的「愛之死」時，海涅卻表示，這種愛戀的激烈和狂熱，其實只呈現了男女之情部分的實際情況。我們只要仔細觀察維納斯山洞裡的那個歡樂窩，就會明白兩性的愛情是怎麼一回事了：情侶在平日的生活裡，到頭來就像在划一艘雙槳艇，彼此之間已成為很普通的同伴關係，而且如果關係處理不好，還可能演變成一場婚姻的地獄。陷入愛情深淵的人們所面臨的難題，既非來自衛道人士的詛咒，也非對於上帝救贖的渴求，而是熱戀的雙方最後必須勉為其難地接受彼此情感的降溫與消逝。海涅為了讓他的唐懷瑟脫離人間愛情的俗常困境，便在這首長詩的尾段，安排唐懷瑟這個未獲赦罪的朝聖者，以幽默而詼諧的語詞訴說他在旅途中沿路的經歷。這些故事還讓人們不禁聯想起海涅另一首敘事長詩——〈德國：一個冬天的童話〉（*Deutschland: Ein Wintermärchen*）。

華格納安排他樂劇的主人翁們逃離情欲深淵，狂亂地往前跳入死亡的空無裡；相反地，海涅卻揭露所謂情欲的深淵其實只是一塊淺淺的凹地！如果情侶願意相互傾吐自身生命史的故事，這塊情欲凹地就必須承受雙方各自經歷的過去，「因為，每個人的過往就是自己靈魂的原鄉（eigentliche Heimat）」。

我們在德意志浪漫主義的藝文創作中，是否可以看到「條頓德意志」（das Teutonisch-Deutsche）和「猶太德意志」（das Jüdisch-Deutsche）的氣質差異？華格納會安排故事的主角們走向死亡，因為他們對於身在此世、卻無法融合暫時性和永恆性感到絕望，但猶太裔詩人海涅卻滿足於讓他的英雄們走進自己的生命故事。這條德意志民族和猶太民族之間的思維鴻溝，也同樣出現在精神分析學家佛洛依德（Sigmund Freud, 1856-1939）和德國早期浪漫主義文學健將弗利德里希・施雷格（Friedrich Schlegel, 1772-1829）的身上：猶太裔精神科醫師佛洛依德被後世視為後浪漫主義（post-romantisch）的靈魂建築師，他為病人進行心理治療時，會鼓勵他們說出那些深藏內心的生命故事；相較之下，文學家施雷格則示範性地把德意志浪漫主義總結為靈魂的深淵：「讓它在夜晚歇息，不要揭示出來，在內心寧靜的深處，它正神聖地綻放著！」在此，我們可以清晰地觀察到從前德語區曾經存在的社會文化現象：德國和奧地利的猶太人基於自身對隱晦事物的著迷，遠在他們被德國納粹集體屠殺之前，便已對隱藏未顯的事物發展出敏銳的察覺力。這個外來的少數族群對德意志民族迷戀神聖的深淵極不以為然，而且還進一步為這種迷戀深淵的情結進行精神分析，藉此顯露德意志民族的潛意識狀態。

「深淵——樂趣——時間的靜止」是一組彼此相關的概念，哲學家尼采不也讓他的先知查拉圖斯特拉喊出：「所有的樂趣都希望達到永恆，深深的永恆！」在這裡，我認為除了〈法倫的礦工〉（Der Bergmann zu Falun）這個故事之外，再也沒有其他的文學主題能把這三個音符所組成的和弦表現得如此莊嚴了！這個礦工的故事最早出現於一八〇七年的德國：浪漫主義自然哲學家勾特希夫．舒貝特（Gotthilf Heinrich Schubert, 1780-1860）是一名德勒斯登的醫生，他在該年曾於夜晚燭光下以「自然科學的陰暗面」為題，發表一系列演講。隔年，舒貝特還把這些演講的內容整理出版，即《一些關於自然科學陰暗面的觀點》（*Ansichten von der Nachtseite der Naturwissenschaft*）一書。舒貝特進行這一系列演講，主要是為了反對當時仍處於萌芽階段的現代科學機械式世界觀。他試圖揭露現代科學的負面性，並承諾如何展現「人類和大自然最古老的關係以及個體和整體的活潑和諧性」。這項研究主題涉及夢遊者、催眠者、夢境，以及從無生命物質變成有生命生物的演進，或是從有生命生物變成無生命物質的轉換。此外，舒貝特還特地在這本著作中，引用從前一位年輕瑞典礦工的故事。這位礦工在瑞典中部小城法倫（Falun）的鐵礦坑內工作，一六七〇年由於礦災意外而被活埋在坑道中。半個世紀後，他的屍體意外地在地底被發現，而且保存狀況相當良好，完全未腐爛。當時的科學家對於這個奇蹟很感興趣，他們認為屍體能完好保存是因為埋覆的土質滲入硫酸鐵的緣故。不過，這起事件後續的發展卻更引人矚目：當時遲遲沒有人能確認這具礦工屍體的身分，直到一位老太太拄著拐杖前來認屍，當時一眼便看出那就是她已失蹤半世紀的未婚夫。在這個故事的結尾，舒貝特還寫下了他的感觸：「在這個結婚五十週年的金婚式裡，新郎看起來雖然還很年輕，卻已冰冷而僵硬；新娘雖已老邁，滿頭華髮，卻有滿腔溫暖的愛意。」

在浪漫主義蓬勃發展的十九世紀初期，這件重新被提起、震撼人心的事件，絕不會只出現在「世界奇聞雜記」這類報章雜誌的專欄裡。當時日耳曼地區的浪漫派詩人，如呂克特、阿幸．馮．阿爾寧、約翰．黑柏爾（Johann Peter Hebel, 1760-1826）及恩斯特．霍夫曼（E.T.A. Hoffmann, 1776-1822），紛紛沉醉在這則愛情傳奇裡，他們似乎也在這個青春不朽的礦工身上，尋回了那位讓自己念念不忘的往日情人。這個愛情故事對德國浪漫主義者具有一股奇妙的魔力，它的魅力不只因為它錯置的時間攪亂了原本一去不復返的歲月洪流，還因為故事發生的地點就在地底的礦坑。

礦坑主題大概是一八〇〇年前後德國人文史最鮮明的特色之一。不僅學術研究者對於地面下的世界很感興趣，就連詩人和思想家也發現地底的礦場是個充滿祕密的心靈空間（Seelenort）。當時德意志地區的文化界人士不斷出入於陰暗的、有毒煙霧瀰漫的礦坑裡，其中以大文豪歌德最為知名。歌德在他一生的歲月裡，曾擔任位於圖林根森林（Thüringer Wald）北坡的伊門瑙（Ilmenau）礦場樞密參事（Geheimrat）長達三十六年之久。一七八〇年至一八一三年間，他還親自主持該礦場的營運，不過，儘管歌德付出許多心血來經營這座礦場，後來它還是因為坑道崩塌、滲水以及持續性資金短缺等問題而倒閉。

相較之下，亞歷山大·馮·洪堡德在一七九〇年代便已把普魯士礦業搞得有聲有色，年紀輕輕便擔任一家礦場的最高參事（Oberbergrat）。當歌德在圖林根碰到種種礦場經營困難而求助洪堡德時，卻未獲得幫助，因為這位比他年輕二十歲的博物學天才當時已在籌劃一場長期的海外勘查活動，也就是到中南美洲從事科學考察，所以並不想到圖林根幫歌德解決開礦問題。

性情柔弱而敏感的德國早期浪漫派文學家諾瓦利斯（Novalis, 1772-1801）[4]有著名的詩作〈夜之讚歌〉（Hymnen an die Nacht）傳世，他在生前曾參與地質考察而獲聘為魏森費爾斯（Weißenfels）鹽礦場的文書主管，後來不幸病逝於該礦區，時年僅二十八歲。當時德意志知識界的菁英，如果無法像諾瓦利斯這樣拜職業之賜而深入地底世界，就必須特地到礦場的坑道裡走一遭，親自來一趟求知之旅，以增廣見聞並豐富生活體驗：柏林法學家威廉·瓦肯羅德（Wilhelm Heinrich Wackenroder, 1773-1798）和他終身的摯友提克，曾共同發起德國浪漫主義文學運動，他們不僅是交情深厚的知心好友，也是野外健行的夥伴。一七九三年，他們聯袂造訪位於上法蘭克地區（Oberfranken）一家名叫「神的恩賜」（Gabe Gottes）的鐵礦場。瓦肯羅德在參觀礦坑之後，曾興奮不已地寫信告訴他的父母：「在地底的礦坑裡，我覺得自己似乎應該加入那個祕密社團、那個神祕幫會。」

德國晚期浪漫派森林詩人馮·艾興朵夫曾經「懷著虔誠的敬畏」，親手拿著礦燈走入礦場的地

4 文學家諾瓦利斯是薩克森地區的貴族，本名為格奧格·馮·哈登伯格（Georg Philipp Friedrich Freiherr von Hardenberg），諾瓦利斯是他的筆名。

底世界，在那裡傾聽「鬼魂的細語」，也就是那些單調的、把洞內石筍變成「類似人形鬼魂」的水滴聲。海涅在一八二四年到哈茨山旅遊時，也曾依照當時熱門的《哈茨山旅遊手冊》（*Taschenbuch für Harzreisende*）建議，穿上礦工的工作服（被海涅戲稱為「犯罪者的服裝」），到克勞斯谷地（Klausthal）參觀「朵洛苔雅」（Dorothea）和「卡洛琳娜」（Carolina）這兩座銀礦場。他當時戲謔地寫道：「首先，我進入『卡洛琳娜』這個礦坑，那是我所見過最骯髒、最令人不舒服的卡洛琳娜。」海涅在此一口氣調侃了兩位浪漫派女作家朵洛苔雅・施雷格（Dorothea Schlegel, 1764-1839）和卡洛琳娜・薛靈（Caroline Schelling, 1763-1809）。在卡洛琳娜尚未和奧古斯特・施雷格（August Wilhelm Schlegel, 1767-1845）離婚之前，這兩位文學界的才女不僅是妯娌，還是感情深厚的手帕交，她們的作品都充斥著各種各樣的情色迷惘。海涅在這篇礦坑雜記的末段，還不忘盛讚礦工那種「真實而有活力的生命」。

在這裡有必要一提的是，上述這些德意志浪漫派文學家的老前輩希朵妮雅・佐伊納蔓（Sidonia Hedwig Zäunemann, 1711-1740）——第二位獲得神聖羅馬帝國皇帝頒予詩人榮銜的女詩人——早在浪漫主義運動濫觴之前，便已於一七三七年進入了那座後來由歌德所主持的伊門瑙礦場。幾天的礦區探險之旅帶給她泉湧般的創作靈感，讓她在返家時立即提筆寫下一首頌歌式詩篇：「礦坑的美征服了我；／我想要、我必須成為一名礦工。」

如果我們閱讀亨利・羅賓森律師（Henry Crabb Robinson, 1775-1867）這位十九世紀初最熟悉德意志地區的英國旅行家當時寫下的日記，就會更清楚，對於礦坑的迷戀其實是德意志民族的特殊之處，英國人根本不感興趣：「當我進入聖安德烈斯山（St. Andreasberg）的礦坑時，我的好奇心已完全止息，這個礦坑雖然吸引許多德意志人前來，不過，這個地底的坑穴卻讓我感到困倦而無趣，讓我無法擁有知識的收穫。一般說來，礦坑並不值得人們花費力氣體驗。」

為什麼德國人陷於礦坑的綺想時，英國人卻堅定地表示自己的不以為然？這種差異或許源於外在原因：英國的礦產以黝黑的煤礦為大宗，德國的礦區則以開採發亮的金屬礦為主（魯爾區蘊藏的豐富煤礦雖在十九世紀下半葉成為德國工業化的強大推動力，不過，這些煤礦在十九世紀初還未被發現），所以英國人對於挖礦這件事，會出現一些完全不同於德國人的聯想。此外，德意志人對於深淵的迷戀還讓自己成為歐洲頂尖的開礦好手：德國當時還是歐洲採礦學的聖地，來自歐洲各處、甚至遠自美國的大學生和專家，紛紛前往薩克森中部的皇家弗萊貝格礦業學院（Königliche Bergakademie in Freiberg），跟從亞伯拉罕．威爾納教授（Abraham Gottlob Werner, 1749-1817）學習地質學和礦物分類學。這位名教授極富魅力，德意志後輩礦物學家暨地質學家諾瓦利斯和洪堡德都曾拜在他門下。這間全世界最早的礦業學院至今依然存在，德國人現在私下稱它為「資源學院」（Ressourcenuniversität），這個暱稱如實地反映出該學院的起源：它的創辦人薩克森王國礦務總署署長漢斯．馮．卡洛維茲（Hannß Carl von Carlowitz, 1645-1714）是一位很有遠見的森林學家，早在一七一三年就已經提出自然資源利用的「永續性」（Nachhaltigkeit）概念。

薩克森的採礦學和冶金學，讓德國在一八〇〇年前後高居此專業領域的領導地位，不過，單單這個事實並不能解釋，為什麼當時德國人會滿腔熱情地往地底鑽去。霍夫曼和提克曾發表一些關於礦場的小說，內容描繪「地面下的女王」如何利用自己美豔的、不屬於此世的姿色，來吸引那些憂鬱青年進入她棲身的深淵。不過，這些文學作品中關於色情的暗示也同樣無法充分地解釋，為什麼德國人喜歡那個陰暗的地下世界。至於維也納精神科醫生佛洛依德所提出的心理分析詮釋，我們也只能姑且聽之：他在《夢的解析》（*Die Traumdeutung*）這本代表著作中，把人類進入礦場狹長的坑道解讀為男女交媾的象徵。

〈花粉〉（Blütenstaub）是早期浪漫派文學家諾瓦利斯生平第一次在雜誌上發表的文章，這位英年早逝的日耳曼貴族作家才初試啼聲，便已用充滿沉思性的箴言風格寫道：「往內走的路徑充滿著祕密。」他這句話並非建議旅者應該到魏森費爾斯參觀他所監督的鹽礦場，而是表示，我們人類應該往下探求靈魂未知的深處。他藉由小說《歐佛特丁恩的亨利希》（*Heinrich von Ofterdingen*）裡的〈採礦頌〉（Hymne an den Bergbau）向世人闡明，除了本身親自往下走入山岩的裡部之外，似乎已沒有更好的方法可以幫助自己尋找那條充滿祕密的、通往心靈深處的路徑。在這本未完成的小說中，他還這麼描述礦工：「在人生大部分的歲月裡，孤獨的採礦工作讓他和白天的世界隔離，而且疏於人際交往。但他仍保有赤子之心，所有的東西在他看來似乎都帶有某種獨特性，都處於原初豐富多彩的美妙中，所以，他不會用麻木和冷漠的態度反對一些屬於超自然的、奧妙的東西。」諾瓦利斯認為，沒有什麼能比地底宮殿更能表現個人與萬物的聯繫，這也是唯一可以讓世人的靈魂受到震撼的感覺，儘管人們在地面的生活早就阻斷了這種連結感。諾瓦利斯在這部小說中不只表達自然浪漫主義（Naturromantik）的精神，還呈現超自然的宗教意涵：比方說，歐佛特丁恩的老礦工亨利希在第一次嘗試「內在的」礦坑體驗之前，必須先手握礦燈和十字架。

海涅後來流亡巴黎時，曾在〈關於德國的哲學和宗教的歷史〉（Zur Geschichte der Philosophie und Religion in Deutschland）這篇文章中談到自己的一些觀察：宗教改革家馬丁．路德建立新教（Protestantismus）這種極端訴求內在的基督教派，其實是受到家庭背景的影響。路德的父親曾是一名礦工，「路德在孩提時期經常跟著父親進入地下深處的礦坑，他在這個地底世界看到了豐厚的金屬礦藏及汩汩流瀉的水源。小路德那顆稚嫩的童心或許沒有意識到自己已經受到這些最隱蔽自然力量的滲透。」

大文豪歌德不僅是威瑪古典文學的第一把交椅，本身還是地貌學專家（Morphologe）。在思想上，歌德是一位自然浪漫主義者，曾為了體驗最隱蔽的自然力量而深受地底礦坑吸引。他認為，剛硬的花崗岩（最古老、最堅實，也最無法被撼動的自然之子）和柔軟的人心之間（萬物最新嫩、最多樣、最活潑、最容易改變，也最容易受影響的部分）存在著一種連貫性，因此，他非常讚許人們統合這兩種對立的情況，總之，不是往下走進礦坑，就是往上走到哈茨山的頂點，也就是那座由花崗岩構成的布羅肯峰（der Brocken）[5]：「你就在這個地底安歇，它可以通達土地的最深處，如此一來，你和這個原始世界（Urwelt）的堅固地面之間，將不再受其他地層和石礫堆的阻隔。」在這裡，深淵的底部反而弔詭地成為最堅穩的地面，而且只有那些和群體疏離的個體，才能擁有穩固的生存地基。不

[5] 布羅肯峰是德國北部最高峰，海拔僅一一四一公尺。

過，就像歌德在一次關於礦場的演講中提到的：採礦的實際目的畢竟是為了把「大自然在底層的蘊藏挖掘出來」，而不是要為大自然建立一間地底的廟堂，讓人們可以在裡面舉行回歸自我的莊嚴儀式，或讓人們可以藉此融合柔軟的內心和外界最堅硬的岩石。關於這一點，曾經營礦業失敗的歌德最清楚不過了！

歌德後來還把伊門瑙礦場營運失敗的經驗寫進他的劇作《浮士德》（*Faust*）第二部。在其中的〈侏儒合唱〉（Chor der Gnome）裡，這些挖礦的侏儒以「岩石的外科醫師」自嘲並尖刻地唱著：「我們挖出了黃金／這麼一來，人們就可能為了偷取而彼此湊合在一起。」一如主人翁浮士德博士向來渴望知道：「這個世界的核心是由什麼構成的」，歌德也曾在一首寫給礦場共事幾十年老同事的詩歌中透露：「在最狹窄的坑道裡，在最深的礦井裡，／尋找一束能點燃心靈的火光，／一起愉快地打量，／是否大自然也在探索自己？」然而，浮士德式的強烈渴求並不會在求知的領域中止息，這種渴求還會轉化成掌控自然界的欲望。

人類剝削自然資源的貪婪也讓自身靈魂跟著支離破碎。基於這個理由，自古希臘時代以降，開採大地的礦藏就是一項罪過。古羅馬帝國詩人奧維德（Publius Ovidius Naso, 43 B.C.-17/18 A.D.）和哲學家塞內加（Lucius Annaeus Seneca, 4 B.C.-65 A.D.）就曾出言批評採礦業是一種無恥的行業，西方知識界這種一貫的批判態度，還延續到十八世紀啟蒙思想家盧梭（Jean-Jacques Rousseau, 1712-1778）身上。盧梭認為，礦場的經營者是肆無忌憚追求獲利的資本主義者，他們讓礦工們翻遍了「大地的內臟」，「冒著生命危險並付出健康的代價，只為了在地底深處尋求想像中的寶藏」。英國浪漫主義詩人威廉．布雷克（William Blake, 1757-1827）則直接批判，礦場就是「撒旦的黑暗工廠」（dark Satanic mills）。

然而，德國浪漫主義時期的文人卻對此抱持相反看法。例如，任職於礦場的諾瓦利斯便在他那本未完成的小說《歐佛特丁恩的亨利希》裡大聲宣告：「地底的礦脈一定是上帝的恩賜！所以，再也沒有什麼活動比掘礦更能讓它的參與者變得更幸福、更高貴了！」

難道德國人在胡說八道？

無論如何，德國人相信，人們在挖掘地底礦藏時，儘管已陷於資本主義的利誘中，還是可以維持內心的純淨。諾瓦利斯在這部礦場小說中還寫道：「開礦者生來真可憐，他們一再進入礦坑裡，苦命地幹活。他們雖然對於哪裡可以找到金屬礦脈、並把它們挖掘出來感到很滿足，不過，並不會被危險、瘋狂的物欲之火焚身。這些金屬礦物耀眼的光芒無法染指他們潔淨的內心，因為他們比較喜歡欣賞礦物的形成以及它們罕見的蘊藏所在，而比較不想藉由擁有它們來實現一切世俗的夢想。因此，金屬礦脈一旦成為物質時，便對開採者失去了吸引力。他們寧可在堅厚緻密的岩層裡承受許多危險和艱難，親自尋找礦藏，也不想到地面的世俗世界裡耍弄奸詐、欺騙的手段以全力取得這些貴金屬，盲目地跟著世人一起追捧它們的價值。」

礦工這門職業不只曾被熱愛礦坑的諾瓦利斯美化。早在日耳曼文藝復興時期，出生於薩克森戈勞豪（Glauchau）的礦學家格奧究．阿格里克拉（Georgius Agricola, 1494-1555）便已在他的第一本著作——也是人類有史以來第一本礦冶學教科書——《論礦冶》（*De re metallica*）當中強調，礦工必須是素質最優秀的勞動者，他們的道德操守必須超越農夫和工匠。由於礦工的工作環境可以直接取得昂貴的金屬原料，如果他們在道德上無法自我把持，很可能會禁不住誘惑而犯下罪行。世人為了黃金而發動戰爭，為了黃金而持有武器，彼此激烈地爭鬥，然而，不只他們所爭奪的黃金，就連他們鑄造武器的原料也是由金屬礦砂冶煉而成的。「礦物學之父」阿格里克拉是信仰虔誠的基督徒，他跟諾瓦利斯都認為，在礦坑工作的礦工，一般來說，都算是正直誠實的勞動者，比較能抵擋財物誘惑。

比起《浮士德》第二部，歌德晚年在寫他的第二本教育小說《威廉．麥斯特的學習年代》（*Wilhelm Meisters Wanderjahre*）時，已對掘礦者的品行更有信心。他認為，這些人在探求地下的寶藏時，不一定會為了利益而出現爭執和衝突。這部小說的主人翁威廉．麥斯特曾在旅程中碰到一位名叫蒙檀（Montan）的人，這位「岩石敲擊者」（der Steinklopfer）在礦山裡過著遁世隱居的生活，經常為了和地底的岩石進行無聲、神祕的對話而深入岩穴，而且他心裡很清楚：「如果要完全擁有並掌握一樣東西，人們對於這個東西所進行的了解和研究，必須是為了這個東西本身。」隱士蒙檀所謂的擁有和掌握，並非因為掘礦可以讓他達成其他目的的工具性價值，而是基於這個活動本身的內在價值。樂劇作曲家華格納也曾用簡潔的表達方式，概述這種超脫世俗的態度：「追求一件事物是為了該事物本身，這就是德意志的特質。」

只有把深淵當成目的本身，深淵才會成為內在的處所，深淵的底部才是一處穩固的地面（對於哲學家海德格而言，深淵就是具有毀滅性的無底洞，他並沒有把深淵當成目的本身，或達成目的的工具）。誰若懷著私欲的盤算進入礦山坑穴裡，不管是打哪一種主意，最終都會在裡面喪命。在馮．艾興朵夫的〈掘寶者〉（Der Schatzgräber）這首短詩裡，當貪婪的挖礦者後來被埋在坑道時：「狂野的譏笑聲陣陣傳出／從崩塌的岩穴裡。」霍夫曼的小說《法倫的礦場》（*Die Bergwerke zu Falun*）則以瑞典小城法倫的居民在礦坑內發現一具保存完好的年輕男子屍身這起轟動一時的新聞事件，做為故事結局。小說主人翁埃里斯・孚瑞波恩（Elis Fröbom）是當地一名礦工，他會死於礦災，是因為他把老礦工警告性的預言當耳邊風：如果他選擇當礦工只是為了賺錢，以便跟心儀的女子結婚，而不是「真正喜愛地底那些岩石和金屬礦脈」，遲早會在礦坑裡出事。

德國文學家運用天真而感人的自然浪漫主義詮釋手法，試圖把採礦從資本主義唯利是圖的深淵裡拯救出來，藉由崇敬自然的方式來調和人類剝削自然的作為。不過，德國人也知道這樣的努力其實還不足夠，因此，必須進一步以社會浪漫主義（Sozialromantik）的慈善救濟來提升開礦事業。比方說，歌德剛接手伊門瑙礦場時，曾以布施者的激情公開宣稱，會用部分獲利援助那些貧困的礦工。他當時曾談到：「礦場出土的金屬礦具有雙重意義，它們從前被人們用於邪惡的用途多過於善良的目的，現在這些礦藏只能用於促進人類的榮耀和益處。」不過，歌德社會浪漫主義的善意最後卻因為礦場倒閉而告終，經營不善的部分原因是由於當時資金管理不夠嚴謹的緣故。

當代東德作家法蘭茲・福曼（Franz Fühmann, 1922-1984）也和一百多年前的歌德一樣，以社會主義和浪漫主義的精神經營礦場，而且同樣以失敗作收，只不過他所經營的不是一個實質的礦場，而是一個虛擬的文學礦場。福曼曾花費十年的時間研究圖林根和曼斯菲德地區（Mansfelder Land）的銅礦和鉀鹽礦場，但直到一九七四年六月受邀出席桑爾豪森（Sangerhausen）工會圖書館的詩人作品朗誦會時，他才第一次獲得參觀礦坑的機會。當他結束托瑪斯．閔策礦井（Thomas-Müntzer-Schacht）的參觀行程重回地面之後，曾興奮地寫信告訴妻子：「烏蘇拉，我剛剛進入礦山裡！對我來說，那就是一個屬天的啟示！我要搬來這裡！」而後他還向出版社一位負責審閱他文稿的編輯宣稱：「我已經找到我這輩子想要處理的文學主題：礦山！」

這項充滿熱情的寫作計畫應該是福曼晚年的封筆作品，他當時已把這份著作命名為《礦場》（*Bergwerk*），可惜後來沒有把它寫完。福曼於一九八四年辭世，享年僅六十二歲，他在過世的數週前，曾對一位老友說道：「現在的礦場什麼也不是〔……〕設備已經完全不合用，而且也無法修復。我沒有辦法跟你解釋原因，反正我是實話實說！」

這份關於開礦的作品未能完成，並非因為福曼只活了六十二歲。其實，早在福曼過世前幾年，他就已經碰到創作瓶頸而遲遲無法克服。如果我們翻閱一九九三年出版的《在礦山裡》（*Im Berg*）這份福曼留下的不完整文本，就會發現一項清楚而令人震撼的事實：為什麼這位不是無產階級出身的作家，這位曾為了社會主義的理念，而成為以農人和工人為立國基礎的共產國家公民，會在人生最後的大型寫作計畫裡觸礁！對於自己的情況，他曾經絕望地分析：「服務於社會主義的社會是我的人生信條，我一直秉持社會主義的精神從事文學創作，然而，要成功地統合社會主義和文學創作，並繼續維護它們理所當然的一體性存在，已讓我愈來愈感到無能為力。」這位來自知識階層的詩人曾遵從東德當局於一九五九年開始推行的「彼特菲德路線」（Bitterfelder Weg），和一群無產階級者一起幹粗活。但他後來卻發現，自己在礦井裡工作時，並沒有思考一些與國家福祉有關的價值規範，而只想到霍夫曼、提克、諾瓦利斯等浪漫主義狂熱者，曾帶著何等的生命經驗探索和死亡的渴望進入礦山深淵。他當時雖自覺可恥，卻已墜入礦坑的深淵，哪能再奢談社會主義的願景！於是東德社會對於這位作家的讚頌也就逐漸消失了！

跟福曼同輩的西德作家米夏爾．恩得（Michael Ende, 1929-1995）在處理採礦的主題時，就顯得輕鬆許多！恩得在自由的西方不只順利完成《永不結束的故事》（*Die unendliche Geschichte*），而且這本奇幻的礦場小說還被譯成數十種語言，成為全球暢銷書。作者在小說中讓他塑造的英雄們可以毫無阻礙地進入幻想世界與其中那個「圖像的礦場」（Bergwerk der Bilder），礦場裡有一位眼盲的老礦工在那裡留守，他並不是在看顧這座國營礦場的資產，而是「人類世界所遺忘的夢境」。東德作家福曼也曾允許自己擁有這樣的夢境：「文學是一個礦場，每一位作家都是一個礦井，他所開鑿出來的岩層就是他的經驗。」與他同輩的恩得也有過相同想法，不過，他在兩德剛統一時，已在訪談中表現出明顯的國族色彩：「我認為，到目前為止，浪漫主義是德國最具原創性的文化資產，至於德國其他的東西或多或少都受到國外影響。況且浪漫主義也讓外國人首次對德國文化產生興趣，所以我嘗試搭起德國和其他國家交流的橋梁。我認為，自己絕對是一位德國作家，而且我相信，在國際文化交互爭鳴時，應該讓人們看到德國的特色。」

浪漫主義的深淵曾是無數德國詩人和思想家的靈思泉源，而它現在又是什麼呢？是對於那些存放在勾雷本（Gorleben）附近鹽礦場裡核廢料桶的恐懼嗎？當社會民主黨（SPD）召開黨代表大會並在會中高聲齊唱「祝你平安！祝你平安！工頭來了！」（Glück auf, Glück auf, der Steiger kommt）這首源自十六世紀的礦工民謠時，我們是否還能多多少少聞嗅出那股社會浪漫主義的氣氛？或者我們必須勉強地接受，那些浪漫的礦井，也跟納粹為了實現國祚千年的狂妄夢想而在地下開挖防空洞和工廠坑道的「第三帝國」（Das Dritte Reich）[6]一樣，早已被人們封存起來？

一九九九年諾貝爾文學獎得主鈞特・葛拉斯（Günter Grass, 1927-2015）在從前的西德以及統一後的德國，一直都是深具影響力的道德主義者，不過，由於他長達數十年對社會大眾隱瞞自己曾在十七歲參與納粹黨衛軍這段不光彩的過往，而在德國社會引發一些爭議。葛拉斯出生並成長於但澤市（Danzig），即今日波蘭的格但斯克市（Gdansk）。二戰過後，他的家鄉已經變成波蘭領土，當他從美軍戰俘營被釋放出來時，決定逃往西德。他曾暫時在希德斯罕（Hildesheim）附近的鉀鹽礦坑裡工作，基於這個地底挖礦的勞動經驗，他在《狗年月》（*Hundejahre*）——即《但澤三部曲》（*Danziger Trilogie*）的第三部——這本於一九六三年發表的長篇小說裡，寫下一個關於礦場的隱喻：「一個深入地表八百五十公尺、營運正常的礦場，卻不開採鉀鹽和金屬礦砂，也不生產煤炭。」這座怪異的礦場主要是在嘲諷當時西德人民繼續在舊坑道中努力從事生產，沉浸於戰後經濟奇蹟的小康之中，滿足於物質的富裕，卻沒有內在的反省與思想的建樹，對他們而言，過去納粹的種種彷彿不存在一般。這樣的礦坑，只會讓那些不熟悉地底工作環境的參訪者忍不住喊出：「我的天啊！這是地獄！真正的地獄！」那裡的人們還大量製造嚇退鳥群的稻草人產品並銷售到世界各地。這些德國製造的稻草人有一部分是用德國金屬廢料製成的，它們有時頭上會戴著「最德國的」德國哲學家海德格經常戴的那種絨球尖頂帽，並嘩嘩地高談它們的「趕鳥經」；有時它們會變身為穿上納粹制服的班貝格交響樂團

（Bamberger Symphoniker）團員，上場演出華格納樂劇《諸神的黃昏》裡的曲子；有時它們還要接受外國專家對於德國基本法一些法條的指教。德國人在希特勒四十六歲生日時，曾送給這位偉大的領袖一隻寵物犬，戰後那隻狗已經換了新的主人，而且改名叫「布魯托」（Pluto），剛好和美國迪士尼經典卡通裡那隻對米老鼠忠心耿耿的黃狗同名。最後，這隻狗還必須留守在這個地獄般的礦坑裡。

西德政府在一九六〇年代把位於黑森林、已廢棄閒置的歐伯里德礦場（Oberrieder Stollen）擴建為一座地底的「國家寶庫」（Schatzkammer der Nation）。根據相關規定，平民百姓即使在承平時期也不能進入這座寶庫方圓三公里以內的警戒範圍。當時為了儲藏大量而重要的資料，總計有超過十億份的檔案被縮攝在膠捲裡，這些膠捲分批封入十六層優質不鏽鋼的圓筒中，然後再依序放進這座原先產銀的礦場裡永久收藏。萬一在冷戰時期爆發核子戰爭，這些資料就能抵擋強烈輻射線的破壞。這座地底資料庫，除了收藏西德政府相關部門因應核災發生所需要的民眾保護及災難援助的相關文件之外，還有一些重要的文物資料。如果有一天德國遭到核子武器毀滅，這些記錄在膠捲上的訊息，就可以讓後世的人類知道什麼是德國的文化和歷史，不過，當時葛拉斯剛出版的小說《狗年月》並不在收藏之列。

如果人們在一千五百年後發現這處「文化防空洞」（Kulturbunker），一些對於文化感興趣的

6「第三帝國」一詞是指希特勒統治下的納粹德國（1933-1945），因負有繼承「第一帝國」——神聖羅馬帝國（962-1806）和「第二帝國」——德意志帝國（1871-1918）的歷史使命而得名。

人士，還可以在裡面看到十七世紀西發里亞和平條約（der Westfälische Friede）的內容、十六世紀羅馬教皇把宗教改革家馬丁·路德逐出天主教會的通諭、科隆大教堂的建築施工圖、大文豪席勒（Friedrich Schiller, 1759-1805）和歌德的作品手稿、音樂家巴哈（Johann Sebastian Bach, 1685-1750）的總譜等。二〇〇四年，德國有關當局還未雨綢繆，為距今遙遠的後世藝文愛好者展開所謂的「吞入計畫」（Aktion Verschluckung），將五十位德國當代藝術家的真跡作品，如約克·茵門朵夫（Jörg Immendorff, 1945-2007）和克里斯多夫·許靈恩齊夫（Christoph Schlingensief, 1960-2010）等，放入這座專供永久收藏的地下寶庫內。德國並不是二戰後唯一著手藝術文物最終保存的國家。聯合國教科文組織其實早就注意到保存人類文化財的重要性，而且聯合國大會在一九五四年便已通過《海牙戰時文物保護公約》。不過，相較於西方其他國家對於文物保存的努力，德國這座位於黑森林地底深淵的「文化防空洞」還隱約透露出德意志民族素有的心性：徹底的（gründlich）、深奧無解的（unergrüdlich）、深不可測的（abgründlich）。

陰森而令人感到恐怖？是的，如果我們這時想起納粹時期被希特勒任命為帝國首都建築總督察（Generalbauinspektor für die Reichshauptstadt）的建築師亞伯特·許倍爾（Albert Speer, 1905-1981）和他的「廢墟價值理論」（Theorie des Ruinenwerts），確實會不寒而慄。建築師許倍爾在納粹上台後受到希特勒重用，為了凸顯第三帝國首都恢弘的氣勢，他還對柏林的城市格局重新進行一番規劃和設計。他當時主張，偉大的「日耳曼尼亞」（Germania）——即改造後的帝國首都柏林——的建築物在建築材質使用及靜態力學的估算上，必須在數百年後（或數千年後）至少擁有足以匹敵古羅馬帝國廢墟的視覺美感。

德國人對於深淵的熱情有時是出於心理需求。想要接近深淵的邊緣、想要面臨失足風險的德國人，應該記住當代詩人史提凡．葛奧格（Stefan George, 1868-1933）在〈祕密的德國〉（Geheimes Deutschland）這首詩作開頭寫下的這兩句：

「請把我拉向您的邊緣，

深淵——不過，不要讓我感到迷惘！」

這兩行極為謹慎的德語詩句，又再度把深淵的意象帶入德國文學裡。納粹陸軍上校克勞思．馮．施陶芬柏格伯爵（Claus Schenk Graf von Stauffenberg, 1907-1944）身為葛奧格的追隨者，在密謀刺殺希特勒失敗後，是否於一九四四年七月二十一日在柏林陸軍總部（Bendlerblock）被槍決之前，還高喊著「祕密的德國萬歲」？

4. 工作狂

Arbeitswut

一九九〇年，當我搭火車從法蘭克福前往義大利米蘭時，我坐的車廂分隔間裡，還有一對施瓦本[1]夫婦。當這列南行火車過了曼漢（Mannheim）後，我們這個包廂便進來一個男人，而且我們很快便知道他是義大利人。當這位施瓦本太太把包包裡的蘋果拿出來切開去核，並等分地切塊時，她的男人已經把手上那塊夾著香腸的麵包啃完，跟旁邊這位義大利人聊起天來！這位義大利男士是所謂的外籍勞工（Gastarbeiter），在德國已工作二十幾年，而且他還表示，自己很喜歡「日耳曼尼亞」（Germania）！這位施瓦本先生則爽朗地向這位義大利人保證，自己也熱愛「義大利亞」（Italia），他和他的太太雖然只去過義大利一次，僅僅在亞得里亞海邊度假兩週，卻對義大利這個國家印象深刻。他覺得，義大利人就是懂得生活！這位義大利人聽到這句讚美後，很有禮貌地報以微笑。倒是那位一直沉默不語的施瓦本太太突然頭也不抬地喃喃自語著：「總是得工作吧！」

直到今天，我還是不清楚，那位施瓦本太太的人生是被迫未完成的存在或是已高度完成的存在。我只能確定，如果她聽到這則柏林的老笑話，一定不覺得好笑：「請問你們從事（treiben）什麼工作？」「先生，我們並沒有從事（treiben）什麼工作，而是工作在驅使（treiben）我們！」

從一開始，歐洲人對這問題就抱持很不一樣的態度：依照《舊約聖經》的說法，工作是上帝對人類必須勞動流汗的懲罰；另一方面，西方哲學的生機論（Vitalismus）[2]則提出相反主張：工作是一種令人愉快的活動，人們只有在工作中才能真正實現人的存在。這兩種彼此對反的工作觀在德國都有人遵奉，而且還各自發展到極端的地步。

宗教改革家馬丁．路德是第一位將《聖經》翻譯成德語的人[3]。這本德譯本《聖經》對於日耳曼地區的影響非常深遠，至今德語區仍在使用路德的翻譯版本。《舊約．詩篇》第九十篇第十節提到人們的勞動：「我們一生的年日是七十歲。／若是強壯可到八十歲。／但其中所矜誇的，／不過是勞苦愁煩。／轉眼成空，／我們便如飛而去。」這節路德翻譯的詞句聽起來雖頗富詩意，卻也過於直接而殘酷。在路德發起宗教改革之前，日耳曼的神祕主義者便已強調工作的價值，即使他們看起來衣著襤褸，不像勤奮的工作者。神祕主義者埃克哈特大師（Meister Eckhart）曾是天主教道明會修士，後來因為公開發表一些神祕主義的觀點，違牴基督教教義，被羅馬教皇指為異端而被處死。這位神祕主義者曾主張，人們為了實際生活所需而採集蕁麻時，只要內心仍向著神，還是可以蒙神喜悅。不過，他仍舊「非常謙卑地」堅持，神祕主義者冥想、祈禱、禁欲的靈修生活依然勝過世俗的勞動和勞碌。

後來，路德發起宗教改革，才終結了這種普及於當時日耳曼地區的工作觀。天主教會主張，信仰比日常的工作更重要，因此，基督徒應該把整個人生投入神聖性的追求。但路德卻對於羅馬天主教自以為走上靈魂救贖的捷徑，深表不以為然：「不論神聖的宗教生活和典範如何，所有的人都應該完成自己所接受的命令，承擔自己的職業。啊！這項關於工作的訓誡對於基督徒是如此重要而有益處。如

1 施瓦本人分布於德國西南方、瑞士東部以及法國的亞爾薩斯地區，該族群有自己特有的文化和方言，以勤儉、樸實及幹練的習性著稱。

2 生機論者認為，凡生命體都具有一股特殊的生命力，此生命力無法以物理或化學作用解釋。不過，這種特殊的生命力究竟為何物，生機論者至今仍無法明確地回答。

3 在路德之前，便已存在幾個德譯版《聖經》，但它們都是根據拉丁文版《聖經》譯介而成，因此，在準確度與完整度方面，遠不如路德從希伯來文《舊約聖經》和希臘文《新約聖經》原文直接翻譯的版本。

果我們觀察到一些聖靈的工作以及它們的轉變，並且認為實在很美妙，這幾乎是謬誤的想法。」

路德這番講道詞出自一五二二年他所發表的《教會傳道書》（*Kirchenpostille*）。這本新教神學論著曾激烈地衝擊德意志民族對職業的態度。當年輕的路德還是天主教奧斯定會（Augustinerorden）的修士時，他所使用的Beruf（職業）這個德語詞彙仍包涵上帝的、屬靈的Berufung（使命、呼召）之意。不過，自從他完成《聖經》的德文翻譯後，他所謂的Beruf已純粹指涉人們的工作和行業，這個觀念對於當時生活在日耳曼地區的人民而言，已不是改革，而是革命！在強調上帝和靈修勝過一切的時代，宗教改革者路德必須向他的新教信眾闡明，為何人們應該在世俗生活裡開展自己的職業，而不是全力追求死後靈魂的救贖。他曾指出，救世主耶穌並不願意所有跟隨他的信徒都覺得自己受到那條神聖的屬靈道路呼召。路德在這篇講道詞裡還說道：「主耶穌基督曾表示，祂想獲得各種各樣的僕人，而不是一群具有相同本事的僕人。」「上帝並不希望祂的子民自以為是地犧牲奉獻，而是希望他們能遵從祂的旨意。因此，一個幹粗活的女幫工做完分內工作，在下班回家之後，還能勤快地打掃庭院或搬運糞肥，〔……〕她就已經走在通往天國的正確道途上。如果一個人為了上教堂或去西班牙北部的聖地牙哥（Santiago）朝拜聖者雅各（St. Jakob）而放下自己的職務和工作，就已經直接走向了地獄。」使徒保羅在《新約・哥林多前書》曾告誡每一位信徒：「各人蒙召的時候是什麼身分，仍要守住這身分。」然而，一直要等到十六世紀新教神學家路德的講道，使徒保羅這個說法才再次在基督徒當中發揮勤奮工作的效應。

現代的德國社會以刻苦勤奮而為世人所知（也令世人感到害怕），不過，宗教改革家路德在

十六、十七世紀向新教徒所宣揚的工作倫理，卻仍未讓當時的德國人達到普遍的勤勞與奮勉。路德會牧師姚阿幸．威斯特法爾（Joachim Westphal, 1510-1574）曾警告信眾，不要受到懶惰的魔鬼（Faulteufel）引誘，並要求他們抑制或阻絕肉身的墮落，遠離狡詐和惡行，開始認真工作，而且有必要對自己採取強迫的方式，然而，這番苦心勸言卻被當成耳邊風。另一位路德會牧師約翰尼斯．馬泰修斯（Johannes Mathesius, 1504-1565）曾把遊手好閒者在入睡時所害怕的噩夢畫在公共場所的牆上，那些懶漢在看過這些壁畫之後，立刻憤怒不已，開始出現荒唐行為，亂丟所有的飲料，就像瘋狗在吠叫一樣。此外，儘管當時官方頒布嚴格的「警察條例」（Polizeiordnungen），卻只能局部解決遍布新教地區的乞討行為。自從路德發動宗教改革後，德意志勞動者確實逐漸形成一種典型，各種工匠行業在神聖羅馬帝國境內的城市出現蓬勃發展，商業交易的熱絡從北方的漢堡一直往南延伸到奧格斯堡（Augsburg）。然而好景不常，十七世紀前半葉的三十年戰爭，最後終結了日耳曼地區因宗教改革而出現的第一次經濟奇蹟。在這塊飽受戰火摧殘的土地上，散漫而墮落的社會風氣再度死灰復燃，中世紀成立的同業公會系統不僅阻礙人力勞動的現代化，還助長勞動者下工後集體酗酒。餐飲旅館業是唯一從中獲利的行業：在一七〇〇年前後，日耳曼地區一個兩百戶人家的小鎮林立著三、四十家酒館是很普遍的情況。

新教的「神恩論」（Gnadenlehre）主張，世人因為有罪，透過最深切的悔改，神會降恩來免除人們的罪愆。不過，世人的靈魂最終能否得救，能否在彼岸獲得永恆幸福，則完全取決上帝那無法被揣量的意志，而不是信徒在世的作為。既然新教徒無法透過自身努力來達成靈魂的救贖，新教的教規也就不會像當時的天主教顯得那麼嚴格而冷酷。這些北方的新教徒如果不排斥吃吃喝喝，在他們的世界圖像（Weltbild）裡，其實還有足夠空間，讓他們在生活中擁有感官的享樂。

自從路德派正式對民眾傳道以來，新教的教義在經過一百多年後，也逐漸僵化成沒有生命力的教條。有鑑於此，一些新教徒便在三十年戰爭結束後，陸續於各地成立虔信派（Pietismus）教會。這支於十七世紀下半葉興起的新教教派，再度成功地形塑德意志民族的紀律，而且比路德教派更堅持不懈。

新教的虔信派運動剛出現時，雖然內部還有許多不同派別，不過，該教會的神職人員都不贊成必須把信徒馴服成工作的動物，他們反而比較關注人心的活潑性與積極性。依照路德派的神學思想，每一位死而復生的基督徒最主要的體驗是向主悔改，然後在信仰上才能有所突破。虔信派教義則指出，信徒可以透過自己的努力，在人世間建立上帝的國度，因此，人們在此世就可以經歷永恆幸福的初步階段，不用等到死後進入天國。虔信派教會早期最重要的領導人物菲利浦．史貝納（Philipp Jacob Spener, 1635-1705）在某種程度上仍依循路德的宗教主張，但他也察覺到，路德強調勤勞不懈的工作可能導致人們對工作的盲目崇拜。有鑑於此，這位「虔信派之父」比較重視信徒獲得內在極度的平靜，而且這種平靜應該源自於上帝。

對於注重冥想和祈禱的史貝納而言，靜心養性是基督徒生活最重要的部分，不過，這種以靈修為信仰重心的作法，卻被虔信派教會後來的領導者、也是當時著名的慈善家奧古斯特．法蘭克（August Hermann Francke, 1663-1727）斷然拋棄。因為，這位比史貝納年輕三十歲的後輩虔信教會領袖認為，工作勤務和教堂禮拜互為一體，不應該特別強調信徒的靈性生活。一六九五年，法蘭克決定把德國中部哈勒（Halle）附近的格勞哈（Glaucha）建立成一座實踐虔信派教義的模範小鎮。剛開始，「法蘭克基金會」在該鎮只成立一家孤兒院，後來便快速擴展成一個設有三級學校的大型學園。在這個學園系統裡，虔信教會不只收留並教育那些貧窮人家流落街頭的孩子，就連認同虔信派教義的普魯士貴族也紛紛把子弟送往這座學園接受教育，好讓家族的新生代能在那裡正直地成長。此外，這個虔信派基金會還強化了哈勒作為一個「上帝之城」（die Stadt Gottes）的整體經商條件：除了在附近的格勞哈設立教育機構之外，該基金會還在哈勒城內開設藥房，全力增產藥品，大量向外販售輸出，並開辦一家書籍印刷廠以及附屬的出版社，生意也很興隆。

普魯士國王腓特烈・威廉一世（Friedrich Wilhelm I., 1688-1740）[4]是虔信派「法蘭克基金會」的熱情支持者和促進者。這位「軍曹國王」（Soldatenkönig）繼任王位時，普魯士已因他的父王熱愛藝術和科學而國庫空虛。為了持續整頓普魯士困窘的財政狀況，他還關閉了許多柏林皇宮內的房間，節儉度日。這位國王一生都以「這個世界的生活準則就是辛勞和工作」這句話作為座右銘，而且嚴謹的行事作風令人十分敬畏：比如他曾經發現一位僕從偷懶，而特地下馬，親手用棍棒教訓他。他和虔信派的教會領袖法蘭克志同道合，相當服膺法蘭克的信念：「我們必須在人生中創造自己的幸福。」

---

4 腓特烈・威廉一世的父親腓特烈一世於一七〇一年以普魯士公國為基礎，建立了普魯士王國。腓特烈・威廉一世繼任王位後，大大地增強了普魯士的軍事力量，並施行歐洲最早的國民義務教育制度。也就是說，普魯士傾國家之力興辦學校教育的同時，也促成了自身的崛起。

工作勤奮就這樣成為德意志人民最虔誠、最務實的生活方式，此時的他們已不再需要冥想和禱告來強化並提升自己對上帝的信仰。在格勞哈學園裡，所有的寄宿生會定時禱告並虔誠地唱頌詩歌，這些莘莘學子所接受的教育在那個時代算是非常出色的，至少學園裡的「拉丁文中級學校」（die Lateinische Schule）和培養貴族子弟的「皇家學院」（Pädagogium Regium）都是當時的菁英學校。虔信教會創設這所學園的教育宗旨，主要是讓孩童們從小習於勞動，不論勞力或勞心，因為只有工作的人才不會犯下罪過。「園內學生的勞動不只可以讓他們不會白白地消耗食物，讓他們學會一些實際的生活能力，園方其實更想透過勞動來預防及避免學生們因遊手好閒而染上一些可恥、有害的惡習，例如說謊、欺騙、酗酒、賭博、談情說愛及偷竊等這類行為。」路德派神學家尤斯篤司・梅紐斯（Justus Menius, 1499-1558）曾在他的著作《基督徒的家庭財務》（*Oeconomia Christiana*）裡談到這個想法，虔信派運動的先鋒法蘭克不只承接了這位新教前輩的神學思想，還親自打造所謂的「上帝之城」，實際力行並發揚他的理念。

德國社會學家馬克斯・韋伯（Max Weber, 1864-1920）曾在《新教倫理與資本主義精神》（*Die protestantische Ethik und der Geist des Kapitalismus*）這本於一九〇四、〇五年之交發表的經典論著中主張，資本主義的精神是從新教倫理發展而來的。一般說來，韋伯這個論點具有一定的說服力，不過，這位社會學大師並沒有清楚地呈現新教虔信教會在資本主義興起時所扮演的角色。德國當代歷史學家卡爾・辛立希斯（Carl Hinrichs, 1900-1962）對於此議題的闡述就比韋伯更敏銳而精確，他曾在一些論文裡討論德國虔信派信徒和英國清教徒（Puritan）的差別，並下了這個結論：「虔信教派並非要刺激並正當化個人對於成就的追求，這一點就是它和同時代的晚期喀爾文清教主義（der calvinistischer Puritanismus）的分歧之處。德國的虔信教派會把『為別人』工作加以神聖化，然而，晚期的英國喀爾文主義卻尊崇個人『為自己』而工作。」此外，辛立希斯還提出一項很有啟發性的分析：「在英國，和清教主義同步興起的是資本主義；在德國，和虔信教派一起出現的卻是社會主義。」

事實上，虔信教派的法蘭克和後來積極投身於人群的社會主義者一樣，都擁有傳教士奉獻的熱情。他們都認為，只為了自身靈魂的救贖而工作，雖然沒有罪過，卻也沒有價值。總之，虔信派教徒已經把奉獻精神內化為自己的一部分，「他們想把全部的人生用來服務和幫助別人，並榮耀上帝。而且他們在服事別人和上帝時，往往把自己視為犧牲者來耗損自己。」依據虔信教會的教義，「每個人必須如實運用自己的職業和社會階級所擁有的能力和資源，以拯救自己和別人脫離上帝如烈火般燃燒的憤怒。」

虔信教派強調，每個人應該對他人負有責任，就像對自己負有責任一樣，不過，這種觀點對於喀爾文主義者卻是陌生的。喀爾文教派的「預選說」（Prädestination）比較接近路德的「神恩論」：每個人在出生時，上帝便已預先決定，他是否屬於會得救的那群少數人，因此，基督徒無法靠後天的努力獲得神恩眷顧。那麼，為什麼喀爾文教派的信徒還能孜孜不倦地工作？這種現象應該比較適合從心理學、而較無法從基督教神學的角度來解釋。喀爾文在世時，當然也受到這個問題的煩擾——人們在有生之年如何能辨識出，自己是否屬於那些可以得救的少數人？路德曾粗魯地拒答這個問題，因為，真的沒有人能知道，自己在離開人世後，可否獲得永恆的幸福。喀爾文教派則試圖安撫信徒，雖然，這種安撫充滿現世成就的壓力——人們其實可以從個人在有生之年的事功及財富看出神的揀選。喀爾文教派的信徒勤勞地幹活，並非為了過幸福的生活，而是為了向自己和別人證明，他是有福的，死後可以進入天國。這種宗教觀似乎已不需要社會紀律的教育訓練：誰如果不覺得自己受到工作的呼召，就自己看著辦，不用勉強，看他如何繼續拖著受詛咒的靈魂行走，直到接受上帝審判的那一天。

相反地，誰如果跟法蘭克一樣，相信人們在出生時，上帝還沒有決定誰可以獲得拯救，就會努力在生活中維持一貫的紀律，以爭取神恩眷顧。此外，虔信教派的神學見解還讓德意志地區的社群勞動力獲得普遍動員，因為，上主更樂於見到，個人不只為自己而努力，而且還能不斷地致力於解救主內其他的弟兄姊妹脫離罪惡泥沼。在虔信派看來，基督教的愛人如己比較不是直接的救濟和施捨，因為教導一名乞丐如何自己釣魚遠比直接給他魚更慈愛，更有意義。富有的商人對路德而言是非常不可靠的人，不過，如果這些有錢人願意花錢資助格勞哈的法蘭克基金會，或自行成立基金會來服務人群，那麼這些富翁在法蘭克的宗教觀裡，甚至可以成為善人的象徵。普魯士國王腓特烈．威廉一世還將他摯友法蘭克的信條落實為普魯士的社會政策，比方說，他把當時許多私人企業改為國營或由從事社會服務的基金會接手經營。貧窮落後的普魯士王國在實施這些政策數十年之後——也就是在十八世紀——便出現了經濟與教育彼此相互幫襯、拉抬的雙重榮景：除了經濟的欣欣向榮之外，當時許多普魯士的企業和機構還攜手建構了一個職業教育網絡。這個綿密的教育網為普魯士訓練出勤勞工作的新世代，當他們從學校畢業進入製造業時，便能任勞任怨地辛勤幹活，例如，從事織布或生產其他種類的物品。

直到今天，普魯士人依舊在爭辯，「為普魯士國王效力」（Travailler pour le Roi de Prusse）這句法文諺語到底意味著什麼？人們應該為當權者勞動？或者由於普魯士國王很少給為他效勞之人相對的報酬，因此，應該為自己而工作？此二者的差別應該不只是字面意義的問題：第一種解釋帶有基督教觀點，為了幫助墮落的亞當和夏娃後代改過自新，工作必須是痛苦的磨練，不一定要有報償。這類勞動者的理想典型是順從的、有責任感的僕從。第二種解釋則是在讚許具有創造力的個人，他們為了實現腦中的想法或影像而全然投入自己所從事的工作：這類勞動者的理想典型是講究技藝表現的工匠／藝術家。

十八世紀啟蒙運動的理性主義者當然不相信，此世只要賣力工作就可以獲得天國的獎賞，不過，他們依然謹守傳統的勞動倫理。他們重新對新教徒的工作倫理進行調整，也就是把它從基督教的壓抑和重負中解放出來，並轉化為理想主義者的自我表達。德國啟蒙主義時期的希臘學家約翰·佛司（Johann Heinrich Voß, 1751-1826）不僅完成荷馬史詩《伊利亞德》和《奧德賽》的德語翻譯，他還是一名傑出的詩人，關於工作這個主題，他曾於一八〇一年寫下一首熱情洋溢的詩篇：「工作是喜悅，而不是處罰〔……〕只有工作才會幸福。／你們這些人還要再遊盪多久，／可愛的時光對你們是如此沉悶冗長，／我們卻希望每天的時間能繼續延伸。／永恆本身對我們從不過於漫長而乏味，／在迅速的行動和歡樂的歌唱中。」

佛司這首詩或許可以和歌德的抒情詩〈西方和東方的合奏曲〉（Der West-östliche Divan）搭配閱讀：「什麼讓我覺得時間過得飛快？工作！／什麼讓時間變得如此漫長難挨？懶散！」

詩人約翰・艾克曼（Johann Peter Eckermann, 1792-1854）是歌德在遲暮殘年的忘年之交，曾在歌德過世後出版《歌德對話錄》（*Gespräche mit Goethe in den letzten Jahren seines Lebens*）一書。在這本對話錄中，艾克曼記錄自己曾當面批評歌德，為何德意志民族在發動反抗拿破崙的解放戰爭時，他並沒有出現任何擁護自己民族的行動？歌德這麼回答他：「每個人都依照上帝所賜予他的稟賦，盡其所能地做事。我可以這麼說，我每天都盡自己所能，夜以繼日地工作。我沒有讓自己休息，也沒有讓自己充分消除疲勞，而是不斷工作、研究並朝著目標努力，盡可能做到最好和最多。如果每個人都認為自己就是這樣的話，我們所有人都會處在不錯的情況。」

歌德筆下的浮士德博士雖然不斷受好奇心驅使而投入魔鬼懷抱，不過，由於他在世時勤奮不懈地工作，他的人生結局還不至於墜入慘苦的地獄：在《浮士德》第二部的結尾，一群天使歡唱著：「不斷努力和追求的人，可以獲得我們的拯救。」然後帶著浮士德不死的靈魂朝天上飛去。

歌德非常贊同「工作帶來自由」（Arbeit macht frei.）這句德語格言，不過，這句話後來卻因為被納粹寫在集中營的大門上而帶有負面性。歌德的文友席勒對這句格言就顯得比較保留——當他於一七八四年七月嘗試說服庫爾普法茲地區（Kurpfalz）「德意志協會」（Deutsche Gesellschaft）的大爺們支持當地的曼漢國家劇院（Mannheimer Nationaltheater）時，便曾經表示，人類需要文化藝術的滋潤，畢竟人類的本性無法承受不斷工作的折磨。在《審美教育書簡》（*Über die ästhetische Erziehung des Menschen*）裡，席勒還用更激烈的字眼說道：「人們只是從整體分裂出的小碎塊，而且將永遠被這個小碎塊束縛住。人們變成了工作和知識的印模，耳朵裡永遠只聽到四處滾動的、單調的轉輪聲，卻從未發展出本質的和諧性，從未獲得本性的塑造。」只有在審美教育中，人類這種被撕裂的存在狀態才能獲得療癒。為了讓已被職業耗盡的人們不致沉淪在「放蕩的娛樂」、「狂飲的歡快」和「墮落的賭博」裡，席勒認為，表演舞台有必要、而且非常適合作為一種道德機制（moralischer Anstalt）而存在。只有表演藝術保存了古希臘的文化典範，成功地融合享樂與學習、休閒及努力以及消遣和文化。

德意志浪漫主義者也對世俗的勞碌深不以為然，因為這件現實的緊身衣讓他們無法自由而充分地發揮自己的性格。雖然，馮．艾興朵夫、諾瓦利斯和霍夫曼這些浪漫派詩人在擔任普魯士官員、鹽礦事業主管或法律專業人士時，在工作崗位的表現還稱得上嚴謹與勤快，不過，他們真正的人生卻是在離開正職，投身於藝術後才開始的。他們覺得，讓他們獲得自由的，並不是任何一種詩的形式、任何一種創作手法，而只是詩本身。

浪漫主義者所追求的彼岸並不是人們死後靈魂被允許進入的國度。他們透過「死亡之戀」（Todesverliebtheit）的歌詠，嘗試讓虛無縹緲的彼岸閃現於當下的此時此地。「在萬事萬物裡，睡著一首歌，／它們不斷地作夢，／你只要說對魔法的咒語，／這個世界便開始歌唱。」馮．艾興朵夫在〈測泉叉〉（Wünschelrute）這首德意志後期浪漫主義的重要詩作中所展現的藝術魔咒，是人們無法透過勤勞和紀律學會的。人們因為這個世界而歌唱，也讓這個世界歌唱，如此不凡的對話對於那些向來按照自己的技巧規則工作的工匠師傅而言，是一項不可能的任務。只有天才詩人在全然沉醉於詩意的同時，還能維繫住自我，他們的作品也讓人們和這個世界之間，至少在某一時刻能相安無事，一派和諧。真正的生命存在於內心及事物的底部，當我們突破萬事萬物的表層時，就會在這些表象之下發現藝術的存在。只有在深處，人們和這個世界才會相遇，才能彼此對話。

用市儈的庸庸碌碌來從事藝術創造，當然無法獲得成果。弗利德里希．施雷格（**Friedrich Schlegel, 1772-1829**）是德國早期浪漫主義文學代表人物之一，他曾在《露欣得》（*Lucinde*）這本愛情小說裡嘗試顛覆傳統價值，轉而讚美懶散閒蕩這些人們觀念裡的惡習，並把這種習性捧為人性當中「唯一類似神性的、源自伊甸園的具體殘留」。由於這本小說在當時引起很大爭議，他還因此失去了耶拿大學哲學系的教職。施雷格在這部小說中刻意稱讚人們的遊手好閒，其實無關於流傳自中世紀的「懶人國」故事——根據德意志民間傳說，人們在幸福的「懶人國」裡只要一躺下，就會有烤好的乳鴿飛到他們嘴邊——他之所以為文贊同好逸惡勞，其實是為了批判當時人們工作狂熱的現象。當時他已清楚地觀察到，德意志社會陷入了盲目的追求和前進，既沒有停歇，也沒有行動的焦點，他認為這種空虛不安的作為正是「北方的惡習」（**die nordische Unart**）。過猶不及，過於勤奮也是一種社會弊病，因為，它會剝奪人們本有的創造力：「只有從容和敦厚，只有在真正消極性（**echte Passivität**）的神聖寧靜中，人們才會憶起自己那個完整、原本的自我，才能靜觀生活和世界的種種。如果個人完全屈從於本身任何一種能力，哪能再有什麼卓越的思想與精采的詩意？」

令席勒和浪漫主義者遺憾的是，這種想把人解放為人，而非解放為木匠、公務員和僕婦的沉思性「藝術宗教」（**Kunstreligion**），對於一般德國勞動者而言，頂多只是「下班後的宗教」（**Feierabendreligion**）。這些德國人倒覺得哲學家康德比較能了解他們，因為，康德曾經在他的著作中闡述德意志民族的勤勞和他們健全理解力的關聯性，而且這個優點比人類其他所有傑出的能力還要有用處。席勒的摯友歌德晚年在他的教育小說《威廉．麥斯特的學習年代》裡，已經揚棄了浮士德博士那種希圖從各個面向探究世界的博學通才。這部小說的青年主人翁威廉一直在平民社會裡尋找自己的位置，而且他曾經非常贊同：「人們一向認為，多方面的教育是有益處，而且是必要的。」後來一位比他年長的朋友——原本叫「亞諾」（Jarno），後來改名為「蒙檀」，隱居於山林，專門敲擊岩石，探察礦脈——則對此回應道：「現在的時代盛行單一的知識教育。這對那些理解這一點又為自己和他人的利益想幹番事業的人，只有好處。〔……〕但我以為，幹什麼行當都是從低到高，由淺入深。最好是專心致志地學習一種手藝。下等資質的人永遠只適於學習一種手藝；中等資質的人可以學習一門藝術；而資質最高的人，總是一通百通，換句話說，就是一件事精通了，他就能觸類旁通，並做好其他的事。」

隨著歷史演進，那些充滿意趣並以自我實現為中心的浪漫主義夢境已飄然遠去，之前那些融合基督教和神祕主義的舊觀念（比方說，到野外採集蕁麻也是一種高尚的勞動）又再度從世俗的後門悄悄潛入德意志社會中。在空無一物的蒼穹下，人們當然會不知所措，卻又無法說清楚，為什麼應該以正面態度看待所有生活的勞動和勞苦。在十九世紀中期的工業化社會裡，勞動者只是一組能帶來經濟繁榮的資本主義齒輪機器中的小齒輪，人心對於人性化勞動的渴望，再次強力地把他們的代言者推向歷史舞台，這也是可以料想的轉變。社會主義思想家馬克思（Karl Marx, 1818-1883）和他的至交好友恩格斯（Friedrich Engels, 1820-1895）把浪漫主義從詩歌的殿堂帶入人們的生產活動裡。一八四四年，年僅二十六歲的哲學博士馬克思發表他的新著《巴黎手稿》（*Pariser Manuskripten*），分析工業生產中「異化勞動」（entfremdete Arbeit）所包藏的陰謀：工人的生活品質隨著愈來愈受限制、愈來愈單調的工廠勞動而崩落，這種僵化的工作模式並非自然與自發的勞動（Selbsttätigkeit）。他們只有在下班回家，離開工作環境時，才能真正做自己。當時許多下工的工人奔離工廠就像在逃避「瘟疫」一般，馬克思並不認為這種勞動現象是因為人們被懶惰的惡魔附身，而是他們內心依然渴望「沒有異化的勞動」。

馬克思認為，資本主義的生產邏輯只容許工具性生產關係的存在，這正是資本主義本質的罪惡：人類孕育萬物的大自然被簡化成生產原料，有工作能力的人只被當成生產的勞動力和機器的附屬物。人類有別於動物之處，是因為可以創造更多的藝術性以及更多的東西，而不只是滿足赤裸裸的生存需求；況且，從另一方面來看，資本主義的剝削者並沒有因為財富而獲得真正的解放，他們只能住在豪華的「宮殿」裡，而那些出賣勞力的工人卻活該生活在「地獄」當中。

人們該如何從這個異化的地獄脫身？馬克思和恩格斯在青年時期合著的《德意志意識形態》（*Die deutsche Ideologie*）一書中，曾提出解放人類工作的夢想，不過，要實現這個夢想必須先廢除社會的職業分工狀態。詩人席勒也曾在年輕時，大力譴責人類的專業分工，不過，他的好友歌德到了老年卻試圖賦予它存在的合理性。馬克思和恩格斯在該書中寫道：「當職業分工出現時，每個人都有自己的專職，所以，人們往往被迫接受工作的內容而無法跳脫開來；如果他是一位獵人、漁夫、牧人或批判性評論家，而且不想失去謀生的工具，那就必須留在專業領域裡工作。然而，在共產公社裡，人們可以自由地在任一行業中接受工作訓練，不需要有固定職業。共產公社可以調節一般性生產，因此，允許個人今天做這個，明天做那個，早上去打獵，下午去釣魚，晚上從事畜牧業，飯後還可以提筆寫評論。總之，只要喜歡，就可以去做，並不需要成為專業的獵人、漁夫、牧人或評論家。」

由於共產公社可以調節一般性生產，因此，公社裡的非專業人士能以合乎人性的方式歡歡喜喜地謀生，不過，這個烏托邦卻在人們實踐共產主義數十年後，終於崩解並消失！現代社會的趨勢並不是在解放人們的工作，而是讓人們從工作中解放出來，擁有自己的休閒生活。恩格斯於一八七七年開始在期刊上分批發表《反杜林論》（*Anti-Dühring*）這本總結馬克思主義的巨著，這位馬克思的終身知交曾在內容中表示：「只有透過偉大的工業所達到的驚人生產力，才可能讓所有社會成員進行徹底的勞動分工。為了讓每個人都能參與一般的社會活動，為了讓他們都能擁有足夠的休閒時間，因此，必須限制他們的勞動工時。」集體浪漫主義（Kollektivromantik）跟浪漫主義一樣，都渴望透過勞動讓人類、社會和自然之間產生一種活躍、彼此交流的關係。現代社會的集體浪漫主義應該就像配備科技蜂箱的養蜂場一般：當一群勞碌工作的蜜蜂在下班之後，嘴裡還可以哼哼唱唱地飛入自己的蜂房，享有生活的空閒。

在十九世紀末葉及二十世紀初期，德國工人每星期在鋼鐵廠、機械廠、化學廠或在克魯伯兵工廠（Krupp）和曼尼斯曼鋼管公司（Mannesmann AG）這些大企業的工廠裡幹活的時間約六十至七十小時，然而，這些德國勞工當時真的感受到「必要的國度」——依據馬克思的《資本論》（*Das Kapital*），實際從事物質性生產的、辛苦的界域——和「自由的國度」——不須為生活需要和外在目的從事勞動的界域——之間強烈的對比？或者，他們早就不認同剛強的浪漫主義（stählerne

Romantik）把人們在機器旁艱苦地勞動視為自我實踐的最高形式？

德國當代哲學家暨社會學家麥克斯・謝勒（Max Scheler, 1874-1928）認為，德國人執著於工作和他們的民族精神有關，工作勤奮的德國人也往往讓世界其他民族自嘆不如。一九一六年，謝勒以〈德國人令人厭惡的原因〉（Die Ursache des Deutschenhasses）為講題在慕尼黑發表演說時，曾針對這項議題進行解析並提出一個基本論點：早在第一次世界大戰爆發以前，德國這個迅速崛起的國家就已經是全世界最不受歡迎的國家，因為德國人民工作勤奮，這讓其他國家的人民必須被迫脫離他們既有的樂園生活：德國東邊的那些斯拉夫人只會夢想、沉思、感受、禱告，還喜歡喝烈酒；英國人在週間從事買進和賣出，其實只為了在週五傍晚結束一週的工作後，可以上運動場玩樂；法國人會運用日增的富裕和減少生育來擁有自己的時間與高雅的生活閒情，他們只要工作個二、三十年，就能享受不必勞動的退休生活。

然而，中歐的德國人卻突然冒了出來！謝勒還在這場演講中指出：「德國人的特性就是全心投入工作，而且行事作風強硬。他們依循內在的自我信念而奮發工作，並非想要有所超越，或為了任何美譽，也不是著眼於下班後可以享受生活，或擁有悠閒來讚賞或冥思這個世界的美好。德國人只想安靜而從容地沉浸在自己的工作裡，不過，他們堅持不懈、準確無誤和一絲不苟的工作態度卻令其他民族感到害怕與恐懼。德國人似乎已迷失在自己的工作裡，除了工作，還是工作，而且最令世人感到不解的是，德國人竟能對於無止盡的勞動本身抱持一種純粹的樂趣——既沒有目的，沒有目標，也沒有終結。」

根據謝勒的看法，德國人的工作狂熱就是他們最大的工作樂趣，這並不是日耳曼地區快速工業化所導致的現象，而是「日耳曼人原有的本質」。比謝勒早一個世代的生命哲學家威廉・狄爾泰（Wilhelm Dilthey, 1833-1911）就曾說過，德國人的行動並不受限於理性目的的達成；他們的行為已經超越任何的目標性，而是能量過剩的外在表顯。

謝勒指出，巴洛克時期的哲學家勾特弗利德・萊布尼茲（Gottfried Wilhelm Leibniz, 1646-1716）很早便觀察到德意志民族對於無窮無盡的嚮往。這位博學多才的學者曾表示，當他成年之後，總覺得一天的時間太短，無法讓他把出現在腦子裡的想法全部書寫下來。而且他認為，不斷追求完美的精神和過程，並不是人類在達到所有努力目標後所實現的完美。如果我們沒有掌握「永恆的追求」（das ewige Streben）和「無限的義務」（die unendliche Pflicht）這些精神典範，就無法了解歌德、康德以及德國啟蒙運動領袖勾特侯德・萊辛（Gotthold Ephraim Lessing, 1729-1781）的思想和創作。

在第一次世界大戰爆發前夕，法國哲學家艾米爾・布托羅（Émile Boutroux, 1845-1921）曾針對德意志和法蘭西民族精神進行一場專題演講。這位原先在政治立場上屬於親德派的法蘭西學院院士在這場演講中毫不諱言地表示，為何他本身基於歌德的文學作品而對德國產生的好感，已隨著克魯伯兵工廠的建立而消失，甚至因此對德國感到厭惡：因為，德國人竟把自己如此幹練的、曾獻給理想主義的工作靈魂出賣給物質主義。

謝勒在演講中也曾贊同布托羅這位法國前輩學者對十九世紀德意志民族歷經的這場大幅變遷的觀察。他強調，當時德國人對於工業生產的勤奮源自古典人文主義的「無止盡的追求」，不過，他對於自己同胞已不再沉浸於「思想的天空」（im Äther des Gedankens），而是沉淪於生產貨品的工廠，感到憂心忡忡：「人們可以，而且應該把幸福和生命奉獻給自己的國家及國家的榮譽，特別是秉持著烈士精神為基督信仰、最終也為自己的救贖和最高的精神文化價值而犧牲自我，不過，應該切記，萬萬不可為了生產最大量的鞋底和縫針而奉獻自己。具有經濟生產動能的烈士一點也不崇高；這種人其實是可笑的〔……〕即使帶著相同的英雄式激昂，相同熾熱的『非如此不可』，泰然自若地置個人生命、愉悅和幸福於度外。亨利希．馮．克萊斯特（Heinrich von Kleist, 1977-1811）的劇作《宏堡的腓特烈王子》（*Prinz Friedrich von Homburg*）的主人翁腓特烈王子就是用這種精神在戰役中為他的國家和父王衝鋒陷陣，不過，人們卻不宜把這種精神運用於麵包、香腸和縫針等商品的製造上〔……〕。」

托瑪斯．曼則反對謝勒這種觀點——至少是間接的反對。他在〈一個政治冷漠者的一些觀察〉這篇發表於一戰期間的雜文裡，曾大力推崇那些承受過度負擔與操練而精力瀕於枯竭的人，那些「以成就為倫理依歸的人」（Leistungsethiker）活出了「現代英雄的生活方式」。他的自傳性長篇小說《布登勃魯克家族》（*Buddenbrooks*）的主人翁就是這類現代英雄的寫照：第三代掌門人托瑪斯．布登勃魯克年僅二十九歲便掌管家族的商業王國，雖然他有商業頭腦，也很努力工作，卻無法阻擋家族企業的頹敗。此外，托瑪斯．曼還在另一篇文章中說明，小說中這位無法振衰起敝的企業家就是「新市民類型」的英雄。這位諾貝爾文學獎得主雖曾清楚表示，無法想像自己會從事藝術以外的行業，不過，他還是相當贊同自中世紀神祕主義大師埃克哈特到大文豪歌德這一脈相承的德意志工作倫理，而且他還特別強調，這種勞動倫理其實無關於一件偉大作品的創作或穀糧的船運，畢竟工作的價值不在於工作內容，而在於人們從事工作的態度以及相關的想法，也就是講求秩序、勤勞、目標以及全力以赴的主觀意識。

同一時代的德國小說家恩斯特・允爾（Ernst Jünger, 1895-1998）則對托瑪斯・曼把那些「以成就為倫理依歸的人」高舉為現代英雄深表不以為然。對允爾而言，現代的市民哪是英雄？他們根本是軟弱、缺乏生命力的布爾喬亞（Bourgeois），連在辦公室上班，也會不堪工作負荷而昏倒。當他於一九三二年把勞動階層的工人尊為新時代的偶像時，並非指涉謝勒口中那些在工廠發憤圖強的「烈士」，而是那些肌肉發達、打著赤膊、因流汗而身體發亮的年輕勞動者。當時這些德國青年每天在克魯伯、曼尼斯曼和帝森（Thyssen）這些大型重工業廠房的煉鋼爐旁，展開他們充滿英雄氣概的奮鬥，如此壯觀的勞動場面，讓德國在介於第一和第二次世界大戰之間的承平時期也能展現旺盛戰鬥力。

允爾在第一次世界大戰期間是一名德軍少尉，後來身負重傷而退伍，還獲頒榮譽勳章。工作對於這位退役軍官而言，是一種戰爭的延續，他投入工作的激烈程度，就如同德軍在西線戰場上把敵營那條從比利時村落朗馬克（Langemarck）延伸到法國北部市鎮康布雷（Cambrai）的戰壕變成苦難的地獄一般。現代的勞動世界依舊帶著戰爭的標誌，依舊是砲火四起的戰地。那些渴求驚危和冒險的心靈，那些期盼與原初生命力搏鬥的心靈必須體認到，在二十世紀，除了物質的戰鬥之外，已沒有其他選擇。機器已經躍升為一種原始動力（Urgewalt），只有不被嚇退的勞動戰士才能跟機器較量，與機器結盟。

允爾跟納粹黨員以及共產黨員一樣，希望能消除市民社會。典型的無產者雖也跟那些庸庸碌碌的小市民一樣，穿著連身的藍色工作服，但他們已跟體格強健的工人站在同一陣線。總之，馬克思和恩格斯充滿田園意趣的共產公社已經飛出一群盛怒的胡蜂，對此允爾曾寫道：「工作是拳頭、思想和心緒的速度」；「工作是學術、愛、藝術、信仰、文化事業、戰爭以及白日與黑夜的生活；工作還是核子的震動，以及星球與太陽系的推動力。」

允爾的工作概念如果只是幫助市民解決因為勞動受到剝削而產生的焦慮，人們就會樂於接受。允爾把工作視為「富足和自由的要素」，這種觀點並沒有什麼不對，不過，如果我們仔細檢驗允爾對於「自由」的理解，就會覺得不舒服：允爾繼承德意志民族以集體為前提的傳統——從路德教派、虔信教派及普魯士的義務概念到黑格爾思想——而把自由、服從以及臣服於偉大的集體相混淆。允爾認為，自由並不表示個人可以決定自己是否、何時、為何要付出。對他而言，自由意味加入一群生命已取決於自己而非取決於命運的新人類，並且知道在全體的勞動計畫裡，哪裡是自己的位子。「人類最深切的幸福」在於「可以犧牲和奉獻；讓人們願意犧牲奉獻的最高藝術就是告訴人們，有什麼目標值得付出與努力。」

當德國人認清第三帝國納粹黨以及奉行社會主義、以工人為主體的東德獨裁政權的所作所為時，便會迅速停止歌頌那些英雄的行徑，而且還會慶幸自己的同胞終於懂得享有富於情調的生活感覺。沒有一位德國人對於集權主義的謬誤所進行的分析能超越原籍德國的猶太裔女思想家漢娜・鄂蘭（Hannah Arendt, 1906-1975）。這位海德格的女弟子不僅不認同獨裁政體，甚至還對現代民主社會的消費取向提出警告：現代人有足夠的休閒時間讓自己享用美食或上電影院，不過，這類現代消費社會的幸福樣板卻是現代人的不幸。

德國人自從二戰投降後，開始把「生命就是人生的至善」這則信條奉為生活行動的圭臬，當然，西歐人和美國人在更早之前便已信仰這個價值。在二戰結束之前，德國社會非常重視英雄式事功，強調「生命並非人生的至善」，個人在必要時應該為群體犧牲奉獻。然而，在納粹倒台後，德國人民便一致渴望建立一個新的人權國家。在講究人權的國家裡，個人雖然過著安樂的日子，卻也面臨另一項生命課題：人們如何不讓生命這個人生至善在享樂的冷漠中消耗殆盡，最後喪失生命本身的價值？這個問題並沒有解決。身為二十世紀最偉大的女性思想家之一，漢娜・鄂蘭如何闡釋這個現象？她曾在《行動的生活》（*Vita Activa*）這份論著中指出：「自中世紀結束以來，近代的人類開始藉由增強自己所有的能力和活動，不斷提出愈來愈多的承諾和願景，以滿足無止盡的欲求。然而，人類這樣的追逐最後卻終結於有史以來最極端、最沒有創造力的消極性（Passivität）當中。這是可想而知的發展！」

「工作帶來自由！」人類基於自由的考量，而用工作來折磨自己。即使工作的內容是在製作香腸，無論如何，總強過無事可做，至少人們不必因為生活過於無聊，跑到戶外聆聽青草生長的聲音。精力過剩的日耳曼人、永不停止的追求者、火車裡那個切蘋果的施瓦本太太以及拳頭結實有力、性情樸實的工人，很明顯地，這些人並沒有在德國完全消失。不然，我們該怎麼解釋，為什麼德國最大規模之一的ＤＩＹ家庭裝修連鎖賣場好幾年來都打出「總還有什麼要做的」（Es gibt immer was zu tun.）這個廣告標語？而且這家大型連鎖店至今仍在市場上屹立不搖。

5. 包浩斯

Bauhaus

BAUHAUS

美國知名作家湯姆．沃爾夫（Tom Wolfe, 1931-）於一九九九年接受德國《明鏡週刊》（*Der Spiegel*）訪問時曾表示：「如果人們不理會立體主義之後的現代繪畫、阿諾．荀白克（Arnold Schönberg, 1874-1951）之後的現代音樂、包浩斯之後的現代建築，還有我一直奮戰不懈、卻日益委靡的文學，其實並不會錯過什麼。」

包浩斯的獨特性在於它所扮演的角色，而不是它的成果。如果要談論成果，就必須提到更早成立的「德國工藝聯盟」（Deutscher Werkbund）。該組織成員的作品設計風格雖然缺少創新與突破，後來卻成為包浩斯在工藝美術方面的競爭對手。

「德國工藝聯盟」創建於一九〇七年，即第一次世界大戰之前的德意志帝國時期。成立目的是為了整合手工業、藝術、建築及工業，以切合當時的功能主義（Funktionalismus）、商品規格的標準化以及雄心勃勃的帝國所務求的實事求是精神。這種生產工業化的趨勢也導致帝國內部出現更多社會階級：中產階級偏好手工精細製造的名牌物件，一般人民則需要大量製造的產品。由此可見，整個德意志帝國的經濟運作不只依靠人民的生產，同時也仰賴人民的消費。

「德國工藝聯盟」所設計的商品一向著重實際功能，在設計方面通常顯得乏味無趣。比方說，「德國工藝聯盟」所發明的系統廚具雖然很實用，這種日常生活所需要的設備對於減輕家務工作的負擔也有無比貢獻，不過，這些產品卻無法成為設計界人士公開議論的話題。

二十世紀初期發生於慕尼黑分離派（Münchner Sezession）的兩件事情是德國實用藝術（Gebrauchskunst）的起點：慕尼黑建築師暨設計師理察．里模許密德（Richard Riemerschmid, 1868-

1957）結婚時，由於找不到合適的家具布置新居，於是決定自行設計家具；差不多在這個時期，「德國現代設計之父」彼得・貝倫斯（Peter Behrens, 1868-1940）獲得通用電氣公司（Allgemeine Elektrizitäts-Gesellschaft；簡稱AEG）的委託，為該企業設計宣傳廣告，成功開創了德國企業形象設計的先河。里模許密德與貝倫斯都是「德國工藝聯盟」的創辦人，當時的國會議長弗利德里希・瑙曼（Friedrich Naumann, 1860-1919）非常重視這個組織，曾大力推動它的設立，並在它所發行的宣傳性質的雜誌裡，以〈德國工匠藝術〉（Deusche Gewerbekunst）這個標題，親自提筆為文，陸續發表一系列文章，為時一年之久。

另外，比利時建築師暨設計師亨利・凡・德・菲爾德（Henry van de Velde, 1863-1957）當時在威瑪創辦的一間美術學校也著眼於實用藝術的發展。一九一九年，「德國工藝聯盟」的成員華爾特・葛羅培斯（Walter Gropius, 1883-1969）接替已退休的凡・德・菲爾德，擔任這所美術學校的校長。後來，葛羅培斯以這間美術學校為基礎，正式成立影響現代建築深遠的「包浩斯學院」。「德國工藝聯盟」與「包浩斯學院」在接下來的十年裡共存共榮，一起領導德國的藝術設計，葛羅培斯甚至還保留他的「德國工藝聯盟」會員資格。不過，相較於「德國工藝聯盟」保守的作風，包浩斯學派則積極呈現現代主義的建築，並且勇於表達自己的藝術理念。關於這一點，我們其實不須訝異，畢竟抱持理念的前衛者總是走在時代前端。

葛羅培斯曾在一九二三年藉由後期浪漫主義及表現主義的思想，描述包浩斯的精神境界：「我們已能辨識現今世界的中心思想，但它的形式仍混沌不明且雜亂無章。古老的二元論宇宙觀——主觀的我與客觀宇宙之間的對立──已逐漸褪色，新的一元論思潮──統合所有對立的緊張關係，並取得絕對的平衡──正取而代之。人們逐漸意識到，所有事物及現象皆為一個整體，這個認知已為所有人類的造型藝術帶來一種共通、深植人心的根本意涵。每個視覺形體將成為思想的化身，而且我們自身的思想也渴望轉化成視覺形體。總之，每件藝術作品都將成為我們內在本質的聲明，除此之外，並不存在多餘的事物。只有這樣的作品才得以保存它的精神意義，至於機械化的作品並沒有生命力，它們只是無生命的機械產物罷了！」

包浩斯學派成立沒多久，果真顯示出本身的超卓非凡以及無可替代性。包浩斯之所以無可取代，是因為人們很清楚，包浩斯已出現獨一無二的發展。除了視覺設計的理念之外，包浩斯還透過靈巧而熟練的公關傳播技巧，讓自己的理念得以廣為人知。也就是說，包浩斯當時不只透過建築與設計概念，還透過自我表現與自我行銷來打響名號。除此之外，它所發行的期刊《包浩斯》（*Bauhaus*）以及關於現代設計理論的「包浩斯叢書」的內容，其重要性完全不亞於包浩斯所設計建造的建築物本身。

人們對於Bauhaus（包浩斯的德文字義為「建造房屋」）這個語詞到底真正掌握了多少？其實這個問題根本不是問題，更重要的是，當人們聽到這個概念時，會聯想到什麼？是平面屋頂嗎？或各式燈款？無所謂，反正它們都是包浩斯的設計。平面屋頂雖然當時是包浩斯的識別標誌，但如今有誰會欣賞這種平面屋頂？倒是包浩斯一些知名的燈款，例如那些造型不受流行樣式影響的檯燈，至今仍廣受消費者喜愛，是歷久彌新的經典作品。

如果我們在行人徒步區詢問德國民眾，對於Bauhaus（包浩斯／建造房屋）這個詞彙會出現什麼聯想？大部分的受訪者大概會提到，Bauhaus就是那家在德國擁有一百二十五個分店、專門販售房屋花園裝修用品的連鎖大賣場，而且這一百二十五家分店還意味著一百二十五次的肯定：在這個Bauhaus裡，一切顧客至上。

人們會說：包浩斯合乎時代潮流。因為，它提供人們一種可能，以合乎時代潮流的方式經營自己的生活。包浩斯的先驅者想要實現的不僅僅是外在形體的遊戲，他們其實更期待建築的結構空間能深刻傳達社會的真實。顯然，包浩斯當時是透過室內裝潢與擺設來補強建築體的設計，而且還把一些物件的實用價值融入空間的視覺構思中。不過，當時包浩斯的創作者並沒有把握，自己獨特而前衛的設計思維是否能被社會廣泛地接受。他們只能假定，人們基於禮貌多半不會追問作品設計的抽象意涵。果真如此，他們其實已不需要考慮一般觀賞者的反應了！

包浩斯傳揚簡單的建築設計理念，這也讓社會大眾產生一種印象：包浩斯的作品可以成為每個人的私人物品。包浩斯藝術家透過和諧的空間安排及抽象線條形塑作品的流線性（Stromlinienförmigkeit）。這種現代藝術始終讓人們覺得，可以透過它的視覺設計看見事物的本質。靈活變化的形體讓包浩斯的建築物對於周遭環境具有很強的適應力，幾乎能配合每一種建築環境。其實，包浩斯學派使用的流動性線條並不是基於什麼意識形態，也不算什麼前衛藝術，它的優點是能充分與既有的存在物取得協調。

德國納粹政權肆虐歐洲期間，濱臨東地中海的台拉維夫市（Tel Aviv）[1]因為受到德國猶太難民的影響，而出現一批包浩斯風格的白牆建築物，即「台拉維夫白城」[2]。包浩斯的現代主義風格也傳播到東歐的布加勒斯特（Bukarest）、新大陸的美國，並繼續影響戰後分裂的西德與東德。這個學派的藝術主張席捲了全世界，每個國家不論採行何種政體、何種制度或位於哪個地區，都出現了包浩斯的現代建築。包浩斯風格不僅適合一九三〇年，也能和一九五〇年代相契合。二戰過後沒幾年，位於慕尼黑的「藝術紀念館」便在一九五〇年率先舉辦德國戰後第一場包浩斯展覽。這座「藝術紀念館」在納粹執政期間被稱為「德意志藝術紀念館」（Haus der deutschen Kunst），一九三七年，一群包含包浩斯學派在內的現代主義藝術家在此舉辦現代藝術展，遭到納粹當局恫嚇，展出的作品還被指為「墮落藝術」（Entartete Kunst）。不可思議的是，壓制包浩斯學派的納粹竟也無法抵擋包浩斯的魅力，比方說，他們在二戰期間在西線戰場建造「大西洋壁壘」（Atlantikwall）[3]時，其中的碉堡就是採用包浩斯風格建造的。

包浩斯學派大膽的視覺空間實驗所留下的資料，在二戰過後，已被妥善地整理並歸檔。包浩斯檔案館（Bauhaus-Archiv）起初設於達姆施達特（Darmstadt），後來才遷往柏林。

德國人似乎從未把「包浩斯」當作商標名稱加以保護。就包浩斯藝術來說，它並不需要人們後來賦予的任何褒讚與榮譽，而且和裝修用品的連鎖賣場完全不相干。它們之間並不存在競爭關係，況且這些DIY裝修大賣場也不想和這個藝術流派扯上邊。親自動手做工藝品已成為現代德國人休閒生活的嗜好之一，至於成形的物件是不是藝術，大可不必計較了！

揭示事物的對立與衝突並不是包浩斯藝術關注的主題，不過，這個學派也一再聲明，並不打算和當時大行其道的現代藝術大唱反調。包浩斯自成一個藝術流派是自然而然、合情合理的結果，它的發展宛如只是線條的延伸。藝術的包浩斯是德國威瑪共和時期的奇蹟，也是威瑪共和政體傳奇的門面。包浩斯的藝術能在當時開花結果，因為那時的德國人比較左傾，或者說，比較嚮往左派思想，因此，所有美好的事物至少應該對群體有益，應該貼近並適合普羅大眾的需求。葛羅培斯於一九一九年在威瑪創立包浩斯學院時，曾發表「所有藝術與工藝技術再度整合」的宣言，當時大家都很明白，包浩斯的創作主旨在於結合藝術與技術，藉由抹除藝術家、工匠和工業之間的界線，創造出以「整體藝術作品」（Gesamtkunstwerk）為基礎的「整體手工藝術作品」（Gesamtkunsthandwerk）。這樣的抱負幾乎已是國家層級所應該擁有的願景，不是嗎？

包浩斯傳播的實用藝術，獲得德國當局強力支持，並隨時準備提供資金援助。由於德國的威瑪共和體制為期不長，包浩斯學院真正從事創作與教學的時間其實相當短暫。當納粹上台執政後，便徹底封殺這所以現代主義為號召的設計學院。現在人們並不會問，包浩斯還剩下什麼？而是帶點兒無可奈何地探詢：包浩斯現在是什麼？或，不是什麼？

---

1 以色列於一九四八年建國之後，台拉維夫成為以色列第二大城以及經濟與文化中心。

2 聯合國教科文組織於二〇〇三年將包浩斯風格的「台拉維夫白城」列為世界文化遺產。

3 「大西洋壁壘」又稱為「大西洋長城」，是二戰期間納粹軍方用來防止同盟國軍隊登陸歐洲大陸的軍事屏障。依照納粹原先的計畫，這條西部防禦線預計串連法國、比利時、荷蘭、丹麥、挪威等國的海岸線，總長近三千公里，不過，只有一部分實際建造完成。

西德剛建立德意志聯邦共和國時，執政當局非常希望活躍於美國建築界的包浩斯代表人物，如葛羅培斯——一九六一年「法蘭克福歌德獎」（Goethepreis der Stadt Frankfurt）[4]得獎人——及密斯・凡・德・羅爾（Mies van der Rohe, 1886-1969）等人能回歸祖國，不過，卻未能如願。這些傑出的包浩斯人在納粹上台後，都選擇移民美國，試圖在納粹魔爪以外，延續該藝術流派的風格。

一九六八年，當學生運動如火如荼地在世界各地展開時，西德當時的住房營造部長曾公開聲稱，包浩斯是德國民主傳統的一部分，並立刻頒授聯邦十字勳章（Bundesverdienstkreuz）給包浩斯學院的校友。這項官方表態已為包浩斯神話蓋上封印，同時對於西德人民而言，這個宣稱就是對於自由生存意識的允諾。儘管一張以包浩斯風格設計的、現代感十足的沙發椅比較適合歐寶汽車創辦人的曾孫昆特・薩克斯（Gunter Sachs, 1932-2011）這位花花公子，反而和六八學運的革命者魯迪・杜區克（Rudi Dutschke, 1940-1979）沒那麼相配！

自從德國統一後，位於德東地區德紹市（Dessau）的包浩斯學院便再度成為眾人目光的焦點以及熱門的旅遊景點，只不過遊客們並沒有在它身上看到多少歷史軌跡。包浩斯學院曾在二戰末期遭到西方盟軍猛烈空襲，整個建築群包含校長寓所及教師宿舍幾乎毀壞殆盡。後來一支東德建築團隊接手包浩斯學院的重建工作，他們雖然在形式上仍以原來的式樣作為建物修復藍本，然而，當這所設計學院重建完成後，人們卻發現，它並不是原來的模樣，這項古蹟修復計畫因而引起極大爭議。

這是何等的失落！不過，至少還有一點可堪告慰：包浩斯神話後來讓所有現代建築看起來都像包浩斯。

4「法蘭克福歌德獎」是法蘭克福市議會於一九二七年以大文豪歌德之名設置的文學獎項，每年頒獎一次。二戰過後，改為每三年於八月二十八日歌德生日當天頒發，而且得獎人不限於文學家。

6. 高山電影

Bergfilm

在電影的分類中，本來不存在所謂的「高山電影」，這類影片和包浩斯學派一樣，都是德國威瑪共和時期特有的藝文產物。高山電影的創作者摒棄理性與知識，卻仍堅信人類極限的行動力，為了躲避這個配備科學技術的文明世界，他們當時還把電影膠捲和錄影設備裝入背包，逃入他們一心嚮往的高山裡。他們對於都會居民雖然抱持懷疑態度，卻熱心為這些觀眾拍攝山區影片，好讓他們能在漢堡和柏林（還有巴黎和紐約）的電影院軟椅上觀想，白朗峰上的風暴有多麼狂烈！德國境內的山峰並不特別受人矚目（在此向德國的瓦茲曼峰〔Watzmann, 2713m〕以及最高峰楚格峰〔Zugspitze, 2962m〕表示歉意），不過，德國人卻開啟高山電影的拍攝，而且還把這個電影類型推向顛峰。

時間倒敘：弗萊堡，第一次世界大戰前夕

自從電影於一八九五年問世以來，觀賞這種活動影像已逐漸成為大眾娛樂之一。在電影的草創時期，德國觀眾會到娛樂性綜合劇院（Variétés）和幾家早期電影院觀看德國史格拉達諾斯基兄弟（Brüder Skladanowsky）製作的《揮拳的袋鼠》（*Das boxende Känguruh*）這部短片；法國魯米埃兄弟（Brüder Lumière）當時曾拍攝一系列與火車主題有關的電影，比方說，火車在法國普羅旺斯火車站進站的情形，以及發生在美國尼可勒迪恩（Nickelodeon）的火車攻擊事件等，這些影像都讓當時銀幕前的觀眾受到很大震撼；此外，義大利也推出電影史上第一部造成轟動的劇情片《暴君焚城記》（*Quo vadis*）。

當電影處於默片時期，還在踉踉蹌蹌地往前摸索時，登山界的好手們已經準備告別登山運動的初期階段。一四九二年，歐洲人用梯子和其他工具攻上法國阿爾卑斯山區陡峭的艾吉耶峰（Mont

Aiguille）；一七八六年，成功地攀登白朗峰。不過，這些歐洲登山史的壯舉都只是個別發起的登山行動，一直到十九世紀下半葉，歐洲人才開始系統性地征服高海拔的山峰：一八五七年，歐洲第一個登山協會在倫敦成立，奧地利、瑞士和德國也隨後跟進。一八六五年，英國登山家愛德華·桓普（Edward Whymper, 1840-1911）帶領隨隊的登山員攀爬位於瑞士和義大利邊境那座神祕的馬特洪峰（Matterhorn），並且攻頂成功，但令人惋惜的是，其中四名隊員在回程下坡路段不幸喪生。一八九六年，全世界第一個高山救援組織正式於維也納成立。一九一一年，奧地利登山家卡爾·布羅第希（Karl Blodig, 1859-1956）自豪地宣布，自己是有史以來征服阿爾卑斯山區所有四千公尺以上山峰的第一人。

二十世紀初期，電影和登山運動正處於突破性階段。紡織繪圖員賽普·阿蓋爾（Sepp Allgeier, 1895-1968）和地質系學生阿諾得·范克（Arnold Fanck, 1889-1974）當時深深著迷於電影拍攝和登山運動，而且這兩位德國青年已不再滿足於黑森林的中海拔山脈。他們想要挑戰更高的峰嶺，想讓住在平地的民眾瞧瞧，高處的景色有多麼優美！多麼雄偉！

服膺康德學說的藝術理論家應該會大吃一驚。既優美又雄偉？這如何行得通？我們不是學過，美麗和雄偉是截然的對立？一方面是和諧，讓人們感覺愉悅與歡喜；另一方面則是全然無法勝任的巨大挑戰，只有人們鼓起非凡勇氣，克服令人懼怖的景象，才能「享受」它！

為了拍攝全世界第一批高山紀錄片，這兩位德國高山電影先鋒把攀岩、滑雪和攝影的裝備放進背包時，並沒有受到這類「康德式顧慮」的困擾。他們覺得，高山景色的秀麗和壯觀是交替出現的。

還有什麼會比剛下新雪的山坡受到光照而閃爍發亮的景色更美麗？還有什麼會比天氣突然變化，而把寧靜祥和的山坡驟變成雪崩的地獄更壯觀？一九二〇至三〇年代的德國高山電影，經常呈現英雄式主人翁如何在山岩和冰雪中與大自然搏鬥的故事，因此，電影導演如何巧妙地融合優美與偉大的對比，是難度更高的藝術挑戰。不過，早期的高山電影還沒有出現這類悲劇性山難，而是一些令人印象深刻、富學習意義的影片，如《在海拔四六二八公尺處滑雪——攻克羅莎山》（*4628 Meter hoch auf Skiern. Die Besteigung des Monte Rosa*）或是一些出色的娛樂片，比方說《雪靴的奇蹟》（*Das Wunder des Schneeschuhs*）。

「范克／阿蓋爾」這個高山電影雙人組剛開始合作時，已經有一位英國人把攝影機帶到瑞士的馬特洪峰拍攝影片，而讓他們感到焦慮不已！不過，這部瑞士高山影片的畫面既不夠好看，也不夠雄偉，范克和阿蓋爾在看過之後，反而自信滿滿地確定，這位英國人根本不是他們的對手！他們非常了解，如果想要出色地拍錄人們如何爬山、如何滑雪的景象，不管攝影團隊有多麼了不起的登山表現，不管自然景象有多麼壯麗，單單拿著攝影機拍攝是不夠的。攝影鏡頭代表電影觀眾的視角與視域，如果無法讓它成為高山活動的參與觀察者，所攝錄的畫面就無法傳達人和山峰那種「征服者／被征服者」的對立關係。因此，攝影鏡頭必須是登山活動的一部分，它必須讓登山者與被攀登的高山更加緊密相依，或更激烈地彼此衝擊，影像必須隨著人和山的一路互動而熱烈激昂起來。只有如此，才能形成「觀眾—山峰—征服者」這種不可思議的三角關係；也只有呈現這種三角關係，影片才會具有戲劇性張力，才能製作出精采的高山電影。

後來，取得博士學位的范克和成為知名專業攝影師的阿蓋爾仍繼續研發新的電影技術：由於當時還沒有自動變焦鏡頭，范克博士必須裁剪各種不同形狀的黑色避光框（Maske），以輔助畫面聚焦。這位熱情的高山電影導演不斷購入最新研發的物鏡（Objektive），親自調製化學溶液以沖洗負片，而後還發明了反光攝影機（Spiegelreflex-Filmkamera）。

范克博士後來還把攝影機安裝在滑雪板上，好讓人們在電影銀幕前可以逼真地體驗從覆滿積雪的山坡上快速滑下的刺激感。這類「被解放的鏡頭」所攝錄的影像確實讓當時的觀眾出現一股前所未有的興奮。

當社會學家韋伯正在慕尼黑埋首建構「世界的除魅化」（die Entzauberung der Welt）理論時，高山電影的開創者范克博士則在弗萊堡試圖向大家證明，這個世界尚未完全除魅，他甚至使用最新的錄影技術，進一步「魅化」（verzaubern）那些尚未除魅化的殘留。這位自然之子、熱情的登山家就這樣成了追求電影技術的狂熱者，終日苦苦思索影像的創新。

人們當然可以質疑，高山電影並不會只因把拍攝場景拉到高山上，它的影像內容就會比較沒有爭議。當時的電影評論家齊格蒙德・克拉考爾（Siegmund Kracauer, 1889-1966）曾經發表一篇知名影評，批判高山電影是「法西斯主義的前身」（präfaschistisch），然而，就評論的內容而言，克拉考爾的批評其實並不深入，因為，高山電影更大的悲哀在於它促使本身想保存的東西走向滅絕：在美的象徵下，高山影片讓人們誤以為科學技術和大自然可以彼此融合。范克和他的團隊所拍錄的那些狂野、原始、散發特殊氣息的高山影像，讓生活在大都市的觀眾們覺得興致高昂，而且這位高山影片的魔術師還宣稱：高山在召喚我們！然而，這位高山電影的開創者萬萬沒有料到，人類後來會挾著文明的優勢，帶著不斷創新的技術與設備，如纜車、電纜座椅和輸送帶以及為滑雪場整地的堆雪機，回應高山的呼召。

當時一般大眾並沒有跟隨范克博士的號召而往高山走去，他們還是選擇坐在電影院裡觀賞影片。不過，那時有一位柏林小姐在還沒有進入電影院觀賞高山電影時，就已經心煩不堪了！

柏林，「諾倫朵夫廣場」地鐵站（Nollendorfplatz），一九二四年六月

一位年輕小姐不耐煩地在柏林地鐵站「諾倫朵夫廣場」等候電車，再過幾個月，她就滿二十二歲了！她的膝蓋發疼，醫生並沒有診斷出確實的原因，很可能是韌帶拉傷。她正要去診所接受門診治療，這已經是第N次了！這種疼痛對她而言，真是一場災難。六個月前，這位從事表現性舞蹈（Ausdruckstanz）[1]的女舞者才在慕尼黑、柏林、蘇黎世和布拉格等歐洲各大城市的戲劇院嶄露頭角。她的演出不僅獲得正面評價，甚至還受到觀眾們熱情的回應。眼看她的舞蹈事業將要起飛，不料，卻在一次錯誤的跳躍後，膝蓋開始出現刺痛而必須暫停所有的排練和演出。

這位年輕舞蹈家就是蕾妮．里芬詩達（Leni Riefenstahl, 1902-2003）。她在十年後，成為德國知名的女導演，並受到納粹重用，二戰過後，也因為曾替納粹政權拍攝宣傳影片而備受批評。在這個柏林的六月天裡，這位對舞蹈既狂熱又沮喪的小姐正煩躁地在地鐵站等待下一班電車。

里芬詩達在她的回憶錄裡，曾如此描述她所經歷的這個人生轉折點：「當我在等地鐵的班車時，我的眼睛略過（……）對面的海報牆，目光突然停在一張海報上。海報的畫面是一個男人正勇敢跨過高山峭壁間的裂谷，下面則寫著『命運之山——多羅米堤山脈——導演范克博士』（Berg des Schicksals—Ein Film aus den Dolomiten von Dr. Arnold Fanck）。當時我因為想法悲觀而對前途感到憂慮，在看到這張海報後，卻突然像被催眠似地注視著上面那些陡峭的岩壁，望著那位跨躍崖壁谷隙的男人。」

里芬詩達當時忘了自己原本要搭地鐵去診所看病，也忘了膝蓋的疼痛，就這樣起身走向放映這部高山影片的電影院。當《命運之山》這部影片還沒播完時，坐在銀幕前的她便已下定決心，要前往義大利阿爾卑斯山區親睹那些陡峭的山峰。在觀看這部高山電影之前，這位世居柏林的小姐從來不知道，高山的景色風光竟是如此綺麗，如此美好！當天晚上，她還因為思考一個問題而無法入眠：讓她受到感動的，真的只是大自然？還是製作電影的藝術？

時間倒敘：北義大利，南提洛（Südtirol）[2]的賽拉（Sella）地區，一座山莊，一九二三年

一位半張臉塗得粉白的男人從一座山莊裡衝出來，並叫喊著：「我覺得慚愧！在高山前，我覺得慚愧！」

1 表現性舞蹈著重表達個人的思維情感和性格特徵。

2 南提洛地區是義大利北部的阿爾卑斯山區，曾隸屬於奧匈帝國，居民以德語人口為多數，約占百分之七十。

范克博士嘆息著。他現在已經無法再像從前那樣，帶著一群支持他的登山夥伴到高山裡拍攝紀錄片，有人掌鏡，有人則穿上滑雪板呼嘯地入鏡。他終於明白，沒有劇情的高山紀錄片已經讓自己的電影創作陷入困境。那麼，該如何脫困？當時有些電影院已不再播放沒有故事情節的影片，因此，一位電影界的朋友最近還勸他：「不要再拍那些攀岩的紀錄片，那些滑雪的影片！好的電影院需要好的劇情片，好的劇情片就需要好的演員。」

為了因應電影消費市場的需求，范克博士現在必須想辦法完成他的第一部劇情片《命運之山》。首先，他找到一位蘇黎世舞台劇演員擔任這部影片的男主角，但這名男演員卻不習慣電影的表演方式，站在鏡頭前就像公牛站在高山前面一樣，不知道自己該做什麼，而且他也不會登山。范克博士知道，他應該撤換男主角，不過，如果他拔擢那位他從格略登（Gröden）滑雪勝地雇來的高山嚮導（還負責為全隊工作人員煮義大利麵）擔綱演出這部影片，真的是明智的抉擇嗎？

後來這位高山嚮導果真成了《命運之山》這部影片的男主角，不過，他在拍片時總是高聲抗議：「我不想化妝，這些山也都沒有上妝啊！」

導演范克博士只好和顏悅色地說明，才能讓這隻瘋狗服從指示。他覺得，讓這種人在影片裡扮演偉大的角色應該錯不了！瞧！當他內心激動時，眼神還會發亮呢！女性觀眾可能會成排地昏厥在電影院裡。他到底叫什麼名字來著？路易斯．特廉克（Luis Trenker, 1892-1990）？就是這個特廉克。他原是一名專業建築師，利用業餘時間擔任高山嚮導和滑雪教練，卻因為意外獲得導演范克的賞識，從此轉換人生跑道，成為德語電影界的明星。

柏林，動物園旁的烏法電影院（UFA-Palast），一九二六年耶誕節前夕

此時德國高山電影的高峰三人組（Gipfel-Trio）已經形成。位於柏林動物園旁、有兩千多個座位的烏法電影院在外牆上用發亮的燈泡排組字母，顯示上映的電影名稱：《聖山——用大自然的影像敘說一個詩意的故事》（*Der heilige Berg. Eine dramatische Dichtung in Bildern aus der Natur.*）。導演暨編劇：阿諾得・范克博士。主要演員：蕾妮・里芬詩達與路易斯・特廉克。

《聖山》這部影片在開拍前，曾發生一些頗為荒唐的事。里芬詩達在諾倫朵夫廣場旁的電影院看過《命運之山》這部影片後，便動身前往義大利北部的多羅米堤山區，一如她一生中所做過的許多輕率決定。她在山區度假飯店的電影放映會裡，主動向影片男主角特廉克搭訕，並向他表明，要跟他搭檔演出下一部電影。來自北義大利南提洛山區的特廉克，當下取笑了這位普魯士來的野女孩，不過，他也把里芬詩達送給他的照片放進口袋，並在事後轉交給范克博士。導演范克在看過里芬詩達的照片後，便從弗萊堡專程到柏林找她，和她約在市區的一家咖啡廳碰面。數十年後，里芬詩達在她的回憶錄裡曾描述，當時她的內心「興奮得跟一座火山一樣」。

和范克博士碰面後的隔天早晨，里芬詩達就躺在醫院的手術檯上，接受膝蓋外科手術。她的膝蓋必須復原，而且還必須迅速復原，不然，她怎麼在阿爾卑斯山區學習滑雪和攀岩？而且，她還打算在影片中跳舞呢！里芬詩達在動完手術的三天後，通宵熬夜的范克便到醫院病房拜訪她，並慎重其事地遞給她自己剛寫完的《聖山》電影腳本，裡面大多是來自內心醞釀已久的想法，另外還有一些針對里芬詩達的個人特質所編寫的內容。

里芬詩達雖然立刻接受了這部高山電影的角色，不過，接下來卻出現一樁誤會：里芬詩達希望在影片中擁有一定的戲分，而不是陪襯在男主角身邊的女伴。導演范克後來才明白，特廉克先前並沒有向他正確傳達里芬詩達的想法。於是，里芬詩達和特廉克又對電影腳本做了一些修正，當時大家都很懷疑，這部電影是否能拍攝完成。

《聖山》這部影片在阿爾卑斯山區開拍後，有一天，導演范克博士突然在拍攝現場跳入山中的一條溪流，里芬詩達則手拿瓶子要攻擊他，雙方公開打情罵俏。那位原先擔任嚮導並負責為大家烹煮義大利麵的男主角特廉克則認為他們在工作時瞎鬧，一點兒也不正經。

當現實生活紛亂的情感關係隨著輕歌劇般的電影分鏡劇本搬上銀幕時，便會躍升為一齣絢麗的大歌劇。里芬詩達飾演這部電影的女主角蒂奧提瑪（Diotima），她的模樣看起來就像來自大海的希臘愛神阿芙黛特。電影裡，女舞蹈家蒂奧提瑪到阿爾卑斯山區的葛蘭特大飯店（Grand Hotel）做客席的舞蹈表演，坐在台下的兩位登山夥伴在觀賞她演出時，都情不自禁地愛上她。蒂奧提瑪起初愛戀著年輕的維果（Vigo；由導演范克博士的姪兒扮演），後來這份情感卻在彼此如兄妹般的打鬧互動中消失，蒂奧提瑪轉而愛上另一位比較成熟的男子（由特廉克扮演）。這兩位熱戀的愛侶夢想能在山巔上私訂終身，而且是在一座最美麗的高山上。然而，特廉克後來卻在無意中看到，一位男子正向他的蒂奧提瑪下跪求婚，並把頭埋在她的懷裡，而蒂奧提瑪則輕撫著他的頭。特廉克看到這一幕，傷心至極，便跑入山中，一路往北方危險的峭壁前進，他的登山夥伴維果也在後面緊緊跟隨他。夜色暗了下來，在山谷發威的暴風雪翻騰起來，崩落的積雪衝向他們，這時維果想折返，特廉克只是問他：「山下的那群人渣，有什麼人跟你有關聯？」他看到維果的反應後，才恍然大悟，原來那位向蒂奧提瑪求婚而讓他失去理智的人就是他的夥伴維果。他立刻以威脅的姿態站在維果面前，維果往後退一步而踩空墜谷。特廉克整個晚上只能搖搖晃晃地抓住一根繩索，以撐過這場暴風雪。在暴風雪過後，他發現維果已經死亡，一如他的預料。隔天破曉時分，特廉克似乎看到他和蒂奧提瑪在一座冰屋教堂裡，正要步向聖壇，準備完成結婚儀式。他當時其實已處於半凍僵的狀態，而後他便從那塊棲身的狹長岩崖奮力起身，縱身跳下，追隨他在陰間的友伴。

《聖山》這部影片當時很賣座，票房非常成功。數星期過後，德國大導演弗利茲．朗（Fritz Lang, 1890-1976）也在這家柏林電影院首映他的影片《大都會》（*Metropolis*），卻慘遭滑鐵盧，票房慘澹冷清。當弗利茲．朗透過拍片現場搭建的那一大片未來派風格建築物，而把觀眾帶向另一種不一樣的旅程，並使用所有表現主義電影的特效技巧來吸引觀眾時，范克卻在《聖山》這部影片的片頭以字幕表示：「參與《聖山》這部影片的知名運動專家們請求觀眾，不要把他們在鏡頭前的表現視為攝影的特效技巧，因為，他們的演出從不使用特效。本片所有畫面都在阿爾卑斯山區實地取景，而且是在風景最美的地方，拍攝時間前後長達一年半。」

如果我們閱讀當時關於《聖山》的電影評論，便可以知道，這部影片真實地呈現大自然雄奇壯麗的景色，的確擄獲了許許多多都市觀眾的心，不過，它過於激情而做作的情節也讓觀眾們頗不以為然。難道范克博士費盡心思地拍攝高山劇情片，到頭來只是白忙一場？

如果高山電影只有壯觀的雲氣、山峰和暴雪畫面，而沒有人們在這種險惡環境中為生存而搏鬥的戲劇因素，一般觀眾可能比較不感興趣。《聖山》及後來所有的德語高山劇情片主要都在傳達，高山世界就像映現人類靈魂的一面具有放大功能的鏡子，人類的靈魂如果失去平衡，大自然也會跟著騷動起來。關於這一點，我們並不會感到訝異。

每位銀幕的高山英雄首先都能與高山維持一種令人肅然起敬的和諧關係。他們親近高山時既沒有懼怕，也沒有過分的自信，而是勇敢和謙卑。「你到底要在高山上尋找什麼？」這個問題會出現在每部高山電影裡（大多出自擔憂和想法保守的母親與未婚妻口中），執拗的登山英雄卻總是不發一語，不做回應。他們頂多就是受到「自己本身」的誘使，別無其他，而且當登山的目的只是登山本身時，就可以順利攻克峰頂。高山英雄為登山而登山所付出的代價就是孤獨和寂寞，他們無法被大多數人理解，他們在平地只是沒用的傻子。德國的鄉土電影（Heimatfilm）會庸俗地把山村聚落美化成理想的社群，用以對比大城市人際疏離的社會，但真正的高山電影卻不以這種方式處理劇情。鄉土電影後來在二戰後的「後英雄時代」（postheroische Zeiten）順勢取代了高山電影，不過卻不是因為它的內容比較優質。

只有同樣受到山峰吸引而勇往直前的隨行夥伴，才能了解登山英雄內心的寂寞。高山電影一向強調夥伴之間的情誼，它是最高、也是唯一的人際價值，這一點讓它看起來和戰爭電影有類似之處，不過，法西斯主義者實際上還是無法利用高山電影為本身的意識形態進行宣傳。

登山同伴只要彼此的心靈連結出現裂痕，就會出現可悲的不幸。關係的破裂可能來自各種不同的原因：錯誤的企圖心、彼此爭先攻頂所引發的敵意，最糟糕的是，為了獲得某個女人的芳心而彼此成為情敵，就像《聖山》這部影片的情節內容。

在現實中，女明星里芬詩達於《聖山》殺青後不久，便和該片一位攝影師陷入熱戀，愛慕她的導演范克從失戀的悲傷平復之後，仍選擇和里芬詩達合作拍攝《大跳躍》（*Der große Sprung*）。這部電影也是「范克／里芬詩達／特廉克」這個高峰三人組最後合作的影片，劇情也從《聖山》的三角愛情悲劇轉為三角愛情喜劇，女人已不再被描繪成墮落的根源，而是被提升為登山夥伴。在演完這部影片後，特廉克便和范克博士拆夥，另立門戶，自己編導高山電影，也參與鏡頭前的演出。

范克博士後來和奧地利導演格奧格．帕伯斯特（Georg W. Pabst, 1885-1967）合作拍攝《皮茲．帕呂山的白色地獄》（*Die weiße Hölle vom Piz Palü*）這部電影，劇情也是兩男一女之間的情感糾葛：女主角蕾妮和新婚丈夫漢斯到阿爾卑斯山區度假時，結識了喪妻的卡拉夫特博士，並對這位富有魅力的「獨行者」萌生愛意。後來他們三人結伴同行，前往皮茲．帕呂山，但漢斯卻在颳起暴風雪的途中發生墜谷意外，失去意識，卡在深穴的冰柱上。卡拉夫特博士曾在許多年前因自己的過失而造成年輕妻子山難喪生，由於一直無法克服內心的傷痛，他在面對這個攸關生命存亡的時刻，寧可選擇死亡，寧可犧牲自己的性命，讓自己獲得最終解脫，也讓這對新婚夫妻可以存活下來。

接下來，范克和里芬詩達還合作了三部劇情片：里芬詩達在《白朗峰的暴風雪》（*Stürme über dem Mont Blanc*）中扮演一位從事天文工作的女性，當她那位在白朗峰氣象觀測站工作的情人受困於暴風雪時，情感堅貞的她便透過無線電和他維持聯繫，並親自營救他脫困。在《白色的陶醉》（*Der weiße Rausch*）這部電影裡，里芬詩達則飾演一位滑雪笨拙、外型卻很亮麗嫵媚的女人。

《*S.O.S.* 冰山》（*S.O.S. Eisberg*）是她與范克博士合作的最後一部電影，這部極地探險片原是環球影業（Universal Pictures）創辦人卡爾・拉姆勒（Carl Laemmle, 1867-1939）的拍片計畫。這位出身德國施瓦本的好萊塢電影大亨，曾試圖拍攝一部以冰山和北極熊為題材的劇情片，當一百二十位工作人員初次在北極海試拍時，卻不幸遇上暴雪，最後只有十九人生還。這樁拍片慘劇發生後，拉姆勒便放棄這項電影計畫。後來，消息靈通的范克主動向這位影業老闆表示：「拉姆勒先生，我保證我和我的團隊抵達格陵蘭後第十天，就可以站在冰山上開始拍攝電影。」就這樣，范克接下了這項好萊塢的極地拍片計畫，動身前往冰雪覆蓋的格陵蘭島展開影片拍錄工作。范克這次為了增加里芬詩達的戲分，還安排里芬詩達在片中扮演一位很有男子氣概的女人，穿著海豹皮夾克，駕著獨木舟在冰天雪地的格陵蘭探險。

電影魔術師范克博士和擅長在大自然場景演出的女明星里芬詩達，即使在最極端的拍片條件下，也能順利完成電影拍攝。這個組合其實可以持續下去，美國好萊塢也為他們敞開了大門，然而在這期間，納粹已贏得國會選舉，執掌德國政權，里芬詩達的電影事業也因此進入另一個階段……

柏林，動物園旁的烏法電影院，一九三二年三月

里芬詩達成為家喻戶曉的女明星後，便轉任電影導演，繼續發揮她的藝術才華。她所執導的第一部高山影片《藍光——一個高山的傳奇》（*Das blaue Licht—Eine Berglegende*）令人耳目一新，畫面的場景並沒有怒號的雪崩，而是以童話般的溫馨和大歌劇的格局征服觀眾內心，該創新之舉還造成一

時轟動。里芬詩達在這部悲劇片中，親自擔綱演出女主角，不只柏林的觀眾，歐洲的電影界，從巴黎到倫敦，也完全折服於她的電影才華，數個月後，《藍光》這部由里芬詩達導演的影片便一舉奪得剛創辦的威尼斯影展的銀獅獎。這位二十世紀德國知名女導演初試啼聲，竟立刻站上電影事業巔峰，實在令人嘖嘖稱奇。可惜的是，後來她選擇與納粹密切合作，無法再保有清白的名聲。

在執導《藍光》之前，即一九三一年初，里芬詩達曾主演范克博士導演的一齣滑雪喜劇片《白色的陶醉》。當時所有的演員都被要求，在入鏡時，必須經常在雪地裡摔跤，而且自行爬起後，還必須照著腳本的對白說：「哦，還好！」這種電影演出已無法再引起里芬詩達的興趣，而且也無法滿足長久以來她想從事電影創作的渴望。她覺得自己的能力並不在范克之下，范克能做的事，她也可以做到，甚至做得更好。

里芬詩達如果做出決定而不付諸實行，就不是里芬詩達！首先，她讓一位猶豫不決的金主願意出資拍攝她打算執導的第一部高山影片《藍光》，並找到貝拉．巴拉斯（Béla Balázs, 1884-1949）這位編劇家為該電影撰寫腳本，他書寫對白的能力甚至勝過范克的編劇。此外，她還雇用一名願意接受微薄報酬的技術操作員和她一起製作影片。里芬詩達先在瑞士義大利語區的提契諾（Ticino），後來又到義大利北部的多羅米堤山區四處尋找理想的拍攝地點，直到她來到偏遠的桑爾山谷（Sarntal）。她發現，那裡的村民很適合扮演《藍光》的山區農民，他們的模樣和神態真是像極了德國文藝復興時期畫家阿布雷希特．杜勒（Albrecht Dürer, 1741-1528）畫作中的人物。

《藍光》就是水晶山上方洞穴在月圓夜所發出神奇的微光。山谷裡無數男性村民曾為了找尋這個傳說中的藏寶窟不幸墜谷死亡，只有一位名叫雲塔（Junta）的女孩能平安無事地抵達這個位於高處的水晶洞。雲塔當時被認為是邪惡的女巫，經常被村民拿著棍棒和石塊追打，只能離群索居，孤伶伶地住在一間牧場的小木屋裡。後來村裡來了一位厭倦大都市生活的畫家，他不只沉醉在山村優美秀麗的景色中，還愛上了衣著襤褸而且赤腳的雲塔。這位畫家搬到雲塔居住的牧場上住了下來，這對男女既沒有交談（畫家只會說德語，而雲塔只會說義大利話），也沒有性愛，只是寧靜地在一片綠意中過生活。直到月圓的那一夜，雲塔再次帶著夢遊者的意識狀態穩健地爬上水晶山的洞窟裡。她深深陶醉於那些發亮的晶石，內心因為看到美而湧現純粹的喜悅，並沒有多做其他盤算。不料，那位心儀她的畫家竟偷偷尾隨她，順利地到達這個水晶山洞，之前村裡所有男人則靠著自己的方法摸索而命喪黃泉。當雲塔在洞穴裡轉身看到他時，不禁驚叫起來，此時不幸的災厄便揭開了序幕：這位畫家無法理解，為什麼雲塔不知道這些水晶礦藏對於她自己以及山下的村民是一筆何等的財富。只要取得這些珍貴礦石，人們就可以不用再忍受貧窮，不用再冒著生命危險攀爬高山。

後來雲塔心神不寧地在山間四處逡巡，這位畫家則趕忙下山，告訴山谷裡的村民那條可以順利通往水晶洞的山徑。於是村民們帶著梯子、編籃和一些粗陋的挖鑿工具，浩浩蕩蕩地往上頭那個窟穴前進。這時影片的畫面首次出現濃霧和烏雲密布的天空，雲塔知道，一定發生了可怕的事！當她懷著無比的恐懼再次走入山洞時，發現自己的聖地已受到褻瀆和破壞，裡面的水晶礦石已全被挖走。悲傷之餘，她一路踉踉蹌蹌地趕路下山，最後失足而墜入了深谷。

村民這時已取得珍貴的水晶石，自此便把雲塔當成大善人，而不再是邪惡的女巫。當這位畫家四處尋找雲塔，準備告訴她這個好消息時，卻在山腳下發現雲塔血肉模糊的屍身。從此這座水晶山在月圓的夜晚，已不再發出奇妙的藍光。

《藍光》是一部真正的高山電影，然而，它卻顛倒了一些既定的遊戲規則。里芬詩達的前輩范克博士喜歡在影片中強調那些凸出地表的岩峰和冰柱，這位女導演則安排主角們在經過一番攀爬後，進入一個神聖的洞穴中（心理分析學家可能會很開心地在德國高山電影裡發現男女性器官的象徵和對比）。在一般的高山電影裡，男性英雄會把高山當作應該被征服的敵對者，會使用或多或少公平而正當的方法來戰勝它們。然而，在里芬詩達所執導和主演的這部劇情片裡，女主角雲塔卻非常平和地與大自然取得協調一致。在那裡，雲塔自己、日月星辰、岩石和動植物都融合成一個浪漫的、宇宙的整體。高山對於人們而言，不再是威脅性的挑戰，而是和諧整體的一部分。

德國高山電影後來的發展也帶有些許悲劇成分：里芬詩達不僅沒有在她的高山電影裡表現英雄的慷慨激昂，反而還去除了主人翁的戰鬥性，為了追求純粹的美感，還進一步壓縮了畫面雄偉壯闊的表現。山村的那群男性惡徒不僅對於自然之美無動於衷，還是大自然的褻瀆者和剝削者。里芬詩達首次執導的這部影片在電影史上被視為「生態女性主義」（Ökofeminismus）早期的作品，不過，偏偏就是這位影片風格最不具戰鬥性的女導演，後來卻運用她的電影美學和攝影鏡頭，把希特勒美化成銀幕的彌賽亞，並賦予行進的納粹德軍一股美感衝擊力。

一九三二年五月十八日，里芬詩達在電影《藍光》於柏林動物園旁的烏法電影院舉行盛大首映會幾星期之後，便衝動、欠缺考慮、充滿企圖心地寫了一封信給即將上台執政的希特勒，就像數年前她曾為了爭取電影演出的機會而主動糾纏范克博士和特廉克一樣：「敬愛的希特勒先生，我在不久前，參加了有生以來第一場政治集會，您當時就在體育館裡發表演講。我必須承認，您以及現場熱情的會眾讓我印象深刻，因此非常期待能有機會認識您本人。可惜的是，幾天後我必須離開德國好幾個月，到格陵蘭拍攝一部極地影片，因此，出發前大概不可能和您碰面了！況且我還不知道，這封信寄出後，能否真的傳到您手中。如果有幸能得到您的回音，將是我莫大榮幸。在此致上衷心的問候！您的蕾妮·里芬詩達。」

里芬詩達接下來的電影事業就是德國現代史的一部分了！這位二十世紀德國知名的女導演曾為納粹拍攝三支政治宣傳片：《信仰的勝利》（*Sieg des Glaubens*）和《意志的勝利》（*Triumph des Willens*）是關於納粹黨代表大會的集會實況，《自由之日》（*Tag der Freiheit*）則是以納粹德軍為拍攝主題。當她於一九四〇年開拍她的第二部、也是最後一部劇情片《低地》（*Tiefland*）時，已不再大費周章地跑到偏遠山村徵求一些跑龍套的臨時演員，而是在薩爾茲堡附近的一座吉普賽集中營直接找人在鏡頭前演出，這種作法也讓她的人格和道德操守陷落到最低點。整體而言，里芬詩達在納粹時期的電影事業已朝負面的方向發展，人們有時雖能從某個角度理解她當時拍攝的影片，卻壓根兒無法認同。

德意志聯邦共和國，二戰過後至今

高山電影已死！納粹執政期間，拍攝高山電影的導演不是迷失於政治漩渦中，就是遭到第三帝國當局排擠而邊緣化。以范克博士為例，他於一九三四年和里芬詩達分道揚鑣後，雖然還執導過一部關於歐洲人首次攻上白朗峰的登山傳奇影片，不過，並沒有獲得納粹宣傳部長約瑟夫．戈培爾（Joseph Goebbels, 1897-1945）的稱許。這位納粹的宣傳天才力圖讓當時德國的電影業為納粹塑造無上政治權威，就意識形態而言，他寧願看到德國人，而不是法國人——儘管這是無可否認的歷史事實——率先登上歐洲最高峰。也因為這個緣故，戈培爾後來並未把一九三六年柏林奧運官方紀錄片的拍攝任務交給這位在運動電影領域最資深的導演，雖然他曾拍攝過一九二八年瑞士聖莫里茲（St. Moritz）冬季奧運的官方紀錄片。范克儘管擁有響亮的專業資歷，卻因為政治不正確而讓里芬詩達獲得執導機會。里芬詩達那時仍對恩師范克心存感激，仍與他的圈子密不可分，投入柏林奧運影片拍攝的攝影師團隊幾乎全出身於范克所領導的「弗萊堡學派」（Freiburger Schule），而且最早為范克掌鏡的攝影師阿蓋爾也加入了里芬詩達的這支拍攝團隊。范克後來還試著執導兩部遠赴海外取景的劇情片，一部在日本，另一部在智利和阿根廷的巴塔哥尼亞，不過，這些電影作品只是凸顯了范克當時的創作困境。在二戰後期那幾年，這位高山電影的靈魂人物已沒有任何片約，因此，女徒弟里芬詩達便把幾部納粹官方的紀錄短片轉交給他拍攝，比方說，關於德軍的大西洋壁壘以及為納粹政權創作公共藝術的雕塑家阿諾．布瑞克（Arno Breker, 1900-1991）的紀錄片。

納粹倒台後，范克博士終於失業了！連他的兒子後來也不願透露，范克那些年到底如何謀生過活，據說他曾為了餬口而到山區當伐木工人。范克享壽八十五歲，一九七四年過世時，早已被世人徹底遺忘！

里芬詩達在戰後的處境也同樣落寞黯淡：納粹政權垮台後，美國占領軍視她為納粹幫凶，禁止她從事電影拍攝工作，西德人民則把她當成一位已被人們淡忘的昔日名流。她在六十歲那年，曾帶著攝影機跑到東非蘇丹南部山區，和當地的努巴族（Nuba）一起生活好幾個月，並為他們留下珍貴的影像紀錄，當時該族群仍與世隔絕，完全沒有受到文明世界的影響。里芬詩達七十幾歲時，依舊精力充沛，曾為了拍攝海裡的魟魚和珊瑚礁而學習潛水，並取得潛水執照。二〇〇二年八月，統一後的德國曾「小心謹慎地」為里芬詩達舉辦百歲誕辰慶祝會，當時德國社會才再度注意到這位本國最重要女性導演的電影作品。隔年九月，人瑞里芬詩達以一〇一歲高齡辭世。

在「范克／里芬詩達／特廉克」這個高峰三人組中，特廉克是唯一挺住歷史錯誤和巨大的政局變動而未受波及、依然屹立不搖的人。特廉克在一九二八年和范克博士徹底鬧翻後，決定自己當導演，執導自己演出的影片。直到七〇年代初期退休為止，他都很活躍，或演或導，一共推出了二十四部劇情片和幾部紀錄片，所撰寫的著作幾乎全是德語區的暢銷書籍，每本書的出版量往往高達數百萬本。此外，自一九五九年開始，他還長期在電視這個新興的大眾媒體上講述一些高山的傳奇故事，讓德國觀眾們聽得津津有味。

然而，在納粹執政時期，特廉克真的比范克和里芬詩達還要潔身自愛嗎？

特廉克和柏林納粹政權的牽扯，其實與范克及里芬詩達不相上下！特廉克出身於義大利北部說德語的南提洛山區，這地區在歷史上曾是奧匈帝國領土，當時長袖善舞的特廉克會依據政治情勢演變而調整自己的族群認同，有時聲稱自己是奧地利人或德國人，有時則選擇向義大利政權靠攏。在納粹執政時期，他和范克博士一樣，因為顧及自己在德國電影界的發展而做出一些愚蠢的決定，比方說，他在一九四〇年加入德國納粹黨（就這一點而言，里芬詩達倒可以宣稱，自己從不是納粹黨員——不過，從另一方面來說，里芬詩達不入黨對於納粹反而更有宣傳效力，因為，他們可以對外聲稱，里芬詩達小姐是獨立於政治黨派之外的女藝術家，她為納粹所拍攝的宣傳影片也就具有更客觀、更超然的公信力）。

納粹宣傳部長戈培爾在納粹取得政權前夕，曾在日記上寫道：「晚上去看《反抗者》（*Der Rebell*）這部電影，由特廉克執導和主演，一部頂尖的影片，國族的自覺，壯觀的群眾場面〔……〕，希特勒看了也很激動。」不過，當納粹詢問特廉克，家鄉南提洛地區應該繼續由義大利管轄，還是歸入德國時，他的回答卻模稜兩可，並非納粹所期待的答案；隨後他導演《火焰的惡魔》（*Der Feuerteufel*），這部影片是關於奧地利南部康滕地區（Kärnten）居民在十九世紀初期群起反抗拿破崙占領軍的故事，然而，這樣的內容卻被納粹當局視為針對德軍當時占領歐洲的不友善諷刺，從前對於特廉克的激賞也因而轉成了憤恨。「這個無賴！一個沒有祖國的傢伙！先等一等，有一天會把他幹掉。」一九四〇年三月，戈培爾在日記中寫下自己對於特廉克的觀感。此外，他還在一九四一年的日記裡表示，里芬詩達拍攝《低地》這部劇情片讓他感到憂慮，他認為這位女導演「是個歇斯底里的女人，每天都要得到新的東西」。

我們其實無法單憑納粹宣傳部長在日記裡寫下的內容，來認定當時高山電影的導演是納粹政權的祕密反抗者，雖然他們在德國戰敗後，曾為了正當化自己在納粹時期的作為而紛紛如此表態。實際上，在二戰期間，那些鼓舞人們展現奮鬥勇氣的高山電影，對於納粹政權已逐漸失去利用價值，一些不拍高山電影的導演和演員在此時期反而更受到這個法西斯政權的重視，例如，深受戈培爾器重的導演維特·哈蘭（Veit Harlan, 1899-1964）曾在一九四〇年執導《猶太人蘇斯》（*Jud Süß*）這部煽動反猶太情節的劇情片；或像知名演員亨茲·呂曼（Heinz Rühmann, 1902-1994）在一九四四年主演的《火鉗熱甜酒》（*Feuerzangenbowle*），這部喜劇電影曾讓當時的德國軍民或多或少從戰爭劣勢的恐懼中稍微轉移焦點。

特廉克在一九三七年導演的《高山的召喚》（*Der Berg ruft*）是他一生最著名的電影代表作，而且他還主演這部影片，飾演一位南提洛的登山英雄。在這部影片裡，當這位登山家宣布，已決定和英國登山好手桓普共同組隊攻上那座位於瑞士和義大利邊境、尚未被人類征服的馬特洪峰，而不是自己單獨攻頂、為祖國義大利爭取榮譽時，卻被自己的村民辱指為騙子和國家的背叛者。時值納粹執政時期，特廉克在這部影片裡，其實已清楚地表態，自己站在哪一邊了！《高山的召喚》這部電影也把夥伴情誼美化成社會的最高價值，而鄙夷人們軟弱的屈從和順服。對於高山英雄而言，國族沙文主義（Nationalchauvinismus）比女性的誘惑更容易讓他們的靈魂迷惘茫然（除了美國西部拓荒片之外，只有德國高山電影會頌揚獨立、行蹤不定的獨行者）。不過，持平而論，真正高山影片的英雄並無法主導一個國家，更別說一個極權國家了！因此，指責高山電影具有法西斯主義傾向的說法，其實有欠公允。

如果特廉克當時只拍攝符合納粹口味的那些英雄式、為自由而奮鬥的高山劇情片，他就會和范克及里芬詩達一樣，在西德戰後的五〇、六〇年代，在仍可有所作為的年紀，從電影界消失，頂多只是等著讓德國後來的世代再度發覺，這些高山叛逆者其實是可以頂禮膜拜的偶像，雖然看起來有點怪異。所幸特廉克在納粹時期所拍攝的高山影片還會令人開懷一笑，並不是悲壯、標榜英雄氣概的山難悲劇。在納粹剛上台時，他在《迷失的兒子》（*Der verlorene Sohn*）這部高山電影裡，便已高唱家鄉的頌歌。電影劇情是關於一位移民美國紐約的德國人，最後滿懷懊悔地回到故鄉山村的故事。阿爾卑斯山如牧歌般的風光，一位乖巧的女孩坐在山難者紀念碑下牧羊，雙手織著毛線，此時學校的教室裡，還傳出老師訓誡學童的斥責聲：「如果學習跟不上進度，就不可以回家！」在這部影片裡，陡峭險峻的山峰已退到遠處，成為畫面的背景，阿爾卑斯山區青綠的牧草地成了影像的焦點。在這片高山下的青草地上，雖沒有剛強的英雄行徑所帶來的罪惡，但戲劇藝術的表現卻也乏善可陳。不僅那些帶有英雄浪漫風格的高山電影已經墮落成激情庸俗的影片，就連《被愛情征服》（*Von der Liebe besiegt*）這部特廉克導演的蹩腳高山文藝片，也可以讓西德戰後那些已受夠納粹響亮口號的民眾靠在電影院的軟椅上感傷地嘆息。即使特廉克的這部電影以《馬特洪峰旁的命運》（*Schicksal am Matterhorn*）作為次標題，觀眾們已不認為會再出現什麼驚人聳動的內容。光看它的電影海報就知道，這種明信片上的山峰已經不再吃人了！

特廉克於一九九〇年在南提洛的大城波札諾（Bozano/Bozen）過世，享壽九十八歲。後來他歸葬在自己的故鄉——格略登的村落聖烏利希（St. Ulrich）——墳墓還成了觀光客的朝聖地呢！現在高山已不再呼喚，而是沉默不語。

7.
啤酒癮

Bierdurst

Oktoberfest

世界上再也找不到比德國人更熱愛啤酒的民族了！德國是世界啤酒消耗量最大的國家，境內共有一千三百多家啤酒廠，五千多種啤酒品牌，而且每位德國人平均每年喝下的啤酒量高達一百多公升。以下是本人有感於德國特殊的啤酒文化而寫下的一首詩：

在美好的五月天，
白日變長了，
我突然感到很乾渴，
那個古老的靈魂誘惑。

我的浪遊起始於北方，
坐在緊鄰丹麥的弗連斯堡（Flensburg）海港邊，
喝著當地釀造的皮爾森啤酒（Pils），
彷彿看見一艘從前割取鯨脂的捕鯨船滿載而歸。

往西走向北海邊的淺灘，
弗里斯地區（Friesland）吹拂的海風跟它的啤酒一樣，

氣味略帶酸澀，
還把我手中的啤酒瓶頸吹得吱吱作響，
氣氛如此輕鬆愉快，
我立即把它當作旅途的第二站。

我在不來梅（Bremen）碰到那四隻動物，
牠們想成為樂手，
於是我打開錢包，
招待牠們暢飲這個漢薩港都的淡色博克啤酒（Maibock）。

我也感受到漢堡阿斯特湖（Alster）[1]明媚的風光，
當湖水汩汩流過，
我便迅速把那杯遵古法釀造的啤酒送到雙唇邊。
乾杯！不要管它是哪個廠牌。

[1] Alster 除了是漢堡市中心的阿斯特湖之外，在這裡它還暗指漢堡在地啤酒廠幾款冠上 Alster 的啤酒品牌。

在波羅的海的海邊，
那個站在船頭的水手喊著，
「史卓拉尊特（Stralsund）[2]釀製的啤酒喝起來恰到好處！」
他喝下這款以當地海盜頭子施多特貝克（Störtebeker）[3]命名的啤酒，
而且一連吞飲四公升。

接下來，我直闖北德的荒原（Heide），
一隻羔羊跳到我身邊，
我請牠喝杯黑啤酒（Schwarzbier），
感謝牠與我親近，
添加啤酒花的麥芽汁也讓我覺得美味無比。

然而，我必須繼續往東前行，
去首都柏林，
品嘗調入果味糖漿的柏林白啤酒（Berliner Weiße mit Schuss），
只有舒特海斯（Schultheiss）和肯德（Kindl）啤酒廠
還在釀造這種柏林特有的啤酒，

我曾向舒特海斯保證，
肯德結束營業還要很久。

修道院的啤酒廠生產泡澡用啤酒（Badebier），
我在那裡做啤酒浴，
保養頭髮和皮膚，
一名朝聖者為我遮上毛巾，
卻不敢多說什麼。

波希米亞一家啤酒廠的地下室，
專門釀造低度發酵的冰啤酒（Eisbier），
淡色的酒液如此冰冷而清澈，
我快活地躺在易北河岸的斜坡上享用，
置身於一群興致高昂的酒徒中。

2 史卓拉尊特是德國臨靠波羅的海的港都，曾是德國歷史上繁榮的漢薩城市。
3 克勞思．施多特貝克（Klaus Störtebeker, 1360-1400）是十四世紀活躍於波羅的海的海盜頭子。他經常劫掠漢薩同盟的商船，最後被處死於漢堡。

圖林根人熱中於釀啤酒，
大文豪歌德卻不喜歡這種飲料，
所以，他也不喜歡自釀啤酒的馬丁．路德夫人，
儘管夫人釀出的啤酒是一首詩。

我就這樣繼續漫遊到黑森邦，
那裡有許多種類的發泡啤酒，
在大自然的心臟地帶，
我問候森林、湖泊和河谷的草地，
津津有味地喝著一罐專門行銷海外的出口啤酒（Exportbier）。

科隆啤酒屋的侍者在腰間繫上藍色長圍裙，
使用中間有突出手把的圓形托盤為顧客上啤酒，
當這種托盤擺滿科隆特有的小啤酒杯（Stößchen）時，
看起來就像一個花圈，
我請侍者喝杯啤酒，
他便告訴我，他叫法蘭茲。

一杯杯清涼的啤酒吸引著我，
從蘭史坦（Lahnstein）到馬緹拿陀（Martinator），
從深赤金色到透亮的淡金色，這是何等的奢華！
可惜我還必須繼續既定的行程，
不能留在那裡終老！

接下來是薩爾蘭（Saarland）的啤酒之旅：
當地特產的啤酒帶有啤酒花濃醇的氣味，
喝起來卻又清爽潤口。
我並不排斥生啤酒（Zwickelbier），
這種酒液因為酵母而顯得混濁，
讓我在玻璃杯上看到自己。

我在黑森林發現一塊營地（Lager）[4]，
冷杉林下光線昏暗，林木在上頭高聳著，

4 Lager在這裡是雙關語，它的另一詞義是指低度發酵、低酒精含量的「拉格啤酒」（Lagerbier）。

我坐在戶外喝啤酒，

一顆杉果（Zäpfle）[5] 掉進我的大啤酒杯裡，

森林小酒館的老闆娘還在那裡笑著。

最後，

我來到德國最著名的啤酒之鄉巴伐利亞，

寶萊納（Paulaner）啤酒屋的燈光還亮著，

我一升又一升地灌下白啤酒（Weißbier），

應該不至於酩酊大醉。

---

[5] Zäpfle 這個雙關語在此還意味黑森林土產的「杉果牌啤酒」。

8. 情同手足的樹木

Bruder Baum

對於樹木，德國人總是慎重以待。前幾年，德國有一位老太太因為冬天不肯在戶外走道上撒鹽巴，以防止路面結冰，而把自己的大腿骨摔斷了！這種事情在德國雖然經常發生，不過，許多人還是不願意在人行道上撒鹽粒，因為，樹木管理單位曾發布消息指出：撒在路面上的鹽巴，其鹽分在滲入土壤後，會危害旁邊生長的樹木。是否這位在積雪路面上摔倒而發生骨折的老太太不想讓她門前那棵菩提樹枯死？或許她年輕時，也像舒伯特藝術歌曲〈菩提樹〉裡的描述，曾在菩提樹的樹幹上刻下許多愛的話語？當那位負心漢讓她心碎時，那棵菩提樹是否也曾給她一些安慰？總之，那棵老菩提樹在不受土壤過多鹽分的威脅之前，這位老太太就必須承擔骨折的風險。

這位發生骨折意外的老太太有一位身體硬朗、精力充沛的妹妹，當時她正為了聲援幾株老樹而前往施瓦本地區首府斯圖加特市（Stuttgart）參加抗議活動。市政府、邦政府、聯邦政府和德國鐵路公司（Deutsche Bahn）已取得共識，打算為斯圖加特興建一座新的火車站，因此，必須砍除王宮花園裡緊鄰這處施工地點的幾株老梧桐樹。德意志民族是愛樹的民族，砍掉老樹的決定讓人民內心淌血，所以，必須戰鬥到底。不過，這起來自民間的抗爭還是徒勞無功，那些老梧桐最後仍為新建設的推行而犧牲，它們綠油油的樹冠被砍下，堅實的幹身切成塊狀，根部也從土地裡拔起。這位精神矍鑠、參與護樹抗爭的老太太當時則對媒體表示，自從第二次世界大戰結束以來，她還沒看過比砍伐這些老樹更恐怖的場面。隨後，這些施瓦本人士保護老樹的抗議畫面，甚至還被大西洋彼岸的《紐約時報》刊載在它的版面上。

在德國，傷害樹木的人通常無法得到別人信任。完成民族統一大業的德意志帝國宰相俾斯麥（Otto von Bismarck, 1815-1898）就深知這項觀人之術。他在晚年撰寫的《思考與回憶》（*Gedanken und Erinnerungen*）這本回憶錄裡，曾提到他對於他的繼任者雷歐・馮・卡普里維（Leo von Caprivi, 1831-1899）的觀感：「自從我知道我的繼任者搬入首相官邸後，把花園前的那些老樹砍除殆盡時，我並不否認，我對他性格的信任已降低許多。」

如果這位「鐵血宰相」現在還在人世，是否會親自調停德國人為了砍樹和護樹所引爆的爭端？或者，他只想坐在自家府邸那個林蔭的花園裡，聽著鄰人輕聲播放德國熱門女歌手亞莉珊卓拉（Alexandra）的經典流行歌曲〈樹木吾友〉（Mein Freund, der Baum）：「樹木吾友已死亡，它在清晨旭日東升的紅光中倒下……」

自西元七二三年以來，砍樹在日耳曼地區就是一件棘手的任務。從前黑森地區（Hessen）北部的蓋斯瑪（Geismar）附近有一棵巨大的老橡樹（Eiche），當地的日耳曼人把它獻給掌管天氣和雷雨的多納神（Donar），並把它當作最重要的宗教聖物，對之禮敬崇拜，祈求在它的庇護下能有好天氣，而且還把它的枝葉紮成青綠色長條並圈繞在其幹身上。後來天主教傳教士聖波尼法丘（St. Bonifatius, 672-754）出現了！這位在日耳曼地區展開基督教化的先驅者，為了向日耳曼人證明他們的神明並不靈驗，便在士兵的護衛下，當眾將這棵象徵多納神的橡樹砍倒，而且事後他還平安無事，並未被閃電擊打，天空也沒有出現雷雨而變得陰晦昏暗。「日耳曼使徒」聖波尼法丘後來還用這棵橡樹的木材建造一座基督教教堂，並以耶穌門徒聖彼得為這座木造教堂命名。由於聖波尼法丘在當地的傳教活動很積極，這個位於黑森地區的卡藤部落（die Chatten）就成了羅馬帝國時代已基督教化的萊茵地區（Rheinland）以外，第一個信奉天主教的日耳曼部落（在這裡，本人想給德國鐵路公司董事長一個小小的建議：如果下次還必須砍伐梧桐樹，其實不一定要把它們鋸成塊狀，不妨請木工們將這些木料做成新候車大廳裡的座椅）。

日耳曼歷史上最重要的伐木事件雖然最後以基督教的勝利落幕，卻似乎在民族心靈裡留下一塊陰影。位於萊茵河畔的科隆大教堂於十三世紀中期起建，建築工程歷時近六百年，直到一八八〇年才由德皇威廉一世宣告完工。在落成典禮上，人們朗誦普魯士詩人麥克斯・馮・宣肯朵夫（Max von Schenkendorf, 1783-1817）的〈科隆大教堂〉（Der Dom zu Köln）這首詩，以正式啟用這座教堂：「這是一座喬木聳立的森林／我欣悅地望著欣欣向榮的林木／虔誠的夢境便從樹梢／逃入那個遙遠的鬼魂國度。」試想，這首詩作的內容難道不是日耳曼人在一千一百年後，為那棵象徵多納神而遭基督徒砍倒的橡樹所發出的細膩報復？

儘管日耳曼民族在信仰上早已基督教化，但他們的內心深處仍跳動著那顆日耳曼古老的樹木之心（Baumherz）。部落殘留的樹靈信仰後來還讓日耳曼人民熱情地把橡樹、山毛櫸或菩提樹獻給日耳曼地區最勇於發言的基督徒——宗教改革家馬丁・路德。這種盛況從威登堡（Wittenberg）蔓延到胥威柏丁恩（Schwieberdingen），彷彿八世紀的傳教士聖波尼法丘不曾砍倒那棵橡樹神一般。不過，這位宗教改革家如果地下有知，絕不會同意他的追隨者在他身故之後把樹木或他個人當成偶像崇拜。

德國人會找樹木交談。逐漸喪失聽力的作曲家貝多芬只要有機會，就會逃進大自然裡，比如他曾在筆記本裡寫道：「在這裡，喪失聽力的不幸不再困擾著我。郊外的每棵樹似乎都在對我說話，聖哉！聖哉！」兒童文學作家埃利希．凱斯特納（Erich Kästner, 1899-1974）的作品從不以多愁善感著稱，除了〈森林沉默著〉（Die Wälder schweigen）這首詩之外：「城市的生活讓靈魂變得佝僂。／在大自然裡，人們可以像兄弟一般跟樹木說話，／跟樹木交換靈魂。」一九四六年諾貝爾文學獎得主赫曼．赫塞（Hermann Hesse, 1877-1962）則相信：「跟樹木說話的人，懂得傾聽樹木說話的人，才知道真理是什麼。」如果德國人問：那個真理是關於什麼？關於自己本身？還是關於樹木的本質？在環環相扣的古老部落集體記憶裡，什麼是德意志民族的本質？如果他們想得到答案，就應該親自細聽樹木的聲音。

（橡樹登場）

橡樹：如果有一隻野豬在一棵德國橡樹上磨蹭，會怎麼樣？

（菩提樹登場）

菩提樹：你說話少粗魯了！請提點兒正經的問題。

橡樹：你就回答吧！你總是願意對別人付出許多安慰和深刻的理解。（橡樹開始唱起舒伯特藝術歌曲〈菩提樹〉）「在門前的井邊，有一株菩提樹……」

菩提樹：我已經給許多世代的德國人溫柔的安慰，這是真的！在我的樹蔭下，他們夢想、熱戀和哭泣；在我的葉篷下，他們翩翩起舞；在我的庇護下，他們調解爭端。德國在和平統一後，他們還把我種在新領土的中央，而你卻總是在激發德國人走向瘋狂。你瞧，許多納粹制服的黑色領章（Kragenspiegel）上，除了別著鐵十字勳章和騎士十字勳章之外，還有你們橡樹的綠葉圖案。（菩提樹開始唱起〈戴上橡葉環冠的你萬歲！〉〔Heil dir im Eichenkranz!〕這首歌：「戴上橡葉環冠的你萬歲，歐洲的女侯爵，德國為您歡呼！」）

橡樹：我的材質比你們菩提樹還要堅硬，這難道是我的錯？從前那些瘋狂的德國人是不是認為，只要拿出我們橡樹的標誌，行為就可以粗魯莽撞？請不要醜化我們，讓我們顯得如此不可靠！法國人畢竟還很尊敬我們。

菩提樹：特別是當法國人把他們的國王送上斷頭台時。

橡樹：在我們內心裡，英勇的特質多於敏感。沒有人會比我們的詩人賀德林更了解這一點兒了！（立刻變得欣喜若狂）例如，他曾在〈橡樹〉（Die Eichbäume）這首詩裡寫道：「我從花園走向你們，你們這些山林之子！〔……〕你們每一株都是一個世界，你們活得像天上的星辰，你們每一株都是一個神祇，彼此自由地連結在一起〔……〕。」

菩提樹：這位詩人後來被他的熱情帶往哪裡？他後來不是發瘋了嗎？

橡樹：你是在嫉妒吧！只因為他沒有趴在你的樹幹上哭個夠！

（山毛櫸登場）

山毛櫸：對不起！我插嘴一下。你們談論的話題既然跟德國有關，我覺得自己作為一棵山毛櫸應該在這方面有發言權。我們山毛櫸是德國森林之母，當你們這些樹種尚未在德國真正扎根時，我們就已經遍布這塊土地了！日耳曼民族最古老的文字符號——魯內文（die Rune）——就刻在我們櫸木板上；活字版印刷術的活字模也是用櫸木做的。凡是手中拿著書本閱讀的人，沒有一個不感謝我，那些中世紀建造的哥德式大教堂的柱子就是我的樹幹。德國浪漫派詩人愛德華．莫里克（Eduard Mörike, 1804-1875）曾用〈美麗的山毛櫸〉（Die Schöne Buche）歌頌我們：「在森林極隱密之處，／我知道有一小塊地方，／那裡長著一棵山毛櫸，／再也看不到比它更美的樹木了〔……〕」這首詩也是他一生中寫下最美妙的詩篇之一。

（冷杉登場）

冷杉：如果人們只聽到你們的對談，可能會認為，德國只長著闊葉木呢！

橡樹：（橡樹開始唱著耶誕歌曲）「哦！耶誕樹！哦！耶誕樹！〔……〕」

冷杉：是，是，是，我在耶誕節期間雖然很受歡迎，人們卻在我身上掛滿節慶用的小飾物和一串串小燈泡，簡直把我整個半死。等到跨年過後的一月份，就把我丟在路旁。

菩提樹：我能了解你的痛苦，不過，事實絕對沒有這麼悲慘。你想想看，德國不是有一齣歌劇叫《唐懷瑟》？這個主角的名字不就是以你們「冷杉」（Tanne）做字首？還有，你們不也出現在許多美妙的童話故事裡？難道你沒有讀過：「你這位在長青的冷杉林裡看管寶藏的人，現在已經好幾百歲，有冷杉生長的土地都屬於你，你真是個有福氣的人〔……〕」

冷杉：這是哪個童話？我想起來了！它是英年早逝的德國童話作家威廉．豪夫（Wilhelm Hauff, 1802-1827）[1]所創作的《冷酷的心》（*Das kalte Herz*）。身為冷杉，我實在無法理解，擋在德國人健行小徑上的每棵闊葉樹，德國人都把它當作親兄弟一般，會過去擁抱它，但他們卻對我們冷杉不理不睬，而且還為所欲為。德國大部分的林木保護法令對我們提都不提，德國人只是把我們當作可以利用的木料，對我們並沒有深厚情感。

山毛櫸：（山毛櫸開口唱著〈高聳的冷杉〉這首德語流行老歌）「在波濤洶湧的伊瑟河（die Iser）[2]畔，／高聳的冷杉指向夜空星辰。／我的故鄉也在遙遠的地方，／山靈「呂柏查」，／你可要好好守護它〔……〕」

冷杉：你們會拿賀德林和莫里克的詩自我誇耀，卻用德國歌星海諾（Heino, 1938-）的流行歌曲來敷衍我。

山毛櫸：你錯了！這首歌的傳唱比海諾的演唱還要早個幾十年呢！

冷杉：我知道，從前波希米亞地區（Böhmen）經常有小伙子彈吉他唱這首歌。

山毛櫸：二戰過後，德國東普魯士地區被劃入蘇聯和波蘭領土，當地大量的德國人被驅離而逃到西德。這些逃離者所組成的協會現在開會時，還喜歡唱這首歌呢！還有，萊納．里爾克（Rainer Maria Rilke, 1875-1926）有一首詩也提到你們冷杉：「聳立的冷杉在呼吸時，／會發出沙沙的響聲〔……〕」

冷杉：這位櫸樹老兄，你舉這些例子讓我覺得很煩。請不要再談論我了！好嗎？

（冷杉退場，森林裡一片寂靜）

菩提樹：我應該跟著冷杉離開嗎？你們覺得，他到底怎麼了？

山毛櫸：（山毛櫸若有所思）冷杉所察覺的東西，從某方面來看是正確的，畢竟終年長青的針葉樹無法具有德意志特質。一個樹種如果沒有經過死而復生（Stirb und werde）的過程——隨著四季輪轉長出嫩葉、開出花朵還有葉片的枯敗和掉落——就無法體現德國人不安的心靈深處。不是嗎？對不起，我想離開一下，關於這一點，我覺得我應該寫一篇短文來討論。

（山毛櫸退場）

菩提樹：我真的很擔心，或許我可以拉冷杉一把，讓他不至做出蠢事來。

（菩提樹退場）

橡樹：最後還有誰留在舞台上？

（現在只剩下橡樹，林中的空地上還出現一位德國女作家。）

德國女作家：親愛的橡樹，對不起，打擾你了！自從你登場後，我一直很想問你一個問題，不過，其他樹木還在場時，要問你這個問題，讓我覺得很不自在。

---

1 豪夫童話和格林童話並列為德國兩大童話。格林童話是格林兄弟採集流傳自中世紀的民間童話而整理、編纂成冊的故事集；豪夫童話則為豪夫個人的兒童文學創作。豪夫後來因感染傷寒而病逝，享年僅二十五歲，他的早逝是德國文學史一大損失。

2 伊瑟河是易北河的支流，位於今日捷克境內。

橡樹：（橡樹悶悶不樂）妳要問什麼？

德國女作家：關於威瑪的艾特斯山（Ettersberg）發生的故事。

橡樹：那裡發生了什麼事？

德國女作家：那裡的山毛櫸林（Buchenwald）最高處長了一棵巨大的橡樹。這棵老橡樹也被稱為「歌德的橡樹」（Goethe-Eiche），因為這位大文學家在世時經常和朋友到那裡踏青，也在那棵樹下創作了不少文學作品。後來納粹卻在這棵橡樹旁蓋了一座大型集中營，大肆奴役並屠殺猶太人。請不要跟我說，你已經忘記這段歷史。

橡樹：這跟我們橡樹沒有關係，這是你們德國人的問題。

德國女作家：遺憾的是，這後來也成了你們的問題。發生這種慘絕人寰的悲劇後，人們該怎麼描寫你們這些橡樹，才不會受到那些歷史陰影的影響？

橡樹：納粹在那裡興建集中營時附近的山毛櫸全被砍光，獨獨把一棵橡樹留在那裡。那棵橡樹就矗立在集中營的廚房和洗滌間當中，看起來非常顯眼。我們當時被納粹當成大德意志民族的象徵，難道這是我們應該負責的嗎？只因為當時的內閣大臣可以在那棵橡樹的樹蔭下接受人們奉承，所以，橡樹就成了納粹幫凶？後來那棵橡樹也受到了懲罰，一九四四年西方盟軍開始轟炸德國時，它還被一顆炸彈擊中，不知道那是美軍還是英軍投下的？我們不要再談這件事了！我一向不喜歡多愁善感。

德國女作家：多愁善感？你知道嗎？那棵橡樹被炸彈打中後，集中營的那些猶太囚犯還必須花工夫幫它把身上燒焦的部分切除！還有，奧地利猶太裔記者兼小說家約瑟夫・羅特（Joseph Roth, 1894-

1939）因納粹迫害而流亡巴黎時，生前最後一篇文章還跟你們橡樹有關。

橡樹：如果你想討論德國歷史，應該找山毛櫸才對。他們的問題比我們更麻煩呢！納粹在那棵橡樹旁邊蓋集中營，不過，卻用周邊的「山毛櫸林」為這座集中營命名。艾特斯山的山林因為歌德而具有特殊意義，不過，現在還有誰知道，歌德當時創作〈流浪者的夜歌〉（Wanderers Nachtlied）這首詩的詩興和靈感從何而來？

德國女作家：我現在要在你面前朗誦羅特於一九三九年五月在巴黎以反諷手法描述那棵「歌德的橡樹」的片段：「確實是這樣！人們散布關於威瑪『山毛櫸林集中營』錯誤的消息；人們只想說些駭人聽聞的故事。對我而言，現在似乎應該還給那棵『歌德的橡樹』、那棵曾經蔭蔽歌德和影響他作品及人生至深的女性友人夏洛特．馮．史坦茵夫人（Charlotte von Stein, 1742-1827）的大橡樹一個公道了！這棵橡樹受惠於德國的自然保育法令，至今仍生氣勃勃地生長著，而且就我所知，截至目前為止，這座集中營沒有一位囚徒吊死在這棵『歌德的橡樹』上，而是吊死在其他夾雜生長於這片山毛櫸林裡的橡樹上。」

橡樹：我的樹幹上總是刻著恥辱。我是不是應該每年把新長出的樹皮撕下，這樣一來，我的樹幹就不會變得粗壯。

德國女作家：我倒覺得，當我茫然無措時，你應該幫助我。

橡樹：孩子，妳必須自己克服這個問題。

（橡樹消失在黑暗中）

既然與樹木的對話已失去純真性，人們只能不安地、受困地站在那裡，不知道該怎麼繼續下去。德國人自詡為最盡心照顧樹木的民族，卻對人類犯下最殘暴的獸行，試問，在這世間還有誰可以信任？樹木保護者已無法再理所當然地認為，因為自己愛護樹木，所以自己算是個好人。一顆呵護樹木的心其實無法證明什麼，不過，人們如果不關愛樹木，情況就會更糟糕。橡樹林並無法防堵人類文明的崩潰，不過，如果我們不懂得飲水思源，如果我們忘記文明起源於大自然——就像木質板材取自橡樹林一般——這個世界並不會變得比較文明。

靜靜地傾聽，而不是叫喊。或許這是我們能向樹木學習的地方。最後，我們還應該傾聽那些懂得愛惜樹木、卻不致過於狂熱的人士，而且他們竟然還是德國人！

德國威瑪共和時期最重要的時政評論家庫特・圖霍斯基（Kurt Tucholsky, 1890-1935）曾寫出下面這段文字：

「首先請允許我擺脫自身帶有薰衣草香氣的多愁善感嫌疑〔……〕我們都知道，公路建設雖然是必要的，卻會破壞綠意盈盈的田園風光，難道我們只想在自然保育博物館裡緬懷大自然？〔……〕試想，德國如果失去了它的草場、森林、河流和樹木，德國會變成什麼？〔……〕從那些汽車的噪音、輪船汽笛的鳴聲、火車轉彎時的呼嘯聲裡，已浮現出一個溫柔的、人們幾乎無法聽到的想法，而且還向全世界蔓延，不論是新世界或舊世界：人類的靈魂無法被耗損殆盡。人類的靈魂會譏笑那些想要圈限、想要掌控它們的東西。現在或許是一個沒有靈魂的時代，卻是一個尋找靈魂的時代。

一棵老樹代表著一份生命力，它撫慰人心，勾起人們對於往事的回憶。當人們不斷聽到快節奏的嘎嘎聲時，老樹會讓這些沒有意義的快速步調放慢下來。樹木無法在短期間長成老樹，人們也無法生產老樹，也不可能以人工方式自行組裝老樹。是否只有社會不斷進步發展，德國公務員才有事可做，不會閒得發慌？不一定要這樣吧！就讓老樹留在自己的地方繼續存活，為人們提供綠蔭，藉此消減小市民內在和外在喜歡有所行動的瘋狂！」

9. 書籍印刷

Buchdruck

約翰尼斯・古騰堡（Johannes Gutenberg, 1398-1468）是萊茵河畔大城梅因茲（Mainz）的城市貴族（Patrizier），曾根據本身在金屬鑄造業所累積的豐富經驗，在十五世紀中期成功地發明了印刷機，一種使用活字排版的機械化印刷系統。

這項影響後世深遠的活字印刷術在中世紀末期剛發明時，並沒有特別受到矚目，它就像其他的發明一樣，只是簡便了相關的工作和勞動罷了！當古騰堡開始使用他發明的活字印刷機印刷書籍時，修道院的手工抄寫仍是當時歐洲書籍製作主流。修道院的手抄本只抄錄少數幾本經典書籍，如拉丁文《聖經》，而且當時為了增加字體變化與文字頁面的美感，還另有美術字的抄寫本。此外，對於這種內容固定、需要大量複印的經典，其實使用鎔鑄好的印版（Druckplatten）印刷比較便利，因為印版在印刷時，比活字排版還要耐用。

古騰堡的印刷術雖然很快地傳布到歐洲各地，不過，當時主要使用這種印刷術的地方還是神聖羅馬帝國統轄的德意志地區。活字印刷剛發明時，一版書籍的印刷量約從一百五十本至二百五十本不等，大多是拉丁文書籍。在接下來的十六世紀裡，宗教改革家馬丁・路德翻譯的德文《聖經》就成為這種活字印刷品的最大宗。

簡便而快速的書籍印刷在中世紀末期思想傳播上扮演最關鍵的角色，沒有這項技術所帶動的知識普及化，歐洲由中世紀步入近代（Neuzeit）的發展可能會延遲出現，或甚至不會發生。如果路德的德文《聖經》沒有古騰堡活字印刷術的支援，十六世紀的宗教改革將難以成功，或甚至無法成功。當時信仰羅馬天主教的法國國王法蘭茲一世（Franz I）就曾在一五三五年嘗試對印製某些書籍的印刷商處以刑罰。

古騰堡活字印刷術為出版品的種類和內容注入一股新的動能。這是人類歷史上最偉大的資訊革命，嶄新的傳播媒介就是這項革命的核心。古騰堡不只促成書籍印製的現代化，他還為歐洲的出版市場帶來一番新氣象——書籍出版的種類和數量因活字印刷而快速增加，宗教改革家路德的德譯本《聖經》就是那個時代的暢銷書。自從古騰堡發明這項印刷術以來，此法數百年來幾乎沒有什麼改變，直到晚近電腦普及化之前，活字印刷術數百年來都是西方書籍印製的主流，原則上跟十五世紀剛發明時沒什麼兩樣。

二十世紀現代傳播理論大師馬歇爾．麥克魯漢（Marshall McLuhan, 1911-1980）在一九六二年出版的《古騰堡星系》（*The Gutenberg Galaxy*）一書中，為了紀念這位偉大的梅因茲之子，便把古騰堡活字印刷術所開啟的「書籍時代」稱為「古騰堡銀河」。由於古騰堡留下的生平資料甚少，現今我們只約略知道，古騰堡壯年時期曾在同樣位於萊茵河畔的史特拉斯堡（Straßburg）經商十幾年，後來因為和當地行會的商人發生衝突，而返回故鄉梅因茲。他曾為了籌建印刷廠而負債，卻仍堅信自己的發明，而且還把餘生投入活字印刷術的改良與精進之中。

古騰堡用合金鉛字打造的字母庫進行排版印刷，從而大幅降低書籍印製成本，快速而大量出版的平價書籍也讓老百姓有機會購得書本，並掌握其中的知識。基於這個歷史背景，印刷從業人員在歐洲還兼有社會服務的角色，是戴著單片眼鏡的無產者。當十九世紀進入工業時代後，他們還挺身指出，教育是當時工人階級所面臨的主要問題。德國有許多代表勞工利益的參政者以及社會民主黨的政治家都出自印刷業：例如，德國威瑪共和時期首任總統弗利德里希．亞伯特（Friedrich Ebert, 1871-1925）；一九二〇年代的卡塞爾市長暨社會民主黨領導人之一菲利浦．帥德曼（Philipp Scheidemann, 1865-1939）；活躍於社會民主黨的詩人，也是《社會民主主義歌曲集》（*Sozialdemokratisches Liederbuch*）的編纂者麥克斯．科格爾（Max Kegel, 1850-1902）；大力支持社會民主主義書籍和期刊出版的出版商暨社會民主黨國會議員約翰．迪茲（Johann H. W. Dietz, 1843-1922）；東德首任總理奧圖．葛羅特沃（Otto Grotewohl, 1894-1964）；首位東德領導人及興建柏林圍牆的執行者華爾特．烏布利希（Walter Ulbricht, 1893-1973）等。

德國的書籍印刷並不純粹是一項行業。印刷業的專業術語，那些一般人聽不懂的詞彙，還讓印刷員在小人物的世界裡顯得超群出眾呢！從前德國印刷業還有一項類似成年禮的入行儀式：年輕的印刷學徒在受訓年限期滿後，必須戴上有角的帽子進入考驗期（Postulat），如果能熬過其中不合理的磨練或折磨，考驗者——即年長的印刷師傅——就會親自為他摘帽，並授予滿師資格，成為正式的印刷員。從前，大學生是印刷業的重要客戶，大學附近往往是印刷廠的聚集處，這項印刷業的入行儀式大概是源自從前德國大學迎新會的整人傳統。

10. 燙髮

Dauerwelle

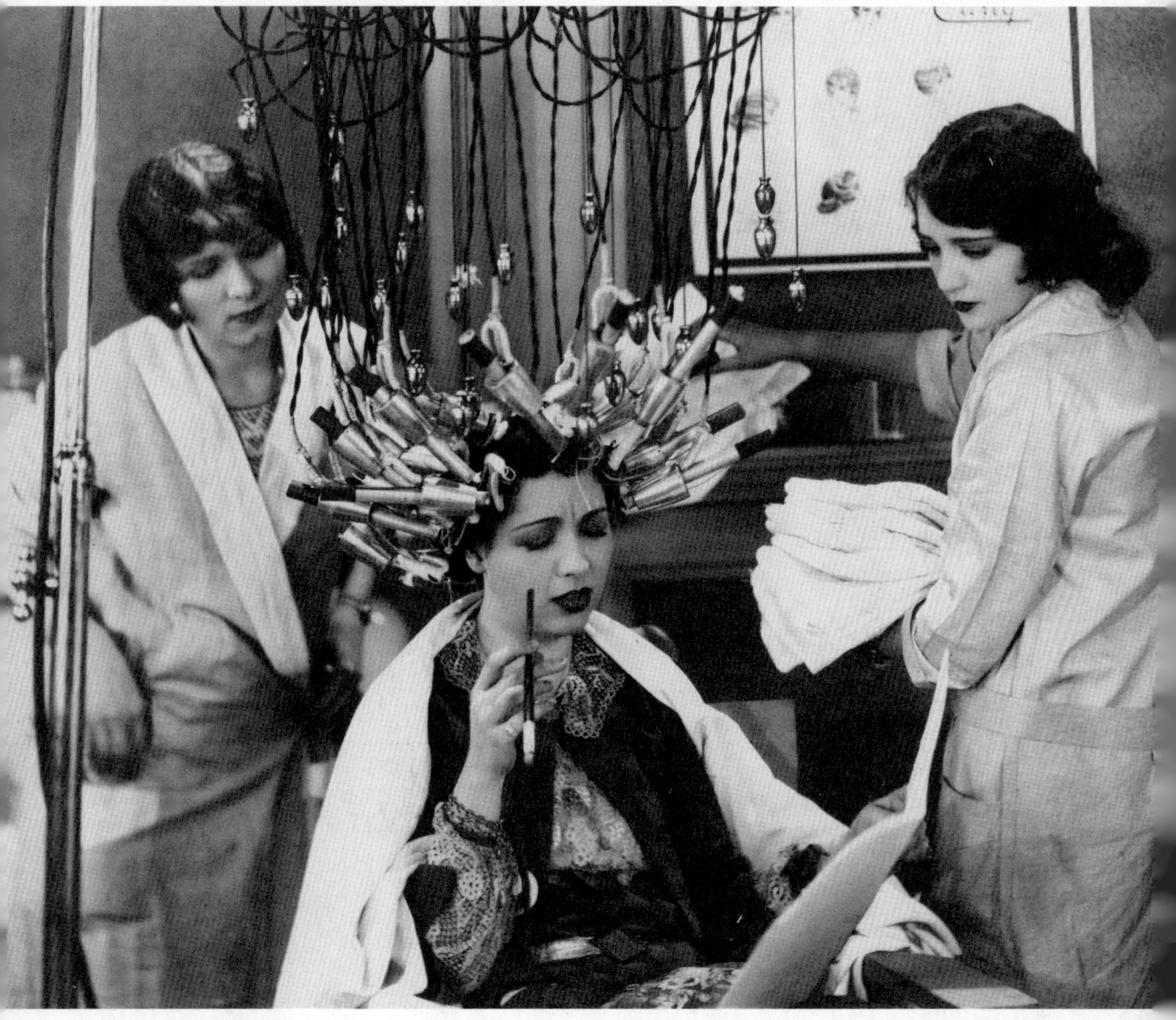

敬愛的卡爾．聶斯勒先生（Karl Ludwig Nessler, 1872-1951）：

很抱歉，這封信打擾了您在彼岸的安寧。我想給您寫信，是因為我的美髮師告訴我，您是發明燙髮的人。從那時起，我就一直想知道，您這位出身黑森林地區的學徒，後來如何成為燙髮的發明者？燙髮這項技術偏偏是由一位德國人研發給這個世界，這是出於偶然，還是出於必然？是否背後還存在更深層的因果關係？這個問題一直在我心裡翻攪，所以，想寫信跟您請教。

謹致

衷心的問候

您的 苔雅．朵恩

敬愛的苔雅．朵恩女士：

感謝您在信中對我生前發明的燙髮表示關心和興趣！在此，我很樂於回答您在信件裡提出的問題，雖然我現在正忙於研究人類頭髮在死後靈界的狀態（我敢打包票地說，我的研究即將取得重大突破，不過，請您諒解，在目前這個時間點，我必須對我的研究成果守口如瓶。您無法想像，我生前在研究燙髮的方法時，別人如何從我這裡冷血地偷取了這項可以賺錢的技術）。

您在信中說得沒錯！我的家鄉在黑森林，更確切地說，是在托特瑙。如果我得到的消息沒錯，那些鄉里的居民還非常熱情地在我過世後，為我成立一間小型博物館。身為鞋匠之子，我當時為了尋找發展的機會，很早便離開黑森林的故鄉，到瑞士、法國、英國，最後被迫到美國闖天下，然而，我的鄉親們並沒有把我遺忘，就像我從來沒有忘記他們一樣。倫敦仕女界都知道，我的燙髮手藝最高超，也最能信任，然而，我在倫敦花費許多心血所開設的那間美髮沙龍，卻因為第一次世界大戰爆發而必須放棄。那時我突然成為敵國的人民，已無法再以查爾斯·聶斯特列（Charles Nestlé）這個法文化名為倫敦的女士和小姐們服務。

您是否對我的法文姓名感到好奇？當我還在日內瓦當學徒時，就已經放棄了本來的德文姓名而改叫查爾斯·聶斯特列了！後來我準備在倫敦開設第一家自己的美髮沙龍時，尚未與我結縭的妻子卡塔琳娜（Katharina）便明智地建議我，如果想在倫敦的美髮時尚業受到矚目，就不該以來自德國黑森林的卡爾·聶斯勒的身分出現。我接受了她的建議，於是在倫敦，我便介紹自己是來自巴黎的查爾斯·聶斯特列。不然，我該如何呢？希望倫敦人不要認為我在欺騙他們。在那個時代，只有來自巴黎的美髮師才能出頭，獲得顧客青睞。雖然，我還是為此感到難過，不過，我並不想責怪那時的英國人，為何無法信任一位來自德國黑森林的時尚美髮師。在回憶裡讓我覺得更不堪的，是起初我在修普夫罕（Schopfheim）當徒工的生活。我自幼便對頭髮很感興趣，不過，我在布湛師傅（Meister Busam）的男士理容店當學徒時，從事的工作卻跟頭髮無關，只能為男客的下巴塗上泡沫，為他們刮鬍子。最糟糕的是，當客人的臉被刮鬍刀劃破或牙齒剛好斷裂時，我還必須承受客人的辱罵，並做善後工作。我曾一度到黑森林當伐木工，後來因為被一位粗魯的伐木工甩了一巴掌而決定離開黑森林，到外面的世界闖蕩一番。

我還曾在時鐘工廠待過一陣子，那時正好一些廠商準備開始生產電池驅動的時鐘。這實在很吸引人！我迫切想知道一些新奇的事物，不過，我心裡愈來愈清楚，上帝給我的人生任務並不在這方面。我對頭髮很感興趣，一直想找到讓頭髮變捲的方法，而不是只能擁有天生的自然捲度。其實，當我還是個小男童時，就已經在思考這個問題了！

我不斷受到各方保守人士的嘲笑，他們總愛說：那個聶斯勒大概想成立一所專門從事燙髮教學和研究的學院。沒錯！至於其他的事，我可能就比較不在乎。我知道自己的教育程度不高，從沒有受過什麼學術訓練，因此，我必須非常謙虛，而且必須堅持自己對於頭髮的基礎研究，不然我就無法在活人的頭髮上成功塑造出持久而鬈曲的波浪。我在巴黎曾私下跟當時的美髮大師馬賽爾（Marcel）上課，我非常敬重這位老師，他曾用高超手藝發展出燙髮的技巧，不過，他卻從不研究自己所碰到的燙髮問題！就連我們這一行的大師也不願聽我說明，我本人如何從觀察即將下雨時的自然現象，得出燙髮的理論。我在美髮業的工作經驗告訴我，美髮師基本上不會探究自己所碰到的工作瓶頸和問題。

我記得在孩提時期，每當我姊姊那頭自然捲的頭髮變得更捲時，我總是能準確地預知，外面即將要下雨了！這種現象顯然有更深層的理由。而我另一位直髮的姊姊，她的髮絲卻不曾出現任何變化。此外，還有一項令我無法忘懷的自然觀察。當我在當學徒時，曾在一處森林邊緣的山羊圈旁，發現草木外觀的變化：數百條甚至數千條的枝枒和植物纖維組織，在清晨時總是呈現捲曲、螺旋和波浪的飽滿狀態，數小時過後，卻全都垂垮下來。隔天早上，我又繼續做這方面的觀察，然後我確定，枝枒會因為內部充滿水分而出現較大的弧度，早晨的露水會滲入植物細胞內讓它們膨脹起來，此時植物的莖桿便因無處伸展而抽緊皺縮。隨著日頭逐漸高升，植物會流失水分，不再充實繃緊。當張力減少時，植物的線條就會回復平直狀態。那時我對於這些觀察所下的結論是：人類頭髮的捲度並不是無法改變的事實，而是事實的結果，只有能夠吸收和儲存水分的頭髮才會捲曲起來。事實上，燙髮的技術已經在此刻誕生！一位來自德國黑森林的學徒，雖然教育程度不高，卻憑著觀察與追根究柢的研究精神，掌握了人類的毛髮結構！相較之下，當時活躍於美髮界的那些大師們，卻不願意深入了解人類的頭髮。

不過，請您相信，從這些最初的自然觀察到成功發展出可運用在人們頭上的燙髮技術，這其中還必須經過一段漫長而顛簸的路程。我必須對我的妻子卡塔琳娜表達深深的感謝：沒有她的配合和鼓勵，我不可能研發出燙髮技術。當我在日內瓦和巴黎當學徒時，我的師傅們都不支持我從事這方面的實驗。我在倫敦工作時，老闆雖讓我掌管他的美髮沙龍，但他只要我遵照巴黎馬賽爾師傅那種一成不變的燙髮方式。我當時很清楚，自己必須繼續研究燙髮技術，而且我似乎有預感，自己就快要有所突破。我的燙髮器具已經發展成熟，而且也找到了適合燙髮的化學藥劑，我私下一直偷偷地做實驗，直到有一天晚上，突然被老闆解雇。

我當時獨自一人在倫敦，一無所有，這時拯救我的天使再度出現了：我的卡塔琳娜！我們結識於巴黎的美髮沙龍，每當我在燙髮理論上出現進展時，她總是唯一一位願意讓我用她的頭髮做實驗的同事。勇敢的卡塔琳娜！她並不一定要忍受這一切！我一開始在做燙髮實驗時，曾把她的頭髮燙焦，頭皮還因為燙傷而出現一顆很醜的水泡，不過，當時她頭上卻有一綹頭髮在實驗過後一直維持捲度。當時我便知道，我的研發方向是對的。

為了避免誤會，我從不拿顧客的頭髮做實驗！我在倫敦和紐約開業時，沙龍裡每天有一百、兩百甚至更多女顧客，我的燙髮手藝必須讓她們無法抱怨而且無從指責，因為，只有正面的口碑才能讓我在這個行業裡繼續有所發展。德國同胞口中所謂的「一場由小丑主演的鬧劇」（Hanswursteleien），絕不容許出現在燙髮工作上。而且我還堅持，我的美髮沙龍是燙髮專門店，只做燙髮，如果我跟其他美髮業者一樣，只停留在一般的美髮服務，很可能會因此失去競爭力，無法在行業中生存。請您想想我當時的處境，在第一次世界大戰期間，我拒絕為了入籍英國而放棄德國籍，因此便從倫敦逃到美國，並在這方新大陸上重新建立自己的事業，儘管當時我也被美國人視為敵國人民，身上帶著邪惡的標記。

我想，您可能會問，為什麼當時我不回德國入伍參戰？我只能說，拿著武器作戰不是我此生的天職。我的黑森林故鄉後來因為戰爭而陷入窮困，相較之下，我的經濟狀況卻愈來愈富裕，我並不是不愛自己的鄉土，我曾經慷慨給予鄉親一些物質資助，不過，我就是不想上戰場打仗。當然，還因為我本身性格喜歡冒險的緣故，於是便從英國登船，來到美國紐約落腳。

然而，當我抵達紐約時，卻發現一件令我傷心的事實：已經有人盜取我的專利發明自行生產燙髮器具，而且販售給美髮沙龍業的數量已超過六百套。所幸的是，這些燙髮器具都是劣質的仿冒品，有些美髮師甚至還使用錯誤。由於使用這些仿製燙髮器的燙髮品質很差，因此，當時沒有美國女人敢做第二次嘗試。我當時只好把身邊僅存的金錢拿出來做傳單，並在報紙上刊登廣告，以挽回美國消費大眾對燙髮技術的信心。我不是想自我誇耀，不過，這個作法確實很有效果。

當然，我在紐約還打拚了一陣子，才真正看到事業的成果。一如過去我在倫敦美髮界的堅持，好的手藝應該得到好的報酬，我在紐約為顧客上一捲頭髮的收費是兩塊美金。我知道真正的知識和能力其價值所在，最後，我也獲得顧客認同，他們都知道，聶斯特列師傅雖然不會刻意自我推銷，實際上卻提供很好的燙髮服務。由於生意興隆，我在一九二三年開始展店時，位於紐約第四十九街東段的沙龍已經是兩棟房子的店面規模，到了一九二七年，我的美髮沙龍又大幅拓展，從八號到十四號整排都是我的營業店面。此外，我還在百老匯及第五大道開設分店，並開始量化生產家用DIY燙髮器，當時我的生意蒸蒸日上，一片榮景。

後來我對於自己只做生意賺錢感到愈來愈不滿意。我認為，人類最佳的特質是不斷追求完美，永不自滿。一九二六年，當我的美髮事業如日中天時，我決定賣掉所有的沙龍和工廠，在自己的莊園「鹿園」（Deer Park）過隱退的生活，並拿那換得的一百六十萬美元，繼續投入我所喜愛的毛髮研究。雖然我已掌握了一些頭髮生長的原則，我還是陸續發表了〈頭髮的歷史〉（Die Geschichte des Harres），還有更重要的〈我們日漸稀薄的頭髮〉（Unser schwindendes Haar）等文章。

為了讓頭髮未來可以停止老化，掌握它的老化過程便成為我當時一心想解決的課題。我曾自信滿滿，想用自己研發的「查．聶斯健髮器」（ChaNess）讓頭皮和頭髮回春，以徹底解決禿頭問題，不過……接下來就別提了！

一九二九年美國股市崩盤以及隨後長期的經濟大蕭條，讓我蒙受許多資產損失，後來在美國加入第二次世界大戰期間，我手邊僅存的錢財也隨之消耗殆盡。我可以坦然接受財富的喪失，畢竟金錢不是人生可靠的幸福所在，瑪門（Mammon，希臘文的詞意為錢財）只不過是對它感興趣的一群人所玩的遊戲罷了！這群拜金族甚至相信，物質富裕的生活就是文化的進步，然而，那些擁有汽車、音響、寵物狗及其他數百種東西的人們，實際上卻沒有感受到生活的幸福感。我們可以確定，人們即使擁有所有的東西，卻還是可能無法獲得快樂。

其實沒錢的人最懂得過生活，至少他知道，為什麼早上要起床，而且他還對生活抱持感覺和希望。不！失去財富這件事並沒有讓我心碎，真正讓我感到傷心的是，美國人對於新事物已經不再抱持開放態度，對於我的創新已經無法理解和認同。如果美國人當時願意信任我，我所發明的「查．聶斯健髮器」或許會為人類帶來極大幸福！在這裡，我並不想說美國的壞話，畢竟它是我的第二個家鄉。即使我最後在這裡陷入貧困，我連眉頭也沒皺一下。

敬愛的朵恩小姐，不知道以上我的回答，您是否滿意？不論是否出於偶然，偏偏就是我——來自黑森林的卡爾．聶斯勒——發明了燙髮的技術。我實在無法向您多做解釋，您只要探索我的人生，或許就會發現，您所尋找的答案就藏在裡面。

謹致上最高的敬意

您的　查爾斯．聶斯勒（Charles Nessler）

11. 浮士德博士

Doktor Faust

瑞士文藝復興時期的通才學者帕拉塞蘇斯（Paracelsus）——本名菲利浦斯．馮．霍恩罕（Philippus Aureolus Theophrstus von Hohenheim, 1493-1541）——曾表示：「魔法（magica）就它本身而言，是一種最具祕密性的藝術，也是世間最偉大的超自然智慧。人類無法用理智探究的領域，卻可以透過魔法的藝術深入掌握，因為，魔法是偉大而隱藏的智慧，理智卻是偉大而公開的愚昧。」人們記得的東西，就是知識，不過大家都知道，情況不一定如此。知識雖然不是祕密，卻仍有部分的知識絕對帶有祕密性。祕密的知識自古以來便已存在，而且它的存在對人類而言是一項挑戰。最重要的是，人們不該把祕密的知識當成可疑的知識，祕密的知識除了證明已被顯露的東西之外，還顯示出本身的不完整性。人們對於祕密知識的偏見應該受到警告，因為，理性的知識雖然維繫了人們的生存，但只有包含祕密知識在內的全面性知識才能讓它有所開展。

歐洲中世紀結束時，新出現的知識因為當時一些轟動的事件而取得進展動力，同時它們還緊抓著當時已顯得過時的、飽受批評的中世紀基督教經院哲學（Scholastik）。推動新知識發展的動力促成了哥白尼的天文學革命，它是西方知識史的轉折點，也是理性啟蒙所發出的刺眼陽光。另一方面，新知識援引基督教經院哲學，則有助於保存祕密知識與祕密知識對象的魔法，也因為如此，當人們愈致力於中世紀基督教哲學的抽象性時，似乎就愈偏離理性。魔法既神祕又真實，它本身可以擴增並含納其他的東西，同時人們還能透過施咒來召喚它。在尚未啟蒙的人心中，神祕的煉金術遠遠強過化學，占星學也勝過天文學。在這個時期，超自然的美學似乎變得比知識還要引人注目。誰只要有過這種體驗，就能明白：只有美能輕鬆地脫離人們而單獨存在，其他所有的東西則必須費力掙脫，才能獲得獨立性。要得到這種經驗有時還得取決於個人的虔誠度和內在性，而且這些精神體驗並非過程的結果，而是過程中不變的常數（Konstante）。它時而高調歡呼，時而銷聲匿跡。

騎士、死亡和魔鬼出現在地平線上。且讓我們看看，騎士如何觸動人們的靈魂！

在理智和魔法共存的文藝復興時代，許多學問家的知識活動其實都兼含兩者。比如瑞士當時的博學全才帕拉塞蘇斯既是醫生、哲學家，也是一位煉金術士；科隆學者亨利希．馮．涅特斯罕（Heinrich Cornelius Agrippa von Nettesheim, 1486-1535）也具有多重身分，他是神學家、法學家、哲學家，同時也是占星學家，曾撰寫關於魔法的論文而備受重視。究竟這些文藝復興時期的著名學者是重視祕密知識的基督教經院哲學家？還是重視理性知識的人文主義者（Humanist）？這其實無所謂。

日耳曼文藝復興時期更令人感興趣、更具有吸引力的人物則是浮士德——約翰．浮士德博士。

我們對於這位傳奇人物的生平，大多出於推測，而不是實際了解。我們從一份當時的通緝令得知，浮士德出生於一四八〇年——歌德撰寫《浮士德》則是幾百年後的事——出生地是符騰堡地區（Württemberg）的克寧特凌恩（Knittlingen），人們當時喜歡以浮士德拉丁化的姓氏「浮士篤斯」（Faustus）稱呼他。我們還知道，他於一五〇七年在克洛伊茲納賀（Kreuznach）擔任學校教員，一五二〇年住在班貝格，一五三二年搬到紐倫堡，後來又遷居符茲堡（Würzburg），最後在弗萊堡南方的施陶芬（Staufen im Breisgau）過世。

日耳曼地區曾流傳許多關於魔法師浮士德的故事。新教神學家約翰尼斯．哥斯特（Johannes Gast, ?-1552）在《節日講道集》（*Sermones convivales*）寫道，自己在巴塞爾（Basel）的一次聚會中，曾與浮士德一起用餐，浮士德當時送給廚師各種不同的鳥類，他並不知道，這些鳥是不是浮士德購買的，或在哪裡買的，因為，牠們都是他在這個地區未曾見過的鳥類。浮士德會隨身帶著一匹馬和一隻狗，這位新教牧師相信，牠們都是魔鬼的化身，無所不能。人們還曾經向哥斯特報告，浮士德身邊的狗會化身為僕人，會在浮士德用餐時，為他端上食物。這位神學家還提到，浮士德的人生結局很恐怖，他最後是被魔鬼勒死的。人們把他的屍體放在屍架上，以臉部朝天的仰躺姿勢擺放，然而，屍體後來卻自行翻轉成俯臥的姿態，儘管人們一再把他的屍身轉回仰臥狀態，情況依然如此，而且前後一共翻轉五次。

魔法曾被認為可以有效制伏魔鬼。在浮士德生存的中世紀末期，歐洲人開始誇口表示，已經袪除了地獄的鬼魂。然而，當時浮士德卻大唱反調地宣稱，他已把自己的靈魂抵押給魔鬼。這是怎麼一回事？

人們會提出這種問題，大概就離答案不遠了！

浮士德在世時有許多跟隨者，離世後則有更多的詮釋者。人們對於浮士德有一個最主要的疑問：為什麼浮士德要跟魔鬼訂下盟約？對於那些詮釋者而言，他們所追求的解答其實就在浮士德身上。

浮士德在世時也跟其他的人一樣，所作所為會受到別人的懷疑，而且內心很恐懼死亡。他知道，不論他在人生當中做了什麼，生命總是短暫的。在中世紀末期流行的民間話本（Volksbuch）裡，浮士德曾對自己、也對大家提到，人生的悲嘆有什麼意義？他把手伸向酒杯，管風琴在此時響起，然而，當魯特琴（Laute）、小提琴、齊特琴（Zither）和豎琴這些弦樂器，以及雙簧彎管

（Krummhörner）、長號、古橫笛（Schwegel）和橫笛（Zwerchpfeife）這些管樂器也都奏起樂音時，人們還是無法釐清生命究竟是什麼。浮士德曾為班貝格大主教占卜，並完成他的生辰星象圖，當然，他也拿到了占星的報酬。關於浮士德的傳奇故事不勝枚舉，比方說，他曾在庭院抓起一隻公雞，當他把牠放到桌上，不知讓牠喝下什麼之後，牠竟啼叫起來！有一次，浮士德的學生們想玩鬧一番，便依照浮士德的指示，穿上白色襯衫，這時他們簡直不敢相信自己的眼睛，因為，他們的頭不見了！他們就這樣到鄰近的屋舍走動，讓那些鄰居驚恐不已！然後，這些學生又回到浮士德身邊，圍著桌子坐下，一切似乎又回復正常狀態，卻又突然發現自己的頭已經變成驢頭，還長著一對大耳朵。那天是狂歡節（Fastnacht），是復活節之前的四十天齋戒期前夕，他們竟然沒有徹夜歡鬧，而是乖乖地上床睡覺！

浮士德特別對於自己擁有的東西感到不滿足，而且不願承認自己能力的限制。他甚至認為，可以靠自己提煉出黃金，並不需要魔鬼的幫忙。人們對於浮士德懷有許多猜想，因為，這個人物模糊而神祕，一直都是人們心中的謎。

起初，浮士德是文學、年度市集戲台上的角色。浮士德的故事從偶戲的搬演而後發展成舞台劇演出，總之，人們會讓浮士德這個角色符合時代的流行，並透過浮士德的故事看到一個人所遭逢的命運。一七七二年，大文豪歌德開始撰寫《浮士德》。隨後，動作迅速的詩人暨畫家弗利德里希・穆勒（Friedrich Müller, 1749-1825）也沒有錯過浮士德這個題材，他在一七七八年便發表《浮士德戲劇化的人生》（*Fausts Leben dramatisiert*）這本充滿哲思的小說。一七九七年，文學家弗利德里希・克靈爾

（Friedrich Maximilian Klinger, 1752-1831）出版長篇小說《浮士德的人生、作為以及他的地獄之旅》（*Fausts Leben, Thaten und Höllenfahrt*）。隨著時間一年一年地過去，歌德在一八〇八年終於完成《浮士德》第一部的內容與文字潤飾，正式出版這部影響後世深遠的戲劇名作。一八二八年，劇作家克里斯蒂安．葛拉博（Christian Dietrich Grabbe, 1801-1836）完成《唐璜與浮士德》（*Don Juan und Faust*）這部悲劇：追求知識和權力的魔法師浮士德與魔鬼訂下契約後，便化身為一名渴望人間愛情的騎士浮士德。時至今日，關於浮士德的藝文創作仍對這角色維持一分為二的呈現手法。

「當地獄之門在我腳下開啟，我的內心便像憤怒的猛獅般怒吼著——我超越了身為人類的限制。」克靈爾在他的小說中如此描述浮士德這位主人翁。然而，在葛拉博的悲劇《唐璜與浮士德》裡，如果愛情騙子唐璜——誠如當代馬克思主義哲學家恩斯特．布洛赫（Ernst Bloch, 1885-1977）所言——「那些對於知識和達成意欲的過度渴望都獲得允諾」時，他會是什麼樣子？唐璜雖然貶抑他的情敵浮士德，不過卻更凸顯浮士德不凡的特質，當然，浮士德在這齣戲劇中並不是堅持原則的可憐蠢蛋。依據詩人海涅的看法，浮士德只是一個虛構的寓言人物，而且在這些虛構故事中，浮士德還是個德意志人。

在克靈爾這部長篇小說中，魔鬼曾對浮士德說：「你要知道什麼對自己的人生是有益處的。你撒下什麼種子，就會有什麼收成。你是不是還記得，每次我在執行你褻瀆的惡行時，我都會事先警告你會出現什麼後果？我每次受到你的催逼，就得中斷手邊的事情。我這個魔鬼並沒有對不起你，因為，所有一切的作為都出自你內心所願。」

然而，在葛拉博的劇作中，唐璜卻問浮士德：「如果你就是個凡人，為什麼要超越平凡？」浮士德則回應：「如果你不想超越平凡，為什麼要當人？」對於唐璜這位登徒子而言，追求知識只是個幌子，生命的存在只要心臟能跳動就足夠了！

歌德幾乎花費了一輩子的心血，以古典文學的藝術形式塑造浮士德這個戲劇角色。這位大文豪認為：「只有那些必須每天得到自由的人，才能獲得自由像擁有既成的生命一般。」歌德把浮士德這個日耳曼傳奇人物帶入世界文學裡，在歌德的劇作中，浮士德已不是魔法師，而是一位努力探究構成這個世界最核心要素的學者，一個不斷追求知識奧祕的典型角色（Prototyp）。歌德把浮士德從中世紀晚期迷信巫術的昏昧中解放出來，成為威瑪古典文學的戲劇要角，把這位性情急躁的煉金術士變成焦慮不安的學者。

一百多年過後，德國現代文學家托瑪斯．曼有鑑於德國同胞墜入了納粹法西斯的深淵，讓國家和民族遭逢巨大的歷史災難，而在《浮士德博士：一位朋友敘述的德國作曲家阿德里安．雷維庫恩的生平》（*Doktor Faustus: Das Leben des deutschen Tonsetzers Adrian Leverkühn, erzählt von einem Freunde*）這本一九四七年發表的小說中，重新處理浮士德這個題材。托瑪斯．曼讓浮士德化身為音樂家雷維庫恩，不過，這類型的人物在二戰之後出現，有什麼意義？如果這位浮士德象徵而且追求不平凡，讓他出現在德國戰敗且幾乎瀕於瓦解的時刻是否恰當？德國人在這個艱困時期的當務之急是儘快重建被戰火摧毀的城市，務實地讓自己擁有可以安身立命的地方，並讓生活回復常態。浮士德是否可能是戰後重建時期不可或缺的工程師？這位工程師對於歌德和托瑪斯．曼這些文學家有什麼意義？他還是開著福斯金龜車（VW-Käfer）的工程師？

浮士德？浮士德開金龜車會是什麼樣子？當人們在戲劇院看完瑞士劇作家弗利德里希・迪倫馬特（Friedrich Dürrenmatt, 1921-1990）某部劇作的首演後，會走到戶外的停車場，開著自己的福斯金龜車回家，生活就是這麼平靜而平凡！在經歷過兩次轟轟烈烈的世界大戰後，德國民眾已認為，很少有什麼比這更理智的行為了！

德國在二戰投降後，一切百廢待興，人們困窘的生活世界並沒有額外空間讓追求不凡的浮士德有所表現。一方面，由於納粹經常利用浮士德這個戲劇角色做政治宣傳，而讓戰後的德國人避之唯恐不及；另一方面，浮士德既不象徵充滿希望、偉大的未來，也不是當時極待解決的問題所在。德國人當時主要還是關心生活該怎麼繼續下去，關於這方面，人們並不需要浮士德，有路特威・艾哈德（Ludwig Erhard, 1897-1977）[1]這位「社會市場經濟之父」擔任經濟部長就夠了！

二戰過後，德國民意的討論輪流環繞在社會的疏離、適應和失落這些主要議題上，誰會關注浮士德？這個戲劇角色也因此在大眾生活中銷聲匿跡。

二戰後的德國藝文界對於浮士德這個角色並沒有什麼著墨。有一年，德國黑森林地區的「多瑙興恩現代音樂節」（Donaueschinger Musiktage）[2]曾演出幾場關於浮士德的實驗音樂，不過，後來浮士德還是消失不見了！我想，他大概已消失在巫術之中了吧！這個每年十月在黑森林南方小鎮舉行的音樂節是全世界最早成立、也是最重要的現代音樂節。德意志聯邦共和國剛在西德成立之初，它還是這個新誕生共和國的一塊前衛文化招牌。是否這個名氣響亮的現代音樂節也願意演出象徵浮士德的作曲家雷維庫恩的作品？

自從原子彈成為人類的戰爭武器後，浮士德和惡魔梅菲斯多（Mephisto）每一次的對話總讓有些人心裡感到不舒服，另一些人則顯得無所謂。冷戰時期的西德科學家們會巧妙地擺脫這種令人尷尬不快的處境，他們會公開對自己從事的科學研究提出警告，或親自領導西德社會的道德運動，例如知名的核子物理學家卡爾・馮・懷茨賽克（Carl Friedrich von Weizsäcker, 1912-2007）。有些科學家，像美國太空總署的德裔火箭專家溫赫爾・馮・布朗（Wernher von Braun, 1912-1977），就選擇在戰後立即移民美國。在美、蘇兩強不斷從事軍備競賽的冷戰時期，國家被這兩個陣營一分為二的德國人心裡老是狐疑，是否不停地追求科學奧祕到頭來會淪為一場人類與魔鬼之間的交易？一些德語文學家也開始探討這項熱門議題，迪倫馬特和麥克斯・福里希（Max Frisch, 1911-1991）這兩位瑞士劇作家曾率先發難，畢竟瑞士人沒有戰後西德人民的政治包袱，所以擁有足夠的正當性可以對當時發生的事件進行道德評判。迪倫馬特在《物理學家》（*Physiker*）這齣戲劇中，讓主人翁——一位天才物理學家——沉思默想，是否自己苦心研究的科學成果會被政客利用，而導致人類毀滅；福里希在《唐璜或幾何學之愛》（*Don Juan oder die Liebe zur Geometrie*）這齣五幕的喜劇中，則讓不斷追求情欲滿足而終遭天譴的唐璜再度登場。這齣戲劇主要是在表明，當犯罪已經明顯地發生，一項行動的悲劇性已經令人無法

1 艾哈德曾於一九六三至六六年擔任西德總理。

2 多瑙興恩（Donauschingen）鄰近多瑙河兩個源頭的匯流處，這也是該地名的由來。

接受時，唐璜就可能再次出現。

德國著名的日耳曼學教授漢斯・許維特（Hans Schwerte, 1909-1999）曾於一九六二年發表《浮士德和浮士德特質》（*Faust und das Faustische*）一書，許維特的真名是漢斯・許奈德（Hans Schneider），二戰時期曾是納粹內政部長暨親衛隊首領亨利希・希姆萊（Heinrich L. Himmler, 1900-1945）指揮部的軍官。納粹倒台後，他為了在學術界發展而化名為許維特，他的學術之路很順利，最後還被拔擢為亞琛科技大學（RWTH Aachen）校長，在一九六〇、七〇年代甚至和左翼德國學生運動維持很好的關係。納粹的浮士德已變身為自由派人士？這位在德國學術界德高望重的大學校長於八十六歲高齡才敗露真實身分，這項醜聞轟動了當時的德國社會，許維特不僅教授資格被取消，還被邦政府追討已領取的退休金及擔任教職期間的全部薪資。

東德政權曾經試著把浮士德納入社會主義的思想體系中，這也是浮士德這個戲劇人物的最後一個版本。基於唯物辯證法，遵奉史達林主義的東德共黨把浮士德變成了怪異而荒謬的人物，有鑑於此，當時投身東德社會主義陣營的奧地利作曲家、也是東德國歌的作曲者漢斯・艾斯勒（Hanns Eisler, 1898-1962）便在自己未完成的歌劇《約翰・浮士篤斯》（*Johann Faustus*）裡，安排主人翁浮士德在舞台布幕前說道：「我認為，他們將會前來追尋我。不過，更糟糕的是，他們竟來我面前大大推崇我一番。發生的這一切我都會坦白承認。」

還有，從前東德的政府公務部門不就是由惡魔梅菲斯多所主導？

一九五〇年代，與浮士德有關的戲劇仍可能違反當時的政治正確，因而無法在德國各地的戲劇院演出。後來，納粹的歷史罪行隨著時間逐漸被人們淡化，《浮士德》這齣戲又再度出現在西德的戲劇舞台上，不過，從那時起，《浮士德》的搬演已沒有浩大的舞台場面，演出的重心已轉為演員對白或獨白的台詞。

12. 鐵路

Eisenbahn

如果我們看過某些描繪十九世紀人們搭乘火車的畫作，很快地便發現，畫面中的車廂畫得很小，乘客則不尋常地被放大。通常人們會認為，那應該是真人坐在較大型模型火車的畫面。那麼，到底是先有火車，還是先有模型火車？

火車的出現當然早於模型火車，模型火車不僅仿造真火車而來，而且仿製的規格還必須依照真火車的確實比例。雖然火車比較早問世，不過，模型火車後來的發展卻超越了原先它所仿效的真火車。當真正的火車持續受到實際技術限制時，模型火車卻能讓玩家發揮想像力的極限；真正的火車出事時，總會造成傷亡，模型火車發生事故時，卻是小事一樁；真正的火車傾向於追求實際的運輸成果，因此，當意外發生時往往會造成轟動，然而，模型火車卻只是德國家庭裡一件不顯眼的配備罷了！

火車的發明讓人們第一次明顯地感受到，這種運輸技術可能超出人們可駕馭的範圍。所以，蒸汽火車在成為交通工具的初期，火車頭往往被當時的歐洲人視為大怪物。法國貴族阿德貝特．馮．夏米索（Adelbert von Chamisso, 1781-1838）為了躲避法國大革命的動亂，全家移居德意志地區，後來還成為以德語寫作的詩人。他曾於一八三〇年寫下〈冒著蒸汽的馬〉（Dampfroß）這首關於鐵路的詩歌。當時還有一位普魯士貴族作家赫曼．馮．普克勒侯爵（Fürst Hermann von Pückler-Muskau, 1785-1871）把剛發明的火車頭形容為一隻「巨獸」（Ungetüm）。

鐵路是早期工業化時代最重要的交通工具，也是歐洲各個民族國家（Nationalstaat）主要的公共投資項目。鐵路的鋪設已躍升為當時國家基礎建設的指標，鐵路交通的成就已是一個國家對外展現國力的方式，而且物流運送力的表現也成了民族自信心的一部分。直到現今，每當境內鐵路發生意外事故時，德國民眾總是會出現焦躁的反應，雖然，鐵路早已不是德國唯一且主要的交通工具，早已喪失過去曾擁有的運輸霸權。

時代的往事宛如消散的雲煙：一九一七年，一戰期間，當俄國共產黨的創立者列寧（Vladimir Lenin, 1870-1924）在蘇黎世一家經常光顧的咖啡館意外暴露身分後，在聖彼得堡處境危困的布爾什維克參謀總部便向德國當局請託，希望能協助列寧返回俄國，以便趁著沙皇退位的時機領導人民發動起義——即「十月革命」——並取得蘇俄政權。德國當時也希望利用列寧來緩解與俄國的東線戰爭，於是同意協助他坐進所謂的「密封車廂」穿越德國，然後再假道瑞典和芬蘭抵達聖彼得堡。當時布爾什維克參謀總部的軍官們相信，如果他們這個黨派能順利上台執政，透過和德國簽署和平條約讓蘇俄退出第一次世界大戰，將有助於壯大他們在蘇俄國內的政治勢力。德國鐵路就這樣成為布爾什維克的催生者，也就是日後的蘇聯共產黨。

在第二次世界大戰期間，如果沒有完美的火車運作系統，德國納粹不可能把數百萬猶太人送進集中營裡殺害。冷戰時期，分裂的兩個德國分別承接了第三帝國所留下的鐵路建設，當時東德的國營鐵路公司還直接接收了第三帝國鐵路公司的商標，只不過這段歷史現在幾乎已被德國人遺忘。

從十九世紀最後十年到二十世紀前半葉這段鐵路建設的重要時期，雖然鐵路技術並未出現什麼了不得的創新，卻為人類社會帶來許多改變。對於火車這種新興交通工具的形容，再也沒有任何德語詞彙能比「來自轉動的飛輪」（vom rollenden Flügelrade）更傳神了！這個語詞源自德國歌劇作曲家卡爾·馮·韋伯（Carl Maria von Weber, 1786-1826）的兒子麥克斯·馮·韋伯（Max Maria von Weber,

1822-1881）於一八八二年出版的回憶錄。麥克斯．馮．韋伯是一名鐵路工程師，後來還成為所謂的「鐵道作家」，曾在許多著作中賦予火車這種新型態交通工具特有的文學表現空間。

人們進入工業時代之後，愈來愈習於把重要的新技術以藝文形式表達出來，這些作品也貼切地傳達了當時的生活感覺：在十九世紀後半葉，火車已是德國大企業創建時期——亦即德國的經濟繁榮時期（Gründerzeit）——的運輸工具，到了一九〇〇年前後的世紀之交，火車已成為藝文創作者喜歡使用的隱喻。火車雖已把大主教堂的救世之光帶入火車站的候車廳，卻仍無法消滅當時表現主義的世界末日氛圍。詩人恩斯特．許達特勒（Ernst Stadler, 1883-1914）的〈夜晚乘坐火車經過科隆的萊茵河鐵橋〉（Fahrt über die Kölner Rheinbrücke bei Nacht, 1913）和雅可布．凡．侯第斯（Jakob van Hoddis, 1887-1742）的〈世界末日〉（Weltende, 1911），是當時流行的現代派藝術中兩首非常重要的德語詩。它們讀起來如此陰鬱，以至於讓人們覺得，那是詩人們在槍林彈雨的戰壕裡完成的詩作。表現主義確實具有破壞性，還造成人心的慌亂不安，不過，這個藝術流派並不是第一次世界大戰的結晶，而是這場歐洲大災難的預兆。對於許達特勒而言，整個世界「就像礦坑坑道那樣狹隘而陰暗」；凡．侯第斯對於世界末日的表達就顯得收斂許多，只是以「火車從鐵橋下掉落」的詩句簡潔有力地結束他這首短詩。火車的出發與墜落這種對立的雙重意象，讓這交通工具成了文學作品中巨大的語意載體（Bedeutungsgiganter）。

人們所達到的技術成就愈高，就會招來愈多懷疑的聲浪；知識成果的噩夢往往伴隨知識的夢想而出現。十九世紀德國寫實主義文學家提奧多．逢塔納（Theodor Fontane, 1819-1898）曾根據蘇格蘭泰河（Tay）的鐵橋崩塌事故寫成〈泰河上的鐵橋〉（Die Brück' am Tay, 1879）這首敘事詩。這起火車慘劇象徵人類無法征服的大自然力量，其中「有趣的小玩意兒，在人類手中成形」這個詩句還是莎士比亞劇作《馬克白》中，那群蘇格蘭女巫使用的咒語，這些女巫經常透過充滿暗示性的魔咒掌控災難的發生。在此值得注意的是，這位寫實主義作家因為難以形容這種災難的可怕，因此在這首詩作中，便引用莎士比亞的作品內容來閃避這種文學書寫的困難。

德意志帝國的鐵路不只是威廉二世的權力夢——這位末代德皇曾計畫鋪設一條從柏林向東、經由近東一直延伸到巴格達的鐵路，並透過這條「巴格達鐵路」（Bagdad-Bahn）把東歐與伊斯蘭教世界納入德國的控制範圍——它還是小說家暨劇作家蓋哈特．豪普特曼（Gerhart Hauptmann, 1862-1946）創作靈感的泉源。豪普特曼於一九一二年榮獲諾貝爾文學獎，他那部自然主義風格的中篇小說《鐵路巡道員提爾》（*Bahnwärter Thiel*）以柏林附近的新齊陶（Neu-Zittau）為故事背景，成功地融合了田園的寧靜和神祕莫測的氛圍。

「周圍變得一片寂靜，是一種死寂；在刺眼的礫石帶上躺著仍有熱度的黑色鐵軌。中午非常悶熱，風似乎凝結住了，像矗立在森林的岩塊一般。」豪普特曼於一八八七年發表這部鐵道小說，其中一條支線的軌道決定了劇中人物悲哀的命運。

光是大都會之間的鐵道幹線上，就有上百個小火車站，如果人們搭乘支線，就會發現還有許多人們根本不會留意的停靠站。這些小型停靠站從前只提供乘客們上下車，後來因為火車不停靠，德國鐵路公司在幾年前便決定出售這些火車站，不過，有誰會想買下一座沒有火車停靠的小火車站？為什麼要買下火車站？這些火車站的出售絕大多數都以改裝為住家作為廣告訴求，不過，它們就位於鐵軌旁邊，火車每天呼嘯而過所發出的噪音，其實不太適合在裡面生活起居。

此外，還有那些比較慢速的短途火車（Nahverkehr）。每天靠短途火車通勤的人往往必須趕搭早上六點的車班。車廂內，半數乘客沉默不語，另一半的乘客則顯得開心愉快，就像早餐時間的電視節目主持人一般。這種對比看起來或許不太真實，卻是事實。緊接著，在七點鐘左右，一些青少年必須趕搭火車到鄰近的城市上學。他們在放學後還會坐火車回家，就跟那些上班族一樣，在固定的火車路線上穿梭來回。固定搭乘同一班火車的乘客們，或許就像過去人們所說的，彼此之間的關係好像訂下婚約似的，只不過大家後來還是因為某些路線停駛，彼此失去聯繫。

如果有人打算買下已經停用的小火車站，至少必須考慮到它們已經沒有火車停靠。買主們心裡當然很明白，如果把這些位於鐵路旁的建築物改裝成住家，出門還是得靠自己開車，並沒有列車或其他交通方式可供選擇。購買小火車站的想法確實對某些德國人很有吸引力，因為，擁有火車站似乎就可以使用旁邊的軌道，似乎就可以依照自己的意願隨時動身出發，更重要的是，在通往遠方的鐵道旁生活，就可以好好地放開自己，不用再受到特定空間的拘束。總之，人們心裡多多少少會覺得，擁有火車站似乎就可以便利地搭乘所有火車時刻表的列車，雖然列車已不靠站停留。

剛買下小火車站的人，通常會對這樣的住家感到有些不習慣，他們會不自主地看向牆上那座為他們刻意保留的車站專用時鐘。儘管這個車站早就沒有列車停靠，不過，每當列車經過時，他們還是會不由自主地看看這座大鐘，檢查該班次是否準點！就如同有些小地方雖已不再有列車停靠，不過，就像一些地方報紙所報導的，許多當地居民依然知道，什麼時候會有哪個班次的火車經過。

火車誤點往往是德國鄉鎮地方報的大新聞，因為德國人認為，不守時是一種惡習。這類新聞都刊登在地方性報紙上，畢竟地方報比較關心人們生活周遭發生的事，不過，有時它們也會報導一些來自遠方的國際新聞。

關於小火車站的出售，後來還冒出這樣的問題：火車站這種公共建築物在賣給私人後，站前的那塊空地應該歸屬誰？當火車站已不再是火車站時，站前的那塊空地應該由誰管理？它應該繼續空在那裡，還是可以改作其他用途？

德意志地區從一八三五年開始鋪設鐵路。從紐倫堡到富爾特（Fürth）這條最早的鐵路路段基本上屬於短途的交通性質。更確切地說，這條德國最早的火車路線其實是一條支線，起初在規劃興建時，似乎只是提供紐倫堡市民一條到鄉野郊遊的路線，一條人們負擔得起的跳舞列車（Tanzzug）路線。相較之下，最早工業化的英國所鋪設的第一條鐵路——從曼徹斯特到利物浦——卻是著眼於實際的運輸需求。風靡全球的利物浦搖滾樂團「披頭四」還曾使用這條火車路線到外地開演唱會呢！即使這條鐵路當時已經有一百多年的歷史。相較之下，德國紐倫堡和富爾特之間的火車路線就顯得不那麼重要，雖然，它是德國的第一條鐵路。

為了不讓讀者們認為，德國早期的鐵路只是和紐倫堡或甚至和富爾特有關，在這裡我還要舉萊比錫和德勒斯登之間的火車路線當作第二個例子：這條鐵道很早便鋪設完成，十九世紀歌劇作曲家、曾擔任德勒斯登國家歌劇院樂團指揮的華格納，自小便和家人從萊比錫遷居德勒斯登，後來他們從德勒斯登再搬回萊比錫時，就是搭乘這條鐵路的列車；當萊比錫市民要趕赴華格納早期歌劇《黎恩濟》（*Rienzi*）在德勒斯登的首演時，也是利用這條火車線。當時火車的速度雖然不快，但就速度和舒適度而言，卻遠遠勝過馬車。火車向來是一種講求速度的交通工具，而且能比自己的競爭者還要快速。一開始，它的速度比輪船還快，後來還超越了汽車。

「飛機速度的一半，汽車速度的雙倍」，這句話大概可以總結一九九〇年代德國鐵路公司如何把迅速的概念應用於相關的廣告行銷上。不過，也有批評者表示，火車是否也因此「起飛」了？德國人則會把普通的列車稱作「龜速火車」（Bummelzug）——包括景觀列車在內——這個語詞的使用也意味著，人們現在只關心火車的速度、它的出發以及抵達時間。

這種態度也降低了一般短途火車的重要性。短途火車最大的問題在於它的準時性總是受制於長途快速列車的先行權。短途火車的乘客不僅無法理解，而且還會理直氣壯地質疑，為何長途列車可以擁有行駛的優先權？人們如果要從斯圖加特北方的路特維希堡（Ludwigsburg）到柏林附近的波茨坦（Potsdam），為什麼不乾脆從斯圖加特搭飛機到柏林，然後再轉地鐵到波茨坦？其實，長途交通不一定要乘坐飛機，更何況德國還有高速鐵路ＩＣＥ，裡面寬敞的車廂空間，跟漢莎航空（Lufthansa）的機艙不相上下。而且，如果有一位賣蝴蝶麵包（Brezel）的商販從哥廷根（Göttingen）上車，在希德斯罕（Hildesheim）下車，這段一百公里左右的火車路程，飛機根本派不上用場。

德國每列高速火車ＩＣＥ就跟漢莎航空每架飛機一樣，都有自己的代號，不過有哪一位乘客真的記得自己所搭乘的ＩＣＥ列車或班機名稱？德國鐵路公司以行刺希特勒失敗的「克勞思・馮・施陶芬柏格伯爵」為行駛於波昂和柏林之間的ＩＣＥ列車命名，不過，有哪個德國人會說，我今天從波昂搭乘「克勞思・馮・施陶芬柏格伯爵」列車到柏林？行駛於斯圖加特和漢堡之間的ＩＣＥ列車被冠上巴洛克時期女性科學插畫家瑪利亞・梅里安（Maria Sibylla Merian, 1647-1717）的姓名，然而，有哪個德國人會說，我明天要從斯圖加特坐「瑪利亞・梅里安」列車到漢堡？

德國並沒有一段鐵道可以媲美挪威從奧斯陸到貝爾根（Bergen）的那一段火車路線，或像奧地利南部阿爾卑斯山區的賽梅林鐵路（Semmeringbahn），可以把沿途明媚綺麗的風光拿來做旅遊宣傳，除非德國人認為，走在連接北海淺灘度假島——敘爾特島（Sylt）——和德國內陸興登堡海堤（Hindenburgdamm）上的這段兩面臨海火車路線也很有看頭。如果我們撇開一九三〇年代行駛於漢堡和柏林之間的全世界最快速火車「飛行的漢堡人」（Fliegender Hamburger）不談，德國其實並未擁有像從巴黎到伊斯坦堡這條橫跨歐洲大陸的「東方快車」（Orient Express）、穿越蘇格蘭高地的「皇家蘇格蘭人號」（Royal Scotsman）和南非的「藍色列車」（Blue Train）這類具有高知名度的火車。

德國人運用氣體動力學原理，發明了火車的柴油引擎，這種柴油引擎驅動技術滿足了當時人們希望火車更快速的期待，蒸汽火車頭也因此被淘汰出場。後來，德國人還進一步發展出目前最新、最大膽的高速鐵路——磁浮列車（Transrapid）——讓火車能以飛機般的速度在軌道上行駛前進。然而，到目前為止，德國民眾對於磁浮列車的實際接受度並不高。一群德國科學家研發數十年的「磁浮列車計畫」本來打算以機場捷運的形式，在慕尼黑機場和市區之間打造一條短程的磁浮列車路線，以解決這種尖端火車技術遲遲無法實際應用的窘境，然而，這項交通建設計畫後來還是落空，最後是在中國上海的浦東國際機場實現了長久以來德國人興建與營運磁浮列車的夢想。在技術上具有突破性創新的磁浮列車卻在運用上遭逢挫敗，難道是因為這種高科技的發明缺乏實用性？或是敗於這個格局狹隘的時代（Zeit des Kleingeistes）所特有的實用性標準？在這樣的時代裡，斯圖加特每次要拆除老舊的火車站，總會引來民眾一番抗爭，或許人們還應該恢復從前的月台票制度呢！

我們是否在那些失眠的夜晚，夢想能擁有自己的火車頭，坐上它的駕駛座，開著它行遍德國及全世界最美麗的鐵道路線？在《可諾普夫和火車司機盧卡斯》（*Jim Knopf d Lukas der Lokomotivführer*）這本很受歡迎的德語童書裡，我們不妨假想自己就是可諾普夫、盧卡斯或那對蒸汽火車頭母女艾瑪和茉莉，假想自己坐著火車走在那條經過許多溫泉勝地的鐵路線上，從庫隆斯波恩（Kühlungsborn）到多貝蘭（Doberan），興味盎然地享受這則兒童冒險故事裡所呈現的美妙火車之旅，並在幻遊中重新創造自己。

清晨時分，我們又再度回復清醒，腦海裡還冒出一些和火車有關的詞彙：直達的列車廂（Kurswagen）、龜速火車、雄偉的火車站。在這個火車童話裡，可諾普夫後來把他的故鄉之島鹿門蘭（Lummerland）變大了，盧卡斯負責照顧的蒸汽火車頭艾瑪則生下了一個女兒——小蒸汽火車頭茉莉。於是他們兩人便開著這輛小火車頭上路，拜訪一些溫泉勝地，進行一場溫泉療養之旅！

13. 嚴肅性和娛樂性

E(rnst) und U(nterhaltung)

尤莉亞小姐喜歡在睡前閱讀一本好書，她可能是某則電視廣告的女主角，不過，實際上卻是活在真實生活中的一名讀者。她認為一本好書至少應該寫得令人滿意，也就是說，當她在閱讀時，不會覺得裡面的內容過於簡單或過於困難。尤莉亞也是一家律師事務所的律師，整天都在處理一些訴訟狀和答辯狀。她的律師同事都知道她熱愛文學，偶爾會請她推薦好的文學作品，不過，他們大多會自行參考報紙藝文版面所刊載的書評。德國的律師會閱讀報紙副刊，雖然這些版面會出現意見相左的書評，畢竟書籍的世界總是處於分裂狀態。德國的律師偶爾會出現在歌劇院，他們跟別人交談時，會順便提到自己正在閱讀哪一本書，昨天剛買下哪一幅畫，比如柏林著名的抽象畫家丹尼爾・李希特（Daniel Richter, 1962-）的畫作。

此外，尤莉亞也可能是一位女醫師。在德國，醫生這個職業群也是愛書人。如果說律師是對書本的語言感興趣，因為語言是他們用來主張或反駁某件案情的專業工具，那醫生對於閱讀的興趣則著眼於了解人性，因為在醫生的眼裡，文學作品可以呈現人類的特質。德國的律師和醫生都非常看重藝文作品，不過，當他們在生活中碰到以下兩件事時，會完全無法理解是怎麼一回事：他們停泊在遊艇專用港的帆船被一群痞子偷了！或者，有人推薦他們看吸血鬼小說。

德國早已廢除皇室和貴族制度，也普遍接受同性戀現象。然而，在自由開放的社會風氣下，許多德國人卻還在藝文作品上執著嚴肅性和娛樂性的區分。一個人聽什麼樣的音樂？看什麼樣的小說？是嚴肅性？還是娛樂性？這些仍是德國人判斷一位新朋友或新同事的標準。數錢人人都會，不過，要晉身為社會的中產階級就要有學識和文化修養。

人們當然也有相應的行為來面對這種情況，知道自己該說什麼，或不該說什麼，即使對於談論的話題不了解，甚至不知道有哪些新書剛出版，也必須做做樣子，明確地表達相關的意見。

第一條準則：盡量不要提到或評論暢銷書排行榜上的書籍，除非自己已經很有把握某本暢銷書的熱賣純屬偶然，或已經遭到廣大讀者們公開譴責。

相反地，如果人們提到西南德廣播公司（SWR）製作的好書排行榜的出版品，在社交談話上就會妥當許多！因為這家廣播公司所製作的書籍排行榜不是根據書籍的銷售量，而是由一群高文化品味的德國報紙副刊編輯工作者所組成的評審團投票決定的。

在德國的文化產業中，同事們在喝咖啡閒聊時，不只會談論剛出版的書籍，因此，人們如果肯花心思研讀而且知道如何評論文學史的經典作品，就會是一位出色的交談者，例如，卡夫卡的作品、歌德晚年的教育小說《威廉·麥斯特的學習年代》，或最近開始受到德國讀者重視的十六世紀諷刺作家約翰·菲夏特（Johann Fischart, 1545-1591）的著作。在此附帶一提，菲夏特還是第一位精通和翻譯法國文藝復興時期文學家法蘭索瓦·拉伯雷（François Rabelais, 1494-1553）小說的德意志作家。德國知識分子在社交的場合，並不避諱談論奧地利現代主義小說家羅伯·穆齊爾（Robert Musil, 1880-1942）和十七世紀文學家漢斯·馮·葛林默斯豪森（Hans Jakob Christoffel von Grimmelshausen, 1622-1676）。人們在這種聚會場合交談時，可以提到一連串作家的名字，不過，應該盡量避免使用卡夫卡作品裡那些怪誕而神祕的語彙，免得對方聽得一頭霧水。

藝術批評的自由往往圈限了藝術的發展。沒有人能知道，詩人和思想家何時以及如何才能獲得各方肯定，一旦他們的作品讓他們聲名鵲起，權力也隨之而來。那是一種新型態的權力，他們不再需要親自拿刀劍上場爭戰，只要發號施令，便可以動員群眾展開戰鬥。

十八世紀啟蒙主義時期的知識分子理性地轉向世俗的事物，這不只降低了宗教的神聖性與基督教會的重要性，同時也削弱了自己身為知識分子的社會影響力。日耳曼啟蒙運動的領導人物萊辛，不也曾高調地宣稱自己是世界公民？令人惋惜的是，這位大學者到頭來竟只能在沃芬布特（Wolfenbüttel）這種小地方為當地公爵管理圖書館，並以此度過餘生。

十八世紀是理性主義高張的時代，平民雖已成為時代主流，不過，他們還無法取代貴族階層。由於基督教會的權威受到啟蒙運動思潮削弱，世俗的主政者便因為缺少教會勢力約束而愈形專制，當時出入宮廷的文人便陷入這種封建政治權力擴張的窘境中，以至於後來只能向君主和貴族卑躬屈膝。

當時德意志地區各邦國的宮廷文化都缺少應有的嚴肅性。許多王公貴族頂多只是藝文贊助者，他們的作風就像現今一些民間協會一樣，只想藉由提供作家或藝術家一筆獎助金來讓自己大出風頭。當時的文人可以表態效忠這些世俗權貴，不過，也可以不必如此。

普魯士宮廷的情況也是這樣。支持理性主義啟蒙運動的萊辛和普魯士國王腓特烈二世（Friedrich II., 1712-1786）——即腓特烈大帝——有什麼共通或相異之處？當然，腓特烈大帝並無法像萊辛那樣公開地領導德意志地區的啟蒙運動，不過，他卻會私下支持啟蒙主義的理性思想，而且他的國王身分還讓他底下出現了一堆奉承他的文人。

約翰．葛萊姆（Johann Wilhelm Ludwig Gleim, 1719-1803）是腓特烈大帝在世時所推崇的詩人之一。這位十八世紀最重要的德意志詩人，曾為腓特烈大帝寫下這樣的詩句：「他是君王，卻從不是專制的暴君／他總是正當地支配權力／是我們首位的愛國者／祖國的奴僕。」此外，他還為腓特烈大帝發動的「七年戰爭」創作《一七五六及一七五七年戰役的普魯士步兵戰爭歌曲集》（*Preußische Kriegslieder in den Feldzügen 1756 und 1757 von einem Grenadier*），而且他所寫下那些關於月亮以及以古希臘詩人阿那克里翁的文風（Anakreontik）歌頌愛情與酒的詩歌，都是德國文學史的不朽之作。

根據腓特烈大帝自己的說法，自從青少年時期過後，他便不再閱讀德語書籍。由此可見，他無法注意到當時以德語寫成的一些優秀即興詩作。這位功業彪炳的普魯士國王偏好閱讀法語書籍，法國啟蒙哲學家伏爾泰（Voltaire, 1694-1778）還曾接受他的邀請，到普魯士宮廷與他對談。不過，根據這位法國哲學家的說法，腓特烈大帝的法語程度其實不怎麼樣。

葛萊姆這位啟蒙運動時期的詩人還是德語政治抒情詩的開創者，被人們尊稱為「葛萊姆父親」（Vater Gleim）。他後來成為哈伯施達（Halberstadt）大主教堂的教士會成員（Kanonikus），終於獲得一份穩定收入，免除了生活的經濟顧慮，並在這座北德小鎮終老。他在過世九個月前，寫下了生平最後一首詩，然而，其中最後的詩句卻突然一反過去對腓特烈大帝的態度：「他給予我們所有的自由，包括愚昧的自由！」現今我們可以確定，這樣的文字其實無損腓特烈大帝的威望與歷史評價，反而是出言批評的葛萊姆早已被人們遺忘。哈伯施達這個小鎮為了紀念葛萊姆對德語文學的貢獻，還於一八六二年在當地成立「詩人葛萊姆紀念館」，該館是德國最早成立的文學博物館之一。

萊辛後來如何？這位受雇於貴族的圖書館館長是德意志啟蒙運動急先鋒，後來仍努力在戲劇舞台上利用語言的力量宣揚自己的理念。他似乎認為，只有他那部呼籲宗教寬容的戲劇《智者納坦》（*Nathan der Weise*）在舞台上演出，才能讓不同信仰的人們真正做到相互寬容。

詩人和思想家喜歡抱怨自己在社會中不確定的地位。這種對於自己所扮演角色的誤解不只導因於外在的權力關係，其實也是他們自己造成的：不斷精進的活字書籍印刷術雖然可以讓文人更便捷地傳播自己的思想，然而，他們同時也是這種印刷術的受害者，因為，書籍的編印製作愈容易，書籍作為菁英權力工具的意義也就愈萎縮。啟蒙運動雖促成了書籍市場的興起，但當時剛起步的書市仍不成熟，仍無法分辨新書的水平，也不碰觸思想領域，這種出版現象也凸顯出啟蒙運動的局限。歌德和席勒這個獨特的威瑪文學雙人組的古典文學作品，雖然在當時炙手可熱，並未陷入這種困境，不過，他們的創作卻無法被大多數的德意志文人仿效。為了擺脫這個窘況，德意志文學界勢必得轉向浪漫主義。

閱讀在十八世紀已經成為德意志民間普遍的活動。人們在閱讀之前，通常會預先確定書籍文本的類別。歌德和他的妻舅克里斯蒂安．福匹烏斯（Christian Vulpius, 1762-1827）都是當時的暢銷書作家，他們的作品既叫好又叫座，比如歌德的《少年維特的煩惱》和福匹烏斯的《強盜頭子霖納多．林納第尼》（*Rinaldo Rinaldini*）。他們的著作都成功地昇華了某些潛在的抗議，讓那些對生活一直感到不滿的廣大讀者，可以在他們的作品角色中找到認同。

令人訝異的是，他們當時的文學創作竟能長期留存在人們的集體記憶裡。歌德的《少年維特的煩惱》不只是德國中學生必讀的讀物，東德作家烏立希．蒲連茲朵夫（Ulrich Plenzdorf, 1934-2007）還繼續演繹這位小說主人翁：他在〈少年W的新煩惱〉（Die neuen Leiden des jungen W.）裡，把維特變成一名十七歲的東德青年。這篇富有社會批判性的短篇小說於一九七三年發表時，還成了當時東德社會一股新的政治爆炸力。此外，福匹烏斯的長篇小說《強盜頭子霖納多．林納第尼》也一直很受德語讀者歡迎，他根據率領民兵對抗拿破崙軍隊而廣受民間喜愛的義大利拿坡里強盜頭子迪亞佛羅（Fra Diavolo, 1771-1806）這號真實人物，塑造小說的主角霖納多．林納第尼。〈在森林的最深處〉（In des Waldes tiefsten Gründen）這首著名的強盜歌，就是出自這部小說。一九六八年，德國公共電視第一台（ARD）還和法國共同製作一齣與該小說同名的電視劇《強盜頭子霖納多．林納第尼》，前後一共十三集。該劇在法國播出時並沒有採用德語原著的名稱，而是採用另外的法語標題：《強盜的教堂落成紀念日》（*La Kermesse des Brigands*）。

威瑪古典文學大師席勒曾說，詩人和長篇小說作家是彼此無法親近的同父異母兄弟。這項文藝見解不只很有影響力，而且很獨特，它確實表露出當時德意志作家圈對某些尚處於發展初期的德語文學類別的看法。為什麼從前的德意志作家對於撰寫長篇小說如此不感興趣，而且還允許自己把它們排在次要的閱讀書目中？德意志人在十八世紀閱讀長篇小說的情況就跟現在沒什麼兩樣，閱讀的作品絕大多數都翻譯自同時代的法語和英語小說，而且德意志作家在撰寫德語小說時，還會模仿這些外來作品。舉例來說，許多十八世紀德意志小說家筆下的主角都帶有英國小說《魯賓遜漂流記》主人翁的影子。

歐洲在中世紀後期和文藝復興初期開始出現所謂的「世界文學」，長篇小說便是當中主要的文學類別。這個時期的長篇小說作家，明顯地以盎格魯薩克遜地區以及法國和西班牙拉丁文化圈的一些庸俗敘事長詩（Versepos）和騎士小說為素材，進行故事編寫。在那個普遍令人失望的時代，那些對未來懷有美好憧憬以及對死後審判感到焦慮的市民，可以在這類小說故事裡生動地經歷各種不同的生活世界。此外，這個過渡時期的長篇小說還具有高度諷刺性，幾乎沒有一種藝文品類能如此傳神而細膩地描繪當時貴族心中的世界圖像。後來這些長篇小說逐漸改變以貴族作為描述的對象，轉而刻劃那些奮發向上的新興市民階層。

長篇小說的文學形式具有足夠的伸縮性，而且，從前撰寫長篇小說的作家就跟今天一樣，知道如何透過文字的敘寫滿足讀者在娛樂和教育方面的需求，因此，這種文類在民間擁有廣大讀者群。人們在長篇小說中所獲得的閱讀經驗，就像坐在歌劇院的包廂裡欣賞歌劇演出一樣，捧讀一本小說就好比手中拿到一本歌劇的腳本，一份在豪華大舞台上一幕幕搬演的劇本。長篇小說讓純文學成為民眾的閱讀材料，因此，沒有其他種類的藝文作品能像小說這般，如此切合一個社會和時代的生活感覺。不過，我們仍必須在此指出，直到目前為止，德國人和長篇小說的關係仍舊處於分裂狀態：受到德國讀者青睞的長篇小說幾乎都是外來的翻譯小說。德國人打包行李準備出遠門時，幾乎不會帶著德語長篇小說上路，更別提對它們能有什麼回應了！為什麼德國作家寫不出他們的讀者想要閱讀的長篇小說？

德國人反而認為，長篇小說既有的娛樂價值正是德語長篇小說發展的阻礙，所以，十九世紀的德意志浪漫主義者選擇用另一種相關的文類——中篇小說（Novelle）——來抵制長篇小說。中篇小說這種文學體例並不是德語文學的創新，義大利薄伽丘（Giovanni Boccaccio, 1313-1375）和英國喬叟（Geoffrey Chaucer, 1343-1400）早已在中世紀晚期從事中篇小說的創作了！長篇小說由於結構比較龐大鬆散，表現形式具有很大的彈性空間，因此，內容每每帶有嘉年華性質；中篇小說由於形式比較嚴謹，而且堅持傳遞特定信息，因此更適合德意志民族的嚴肅性。德語中篇小說喜歡呈現一些個別情況，而不是反映普遍的社會圖像。在這些作品裡，真實世界是破碎的殘片，相關的角色會因為受到壓迫而必須有所行動，通常帶有剛倔不屈的形象，因此，它們不會出現一切已被命運主宰的情節。

十九世紀是德語中篇小說的黃金時代，德意志文學家在這方面有量大而質精的創作，從語言技巧精湛的馮．克萊斯特到已幾乎被世人遺忘的一九一〇年諾貝爾文學獎得主保羅．海澤（Paul Heyse, 1830-1914）。我們可以說，中篇小說是德意志民族對於歐洲其他民族擅長的長篇小說的文學回應，中篇小說顯露了德意志民族認真審慎的性格。

德語中篇小說的創作潮在十九世紀後期逐漸衰落，二十世紀二〇年代反對表現主義、主張客觀並反映現實生活的「新現實派」（Neue Sachlichkeit）戛然終結了德語中篇小說長期凋零的掙扎狀態。德語長篇小說的創作隨著中篇小說沒落而漸次興起，從十九世紀的逢塔納到二十世紀的沃夫岡．柯鵬（Wolfgang Koeppen, 1906-1996）都有出色的長篇問世。

二十世紀傑出的德語長篇小說都是嚴肅性與娛樂性彼此交織的文學典範。儘管如此，德國人仍會繼續劃分作品的嚴肅性和娛樂性，即使已沒有對象適合做此區辨，這組二元對立的概念依然會存在。試想，有哪個德國人喜歡聽別人說，他的閱讀純粹只是為了生活消遣？德國的讀者終究還是需要別人肯定他們閱讀的深刻性。德國人在看書時，即使手上沒拿著鉛筆，也會在腦子裡做筆記。人們如果看到德國人拿起一本好書和身旁擺放的鉛筆，就會不由自主地出現這樣的想法：德國人其實不需要這麼認真而徹底地掌控閱讀，這不只針對閱讀的書籍而言，還有閱讀本身。

至於那位喜愛閱讀好書的尤莉亞呢？曾有一位臉書社群的朋友傳給她兩份長篇小說的書目清單。您猜，她會先挑選哪一本？

附錄一：二十世紀十部最具實驗性的德語小說

1. **托瑪斯．曼（Thomas Mann, 1875-1955），《約瑟夫和他的兄弟們》（*Joseph und seine Brüder*, 1933-1943），一三三三頁**

對歌德來說，這部小說的開篇只是一則《聖經》裡的小故事，然而，托瑪斯．曼卻能從中展衍出一本四部曲的長篇小說。這是不是小說家編造幻想故事的極致？

2. **赫曼．布洛赫（Hermann Broch, 1886-1951），《維吉爾之死》（*Der Tod des Vergil*, 1945），五二三頁**

被米蘭．昆德拉譽為「中歐文學四傑」之一的布洛赫在這部長篇小說中，呈現主人翁維吉爾——羅馬帝國開國皇帝奧古斯都在位時期的名詩人——在垂死之際，對於生、死、愛、恨、善、惡以及作家書寫創作的思考。

3. **羅伯・穆齊爾（Robert Musil, 1880-1942），《沒有個性的人》（*Der Mann ohne Eigenschaften*, 1931），二二五九頁**

亦屬「中歐文學四傑」的穆齊爾，把這部畢生最重要小說聚焦於一個無名的王國「卡卡尼恩」。

4. **海密多・馮・多德勒（Heimito von Doderer, 1896-1966），《惡魔》（*Die Dämonen*, 1956），一三六〇頁**

《惡魔》是一部擁有最多人物角色的德語小說，主要在反映哈布斯堡王朝崩解之後，一九二〇年代的奧地利政治鬥爭。

5. **漢斯・楊恩（Hans Henny Jahnn, 1894-1959），《培魯迪亞》（*Perrudja*, 1929/1958），八一四頁**

作者在這部小說中，以挪威峽灣仙境般永恆的山光水色為背景，試圖建構一種神話式生活。

6. **亞伯特・泰倫（Albert Vigoleis Thelen, 1903-1989），《島嶼的另一面》（*Die Insel des zweiten Gesichts*, 1953），九四三頁**

《島嶼的另一面》以近千頁的篇幅，呈現馬約卡島（Mallorca）這座地中海著名的度假島於一九三〇年代發生的故事。主要情節環繞在島上的思想家、遊手好閒者以及兼職的納粹特務身上。

7. **烏韋・約翰生（Uwe Johnson, 1934-1984），《週年紀念日》（*Jahrestage*, 1970, 1971, 1973, 1983），一七〇三頁**

約翰生在這本四部曲小說中，把國際大都會紐約和北德梅克倫堡地區（Mecklenburg）的小鎮耶利霍夫（Jerichow）連結在一起。他相信，所有出身該鎮的人們都會很喜歡這本大部頭作品。

8. **彼得·魏斯（Peter Weiss, 1916-1982），《反抗的美學》（*Die Ästhetik des Widerstands*, 1975-1981），一一九五頁**

這部三卷本的長篇小說帶有濃厚的自傳性質，全書由主人翁——一名加入共產黨的德國工人——以第一人稱敘述，並美化德國共產黨在納粹時期的鬥爭行動，同時也對希特勒的統治提出歷史反思。

9. **阿諾·史密特（Arno Schmidt, 1914-1979），《紙片的夢》（*Zettel's Traum*, 1970），一五三六頁**

小說內容是關於一九六八年的一個夏日，其中還有多處關於美國十九世紀文學家愛倫坡（Edgar Allan Poe, 1809-1849）的討論。

10. **彼得·漢德克（Peter Handke, 1942-），《我在無人灣的一年》（*Mein Jahr in der Niemandsbucht*, 1994），六二八頁**

卡夫卡文學獎得主漢德克在這部作品中，秉持時代精神發出一些悲嘆與控訴。大體上，這本小說已經脫離了漢德克原本的文學風格。

附錄二：二十世紀十二部最重要的德語長篇小說（對於德國人而言）

1. **托瑪斯·曼，《布登勃魯克家族》（*Buddenbrooks*, 1901）**

這部小說不只讓托瑪斯·曼榮獲諾貝爾文學獎，它還是二十世紀所有德語家族小說的創作原型與典範。

2. **亨利希·曼**（Heinrich Mann, 1871-1950），**《臣僕》**（*Der Untertan*, 1918）

亨利希·曼（托瑪斯·曼的兄長）這部小說最能表現德意志帝國後期極力對外擴張的「威廉主義」（Wilhelminismus）[1]。

3. **法蘭茲·卡夫卡**（Franz Kafka, 1883-1924），**《審判》**（*Der Prozeß*, 1925）

這部小說的主人翁約瑟夫·K（Joseph K.）一定是遭到了汙衊，才會被捕，陷入一場難纏的官司之中，最後被祕密處死。

4. **約瑟夫·羅特**（Joseph Roth, 1894-1939），**《拉德茨基進行曲》**（*Radetzkymarsch*, 1932）

羅特在這部小說中，感傷地哀悼歷史輝煌的哈布斯堡王朝。

5. **阿弗烈德·德布林**（Alfred Döblin, 1878-1957），**《柏林亞歷山大廣場》**（*Berlin Alexanderplatz*, 1929）

一部頌讚威瑪共和時期社會底層人民、並受到當時左派人士追捧的小說。

6. **克勞思·曼**（Klaus Mann, 1906-1949），**《梅菲斯多》**（*Mephisto*, 1936/1981）

克勞思·曼透過《梅菲斯多》這部小說，影射他的前姊夫谷倫特根斯如何與納粹合作而在德國戲劇界飛黃騰達的過程。當人們遇到權力誘惑時，如果把自己的靈魂出賣給權力，就會徹底淪落！

---

[1]「威廉主義」是指威廉二世在位時期（1888-1918）的政治作風：對內施行保守主義路線，打壓國內社會主義思想，對外則積極擴張，增強德國的軍事武力，讓德國躋身強權國家之林。

7. **沃夫岡．柯鵬**（Wolfgang Koeppen, 1906-1996），**《玻璃溫室》**（*Das Treibhaus*, 1953）

這本長篇小說敘說一位西德左傾自由派知識分子，對於納粹上台之前的德皇復辟行動和二戰後阿登納政權的看法，以及對於女性情色的恐懼。

8. **麥克斯．福里希**（Max Frisch, 1911-1991），**《施蒂樂》**（*Stiller*, 1954）

瑞士文學家福里希在他這本突破性的創作中，以丹麥存在主義哲學家齊克果（Søren Aabye Kierkegaard, 1813-1855）的觀點討論現代人類身分認同的問題，相當符合二戰過後西方普遍的政治社會氛圍，而且還帶有些許的瑞士風格。

9. **鈞特．葛拉斯**（Günther Grass, 1927-2015），**《錫鼓》**（*Die Blechtrommel*, 1959）

《錫鼓》的內容雖以二戰之前的德國社會為背景，然而，它卻是一本為戰後西德人民創作的小說，而且帶有挑釁當時西德社會的意味。此外，德國戰後世代的高中教師在從事課堂的公民教學時，會把這本小說當作一份可靠的政治指南。

10. **亨利希．伯爾**（Heinrich Böll, 1917-1985），**《九點半的撞球》**（*Billard um halb Zehn*, 1959）

諾貝爾文學獎得主伯爾在這部小說中，透過一些源自過去而至今仍未消失的徵兆，淋漓地呈現一個科隆家庭所遭逢的災禍。典型的天主教徒作風和批判風格，也是伯爾文學創作的特色。

11. **托瑪斯．邊哈德**（Thomas Bernhard, 1931-1989），**《破滅：一場崩解》**（*Auslöschung. Ein Zerfall*, 1986）

奧地利戰後文學家邊哈德是一位暴躁憤怒的「奧地利批評者」，這本小說是他最後一次激烈地表露自我。

12. **馬丁．瓦爾澤（Martin Walser, 1927-），《湧出的泉水》（*Ein springender Brunnen*, 1998）**

這部小說描述一位生長於南德波登湖（Bodensee）畔小鎮水堡（Wasserburg）的青少年的故事。其中還有一句意味深遠、針對納粹崛起的一九三〇年代的名言：「即使它還存在，並不表示它將會存在。」

14. 傳統木桁架建築

Fachwerkhaus

一對我已認識幾十年的銀髮夫妻每隔幾年就會來找我，言談中，他們總會聊到夫妻倆共同經歷的事情，所以我知道，他們的晚年生活還過得不錯。當他們最近雙眼發亮地跟我提到傳統的木桁架建築時，那種神采飛揚的模樣，有點像剛加入熱情的獨立教會（Freikirche）的基督徒興奮地聆聽牧師講道一般。這對上了年紀的夫婦跟我們一樣過日子，雖然他們已屆遲暮之年，卻總是懂得把握生命，從未停止生活的學習。他們是生活受到基本保障的中產階級，因此能擁有一些比較美好的想法，德國也因為這個階層的存在而得以維持社會平衡。

這對老夫婦告訴我，他們愛上一棟屋齡已超過五百年的木桁架房屋，建造年份是西元一五〇〇年。他們很想把它買下，因此正在尋求精通這種傳統建築工法的專業人士，為他們查驗並鑑定該建物的屋況，包括桁格內的砌牆和充填、老虎窗（Gaube）、樓梯的扶手、牆面、建材的腐蝕情況以及屋牆的填料等項目。

人們可以客觀地把木桁架建築視為一種建築工法，並保留它原來的營造方式。在此進行技術層面的描述其實是多餘的，因為市面上販售的相關書籍琳琅滿目，只要我們想取得這方面的資訊，這類書籍便可以隨時在我們的書架上占滿一整排。如果您當真想為自己蓋一棟木桁架屋舍，也沒有必要大費周章地親自研究，因為，從事這種傳統建築的營造公司可以給您專業的建議和服務。

木桁架建築的建造方法已流傳久遠，它的存在遠早於德意志帝國的建立，相關的出土遺跡甚至可以遠溯日耳曼地區的史前時代。木桁架建築的樣式帶有古樸風格，人們透過連接格狀的木構架並填入桁格內的磚土牆，把這種房舍砌築起來。

木桁架建築是一種經過長時期考驗而完整保留下來的建築工法，因為這種傳統的建築方式可以蓋出很理想的住房，所以它在技術上並不需要再有所精進，就如同火柴幾百年來都沒有什麼改變一樣。總之，傳統的木桁架建築非常適合現在德國人樂活的生活風格。一家生產木桁架建築專用磚瓦的公司，曾於二〇一一年打出這則廣告：「我們用黏土製成的磚瓦可以調節天氣的冷熱乾濕，能為大家創造最健康、最舒適的居住空間。」

木桁架建築歷久不衰的決定性因素並不是它的歷史性或建物的耐久性，而是本身的獨特性。它的獨特性不僅在於技術層面，更在於它本身所呈現的生活風情與美感，換句話說，這種傳統建築深受德國人民喜愛是因為它看起來很好看，它就是美的化身。德國有許多城鎮的市區因為保存這種古老的建築樣式，而散發出一股特殊魅力，有些城鎮甚至因為整修和重建市中心傳統的木桁架古宅群，而能再度以這種建築作為該城鎮的象徵。希德斯罕這座北德城市就是一個典型的例子。該市舊城區市集廣場旁的「屠宰公會會所」（Knochenhaueramtshaus）被公認為全世界最華麗的木桁架建築，同時也是希德斯罕市的象徵。海德堡東邊莫斯巴赫（Mosbach）小鎮的「奇克罕屋」（Kickelhainhaus）是目前能讓人入住的最小木桁架建築，屋內數層樓板面積加起來只有五十二平方公尺，相反地，位於哈勒市薩勒（Saale）河畔的「法蘭克基金會」辦事處則是德國最大的木桁架建物。

木桁架建築並非起源於德國，不過，世界上卻沒有民族能像德國人如此鑽研這種木造建築技術，並在某種程度上把它融入了自己的文化，或許這是由於傳統的木桁架建築普遍具有德國人偏愛的工匠手藝（handwerklich）製作性質。德國的中產階級知道，吸取新知的學習能力比適應既有的環境更重要，這個洞察也是他們成功的訣竅之一。德國人會吸收別的國家和民族所發明的技術，並努力讓這些技術達到精湛的程度。因此，外來的東西一旦傳入德國，並成功地本土化之後，甚至可以變成德國文化的特色。

木桁架建築的原則是依循建築藝術的一些基本想法。完工落成的木桁屋，木構架必須外露。木構架結構對於木桁架建築非常重要，因為它可以減輕建築體的重量，並增加它的安全性。此外，木桁屋的外觀細節和裝飾圖案也是這種傳統建築工法的一部分。在華格納樂劇《紐倫堡名歌手》（*Meistersinger von Nürnberg*）中，德國人通常會認為鞋匠漢斯．薩克斯（Hans Sachs）——一名手工業行會的師傅——比思想自由、來自佛格維德（Vogelweide）的青年貴族騎士華爾特（Walther）更像居住在傳統木桁架房屋的人。

木桁架建築既不是唯一的造屋技術，也不是特別了不得的、精巧的建築工法。對於德意志民族而言，這種木造建築主要是一種傳統以及傳統所蘊含的可靠性。這種建築傳統呈現出一般人可以理解的營造技術：每個人都能了解一棟木桁架建築是如何打造出來的，因此，每個人都可以學習這種建築方法。誰如果覺得只需用螺絲釘組合的宜家家具（Ikea）產品太過乏味，便可以考慮玩木桁架建築。在承平時期，起造者往往會把這種木桁屋蓋成一棟豪華的木造建築，但在民不聊生的動盪時代，人民如果有一點工匠的天賦，很可能必須在急迫的情況下自己動手建造這種木桁架房屋。根據統計，這種自建的木桁架老屋在德國約有一百萬棟左右。

傳統木桁架建築形塑了許多德國城鎮的老城區，並體現了人們對它們所懷有的幻想。如果我們造訪波羅的海的漢薩港都威斯瑪（Wismar）內城，就會看到幾條通往市集廣場的狹窄街巷兩旁，有成排造型精美的木桁架建築夾道矗立著。一九二二年上映的德國著名恐怖默片《不死殭屍》（*Nosferatu*）就是在這裡取景拍攝的。

德國的城鎮興起於中世紀，正是人們決定起造木桁架建築的時期。到了二十世紀八〇年代，德國人開始從多元面向重新發掘中世紀的歷史，這股中世紀熱潮也讓愈來愈多人對木桁架建築發生興趣，並把這種建築視為德意志傳統的一部分。

住在木桁架房屋裡，就像在從事一項嗜好一樣。迷上這種傳統的屋舍後，男人便不需要再玩模型火車，女人也可以因而放棄在網路上和喜歡編織的朋友們聊天。為了取得裝修木桁屋的資格，他們會在週末進修一些相關的建築課程。這些課程除了提供所有的練習，以增加動手操作的熟練度之外，還包括一些藝術性訓練，即使這些課程並未標明是藝術課程。總之，這類裝修課程會教導學員們如何處理黏土材料，人們在形塑黏土時，不只可以學習這種傳統建築的工法，還可以從這種手作活動中獲得心靈的療癒。

提到木桁架建築，人們首先會想到它的木質材料，然後才考慮黏土。橡木是興建這種木構建築最好的木料，這一點應該沒有人會質疑。二戰過後，德國人已不再把橡樹當作德意志民族的象徵，不過依舊認為橡樹是永存不朽的樹種，橡木是很理想的建築木料，因為它不須經過化學處理，就具有防潮、防腐和防蛀的特性。道格拉斯杉（Douglasie）也適合用於木桁架建築，不過，相較於橡木，德國人會優先考慮道格拉斯杉嗎？

木桁架建築的質感和風格主要來自使用的木材和黏土，以及這兩種材料之間的接合。這種建築似乎含有一種人類日常起居所需要的魔法，也就是現今人們所謂的「生活品質」。

木桁架建築的一切相當符合德國中產階級的價值觀。住在這種傳統建築的屋主通常是有機農產品的消費者，而且這種建築很適合出現在優格的電視廣告中：一個由單親父母再婚而共同組成的家庭，在傳統木桁屋內共進早餐所表現的居家生活感覺。

我們不該輕率武斷地認為，德國人開始重視傳統的木桁架建築，就表示他們已經接受整部德意志民族的歷史，不過我們卻可以說，德國人對於傳統建築的新態度，意味著重新親近與尊重自己生活所在的地方史。納粹犯下的滔天大罪，讓德國人至今仍畏於表現民族精神以及愛鄉愛國的情操，歐洲其他國家的人民依舊擔憂德國軍國主義的復燃。在這道歷史陰影下，德國人嘴巴上說木桁架建築，心裡想的卻是傳統，也就是德意志民族的傳統。總之，這種隱藏式的表達可以讓他們不用表露心跡，這就好比德國人提到生態，其實是在指家鄉，因為這麼說就不會引起注意，不會啟人疑竇。

15. 開車的消遣

Fahrvergnügen

B M W
B M W
B M W
MERCEDES

開車的消遣是一種機動化的徒步漫遊。

停一下！這麼說來，開車是人們在呼應自然風光的召喚？這種說法是騙人的！當人們開車經過大自然時，能感受到什麼？人們已無法再聞到花朵的香味，聽到鳥兒的啾鳴。汽車的引擎聲噠噠作響，車燈發出刺人眼目的光束，郊野的景色已淪為開車族匆匆瞥見的大幅風景壁紙。

然而，從另一方面來說，徒步旅行不一定充滿詩意，開車也不一定是盲目地踩油門前進。試想，徒步健行的人如果要在天黑前趕到某家小酒館，沿途是否還有閒情和時間駐足於每一叢野薔薇？德國有多少愛車人士開車上路，只是因為汽車可以讓他們前往那些火車無法到達的地方？德國人喜歡開車往往不是基於實際的理由：德國的汽車族喜歡在行進的車輛中享受大自然的美好，開著敞篷車沿著波羅的海濱海公路或阿爾卑斯山腳下的山路前進，對於德國人而言，這就是一場大自然的朝聖之旅。即使以時速兩百公里的速度在德國高速公路上行駛，當夕陽西下，霞靄滿天時，人們仍會受到如此美妙的自然景色迷惑。現在一些無所事事、被德國社會視為無用的人們已經不會出門長途步行，而是開著一輛老舊的福斯廂型車，一路往溫暖、明亮的南方前進。

德國當代文學家赫塞能與被人類剝削的大自然所發出那些喋喋不休的訴苦深深地共鳴。赫塞是一位熱情的野外健行者，在印度旅行時，喜歡乘坐人力車，而且後來還夢想「捕獵汽車」：他的內心一直無法認同醜惡的資本主義社會，因此在《荒野之狼》（*Steppenwolf*）這部小說中，還安排主人翁開槍狙擊一輛豪華轎車。他寫道：「肥胖、穿著體面、身上散發香水味的富人，透過機器的幫助從別人身上榨取利益，這些工業界的有錢人應該跟他們那些轟轟作響的大汽車一起被毀滅。我們應該放火燒了他們的工廠，把一些遭到工業破壞的土地清空，讓蒙塵的、水泥建物林立的地方能重新生長成一片森林、青草地、荒原、小溪和沼澤。」

赫塞於二戰結束隔年獲得諾貝爾文學獎。在第三任妻子妮儂（Ninon）的堅持下，這位原本夢想「捕獵汽車」的文學家終於購買了生平第一輛汽車，一款英國標準汽車公司（Standard Motor）的中級車，當然，它在性能及其他方面都無法跟當時的賓士車相比。赫塞的太太喜歡開車，曾駕駛這輛英國車載著赫塞南下，並穿越阿爾卑斯山的猶里爾隘口（Julierpass）。赫塞在年輕時曾靠著雙腳步行穿越一些阿爾卑斯山的山隘，其中也包括這處隘口。這位健行的愛好者那時並沒有打算與這種新興交通工具和解，因為，他在這次的汽車之旅中，還做了一首德語押韻詩：「汽車長途行駛，雖然疲累卻仍不停地運轉，車型的輪廓依舊鮮明。／一條長長的帶子沿著道路中央不斷向遠方延伸，／曾經是行軍和朝聖的路徑，而今／引擎發出噪音的汽車疾駛而過，／坐在車裡的人，似乎擁有一切。／其實他們應該讓自己從這種喧囂中脫身，沉浸在夏日的幸福裡，／只是沒有時間，只是沒有時間。」

德國左派劇作家布萊希特如果讀到赫塞這首詩，大概會不屑地把他請下車，然後跳上駕駛座，開走那輛車，把這位善感而懷舊的諾貝爾文學獎得主連同他那頂經常不離身的帽子，留在一片揚起的塵土中。布萊希特這位左派戲劇大師雖不反對射殺坐在豪華轎車裡「肥胖、穿著體面、身上散發香水味的富人」，不過，跟赫塞不同的是，如果眼前出現一輛從富人那裡偷來的汽車，他會毫不考慮地把它占為己有。

當布萊希特陸續完成《巴爾》（*Baal*）和《人就是人》（*Mann ist Mann*）這些抨擊資本主義的劇作

後，他終於在一九二六年有經濟能力購買有生以來的第一輛汽車，一輛二手的英國製戴姆勒汽車。然而，這輛舊車就跟他的第二部車子——歐寶（Opel）汽車——一樣，都無法滿足他對車速的要求。布萊希特當時曾說過一句名言：「如果人們不考慮擁有一台精巧打造的雪橇車，而想得到一輛破銅爛鐵的汽車，會是什麼情況？」一九二八年初，布萊希特請他的女友——與他一起從事寫作的女作家伊莉莎白·浩蒲特蔓（Elisabeth Hauptmann, 1897-1973）——登門拜訪各家汽車製造商，詢問他們是否願意提供他一輛車速較快的車，以藉此肯定他在文學方面的貢獻。當時奧地利最大的汽車製造商施岱爾汽車公司（Steyr-Werke）慷慨地答應了浩蒲特蔓的請求。數星期後，《貓頭鷹》（*Uhu*）這份在柏林出版發行的雜誌便登出布萊希特剛完成的一首詩〈會哼唱的施岱爾汽車〉（Singende Steyrwägen），其中有一段寫著：「在轉彎處，我們就像黏貼的膠帶。／我們的馬達是：／一塊會思考的礦石。／唉呀！我們開車吧！／我們把你駕駛得如此平穩，沒有顛簸，／而你卻相信，你現在／在水中前進。／我們把你駕駛得如此輕盈，／而你卻相信，你卻堅持／我們必須踏實。／我們把你駕駛得如此安靜無聲，／你卻相信，前進的是／車身的影子。」

交車不到一年的時間，布萊希特便開著施岱爾車廠贈送的敞篷車撞上了路旁的樹，這起車禍是否讓這位文學家的自我宣傳陷入窘況？一九八〇年代後期，曾有一輛賓士汽車從南非的海岸公路滑落一百公尺而駕駛人竟沒有受傷，賓士公司當時還特別針對這件轟動一時的交通意外，大打賓士汽車的形象廣告。不過，半世紀之前的布萊希特可就沒這麼幸運了！他在這場車禍中撞裂了雙腳的膝蓋骨，臉上還留下一道傷疤。儘管這位知名劇作家的車禍事件受到當時媒體的追蹤報導，而且還登上了《貓頭鷹》雜誌的版面，不過，布萊希特和施岱爾汽車公司仍對汽車作為便利的交通工具充滿信心。施岱爾公司隨後又送給布萊希特一輛新的敞篷車，他一直開著它，直到納粹上台，都未再發生事故。布萊希特被迫流亡海外後，他留下的那輛施岱爾敞篷車就被納粹沒收充公了！

誰如果嘗過開車的滋味，大概會為了它放棄一些基本原則吧！德國納粹曾在每個洋溢民族情感的集會場合裡，讚揚樹木保護的政策和行為，然而，當這個政權突然決定在德國建造高速公路時，竟完全不考慮境內森林的生存空間。納粹是否為了第三帝國的經濟發展及公路網絡化而興建高速公路，以對外展示國力？關於這一點，學界還有爭論，況且當時修築高速公路還可能基於一些極不理性的考量，比方說，當時的宣傳部長戈培爾曾提出把人類與技術融為一體的「鋼鐵般的浪漫主義」（stählerne Romantik），並曾在日記中欣喜若狂地寫道：「在舒適的高速公路上縱情地開車，一路南下。」化學家暨科學新聞記者華爾特．歐斯特華德（Walter Ostwald, 1886-1958）在二十世紀初期曾負責主編「德國汽車協會」（ADAC）發行的雜誌《汽車駕駛人》（*Der Motorfahrer*），一九三九年二戰正式爆發後，還曾公開呼籲他的德意志同胞們一起「開心地駕車漫遊」。

整個納粹第三帝國一開始就走偏了方向，納粹時期德國高速公路及國民車的發展其實不完全是正面的。就環境保護而言，人們對於引擎馬力的熱情並不道德，偏偏在德國這樣的國家，人們的作為似乎都要被迫披上一層道德外衣。快速行駛汽車雖帶有道德的負面性，但它對於德國人民始終具有一股從未消退的吸引力。喜歡踩油門的汽車迷那種開快車的癮頭，就像前衛的「德國新浪潮音樂電台」（Neue Deutsche Welle）曾播放的一首熱門歌曲內容：「他想要快樂，便踩下油門。」

如果德國曾經有過優良的汽車駕駛人，那就是汽車的發明者勾特里柏・戴姆勒（Gottlieb Daimler, 1834-1900，原姓為Däumler）。當時他所研發的車輛不使用馬匹，卻能擁有好幾匹馬的拉力。這位出身施瓦本的汽車發明家和他重要的工作夥伴——負責汽車設計和製圖的首席工程師威廉・麥巴賀（Wilhelm Maybach, 1846-1929）——窮盡畢生精力，孜孜不怠地研究汽車和它的驅動引擎，以便讓人們可以使用這種交通工具無遠弗屆地移動，前往鄉野、水岸以及高山地區。不過，身為汽車的製造者，他們並不贊同汽車必須為了讓駕駛人及乘客獲得興奮的快感而加快行進速度。戴姆勒的汽車經銷商艾米爾・耶林內克（Emil Jellinek, 1853-1918）則和他們意見相左，他是一位性格執拗的奧地利商人，曾經營賽馬飼養場，經常鼓舞這兩位戴姆勒汽車公司的主事者生產更快速的汽車。後來，他甚至要求他們，以他愛女的名字「梅賽德斯」（Mercedes）為一款配有新型引擎的汽車命名。

一八八六年，卡爾・賓士（Carl Benz, 1844-1929）比戴姆勒提早幾個月向德國當局申請全世界第一輛使用汽油燃料機動汽車的專利權。他跟戴姆勒一樣，都希望改進人類的交通工具，不過，一切仍以行車安全為優先考量，並未致力於加快它們的速度。賓士先生當時在試駕他的第一輛三輪汽車時，由於機械操作不易，不僅當場撞死六隻雞、三隻鴨、兩隻鵝和一條狗，還讓附近的馬匹膽怯不已，因此，這位汽車業的先驅企業家向來反對一味地追求車速。到了二十世紀初期，這種對於速度的顧慮與保守的態度，終於讓他身邊最優秀的工程師奧古斯特・霍爾希（August Horch, 1868-1951）決定拂袖而去，與他分道揚鑣。

霍爾希是汽車業界第一位表明全力追求車速的人，早在孩童時期，他便已顯露這種傾向，比方說，他會在父親的作坊裡為木製雪橇車安裝鐵質滑板，好讓買家在滑下山坡時，能更加快速。這位工程師原先在賓士手下工作，後來因為無法認同賓士的經營理念而離開賓士汽車公司，自行創辦奧迪汽車（Audi）。（作者註：根據德國當時一項法律訴訟的判決，霍爾希的前合夥人取得了Horch這個註冊商標，霍爾希本人由於不得再使用自己的姓氏做為汽車商標，在權宜之下便改用Horch〔德文的意思是「聆聽」〕的拉丁文譯詞Audi）霍爾希另立門戶當上汽車公司老闆後，還親自參加賽車活動，在第一次世界大戰爆發之前，奧迪汽車是汽車競速比賽的常勝軍。在全球經濟大蕭條時期，霍爾希的奧迪汽車公司和他先前與朋友合夥成立的霍爾希汽車公司，以及另外兩家汽車工廠，合併為奧迪汽車集團，並雇用一位非常傑出的汽車設計師斐迪南·保時捷（Ferdinand Porsche, 1875-1951）：保時捷為奧迪集團設計的「銀箭」（Silberpfeile）[1]賽車和當時新合併的梅賽德斯——賓士集團所製造的「銀箭」賽車在一九三〇年代的賽車場上，都是車速最快、也最受矚目的車款。

駕駛賽車是一種藝術。賓特·羅澤麥爾（Bernd Rosemeyer, 1909-1938）是二十世紀前葉德國最知名的賽車英雄。他駕駛神奇的奧迪「銀箭」不僅榮獲賽車冠軍，還創下當時最快車速的世界紀錄：一九三七年十月，他在參賽時駕駛的那部奧迪賽車，車速已飆破時速四百公里。納粹宣傳部長戈培爾當時便表示，羅澤麥爾就是他所倡導的「鋼鐵般的浪漫主義」典範。羅澤麥爾後來和知名的女飛行員艾莉·班紅（Elly Beinhorn）結婚，他的妻子在飛行方面的英勇表現，不但沒有掩蓋他在賽車界的明星

1「銀箭」是一九三〇年代人們對於奧迪和賓士車廠所製造的銀色賽車的暱稱。

光環，納粹政府甚至還很自豪地向全世界誇耀，德國有一對「全世界最快速的夫妻」。

然而，這個充滿榮耀的賽車神話卻驟然消失：羅澤麥爾於一九三八年一月在法蘭克福與達姆施達特（Darmstadt）之間這段高速公路路段所進行的比賽中，試圖打破先前賓士選手所刷新的世界紀錄，卻被車身側邊突然出現的一股強風捲出高速公路外，直接墜落在路旁森林裡，羅澤麥爾當場死亡。後來他的遺體下葬於柏林達冷區（Dahlem）的森林墓園（Waldfriedhof）中，正好坐落在全世界第一條高速公路附近。

一九二一年，全世界第一條「汽車專用公路」——也就是所謂的高速公路——在柏林郊區落成啟用，全長不到三公里，而且還是由私人投資興建完成。雖然在柏林建造的第一條高速公路正式名稱為「汽車交通暨練習道路」（die Automobil-Verkehrs-und Übungsstraße；簡稱為AVUS），不過這項新興的道路建設，並不是為了避免這些開車新手在一般馬路上衝撞動物、行人和馬車而專門開闢的汽車駕訓場地。從一開始，德國高速公路的發展便以汽車競速為目標，這條極短程的高速公路是因應當時國際賽車需求而修築的：有鑑於德國當時的賽車好手遙遙領先各國選手，德國汽車界人士認為，不該讓這些專業賽車手和那些自稱是飆車高手的人繼續使用普通道路，應該有一條專用道路讓他們可以充分練習賽車的駕駛技術，以便在國際競賽中完全展現德國工程師所設計之汽車引擎的優越性。

我們可以在女小說家維琪·包姆（Vicki Baum, 1888-1960）的成名小說《旅館裡的人們》（*Menschen im Hotel*）裡非常清楚地觀察到，在汽車尚未發展成熟的階段，當時的汽車迷如何沉迷於速度的追求。在這部暢銷小說裡，主人翁奧圖·克靈爾蘭（Otto Kringelein）是一位患有胃癌的會計員，一輩子從沒坐過汽車，因此想趁生命最後幾個禮拜毫無顧忌地享受人生。於是他決定跟一位作風大膽的男爵去柏林，在那段短程的高速公路上飆車：「剛開始先感受到空氣的流動，它變得愈來愈冷、愈來愈猛烈，最後就像拳頭打在臉上一般。車子發出一種聲響，是底盤傳上來的歌聲，聲音愈來愈高，此時克靈爾蘭身上出現一種可怕的怪現象：冰冷的空氣此時灌入了他的雙腿，腿骨裡的氣泡往上竄升，膝蓋似乎就要爆裂開似的。」當男爵看到跑車的車速表指針已經指著時速一百一十八公里時（在一九二九年，對於非專業的駕駛員而言，這已是極快的速度），便感嘆地說道：「現在我總算覺得比較輕鬆了！」「我也是。」這位臉色蒼白卻心情愉快的罹癌會計員在旁邊附和著。難道這是一種經由工業技術所產生的心靈淨化？

什麼是自由？英國人認為，自由是可以表達自己的意見；法國人覺得，自由是能夠定期發起抗議活動；在美國，能自由使用槍枝而且不用加保醫療保險，就意味著自由；對於德國人而言，只要沒有人阻攔，只要汽車引擎能夠負荷，能在高速公路上一路飆車就是自由。

一九七四年二月，西德政府曾打算對境內高速公路實施時速一百公里的車速限制，卻引發民間極大反彈。當時「德國汽車協會」這個西德最大的民間社團曾喊出「自由的人民可以自由地開車」（Freie Fahrt für freie Bürger）這句傳奇性口號，之後這個句子似乎被祕密寫入西德基本法（相當於各國憲法）的前言一般，已沒有任何人敢挑戰它。這幾年，德國交通部長和德國交通安全委員會（Deutsche Verkehrsicherheitsrat）為了提升交通安全，試圖要求德國汽車駕駛人降低車速，甚至在高速公路旁架起標記交通意外傷亡人數，以及警告意味愈來愈嚴正的大型看板。德國綠黨則大聲疾呼，希望汽車工業不要單單追求汽車性能，而應著重環境保護，不過，這些努力和呼籲卻徒勞無功。二十一世紀初期，德國的抽菸人數雖已減少，德國人卻還是無法放棄開車這項消遣。他們只要一坐上駕駛座，就會變成古老的日耳曼人，既不服從羅馬總督的指揮，也不聽從其他人的命令，只是以某種速度翻山越嶺，繼續前進。如果德國高速公路不塞車，這些沒有速限的高速公路就是日耳曼蠻族最後得以發洩體內野性的聖土。

從一開始，不只德國男人發現開車和自由狂野有關——亦即汽車（Auto-mobil）與自決（Auto-nomie）之間的手足關係——其實日耳曼女人的血液「也含有汽油成分」，卡爾・賓士的妻子貝塔・賓士（Bertha Benz, 1849-1944）就是一個典型的例子。這位行動果決的女中豪傑當時把自己的嫁妝投入丈夫所夢想的汽車研發當中，而促成世界第一部機動車輛的誕生。賓士夫人會這麼做，可能跟她的成長經驗有關，她在少女時期意外地發現，母親於她出生當天，在家庭用大本《聖經》後面所附的空白頁（以便記錄家屬的出生、死亡和結婚等重要大事）上寫著：「可惜又是個女孩。」這句話讓她後來一直想藉由事功或成就來向她那個想法保守而狹隘的娘家證明，一個女孩子也可以有一番作為。因此，她並不只是賓士先生的太太，她還是他的事業夥伴。

一八八八年八月，距離賓士發明第一輛汽車已過了兩年多，賓士夫人為了參加妹妹孩子受洗和命名的慶祝會，偷偷地背著賓士先生（不是賓士夫人自行決定，就是被兩位青春期的兒子慫恿）登上了那輛專利三輪汽車，而且從曼漢一路開車到普弗茲罕（Pforzheim），路程全長超過一百公里，這次的駕駛紀錄也讓她成為世界上第一位長途駕駛汽車的人。當時這趟長途汽車之旅確實需要暗中進行，因為曼漢警方當時為了不讓「賓士爸爸」（Papa Benz）的「地獄車」（Höllengefährt）繼續危害地方，造成傷亡，幾乎禁止他駕駛那輛專利三輪汽車上路，所以，他如果事先知情，應該不會贊成妻子這項大膽的開車計畫。（人們如果閱讀卡爾．賓士的回憶錄就會知道，這位汽車發明家曾對這件事大發雷霆，後來卻又對妻子和兩個兒子所展現的勇氣感到驕傲不已。）

賓士夫人所進行的全世界第一次長途汽車駕駛雖然很緊張、很勞累，卻相當成功。這趟暨平安又順利的汽車之旅，從根本上消除了顧客們對於汽車的疑慮，讓汽車得以獲得推廣，賓士公司的財務狀況也因而大幅改善。當時曾有些農夫因為在路旁目睹這輛沒有馬匹卻能自動行走的汽車而受到驚嚇，握住的乾草叉也從手中掉落下來，有些人看到賓士夫人開車這一幕，還一邊跑，一邊叫喊，卻沒有人敢阻止這輛機動三輪車前進。這輛三輪汽車只有兩個排檔，配備的單汽缸四行程引擎運轉雖然順暢，不過，最大的行車阻礙卻是燃料的缺乏（當時並沒有加油站，車主必須到藥房購買汽油）、車鍊的磨損、汽油注入口受到阻塞，以及巴登地區（Baden）必須爬坡的山丘地形。長壽的賓士夫人晚年接受廣播電台訪問時曾回憶道：「我當時也會自己一個人開車出門，只要車子能跑多遠，我就開多遠。如果車子跑不動，我就下車，用手推動它前進。」

一九三八年春天，出身符茲堡的知名女記者瑪格莉特．波維莉（Margret Boveri, 1900-1975）則展開一場比賓士夫人更為大膽的汽車之旅。她開著自己心愛的那輛略微老舊的汽車「本果」（Bungo）上路，由女性友人朵麗絲（Doris）陪伴，一路驅車東行，途經土耳其的伊斯坦堡、敘利亞的大馬士革、伊拉克的巴格達和伊朗的德黑蘭後，便轉往南方，抵達大城伊斯法罕（Isfahan）。早在土耳其的安納托利亞地區（Anatolien），這兩位女性便曾多次碰到路況和汽車本身的問題而無法前進。當地道路經常出狀況，河水高漲時，還會溢出堤岸、淹沒路面並沖毀橋梁，而且車身和引擎也經常損壞。

波維莉在一九三九年出版的《汽車、沙漠和藍色珍珠》（*Ein Auto, Wüsten, blaue Perlen*）這本旅遊紀實中曾寫道，為了修理汽車，她和朵麗絲還輪流躺到車身底下工作。試想，人間還有什麼比兩個女人同心協力照顧一輛車子更美好的畫面？不過，她卻認為，「本果」才是那場跨洲遠征的真正英雄。

諾貝爾文學獎得主托瑪斯．曼的長女艾莉卡．曼（Erika Mann, 1905-1969）曾在某一段時期和汽車維持一種近乎「色情的」（erotisch）關係。然而，她卻無法像波維莉那樣，可以或願意和納粹妥協。一九二九年，艾莉卡曾奚落她那位與納粹合作的丈夫，即著名演員暨導演谷倫特根斯，並拒絕擔綱主演他在柏林德意志戲劇院所導演的一齣戲劇，而寧願參加一項汽車組裝的職訓。這麼大膽地轉換人生的角色確實是值得嘗試的：當艾莉卡和她的作家弟弟克勞斯．曼花兩個月的時間，開車穿越西班牙南部和北非摩洛哥時，至少她這個姊姊還知道，當他們那輛福特小汽車在沙漠的沙地上拋錨時，該怎麼修理。

艾莉卡．曼是一名戲劇及諷刺劇演員兼作家，對她而言，開車並不只是一種「更換國家比更換衣服更頻繁」的自由。（這句名言是艾莉卡．曼於一九三二年參加跨越歐洲的汽車拉力賽獲勝時，在羅馬寫下的。布萊希特後來在〈給後生晚輩〉（An die Nachgeborenen）這首詩裡，描寫被納粹迫害而流亡海外、無家可歸的人們處境時，還引用了這個句子。）艾莉卡．曼曾在早期發表的一些諷刺性雜文和內容庸俗的作品裡表示，汽車是檢測兩性是否適合成為情侶的最理想工具：「如果你想測試對方——不論是女士或男士——是否適合進一步交往，千萬不要一起去戲劇院看表演，也不要一起跳舞或用餐，不妨一道兒出門，相偕去運動，例如滑雪，或者，如果能一起開車兜風，那是最好不過了！當兩人在夜晚一起坐在車子裡，你就可以知道所有的事情〔……〕只要你們還在市區，你就可以要求車子以一般的速度前進；車子碰到紅燈停下來後，你們必須是交通號誌轉綠時，第一部往前奔馳的車輛。你們不會做一些不被允許的事，總是可以不踩踏禁忌的紅線。你們可以好好地觀察對方，開車的人並不需要講話，儘管如此，你還是可以感覺到，對方並沒有忘記你的存在。你們應該繼續開車，車速不宜超過時速九十公里，也不應低於五十公里。那些會把汽車飆到時速一百二十公里，而只要講個笑話，車速便立刻降到時速三十五公里的傢伙，或是言行舉止出現調情的人，都不適合跟他們發展進一步的關係。」

至於身為父親的托瑪斯．曼坐上女兒艾莉卡的車子在外面兜風時，到底比較喜歡以哪種車速前進？關於這方面，並沒有相關的資料流傳。我們只能確定，這位屬於社會中上階層的汽車愛好者，終其一生應該從未考慮親自駕駛自己買下的那些昂貴汽車。一九二五年二月四日，當他的第三本長篇小說《魔山》（*Der Zauberberg*）廣獲讀者回響，銷售量甚至超越他的首部小說《布登勃魯克家族》時，他曾跟朋友寫信說道：「『魔山』就像一座神祕而幽默的水族館，我向讀者收取它的入場券，現在已經賺了七萬多馬克，我打算拿這筆錢買一輛車，一輛好看的、六人座飛雅特汽車（Fiat）。這件事我只想私下說說，請您不要再說出去。我那個輕浮的兒子路特威（Ludwig）已經學會開車，我想，從此以後我可以搭乘這部三十三馬力的汽車，到市區四處拜訪並問候朋友了！」

如果托瑪斯．曼身邊沒有那位不支薪的司機兒子路特威，那麼他的女兒艾莉卡、另一位兒子勾洛（Golo），或是後來也學會開車的妻子卡特雅（Katja）——當然，她駕駛車輛應該非常中規中矩——就必須負責開車載他出門，人們才有機會接近這位名滿天下的桂冠文學家！

納粹於一九三三年上台後，不僅沒收了布萊希特的施岱爾敞篷車，也同樣肆無忌憚地把托瑪斯．曼逃離德國後所留下的別克（Buick）和霍爾希轎車全部查抄充公。之前他兒子勾洛在德國存在主義哲學家卡爾．雅斯培（Karl Jaspers, 1883-1969）的指導下取得哲學博士學位，托瑪斯．曼當時曾送給他一輛德卡威（DKW）二行程汽車當作禮物，後來這輛德卡威汽車也在納粹的政治報復中消失無蹤。只有艾莉卡及時把她的福特小汽車開離德國，後來才有那趟遠征西班牙和北非的汽車之旅。

一些汽車愛好者觀察托瑪斯．曼的海外流亡生涯時，往往以他所搭乘的汽車來標識每個流亡階段：剛開始是飛雅特，後來換成雪佛蘭（Chevrolet），最後又換成別克。在那個動亂的時代，人們的生存毫無安全可言，汽車則提供人們一種機動的安全性，當然還有開車的享受和消遣。

二戰過後，定居於瑞士的托瑪斯．曼開始對乘坐汽車感到興趣缺缺。為了拜訪同樣定居於瑞士的諾貝爾文學獎得主赫塞，他於一九五〇年夏天還特地乘坐自家汽車穿越瑞士，到赫塞位於南部大義大利語區提契諾州（Ticino）的住家探望他，回程時，還穿越聖哥達（St. Gotthard）隘口。經過這趟比較長途的車程後，托瑪斯．曼於抵達蘇黎世家中的當晚，在日記中感嘆道：「我對於那些硬要超車的無賴感到憤怒，整天都為這件事感到不對勁。」這位大文豪在成長時期還搭乘塗漆的馬車，晚年的他則和當時剛興起的「汽車大眾化」（Massenmotorisierung）完全格格不入，總是鄙夷這種小市民的交通代步方式。

自從十九世紀後期德國工業興起以來，德國汽車公司的老闆總是帶有一種菁英習氣：當德國的戴姆勒先生企圖提高自家汽車產品的價值性時，美國的亨利．福特（Henry Ford, 1863-1947）卻在考慮如何製造一種人人都買得起的汽車。福特汽車公司於一九〇八年推出第一批價格大眾化的T型車款，也就是人們俗稱的「鐵皮莉琪」（Tin Lizzy），這是全世界第一款在傳送帶上裝配完成的汽車，而且這種流水線的大量製造方式也讓汽車在美國真正普及起來。戴姆勒於一九〇〇年，也就是在過世前不久，還大膽地預言，全世界對於汽車的需求不會超過一百萬輛，他當時認為，光是司機短缺就是汽車普及化的一大問題。「鐵皮莉琪」是當時福特的暢銷車型，當它於一九二七年停產時，福特公司一共在這十九年間生產了一千五百萬輛。而且還可以確定的是，絕大部分「鐵皮莉琪」的駕駛者都不是專業司機，而是車主本身。

一九二〇年代，德國也出現一種比較平民化的汽車——歐寶（Opel）。歐寶公司的創辦人是亞當．歐寶（Adam Opel, 1837-1895），他在世時，該公司只生產縫紉機和腳踏車。他的行事作風相當平民化，對於汽車的生產非常不以為然，因為他認為，汽車這種時髦的新發明不過是「百萬富翁的玩具」。直到這位大家長過世之後，亞當．歐寶的五位兒子——全是優秀的自行車選手——才加入德國汽車生產的行列。一九二四年，位於梅因茲附近呂瑟斯罕（Rüsselsheim）的歐寶汽車廠完成了德國第一批在流水線上組裝製造的汽車，而且這種節省成本的量產模式，還讓歐寶公司躍升為德國當時最大的汽車製造商。不過，如果和福特「鐵皮莉琪」的年產量相比較，歐寶當時推出的車款「雨蛙」（Laubfrosch）仍不算是大量生產的汽車。福特車廠透過生產線的裝配，平均每年可以生產七十五萬輛汽車，歐寶公司雖也採用相同的製造方式，但它的年產量每年卻只有兩、三萬輛左右。

德國汽車要等到福斯汽車（Volkswagen；德文的字面意義為「國民車」）在二戰後開始大量生產才成為大眾化產品。一九三三年秋天，納粹領袖希特勒委託崇尚精湛工藝與美感造型的汽車設計大師斐迪南．保時捷，為一般民眾設計一款實至名歸的「國民車」，也就是後來世人所熟知的「金龜車」。福斯汽車公司成立於納粹時期，即一九三七年，依照希特勒的想法，這家汽車工廠應該在幾年內達到每年數十萬台的生產量，而且所製造的汽車必須適合行駛於當時德國正在興築的高速公路，也就是說，這種國民車的性能必須夠快速，不過也不能太快，還必須兼顧省油並滿足家人共乘的需求與舒適性。此外，這款汽車的價格必須平民化，讓一般的老百姓能負擔得起。納粹把這種平價的金龜車稱作「來自喜悅的力量」（Kraft-durch-Freude-Wagen），儘管汽車工學天才保時捷在二戰期間已經完成這種車型的研發與測試，不過，福斯汽車當時始終沒有為德國同胞量產這款「國民車」，以確實響應納粹讓人民「開心地駕車漫遊」的口號。福斯汽車廠後來由於戰爭的需求，轉而為軍方生產軍用車輛。二戰結束後，位於西德狼堡（Wolfsburg）的福斯汽車廠在英國占領軍的協助下迅速復工，並正式展開延滯多年的金龜車量產計畫。

福斯公司的金龜車後來能成為暢銷全世界的車款，其實得歸功於該公司在希特勒執政期間並未真正生產這款「國民車」。如果世人普遍意識到金龜車和德國納粹的淵源，它就不會在二戰過後成為全球愛車人崇拜的聖物，更不會在一九七二年成為該年度全世界最暢銷的車型——直到二〇〇二年，福斯汽車的Golf系列才打破三十年前金龜車所創下的銷售紀錄。此外，福斯金龜車仍是全世界單一車種生產量的世界紀錄保持者，成功擠下了原先名列第一的福特T型汽車「鐵皮莉琪」。堅固耐用的福斯金龜車象徵德意志民族節約樸實的精神，它不只風靡了戰後創造經濟奇蹟的西德本土，早在一九五〇年代，它便已深深擄獲美國人的心。大西洋對岸的美國人似乎認為，這種造型可愛的金龜車應該來自好萊塢動畫大師華特．迪士尼（Walt Disney, 1901-1966）的設計，他們完全沒有想到，這個車款其實源自納粹魔頭希特勒的構想與指示。

一九六〇年代，福斯汽車在美國打廣告時，曾以「我不要進口車，我要福斯汽車」（I don't want an imported car. I want a Volkswagen.）這句口號作為商業宣傳。我們從這句廣告詞就可以知道，美國人當時有多麼喜歡德國的金龜車！

這種現象幾乎令人無法相信，偏偏是和納粹暴行最密切相關的汽車，竟然獲得美國人最多讚許，甚至還把這種汽車視為美國的一部分。此外，更令人難以相信的是，這句具有革命性的廣告宣傳以及其他金龜車的廣告經典名句——如「小就是王道」（Think small）、「前進！前進！」（Going, going）等——全都出自美國恆美廣告公司（Doyle Dane Bermbach）的構想，這家大型廣告公司的主管和員工大多屬於曾受納粹迫害的猶太裔族群，而且在六〇年代早期，以色列國家航空公司（EL AL）還是它的大客戶。

難道「去納粹化」與民族和解已在福斯汽車的圓形商標裡浮現？抑或是資本主義戰勝了歷史意

識？我們可以確定的是，除了西德第一任總理孔拉德．阿登納（Konrad Adenauer, 1876-1967）和戰後以「德國小姐」（Miss Germany）為首、廣受當時美國男子傾慕的德國新女性——即所謂的「德國小姐奇蹟」（Fräuleinwunder）——之外，沒有什麼能比福斯金龜車更能向國際社會表示，一九四九年成立的德意志聯邦共和國（西德）已經徹底告別了侵略性的軍國主義，德國人真的沒什麼好怕的！一九六〇年代，加州的嬉皮還把德國金龜車變成「和平之車」，他們不只把花兒插在頭髮上，也把它們插在金龜車上，而且還在那些結實滾圓的車身上，塗寫和平的標語。

福斯汽車一九九〇年曾在美國推出一則電視廣告，廣告片的主角用洪亮而安慰人心的聲音，邀請美國觀眾坐進福斯新款的汽車裡。這支廣告的主旨是在強調，當車輛和駕駛人合而為一時（when car and driver become one），就能徹底體驗開車的樂趣。是否德國人對於汽車的幻想最終成就了一些美好事物？這時還有誰會想起「鋼鐵般的浪漫主義」和「來自喜悅的力量」這些納粹時期和德國汽車有關的口號和術語？

16.
下班

Feierabend

當殘陽落入北海或隱沒在黑森林後方時，會有陣陣如釋重負的嘆息聲穿過日耳曼大地：「終於下班了！」現今德國工會已為德國勞工爭取到每星期三十五小時的工作時數，人們可以比以前更早下班，仍未西下的夕陽還可以聽到人們下班時發出的嘆氣聲。德國人現在的勞動情況已比他們的祖先輕鬆許多，試想，兩百年前德國人平均每星期必須上班八十二小時；到了一九〇〇年左右，情況已有所改善，德國勞工每星期可以週休一天，每天工作十個小時。然而，無庸置疑地，現下的德國人雖然每星期只需工作三十五小時，卻已不再勤快，德國人那種新教徒勤勉工作的精神早已蕩然無存。有鑑於德國人的怠惰益形嚴重，前總理柯爾（Helmut Kohl, 1930-）曾在一九九三年為此大發雷霆地斥責：「一個發達的工業國家，一個有前途的國家，它的人民不該讓自己似乎生活在一座集體的休閒樂園裡。」

我們在這個章節並不是要探究德國人是否真的竭盡所能地工作（或是相反的情況），而是要討論德國人在下班後如何安排他們的休閒時間。數百年前，德國人擁有的休閒時間遠不及現在的一半，而且休閒品質也出現一些問題。如果我們翻閱曾在埃森那赫（Eisenach）執業的醫生、也是編年史家克里斯蒂安．包里尼（Christian Franz Paullini, 1643-1712）在一七〇〇年發表的《沉思的閒暇時光》（*Philosophischer Feierabend*）這份著作，就會讀到這段帶有告誡意味的內容：「因為，把珍貴的閒暇時間浪費在丟骰子、玩紙牌、喝酒或說些沒用的廢話這些無意義的活動上，並不是我的習慣。我會盡可能認真看待我的休閒時光，恰當地運用它，透過自身的正直和努力做些好事。」

人們的工作不一定隨著下班而停止。比方說，誰如果想在坡地的葡萄園裡好好地工作和學習，就不會把下班的時間拿來從事庸俗而膚淺的娛樂，而是繼續充實自己或完成一些有意義的事情。德意志地區後來興起的中產階級創造了一連串的機制，讓人們可以在閒暇之餘從事比較有意義的活動，比方說，家庭音樂會、讀書會和公益性社團活動等。後來，約當在一九〇〇年前後，人們還在各地陸續成立社區學院（Volkshochschule），希望藉由提供課程，鼓勵勞工們在下班後能從事適當的活動。因此，把民眾業餘進修的努力視為變相延續工作的忙碌，這種觀點是錯誤的。

德國人從前真的覺得，下班時間是一天當中應該欣喜迎接的高點。十九世紀德國民俗學的奠基者威廉・里爾教授（Wilhelm Heinrich Riehl, 1823-1897）本身也從事中篇小說創作。他在一八八〇年發表《下班後》（*Am Feierabend*）這本中篇小說集，並在序言裡特別說明，該集子所收錄的故事都有一個共通點：「一種糅合了快活的舒適感、內心深處的平和與夜晚純粹而清明的寧靜氛圍。我依據這種氣氛而把這部作品命名為《下班後》，並不是因為，作為一名業餘的中篇小說家，我希望以後在下班後可以不用在文學園地裡筆耕——或套用礦工們的行話『歇工』（Schicht machen）——也不是因為我知道什麼時候可以達成什麼創作成果，於是想利用閒暇之餘順便撰寫這些故事（……）而是因為，只要我提筆書寫這些故事，下班後的安靜便會進入我的靈魂裡，而且我還想把這種美好的氛圍引入讀者的靈魂內。」

白天的匆忙已經遠離，夜晚的寧靜終於來臨！在十九世紀，受過良好教育的德國人會在下班後好好地放鬆休息，不過，他們手上並不是拿著平板電腦，而是鋼筆，或一本書。至於那些性情純樸、無法閱讀和書寫的人們也會在結束一天的工作後，憧憬大自然的寂靜與安寧。當夜晚降臨在原野和河流上，當小鳥們啼唱當天最後一首歌曲時，勤勞的農夫們便把手上的長柄大鐮刀收入穀倉裡，和村人在穹蒼下一起虔誠地晚禱。自十九世紀前葉開始，德意志地區便流傳一首知名的民謠〈此刻再沒有比這裡更美的地方〉（Kein schöner Land in dieser Zeit）：「此刻再沒有比這裡更美的地方，／我們這塊寬廣遼闊的土地。／我們在哪裡？／大概是在菩提樹下吧！／夜晚時分……」當然，人們在市區會比在家裡更常吟唱這首民歌，雖然我們多半以為，家庭才擁有夜間田園牧歌般的恬靜與祥和。

夜晚的自我沉思與冥想並非生活舒適的懶散。人們會在那當兒意識到世間的一切短暫易逝，這種思緒雖在白天受到壓抑，卻會浮現在日落和就寢間這個心靈傾向憂鬱的時段，而您此時只能祈禱和歌唱。作曲家布拉姆斯譜寫的〈搖籃曲〉（Wiegenlied）裡面的一句歌詞不也透露出人們這種狀態？「如果上帝願意的話，祂會在明天清晨再度把你喚醒。」

一七八七年，詩人安東．葛蘿茲哈默（Anton Grolzhamer）在《漢堡詩歌年刊》（*Hamburger Musenalmanach*）發表〈下班後〉（Der Feyerabend）這首詩歌，其中有一段這麼寫道：「在此世，萬事萬物也只是短暫的存在，／然後，便走向漫長的永恆。／下班時間已經到來，／然後，我們所有的人又回歸平等。白天的工作已經結束，／所有的人，不論貧富，／都把賺來的薪餉帶回家。」（東德政權的官僚們當時是否因為葛蘿茲哈默這首詩，而決定把東德的「養老院」〔Altersheim〕改稱為「下班之家」〔Feierabendheim〕？）

當然，德國人下班後的閒暇並不全然具有如此的沉思性。不然，包里尼醫師就不會在他的著作中警告同胞，不可以把「珍貴的閒暇時間浪費在擲骰子、玩紙牌、喝酒、說些沒用的廢話這些無意義的活動上。」由此可見，幾百年前的德國人並不喜歡在經過一整天的工作後，還在下班時間從事一些讓自己無法放鬆的活動。

在下班後的空閒時段，酒精是德國人讓自己情緒達到亢奮高點的最重要媒介，從前是這樣，現在也是如此。早在古羅馬時代，帝國史家塔西陀（Tacitus, 56-117 A.D.）在描述北方的日耳曼部落時，便非常驚訝於當時日耳曼人在捕獵到歐洲野牛的慶祝會上，竟可以將大量的葡萄酒和啤酒牛飲而下，他還寫道：「要打敗日耳曼人，其實只要滿足日耳曼人的酒癮即可。懂得利用他們這種嗜酒的惡習，要喝多少就給多少，比拿起武器與他們對戰，更能輕易地打敗他們。」

如果有誰看過十九世紀德國各大學學生會所編纂的《大學生歌曲集》（*Kommersbuch*），可能會對譜冊上下封面四角所鑲上的四顆圓頭釘或尖頭釘感到怪異，它們就是所謂的「啤酒釘」（Biernägel）。這種歌譜集的外觀設計非常實用，因為當時德國大學生很喜歡在晚上泡酒館，一起開懷歌唱，如果桌上的啤酒不小心打翻，也不會殃及那些已被「啤酒釘」架高的歌譜。如果有誰肯留心研讀裡面收錄的歌曲，很快就可以確定，多花一點錢購買鑲有「啤酒釘」的精裝版《大學生歌曲集》是正確的。其中有一首學生歌曲很有意思，它以腓特烈．馮．普法茨選帝侯（Kurfürst Friedrich von der Pfalz, 1574-1610）在大學時期曾有一晚打嗝睡不著、在床上輾轉反側為主題，歌詞內容相當細膩地呈現出從前大學生在酒館裡的夜生活。「多麼美妙的慶祝會！／又再度高朋滿座！」這是這首學生歌曲的複唱句。

十三世紀天主教女聖者娜特布佳．馮．拉騰堡（Notburga von Rattenberg, 1265-1313）被後世譽為「下班時間的女聖者」（die Feierabendheilige）。她在世時，每當教堂在傍晚敲出第一聲鐘響後，她就會放下田裡的工作，開始向上帝禱告。為了尊崇娜特布佳這位女聖者虔誠的信仰以及發生在她身上的一些神蹟，奧地利提洛地區（Tirol）的艾本（Eben）村落，也就是她的埋葬地，每年會在她的忌日──九月十三日──舉行盛大的宗教遊行。不過，身為天主教徒在閒暇時間的保護者，這位女聖者如果還在世，大概不只不希望大家為她勞師動眾，甚至還會惶恐地阻止村民舉辦這項活動吧！

酒精並不是德國人在下班時間唯一的墮落誘因。「下班」（Feierabend）這個概念於二十世紀已在某種程度上被「休閒」（Freizeit）取代，這也同時意味著人類閒暇的、無須勞動的時間已經變長。洋溢熱鬧歡樂的都市娛樂產業，如舞廳、電影院和遊樂園，也隨著休閒時間的增加而興起，後來這些娛樂產業也轉入鄉間，終結了當地農暇時光的平靜與安逸。從前備受都市生活折磨的人們，往往藉由內心對於鄉村原野的憧憬而提升自我的精神境界，不過，這塊精神的最後樂土卻也不敵資本主義的商業運作而徹底淪落了！所幸的是，在那個已被馬克思主義批判思想洗禮的時代精神裡，已經沒有什麼凶惡醜陋的門神可以再護衛資本主義的商品生產工業了！

當代馬克思主義哲學家布洛赫在納粹執政時期流亡美國，並在這段期間寫下他的主要著作《希望的原則》（*Das Prinzip Hoffnung*）這部篇幅長達三冊的巨著，其中有一章主要在討論「空閒時間的迷惑：勞動生產的訓練」。他在這一章是這麼起頭的：「受到工作壓迫的人終於可以在晚上放鬆自己並獲得自由。他可以透過休息來消除疲勞，因為工人在勞動後也會感到困倦。工人經過一整天的壓力和勞碌，為了消除疲累，本來就可以擁有休閒時間，就如同機器需要添加燃料和潤滑機油一般。」

法蘭克福學派社會學家提奧多．阿多諾（Theodor W. Adorno, 1903-1969）和麥克斯．霍克海默（Max Horkheimer, 1895-1973）也在流亡美國時期寫下他們的代表作《啟蒙辯證法》（*Dialektik der Aufklärung*）。這兩位社會學大師在這本共同撰寫的著作中，徹底檢討當代「文化工業」（Kulturindustrie）的弊病，他們曾表示，「在晚期資本主義（Spätkapitalismus）的影響下，娛樂是工作的延續」，或「樂趣是冶煉鋼鐵所必備的水池」（Fun ist ein Stahlbad）。

對於這兩位戰後德國的重量級思想家而言——特別是阿多諾——電影這種娛樂商品簡直就是他們的眼中釘。阿多諾曾夢想著，世界上所有的電影院有一天會關門歇業，他曾強調：「讓電影院消失〔……〕並不是對於文明進步的反動。」唯一讓他感到驚愕的是，他發現：「電影院的黑暗為家庭主婦們提供了生活的紓解與慰藉，她們可以自在地坐在那裡好幾個小時，忘我地融入電影裡，就像她們從前工作下班後，回到自己居住的公寓時，會朝著窗外觀望一樣。」或許，這些天真的家庭主婦下次上電影院時，應該帶著沙發靠墊去看電影，以便好好地注視她們的銀幕英雄沿著風沙滿天的公路一路遠去。

哲學家布洛赫在已全面工業化的當代，總是能在「嗜好」裡找到一些閒情逸致的殘留，相較之下，社會思想家、也身兼樂評家和作曲家身分的阿多諾就比較嚴謹。阿多諾於一九六九年五月，也就是在他過世前不久，曾受邀到法蘭克福的一家廣播電台，針對休閒這個主題對聽眾發表演講。他在這場人生最後的演講中曾訝異地表示，從前每當記者詢問他有什麼嗜好時，他總是覺得受到侵犯，針對這個問題，他一律回答，「我沒有嗜好」。他說：「我應該不算是工作狂，只是一味地工作，只知道應該努力完成必須完成的事。然而，我在正職之外所從事的活動，卻全是一些嚴肅而慎重的事，沒有例外。『嗜好』這個概念對我而言，就是沉迷於沒有意義的事物，一些只能讓人們打發時間的活動，人們的嗜好讓我感到震驚。當我在創作樂曲、聆聽音樂以及聚精會神地閱讀時，那些時光對於我的存在而言，都是完整而圓滿的時刻，用『嗜好』這個字眼來描寫我的文藝休閒等於是一種嘲諷。我特有的休閒經驗，也讓我可以不受一些已被視為理所當然的野蠻嗜好的負面影響。」

生活在近代早期的休閒哲學家包里尼醫生早在好幾百年前，便已向二十世紀與他志同道合的阿多諾致意，不過，阿多諾的想法卻和這位對每個人都循循善誘的哲學家醫生不一樣。阿多諾這位批評後期資本主義的理論家，並不想指責那些以低能方式虛度閒暇時光的人：「在這種普遍的現實條件下，期待或要求人們在休閒時間從事一些建設性活動，很可能是不恰當的、愚蠢的想法。」於是，人民的愚昧化開始了！這個悲哀的進程後來還納入廣受社會底層喜愛的新興傳媒裡，也就是電視。或許對於當代德國社會來說，像阿多諾這樣的文化菁英會在下班後聆聽現代樂派作曲家阿諾．荀白克（Arnold Schönberg, 1874-1951）的鋼琴作品，似乎已經足夠了！

猶太裔女思想家漢娜．鄂蘭於一九五八年出版她的主要著作《行動的生活》，她在該書中針對什麼是有意義的現代休閒生活所發表的看法，似乎跟阿多諾一樣悲觀。鄂蘭認為，古希臘羅馬時代的人們為自己的城邦和國家的存續而活，並採取政治行動；工業時代以前的「工匠人」（Homo faber）一直到工業革命初期，都還試圖讓自己能在已製作完成的物件中永恆不朽；當代社會的人們，不論是共產主義或資本主義陣營，已經不會再想從事一些值得讓自己從工作壓力中解放出來的、「比較高雅和比較有意義的活動」。「這些『勞動的動物』（Animal laborans）在閒暇時光只會從事消費活動，他們所擁有的空閒時間愈長，欲望就愈多，胃口也愈強烈，他們的貪婪就帶有更高的威脅性。由於人們的貪婪已精細化，因此，人們已從生活必需品的消費跨越到非必需品的爭奪；此外，這種貪婪還包藏一個重大的危機，因為，這世界上所有人們欲求的東西，不論是所謂的『文化對象』（Kulturgegenstände）或消費性物品，終究都會陷於耗損及毀滅。」針對鄂蘭的觀點，我們可以尖刻地說，現代社會那些只會享樂的守財奴已不具有參與政治、沉思內省和真正創造的能力。如果我們盡可能讓他們不停歇地從事那些單調乏味的工作，並縮減他們的休閒時間，或許可以把他們所造成的危害降低到最輕微的程度。

對於現代休閒工業的鄙視，絕非只來自新亞里斯多德主義和新馬克思主義這兩個思想陣營，還有威瑪共和時期的醫生。那個時代的德國醫生曾警告人們，不要在下班後被動地沉迷於一些事物。以愛國保守主義者魯道夫·諾伊伯特（Rudolf Neubert, 1898-1992）為例，這位曾擔任家鄉德勒斯登「德意志衛生博物館」研究員的醫生，曾在一九三〇年公開指責那些夜間燈光閃爍的電影院：「民眾坐在電影院裡可能會受到愚弄，就是這樣（……）他們掏錢買一張八十芬尼（Pfennig）[1]的電影票，就可以讓自己坐在那裡休息兩個鐘頭，不過，卻無法讓自己有所醒悟。最明顯的現象就是：人們基於消解

1 芬尼是德國採用歐元以前的輔幣單位，一百芬尼等於一馬克。

疲勞的需求而沉迷於大城市娛樂工業所提供的消遣，這種休閒方式無法讓人們有所沉思、有所覺知。一般大眾只是隨波逐流，如果沒有出現外在或內在的震撼讓他們脫離這種生活慣性，他們通常就這樣過了一生。最糟糕的是，他們一向沒有能力用自己的力量克服精神困境，讓心靈獲得成長。如果有人每天坐在電影院觀看銀幕上那些英雄式的競爭，他在精神上就會變成一個徹底的軟性動物，而且在生理上還是個體質孱弱的人，就像一個人出門總是坐轎子，一旦遇到風寒，便用毛皮大衣把自己緊緊包裹住一般。」

有別於馬克思主義者，諾伊伯特這位公共衛生學家並不相信，只有廢除資本主義，現代人類才能再度享有真正的閒暇。諾伊伯特醫師雖然證明工業化讓人們的工作變得刻板，大腦的思考變得機械化，不過，他對於工業的雙面性卻有不同的描述：「機器〔……〕讓許多人獲得空閒，卻也要求他們付出。」因此，必須減少都市的娛樂場所，以免人們陷於休閒的墮落深淵。諾伊伯特期待革命性休閒行為的出現，能為人們帶來生命整體的更新，讓身體和精神能更健康，個人能擁有更多的自主性：「當我們可以讓更多人自行安排閒暇時間，讓他們充分利用這些空閒來增強自我意志及心靈成長，他們就能由此開始，逐漸安排自己的人生，為自己的人生負責。」當然，在這方面沒有受到教導的群眾極需一套有系統的休閒教育：例如，以配合實際生活需要的輔助體操（Ausgleichsgymnastik）代替體育館的運動；以社區學院的課程代替舞台上的雜耍表演；以閒情的培養取代酗酒；以席勒所謂的「遊戲時，個人只是個完整的人」的精神跟大家聚在一起，而不是玩紙牌打發時間。

諾伊伯特在第三帝國時期加入納粹黨，並投入一些由納粹主導的、強制將集體娛樂一致化的活動中。比方說，「來自喜悅的力量」這個與福斯金龜車冠上相同名稱，並致力於打造德國國民休閒生活的政治組織所舉辦的五光十色晚會和大型活動。不過，這位質疑現代休閒方式的公衛專家卻遲遲無法在這些納粹的計畫和構想中實踐自己的想法。後來這個組織還在一九三六年增設「下班休閒局」（Amt Feierabend），在「下班後在高速公路上」（Feierabend auf der Autobahn）這個口號下，組織的成員們還把有聲電影播放車、流行歌手以及一輛專用巴士——裡面架設一座德國人自行打造的「帝國高速公路舞台」——派到德國各個剛鋪好柏油路的地方，企圖以休閒活動的包裝，為納粹做政治宣傳。現在我們推想起來，諾伊伯特當時一定覺得納粹的休閒活動很可怕。

德國人下班後，正確的休閒行為應該是什麼樣子？在這方面，納粹並沒有定論。阿弗烈德・羅森伯格（Alfred Rosenberg, 1893-1946）是第三帝國時期最有影響力的納粹政治理論家之一，不過，他並不贊同「來自喜悅的力量」這個附屬於納粹黨的政治組織所發起的「遊藝娛樂運動」（Rummelbewegung）。他當時在自己主辦的雜誌《民族性和家鄉》（*Volkstum und Heimat*）裡，曾公開和那些「無法再把休閒當成是自己的休息時間」而是「把休閒交託給娛樂工業」的人士展開論戰。當時納粹內部和德國上層社會也有人鄙視這種娛樂工業／文化工業，只是沒有公開表達自己的想法，他們拒絕充斥聲色的休閒活動，主要是想拒絕這種美國化的休閒方式。像阿多諾如此善於運用語言的思想家在使用「fun」（樂趣）和「hobbies」（嗜好）這些英語概念時，並不會把它們轉譯成德語。他採取這種作法並非偶然，而是想透過英語概念的保留向大家揭示，在一種謬誤的生活裡，其實還存在更謬誤的東西。

以美國為首的西方盟軍為了消除西德社會的納粹思想，強化人民的民主精神，曾在戰後的西德地區實施「思想改造計畫」（the projects of reeducation）。這項由美國主導的計畫雖曾對西德人民產生不少影響，不過，原先強勢輸入的、美國風格的休閒生活卻無法再風行於西德社會。卡爾・孔恩（Karl Korn, 1908-1991）是西德最重要報紙之一《法蘭克福匯報》（*Frankfurter Allgemeine Zeitung*）的創辦人及長期發行人，這位戰後知識界的評論家便曾不遺餘力地抨擊所謂的「文化工廠」（Kulturfabrik）。

至於東德呢？下班的閒暇時間在東德成了一個矛盾的問題。在一九五〇、六〇年代，東德社會瀰漫著專制的教育思想，換句話說，人民的休閒活動應該有助於「社會主義人格」（Sozialistische Persönlichkeit）的發展，因此，連歌德的思想和作品也必須跟當時工人合唱團的合唱曲一樣，為這種意識形態服務。

在那個冷戰的年代，曾有一位東德「少年先鋒隊」（Pionier）的小伙子決定在閒暇之餘，不玩彈球遊戲機，而報名參加國內的農作物收割隊。在十足保守的、反對娛樂的德意志傳統中，這種行為通常會受到讚許，因為純粹的消遣就是危害身心的麻醉品，不過，信仰社會主義的新人類或許不需要如此：依照馬克思年輕時期的夢想，在共產主義的社會裡，工作和休閒的二元對立並不存在，因為，未被疏離的勞動者可以在所有的工作和活動裡完成自我實現。然而，東德政府在執政的後半期——也就是在七〇、八〇年代——也逐漸體認到，工作和休閒其實還是彼此對立的兩面，必須存在可鄙的「必要的國度」（Reich der Notwendigkeit），然後「自由的國度」（Reich der Freiheit）才會在下班後出現。

一九六〇年代中期，東德當局決定把一星期工作六天的勞動規定逐漸縮減為五天，強調每位人民具有工作權的東德憲法，還於一九六八年四月特別納入了人民休息和休閒的權利。東德執政者當時也承諾，會「透過計畫性擴增自有與公有的休閒度假中心網絡」，實施符合憲法精神的民眾休閒計畫。強調照顧每位國民的東德社會主義獨裁政權為人民提供的日常娛樂，其實跟鐵幕另一方的西德並沒什麼兩樣，位於東柏林郊區波廉特森林（Plänterwald）的大型遊樂園甚至在一九六九年便已正式營運，在時間上還早於西德一些假日樂園的開幕。不論是追隨蘇聯的東德或是向美國靠攏的西德，在這兩個分裂中德國的遊樂園裡，摩天輪、雲霄飛車和棉花糖都是最熱門的賣點。唯一不同的是，東德遊樂園的遊樂設施，會以蘇聯老大哥當時率先發射的全世界第一枚人造衛星和第一艘太空船命名，以藉此或多或少維持東德的社會主義色彩，而且遊樂園的票價始終低於西方資本主義國家的遊樂園。

只有像魯道夫．巴羅（Rudolf Bahro, 1935-1997）這種主張社會主義改革路線的東德異議分子，還會在人們活動的所有面向中，期待人際疏離的揚棄、人格的自我實現以及許多其他的可能性。他曾要求東德當局對社會主義進行第二次「文化大革命」，此論調聽在東德執政高層耳裡，當然相當刺耳。還有，東柏林文化研究學家赫穆特．韓克（Helmut Hanke）也惹惱了東德當局。他曾針對那些整天坐在沙發上看電視、被稱作「沙發馬鈴薯」（couch potato）的懶人展開調查研究，並於一九七九年正式發表該項研究的結果：東德的「沙發馬鈴薯」和西德的「沙發馬鈴薯」實質上並沒有什麼差別。他們坐在沙發上時，都喜歡看電視、喝啤酒，而且還習慣把腳蹺得高高的。這項研究結果的發表等於公然和東德當局唱反調，因為在美蘇冷戰期間，東德喜歡標榜自己是「比較好的德國」，聲稱自己的社會主義文化優於受美國膚淺文化所影響的西德。當時東德甚至有一小部分的人喜歡在夜晚聚會時，一起朗誦賀德林的詩作。

儘管一般德國民眾在下班後的狀態頗為不堪，統一後的德國，從整體而言，畢竟看起來還是有模有樣，就像一個自由國家應有的樣子（只有正派經營的公共廣播電台偶爾才會對這種下班現象發表意見——不過，這又是另一回事）。有鑑於德國人民對於休閒活動日益講究，不來梅專科學院（Hochschule Bremen）後來還成立應用休閒學系，並對外招收國際學生，結業後授予學士學位。該科系學生畢業後，可以進入休閒產業從事各項活動舉辦、身心健康諮詢及觀光旅遊企劃。霍斯特．歐帕休斯基（Horst W. Opaschowski, 1941-）是德國未來學及政治諮詢專家，他所提出的「休閒社會學」（Freizeitsoziologie）不僅探討什麼是「確定的時間」、「必須履行的時間」和「自行支配的時間」等主題，同時還讓德國的學術研究多了一個分支領域。

下班後的休息時間對於從前的人而言，是樸實而簡單的：終於可以放下白天單調乏味的工作，好好地讓自己休息並放慢生活步調。現代社會的人們承受較大的心理壓力，他們在下班後，晚上七點還會背著瑜伽墊趕到健身中心參加瑜伽課程。其實他們坐下來練習「生命能量呼吸法」（Pranayama-Atmung），用身體擺出向太陽致敬的體姿所要追求的，從根本上來說，不就是從前德國人所享有的那種夜晚的平靜？或許這些參加瑜伽課程的上班族在隔天下班後，只是坐在家中的搖椅上誦讀浪漫主義詩人馮．艾興朵夫的〈夜晚〉（Der Abend, 1826）這首詩歌：

當人們停息了喧鬧的興致：
大地便如同夢境般出現各種聲響。
所有的樹木都令人感到美妙，
內心幾乎無法意識到，
古老的時代和溫和的哀傷。
輕微的戰慄
閃電般穿過胸膛。

17. 海外勘查活動

Forschungsreise

自從人類的時間概念受到網際網路支配後，似乎人們所有的打算都含有網路「最後一分鐘搶標」（Last-Minute-Aktion）的即刻性與機動性。然而，僅僅在一百多年前，一位法國作家在他的冒險小說中提出「環遊世界八十天」的構想，對於那個不只沒有網路、連飛機也還未發明的時代而言，是一個相當大膽的想法。現在交通工具快速又便捷，放慢速度或許對現代人來說，反而是最好的方式。而且，我們還可以看看，這種逆向的轉變會帶來什麼樂趣？

這是一個講求速度的時代。人類現下的旅行絕大多數是從一個地方趕往另一個地方。人們對於世界的觀察正快速地轉變，事情的處理如果有所耽擱，往往只能選擇放棄。

現在所有跟旅行相關的一切，都可以事先經過妥當地安排。人們可以預定的旅遊行程幾乎涵蓋了半個地球，而且可以在旅途中親眼目睹這個世界。旅行社販售的套裝行程雖被批評為膚淺的旅行，不過，我們無法否認，出門當觀光客確實是人們普遍的樂趣所在，不論是參加典型或非典型的旅遊行程。儘管人們可以透過 You Tube 和 Google Earth 等網站在電腦螢幕上觀看絕大部分的旅遊地點，德國人還是喜歡親歷其境的遊覽。德國人每年的觀光旅遊支出高居全球之冠，由此看來，德意志民族大概是世界上最熱愛旅行的民族。

人們在旅行時，總是關注是否達成了旅行目標、抵達旅行目的地，至於旅行本身就顯得沒那麼重要了！除非人們決定來一趟豪華的郵輪之旅。搭乘郵輪的旅客一進入那個大輪船的世界，便成了郵輪節目活動的一部分。遊客們搭乘這種交通工具時，很少關心自己當前所在的地球經緯度，畢竟赤道穿越何處，只顯示在航海儀器上。如果郵輪不幸被海盜盯上，在海盜駕駛幾艘小船接近船身的那一刻，遊客們還會以為即將在船上發生的挾持人質事件是郵輪安排的餘興節目呢！

我們雖然生活在資訊比較流通的時代，然而，我們在旅遊時，往往不想面對一些未知。比方說，我們並不想知道，那些突然接近郵輪的海盜們是打從哪裡來的。相較之下，從前人們的旅遊卻充斥著未知性，甚至是一些前所未聞的駭人事件。在旅行目的地還可能是未知地域的時代，在中亞烏茲別克的故都撒馬爾罕（Samarkand）還未申請主辦一年一度「歐洲歌唱大賽」（Eurovision Song Contest）的時代，人們出遠門的理由跟現在很不一樣。當時地球尚有許多未開發地區有待人們探索，人們甚至還不知道，在大西洋另一頭還有所謂的美洲。

後來，歐洲人找到了美洲新大陸，世界地理的測量於焉展開。

那時人們似乎掌握了一切，卻又似乎一無所知。由於可供參考的資料過少，所取得的世界圖像根本不夠清晰。在那個人們探索未知地域的時代，旅行者沿途中會一邊觀察一邊學習，這本是合理的設想。當時這種有助於增廣識見的海外研修旅行與勘查活動，至少負有兩種任務：物件標本的採集與文字的紀錄。

每個注重形象和榮譽的歐洲國家，都會擁有一些從事海外考察探險的著名學者，而且他們的見聞報導與研究成果就是全國人民共有的知識成就。例如，中世紀威尼斯人馬可・波羅（Marco Polo, 1254-1324）曾實地探察貫穿歐洲和亞洲的絲綢之路。法國海軍將領暨探險家路易斯・德・布甘維（Louis Antoine de Bougainville, 1729-1811）曾於一七六六至一七六九年間，駕著大帆船繞行地球一周，成為第一位環航地球的法國人。提出演化論的生物學家達爾文（Charles Darwin, 1809-1882）是英國海軍探測船「小獵犬號」的隨船博物學家，曾前往南美洲展開為期五年左右的生物學調查研究。此外，被後世尊為「非洲之父」的蘇格蘭傳教士大衛．李文斯頓（David Livingston, 1813-1873）還是史上最偉大的非洲探險家之一，他的探險活動不僅深入非洲內陸——因而發現維多利亞瀑布和馬拉威湖——他後來還成功地穿越非洲大陸。

直到十八世紀，海外勘查活動仍舊和獨來獨往的個人、特殊的計畫以及探險家、商人、教會神職人員、軍隊同袍和贊助人所懷抱的幻想息息相關。試想，沒有西班牙皇室的支持，哥倫布還會是哥倫布嗎？

格奧格．弗斯特（Georg Foster, 1754-1794）是德意志啟蒙運動時期的博物學家，曾多次陪同父親從事科學考察旅行，並參與英國皇家海軍上校詹姆斯．庫克（James Cook, 1728-1779）——人稱庫克船長——率領的第二次太平洋探險航行。至今人們仍會談論這位十八世紀傑出的德意志博物學家，並未將他遺忘。一七七七年三月，他曾在倫敦寫道：「偉大的哥倫布在發現新大陸之前，歷經重重困難，包括人們的忌妒和航行的不確定性。哥倫布這號人物如果當時沒有堅定不移的信念和高貴的熱情，就無法說服伊莎貝拉女王和斐迪南國王資助他的航海計畫，這麼一來，世人可能還要經過一段很久的時間，才會發現美洲新大陸連同它所有的寶物。」

隨著十八世紀啟蒙運動所帶動的自然科學蓬勃發展，歐洲人紛紛展開海外勘查探險，以藉此取得國家利益與影響力。有些探險家雖曾使用許多方式報導一些人們尚未開拓的地區，不過，在這個時期，歐洲國家首先需要對世界上一些未知區域確實進行全面地圖繪製，因此，地理學（Geographie）

便成了當時的顯學，成了一門積累知識最快速、最多量的學科。依據德語「地理學」（Erdkunde）的詞義，該學科就是一門探討地球的學問。當十八世紀接近尾聲時，地理學的熱潮已經消退，這門學科已無法再為人們進一步擴展既有的世界圖像，人們原先對於地形和礦石的研究興趣，也開始轉向地表的植物相和動物相。因此，歐洲接下來的海外勘查活動便以動植物世界的描述為主。這種知性的海外旅行變成一種經驗類型，到達目的地的人都必須經過長途跋涉，甚至還會碰到猛獅。當時的旅遊紀實也因而具有學術性質以及相關的經驗價值，人們也開始從這個角度評估此類旅行報導的資料品質。

在這之前數個世紀，這些實地考察之旅大多是偶發的，或是因應歷史發展的資訊需求而出現的探索活動。到了十九世紀，這類追求知識的旅行才成為具有明確學術目標的考察探險。探險隊成員肩負特定任務，他們出門遠行不是為了享受觀光旅遊，而是為了進行實地調查。十九世紀歐洲各國競相發展的探險事業，其實是為後來的海外殖民掠奪鋪路，海外探險家似乎成了帝國主義者的馬前卒，他們所提供的描述性資料，後來成了歐洲列強染指相關地域的主要依據。

學術考察旅行往往需要贊助者，然而，後來的勘查探險活動卻來自官方委託。只有國力強大的國家才有能力派出海外考察探險隊；只有海外的經濟利益在戰略上具有意義時，國家才會與商人結盟，共同謀取海外利益。非洲作為歐洲經濟生產的主要原料供應地，這塊大陸便首當其衝，淪為歐洲列強競相爭奪的核心利益。歐洲學者從事海外考察的目的，也從理性啟蒙的知識探求轉而成為當地資源的全面調查，勘查活動從非洲海岸地區不斷往未知的內陸推進。神祕莫測的非洲內陸於是被歐洲人稱作「黑暗的核心」，非洲大陸也因而蒙上了一層神祕的色彩。所以，非洲已不只是具體的非洲，它還成為內在精神的非洲，成了一個性靈的精神世界，這也是非洲研究跟其他學科的不同之處。

德意志帝國於一八七一年成立前，境內邦國林立，邦國所委託的學術考察旅行並不值得一提。要等到末代德皇威廉二世實行「威廉主義」，已完成民族統一的德國才開始派遣具有規模的探險隊，前往非洲大陸進行地形測量，不過，這位全力發展軍事武力的德國皇帝，對於海外勘查行動仍顯得有些遲疑。在此之前，德國從事調查研究的學者通常選擇參加國外的探險隊，或和國外的專家學人共同發起探險計畫。在採取這種考察探險模式的德國學者當中，以弗斯特和他的追隨者亞歷山大．馮．洪堡德最具代表性。

弗斯特雖然壽命不長，僅得年四十，但他的人生經歷卻很豐富，是遊歷世界最多的德國啟蒙主義者。他很早就知道自己的興趣所在，在青少年時期便已跟隨父親到海外從事多次科學考察。弗斯特的父親是新教路德教會的牧師，不過，對於自然科學的興趣似乎比對上帝還要濃厚。後來，就如同我在前面提過的，弗斯特還參加了十八世紀歐洲最著名的海外勘查活動，即英國航海探險家庫克船長於一七七二至一七七五年間所率領的第二次太平洋探險活動，以廣闊的太平洋為主要探察地區。由於庫克船長威名遠播，而且影響後世深遠，他的姓氏在歐洲已成為旅遊的象徵，德國和歐洲其他國家至今還有旅行社以「庫克」命名。

弗斯特乘坐庫克船長指揮的「決心號」（HMS Resolution），從事三年的調查研究。在航行期間，他不只有機會認識並記錄一些太平洋地區的動物相和植物相，甚至還進行民族學的調查研究。弗斯特每到一個地方，便開始觀察當地的土著，並學習他們的語言，這些民族學方面的研究可能還跟他本人在語言方面的天分有關。

弗斯特把這次跟隨庫克船長進行海上探索之旅的見聞，用英文寫成一本旅行報導，即《庫克船長指揮「決心號」所展開的世界環航旅程：一七七二至一七七五年》（*A Voyage round the World in His Britannic Majesty's Sloop Resolution, Commanded by Capt. James Cook, during the Years, 1772, 3, 4, and 5*）。弗斯特在這本著作中，為南太平洋和波里尼西亞留下了相當重要的一手研究資料。他後來雖未成為一位劃時代的大學者，不過他的航海遊記卻首開先河，為日後「科學旅行紀實」的書寫立下了典範。

弗斯特自太平洋返回歐洲之後，在倫敦和巴黎的社交圈就像明星一般，備受禮遇。他後來轉向學術界發展，曾在卡塞爾和東普魯士的維爾紐斯（Vilnius，即現在的立陶宛首都）擔任不重要的（至少在他眼中）大學教席，而後在梅因茲被聘為圖書館館長，過著貴族般的豪華生活。法國大革命爆發後，弗斯特也受到這股高舉自由平等的人權思潮影響，他在寫給作家好友克里斯多夫・尼可萊（Christoph Friedrich Nicolai, 1733-1811）的信件中，稱梅因茲當時的社會狀況為「梅因茲的慣性力」（das mainzische vis inertiae）。一七九二年，他和一群人共同發起「梅因茲起義」（die Mainzer Revolte），主張在法國軍隊的占領下，於梅因茲以及位處萊茵河西岸的賓根（Bingen）和貝格察班（Bergzabern）——或許還包括藍道（Landau）在內——發動革命，以推翻當地日耳曼王公貴族的封建統治。

弗斯特是梅因茲雅各賓黨（Jakobiner）的創黨成員之一，不過，我們並不清楚，以法國資產階級激進分子為主的雅各賓黨當時在梅因茲地區所扮演的角色。可以確定的是，弗斯特在這段期間正著手翻譯美國獨立運動政治思想家托瑪斯・潘恩（Thomas Paine, 1737-1809）的《人權論》（*The Rights of Man*），並以匿名方式為這本書的德譯本作序。

在法國革命軍的占領下，「梅因茲共和國」（die Mainzer Republik）於一七九二年宣布成立。後來事實證明，這個共和國的成立以及它立刻申請併入法國的決定，都犯了政治操作的錯誤。後來可能只有歷史學家對於這起事件比較感興趣，特別是對那些自認為政治正確的歷史學家而言，梅因茲共和國出現的始末，正好可以讓他們了解法國大革命期間德意志地區一些進步思想者的看法。這個共和國雖沒有出現實質的政治運作，卻很受當地人民歡迎。

一七九三年，當普魯士和奧地利聯手奪回梅因茲城，並宣布放逐弗斯特時，他剛好以梅因茲共和國代表的身分在巴黎開會。弗斯特從此在巴黎過著流亡的生活，不到四十歲便離開人世，據稱死於肺結核。弗斯特過世後，除了專業領域之外，很快就被人們遺忘了。

在政治失意的弗斯特之後，大名鼎鼎的博物學家亞歷山大・馮・洪堡德承續了德意志地區的海外學術考察活動。洪堡德出生於男爵世家，他的父親是普魯士的高階軍官及王室內臣，母親是胡格諾派教徒（Hugenottin），即法國大革命之前受到法國國王迫害而移居德國的法國新教徒。他的兄長威廉・馮・洪堡德（Wilhelm von Humboldt, 1767-1835）在普魯士遭到拿破崙軍隊占領期間，有感於外族的壓制與蹂躪的恥辱，全心致力於普魯士教育的現代化，他們兄弟倆後來還於一八〇九年在柏林共同創立洪堡德大學，催生了歐洲第一所具有現代化教育體制的大學。

直到一九四九年，德意志民主共和國在東德成立後，弗斯特這位反抗專制君主政權的德意志革命家，才又再度從德國人的記憶中被喚起。東德政府當時為了減少本身政權與蘇聯占領軍的連結性，並贏得德意志歷史傳承的正統性，而抬出弗斯特這號德國歷史人物，甚至還為「他們的弗斯特」發行過郵票呢！現在梅因茲人總算知道弗斯特這號人物了！他們在慶祝這位歷史人物時，當然不必再理會已經瓦解的東德政權！

青年時期的亞歷山大·馮·洪堡德曾在奧德河西岸、與現在波蘭領土相鄰的法蘭克福（Frankfurt an der Oder）攻讀財政學，準備畢業後進入普魯士政府擔任公職。後來洪堡德由於在工作上接受一些與財務會計有關的研究和委託，因緣際會地轉往採礦學及開礦事業的領域發展。這位普魯士貴族青年曾自行出資，在法蘭克森林（Frankenwald）的聚落巴特·胥蝶本（Bad Steben）成立德國第一所勞工職訓學校。為了保護在坑道裡工作的礦工，他還為他們發明了各式安全燈具與一種呼吸器具，也就是現代防毒面具的前身。

洪堡德於一七九九至一八〇四年間，在中南美洲展開第一次科學勘查活動，回程時，他還繞道華盛頓，拜訪當時的美國總統托瑪斯·傑弗遜（Thomas Jefferson, 1743-1826）。這次長達五年海外學術考察的龐大花費完全由這位貴族博物學家自掏腰包，他在這項長期調查計畫中，盡可能收集沿途見聞的知識，並以清楚易解的方式記錄下來。在洪堡德之後，再也沒有科學家會用這種長途跋涉的方式從事研究工作了！洪堡德在經過一番實地勘查之後發現，委內瑞拉奧里諾科河（Orinoco）上游的支流卡西基亞雷河（Casiquiare），是一條連接奧里諾科河流域與亞馬遜河流域的天然運河。為了測量厄瓜多的欽博拉索山（Chimborazo）高度，他甚至還不辭艱辛地攀爬到五千七百五十九公尺的海拔高度，這項壯舉讓他成為那個時代到達最高海拔高度的登山紀錄保持人。當洪堡德和隨行的同伴法國植物學家暨醫生艾梅·邦普蘭（Aimé Bonpland, 1773-1858）於一八〇四年八月三日搭船返抵法國波爾多（Bordeaux）時，下船的行李總共四十個木箱，此外還有六千三百種未知植物的標本。

整理和分析這五年考察旅行所搜集的資料並提出相關科學理論，耗費了洪堡德許多年的時間。除了發表許多小型著作之外，分成上、下兩冊出版的《自然觀》（*Ansichten der Natur*）是這位博物學家最受歡迎的論著。然而，他在巴黎以法文寫成的《新大陸熱帶地區旅行紀實》（*Voyage aux régions équinoxiales du Nouveau Continent*）所處理的資料最豐富，是一套篇幅長達三十六冊的大部頭巨著。此外，值得特別一提的是，他那份描述地球自然地理的五卷本著作《宇宙》（*Kosmos*）前幾年還由「另類圖書館」（die andere Bibliothek）[1]這個德國民間發起的出版計畫再版，並引發德國讀者熱烈的回響。兩百年前的著作可以在德國造成一股閱讀熱潮，背後的原因主要是由於這些年代久遠的著作所散發出來的詩意，畢竟這些許久以前的學術知識曾是學術史的一部分，曾擔負呈現全地球物質世界的任務。就這樣，過時的、成為過去歷史的或早已沒有利用價值的知識，突然間被人們賦予一種崇高性以及穿越時光的美感。

洪堡德精通各種不同的知識領域，研究範圍涵蓋了地理學、地質學、植物學以及動物學，這些驚人的學術成就讓他受到各國學術界的一致肯定。總之，他是那個時代的大學者，不過他也是最後一位旅行科學家，最後一位針對一個地域的自然環境進行全面研究的科學家。當時他的科學知識仍聚焦於直接觀察到的事物上，而且還以伴隨文字敘述的科學繪圖呈現相關知識。洪堡德在中南美洲的科學調查，是西方科學界以實地考察探險作為科學研究方法的尾聲，接下來西方的科學研究便進入一個新的面向：實驗室和實驗室裡進行的科學實驗後來取代了海外科學勘查，成為科學界主流的研究方法，且研究對象已不再囿限於肉眼可以觀察到的具體事物。比方說，實驗室的科學實驗讓微生物學和量子物理學的研究取得重大進展，這些成果已不是透過實地探察所能獲得的。日新月異的科學發展雖讓科學研究從公眾生活和集體想像中消失，但它們卻能轉化成技術的新發明，而重返人們的現實生活，比如人們在十九世紀曾運用機械原理發明的一款前輪大、後輪小的早期腳踏車。

洪堡德自詡為世界公民，他在完成長達五年的中南美洲探險之後，大部分時間都在巴黎度過，不過，透過他的哥哥威廉和普魯士宮廷的關係，身在異國的他仍持續為普魯士國王從事外交工作。畢竟他是普魯士人，而且當普魯士人並不需要付出許多努力，人們既可以是普魯士人，又是世界公民，這並沒有什麼衝突。我們頂多只能這麼解釋：洪堡德的態度和當時歐洲貴族如何看待人生的種種有關。

1「另類圖書館」是德國作家漢斯・恩岑斯伯格（Hans Magnus Enzensberger, 1929-）和出版商暨書籍印製藝術家法蘭茲・葛雷諾（Franz Greno, 1948-）於一九八五年發起的出版計畫：每月選出一本在內容和形式方面都很傑出的作品出版，其中不乏一些已被人們遺忘的經典之作或外語作品的德譯版本。「另類圖書館」在書籍印製方面，也力求精美，封面都以真皮為材質進行設計和印刷。

於此同時，歐洲社會的平民階層正在興起，正一步步地占據精神世界的舞台。他們已不再嘗試把所有精力和時間用於研究和闡明如何讓人們理解這個世界，而是把大多數的科學新知當作技術，視研究者與發現者為專家。

威廉二世登基後，便派遣德國探險隊前往非洲進行勘查。德國學者的海外學術考察也因而開始受到官方委託，當然，他們在海外的研究調查也順理成章地成為國家的事務。這些探險隊由德意志帝國提供資助，受到德皇明確的託付，正式為德國殖民史揭開序幕。不過，後來的歷史發展卻指出，海外殖民是威廉主義最大的錯誤。

以原物料需求為理由的殖民主義根本是愚蠢的。難道人們無法用購買的方式取得工業生產所需的原物料？難道透過海外殖民擴張所取得的自然資源在價格上比較低廉？難道殖民者不須為破壞和平而付出代價？實際的結果顯示，對土著發動戰爭是昂貴的，比和平交往還要昂貴。

鐵血宰相俾斯麥向來反對殖民主義，他認為，經營殖民地無法為德意志帝國帶來什麼經濟利益。這一點他確實說對了！歐洲列強在殖民地的花費往往超過在殖民地所獲取的利益，不過，由於受到英、法這兩個世界霸權以及工業發展所形成的物質主義的影響，殖民思想已成為十九世紀的主流意識形態。殖民主義成為西方列強的必修學分，沒有殖民地就無法取得入場券，躋身「強權國家俱樂部」。

在洪堡德以後，從事海外勘查活動的歐洲人雖然都是學者，卻不再做「全面式」的研究，只從事跟自己專業領域有關的調查與探索。而且這一小群專家也開始和權力的玩家勾搭在一起，這個時期的西方考察探險隊，綜合了人們對於學術研究和政治權力的興趣，前往海外的探險隊成員不只期待能採集當地的蝴蝶，有人甚至希望自己能成為殖民地的總督。

在德國歷來的非洲探險活動中，曾出現一位傳奇人物，他就是後來在非洲蘇丹失蹤的探險家愛德華·佛格（Eduard Vogel, 1829-1856）。探險家佛格在非洲失蹤的事件，後來成為德國當時許多傳說故事的主題，為了查明他的下落，日耳曼地區（當時德意志帝國尚未成立）曾經發動數次救援性探險活動前往蘇丹，而成為考察另一個探險活動的探險活動。總之，非洲探險隊經常成為當時新聞報導的焦點，最遲在這個時期，德意志社會已無法再擺脫非洲研究所散發的魅力。

德意志社會長期出現「佛格熱」的現象，主要得歸因於佛格的出版商，也是當時非常知名的地理學家奧古斯特·佩特曼（August Petermann, 1822-1878）在《佩特曼地理通訊》（*Petermanns geographische Mitteilungen*）這份期刊中，持續針對佛格成謎的行蹤進行報導。在此還值得一提的是，幾位與佛格一同從事非洲研究的同僚和後輩，後來還成為德國殖民主義的要角：中、西非探險家古斯塔夫·納提格（Gustav Nachtigal, 1834-1885）經營西非有術，順利地讓喀麥隆和多哥成為德國第一批殖民地；非洲學家卡爾·裴特斯（Carl Peters, 1856-1918）出生於漢諾威的新教牧師家庭，曾在哲學大師叔本華指導下撰寫博士論文，並取得博士學位。他後來前往非洲發展，還為德國取得了德屬東非殖民地[2]。

2 德屬東非是德國在東非地區的殖民地，約在現今的坦尚尼亞、盧安達、蒲隆地和莫三比克北部等地區。

從擁有海外殖民地，到第一次世界大戰戰敗而完全失去它們為止，殖民地一直讓德國人民很感興趣，但卻沒有實質政治的必需性。德國國內其實很少有人移民殖民地，光是由殖民地官僚所組成的遊說團體以及和他們相連結的殖民地研究，就足以讓殖民地議題在德國民眾的生活中維持一定熱度。

雖然德國在一九一九年簽署和平條約，把海外所有殖民地讓予第一次世界大戰的戰勝國，不過，德國人民對於「前殖民地」的興趣卻反而有增無減，德國社會對於這些地區的關注仍持續至今。關於殖民主題的德文文獻多如牛毛，德國人對於異文化的了解和包容也展現了驚人的意願。當然，德國人還必須問自己，在後殖民時代討論殖民主義究竟有什麼益處？殖民思想是否就是德國人欲望的一部分？它是否存在於混亂、潛藏的欲望之中，而沒有這些潛在的欲望，德國人似乎就無法過日子？經由殖民主義所產生的政治、經濟或文化幻想，都是德國人腦子裡的殖民地，曾是、也一直都是烏托邦的代替品。

考察探險畢竟屬於冒險的活動，當這個世界愈來愈安全時，人們歷險的機會就愈來愈少。到了十九世紀末葉，地球上有愈來愈多地區已被清楚地記錄於教科書內，相對地，全世界潛藏的異國風情已愈來愈少。

當時的探險家如果把探險活動當成一種志業，就會想征服這個世界的最後一塊角落，最後尚未有人跡抵達、尚未被一探究竟的目的地——北極。為了搶先到達永凍酷寒的北極，西方世界於是展開一場典型的競爭。各國北極探險隊的相互較勁，最終讓幾百年來的海外勘查活動淪為一場表演。在此之前，探險隊成員長途跋涉的目的是為了認識並描述未知的事物，實地考察的成果必須整理出版，以供國家社會參考運用；然而，新型態的探險活動卻是一種競賽，著眼於成員的體能表現與自我凸顯。

當然，西方各國在海外的學術考察探險，偶爾也會出現相互競爭的情況，比方說，對於北非尼羅河源頭的探察。不過，這個時期的實地勘查活動，總是基於明顯的政治及商貿利益和委託。西方的殖民官僚在海外指揮殖民地駐軍，或逐一視察德屬東非連接印度洋港都和維多利亞湖的烏尚巴拉（Usambara）鐵路線[3]的火車站時，不一定能讓自我獲得振奮與鼓舞。然而，北極探險隊的冒險活動對於那些西方探險家來說，卻是生死攸關，而且還關乎國家整體的榮譽。在那個荒無人跡的冰天雪地中，人們可能因為挨餓受凍而必須啃食同伴屍身上的肉，成為名副其實的食人族，或者如願地達成目標，在目的地揮舞自己國家的國旗。誰若能征服前人未曾踏上的土地，不管能否生還，不管能否讓國旗在目的地飄揚，或已成為一副枯骨，都算是英雄人物，都會載入國家歷史以及世界運動史。

德國人現在如果有能力為國爭光，頂多只能跟那些對德國流行歌曲發展有貢獻的歌手一樣，獲頒聯邦榮譽勳章（Bundesverdienstkreuz），而不再被當作民族英雄。

德國雖未在西方各國搶先征服極地的競賽中參一腳，不過，卻有一個德國人在這股極地熱期間動身前往那些永凍的冰層，他就是著名的地質學家暨氣象學家阿弗烈德．魏格納（Alfred Wegener, 1880-1930）。魏格納出生於柏林一個新教牧師的家庭，在洪堡德大學就學期間主修物理學，副修氣象學和天文學，畢業後曾在柏林烏拉尼亞國民天文台（Volkssternwarte Urania）工作。不過，他很快

[3] 烏尚巴拉鐵路位於坦尚尼亞境內，是德國在東非殖民地修築的第一條鐵路線。

地發現，不值得把時間繼續花在星象觀測上，因此，便轉往自己曾經副修的領域：氣象學。

魏格納曾經根據兩次前往格陵蘭島探險的考察與研究成果，發表許多氣象學論著。不過，他最主要的學術成就卻是在地質學領域：第一次世界大戰前，他在馬爾堡大學（Universität Marburg）教授氣象學和天文學，在這段教學時期，他無意間留意到南美洲東岸和非洲西岸有相似的海岸線，並據此推測，這兩塊大陸原是相連在一起的。他在一九一五年以初稿發表《大陸與海洋的起源》（*Die Entstehung der Kontinente und Ozeane*）一書，並在這本代表作中提出著名的「大陸漂移說」——美洲和非洲原本同屬於一塊地球的古陸塊，後來才分裂而漂離開來。這本著作發表之後，西方地球科學界的專家都為此而與他終生為敵，因為他們當時仍堅持「陸橋說」的古地質理論——出現在五大洲的相同物種化石並不是大陸漂移的證據，而是因為當時的生物可以經由原先連接各大陸的狹長地帶自由地遷徙。二戰過後，魏格納的「大陸漂移說」終於逐步獲得肯定，成為當前研究地殼板塊結構最重要的理論基礎。

一九三〇年，魏格納死於第三次格陵蘭探險活動。雖然他不用面對征服南北極的殘酷挑戰，卻還是無法戰勝極地的嚴寒。

為了讓這位偉大地質學家的生命能有所圓滿，德國人還會提到，這位思想豐富並懂得付諸實踐的學者，對於世界的時尚服裝業也有貢獻：魏格納曾參考格陵蘭土著穿著的連帽夾克（Anorak），為最後一次他所發起的格陵蘭探險活動的隊員，設計一款特別的運動服裝，這種樣式後來被服裝業界廣為採用，成為冬季運動服的固定款式。

極地探險終止了海外勘查活動的區域研究，自此之後，前往世界各角落的探險活動，也從探索遙遠的未知世界轉而以追求自我成就為目標。下一輪探險競賽則由二十世紀各國的登山家接手，他們已不是從事研究的學者，而是傑出的運動員。

18. 天體文化

Freikörperkultur

天涼時節，一對男女赤身裸體地在法國布列塔尼海邊一座冷清的沙灘上打羽毛球，似乎把那裡當成「裸體海灘」似的。此時，一位法國青年穿著連頭套的防寒水母衣，從頭到腳把自己包裹住，腋下夾著衝浪板奔向波濤滾滾的海浪。當他看到這對赤裸的男女時，雖然浪濤聲掩蓋了他們打羽毛球時對彼此的叫喊，讓他無法從語言判斷他們是從哪裡來的，不過，他卻能從他們在海灘上赤身裸體的作風，知道他們是德國人。這時在大西洋彼岸的一處沙灘上，也出現類似的情形：一位美國父親發現有一位小姐全身光溜溜、渾然忘我地躺在他的孩子旁邊做日光浴，他可以確定，這位小姐應該不是美國人，而是德國人，而且他還主動開口對她說德語，請她至少稍微遮蓋一下身體。這位被美國男士出言規勸的德國小姐曾以「德意志帝國晚期和威瑪共和時期天體文化的烏托邦」為題，撰寫博士論文，並取得博士學位。她當時並沒有因為受到勸告而情緒衝動，引發一些有欠考慮的爭執，而是向這位德語流利的美國男士解釋，她在沙灘上做裸體日光浴絕不是暴露自己的身體，而是穿著一件「日光衣」（Lichtkleid）躺在沙灘上休息。

德國的裸體主義者（Nudist）／天然主義者（Naturist）經常在世界各地的沙灘上一絲不掛地走動著。這種「天體文化」濫觴於十九世紀末期的德國各大城市，當時的裸體主義者主張，市民應該擺脫衣著的束縛，讓自己回歸大自然並盡情享受溫暖的陽光。因此，人們不該把裸露身體當成一種輕佻敗俗的怪癖，因為，在這種集體現象的背後，存在一套社會批判的意識形態。

一般來說，德國工業化的起步晚於西歐國家，為了能夠迎頭趕上，德國人於是發憤圖強，加速境內的工業發展，隨之帶動的便是以技術工人為主體的、新類型的大眾社會迅速擴張。德意志帝國於一八七一年成立時，德國約有三分之二的人口居住在人數不到兩千人的鄉鎮村落裡，到了一九一〇年，這個比例只剩下百分之四十，此時居住在十萬人以上城市的人口比例，已從百分之五上升到百分之二十。由於都市化的緣故，德國農夫不再役使他們的小馬，不再整理他們的田地和牧場，農婦也不再去菜園裡翻土整地，他們全都轉到都市的工廠裡工作，忙著參與機械化生產的製造；生活的作息不再順應天氣和四季轉換，而是每天固定在廠房裡工作十個小時，不論季節的日照長短。他們下工後，不再像從前在鄉下可以坐在自家庭院的菩提樹蔭下休息，而是跟五個孩子一起擠在都市大型樓宅後院那間沒有窗戶的兩房公寓裡。他們只是滿心希望可以儘快攢夠金錢，以便搬到有窗戶的住處。

歷史的現象往往是弔詭的：批判當時不合理社會體制最強烈的一群人，竟不是那些工業化的最大受害者，那些棲居在陰暗、有霉味、因為燒炭而被燻黑的地下室的人們，而是那些住在二樓、享有充足日照，或住在當時流行的新藝術風格（Jugendstil）別墅裡的中上層市民。當時德國社會的知識階層只要思考工業化已把身處的世界變成何等模樣時，似乎感到世界末日的災難就要降臨。他們疾言厲色地質疑正在進步的現代化，為工業時代生活處境悲慘的無產階級發聲，並喊出一些重要而具有突破性的口號：離開！離開烏煙瘴氣的城市！離開！離開狹窄的巷弄！離開工業、政府科層體制、科學技術和金錢遊戲所共同塑造的這些如鋼鐵般的硬殼！

自一八八〇年代開始，德國社會在「生活改革」（Lebensreform）這個標語的號召下出現形形色色的運動，它們雖然彼此之間存在極大差異，卻都致力於對治德國社會當時出現的文明弊端。這些支持「生活改革」的人士還向社會大眾承諾，只要回歸工業革命之前的生活方式，就能真正解決工業化所帶來的種種問題。比方說，他們反對當時已普遍被人們接受的疫苗注射以及正統的西方醫學，轉而積極推廣自然療法（Naturheilkunde）。曾在巴伐利亞鄉間當神父的塞巴斯提安・柯奈普（Sebastian Kneipp, 1821-1897）率先倡導節食療法和水療法，讓久病不癒的病人可以藉此全面恢復健康和活力；奧地利社會哲學家魯道夫・史岱納（Rudolf Steiner, 1861-1925）融合歌德的思想、基督教早期諾斯底教派（Gnosis）強調的靈知與直覺以及其他人士的想法，在二十世紀初期創立「人智學」（Anthroposophie）。後來這位思想家還依據他的「人智學」理念，在斯圖加特設立第一所華德福學校（Waldorfschule），這也是華德福教育後來成為全球規模最大另類教育運動的濫觴。

此外，還有著名的「漂鳥運動」（die Wandervogel-Bewegung）響應德國這股「生活改革」的熱潮：當時的德國青年喜歡一起揹上背包和吉他，一邊行走一邊哼唱歌曲，在充滿綠意的大自然裡漫遊。反對動物解剖實驗和支持素食的德國人士在這個時期也很活躍。如果《聖經》記載夏娃在伊甸園裡的故事是吃下那條誘惑她的蛇，而不是樹上的蘋果時，這些主張保護動物的激進分子就會認為，夏娃犯下了虐待和吃食動物這種人類不該出現的犯罪行為。儘管啟蒙思想家盧梭當時已經離世好幾百年，然而，沒有一個時代或民族，能像這些十九、二十世紀之交的德語區人民如此強烈地應和這位先哲對於世人「回歸大自然」的呼籲。

那些相信只要脫掉衣裳便可以消弭肉體和靈魂、宇宙和人類、貧窮和富裕區隔的人們，當時完全依照字面的意義，奉行「離開！」（Raus!）這句響亮的反文明口號。

卡爾・迪芬巴赫（Karl Wilhelm Diefenbach, 1851-1913）是德國第一位裸體主義者。他畢業於慕尼黑藝術學院，原是一名象徵主義和新藝術風格的畫家。他在一八七〇年代因為嚴重感染傷寒必須接受手術治療，然而，手術的結果卻造成他的右手臂癱瘓。當時他相信，透過自然療法和無肉的飲食方式，可以讓自己的右臂回復正常。基於這個信念，迪芬巴赫便率先致力於「生活改革」，宣揚素食和親近大自然的生活方式。他赤足、蓄鬍並穿著僧袍，在慕尼黑四處傳講素食的益處。在迪芬巴赫積極活動的那幾年，慕尼黑北方施瓦賓區（Schwabing）的居民已經習慣他和他的門徒那些神祕而古怪的言行，而且還因為他們提倡素食而戲稱他們為「大頭菜使徒」（Kohlrabi-Apostel）。儘管民間對他們很包容，當時的慕尼黑官方卻經常找他們麻煩。由於和官方衝突不斷，迪芬巴赫便於一八八七年帶著他的信眾到慕尼黑南邊以薩河谷地（Isartal）的霍里格斯克洛伊特（Höllriegelskreuth）隱居，並在一處廢棄的採石場成立他的第一個公社。在公社的生活裡，肉類食物、菸草、酒精、私有財產和婚姻全是禁忌，至於誰在何時可以和誰發生性行為，完全由他這位性靈大師全權決定。此外，所有的公社成員必須一起參與一種以「光、空氣、太陽、裸體和興高采烈的情緒」為基礎的身體儀式，必須在公社裡依照大師的理念生活行動。這位逃避現代文明的避世者，最後終於暴露出專制教主的真面目，不過，有些離開公社的門徒後來還是以他為精神榜樣。

其中一位便是古斯鐸・哥雷瑟（Gusto Gräser, 1879-1958）——奧匈帝國時期出生於現今羅馬尼亞外西凡尼亞地區（Transsilvanien / Siebenbürgen）的德語詩人暨藝術家。他在迪芬巴赫身邊第一次體驗到不同於主流文明的另類生活方式，後來於一九〇〇年在瑞士義大利語區的阿思科納山

（Ascona）建立一處名為「真理之山」（Monte Verità）的藝術家聚落，這個小眾社群的世界觀雖受迪芬巴赫的影響，不過，在生活作風方面卻奢華許多。這個聚落的藝術家各自擁有不同的主張，他們當中有和平主義者、無政府主義者、裸體主義者、從事表現性舞蹈的女舞者、人智學家、心理分析學家、全素食者（Veganer）和蛋奶素食者（Vegetarier）等，彼此的關係雖不穩固，但就整體而言還稱得上和諧，一直到一九二〇年之前，「真理之山」都還能維繫創立之初的原本樣貌（現在這個聚落的建築物已被改裝成旅館、博物館和會議中心，開放外界參觀使用）。當時曾有許多西方藝文界名人前來造訪這座位於瑞士山區的藝術家聚落，例如達達主義的代表藝術家漢斯・阿爾普（Hans Arp, 1886-1966）、當代馬克思主義哲學家布洛赫，以及兩位諾貝爾文學獎得主豪普特曼與赫塞等。這座「真理之山」也由於這些大人物的熱絡往來，成為當時文化界一個非常時髦的神話。

不只是那些被文明耗盡生命力、選擇在巴伐利亞或瑞士提契諾州自然環境裡離群索居的人們渴望一星期能有一天或星期天能有幾個小時，可以徹底擺脫衣服的負擔，其實大都市的居民在野外張開手臂、仰頭朝著太陽禱告時——就像支持「生活改革運動」的畫家芬篤斯（Findus, 1868-1948；原名為Hugo Höppener）那幅〈向太陽祈禱〉（Lichtgebet）所呈現的畫面一般——也希望身上的衣著不要成為身體和宇宙之間交流的阻礙。這些「陽光之子」（Lichtmensch）渴望經由身體的裸露讓自己獲得重生，從此不再只是一個和靈魂分離的身軀，而是一個和靈魂融為一體的「具有身軀的靈魂」（Körperseele）。

當時德國裸體主義者洋溢的熱情，卻衝撞了威廉主義時期嚴謹的風俗民情。德國首次的「日光浴暨空氣浴」出現在一八九〇年代，這種聚會在當時或多或少是被官方禁止的，它就像幫派的祕密集會一般，同好們若想聚在一起裸露身體，必須偷偷摸摸地進行。直到第一次世界大戰過後，裸體主義者才得以正式租用活動場地，後來終於在一九二〇年代取得固定據點，而把位於柏林東南方的莫參納湖（Motzener See）變成德國第一個定點的天體營。官方當然也為這處裸體主義者固定的活動地點設下嚴格規定：天體園區四周必須用木板架設圍欄，而且不能出現過大的縫隙，以免引來園外那些「穿著正派」的行人偷窺。德國體操之父弗利德里希．楊恩（Friedrich Ludwig Jahn, 1778-1852）在十九世紀初期便已表示，「在公開場合裸露身體並不是德意志民族的特性」，此說法正好可以說明威瑪共和時期執政當局對於天體文化運動的態度。

我們如果看過當時天體文化運動為了把「人體的裸露」提升為「文化」的各種計畫，會不禁發想：十九世紀的德國體操之父如果還在人世，大概會被這些東西搞糊塗了！因為，「在公開場合裸露身體」竟然在二十世紀的德國蔚為風潮，不折不扣地成為德意志民族的特色。比起穿衣的狀態，那些折騰德意志民族的內在欲望會在赤裸時更容易顯現出來。

德國新教牧師馬格努斯．維德曼（Magnus Weidemann, 1880-1967）在第一次世界大戰之後，便脫下牧師袍，跑到北海岸淺灘的敘爾特島從事繪畫、裸體攝影，並和一群志同道合的裸體主義者共同開辦《喜悅：一份為德國人的精神生活而發行的月刊》（*Die Freude. Monatshefte für deutsche Innerlichkeit*）這份雜誌，只不過，他對於天然主義的嚮往，仍不脫新教對於基督救贖的期待。一九

二三年，他在這座北海的度假島上，還針對路德教會牧師保羅．蓋哈特（Paul Gerhardt, 1607-1676） 1
的詩歌〈耶穌，我的喜悅〉（Jesu, meine Freude）提出自己的解釋：「上帝是喜悅，世界和生命是喜悅。日光是喜悅的象徵，我們的靈魂是喜悅的器官。誰若在喜悅當中，就是在上帝裡，上帝也活在他裡面〔……〕新德國人，男人和女人，少年、少女和孩童——特別是孩童，都應該是陽光之子——都用熱切的雙手握住喜悅。他們散播喜悅就像撒出節慶的花朵，撒出幸福的種子。他們的國度不會毀滅，因為那是神的國度。」

擁有豐富內在的新人類，在起居方面應該擺脫所有庸俗市儈的生活方式。「我們的孩子不該被包裹在衣服裡，而應該以大自然為衣裳，四處嬉遊玩耍〔……〕願意為別人奉上一根香菸或一小杯烈酒，或踩著高蹺吱吱嘎嘎地四處走動。」

反猶太的裸體主義者亨利希．蒲鐸（Heinrich Pudor, 1865-1943）曾嚴厲抨擊和嘲諷世紀末（Fin de Siècle）矯揉造作的西方婦女時裝。這位出版商在他的格言集《赤裸的人類：未來的歡呼》（*Nackende Menschen. Jauchzen der Zukunft*）裡表示，希望自己能成為女人，讓人們能趴在自己的胸脯上，吸吮「生命的乳汁」（Lebens-Milch）。不過，每當他看到女人穿著緊身胸衣時，就會陷入一種殺戮的情緒中：「唯一改善這個問題的方法，就是成立一個聯盟，這個聯盟的成員有義務在大馬路上指著每間放有婦女緊身胸衣的閨房，發出不以為然的噓聲。因為，女人穿著緊身胸衣以凸顯雙乳是猥褻的行為，只有風塵女子才會這麼傷風敗俗——因為，緊身胸衣是妓女發明的，只有她們才可以穿上這種衣物，正經的女人不該跟著穿上。這個聯盟應該在販售緊身胸衣的商店櫥窗貼上寫有『妓女專用品』字樣的海報，好讓這些商店無法繼續營業。」後來，亨利希．蒲鐸還刻意使用「亨利希．夏姆」（Heinrich Scham）這個很德意志化的筆名，發表一些激進的反猶太思想。

當時並不是所有反對女性束身的人士都跟蒲鐸一樣，具有法西斯主義的傾向，而且是男性。十九、二十世紀之交的女權運動者也跟上這波風潮，希望推行「改良式服裝」，讓婦女們可以沒有拘束地自由活動；還有那些在舞台上從事表現性舞蹈的女舞者，也渴望從僵硬的緊身舞衣中獲得解脫。人們開始追求一種不再依循外在審美規則的美感，而是一種從內在的感受所散發出來的美感。

當時在這種表現性的、轉向內在精神世界的時代潮流之外，還出現一種強調外在身體美學的反向思潮。這股思潮的健將們在歌德和席勒帶動的威瑪古典文學整整一百年之後，也亦步亦趨地跟隨這些德國文學大師，用靈魂和身體的行動，全心全意地追求古希臘高度發展的文化。當時出版的裸體主義雜誌——諸如《德國的希臘》（*Deutsch Hellas*）和《美》（*Die Schönheit*）——為了讓古希臘美學在德意志民族的意識中萌芽成長，版面上刊登的照片似乎已讓讀者們感受到，那些由十八世紀考古學家約翰．溫克曼（Johann Joachim Winckelmann, 1717-1768）在希臘挖掘出土的古希臘雕像和浮雕，已在二十世紀的威瑪共和時期全面復活。

裸體主義者漢斯．蘇瀾（Hans Surén, 1885-1972）是德國裸體健身操的開創者，曾在第一次世界大戰擔任德軍軍官，主張以鋼鐵般的意志鍛鍊並形塑身體。他於一九二四年發表的《人類和太陽》

1 蓋哈特是基督教史上最重要的德語聖歌作詞者之一。

（*Der Mensch und die Sonne*）是那個時代的暢銷書，非常受到讀者歡迎，一共再版六十一次之多，書中內容一半是神祕學，一半是裸體體操指南。示範照片上的模特兒所展現的體魄，都是經過徹底鍛鍊、被日光曬成古銅色、全身剃毛，且因塗油而發亮的身軀。其中大多數的照片是以蘇瀾本人為模特兒，這種完美的身材如果出現在現下的健身中心，他身上所展現的那些肌肉肯定會引來嫉妒的目光。蘇瀾後來加入納粹黨，納粹執政期間印行的《人類和太陽》版本中，已增添許多種族主義與希特勒的政治思想。蘇瀾當時曾建議納粹當局，結合體育活動和天然主義是塑造純種德國人最佳的方法。

天體文化運動的社會主義者卻和這些好戰的納粹健身菁英少有交集之處。這方面最知名的代表人物是德國體育老師阿道夫·柯霍（Adolf Koch, 1896-1970）。柯霍曾於威瑪共和時期創辦一本裸體主義雜誌，在柏林郊區莫參納湖畔成立「天體文化協會」（FKK-Verein），並在德國各地成立「天體文化學院」（Freikörperschule），極盛時期的學員總數甚至高達七萬人。柯霍希望勞動階層備受壓榨的身體可以藉由裸體運動而獲得解放，消除身心疲勞並維持身心平衡，因此，他的社會主義裸體運動和蘇瀾英雄式體魄鍛鍊的裸體健身操無關。柯霍有一位志同道合的友人曾在《日光園地》（*Licht-Land*）這份當時很受歡迎的裸體主義雜誌裡發表文章闡明，為什麼他們主張人們在休閒時應該赤裸身體：「喜歡享受陽光的職員或工人在下班後，如果可以脫掉衣服在大自然裡漫遊，不僅可以讓自己從衣著所代表的財富與社會地位的階級落差中解放出來，還可以讓自己從怨恨資方以及嫉妒生活處境較好之人的狀態中解放出來。〔……〕至少他們可以在一群自由人士當中做自由的自己，與他們共度太陽露臉的週日時光。當『日光運動』（Lichtbewegung）在德國社會愈來愈深化時，德國人民就愈能情同手足地團結在一起。如此一來，高貴的團結和友愛的精神將會取代虛偽的民主。」

單憑人與人之間的裸裎相見，畢竟無法達成人類彼此友愛的目標。因為，當人們赤裸時，運動員般健美的身材和大胖子臃腫的身軀所出現的落差，往往更甚於人們著衣時，頭戴禮帽和便帽之間的差異。（而且，只有頭戴禮帽的人都是難看的胖子，而頭戴便帽的人各個身材健美，似乎才有公平可言。）此外，裸體主義無法促進人類的友愛，還必須歸咎於該運動中某些人士的種族主義思想，比如理查．溫格維特（Richard Ungewitter, 1869-1958）這號令人反感的種族主義者。早在德意志帝國末期，溫格維特便已提出，「應該有計畫地培育好看、血統純粹、健康的德國人」，而且在大城市裡不只應該展開淨化種族的暴力行動，還應該設置「日耳曼人的專屬墓園」。溫格維特這位早先以園丁為正職的工人，突然成為「種族裸體主義」（völkischer Nudismus）的急先鋒。他所籌組的「提升生活聯盟」（Loge des aufsteigenden Lebens；後來改為Treubund des aufsteigenden Lebens）在一九一一年召開會員大會時，便曾放肆地表達他的反猶太信念：「猶太人〔……〕從每個方面來看，就跟黑人及其他比較沒有價值的劣等種族一樣，對於德意志民族是有害的。」

不論是在德意志帝國時期或威瑪共和時期，溫格維特和他所發表的文章與著作便不斷遭受質疑和攻擊，主要不是因為他那些企圖顛覆種族的陰謀言論，而是因為當時「男性促進品德協會」（Männervereine zur Hebung der Sittlichkeit）——一個由德國天主教徒所組成的民間社團——對於他的裸體主張深深不以為然。這個以天主教教義為立場的團體認為，以溫格維特為首的種族裸體主義者，在充滿陽光與人聲喧嚷的表象下，根本是無用的廢物，他們跟那些嚮往古希臘文化的新教徒以及信仰社會主義、揭露資本主義社會陰暗面的藝術家一樣，都應該被質疑。德國當局的法務部門自一九〇〇年起便正式根據帝國的法律條文，不斷打壓各種派別赤裸主義者所撰寫的那些「淫穢猥褻的」文章，以及它們的傳播。

天體運動的社會主義者柯霍曾與威瑪共和時期最著名的性學專家馬格努斯．赫希菲德醫生（Magnus Hirschfeld, 1868-1935）合作，在自己創辦的「天體文化學院」裡對學員們進行性學教育：這些喜歡赤身裸體接觸陽光和空氣的人，都努力透過裸體主義的方法，讓那個時代的德國男人脫離偷偷觀看色情影片和書報，以及對於歌舞女郎的興趣等這類病態的性發洩，而回歸自然的生理需求滿足。以柯霍為首的裸體主義者用赤裸的身體展現人的純潔性，大大方方地肯定感官享樂的正當性，不論男女，他們都想用一絲不掛的身體大剌剌地奚落那些庸俗的市井小民。我們可以想像，一九二〇年代，這一派的裸體主義者在柏林夜店觀賞知名女舞者阿妮塔．貝柏（Anita Berber, 1899-1928）那種不符道德的、嚇人的、狂喜的裸體舞蹈演出時，是如何過癮地在現場吆喝歡呼。至於種族主義者溫格維特和他的跟隨者就只會該死地偷偷在外面瞇著眼睛往裡面窺探。

納粹上台後便迅速果決地終止德國境內所有的裸體活動。第三帝國內政部長威廉．弗立克（Wilhelm Frick, 1877-1946）於一九三三年三月三日在一則剷除天體文化運動的通令中說明：「對於德意志的文化和人民的品行而言，所謂的天體文化運動是最大的危害之一。（……）天體文化運動讓婦女喪失與生俱來的羞恥感，也讓男人失去對女性應有的尊重……」納粹並沒有接受種族裸體主義者以男女雙方可以透過赤裸相見而選擇適當配偶，以繁衍健康後代這個優生的理由。因此，當納粹接掌德國政權後，德國各地的天體園區便全部遭到納粹黨早期的維安及泛軍事組織「褐衫突擊隊」（Sturmabteilung；簡稱SA）及「希特勒青年團」（Hitler-Jugend）的破壞。

軍人出身的裸體主義者蘇瀾和納粹的合作最為密切，納粹為了表達感謝，還頒給蘇瀾一個相當冗長而浮誇的頭銜：「致力於帝國體育及監督人民營養狀態之帝國農人領導者之特別全權代表」（Sonderbevollmächtigter des Reichsbauernführers für Leibeserziehung und Inspekteur im Reichsnährstand）。一九三五年，「帝國人民保健委員會」（Reichsausschuss für Volksgesundheit）曾發出一封信函，請教蘇瀾這位德國裸體健身操的發起人：「如何透過外在的影響，如運動等方式，鍛鍊一個種族源於自然遺傳的體魄？」

種族裸體主義者溫格維特由於比較重視先天的體質遺傳而較忽略體育訓練，因此他在納粹時期一直未獲當局的青睞（正由於他不曾和納粹合作，在二戰過後，反而由於清白的名聲而在一九五三年獲得「德國天體文化協會」〔Deutscher Verband für Freikörperkultur〕授予榮譽會員）。另一位種族裸體主義先鋒蒲鐸，曾提出「赤裸文化」（Nacktkultur）概念，並大力反對女性穿著緊身胸衣，他雖曾為了雅利安人[2]而投入反猶太鬥爭，後來卻被納粹斷絕往來。納粹在執政初期，即一九三三年十一月，便曾對蒲鐸進行保護性拘留，因為，他曾在《卐》（*Hakenkreuz*）這份雜誌以及其他出版品裡公開表示，剛接掌政權的納粹當局所實施的猶太政策過於軟弱。相較之下，蘇瀾比較懂得審時度勢。他在第三帝國時期會順應時勢地為他的暢銷書《人類和太陽》添加一些種族主義的思想內容，而且這種討好

---

[2] 在納粹執政時期，雅利安人是指非猶太血統的、在語言上屬於印歐語系的白種人。

納粹的作法仍可以讓該書熱賣，不過，曾與納粹過從甚密的他後來也失寵於納粹。一九四二年，由於蘇瀾的兩位女鄰居親眼目擊他在自家陽台上手淫，而引發眾怒，蘇瀾還因為這件醜聞被當時的法院判處罰金。

在納粹時期，大多數裸體主義者都懂得如何和納粹當局妥協，以確保自己的利益。早在一九三三年四月，「帝國天體文化協會」（FKK-Reichsverband）便公開擁護納粹政權，全力配合納粹政策。當時德國人如果加入「種族天體文化戰鬥團」（Kampfring für völkische Freikörperkultur）和「強健體格聯盟」（Bund für Leibeszucht）這兩個團體，就可以繼續從事自己熱中的裸體日光浴。一九四二年，當第三帝國設於東歐的集中營有數百萬猶太人赤條條地被趕入毒氣室殺害時，納粹正針對德國民眾進行裸體日光浴的相關事宜施行新的警察命令：「個人、私人團體及不同的性別（……）可以公開進行裸體日光浴，如果他們願意保證，做裸體日光浴的當下不會讓未參與者看見，特別是在那些專門開放給裸體者進行日光浴的地區。」然而，從事裸體日光浴的人們長時間待在強烈陽光下，他們真的能看清楚自己的周遭嗎？既然他們的視力會受到強光影響，他們還能保證什麼？二戰過後，西德地區（巴伐利亞邦除外）仍沿用這項納粹時期的警察命令，一直到六〇年代才廢止。

戰後的德國一切百廢待舉，德國人民雖然困苦憂愁，卻也會在裸體日光浴中尋求身心的療癒。戰爭結束後隔年，社會主義者柯霍便在已被炸成廢墟的柏林市——更確切地說，在西柏林的美軍占領區內——成立「身體文化學院」（Institut für Körperkultur）。後來他那本於一九五〇年出版的《身體文化——赤裸的柏林》（*Körperkultur - Nacktes Berlin - Adolf-Koch-Blätter für humanistische Erziehung*）的封面設計，還以這座首都的廢墟為背景，畫著一對光著身子的男女。一九四九年十一月，一些天體文化運動的老戰友們在西德地區共同成立「德國天體文化協會」（Deutscher Verband für Freikörperkultur）。一九五三年，在當時西德蓬勃發展的青年運動帶動下，「日光聯盟之青年天體文化協會」（fkk-jugend-Bund der Lichtscharen）在漢諾威成立，主要以延續並發揚德國戰前的生活改革為活動宗旨。到了一九六八年，那些發起學生運動的造反世代，在自己跟其他學生合租的公寓裡（WG）、在自行組織的公社中，或在一些當時專門讓兒童體驗買賣的遊樂性店鋪（Kinderläden）內，重新把裸體升高為強烈批判社會的表達方式。六八世代的憤青們在天體文化運動的努力確實不同凡響，完全不同於先輩們只是藉由裸體，沉悶地回應德皇的統治權威或威瑪共和時期的政治體制與社會環境。

現在呢？德國人現今的天體文化又如何？如果連德國的市井小民也會到天體園區露營，一絲不掛、大腹便便地站在烤肉架旁，手拿著鐵夾忙著為架上的德式香腸翻面，試想，有哪個德國人還會想用裸體來激怒社會大眾？然而，隨著外來移民增加，在目前族群與文化相當多元的德國大都市裡，赤裸身體卻可能造成真正的衝突：當裸身的德國人在公園裡閒散地伸懶腰做日光浴時，附近可能有個土耳其大家庭正坐在一起享用週末的野餐。

比起西德的情況，東德人民的天體文化對於官方更具有顛覆性及潛在的破壞力。一九四五年九月，蘇聯占領軍政府全面關閉東德占領區內所有的天體園區。然而，東德的裸體主義者並不想就此放棄這種不穿衣服的樂趣。比方說，他們會把從前艾爾福（Erfuhrt）的「普里斯尼茲協會」（Prießnitz-Verein）更名為「日光小園地協會」（Kleingartenverein zur Sonne），頑強地和東德的人民警察玩起貓捉老鼠的遊戲。而且在西德人民成群地於敘爾特島北部裸體海灘及慕尼黑施瓦賓區的英國公園享受裸體日光浴的幾十年前，東德的知識分子早就在臨靠波羅的海的小鎮阿倫斯霍普（Ahrenshoop）讓自己徹底從服飾中解放開來！東德藝文界曾經發生一則著名的趣聞：東德國家詩人、而後擔任文化部長的約翰尼斯·貝希爾（Johannes R. Becher, 1891-1958）在阿倫斯霍普的裸體海灘度假時，曾經責罵一位裸身打盹、樣貌已不年輕的女人：「請您在這裡不要覺得羞恥，您這隻老母豬！」事隔不久，當貝希爾要頒發首等國家文藝獎給當時東德最具影響力及國際聲譽的女作家安娜·西格斯（Anna Seghers, 1900-1983），並用「親愛的安娜」問候對方時，這位撰寫《第七個十字架》（*Das siebte Kreuz*）的女作家便當場對這位文化部長喊道：「漢斯，你才是隻老母豬！」

一九五四年五月，東德政府試圖禁止人民進行「狂野的」裸體日光浴，首先下令關閉阿倫斯霍普的天體園區。在西德《明鏡週刊》刊登一篇嘲笑東德裸體主義者的文章後，波羅的海所有的裸體海灘也隨即被喝令關閉，因為，這個強調以工人和農人為主體的社會主義國家，深怕惹上不好的國際名聲。在這項取締行動中，東德當局在論據上顯得薄弱無力，後來支持裸體主義的德勒斯登國家戲劇院知名女演員特勞德·李希特（Traute Richter, 1924-1986）便挺身而出，主張恢復裸體日光浴，而且還指出，禁止日光浴的相關警察命令其實源自政治錯誤的納粹時期，而且泳衣以及剛發明的比基尼都和資本主義社會的物質主義精神有密切關聯。東德政府在龐大的民意壓力下，只得在一九五六年重新開放原已核准的天體園區，讓東德民眾自由地享受日光浴的生活樂趣。裸體海灘就這樣成為東德社會主義專制體制下，廣受人民喜愛的小天地。

人們在徒步健行後，把汗濕的衣服脫下，然後裸身躍入清涼的湖水中游泳玩水，這樣的休閒似乎帶有些許古老的解放。如果人們突然興之所至，想赤身游泳或做日光浴，而還能記得戰後東德文藝界領袖貝希爾所留下的那則最具有回憶價值的美學信條——「懷有同情！展現憐憫！並記得在烈陽下保護民族的眼睛！」——那將是一件美事。

此外，一些利嘴毒舌的德國人還會尖刻地表示，自己真的在阿倫斯霍普海灘上看過那位裸體的文化部長！

19.
足球

Fußball

有一件事是可以確定的：由對戰九十分鐘的兩支球隊（每隊有十一名男性球員，後來女性也可以參與）爭踢一顆皮球的足球運動雖然不是德國人發明的，最後卻往往由德國人獲勝。德國人雖無法像中國人、義大利人或法國人，可以拿出一些史料證據，試圖從英國人那裡奪回足球發源地的稱號，不過，德國人卻有本事可以徹底吸收並精通這種外來的東西，直到所有人最後都認為，足球似乎是德意志民族老早就有的球類運動。對於德國人而言，已沒有什麼事物能比出現在足球場上更能讓他們獲得社會與國際能見度了！

足球現今在德國雖然貴為「球類之王」，但是，這種外來的球類運動在德意志帝國時期初被引入時，它的推廣工作並不容易，曾備受德國人敵視，甚至還被戲稱為「英國人的疾病」（englische Krankheit）。一八九八年，斯圖加特的體操老師卡爾·普蘭克（Karl Planck, 1857-1899）曾在他的一本論戰性小冊子裡，言之鑿鑿地論述這種用腳踢球的運動非常粗野無理：「用腳踢東西在世界各地〔……〕代表什麼意思？大概是這種東西不值得人們用手去觸摸它吧！從根本而言，它是一個被人們丟棄、輕蔑、鄙視和厭惡的標誌。」由此可見，早期德國足球運動的先驅們即使抱持最遠大的夢想，卻也沒有料到，他們所成立的德國足球協會（DFB）竟然有朝一日能擁有超過六百七十萬名會員，而成為全世界規模最大的全國性體育社團。

當時的德國人為了「身體的培育」（Leibeserziehung），並不從事英國人那種帶有休閒意味的「運動」（Sport），而是偏愛體操訓練。德國體操之父楊恩在拿破崙軍隊占領期間，即一八一〇與一八一一年之交，為了振興被法國人統治的德意志民族，首先在柏林南方郊區的哈森海德（Hasenheide）發起體操運動。他尤其鼓勵當時的青少年，為了祖國的前途，必須透過肢體伸展以及使用單槓的體操動作來鍛鍊自己的身體。儘管這些在單槓上盤旋和環繞的體操動作富有某種魅力，不過，從實質上來說，德國體操運動對於德意志民族解放戰爭的軍事貢獻卻很有限。

由楊恩所發起的體操運動後來推廣到德意志各地，然而，在一八一九至一八四二年這二十幾年期間，由於政治動盪不安，各地區的體操社團反而被林立的德意志邦國執政者視為具有顛覆性及祕密性的政治社團，而遭到禁止。因此，體操活動在拿破崙法軍被驅離之後，反而必須偷偷摸摸地舉行。後來，完成民族統一大業的德意志帝國，作為統一的德意志民族國家，終於在一八七一年成立了！一開始便致力於德國統一的體操運動終於苦盡甘來，甚至還獲得帝國官方認可，成為德國中小學的課程項目之一。不過，在德意志帝國成立後，歷經幾十年發展的體操運動已喪失了原有的動力和熱情，逐步陷入危機。德意志帝國以經濟發展為最高施政目標，經濟的繁榮讓德國民間充滿活力，然而，在體育活動方面，一些體操好手和專家卻很保守，仍固守先輩為體操活動所樹立的那種泛軍事典範。德國體操界這種陳腐的氛圍，正好讓足球這種風氣較為開放自由的新型體育運動得以乘機而入，並逐漸大放異彩。面對這種外來球類的流行，德國當時的體操界當然立刻展開激烈反擊。他們擔憂，「體操運動」會被這種「消遣性運動」所取代。

當時德國體育界認為，足球這種「用腳踢球的粗野活動」是無產階級消磨時間的庸俗方式，然而，這種帶有嚴重偏見的鄙夷，卻忽略了足球在德國發展的實際狀況：最先受到足球吸引的德國人其實是當時的知識階層。布朗許維克市（Braunschweig）的中學老師孔拉德·柯霍博士（Konrad Koch,

1846-1911）曾是一名積極投入體操訓練的體操好手，後來才開始引進英國足球運動及整套足球規則。一八七四年，他在自己任教的馬緹諾．卡塔里諾文理中學（Gymnasium Martino-Katharineum）組織兩支學生足球隊進行比賽，這也是德國第一場足球賽。這位古語言學家暨日耳曼學家把英國足球運動引入德國的動機，並不是想讓同胞們媚外地感受這個日不落帝國的恢弘氣息，而是他察覺到這項新興球類運動非常適合德國人投入，所以，他當時願意挺身支持這個外來的、仍在國內具有爭議的運動。他曾談到：「到目前為止，我們德國體操的發展（……）還不足以把體育推廣成一種普及全民的運動。」

柯霍博士當時對於德國體操活動最無法忍受的是，這種運動已不再像推廣初期是在戶外的草坪上進行，而是改在空氣比較不流通的室內體育館裡從事身體動作的訓練。他曾毫不客氣地指出德國體操在這方面的缺點，況且時代的潮流也站在他這邊：在十九世紀，原本經濟落後的德國突飛猛進地發展成工業化國家，在爆炸性擴展的都市地區裡，工廠林立，人口相當稠密，因此當時的都市居民很渴望能呼吸到新鮮空氣，而且能在戶外從事體育活動。德國人原本最熱中的休閒活動其實是在森林裡徒步健行，然而，因為工業化和都市化的影響，住家附近往往沒有森林可以提供市民一個閒暇的去處，於是足球當時便開始在都市裡流行起來。除此之外，大城市的教育人員那時已開始嘗試把足球當成處理學校寄宿生喜歡閉門不出或在室內酗酒的祕密武器。

直到今天，人們在談起德意志帝國時，總會想到被專制德皇所壓榨的人民，不過，人們如果注意到在學校教授足球的老師們當時所獲得的教學成果，就會適度修正自己的歷史偏見。實際上，實行威廉主義的德國並非只容許單一意見或想法存在，柯霍博士就是個明顯的例子。他曾和當時的學校體育政策大唱反調，並公開表示：「學校的體操課藉由一種類似軍隊紀律的秩序，要求學生進行體魄鍛鍊，反而大大地限制了每個學生活動身體的自由，而且完全排除了學生們彼此的互動。」他認為，只有在自由的環境下，青少年的熱情才能被真正地激發出來，而且自由的精神就存在於足球員的球衣裡。

當時新流行的足球運動比賽規則仍相當混亂，有些專家甚至主張可以用雙手傳球，不過，這並不是柯霍關注的重點。身為德國足球創始人，柯霍還是秉持德國體操的傳統精神，著重對手之間的互動，而不是彼此對抗的勝負。因此，足球比賽對他而言並非足球運動的重點，雖然他在那場校內足球比賽結束後不久，還積極安排自己學校和附近學校的學生進行一場校際足球比賽。

柯霍雖從英國引入足球運動，但他在某些方面的堅持，卻表露出民族主義的精神：在德國的足球場上，只可以說德譯的足球術語，不宜直接使用英文原文。這位在中學教授德語的教師深知，把英語的足球術語轉譯成德語，是足球運動德國化最必要的步驟。當德國足球協會於一九〇〇年成立時，柯霍還發表一篇文章警告喜愛足球運動的同胞：「每一位自覺是德國人的觀眾，應該試著向身旁用英語術語叫喊的小伙子清楚地說明，德國的男孩不可以這麼做。」

柯霍博士是德國當時寫實主義小說家威廉．拉博（Wilhelm Raabe, 1831-1910）的至交好友，他們對於德文的使用都非常講究。柯霍秉持語言淨化主義的信念，堅持在使用足球術語時應該剔除外來字，而且在德國足球協會成立才三年後，便發表一份列有八十個足球概念的英德文對照表。直到一百多年後的今天，德國人還應該感謝這張對照表。因為，不僅說德語的奧地利人和瑞士人至今在觀看足球賽時還是滿口英語術語，並沒有使用對應的德語譯詞，就連極力主張清除法文外來字的法國人也無法像德國人這樣，完全不採用英語的足球術語。儘管如此，德國人在足球用語上仍無法徹底擺脫英語的影響。比方說，德國人起初稱足球隊隊長為Spielkaiser（球賽皇帝），幾十年後，則改叫Spielführer（球賽領隊），最後便改口為Kapitän（隊長），直接借取英語的captain。柯霍對於德語的執著，甚至曾讓他疾言厲色地反對當時德國民間足球社團時興以英國女王或英國海外屬地命名的現象，如「維多利亞」、「塔斯馬尼亞」等，他建議這些足球團體應該把社團名稱改成日耳曼的神話或歷史人物，比方說「佛旦」、「齊格菲」或「赫曼英雄」。

在剛興起的德國足球界裡，柯霍的反對者當然不是從前那些比他懷有更深重德意志民族精神的體操專家，而是另一派以華爾特．邊哲曼（Walther Bensemann, 1873-1934）為首、強調足球運動國際精神的人士。這批足球界人士自詡為世界公民，把足球當成宗教一般。他們甚至還指出，這種球類運動或許是現代唯一能真正連結各個階級和民族的橋梁。

邊哲曼是德國猶太人，他的父親是銀行家，他在瑞士法語區念寄宿中學時，開始接觸並愛上來自英國的足球運動。當他在一八八九年回到德國卡爾斯魯爾市（Karlsruhe）繼續中學學業時，便協助校方推廣足球運動。一八九一年，才十八歲的他便已成立卡爾斯魯爾足球協會（Karlsruher FV），後來還陸續創辦卡爾斯魯爾足球隊（die Karlsruher Kickers）以及許多南德地區的足球隊。此外，他還是德國足球協會的創始會員，當然，這位世界主義者，從一開始便和協會大多數遵循柯霍民族主義路線的幹部們出現緊張關係。

德國足球界的爭鬥早在德國足球協會成立之前便已展開，而且是由德國足球隊首次參加國際性比賽所引發的：一八九三年，邊哲曼這位世界公民已經在英國和法國，積極宣傳可以增進民族情誼的國際足球比賽。不料，他所規劃的德、法兩國首次足球友誼賽，偏偏選在雙方都很敏感的史特拉斯堡舉行，這場友誼賽雖然立意美善，最後卻因兩國人民激烈的爭執而胎死腹中，畢竟史特拉斯堡對於德、法兩國人民都具有特定的歷史和政治象徵意義：位於德、法交界的史特拉斯堡，在中世紀時期是日耳曼地區神聖羅馬帝國的自由城市，後來被法國國王率兵占領，一八七一年普法戰爭結束後，戰敗的法國才把這座統治將近兩百年的城市割讓給德國。預定在史特拉斯堡舉行的足球賽後來被迫取消，因為不只當時德國民族主義者氣燄高張，就連法國方面也很強硬，一份巴黎發行的報紙便曾對此明確表態：「如果我們的足球隊要到史特拉斯堡和德國球隊比賽，我們一定會帶著加農砲赴約。」

事隔五年之後，德國足球隊終於和英法足球聯隊在巴黎進行第一場國際比賽，而且還獲得壓倒性勝利。當時德國隊隊長對於這個戰果感到相當自豪，還於賽後特地發電報給當時的德皇威廉二世。不過，這份電報所洋溢的民族勝利感，卻和猶太人邊哲曼促進國際友誼的本意大相逕庭：「德意志帝國皇帝陛下，柏林地區具影響力的足球協會眾代表恭順而忠誠地向您呈送這則消息：由德國各地選手組成的國家足球隊，今天在巴黎首次戰勝優秀的英法足球聯隊，並且還以七比零的佳績大獲全勝！」（好景不常，隔年德國足球隊和英國隊進行國際比賽，最後以二比十三的成績慘敗而歸。至於這位足球隊隊長當時如何在電報中向波茨坦的德皇報告德國隊失敗，我們就不得而知了！）

把德國足球運動變成具有世界吸引力的兩位早期足球界人物，很早便顯示出他們各自不同的政治態度：以柯霍為首的國族沙文主義者把國際足球賽當成國家之間的變相戰爭；以邊哲曼為代表的世界主義者則採取和平路線，他們認為足球比賽是各民族之間相互交流與理解的最佳方式。

德國在第一次世界大戰戰敗後，國族沙文主義這一派的足球界人士認為，足球這項球類運動其實很難彰顯他們所要表現的德意志民族精神。當時德國足球界士氣低落的原因，一部分得歸咎於德國在第一次世界大戰的災難性失敗：《凡爾賽和約》的內容已深深刺傷德國人民的自尊心，即使能在足球場上贏得象徵性的民族勝利，充其量也只是一種微弱的補償。更何況德國足球隊在當時國際賽事的表現非常不穩定：一九〇八年，德國隊首次和瑞士代表隊進行足球賽，便以三比五的成績慘遭滑鐵盧；一九一二年在瑞典斯德哥爾摩舉行的奧林匹克運動會期間，德國足球隊則以十六比零的傳奇佳績大勝沙皇時期的俄國足球隊，這個勝利也讓德國足球界稍獲寬慰。然而，在第一次世界大戰過後，德國足球隊第一次參加國際性比賽時，又再度被瑞士隊打敗，而且成績更懸殊，只有一比四。

當時德國足球運動一蹶不振的原因並不是缺乏優秀的選手，像阿道夫．耶格（Adolf Jäger）、海納．徐篤逢特（Heiner Stuhlfauth）、恩斯特．庫卓拉（Ernst Kuzorra）或弗利茲．斯岑潘（Fritz Szepan）這些威瑪共和時期的足球健將都很有潛力，都可以在國際足球比賽中大顯身手。問題獨獨在於，當時德國足球協會仍奉行奧林匹克運動會限制職業運動員參賽的規定，以免讓專業的體育訓練褻瀆了運動的神聖性。約在一九二〇年，德西地區足球協會（Der Westdeutsche Spielverband）幾乎解聘了沙爾克隊（FC Schalke 04）——一支於一九〇四年在魯爾區採煤重鎮成立的業餘足球隊——所有的隊員，因為，那些以挖礦為正職的足球員們，已打算改以踢足球作為謀生的職業，畢竟他們的雙腳已經能比平日幹活的、晦暗骯髒的礦坑帶給他們更多金錢收入。德國足球協會為了反對已然商品化的足球活動，積極展開行動，揭發並遏阻德國足球的職業化。當德國所有的業餘足球隊於一九二五年被禁止和國外職業足球隊——如捷克、匈牙利和奧地利——進行比賽時，這也讓德國足球運動究竟該由業餘或職業足球員主導的兩種意見，達到衝突的最高點。邊哲曼在這個時期，即於一九二〇年，創辦《足球員》（*Der Kicker*）這份頗具傳奇色彩的足球週報，並在這份刊物上大肆抨擊德國足協那種令人難以置信、沒有策略、驕傲自大的決定：「最後一定會出現這樣的結果——國際足球總會（FIFA）絕大多數的會員國，絕對不會讓德國足球界有機會恢復從前的活力。」

邊哲曼認為，當時德國足球界的目光非常短淺，不過，他其實也不喜歡足球這種球類運動徹底職業化，而屈服於冰冷的市場法則。威瑪共和時期，許多左派的足球社團只聽命於政治立場相同的「工人體操暨運動協會」（Arbeiter-Turn-und Sportbund），在舉行足球比賽時，也刻意不讓德國足協插手。德國足球界各個不同的派系雖然擁有不同的世界觀，卻都一致同意，為了足球運動的緣故，應該讓足球依然是一種藝術，而且德國人直到現在仍對足球運動抱持這種基本觀點。不知是幸抑或不幸？足球這項運動早已成為每年擁有數十億美金產值的跨國產業，《法蘭克福匯報》在一九九〇年代還把社會主義思想家馬克思抬出來，其目的只是為了喟嘆地確定，足球工業「破壞了人類社會所有的和諧與安逸，除了赤裸裸的利益和沒有情感的現金交易之外，人與人之間已經不存在其他的關聯」。

德國足球界比較晚近才受到資本主義商業操作的影響，因此，明顯地比歐洲其他國家的足球界保有較長久的社會關係，也就是足球員跟自己出身地足球協會的紐帶關係。在威瑪共和時期，德國各地的足球協會都有足夠的誠意和財力留住當地傑出的足球員，因此不論是沙爾克隊、凱撒勞頓隊（FC Kaiserslauten）或卡爾斯魯爾隊（Karlsruher SC），這些地區性足球隊的前鋒、後衛和守門員，都可以穩定地在自己的地方獲得培養並有所表現。德國一直到一九六三年才成立足球甲級聯賽（Bundesliga；簡稱德甲），在此之前，職業足球隊都只參加地區性比賽，當年度球季結束後，再讓各地區表現最好的足球隊進行決賽，以輸球淘汰的方式產生德國該年度的總冠軍。

納粹上台之後，足球很自然地成為一種「具有德國特色的運動」，納粹為了討好德國足球界，讓他們能一致認同納粹思想，還強制解散左翼工人足球社團，並迫害猶太裔足球員，比如德國國家隊的尤琉斯・希爾胥（Julius Hirsch, 1892-1943）和勾特弗利德・福克斯（Gottfried Fuchs, 1889-1972）。希爾胥後來死於納粹集中營，福克斯則流亡海外，成功地逃離納粹魔掌，而後在加拿大定居並終老。值得一提的是，猶太人福克斯在一九一二年斯德哥爾摩奧運的足球賽為德國隊立下汗馬功勞，以連進十球的驚人表現，讓德國隊以十六比零的懸殊成績打敗俄國隊，至今仍沒有德國足球國手能打破這項紀錄。

在納粹執政時期，德國足球隊的表現並沒有比較出色。雖然在一九三四年由義大利主辦的第二屆世界盃足球賽中，德國隊意外地獲得第三名（由於全球經濟大蕭條以及路途遙遠的緣故，德國在一九三〇年並未派隊參加南美烏拉圭主辦的第一屆世界盃足球賽），不過，卻在希特勒大力支持的一九三六年柏林奧運足球賽中表現不佳，在前八強的決賽裡，竟然輸給歐洲的「足球侏儒」挪威隊。一九三八年，當德國和奧地利正式「合併」為「大德意志帝國」後，納粹德國曾短暫有過足球強國的夢想：奧地利足球隊在一九三一至三三年期間表現非常突出，讓歐洲其他國家的強隊（包括德國隊）深感敬畏，於是納粹便打如意算盤，或許將奧地利的夢幻球隊和德國足球隊整合在一起，第三帝國代表隊便有可能在一九三八年由法國主辦的世界盃足球賽中一舉奪魁。但結果卻大大出乎意料之外，大德意志足球隊在該屆世足賽中不僅沒有傑出表現，反而還慘敗，在十八強決賽中因為輸給瑞士隊而提早淘汰出局。

德國納粹發動第二次世界大戰，把全世界變成殺戮戰場，一九四二和一九四六年的世界盃足球賽也因為這場戰爭而停辦。巴西在一九五〇年主辦戰後第一次世足賽時，便斷然拒絕讓德國隊參賽，以示懲罰。不過，在同年的十一月二十二日，德語區的瑞士卻願意率先和罪孽深重的德國進行跨國足球比賽。德國（西德）代表隊以一比零的成績險勝瑞士隊，當時根本沒有人料到，往後不到四年的時間，西德竟然可以從足球運動中讓自己的國家獲得重生。

一九五四年，西德隊終於可以參加在瑞士舉行的世界盃足球賽。久未出現在國際賽事的德國足球員在國家足球教練塞普．賀伯格（Sepp Herberger, 1897-1977）的率領下，於該年六月前往瑞士參加世足賽。西德隊當時下榻於瑞士中部幽靜的圖恩湖（Thuner See）湖畔，就在一百五十年前，普魯士浪漫主義文學家馮．克萊斯特在此完成了他的前幾部戲劇作品。二戰後的德國社會仍忙於戰後重建工作，只有足球狂才會對國家隊參加世界盃比賽感興趣。當西德隊在第一場比賽中，以四比一的成績把土耳其隊踢得落花流水時，西德民眾才開始對國家隊有所期待，情緒也隨之亢奮起來。不過，西德隊後來卻以三比八的懸殊成績，慘敗給當時被認為最有希望獲得世界冠軍的匈牙利隊。國家教練賀伯格一直等到該次世界盃比賽結束後才對外公開解釋，西德隊起初大輸匈牙利隊是因為他在考量全盤戰略後，決定該場球賽先由西德隊的二軍上場踢球，以保留實力。然而，在瑞士參賽的西德隊卻立刻被國內媒體譏誚為「國家的恥辱」，教練賀伯格隨後還收到一封德國同胞寫來的信函，諷刺地建議他，該去買一條繩索掛在離住處最近的樹上，「而且盡可能不要讓它斷裂，好讓後來的人還可以再使用」。面對這樣的時刻，一九五四年的世界盃足球賽——至少在德國人的意識裡——已經不是純粹的國際體育活動。如果馮．克萊斯特還在世的話，或許會把德國隊參加這次世界盃的曲折與傳奇寫成一部戲劇。

為了激勵國家隊的士氣，受到侮辱的賀伯格教練還在球員們面前朗讀這封德國同胞寄來的、字裡行間充滿鄙視與憤恨的信件。現在德國隊必須獲勝，為了自己，為了賀伯格，為了德國足球界的榮譽。神祕而講究戰略的賀伯格教練已感受到圖恩湖畔施皮茨（Spiez）小鎮的精神鼓舞，此外，他也很重視球員之間的關係，畢竟踢足球是一種團隊合作，代表隊如果要在球賽中取得勝利，上場的十一位球員彼此都必須有良好的互動與交情。性情敏感的前鋒赫穆特．蘭恩（Helmut Rahn, 1929-2003）在那場與土耳其隊對打的比賽裡，因為沒有獲得教練指派上場而大感失望，當晚他從球隊下榻的住處偷偷溜出，而且還喝得酩酊大醉。當西德隊第二次跟土耳其隊進行關鍵性比賽時，他依然無法上場踢球，不過，這次他卻能控制自己的怒氣。後來西德隊以七比二的佳績打敗土耳其隊，順利進入前八強。沒錯！這個比賽結果對於西德隊而言，才是最重要的。

接下來，西德隊對上了歐洲強隊南斯拉夫，當時南斯拉夫隊根本不把西德隊放在眼裡。在這場艱困的球賽中，前鋒蘭恩終於上場了！領導風格相當俐落的賀伯格教練曾問蘭恩：「赫穆特，你知道球門在哪裡嗎？你還記得對我的承諾嗎？」蘭恩後來的表現果真向教練證明，只要教練願意相信他，他什麼都能做到。蘭恩的時刻即將來臨，比賽已進入尾聲，在第八十五分鐘時，蘭恩對南斯拉夫持續不懈的進攻展開回擊，連續射進兩球，讓西德隊以二比零的成績戰勝原先被看好的南斯拉夫隊，晉級前四強。現在一切的夢想都可能成真了！西德隊氣勢如虹，後來跟奧地利隊踢球時，還以六比一的壓倒性勝利進入冠亞軍爭霸賽。蘭恩在這場球賽裡雖然上場踢球，卻沒有射球入門，這場球賽的焦點換成漢斯．雪佛（Hans Schäfer, 1927-）、麥克斯．摩洛克（Max Morlock, 1925-1994）和華爾特兄弟（Fritz & Ottmar Walter, 1920-2002; 1924-2013）。這是一支團結的球隊，這是一場快樂的球賽。當西德隊以懸殊成績打敗奧地利隊後，隔日西德的《世界日報》（*Die Welt*）便刊出這段內容：「奧地利人微笑地說，自己將會獲勝；德國人則用嚴峻的神色表示，德國隊要獲勝。德國隊戰勝那群多瑙河畔的男人並不是什麼不可思議的事。」西德人當時如果還看到奧地利《信使報》（*Kurier*）的報導，應該會莞爾一笑：「一隊以勝利為最終目標的機器人戰勝了一群足球美學的代表者。」

然而，西德隊當天就要在瑞士首都伯恩（Bern）參加世界盃足球賽的總決賽，誰還會有時間仔細閱讀報紙裡的文章？這一天或許就像瑞典籍德語女歌手莎拉．黎安德（Zarah Leander, 1907-1981）在二戰期間唱紅的金曲〈我知道，奇蹟將會出現〉（Ich weiss, es wird einmal ein Wunder geschehen）一樣，將會有不尋常的事情發生：這場總決賽是在雨中進行的，後來甚至下起傾盆大雨，上場的球員必須快速更換足球鞋，並運用技巧以拉開和對手的得分差距，當時匈牙利隊確實對於西德隊的表現感到很驚訝。一九五四年的世界盃足球賽，是第一次做電視現場實況轉播的國際足球賽，數百萬守在電視機前和收音機旁邊的德國人，也對這場總決賽感到很訝異，後來球賽的播報員似乎飄進了足球的神奇世界，他對著麥克風喊道：「你們會認為我瘋了！你們會認為我神智不清了！（……）雪佛從邊線傳球進場！用頭頂球！被擋下！一定是蘭恩在後面射球——蘭恩射門！進了！進了！進了！射進了！」

賀伯格的足球戰役終於結束！他和西德隊的足球員都成了所謂的「伯恩英雄」（Helden von Bern）。在二戰戰敗的德國，竟奇蹟似地坐上了世界盃足球賽的冠軍寶座！對於德國人民而言，這是戰後破敗貧困的德國獲得重生的象徵！德國的再現生機就像馮．克萊斯特在十九世紀初期所完成的《赫曼英雄的戰役》這部劇作中，為主人翁赫曼英雄所寫的一段台詞：「你們來了，你們這些英勇的條頓之子，在安靜的小橡樹林裡，讓宇宙之神佛旦用勝利的禮物表達感謝之意……」

當時的德國，不論是西德或東德，皆瀰漫著一片歡欣鼓舞的氣象；相反地，國際間倒是出現一些擔憂德國再起的論調。法國發行量最大的《世界報》（*Le Monde*）便刊載一則發自瑞士伯恩的警告性報導：「大地震動，天空降雨。那是個下雨天，我在那個七月天感到寒冷，六萬名德國人在球場裡叫喊著，這讓我不由得驚恐起來（……）容光煥發的德國青年熱情並使勁地唱著德國國歌，全世界應該聽到，也應該知道，『德國又再度高於一切』！」

當時趕到伯恩的萬克朵夫足球場（Wankdorfstadion）觀看冠亞軍總決賽的德國民眾，在西德隊獲勝後，便在現場大唱德國國歌：「德國！德國！高於一切，高於世間的一切……」兩天後，德國足協主席培寇・鮑文斯（Peco Bauwens, 1886-1963）在慕尼黑著名的獅王啤酒廠（Löwenbräu）酒窖餐廳的慶祝會上發表演說，除了感謝古日耳曼大神佛旦的庇佑之外，還熱烈談論「國家足球隊的領導人原則」。所謂的「領導人原則」（Führerprinzip）就是納粹時期以領袖絕對權威為依歸的政治原則。鮑文斯一時得意忘形，竟在公開場合贊同已被視為洪水猛獸的納粹思想，公然踩了西德的政治紅線。當時正在進行現場實況轉播的巴伐利亞廣播電台（Bayerischer Rundfunk）也發覺情況有異，立刻中斷播放德國足協主席這場脫序的演講。

當時各國對於德國軍國主義再起的疑慮真的有合理依據嗎？或者這只是人們舊思維最後的習慣性反應？《南德日報》（*Süddeutsche Zeitung*）在西德隊獲得世足賽冠軍隔天，倒是小心翼翼地為這則頭條新聞下標題：「一個偉大的勝利／一個偉大的日子／卻只不過是一場球賽」。西德總統提奧多・霍伊斯（Theodor Heuss, 1884-1963）對此刻意保持低調，在時間上稍作延遲後，才頒予國家足球隊球員「銀質桂葉獎章」，而且還不忘在頒獎時批評當時的足球播報員赫伯・齊瑪曼（Herbert Zimmermann, 1917-1966）不該過於激動，而把德國隊的守門員東尼・圖雷克（Toni Turek, 1919-1984）捧成「足球之神」。他在致詞時還強調：「我們是為了足球運動而在那裡參加比賽。我相信，我們應該讓足球賽不和政治有所瓜葛，我們應該堅守一些價值，不讓它們發生改變。」

價值並沒有改變。德意志戰友情誼的神話，雖然在慘烈的史達林格勒圍城戰役中消亡——參與該戰役的德軍在一九四三年初幾乎全遭蘇聯軍隊殲滅——卻在戰後經由世界盃足球賽的「伯恩奇蹟」（Wunder von Bern）而在西德民間重新再生。西德民眾當時並沒有為這些足球場上的民族英雄建立紀念碑，而是在許多不同的商品印上他們的肖像，或是以他們的姓名為一些商品命名，例如速克達機車、高湯塊、瓷製公仔和龍膽烈酒（Enzianschnaps）等。當足球名將蘭恩晚年生重病時，一些德國球迷還糾纏他不放，還在追問他：「赫穆特，請告訴我，您當時第三次射門進球……」這些帶有馮．克萊斯特戲劇潛在張力的足球英雄從球場退役後，都過著平凡的生活，有的經營加油站，有的從事雪茄買賣，有的在學校擔任體育老師。在現實的世界裡，他們都不是英雄，其中有幾位球員的人生甚至還以悲劇收場。

對於西德足球隊在一九五四年創下的「伯恩奇蹟」，《瑞士國家報》（*Schweizer Nationalzeitung*）所刊出的一篇評論最泰然、也最沒有偏見：「德國人民對於一場足球賽的激情，勝過了軍隊數次的行軍，這正好揭示了他們自然而健全的實質性情。」

事實上似乎是這樣：德國人對足球愈瘋狂，和平主義的思想就愈濃厚，儘管在一九五〇年代，德國人民曾為了是否要再度發展軍備的議題，一度顯得相當激動。然而，人們如果認為，足球與和平主義之間存在某種因果關係，這種看法可能又言過其實。我們只能表示，戰後的德國在納粹陰影的籠罩下，已清楚地知道，如何在「躍升足球強國」和「淡出國際政治」之間取得巧妙的平衡。國家足球教練賀伯格曾經表示，足球是「和平中的戰爭」。足球場正好是一塊可以提供德國人民發揮固有民族沙文主義精神的場域。德國在一九七四年第一次主辦世界盃足球賽時，便清楚地體會到這一點。

「國際友人來作客」（Die Welt zu Gast bei Freunde）是二〇〇六年德國第二次主辦世界盃足球賽的宣傳口號，不過，在一九七四年德國足協首次籌辦世足賽時，就已經有這個構想：西德當時希望透過世足賽的舉辦，向國際社會傳達一個友善、和平並已摒棄極端的國家形象。然而，現實的情況似乎仍有危機存在，因為，就在前兩年，也就是一九七二年，德國發生了慕尼黑奧運慘案：由於以巴的衝突，巴勒斯坦方面決定利用慕尼黑奧運的機會展開報復。當時巴勒斯坦武裝組織「黑色九月」（Black September）的恐怖分子趁著黑夜潛入奧運選手村，並擄走十一名以色列運動員，德國警方雖然投入大量人力試圖營救人質，卻還是以失敗收場，最後人質全遭殺害。源於六八學運的德國左翼恐怖組織「紅軍派」（Rote Armee Fraktion；簡稱為RAF）第一代領導人物，如安德烈亞斯．巴德（Andreas Baader, 1943-1977）、巴德的女友古德倫．安斯林（Gudrun Ensslin, 1940-1977）和左翼雜誌女記者烏莉可．麥茵霍芙（Ulrike Meinhof, 1934-1976），在事發之後，曾公開讚許「黑色九月」是反法西斯組織，並為他們的恐怖活動喝采，後來這幾位左派青年也在同年因為參與德國境內一場炸彈攻擊而被捕入獄。雖然，一九七四年夏天德國世足賽舉行期間，他們已被關在監獄，等待出庭受審，不過，德國當局卻很憂慮，深怕其他的恐怖分子會發動轟動社會的襲擊事件，以迫使官方釋放這幾位仍在牢裡的「紅軍派」成員。有鑑於先前發生的慕尼黑慘案，這樣的顧慮並不是沒有根據。此外，就在世足賽開幕前一個月，西德總理布蘭特（Willy Brandt, 1913-1992）還因為東德間諜紀堯姆事件（Guillaume-Affäre）而黯然下台，東、西德之間的關係非常緊張。隨後各國足球代表隊的抽籤結果出爐，西德隊將在預賽階段對上東德隊。

不過，這些事件並不是西德舉辦世足賽期間，國內一開始便氣氛不佳的原因。在主辦這次世足賽的兩年前，國家足球教練赫穆特．玄恩（Helmut Schön, 1915-1996）和他所率領的國家足球隊已為西德首次贏得歐洲盃足球賽冠軍。西德知識分子最遲在一九六六年世足賽，在西德和英格蘭於倫敦溫布利（Wembley）足球場的冠亞軍爭霸賽中，便已發現自己對於足球的熱愛，他們推崇滿頭蓬亂捲髮的鈞特・聶策爾（Günther Netzer, 1944-）和保羅・布萊特納（Paul Breitner, 1951-）是足球的革命者，是值得期待的、動作迅猛的足球魔術師。當時西德人民的心裡早已認定，西德隊這次獲得世界冠軍並不是什麼奇蹟，而是身為地主國代表隊的責任。只有這樣我們才能解釋，為什麼在開幕賽西德以一比零的成績險勝智利時，西德民眾卻感覺像輸球一樣地沮喪。

西德隊第二次出賽是在漢堡的國民公園足球場（Volksparkstadion）舉行，或許是基於南北的地域情結，漢堡民眾在比賽進行時，還出言辱罵出身南德的國家隊隊長法蘭茲・碧根鮑華（Franz Beckenbauer, 1945-）[1]是「巴伐利亞的豬」，碧根鮑華因為不堪受辱，當下還朝著觀眾席吐口水（經過這起衝突事件後，德國足協才有所警惕，以後國家隊如果要在德北地區進行比賽，上場的球員不宜有半數是德甲的拜仁慕尼黑隊〔FC Bayern München〕隊員）。西德隊後來以三比零的成績打敗澳洲隊而得以提前晉級，不過，當時西德民眾卻對國家隊的表現不甚滿意，一些唱衰國家隊的足球迷甚至喊出：「德國隊離場吧！不用白花力氣！」（Deutschland weg, hat kein Zweck!）四天後，看來似乎有受虐傾向的西德隊，終於迎來了它在這次世足賽裡最大的挫折：當西德隊在預賽中對上東德隊時，由於來自東德馬格德堡（Magdeburg）的前鋒于爾根・徐巴爾瓦瑟（Jürgen Sparwasser, 1948-）射門成功，讓西德這支地主國球隊以零比一的成績吃了一場敗仗。

西德國家足球隊在預賽時便入住基爾市附近馬連特（Malente）的一所採斯巴達式訓練、生活設備卻不夠舒適的體育學校。玄恩身為地主國球隊的總教練，卻得在世足賽的預賽階段面對國家隊士氣低迷的窘境。那麼，他是否該仿效賀伯格二十年前在瑞士對著隊員們朗讀來自同胞的批評信件？這麼做，果真可以讓球隊的表現有所起色？在國家隊裡，玄恩已經無法擁有賀伯格當時那種絕對的權威，畢竟時代風氣已經改變許多，當時的西德國手都是經過六八學運洗禮的青年，單憑一場激勵人心的演說，並無法讓那些個人主義作風的球員們緊密地團結在一起。西德隊在這二十年間已出現許多轉變，一九五四年在瑞士所表現的「施皮茨精神」（Geist von Spiez）卻在這個困頓的「馬連特之夜」（Nacht von Malente）變成可怕的幽靈。

在這座距離基爾市不遠的足球訓練營裡，隊長碧根鮑華當時便挺身而出，代替一籌莫展的國家教練領導深陷危機的西德隊。碧根鮑華被德國人譽為「足球皇帝」，不僅是德國足球史上最優秀的自由人（der freie Mann）[2]，而且所採用的戰術後來證明了，他確實有能力掌握一個已來臨的足球新時代。他很清楚，光是在球隊中喚起隊友們的戰鬥精神和榮譽感，或要求他們克服心理弱點，鼓起勇氣上場踢球等，這些傳統的作法都是不夠的。西德隊的當務之急在於戰略方面的大幅度改變，因此，必須拋棄玄恩教練自一九七〇年開始帶領國家隊以來，偏好用三、四名頂尖國手發動攻勢的冒險風格。隊長碧根鮑華的戰略布局在於加強西德隊的防守能力，盡量不讓對方有射門得分的機會，而且實質的

---

1 法蘭茲・碧根鮑華和巴西球王比利（Pelé, 1940-）是現代足球史上最傑出的兩位人物。碧根鮑華在擔任隊長和教練時期，分別率領西德隊贏得一九七四年和一九九〇年世界盃足球賽冠軍，被德國人尊稱為「足球皇帝」。

2 在足球隊的布局裡，自由人是負責抄走敵方傳球的後防球員，因此，控球和傳球能力高於一般的後衛，位置的移動也更有彈性。

戰果應該優於踢球的美感表現，畢竟比賽的輸贏是一切。後來，西德隊後續的表現證明，這位「足球皇帝」對於足球比賽的盤算和策略確實相當精準。

如果撇開東德前鋒徐巴爾瓦瑟射門成功那一球所代表的象徵價值——社會主義的東德戰勝資本主義的西德——而且再觀察後續的發展，那一球便不再意味著東德付出極大代價而獲得的勝利。徐巴爾瓦瑟那一球讓東德隊在八強淘汰賽時被分到A組，與巴西、阿根廷和荷蘭這三支強隊同一組；西德隊則因禍得福，被分到B組，對上了實力較弱的南斯拉夫、瑞典和波蘭。就這樣，西德隊在後來的比賽裡，時而頑強，時而輕快，有時又像在水裡打水球一般，一路過關斬將，終於進入冠亞軍總決賽。東德隊在A組因頻遭勁敵，二敗一平局，此時已打道回府，重返鐵幕。

一九七四年，英國足球明星蓋瑞．賴寅克（Gary Lineker, 1960-）還只是個中學生。他當時全程守在電視機旁，觀看西德和荷蘭的冠亞軍爭霸賽，而且他可能已預感到即將發生的事實：西德隊將會獲勝！荷蘭隊從比賽一開始便全力進攻，光芒耀眼的隊長暨前鋒約翰．克魯伊夫（Johan Cruyff, 1947-）經常受到西德隊頑強後衛貝提．福格茨（Berti Vogts, 1946-）的干擾和糾纏。比賽剛開始第一分鐘內，克魯伊夫順利地躲過攔阻，還成功地引誘西德的烏利．何內斯（Uli Hoeneß, 1952-）在自己的罰球區內犯規，西德隊因而被裁判罰十二碼球而讓荷蘭隊先得一分。二十幾分鐘後，荷蘭隊也因為犯規而讓西德隊獲得踢十二碼球的機會，攻下一分，形成一比一平手的局面。克魯伊夫後來一直無法突破西德隊緊迫盯人的防守，攻擊力因而大為減弱，西德隊反而在進攻上有所斬獲，特別是在上半場即將結束時，由前鋒蓋爾德．穆勒（Gerd Müller, 1945-）及時射入一球，為西德隊拿下第二分，暫時領先荷蘭隊。西德隊後來在下半場採取守勢，成功保住戰果，最後以三比二的比數獲勝，這是西德繼一九五四年的「伯恩奇蹟」之後，再度榮登世足賽冠軍寶座。

當裁判吹哨示意球賽結束、西德隊贏得冠軍時，這場電視現場轉播的播報員魯迪・米歇爾（Rudi Michel, 1921-2008）也不由自主地陶醉在一片歡欣之中，不過，他在言辭上卻顯得相當自我克制：「現在，男性同胞們，你們可以慢慢地打開酒瓶的軟木塞……而我的女性同胞們，你們也不妨跟著喝酒慶祝一番！」

德國的女性同胞們真的可以跟著喝酒慶祝？在這個德國足球史上最重要的一夜，國家隊隊員的妻子們卻被禁止和已被捧為英雄的丈夫們一起狂歡。在這個勝利之夜，德國足協在慕尼黑希爾頓飯店為國家隊舉辦隆重的慶功宴，據說何內斯的太太當時要進入會場時，被德國足協的一名幹部硬生生地擋下，而且還向她表示：「慶功宴的會場還是要講求紀律和秩序！」由於這起爭執，這群剛獲得世界盃冠軍的足球革命者便集體離開這場正式宴會，浩浩蕩蕩地轉往一家迪斯可舞廳，自行慶祝這場得來不易的勝利。

這則關於西德隊的趣聞軼事，非常符合七〇年代反抗權威、製造混亂的青年形象，這種充滿抗議色彩的作風，至今仍深獲熱愛足球的德國左派知識分子認同。然而，當時狂野的青年足球員和保守的德國足協前輩的衝突，真的只是觀念不同的世代衝突嗎？這種對抗難道不是當時青年世代的理想主義思潮如何揭發上一輩納粹舊瘡疤的延續嗎？

早在世足賽開幕之前，教練、球員和足協三方，已在馬連特的國家隊訓練營裡發生過激烈爭執。

關於納粹的第三帝國時期，玄恩教練雖曾表示：「德國納粹發動了一場沒有意義的戰爭，後來有愈來愈多人的生活受到它影響，〔……〕不過，對於我們這些足球員而言，那卻是個很棒的時代。」這些西德隊的國手們雖然也跟當時的年輕人一樣，喜歡批判父執輩的納粹經驗，不過，他們跟玄恩教練發生衝突的原因，其實與他這番談話無關，而是赤裸裸的金錢利益：如果西德隊拿到世界冠軍，德國足協該給每位球員多少獎金？

當「伯恩英雄」在一九五四年奪得世界盃冠軍回國後，每人只拿到一千馬克的獎金外加每次上場兩百馬克的津貼。他們那時拿到這筆錢時，各個心裡都高興得不得了！一九七四年，當西德隊有意再度問鼎冠軍寶座時，那些已經過六八學運洗禮的、「狂野的」足球國手們卻認為，德國足協提供每人三萬馬克的獎金實在太少了，遠遠低於當時的國際行情。

國家隊的中場聶策爾是西德成立甲級足球聯賽以來，第一位到國外職業足球隊踢球的足球員。他於一九七三年加入西班牙皇家馬德里隊（一九六一年德國當紅的足球明星烏佛．塞勒〔Uwe Seeler, 1936-〕曾自豪地拒絕了義大利國際米蘭隊〔FC Internationale Mailano〕數百萬馬克年薪的聘約，選擇繼續留在自己出身的漢堡市，為漢堡隊〔HSV〕效力），因此，他對於足球員獎金的國際行情相當清楚，而且其他留在國內發展的國家隊成員也知道，足球國手如果為國家贏得一場國際比賽大致可以獲得多少報酬。當時國際足球界曾有傳聞，如果巴西和義大利國家隊能在世足賽一舉奪冠，這兩個國家的足球協會將發給每位球員最多相當於十五萬馬克的獎金。思想左傾的球員布萊特納在西德隊拿到世界盃冠軍後，便到佛朗哥法西斯政權統治下的西班牙擔任外籍球員，而且身價不菲，在一九七四年世足賽尚未開始之前，他在馬連特訓練基地便曾因為獎金過於微薄，揚言要退出國家隊。玄恩教練當時的火氣也不小，他曾當場表示，不是他自己請辭，就是把國家隊的那些幹部攆走。玄恩這番意氣用事的話，反而讓想獲得更多賞金的隊員更同心團結，群起跟他作對。最後雙方達成妥協，如果西德隊可以榮獲世足賽的冠軍頭銜，每名球員可以獲得七萬馬克的酬金。

當「足球皇帝」碧根鮑華在一九九〇年升任國家隊總教練，並讓西德隊第三度在世足賽勇奪第一時，他所面對的國家隊情況已變得簡單許多。當時分隔東、西柏林的圍牆剛被拆除，德國的統一即將到來。一些訓練有素的新生代足球員，如于爾根．克林斯曼（Jürgen Klinsmann, 1964-）和安迪．布磊莫（Andy Brehme, 1960-）已在國外職業足球隊發展，擁有豐富的國際經驗，甚至還可以用字正腔圓的義大利語在義大利點卡布奇諾。碧根鮑華先前便心平氣和地與球員們談妥取得世界冠軍的價碼：每人可以獲得十二萬五千馬克獎金，而且他們的妻子可以在比賽期間探望他們一次。

奧地利流行歌手烏鐸．俞爾根斯（Udo Jürgens, 1934-）當時曾特地為西德隊到義大利半島參賽而創作〈我們已經在火爐上〉（Wir sind schon auf dem Brenner）這首動聽的歌曲：「我們已經在火爐上，／我們已在火爐上燃燒。／我們已經在火爐上，／是啊，喜悅就在那裡升起。」綠黨當時的女性國會議員安特葉．芙爾茉（Antje Vollmer, 1943-）還公開祝福西德隊這場跨越阿爾卑斯山的遠征：「在義大利比賽期間，誰如果看到德國隊在足球場上的表現，就會跟我一樣，不會對德國人感到恐懼。因為，德國球員不只足球踢得好，比賽的成績也很棒，而且他們踢球的樣子很好看，一定可以讓觀眾們獲得真正的解放。」不論西德隊在米蘭、杜林或羅馬踢球，西德總理柯爾總會到場加油，祝福自己的國家隊獲得勝利。當時人們只要看到這位身材肥胖的總理坐進看台的榮譽席觀賞球賽時，就不由得感到空間變得狹隘而擁擠起來。為了讓快活的足球比賽能更圓滿地進行，世足賽自一九九〇年開始，還要求上場參賽的選手必須穿戴保護小腿的護具。

在這次由義大利主辦的世足賽中，只有嘴巴最惡毒的球迷，才會大肆指責西德隊在足球場的表現過於重視防守，或批評西德隊那些乳臭未乾的乖男孩在踢球時沒有展現創新的力量。雖然德國的足球流氓曾在米蘭市中心喧譁搗亂，不過，英國的足球流氓也不遑多讓，他們甚至還在薩丁尼亞島的街頭打群架，當時的國際輿論傾向於，不再把德國球迷的暴力行為視為德國強權的殘暴野蠻以及重新恢復威脅性的表徵。然而，當西德隊第三度在世足賽順利奪魁時，國家教練碧根鮑華卻在羅馬失言：「世界上其他的國家，實在很抱歉，如果東、西德統一，東德的足球員可以加入我們的話，相信往後幾年，我們德國隊將會所向無敵。」這番話聽在其他國家的球迷耳裡，是否再次勾起他們對德國納粹的恐懼而覺得毛骨悚然？

碧根鮑華如果曾翻讀一些討論德國過往的現代史書籍，他就能明白，身為國家足球教練，類似這樣的宣告對於國家代表隊而言，並不是一件好事。不過，這位「足球皇帝」在德國人心目中的地位，卻是無人能取代的。當他的繼任者福格茨於一九九六年率領統一後的德國隊到英國參加歐洲盃足球賽並榮獲冠軍時，這位國家教練卻沒有被德國人民尊稱為國王、皇帝或上帝。

統一後的德國依然留在歐洲的版圖裡，它在足球方面的表現並沒有因為統一而有突破性的發展。一九九〇年代，德國運動員在國際體壇的特殊表現，其實就在幾位傑出的球星身上，比如網球女將葛拉芙（Steffi Graf, 1969-）和一級方程式（F1）賽車好手舒馬赫（Michael Schumacher, 1969-）。

福格茨繼碧根鮑華之後，成為德國國家足球隊的總教練，他也在任內終結德國隊自一九七四年第一次主辦世足賽開始的慣例：在每次世足賽之前，國家足球隊隊員會進錄音室錄音，發表他們專屬的歌曲。一九九四年，德國隊在前往美國參加世足賽之前，以〈遠在美國〉（Far away in America）這首歌曲專輯，正式告別這項維持二十年的傳統：「足球是我們的生命，／因為足球國王統治這個世界，／我們為足球戰鬥並付出一切，／直到一次又一次射門成功……」「一顆戰鬥的心如果沒有歌唱，就會缺少致勝的渴望。」十二世紀薩克森暨巴伐利亞公爵「獅子亨利」（Heinrich der Löwe, 1129-1195）也深刻體會到這一點，他在世時曾以古老的德意志精神公然對抗當時的神聖羅馬帝國皇帝。一九五〇年代，創造「伯恩奇蹟」的國家教練賀伯格率領西德隊在瑞士參賽時，經常鼓勵他的國手們在搭乘巴士時，高唱〈高高地坐在黃色的車輛上〉（Hoch auf dem gelben Wagen）這首十九世紀後期的德國民俗歌曲。然而，德國國家足球隊這項開口歌唱的傳統，卻已在九〇年代中期斷然中止。

二〇〇六年德國再次主辦世界盃足球賽時，國家隊總教練克林斯曼和隊員們坐在造價昂貴的大巴士趕赴德國各地參加足球比賽的路途中，已不再開口唱歌，而改以播放歌曲的方式，其中一首是德國知名靈魂歌手克薩維爾．奈杜（Xavier Naidoo, 1971-）[3]的〈這條路〉（Dieser Weg），歌曲的氣氛顯

---

3 奈杜是德國炙手可熱的靈魂歌手，父親有印度血統，母親則是阿拉伯裔南非人。他曾在九〇年代初期移居美國，發行過英文歌曲專輯，之後才回德國發展。

得有些神祕而感傷：「這不是一條容易走的路，／這條路將會出現許多石礫，顛簸難行。／你將無法和許多人意見一致，／然而這種生活卻更豐富……」

這首德語靈魂歌曲完全符合德國那次主辦世足賽的精神。德國這個國家終於懂得放鬆了！在二〇〇六年的世足賽進行期間，德國社會的整體氛圍已變得柔軟而亮麗，就像陪著一九七〇年後出生的孩童成長的胡巴・布巴超軟口香糖（Hubba-Bubba-Kaugummi）上面那些繽紛鮮豔的顏色一般。德國國旗的三種顏色Schwarz-Rot-Gold（黑—紅—金）突然被戲謔地改說成Schwarz-Rot-Geil（黑—紅—酷），即使在前四強的準決賽中，德國隊吃了敗仗，第四次問鼎世足賽冠軍寶座的希望就此破滅，然而，德國人卻可以不把得失放在心上，還是繼續慶祝那次的足球盛會。最遲在那時，某些最憂慮德國再起的國際人士已體認到，即使在公開場合有數千支德國國旗揮舞著，即使德國人坐在露天啤酒館裡一起唱著德國國歌，新的Patriotismus（愛國主義）並沒有出現，一切只是Partyotismus（派對主義）。德國社會明顯的轉變就如同靈魂歌手奈杜那首歌的歌詞：「然而這種生活卻更豐富……」

青少年時期曾當過足球選手的德國導演松克・佛特曼（Sönke Wortmann, 1959-）曾在二〇〇六年接受德國足協委託，為當時身為地主國球隊的德國隊拍攝紀錄片。這支以《德國：一個夏天的童話》（*Deutschland. Ein Sommermärchen*）為片名的紀錄片，在畫面中呈現德國隊入住的那座位於柏林葛倫納華德區森林（Grunewald）、由德國時尚設計大師卡爾・拉格斐（Karl Lagerfeld, 1933-）以最扎實耐用的材料從舊宮殿改裝成的大飯店，以及德國隊經理奧利佛・比爾霍夫（Oliver Bierhoff, 1968-）如何更動其間的室內擺設，例如：更換比較有現代感的家具；提供電玩遊戲機，讓年輕的國手們可以在那裡嬉鬧，好好地發洩比賽期間的壓力和情緒。當總理梅克爾（Angela Merkel, 1954-）到這家國家隊下榻的飯店探望這些國手時，效力於英超兵工廠隊（FC Arsenal）的守門員彥斯・雷曼（Jens Lehmann, 1969-）便問這位剛上任的女總理，德國是否可以提供更好的條件，吸引像他這樣已經有三個孩子的父親重回德國職業足壇發展？梅克爾當時很幽默地回答：「首先我想到的是，除了現有的兒童每月生活津貼之外，可以讓國家額外再發給父母一筆津貼。」梅克爾的回答後來還成為笑話傳了開來！

二〇〇六年身為地主國的德國是否跟一九七四年第一次主辦世界盃足球賽一樣，都不強調「伯恩奇蹟」的傳承？「伯恩奇蹟」於一九七四年屆滿二十週年，西德該年雖身為世足賽主辦國，官方卻決定低調行事，不為這個在德國足球史上具有里程碑意義的突破性勝利舉辦大型慶祝活動。直到二〇〇四年，德國在籌備第二次世足賽時，才敢大肆慶祝「伯恩奇蹟」五十週年，昂揚地高舉這個德意志民族的足球神話。導演佛特曼在前一年便已拍攝《伯恩的奇蹟》（*Das Wunder von Bern*）這部充滿情感、撫慰人心的劇情片，它在電影院首映時，還讓當時的德國總理施若德（Gerhard Schröder, 1944-）流下感動的眼淚。「伯恩奇蹟」對於戰後的德國人具有深刻的象徵意義，德國大導演萊納・法斯賓達（Rainer Werner Fassbinder, 1945-1982）在一九七九年推出的《瑪莉布朗的婚姻》（*Die Ehe der Maria Braun*）這齣以德國戰後為背景的愛情悲劇電影中，也在片尾呈現這個主題：當男女主角——一對悲情夫妻——好不容易團圓後，卻在一九五四年德國隊和匈牙利隊爭奪世足賽冠軍時，被家中突如其來的瓦斯爆炸炸死，此時收音機還持續傳出播報員齊瑪曼語調激動的現場報導。

為大批球迷規劃他們專屬的球迷區，並架設戶外電視牆，好讓他們能一起觀賞球賽進行，這是二

○○六年德國世足賽主辦單位的創舉。不過，主辦單位或許沒有察覺，儘管當時仍有許多球迷到場觀看球賽的現場實況轉播，然而，讓二十一世紀德國人一起欣賞足球賽事的阻礙，早已不是五十年前第一次成為世足賽冠軍盟主的德國所面臨的電視不夠普及的問題，而是德國人民內心缺乏追求集體經驗的渴望。

足球是一面靈魂的鏡子，卻不是魔鏡。站在這面鏡子前，人們可以看到不折不扣的自己。目前的國際足壇盡是一些由多元族群、熱愛踢球、體魄強健的球員組成的球隊，球員們一心只想撈錢，只想到待遇最好的球隊踢球，接受一些穿著體面的足球專家指導。足球教練們在稱讚「用最高度的紀律進行組織」（Organisation mit höchschter Disziplin）是德國人的美德時，這些球員們一點也沒有訝異的反應！

20. 舒適愉悅

Gemütlichkeit

啊，德國人的性情（Gemüt）！謙卑的、高傲的、輕率的、冷靜沉著的、善心的、溫厚的、同心協力的、直爽的、怯懦的、高尚的、寬容的、慷慨的、英雄氣概的、放縱的、懺悔的、優柔寡斷的、傷感的、沉重的，以上這些帶有mütig（性情）字根的德語形容詞，當然無法全部套用在一個德國人身上。此外，德國人偶爾還會表現出優雅的、忿忿不滿的、煩悶的、大膽的、大無畏的（這些形容詞也以mütig為字根）樣子，不過，他們卻很少看起來愉快而滿懷信心，更甭談興高采烈了！

德國人需要一個感覺像家的地方來容納這些不同的情緒和脾性，其中最理想的所在就是自己的內心。在內心裡，人們可以保有自己的心情和性情，不受時代潮流驅使，即使外在世界出現了些微的、只有最敏銳的人才會感受到的震盪，依然不受影響。通常我們會說，這樣的人愉悅而和氣（gemütlich），即便不是情感洋溢（gemütvoll）。這樣的人就好比樹木的葉片，每次風一襲來，雖受到撼動，卻還牢牢地繫在樹枝上。不過，葉片卻傾向於掉落，葉片害怕風的吹拂把它們捲離自己原先附著的枝枒，飄向遙遠未知的他方。人們的性情愈少固著於自己的內心，就愈渴求一座有形的防衛性城堡，讓自己可以愉悅舒適地在裡面生活。

德國人對於舒適感的講究，開始於十九世紀上半葉的畢德麥雅時期（Biedermeier）。工業化為人們帶來蒸汽機，燃燒的煤炭排出黑壓壓的廢氣，鐵路的鋪設穿越了大地，機械化的紡織機嘎拉嘎拉地運轉，這一切似乎在預告往後機關槍的問世。在政治參與方面，德國市民階級起步較晚，投入的時間也比較短。他們當時熱中於股票市場上那些充滿戲劇性與風險的金錢遊戲，印在紙張上的證券，市價暴漲暴跌，還可能在一夕之間變成廢紙，安於本分的妻子便成了他們生活的後盾，總是努力為他們打理一個舒適的家。

這個時期的家具也出現了所謂的「畢德麥雅風格」：五斗櫃的造型已從精緻細巧轉為厚實沉重，餐具櫃的腹身向外鼓出，窗戶裝上了窗簾，地板也鋪著柔軟的氈毯，以降低走動時發出的聲響。在啟蒙運動及浪漫主義時期，文人圈最熱烈的思想交鋒出現在文藝沙龍的沙發上；到了畢德麥雅時期，沙發則成為人們情緒的載體，療癒人們心靈的所在；至於精神分析大師佛洛依德如何在沙發躺椅上為病患治療精神官能症和歇斯底里症等心理症狀，則是十九世紀末的事了！

創刊於一八五三年的《園亭》（*Die Gartenlaube*）[1]雜誌，是一份頗具傳奇色彩的家庭雜誌。它的發行人在創刊號前言裡已開宗明義地寫道：「敝人在此向德意志地區親愛的讀者們問好！在神聖的基督所賜予你們的眾多恩典中，還有這份我們特地準備的禮物——一份新的雜誌。〔……〕你們可以花一個小時安靜地看看我們精心編寫的內容。冬季日照的時間較短，你們可以舒服地坐在溫暖的火爐旁和摯愛的親人一起翻閱這份雜誌，或在春天，當蘋果樹的紅花或白花凋落時，和朋友們一起在樹蔭下閱讀。這是一份為家庭和庭園、為老老少少、為每位懷有溫暖內心、喜歡追求高尚和美好事物的人們所編輯的雜誌！它遠離了所有政治的叫囂與是非，以及宗教和其他領域的意見衝突，因為我們在這本雜誌裡，只想透過一些真正美好的敘述，帶領你們進入人類的心靈及各民族的歷史，進入人類在過往

1《園亭》這份家庭畫報於一八五三年在當時日耳曼的經濟文化樞紐萊比錫市創刊，是最早取得廣大發行量的德語雜誌，也是現代畫報的先驅。這份雜誌最後於一九八四年停刊，由於前後出刊的時間長達一百多年，該雜誌的內容也成為研究德國文化史的學者必須參考的重要資料。

曾經歷的熱情戰鬥。〔……〕我們用這種方式帶給你們閒暇的消遣，也教導你們如何做消遣。這份雜誌應該像花朵綻放時所散發的香氣一般，瀰漫著詩意的氛圍，它應該讓德語讀者們在我們的園亭中，感受到如家的溫馨和親切，找到日耳曼人內心鍾愛的那種舒適感。總之，親愛的讀者們，就跟著我們一起試試看吧！上帝保佑你們！」

只要情況許可，德國的市民們便會從忙碌、辛苦的當下掙脫出來，讓自己享有生活的舒適，保有生活的樂趣和生命的活力。人們在這種閒暇時光喜歡跟志同道合的人在一起，不過，這種社交活動並不拘束，和當時歐洲貴族那種僵化的、講究禮儀和身分的交際應酬完全不同。在平實的日常生活中，德國市民喜歡在感覺舒適的餐館，或在他們認為「真正舒服的」（urgemütlich）酒館裡聚集，而不會光顧那些高雅的酒館或名氣響亮的餐廳。

德國人民的性情有地域上的差別：整體而言，南德人比北德人還要隨性隨和。一些以生活愉悅和舒適為主題的德語歌曲，至今仍偏好以慕尼黑啤酒節搭建的啤酒篷房（Bierzelten）為背景，不過，〈為舒適愜意乾杯！〉（Ein Prosit der Gemütlichkeit!）這首源自一八五九年左右的名曲，卻是出自北德港都不來梅的業餘歌曲創作者格奧格．庫諾特（Georg Kunoth, 1863-1927）[2]的手筆：「啊，生活是如此美好，／當它擁有舒適和愜意！／讓歌聲振奮我們，／人們在遠處也可以聽到：／用唱出的歌聲，／用奏出的音樂：／乾杯！為舒適愜意乾杯！／我們歡聚在一起，／超越時空的局限；／在舒適愉悅裡，／生命喜悅的火焰熊熊地燃燒！／看到端坐在王位上的國王：／他穿著華麗的王袍；／金色的皇冠能帶給他什麼，／他缺少生活的愜意和舒適？／當別人愚蠢地爭執時，／我們卻理智而團結；／因為我們只接受／舒適感的引導！／如果憂慮想榨乾你們，／就把悲傷收拾起來，把痛苦收拾起來，／然後生活中最柔軟的舒適／將會儘快來到身旁！」

技術突飛猛進的二十世紀，比先前的時代更殘酷地剝奪了人們溫暖而柔和的生活舒適感。當一般德國老百姓繼續用肥火腿、布簾和柔軟的靠墊滿足自我對於舒適感的需求，試圖降低工業生產的壓迫和大都市的匆忙所造成的生活不快時，一些前衛藝術人士已在威瑪共和時期展開行動：當代空間視覺設計的先驅包浩斯學院在德紹成立了！這群藝術家雖然要求建築師、雕塑家和畫家重新找回手工技藝的精神，不過，他們並不是要復興那些德國傳統固有的雕刻或安裝座椅軟墊的手工技術，而是透過手工技藝把一些令人感覺冰冷的新材質製作成家具。例如，包浩斯學派設計的那些用鍍鉻鋼管和扎實耐用的蠟光棉紗布料所做成的、非常具有現代感的椅子。這種簡潔俐落、著重功能性的藝術形式已排除傳統那種遲鈍厚重的舒適感。人們只要在客廳裡擺上以彎折鋼管作為支架的、包浩斯風格的座椅，就意味著這個家庭的主人已經認同了時代潮流，回歸舒適的依偎已是過時的行為。

納粹接掌政權後，包浩斯學派的成員便被迫流亡國外。納粹改而興建一些足以彰顯帝國雄偉氣勢的巨型建築物，來取代包浩斯的建築風格，相較之下，那間位於德紹的包浩斯學院，看起來就像一間充滿溫馨居家氣氛的迷你娃娃屋。不過，當時的納粹高層似乎也不太能承受納粹建築過於宏偉、而顯得剛硬冷酷的設計風格，所以，他們會趁著閒暇之餘，前往牧歌般風光的阿爾卑斯山區或入住牆

2 庫諾特是不來梅一份地方報的總編輯，後來還獲選為不來梅邦議員。

上掛著長角鹿頭的傳統屋舍，以調劑身心。希特勒特別喜歡躲到他那座位於阿爾卑斯山區上薩爾茲山（Obersalzberg）的豪華農舍（Berghof）裡生活；空軍總司令赫曼・戈林（Hermann Göring, 1893-1946）覺得住在森林裡的狩獵小屋非常愉快而舒適；在納粹的領導階層中，宣傳部長戈培爾的休閒生活最都市化，他經常在假日流連於柏林的大萬湖（Großer Wannsee）區，在湖中那座帶有庸俗市儈氣息的天鵝島（Insel Schwanenwerder）上，還擁有一棟希特勒送給他的別墅。

在納粹第三帝國先後擔任帝國首都建築總督察與裝備後勤部長的許倍爾，在戰後由西方占領軍所主導的紐倫堡審判中，被判處二十年有期徒刑。在西德胥班道監獄服刑時，他所撰寫的《胥班道日記》（*Spandauer Tagebücher*）曾用最粗魯的言辭談及納粹在戰時一項既浮誇又烏煙瘴氣的計畫：「希特勒當時認為，在每個大村落裡（在烏克蘭占領區），都必須設置一座具有郵務和住宿功能的驛站〔……〕它們應該像在巴伐利亞一樣，一律掛上『郵政旅舍』（Gasthof zur Post）這個招牌。此外，他還打算繼續推廣這個近乎心理變態的東擴想法，也就是在幅員遼闊的蘇俄地區，為移民當地的德國農人廣設諮詢和協助的據點，讓他們可以在異地獲得安全感以及家庭的歸屬感。」根據許倍爾的說法，希特勒還親自提出在東歐占領區打造超級寬軌的新鐵路計畫。更確切地說，這位領袖當時打算把車廂的寬度加寬到六公尺，讓他手下那些違法取得權力、已把自己搞得筋疲力盡的納粹分子，可以住在這種舒適的、住房型的火車車廂裡。反正，總歸一句話，不知羞恥的人往往不知道自己該有什麼分寸！

那些在前線作戰、如獵犬般敏捷、如皮革般堅韌、如克魯伯兵工廠的鋼鐵般強硬的德軍也需要成家，好讓自己擁有一個可以徹底放鬆、不再需要行軍、不再需要挺直站立的地方。從前的「德意志帝國戶政人員協會」會送給每一對新婚夫妻一本《德國家庭手冊》（*Hausbuch für die deutsche Familie*）。其中一位作者漢娜．波瑪（Hannah Böhmer）在〈如何做居家布置〉（Wie man sich einrichtet）這篇文章中，曾建議那些喜歡、或應該學習用婚姻來換取職業成就的德國婦女，如何運用手邊有限的資源操持家務，比方說：「如何讓地毯、窗簾和家具的顏色可以構成美好而協調的色彩組合，並不需要經過計算，就可以富有品味。此外，一些美觀的結婚賀禮、外型飽實的沙發靠墊、一幅很有氣氛的風景畫、一塊討人喜歡的桌布，都可以為居住空間帶來一種舒適感。」

西方盟軍終結了納粹的第三帝國，《德國家庭手冊》這本家庭用書在西德地區則持續出版到一九六〇年代，只是發行者改為「德意志聯邦戶政人員協會」，新版的內容也經過些許更動和增刪。在西德新版的《德國家庭手冊》裡，波瑪的文章已被刪除，取而代之的是英格．許姿－葛綠克（Irmgard Schütz-Glück）的〈家庭的建立〉（Gründung des Heimes）。這位女作者在這篇文章裡明確表示：「住屋和它裡面的擺設都只是物件而已，只有透過住在裡面的人用生活來填滿並影響它，居住空間才會有生命和溫暖，住屋才會變成溫馨的家，一座讓家人獲得庇護的避風港〔……〕客廳必須有一個舒服的角落，可以擺放一張小圓桌和幾張柔軟沙發，讓家人可以圍聚在立燈旁，共同在屋內度過一個下雨的午後或一個漫長的冬夜。〔……〕圖畫、窗簾、地毯、靠枕、桌布和室內盆栽，都可以賦予居家空間個人的特色和舒適感。」

然而，那個講究舒適的、把沙發靠墊充填飽滿的時代已經過去了！接下來是德國第二個畢德麥雅時期！

德國六八世代的憤青們已經拿出他們的斧頭，準備搗毀那些納粹時期流行的、厚重的「蓋森基興巴洛克」（Gelsenkirchner Barock）風格的家具，準備打碎他們那些經歷戰後經濟奇蹟的父母已妝點修飾過的、和納粹有關的不堪過往。然而，即使他們在年輕時離家，與別人分租公寓，他們仍喜歡舒適地坐在廚房裡喝紅酒，點上插在空酒瓶裡的蠟燭，並焚點線香。從前西德的知識分子對於「舒適」（Gemütlichkeit）這個概念顯得很敏感，一九八四年出版的《德語關鍵字》（*Deutsche Stichworte*）這本批判性論文集曾示警地指出，「舒適」這個詞彙其實帶有負面性，因為「舒適和殘暴〔……〕都是幫派得以存在的決定性心理因素」。而且在每位市井小民的內心都還存在一個不安分的夥伴，隨時準備顛覆生活的舒適性。

德國六八世代的下一代對於「舒適」的恐懼，就顯得比他們的父母消減許多。他們並不是從納粹地方黨部領導人口中第一次聽到「舒適」這個語詞，而是從迪士尼卡通片《森林王子》（*The Jungle Book*）裡的巴魯熊那裡聽來的。這隻可愛的大熊會用德語唱著：「試試看舒服的生活，安靜和舒服的生活。」不過，這些六八世代的兒女們在稍大之後才在英語課裡發現，那首歌曲英文原文歌詞的詞意其實是：「只尋找生活的必需品，簡單的生活必需品。」也就是說，那隻說英語的巴魯熊並沒有提到「安靜和舒服的生活」，而是基本的生活需要。不過，這個發現似乎已經太遲！因為，舒適愜意已經化身為欲望，固著在年幼無知的德國赤子心裡，即使長大之後內心變得很焦慮，他還是會舒服地躺在沙發上緩解自己的焦躁不安，即使沙發的設計風格顯得如此冰冷。到了二十一世紀初期，一些被稱為「筆電游牧民族」的年輕人，已有更多的自主性在寬廣的網路世界裡隨意漫遊，更換住處就像更換電腦作業系統一般。他們身上不會再出現好幾代德國長輩曾有過的雄心和莽撞，他們不會再輕率地承諾，要讓這個烏煙瘴氣的世界更美好，要透過努力讓地球運轉得更順暢。

天啊！運轉的速度不能再加快了！難道國際股市的震盪還不夠劇烈？退休金不夠用，只能指望耶誕老公公的施予；出生率下降，為人類帶來子女的鸛鳥已經瀕臨絕種；冰箱冷藏櫃裡的肉品已經腐爛；消費者早就不信任那些超市販售的番茄。新世紀的德國社會裡，到處都是問題，人們不管在哪裡，總需要一處避風港，即使只是街角的一間酒吧。當然，如果可能的話，還是回到自己的窩巢比較好！

在德國第三個畢德麥雅時期，人們又再度受夠了自己城市的乏善可陳，成家後的年輕夫婦會搬到鄉間居住，甚至還可以在那裡蓋一座屬於自己的「園亭」。至於那些堅持留在市中心生活的人們，會試著讓自己的市區生活過得舒服一些。

有兩位德國女性曾於二〇〇八年出版《新德國女孩》（*Neue Deutsche Mädchen*）這本頗受矚目的新書，裡面所謂的「新德國女孩」就是指那些刻意放慢生活步調、以獲取生活樂趣的德國年輕女性。伊莉莎白·蕾特（Elisabeth Raether, 1979-）是這本書的兩位女作者之一，出生於一九七九年，一直很想結束不間歇地奔波於巴黎和柏林之間的單身生活。她在該書中表示：「我渴望從前的方式、渴望像樣的家具、厚重的燈罩、釘在牆上的木質畫框，我渴望信任、秩序以及可預見性。」在這本書的結尾處，蕾特認為，「新德國女孩」可以在某種程度上以自己的方式宣告自身的成功：「那是我第一次做羊腿料理，幾個禮拜前我第一次燉雞湯（……）我在家裡的牆上掛了一幅裱貼在鐵板上的大型攝影作品，我還看到一塊種滿抱子甘藍（Rosenkohl）、卻已被白雪覆蓋的田地，而且我還發現，一棵半邊覆著雪花、長得彎彎曲曲的樹木，散發著一種不尋常的美感。」許姿—葛綠克這位女性生活家如果還在世的話，一定會對德國婦女出現這種轉變感到由衷的欣慰！

啊，德國人的性情！我了解，你需要一個自己的家！不過，為什麼你沒想到奧地利作家卡爾．柯勞斯（Karl Kraus, 1874-1936）早在一九一二年便已寫下的那段話：「我要求在自己居住的城市裡應該擁有：柏油路、街道沖洗、住屋大門的鑰匙、暖氣設備和熱水供應。這些讓我感到舒適而愜意。」

21.
德國人的焦慮

German Angst

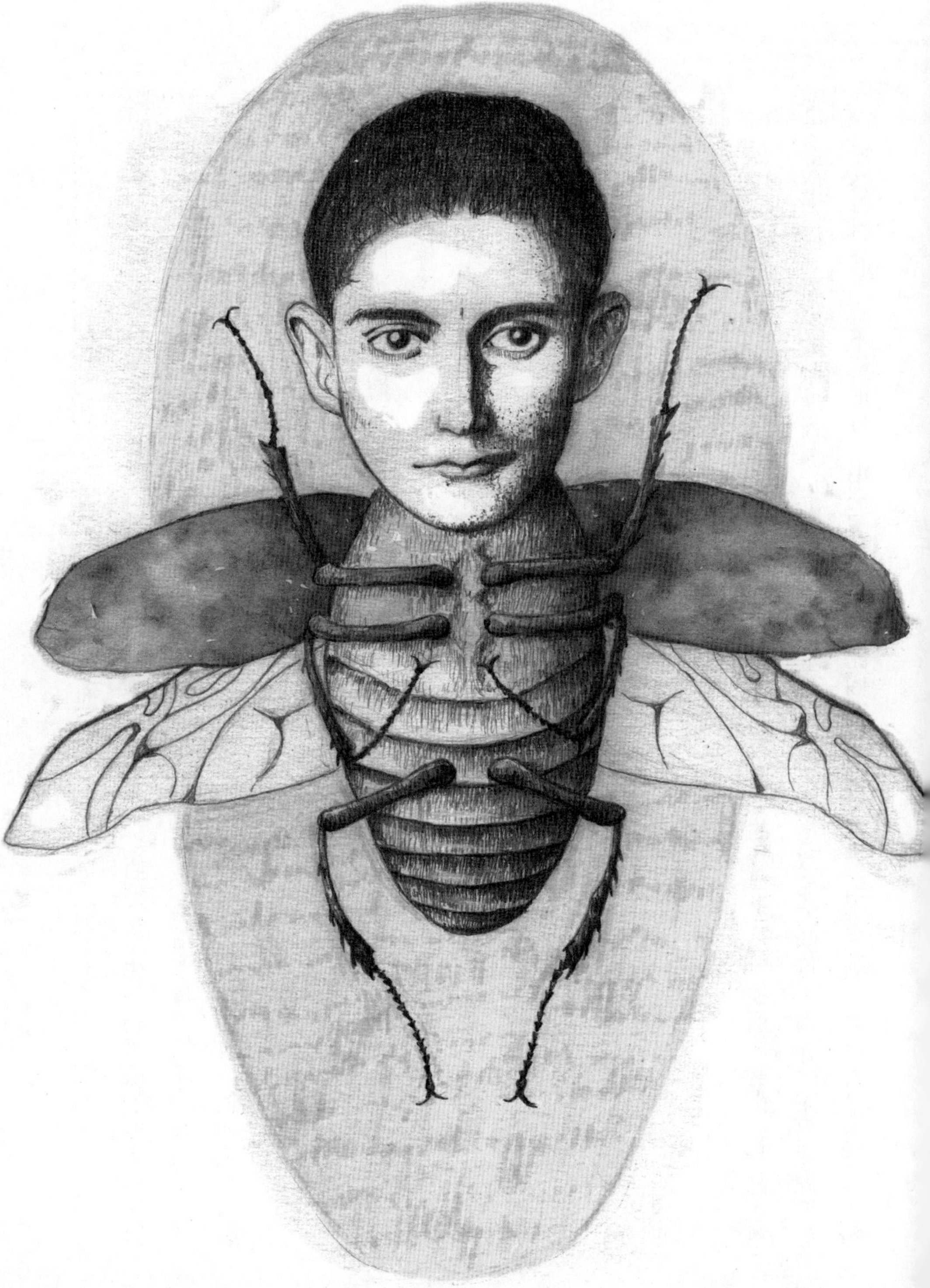

「如果德國人現在還保留古日耳曼的多神崇拜，他們一定會進行一項解除內心恐懼的儀式，向那些能夠平息人類焦慮的神祇供奉祭品並敬拜祂們。」德國猶太人、活躍於以色列和美國的歷史學家暨政治評論家華爾特．拉克爾（Walter Laqueur, 1921-）曾在一九八四年寫道。當時他並沒有料到，往後不到二十年的時間，集電影、劇場導演和行動藝術家於一身的許靈恩齊夫果真採取行動，為了消解德國人內心的不安而著手建造一座教堂，一座與基督教無關的教堂。這座木造的「平息焦慮的教堂」（Kirche der Angst）首先在威尼斯雙年展展出，後來被移到科隆路特威博物館（Museum Ludwig）的平面屋頂上，民眾前往參觀時，還可以看到隔壁那座隸屬羅馬天主教的科隆大教堂。這座木造小教堂所顯露的人心恐懼其實只是冰山一角罷了！根據許靈恩齊夫二〇〇五年提供的數據，「平息焦慮的教會」在全世界五大洲已經成立九百個基層教會，會眾總數已超過兩萬人。每一位想加入的信徒必須先把個人的恐懼宣告出來，而且還要表白，自己已不再相信那些自稱為救世主的人對於拯救世人與解決問題的承諾。申請入會的信徒首先必須透過機器大喊「我感到害怕」，在宣告自己的恐懼之後，才會被該教會提升為「圓柱的聖者」（Saülenheilige）。接下來他們必須持久地在一根大木樁上靜坐，不論是在威尼斯的花園裡或是在法蘭克福的歷史建築「總守備所」（Hauptwache）旁，以明察自己的內心有哪些極端的恐懼。

人們或許會認為，在全世界各地設立「平息焦慮的教會」的想法，是一種前衛藝術或是許靈恩齊夫這位古怪藝術家的激進表演行動。許靈恩齊夫自己後來罹患致命的肺癌，曾在「平息焦慮的教堂」裡為自己的久病不癒進行一場消解焦慮的公開儀式。雖然這位藝術家外表看起來有點滑頭，其想法卻和一般的德國民眾大不相同。當坐落在地球另一端的核能發電廠發生核災時，德國老百姓在驚恐之餘，會更堅決地進行反核活動，根本不理會這位行動藝術家如何透過那些諷刺性、顛覆性的表演活動，解除人們對於核電廠的恐懼。畢竟這位致力於消除人類恐懼的藝術家無法真正解決問題，他並不會立即挺身而出，要求官方關閉核電廠。就他的想法而言，只有幾棵樹病死，並不代表整座森林會滅絕殆盡。難道只因為德國的出生率下降，德國人就會消失絕種？

沒有一個西方社會不被「焦慮」這顆歇斯底里的陀螺搞得暈頭轉向。當美國人拿德國人的焦慮開玩笑時，對於德國人來說，那其實是大西洋彼岸強權國家人民所表現的一種既倨傲又憐憫的心態。只有膚淺、不通情理的人才會討論，德國人的焦慮不安是否真有憑據，是否和具體而直接的威脅有關，或者根本是心理分析學家所認定的焦慮性精神官能症（Angstneurose）。其實感到恐懼並不是什麼壞事，即使一些明智的理由可以讓人們告別內心的害怕，許多德國人還是願意堅定不移地守住自己的恐懼，以藉此表明自己是個性格堅強的人。

人們已經開始質疑，這種由藝術家發起的新奇信仰，會不會跟許多教派一樣，最後也落入基督新教的教義中。德國人普遍處於焦慮的狀態，並不能單單歸咎於新教的祖師爺馬丁．路德，雖然他深信耶穌基督的末日審判即將在世間降臨，而且他還在每個角落詳察出哪些人是反基督——有時是羅馬教皇、有時是土耳其人或猶太人、有時則是一五二五年發動起義的農民。這些農人當時就像暴民一般，到處焚燒掠奪——不過，路德卻對《新約．啟示錄》所具體描寫的末日災難有所保留。這位新教神學家所提出的神學理論，後來讓信眾們進入一種不同於天主教世界圖像的宗教恐懼中：他並不承認羅馬教廷和羅馬公會是介於至高全能的真神和祂的信眾之間、負責舉行儀式的中介者，而是強調基督信仰只存在於基督徒個人和上帝之間直接的性靈交通。依據新教的教義，信徒可以在內心感受到自己與上帝的親近，不過這個神學主張也引發新教徒的恐懼：天主教會還會提供朝聖、購買贖罪券和數著掛有十字架的念珠做禱告等管道，保證信徒可以獲得神的恩典，但新教教會卻不再提供任何擔保，因此，新教徒個人的靈魂救贖只能憑藉自身對於神的信仰。總之，堅定的信仰和熱烈的悔改是個人走向救贖的可靠憑據，而且信仰和悔改的強度愈高愈好。

十七世紀新教詩人安德烈亞斯．谷綠菲斯（Andreas Gryphius, 1616-1664）曾用熱情的詩句寫下〈一個悔改罪人內心的不安〉（Herzens-Angst eines bußfertigen Sünders）這首詩：「我的救世主耶穌基督！我該從何說起！／我承受過多的重擔，／浸泡在最不幸的泥濘中。／現在我要把惡毒轉入內心，／現在我要用自己來驚嚇自己：／祢用恩典喚醒我。／而我感到如此深深地傷害祢，／在祢眼前無情地發怒。」相較於這位新教徒悔改的激動，「mea culpa, mea culpa, mea maxima culpa」（經由我的過錯，經由我的過錯，經由我最嚴重的過錯）這句天主教徒的懺悔詞，聽起來就好像義大利卡布里島（Capri）的民歌。

在十七世紀谷綠菲斯生存的年代，曾發生一樁影響後世深遠的歷史事件，而讓德國人深深體會到恐懼，那就是殘暴野蠻的三十年戰爭。在這段長期的戰亂裡，人們不須患有精神官能症，就能學會如何提心吊膽地過生活。只有日耳曼神話中那位不知恐懼為何物的英雄齊格菲，或格林童話中那位心中沒有畏怯的傻子，才不會憂慮自己是否會挨餓或受到瘟疫侵襲，是否會被到處劫掠行搶的傭兵刺殺、砍傷、燒死或強暴。在三十年戰爭期間，如果有人不感到畏懼和惶恐，他不是已經麻木不仁、靈魂出竅，就是已經瘋狂。這場戰爭的殘酷及持久性，對當時的日耳曼人造成嚴重的恐懼性精神創傷，它的導火線主要在於交戰的兩大宗教陣營、對於日耳曼地區人民應該信仰天主教或新教的爭執。這場宗教戰爭最後淪為一場大屠殺，而且戰火持續愈久，就愈偏離可以用理性表述的戰爭目的。三十年戰爭或許就像當代奧地利文化史學家艾恭．福立戴爾（Egon Friedell, 1878-1938）所歸結出的看法：「這場盛怒的、沒有原則的、讓人類獸性得逞的、沒有終結的戰爭，就像一隻可怕而荒誕的大怪物〔……〕這場長期戰爭毀了許多人的一生，它似乎是為了折磨人類而來，而且這些受害者始終不解，這場戰爭為什麼而起，又為什麼而結束？」

從十七世紀前葉三十年戰爭存活下來的人民都相信，命運會在任何時候為人類帶來最可怕的災厄。這場戰爭結束後，並非所有生活在德意志地區的人們都陷於憂傷之中，一如谷綠菲斯在他的詩作和戲劇裡所呈現那個烏雲密布的災難世界。比方說，社會上層階級的貴族會以歡欣鼓舞的方式慶祝自己逃過戰爭的劫難，開始用華麗的巴洛克風格把教堂和宮殿妝點得金碧輝煌。此外，還有新教虔信派的興起，它的教義雖有部分與路德派雷同——例如，相信所有人類都是罪人，而且如果自身沒有出現根本的轉變，注定會在死後承受永入地獄的罪罰——不過，也有一部分與路德派相左：虔信派的基督徒相信，已經在此世找到一條通往靈魂救贖的道路，即透過持續的敬虔、謙卑和勤奮工作所展現的深刻而真切的悔改，神的子民便可因此經歷生命的重生。所以，基督徒靈魂的獲救不只發生在遙遠的過去或不可知的未來，也可以就在此時此地。得救的不確定性讓路德派教徒感到不安，而虔信派的信眾已明顯地擺脫了這方面的困擾。

接下來的十八、九世紀，從整體而言，德國人內心的焦慮似乎已有所減輕——也就是說，他們表現在世人眼前那種焦慮的生存狀態已暫獲緩解。當時誰如果還不斷遭受噩夢的侵擾，他們不是讓自己繼續接受折磨，就是尋求一些（理性的）策略來對治這種生活的困擾。在十八世紀的啟蒙運動時期，以理性主義為基礎的自然科學發展，讓人們滿懷期待地相信，天空在未來出現的閃電將對人們比較不具威脅。此外，啟蒙主義者的「教育樂觀主義」（Bildungsoptimismus）還強調，人類不是披著人皮的野獸，而是具有可塑性的生命體，只要透過教育的正確引導，就可以讓人類成為真善美的化身。

唯心論哲學家黑格爾堅信，歷史並非一團混沌，而是有自己的發展方向，而且還能展現所謂的「世界精神」（Weltgeist），這個歷史哲學的觀點在哲學界已普遍獲得認可。黑格爾指出的「世界精神」不只屬於理性，還能普遍安慰人心，而且「世界史裡的個人」（die welthistorischen Indivuduen）會把「世界精神」當成行動指引。當他們在前進的路途中不小心踏到或踩爛花朵時，只有目光短淺的人才會對此有所批評。其實，我們只要把目光聚焦在黑格爾生存年代的政治和歷史環境中，就可以明瞭，當時拿破崙所發動的占領歐洲的戰爭、以及各地為反抗拿破崙統治所發動的解放戰爭，都不是沒有意義的流血事件，因為，「世界精神」反而隨著這些看似負面戰爭的發生，而往終極的實現邁進一大步。當時已推翻拿破崙統治的普魯士王國，雖然還未達到最佳的國家狀態，不過，黑格爾這位出生在南德斯圖加特的施瓦本哲學家卻選擇移居柏林，擔任普魯士人的哲學導師，因為，他認為普魯士是截至那時為止治理最好的歐洲國家。

依據啟蒙運動時期所強調的理性思維，人類社會將不斷朝正向發展，然而，十九世紀出現的浪漫主義卻與這種思想大唱反調。浪漫派藝術家嘗試走入這個世界深淵、陰暗和負面的地方，他們不單是為了體會恐懼，更是為了察覺生命真實而豐富的多面性。因此，浪漫主義風景畫家佛烈德里希的畫作總是顯得荒涼蕭索；文學家諾瓦利斯或馮．艾興朵夫的詩作，往往流露出個人對於死亡的渴望；霍夫曼偏好陰森恐怖的小說創作，舒伯特和舒曼的藝術歌曲聽起來總是令人感到悲傷。然而，所有德意志浪漫主義的作品卻未表現出強烈的焦慮，因為這些藝文創作者知道，一切事物的實質可能跟外顯的表象大相逕庭，當人們所指望的明天已經過去而一切仍未改變時，就會有新的願望出現，讓他們重新有所期待。

革命家暨文學家畢希納率先宣告一個令人緊張不安的時代來臨。這位出生於一八一三年，一八三七年便英年早逝的文學家，活躍於德意志文化史的後期浪漫主義與畢德麥雅時期，即一八四八年德意志地區爆發「三月革命」之前那個動盪不安的年代。這位熱中革命、鼓舞農民反抗貴族統治的作家，一心希望老百姓能安居樂業地過日子，希望貴族之間能自相殘殺，而削弱彼此的實力，雖然德意志地區會因此死傷慘重，不過它將很快地因為統治剝削階層的萎縮或消失，而成為人間的樂園。但作為一名文學創作者，畢希納在他的作品中卻不是描述一個即將實現的社會主義伊甸園，而是人類在生存現實中的失落。他認為，這個世界就是可怕的地獄，而且充斥著人們瘋狂的妄想！在他的著名劇作《伍采克》中，主人翁伍采克是一個備受剝削、經常看到恐怖幻象的士兵，手握一支鋒刃發亮的剃刀四處追趕，卻不知道行動的目標。伍采克一直覺得，到處都有邪惡的勢力準備把他幹掉：「當中午太陽高掛的時候，全世界好像陷入一片火海當中，這時我聽到一個可怕的聲音在對我說話！」畢希納在這齣戲劇中為妄想症和精神分裂症病人所做的分析，比精神分析學家佛洛依德還要提早好幾十年。據說，這位有虐待狂傾向的佛洛依德，很高興在畢希納所塑造的戲劇角色伍采克身上，找到一個典型「部分性精神錯亂症」（aberratio mentalis partialis）的個案。

十九世紀工業化所衍生的諸多社會問題，已讓歷史哲學無法再提供人們意義與慰藉。哲學家叔本華在歷史現實中看到的不是前輩黑格爾所謂的「世界精神」，而是人類盲目無知的意志，但無論如何，個人還是可以透過沉思和冥想來脫離這種困境。比叔本華晚一輩的存在主義哲學家尼采，則在歷史中發現人類命運的「永恆輪迴」（ewige Wiederkehr），為此，人類需要擁有超人的意志和努力，不過並不是讓自己逃出這個不斷滾動的「存在之輪」（Rad des Seins），而是讓自己可以愉快地捲入。社會主義思想家馬克思和恩格斯，曾向工業時代飽受剝削的無產階級承諾一個終將到來的世界革命，並因此而為十九世紀德國歷史樂觀主義（Geschichtsoptimismus）建立最後一座堅實的堡壘。相反地，那些非常排斥和懼怕馬克思及恩格斯社會主義思想的德國資本家，在十九世紀後半葉用開闢新局的無比勇氣全力展開工業化，讓人們和大自然全都屈從於銳不可當的工業生產進程。

當時技術和工業處於落後的德意志地區試圖加快發展，以迎頭趕上較進步的西歐國家，如英國和法國。快速工業發展所帶來的不適與不快，其實不只惹惱了共產主義者，德意志人民更是深受其苦，不過，他們並沒有因為受到工業生產的剝削、因為孤立無援，而接受共產主義的思想——人類社會只要沒有階級存在，一切就會變得美好而圓滿。當時德意志民眾焦慮不安最根本的原因是他們與大自然的疏離。古日耳曼的森林精靈因為棲身的神聖森林遭到砍伐，只好在一些小樹林裡逡巡徘徊，直到今天，祂們仍會在噩夢中騷擾德國人，以作為報復。德意志民族的原罪並非始於夏娃違反上帝的命令、偷吃知識善惡樹上的果子，而是亞當為了蓋一座房屋和夏娃一起居住而舉起斧頭，把砍倒的第一棵樹的樹幹，劈成建造屋舍所需要的木材。或許十八世紀的啟蒙運動已成功地讓德國人不再恐懼知識，不再恐懼獨立自主的思考，然而，浮士德博士傾力追求知識的態度，卻加深了工業時代德國人的恐懼。雖然上帝已經不存在，人們已經不需要為自己的罪惡請求祂的赦免，不過，他們卻轉而焦慮地求問工程師們，是否帶進森林和田野的那些魔鬼機器和工具真的「安全」？或者他們應該不斷持守回歸自然的「生活改革」，讓人類的生存可以和大自然再度達成和解？

德意志民族強烈的環境意識，並不是德意志聯邦共和國環保運動的產物。事實上，早在十九世紀末，德意志帝國以及其他德語區國家，有鑑於工業文明所衍生的問題，便已形成這種共識，而且甚至比現在德國人的環保信念更為堅定。當時的鄉間曾存在一些具有神祕信仰色彩的公社，如「伊甸素食果樹種植園」（Vegetarische Obstbau-Kolonie Eden），它們的成員試圖推廣自然療法、天體文化、保存全面性營養的食物（Vollwertkost）以及在新鮮的空氣裡運動，以藉此讓自己的生活回歸大自然懷抱，掙脫技術的束縛與大城市的包圍。患有肺結核的布拉格德語文學家卡夫卡也是當時這股另類德意志時代精神的跟隨者。他三餐吃素，接受順勢療法（Homöopathie）以改善和治療身體的不適與病症，早上會赤裸地站在打開的窗戶旁做體操，對於奧地利社會哲學家史岱納強調靈知與直覺的「人智學」思想很感興趣，而且還會探訪那些採用自然療法的療養院。然而，這位存在主義文學家的靈魂過於敏感，依舊無法透過回歸自然的「生活改革」消除自己內心的焦慮。一九二一年，他在一封寫給同為猶太裔的好友麥克斯．布洛德（Max Brod, 1884-1968）的信件中談到：「對於死亡的恐懼就是最可怕的恐懼。就像人們到海邊游泳卻無法抗拒大海的誘惑，不斷朝它游去，幸福地被浪潮帶離海岸，忽然隱約聽到，『你現在是人，是了不起的游泳好手』，而突然間在海中立起身子。此時你並沒有什麼特別的想法，只看到天空和大海，還有自己那顆小小的、浮於萬頃波浪間的頭顱，心裡突然驚恐起來……」

文學風格殊異的猶太裔德語小說家卡夫卡的恐懼，並非完全來自這種渺小的存在感——害怕在宇宙中找不到自己的位置；他的恐懼也不完全來自身為猶太人通常會有的疑惑：是否社會的多數族群會排擠他或願意接受他（「你是猶太人，所以會了解，什麼是害怕？」）；他內心的驚恐也不只出自對於父親的恨惡與罪惡感。除了以上這些因素之外，這位小說奇才的恐懼還來自他本身的孤獨、優柔寡斷、惶恐不安、缺乏人生方向、疾病、損失和失敗，這些因素都加深了原先的恐懼所撕裂出的傷口。他在一封寫給未婚妻米蕾娜（Milena）——卡夫卡和米蕾娜的關係也同樣充滿不安——的書信中提到：「我的恐懼讓我失去意志力，把我任意丟甩，我已經暈頭轉向，分不清上下左右了！」他無法像一般人一樣，從職業、家庭和未婚妻那裡獲得心理的支持。對於這位深刻影響後世文學發展的小說家而言，生命唯一的出路就是把撕裂內心的恐懼發洩在小說創作中。在他的小說裡，生命的刑罰如此折磨著故事的主人翁，最後主人翁終於承認，生命的存在是他最大的罪惡：「他已經決定，自己必須消失，也許意志力還比妹妹堅決。懷著空虛而平靜的思緒，他一直維持到塔樓大鐘敲下凌晨三點的那一響，他再次意識到，曙光在窗外逐漸亮起，他的頭垂到地板上，鼻孔中送出最後一絲微弱的氣息。」這就是他中篇小說《變形記》（*Die Verwandlung*）的主人翁格雷果・薩姆沙（Gregor Samsa）的結局。這位滿懷恐懼的推銷員把自己變成了文學史上最知名的大甲蟲。

卡夫卡在另一封寫給未婚妻米蕾娜的信中還提到，自己是由焦慮構成的，而她是他最好的、也是唯一值得愛戀的女人，然而，我們還是可以從這些話語中察覺出卡夫卡的焦慮不安。他曾根據尼采和齊克果這兩位存在主義哲學家的思想表示，把人類從恐懼中解放出來並不是哲學的任務，哲學其實應該幫助人類面對極端的恐懼。

二十世紀德國存在主義哲學家海德格則指出，人們的恐懼並不是具體地害怕這個或那個，而是一種失去存在確定性的感覺：「因此，威脅不會從一個特定的方向接近你，它早已存在，你卻不知道它在哪裡。你覺得它很靠近你，它在壓迫你，讓你嚇得說不出話來，卻不知道它在哪裡。」身為哲學名著《存在與時間》的作者，海德格建議大家，絕對不要為了讓自己擺脫被一切吞噬的威脅感，而在這種情況下求助心理醫生。他反而建議那些被存在哲學觸動的人們，應該毫無保留地讓自己面對內心的恐懼，只有這樣，存在的入口才會變得更寬闊，才不會被所謂的社會保險系統——現代人為了讓自己在這個世界上活得更有安全感、更有保障，而徒勞地構想出的機制——堵塞住。

海德格在世時，經常回到自己在黑森林建造的那棟樸素小木屋裡生活。他還會穿著滑雪裝，直接從滑雪場到哲學研討會的現場做演講，用這種隨性的方式刻意冷落那些與會學者，而且還把這類行為變成生活中固定的儀式，然而，他的作風並不是單純地回歸大自然。他對於現代文明的批判並非聚焦於科學技術所造成的問題，而是人類意識的拯救：西方醫學雖然已經取得長足進步，科學也為人類帶來許多前所未有的可能性，不過，人類的存在仍舊跟以前一樣，是一種「走向死亡的存在」（Sein zum Tode），而且這種「走向死亡的存在」從根本來說，就是人類恐懼的根源。人們如果沒有勇氣面對死亡，對於死亡的恐懼就會轉化成對於將要到來事件的焦慮。

海德格在威瑪共和時期對人類恐懼所發表的分析，深獲現下德國人信服，甚至比威瑪共和時期獲得更多的回響。核災、森林死亡以及氣候變遷所帶來的災難，這一波又一波的環境事件曾讓德國人個個人心惶惶。但他們並不相信這些災禍是無法逃脫的世界末日預兆。他們堅持，只要找出這些充滿罪惡的事件禍因並大加撻伐，或許就可以阻止一場悲劇上演。

從整體內容來說，《存在與時間》這本哲學名著並不是談論人生智慧的著作，不過，海德格還是在書中以警世口吻寫道：即使人們懂得養生——不僅不抽菸，還奉行有機飲食，並從事耐力性運動——還是要對自己的必死性有所察覺。然後人們就不需要今天害怕豬瘟、明天害怕禽流感，因為心裡怕個沒完，而消耗這麼多的生命能量。

德國當代小說家允爾也曾在他的作品中處理人們在科技掛帥的時代，內心愈形強烈的恐懼。為了在戰場上尋找冒險經驗，允爾在第一次世界大戰期間入伍從軍，他在西線戰場上遭遇槍林彈雨的攻擊，經歷多次受傷而幸運地存活下來。他在戰爭中清楚地認知到，自由意志、教育、熱忱以及無畏於死亡的亢奮，其實完全無法對抗一個人從數百公尺高處墜落時所出現的重力。當他掉落在地面時，只有死路一條。

允爾的看法與和平主義者並不同調，他並不認為，未來不可以發生戰爭。而且他還藉由自己在法國和比利時北部法蘭德斯地區（Flanders）的戰壕經驗指出，比拚物質裝備的戰鬥（Materialschlacht）其實已經從戰場蔓延到平民百姓的生活。他曾用他那張僵硬而飽經風霜的臉龐，向一群二十歲左右的年輕人致意，對於當時那個青年世代而言，快速火車的推動力、工廠裡機器運轉的速度以及鋼鐵與鋼筋水泥交織的詩篇，都是他們童年生活最理所當然的體驗，因此，他們已經習慣透過機器來改善生活。

在第二次世界大戰結束前，允爾的作品風格屬於英雄寫實主義，舉例來說，他曾在作品中塑造一位無所畏懼的勞工戰士，而且這位主人翁已經無法分辨人類和物質的區別。一直到戰後，允爾才告別這種寫作風格。總歸來說，他的作品並沒有獲得西德人民普遍回響。戰後創造經濟奇蹟的西德老百姓早上起床時，總是睡眼惺忪地瞇著眼睛翻看剛送來的報紙，並在報紙版面上尋找剛發生的災難消息。

允爾在一九一五年發表的〈森林中的步行〉（Der Waldgang）這篇散文中，用冷靜的洞察力（這一點正是允爾大部分早期作品所缺乏的）把人們持續處於隨時可能爆發歇斯底里的現象，歸因於自由的喪失。工業時代的個人幾乎都想搭乘迅速前進的飛機、「鐵達尼號」或是曾被稱作「怪物」的火車等新興交通工具。只要天氣好、戶外景色宜人，人們幾乎無法安於行動自由度較小的日常狀態，而是表現出一種樂觀主義，一種製造速度的權利意識。不過，如果搭乘先進而快速的交通工具卻撞上冰山、或碰到正在噴發岩漿的火山島時，情況就不一樣了！此時，人們的傲慢會突然轉成恐慌，會突然意識到自己一向不肯面對的無助和無能。此時，人當然可以認識到人類生存的根本問題：「使用輪船並同時保有自己的決定，這是否（……）可能？如果人們的下意識反應（Automatismus）繼續存在，是否還能降低自己的恐懼？」

允爾首先建議現代人，不要完全排斥那個由健保局、保險公司、藥廠和專家所構成的安全體系，而是要跟這個體系保持一個適當的、合乎身心健康的距離。每隔幾個月便接受健康檢查、為自己加保一份壽險，並無法為自己的生命帶來活力與內在充實，而是應該讓自己想想，什麼是「節慶」（Fest）。這裡所謂的「節慶」不一定是指公司下次舉辦的耶誕慶祝活動，而是節日假期提供給人們的一些可以揮霍自我與陶醉地逸離生活常軌的機會。

二〇一〇年夏天，德國一年一度的電子音樂節「愛的大遊行」（Love-Parade）[1]在魯爾工業區的杜伊斯堡熱鬧登場，後來卻發生二十一人死亡、五百多人受傷的慘劇。這起事件距離允爾過世已十二年，如果他當時還在人世，人們可能會問他，舉辦這種集體狂歡的大型音樂舞會是否值得？允爾深受三十年戰爭的波希米亞名將阿布雷希特・馮・華倫斯坦（Albrecht von Wallenstein,1583-1634）和詩人席勒的影響，如果他還活到二〇一〇年，我倒覺得，杜伊斯堡的悲劇還是無法搖撼他的基本信念：「你們如果不投入自己的生命，就無法獲得生命的勝利。」

在歷經納粹帶來的劫難之後，原先尚武的、頌讚英雄氣概的德意志民族，在自我理解上已出現最根本的轉變：德國人終於揚棄了世世代代所認同的不怕死的想法，因此，再也沒有人可以要求任何一個德國人，必須為祖國、特定的個人或目標而冒險，甚至犧牲自己的性命。這種觀念的改變讓德國人民獲得很大的個人自由，如果現在從四面八方出現一個聲音，慫恿德國人應該奉獻自己的生命，那麼德國人肯定會再度落入恐懼的枷鎖裡。

德國人對於死亡的態度從蔑視死亡轉為拒絕死亡，如此截然而激烈的轉變也讓德意志民族陷於一個偏頗的狀態。由於納粹的罪孽，戰後德國人的想法和心態都不同於西方其他先進國家的人民，如英國人、法國人或美國人。德國人不想再為人們的災難和死亡承擔罪責，這種顧慮難道不是德國人的焦慮所在？如果觸及個人自由和人權的議題，德國人是否會有大無畏的表現？幾百年來崇尚軍國主義的德意志民族（雖然，每個歷史時期對於軍備武裝的重視仍有輕重之別）是否會成為致力於世界和平的和平主義者？德國人已從納粹在執政期間以德國之名所犯下的種種野蠻罪行之中，得到一個結論：不可以再讓自己成為加害者。不過，這種想法是否會讓德國人失去戰鬥力量，反而讓自己在未來成為受害者？這是否也讓德國人隱約感到不安？

「感到恐懼的人們同時也是可怕的。」允爾曾發表過這樣的論斷，不過，德意志聯邦共和國戰後的實際發展，似乎反駁了這位文學家的說法。由於德國人懂得用明智的方式和恐懼相處，對於核能發電的恐懼，反而讓德國有幸在風力發電領域成為世界第一；德國出於對國際局勢的不安，因而成功地發展出自己的外交和國防策略，雖然經常和北大西洋公約組織（NATO）其他會員國發生意見衝突，不過，至今德國的焦慮仍未重染侵略的色彩。

1「愛的大遊行」起源於一九八九年柏林圍牆即將倒塌前的西柏林，後來發展成全世界最知名的電子音樂節，也是德國年輕人熱中參與的夏季盛大活動之一。二〇一〇年由於杜伊斯堡活動會場的踩踏意外造成大量傷亡，主辦單位決定從此停辦。

德國人參與戰爭的原因，特別是第一次世界大戰，主要來自這個民族感受到敵人圍攻所產生的恐懼。德國在納粹倒台之前，它的國界及內部各行省的界分經常處於變動狀態，時而擴張，時而限縮，人民對於生存的焦慮不安可想而知。二戰過後，國界的正式重劃讓德國不再擁有東歐及蘇聯地區的領土，後來兩德統一，而且被整合入歐盟，德國人民對於領土的焦慮才逐漸平息下來。不過，近來歐盟因為歐債問題而在財經方面顯得四分五裂，德國人因而發現，這個結構鬆散的政治體比先前他們所以為的還要不穩定。這該如何是好？德國人似乎又開始焦慮起來！

我們應該堅持，不要煽起現在德國人最常出現的焦慮，亦即對於自己和家園的焦慮。最好讓德國人的擔憂能脫離政治領域，一些令人民感到不安的議題，不宜貿然宣稱它們的安全性（從退休金到核能發電的議題）。此外，也不要再讓民眾質疑，德國是否要繼續留在歐盟，是否在軍事戰略上應屬於西方陣營。

焦慮應該成為藝文創作的主題，焦慮應該被詠唱出來。人們可能因為對這個或那個感到害怕，而進行強烈、高分貝的抗議，希望能藉此找到可以為恐懼負責、可以消除恐懼的救星。其實，真正的恐懼是安靜的，人們心裡的不安往往是沒來由的，跟什麼都沒有關係。當不幸和哀傷出現，而人們已不想再退卻時，他們會去教堂做禮拜，並在牧師或神父張開的那對黑壓壓翅膀下，尋求宗教的慰藉。

22. 邊界

Grenzen

「什麼和我有關？我已經在瑞士生活了好幾年，感覺就像自己的家一樣。我和義大利人結婚，也喜歡住在義大利。所有這些人生際遇讓我可以完全擺脫片面的民族主義，不過，我認為自己絕對是愛國的。」戰後第一次全德作家會議於一九四七年十月在柏林舉行，當時已八十三歲高齡的德國女作家莉卡達．胡荷（Ricarda Huch, 1864-1947）在開幕式裡發表了以上致詞。兩年後，東、西德各自建國，正式分裂成兩個國家，因此，戰後首次舉辦的全德作家會議也成了最後一次！而且，在那個德國納粹才投降沒幾年的時代氛圍裡，胡荷女士其實不該在這種公開場合提起愛國情操。

蘇聯紅軍在德東占領區所推行的文化復興活動，曾大大地鼓舞了一些德國作家，讓他們願意積極投身參與，那次的全德作家會議，就是由蘇聯占領軍負責文化事務的軍官們在背後發起的。不過，在會議結束後，這位蘇聯占領軍極欲拉攏的女作家已發現苗頭不對，便匆忙回到德東的住處耶拿（Jena）收拾行李，火速逃往德西地區，即後來的德意志聯邦共和國。這場跨越東、西德邊界的旅程——或說是逃亡——因為充滿勞頓與驚慌，讓這位老太太的身心蒙受極大負荷，她一路奔逃到法蘭克福附近的宣柏格（Schönberg），在入住當地一家旅館後，隔月便撒手人寰！

胡荷女士曾分別以三十年戰爭、德意志浪漫主義和德意志帝國時期為背景，撰寫多部歷史小說，是當時很有分量的德語作家。令人遺憾的是，她的驟逝，讓戰後的德國人無法再聽到她睿智的發言與建言。

胡荷是納粹的批判者，她在納粹剛上台時便拒絕簽署對該政權輸誠的聲明，並隨後離開普魯士藝術學院（Preußische Akademie der Künste）。《無聲的起義》（*Der lautlose Aufstand*）是這位年邁女作家最後撰寫的作品，她以一系列反納粹人物為對象，讚許他們面對獨裁政權英勇不屈的風骨，但她未寫完便匆匆離世。這份著作後來由左派作家鈞特・懷森波恩（Günther Weisenborn, 1902-1969）補充完成，不過，一如當時藝文界的預期，補寫的內容充斥左派意識形態，不僅違背了胡荷在遺稿中所表現的超黨派精神，而且還立刻被冷戰期間的蘇聯政權利用為思想宣傳工具，書中原先對於納粹帝國的警告，則被轉成蘇聯對於德國再起的告誡。

長達數十年的冷戰並未真正發生戰爭，當時美、蘇兩國都難以揭露對方的罪行證據，因此更需要強化對方的敵人形象。這兩個彼此敵對的超級強權都擁有核子武器，卻又無意開戰，再加上他們才剛在二戰後期並肩作戰，分別以自由法治及受壓迫集體人民的委託為號召，一起打敗德國納粹這個共同敵人，這種情勢使得戰後的德國內部變得更加複雜。總之，冷戰的戰線不只存在於東、西方之間，這條戰線還以內戰的形式貫穿德國社會。

戰後德國人在美蘇冷戰的對峙下，承接了一項罕見的政治任務：他們必須根據過去留下的資料，刻意強化當時已減弱的納粹的敵人圖像，而且還要扮演被強權成功殖民的角色。當然，並不是每位德國人都肯乖乖配合，因此，在這兩個超級強權的眼中，戰後的德國人不是具有「正確」世界觀的模範生，就是不受教的壞學生。

納粹投降後，國際間對於德國的警告此起彼落，這種充滿告誡與指責的氛圍，讓德國人認為，這似乎是納粹德軍當時侵略全歐洲的報應，所以，德國人在戰敗後，已別無奧援，只能自助自救。戰後有許多德國作家經常加入這種自我審查和警告的行列，數十年來，他們一直都認可每一項針對自己同胞的指責。甚至在一九八九年柏林圍牆倒塌時，柏林市中心的行人徒步區裡，還有人用衣領和帽子遮掩自己的臉孔，來回奔跑地喊著：「德國不能再起！」沒錯！當蘇聯即將瓦解時，人們還要防範即將統一的新德國可能帶來的威脅與危險。

當所有德意志民族的正面特質都被當作微不足道的次等品德時，當人們對於勤勞、準時和信實可靠這些德國人的優點只是投以微笑時，透過社會學來解釋自己的祖國，應該是德國知識界一項可行甚至是必要的行動。德國戰後那些赫赫有名的社會學大師，從霍克海默到阿諾·蓋倫（Arnold Gehlen, 1904-1976），從赫穆特·謝爾斯基（Helmut Schelsky, 1912-1984）到于爾根·哈伯瑪斯（Jürgen Habermas, 1929-），他們的思想和理論，難道沒有被那些受到強權勢力操控的社會輿論管理者和觀念的建立者刻意忽略？

除了那些自稱高道德標準的西德社會監管者之外，大多數的西德人民仍以「德國」（Deutschland）這個詞彙稱呼自己的國家，包括那些曾以最嚴厲的方式清算長輩在納粹時期作為的六八世代。一般來說，不管西德的國名「德意志聯邦共和國」（Bundesrepublik Deutschland；簡稱BRD）有多麼重要，使用這個國家正式名稱的西德人一直都是少數。

事實上，德國人對於「德國」一詞所呈現的地理輪廓並不明確，不同世代對於德國國界的認知也不盡相同。年長的德國人仍懷想往日帝國的光輝，他們認為一九三七年德國尚未對外擴張前的德國疆域，才是真正的德國國界，這也是二戰剛結束的那段時期，「德國」這個字詞所代表的真正意涵。這些國族主義者當時使用的地圖，還會把後來劃給波蘭和蘇聯的領土列為德國疆域，這雖然可以激發戰敗者的幻想與生存意志，卻無助於戰後實際的領土重劃。他們並不承認東德「德意志民主共和國」（Deutsche Demokratische Republik；簡稱DDR）的存在，在書寫這個國名時總會加上引號，以表示自己的不以為然，更誇張的是，有些人甚至還不承認波蘭這個國家的存在。

年輕一輩的德國人則缺少歷史經驗，他們在翻閱德國地圖時，並沒有老一輩那樣的想法，對他們而言，那就是一本實用的街道圖集；對他們而言，「德國」就是一九四九年在西德成立、並在一九九〇年統一東德的「德意志聯邦共和國」，沒有比這個更大或更小的版圖，一切都很清晰明確。

不確定的領土範圍不只是二戰後德國人所必須面對的議題，它其實是德國的特徵之一。法國一千年來在地圖上並沒有出現大幅變動，位於伊比利半島的西班牙就更不用說了！義大利這個民族國家在未完成統一之前，雖然在政治上四分五裂，不過，大家都能在地球儀上清楚地看到這座深入地中海的半島。相反地，德國的版圖卻一直在改變，德國在二戰過後失去了三分之一的領土，並分裂成兩個國家，當幅員不大的西德成為承續德意志帝國的正統時，「德國」似乎已瀕臨史上未有的瓦解狀態。

其實，情況還不至於如此。西德的「德意志聯邦共和國」不就建立在中世紀「德意志民族神聖羅馬帝國」（Heiliges Römisches Reich Deutscher Nation）的領土之上嗎？神聖羅馬帝國內部混亂的、疊床架屋的政治結構，主要是因為它存在一條南北向軸線，這條軸線早在西元八〇〇年信仰基督教的法蘭克國王查理曼大帝（Charlemagne/Karl der Große, 742-814）從首都亞琛（Aachen）到羅馬接受教皇加冕為皇帝時，便已形成。查理曼大帝用他的施政大幅提升日耳曼地區的文化水平，在他過世後，王國便一分為三，東法蘭克王國後來便成為神聖羅馬帝國。這個國力衰弱的帝國是個鬆散的邦聯組織，後來甚至還出現皇帝和羅馬教皇因為轄境內教會聖職的任命和授予，而發生「敘任權之爭」（Investiturstreit）。然而，這起爭端卻早在查理曼大帝時代便已埋下衝突的種子，宗教和世俗的當權者之間如果發生權力衝突，只能經由制度有效解決這類權力分配的問題：當教皇和神聖羅馬帝國皇帝彼此無法取得共識時，德意志地區的教會主教和邦國的選帝侯就可以參與意見，他們雖然位階較低，卻是一股潛在的第三勢力，神聖羅馬帝國也因而成立了「帝國議會」（Reichstag）。

具有強烈國族主義色彩的普魯士歷史學家亨利希．馮．特萊曲克（Heinrich von Treitschke, 1834-1896）曾指出，神聖羅馬帝國雖存在一千年之久，卻是一個「亂七八糟的、腐化的、沒有完整領土的國家」。這個脆弱的政體最後並沒有自行崩解，而是被十八、十九世紀之交的歐洲超級巨星拿破崙所終結。拿破崙的法軍就像摧枯拉朽一般，輕而易舉地消滅了這個早已沒有運作能力的政治組織。歷史小說家胡荷也曾犀利地評析享千年之祚的神聖羅馬帝國：「這個古老的帝國連個首都也沒有，因為它的皇帝並無固定的駐地，只要沒有戰事發生，神聖羅馬帝國皇帝就會從一個地方移駕到另一個地方，以移動式辦公的方式執行皇帝的最高職權：司法判決。神聖羅馬帝國的皇帝並非我們一般所認知的君王，神聖羅馬帝國也不是實行封建制度的國家，它反而比較像一個上帝的國度（Gottesreich），一個由最高審判官所掌理的信仰國度，人民必須臣服於這位皇帝判官，就像教會的信眾必須順服上帝一樣。」

當東德用嚴密的邊防與柏林圍牆把自己和西德隔離時，從前神聖羅馬帝國的那條南北向軸線，便再度成為戰後西德處理國家事務的主要秩序原則：作為西德臨時首都的波昂，以及讓西德等六個歐洲國家於一九五六年簽署《羅馬條約》以成立「歐洲經濟共同體」（歐盟前身）的羅馬，分別成為這條南北軸線上的兩個定點。

這項地理軸線的原則是德國作為歐洲國家的基礎，在中世紀德意志民族的強盛時期，它還進一步透過在東歐的移民墾殖獲得擴張。經由往東的移民開墾，德意志帝國後來取得一條貫穿國土的東西向軸線，從荷蘭、波蘭的西利西亞一路延伸到前蘇聯境內臨靠波羅的海地區，也就是所謂的東普魯士（Ostpreußen）。然而，德國在第二次世界大戰戰敗後，由於失去了東歐的領土，這條東西向軸線也隨之消失無蹤。

一九四九年，國界劃分經由國際條約的簽署而塵埃落定後，德國正式失去了原有的三分之一國土。此外，生活在被歸入波蘭和前蘇聯領土上的一千兩百萬名德國人，也因為隨後被驅離而失去家園，集體逃往德國，特別是西德。西德政府當時接收這一大批來自東普魯士地區的難民潮時，展現了十足的道德勇氣以及物資補給的動員力。即使德國統一已超過二十年，德國人民現在談論東普魯士這個議題時，仍顯得有些遲疑。這應該是人之常情吧！當人們在面對一個不堪的事實時，總是傾向於讓自己處於一個模糊的狀態。

東、西德統一之後，人們開始把從前德意志民主共和國的轄區稱為「東德」，不過，就德國歷史而言，絕大部分的「東德」其實是德意志帝國的中部地區。

德意志帝國的東部已不存在，它已隨著二戰的戰敗從德國版圖裡消失。德意志帝國的東部位於波蘭、捷克，甚至遠及前蘇聯境內，現在則哪裡都不是。德意志帝國的東部在東普魯士、在導演佛克・

柯樸（Volker Koepp, 1944-）的紀錄片中（以一九九五年《寒冷的家鄉》〔*Kalte Heimat*〕為開頭的一系列紀錄片）以及德國人民的集體想像裡。蘇俄現在的加里寧格勒（Kaliningrad）就是東普魯士的柯尼斯堡（Königsberg），只要哲學家康德仍在德國文化史上占有一席之地，這座孕育康德的波羅的海港都就不會從德國人民的記憶中完全消失。德國的疆界並不完全依照國際條約的協定，它還取決於德意志民族的文化記憶。因此，除了一般的地圖之外，德國還另有一張與文化想像有關的地圖。德國民眾的想像仍繼續對德國的疆土概念發揮決定性作用，這種歷史文化的版圖跟國土的實質歸屬無關，而是和哪裡是自己所認同的疆域有關。一般的德國地圖只代表德國的法定國界，跨出國界侵略別人的土地或保衛國界內的國土，所涉及的，不過是那套令人乏味的遊戲規則。

從前羅馬帝國為了防止萊茵河以東、多瑙河以北的日耳曼部落入侵帝國統轄的區域，便在日耳曼地區以萊茵河和多瑙河作為天然屏障，設立所謂的邊境防線（Limes）。這條「日耳曼長城」把德國一分為二，至今仍帶有羅馬文化的意涵，因為它在古代不只是一條軍事邊防的界線，也是一條文化界線，然而，由於一切已時過境遷，兩邊的德國人早就不分彼此地統合在一起。儘管如此，德國人第一眼就可以看出位於「日耳曼長城」北邊的羅斯托克（Rostock）和南邊的雷根斯堡（Regensburg）之間的區別，而且只要再多看幾眼，甚至可以分辨其間的關鍵差異。

從日耳曼民族歷史文化的角度來看，德國的版圖其實超越了現在的德國地圖。對於德國人民而言，許多德國與鄰國的邊界就像國內各邦的分界一般，德國人民跨出國界並不像離境出國，而只是改說另一種方言。

德語原先並不存在「邊界」的概念，Grenze（邊界）這個詞彙是德語的外來字，是從斯拉夫語採借來的；Limes（邊界防線）則源自拉丁文，意指古羅馬帝國有效的統治範圍。相較於「邊界」，「自由」的概念反而對德國人的行為產生決定性影響，德國人傾向於把「自由」的概念當作人民集體前進的驅動力。德語歌曲至今仍存在反抗的主題，德國人會自己哼唱著：「思想是自由的！」而且在每個時代，戰鬥總是和對抗緊緊相隨。這個民族有些東西既非羅馬帝國的邊防線可以阻擋，也非中世紀讓一些日耳曼部落信奉基督教的傳教士聖波尼法丘所能徹底征服的。在德意志文化裡，火星並不代表憤怒，而是反抗。反抗是德意志民族的核心，它讓德國迅速崛起，成為歐洲的工業強權，也讓十九世紀鼓吹自由民主思想的詩人斐迪南．弗萊里葛拉特（Ferdinand Freiligrath, 1810-1876）在一八四八年德意志革命失敗後，寫下這句著名的詩句：「起來反抗一切！」（Trotz alledem!）

隨著古羅馬帝國崩解，日耳曼地區和歐洲進入了中世紀的黑暗時期。德意志民族在漫長的中世紀結束後，逐漸驕橫狂妄起來，這不僅留下一些負面的影響，有時還強化了德國人危險的妄想：德意志民族不只是一個民族，德國不只是一個普通的國家。德國位於中歐，跟許多國家接鄰，它有許多邊界，有許多型態的邊界。不過，現下的德國已經沒有邊界問題，因為與鄰國的邊界已有國際條約的規範，至於其他的邊界問題則有歐盟為德國掛保證。

在現在德國人的生活裡，地圖通常以什麼面貌出現？首先，我們德國人一早起床打開電視機收看新聞時，會看到播報氣象的天氣圖，而且電視畫面會先出現國內的地圖，播報員會指著地圖告訴觀眾，德國哪裡會下雨，哪裡會出太陽。約在早餐過後，電視新聞才出現關於歐洲鄰國的報導，內容與措詞或多或少帶著一種謹慎，不是基於政治理由，就是旅遊安全的考量。浪漫之都巴黎就在德國旁邊，不過，巴黎畢竟還是巴黎。如果想繼續前往倫敦，就還要再走一段行程，因為這座大英帝國的首都位於英吉利海峽另一邊。我們德國人對於英國皇室一向很感興趣，總希望能有進一步的了解。不列顛島的盎格魯薩克遜人雖然源自德北的薩克森地區，跟我們德國人是親戚，不過他們畢竟還是不列顛人。

我們德國人一到荷蘭，便很快至當地的超市買東西，到了比利時，還會買房子置產。我們今年要到瑞士度假，並住在瑞士牧人的高山小屋裡，不過，來自低海拔德國的我們也承認，這種喜歡住在高山上的感覺並不尋常。接下來我們會安排幾天到奧地利健行。即使德國人不是出身最邊緣的、北海淺灘的諾德奈島（Norderney），也應該會同意，說德語的維也納帶有一種異於德國的調性。不過，那裡是真正的國外嗎？

我們繼續拜訪鄰國。

現在我們德國人在歐洲四處遊走，拿著歐元到處消費，連兌換貨幣都不用。我們可以到維也納東南方六十公里的匈牙利邊城索普龍（Sopron）的牙醫診所掛號候診，也可以從維也納往東走六十公里，到斯洛伐克首都布拉提斯拉瓦（Bratislava）看多瑙河。

由於所有這些國家已經整合入歐盟，對於德國而言，它們並不是真正的鄰國。德國現在是歐盟經濟的重心，德國人為了做生意，會跑到波蘭北方多湖的馬祖倫地區（Masuren），甚至進入從捷克東北部經斯洛伐克和波蘭、一路綿延至烏克蘭西方的貝斯基德山脈（die Beskiden）地區。當四處逡巡的德國人準備打道回府時，我們也會加入他們的行列！

到德國周邊的國家繞一圈吧！沒有什麼比這件事更容易的了！德國人快速地習慣了邊界的全面開放，現在到底哪裡是國外？在一九九〇年代，西德人或許還認為東德的馬格德堡市和梅克倫堡地區是國外，即使當時兩德已經統一；新世代的德國人或許認為網路遊戲的虛擬世界才是國外。全都是歷史，全都是故事。不過，到底哪裡是國外？它究竟在何方？該死，我們竟然忘掉了北邊的丹麥！

沒關係！這樣我們明年才有理由駕帆船去哥本哈根！

23. 德國企業創建時期[1]

Gründerzeit

「危機」（Krise）這個詞彙似乎是德國社會使用率最高的語詞。危機幾乎席捲所有的社會階級：上層階級覺得自己受到危機威脅，害怕危機會比革命帶來更多混亂；下層階級或許對於危機造成上層階級的傷害抱著幸災樂禍的態度，不過，同時也感到不安，因為他們知道，富人如果沒有能力納稅，這個強調社會福利的國家便岌岌可危，他們將無法再受到國家的照顧。總之，危機是德國社會的共同話題。

我們或許會期待，歷史學家能用自己的歷史專業或研究對象所曾面臨的危機經驗，協助人們不受危機的傷害，然而，實際上他們在這方面並沒有特別的表現。他們往往用一種已經獲得時間彌補與平復的態度陳述過去發生的歷史事件，當他們在談論結局悲慘的歷史事件時，似乎還覺得自己是在說童話故事。

在德意志帝國十九世紀後半葉開國階段，首先我們會看到一個內部危機的爆發：由於當時德國商人毫無節制的投機買賣以及國內過熱的經濟榮景，最後導致德國股市崩盤，並引發一八七三年的金融危機。隨後德國出現長達十年的經濟蕭條，許多銀行也紛紛陷入經營困境。

人們或許會質疑與這場金融危機相關的統計資料，不過，這次的經濟蕭條並不是我們在此所要談論的重點，因為，比這場金融風暴更重要的是，在這之前長達二十幾年的經濟繁榮期，德國如雨後春筍般地出現了一些重要的技術創新與發展，以及驚人的科學發明，而且這些成果還讓德意志帝國在最短的時間內，躋身全世界先進國家之林。但是，我們對於這個突飛猛進的發展還存在一些根本的疑惑：這是如何達成的？一個農業社會如何在短短二十年內躍居世界經濟的領先地位？除了技術研發獲得資金挹注的決定性因素之外，德國當時科學家和發明家的創新精神——價值創造的整體過程中最重要的元素——究竟從何而來？

催生這一連串科學發明的根源，應該是十九世紀德國科學界由純科學研究轉向實際技術研發的突破性進展。十九世紀的自然科學與學術研究密切相關，由於過度著重理論的抽象性，因此，當時的西方科學界普遍瀰漫著一股「學究氣」。自然科學的研究對象都是自然界既有的存在，一些自然現象的新發現，或許會進一步激發科學家們主動提出學理解釋，或許他們只是被動接受這些研究成果。然而，新技術的發明就完全不同了！科學技術主要和人們為了達成某個目標所使用的方法有關，發明家透過技術的研發從事人為創造，而不是揭露大自然的奧祕。自然界作為科學研究的對象或許是崇高而莊嚴的，不過，最優秀的技術卻是人們精巧的設計成果。

人們甚至不用對腦中浮現的想法提出任何科學理論的解釋，只要動手把這些想法實踐出來，就是在發展技術。人們是否只要奉行一項訣竅或探索一條律則，或把律則當成訣竅，或把訣竅當成律則，這些都是次要的問題，技術研發的真正重點在於獲得實際操作的技術（know-how）。

德國人在產品技術方面取得大幅進步，因此，技術的開發便開始主導德國社會的發展，德國的工業化才得以火力全開。當然，這種技術的提升也和德國人傳統的勞動方式息息相關：自中世紀以來，

1 更確切地說，Gründerzeit是指起始於十九世紀中葉德意志地區的普遍工業化、經濟繁榮時期，而後中止於一八七三年剛建國的德意志帝國所面臨的股市暴跌與金融危機。

英國人和法國人主要著重產品的生產規模，特別是織品和布料的製造以及相關的貿易買賣；德國人則注重產品的品質，即手工技藝的純熟和精湛，而非以量取勝。德國人在歐洲工業化之前便以金匠、石匠、鐘錶匠、車床工、鞣革工及軍械工著稱，他們懂得用精巧的手工精品和英、法一般的手工製品競爭。因此，德國製造業素來講究技術表現的優良傳統，讓德國後來的工業發展能比其他西方國家更為精進。

在德國企業的創建時期，啟蒙運動的理性思想和專制主義已經式微，人們已不需要理性主義的陳腔濫調、偉大言辭或虛偽的敬意就能應付生活，因此，這種務實的生活態度，讓當時人們的行動比過去的時代擁有更多可能。

德國在十九世紀下半葉奠定了工業勞動和價值創造的根基，這是一段單純追求技術運用的時期，所有的科學研究都是為了新技術的發明和應用。當時德國產品的專利化、規格化、標準化以及成批量產，還進一步促成現代經濟結構的萌芽和發展。技術的想像如果要快速實現，其實還需要銀行的信用貸款，德意志帝國的金融界確實在最短時間內，為德國工業的快速起飛創造有利的先決條件。德國人當時或許認為，這些進步是上帝賜下的恩典，或者他們也明瞭，這些進步其實是拜法蘭克福金融鉅子成功創立德意志銀行（Deutsche Bank）之賜，而且這家銀行還克服了重重危機，持續金融業務的營運。值得一提的是，參與創辦德意志銀行的董事——銀行家格奧格．馮．西門子（Georg von Siemens, 1839-1901）——是德國西門子公司創辦人威爾納．馮．西門子（Werner von Siemens, 1816-1892）的堂姪兒，由此可見德國製造業與金融業的臍帶關係。

人們可以發明許多東西：有用處、有點用處的或根本不實用、多餘的東西。比方說，在散步用的扶手杖上裝配手電筒、打火機或雪茄切刀，也算是一項發明。技術的發展正是十九世紀的時代精神，當時德國人比較不是基於實際需求而熱中於發明，而是受到時代風潮的帶動，所以，人們發明的產品可能廣受歡迎，也可能乏人問津。

德國人在這段時期的發明，推動了德國最重要的工業產業的發展，諸如機械、鋼鐵、化學和電氣技術。特別是機械工程師發明的各式各樣引擎——從奧托內燃式引擎（Otto）到柴油引擎（Diesel）——更是劃時代的產品，是即將興起的德國汽車工業的核心技術。一些德國先驅型大企業的建立，通常都經過兩個世代的努力：克魯伯、曼尼斯曼、帝森、德國通用電氣（AEG）、西門子、博世（Bosch）和巴斯夫（BASF）。

每個時代都有自己偏好的材質，德國大企業在創建時期比較著重鋼鐵類產品的製造。克魯伯兵工廠是鑄鋼大廠；帝森負責為德國火車打造車輪、輪軸和彈簧；曼尼斯曼所生產的無縫鋼管，讓德國的機械產業出現空前未有的發展，它的鋼鐵製品還讓奧古斯特・波爾西（August Borsig, 1804-1854）創辦的波爾西機械製造公司（Die Borsigsche Maschinenbau-Anstalt）得以迅速增加火車頭年產量，及時供應當時德國鐵路網快速擴增的爆炸性需求，這些德國自製的火車頭，也讓整個社會因為交通便利發達而進入一種移動狀態。

於此同時，西門子公司也開始在德國鋪設遠距離電報網，當時它的工程師們整天都在路途中奔忙。除此之外，德國社會還出現像弗利茲・漢克爾（Fritz Henkel, 1848-1930）這種新類型的創業家。

漢克爾是一名教師之子，十七歲便離家到易北菲德（Elberfeld），在蓋色特兄弟（Gebrüder Gessert）經營的顏料和油漆工廠當學徒，後來一路爬升到代理人（Prokurist）的職位。一八七六年，漢克爾離開這家已工作二十幾年的工廠，決定運用他在職時所學到的化學知識，到亞琛開設一家專門生產洗衣劑的公司，並在亞琛市政府的商業登記簿上以「漢克爾暨齊爾公司」（Henkel & Cie）的名稱正式註冊。當時漢克爾製造洗滌用品的關鍵配方，是把蘇打和俗稱「水玻璃」（Wasserglass）的矽酸鈉進行化學合成，於是研發出世界上最早適用於各種水溫的洗衣粉。不過，這位企業家最大的成就是後來在一九〇七年推出Persil這個洗衣劑品牌，即使已歷時一百多年，這個長青品牌的產品至今依舊是德國最暢銷、最受歡迎的洗衣劑。

在這段德國企業的創建時期，威爾納．馮．西門子是最多面化的發明家和企業家之一，他早年接受軍事教育，曾是普魯士的砲兵軍官。一八四七年，他和機械工程師約翰．哈斯克（Johann Georg Halske, 1814-1890）成立一家專門鋪設電報線的公司，在柏林和法蘭克福之間成功地鋪設了歐洲第一條遠距離電報線。基於威爾納．馮．西門子對於德意志帝國基礎建設的貢獻，一八八八年德皇還冊封他為貴族，原來的姓氏前面因而多了一個「馮」字（von）。由於他的弟弟威廉．馮．西門子（Wilhelm von Siemens, 1855-1919）當時住在倫敦，他便在倫敦設立西門子代表處，後來還順利爭取到英國政府的委託，鋪設穿越英吉利海峽的海底電纜，這也是全世界第一條海底電纜。不過，更轟動的工程則是從大英帝國首都倫敦、一路往東延伸至南亞殖民地印度的這條「印歐電報線路」的裝設。

當時這些浩大的海外工程，都是西門子公司後來發展成大型跨國企業集團的基礎。此外，威爾納·馮·西門子還跨足其他領域的發明和技術的革新，例如，他還研發出自激式直流發電機（Dynamo）以及第一部由電網提供電力的電動火車頭，他在柏林所架設的全世界第一段電力火車軌道，就是鐵路電氣化的開端。

這些德國的發明為當時最重要的工業領域帶來革命性進展：戴姆勒汽車公司首席工程師麥巴賀發明了一種更利於散熱的蜂巢式冷卻器，為後來汽車的現代引擎研發奠下基礎。此外，他還有一些與汽車相關的重要發明，因此被後世譽為「汽車設計之父」。鐵路技術專家格奧格·克諾爾（Georg Knorr, 1859-1911）發明的火車自動空氣煞車器，即「克諾爾煞車器」（Knorr-Bremse），大幅改善了火車複雜的煞車問題。機械製造商亨利希·蘭茲（Heinrich Lanz, 1838-1905）所設計、製造的農業機械，徹底改變了德國的農業生產型態，他所推出的拖拉機（Bulldog）後來還被改良成牽引機（Traktor），而且幾乎令人無法置信的是，蘭茲甚至還嘗試在他的工廠製造飛船（Luftschiff）。蘭茲的機械公司當時還領先歐美各大企業，率先設立專門儲存產品零件的倉庫與專門修理機器的工廠，為顧客提供售後維修服務，這種理念對企業的經營具有里程碑的意義。猶太裔企業家艾米爾·拉特瑙（Emil Rathenau, 1838-1915）於一八八七年創辦德國通用電氣公司（AEG），這家公司後來在他的兒子華爾特·拉特瑙（Walther Rathenau, 1867-1922）[2]手中鴻圖大展，成為當時世界上最大的電機

---

[2] 華爾特·拉特瑙不僅是傑出的企業家，還是一位活躍的政治人物。他在威瑪共和時期擔任德國外交部長，卻不幸在任內遭暗殺身亡。

公司。德國通用電氣公司的工程師團隊，為了參加一八九一年在法蘭克福舉行的「國際電氣技術博覽會」，曾特地架設了一條長達一百七十五公里的電線，以展示三相電流（Drehstrom）的長距離傳送。自從該次博覽會結束後，德國各地便開始鋪設電線網供應交流電，各種電器產品也開始在公家機關、公司行號和家庭裡普及起來。

由於技術創新持續複雜化，新的發明也從意外的科學發現，逐漸轉為講究方法的科學研究成果。於是發明家便成為研究者，他們的作坊也成了實驗室，一些偉大的物理和化學重大發現陸續出現，醫學技術也跟上這股科學研究潮流而出現長足進步。

十九、二十世紀之交的德國人認為，自己在每一場經濟戰爭中已經穩操勝算。德國製造的產品非常具有市場競爭力，已是世界級商品，德國人潛在的腦力似乎取之不盡、用之不竭。就產業發展而言，當時的法國和英國已淪為德國手下敗將，舉目四望，只有新大陸的美國還算是不可輕忽的競爭對手。

這段德國企業的草創時期充滿許多輝煌成就，它的榮景後來因為第一次世界大戰的爆發而畫上句點。許多歐洲國家紛紛捲入這場大規模的毀滅性國際戰爭，它就像一個悲劇故事，交戰的雙方最後都成了輸家，沒有哪一方是真正的勝利者。

然而，危機曾經存在何處？它現在又潛伏在哪裡？

成功需要信心，特別是創造的意志，這是十九世紀後葉德國企業創建時期所帶給我們的啟示。除此之外，人們還需要努力實踐一些大膽的想法。危機往往不只是金融或經濟的危機，價值的危機才是最可怕的！畢竟人們的行為取決於本身的價值觀。人們可以致力於工業革新，或為了締造某項金氏世界紀錄而加強某方面的訓練，這些行動完全取決於個人。

24.
基本法

Grundgesetz

生活在困苦的時代，挨餓是主要的問題，左派劇作家布萊希特對此曾有很露骨的說法——生活的一切只為填飽肚腹，只為免於飢餓。二戰結束後，德國女詩人瑪莉．卡許妮茲（Marie Luise Kaschnitz, 1901-1974）在面對被戰火摧毀的家園時，則寫道：「當棲身的房子已塌毀時，我們只能守住那些僅存的東西，例如，孩提時期在山間小路遊盪時，那棵長在路旁的綠樹，或走在深夜的街道上仰望星空，瞧見自己認得的星座依舊出現在頭頂上方相同的位置。在家屋的瓦礫堆中搜尋，既令人厭煩也沒有意義。然而，失去的房宅難道只是由泥漿、黏土或石頭構築而成？它不也代表居住者的自信與夢想？」

德國在一九四五年簽署的投降協議，等於宣告了國家的政治破產。當時的德國諷刺劇演員，曾把美國、英國和法國這三個西方強權在西德的軍事占領區戲稱為「三個區域」（Trizonesien），至於其餘的部分則已被蘇聯紅軍占據。德國投降後，西德一些有影響力的政治人物很擔憂德意志民族的未來，他們認為不能一直陷於美蘇兩強對立的僵局當中，因此，在經過深思熟慮之後，決定和以美國為首的西方國家結盟，並藉此重獲國際社會信賴。此時，西德的敵人是西方盟國的舊盟友——史達林，當然，還有從前的納粹。在美蘇冷戰時期，西德由於受到美國強力支持而迅速從二戰的挫敗中東山再起。

一九四五年納粹投降後，年事已高的普魯士歷史學家弗利德里希．麥涅克（Friedrich Meinecke, 1862-1954）曾針對德國遭逢的空前災難發表看法；隔年，著名的左派政治家恩斯特．尼基許（Ernst Niekisch, 1889-1967）[1]已經看出對立的西德與東德就是德國未來的命運座標；一九四七年，德國記者暨作家艾力克・雷格（Erik Reger, 1893-1954）在柏林和一些志同道合的人士共同創辦《每日鏡報》（*Der Tagesspiegel*）並喊出「關於未來的德國」（Vom künftigen Deutschland）這個口號。他當時表示：「我們從前急於讚揚的二十世紀已經過了將近一半的時間。從一九一四年至今（指一九四七年）所發生的一切，將會影響接下來的後半世紀。對於全世界來說，關鍵問題在於，德意志民族是否能在二十世紀後半葉做出了不起的貢獻，以彌補前半世紀種種不光彩的表現。」

誠如雷格所言，國際社會因為德國人在戰後積極展現對歷史負責的熱情，而願意給這個民族一次重新開始的機會。任何人都可以在德國人的傷口上撒鹽巴，不過，西方陣營為了對抗強大的蘇聯，在考量冷戰的國際局勢後，必須儘快與德國化敵為友。因此，德國人此時早已不是敵人，而是盟友。

一九四八年，十一位西德的地方領導人曾公開表示，他們不希望看到德國的分裂，不希望在美、英、法三國的占領區成立新的國家，而僅僅要求這些西方盟國，先成立一個擁有統一行政權的政府。當時這些西德的政治人物相當憂心，西德與東德之間不斷深化的分裂，會被合理化為不可改變的政治現實。美國占領區的主席魯修斯・克雷將軍（Lucius D. Clay, 1898-1978）則對此有所評論：「這是一個特殊的狀態……，我代表所有戰勝國授予德國人全部的政治權利，然而德國人卻聲明，他們並不要求全部的政治權利。」這位美國四星上將在美國占領軍政府所在的法蘭克福I. G.顏料企業大

---

1 左翼分子尼基許曾被納粹依叛國罪處以無期徒刑，一九四五年被釋放時，已雙眼目盲。他隨後投身東德陣營數年，因為對該政權大失所望，最後投奔西德並終老於西柏林。

樓（I.G.-Farben-Haus），召見巴伐利亞、不來梅、黑森、巴登—符騰堡（Baden-Württemberg）等邦首長，並當面加以訓斥，而後還不滿地對外表示：「德國人決心貶低他們真正的支持者與朋友——美國人……，如果我們只在西歐而不在這裡，德國人早就變成蘇聯人了！」

如此躊躇不決並遭受外國勢力責難的德國人，開始為重建新德國跨出第一步。問題跟著來了：戰敗的德國人憑著當時的實力，能重建什麼樣的德國？或者，更關鍵的問題是：德國人在當時的國際局勢下，被准許重建什麼樣的德國？一九四九年，德國建國在即，沒有什麼比憲法的制定更急切了！基於保密考量，當時的憲法制定者全聚集在波昂這個偏僻的小鎮上開會。經過一番討論之後，他們不只確定眼前發生的一切已無法挽回，而且接下來德國將會如何發展也已昭然若揭！他們很清楚，二戰後制定西德基本法的波昂，絕不是一戰後制定威瑪憲法的威瑪，有鑑於威瑪共和政體的失敗，它也不該變成威瑪。

首先，西德的「三個區域」及東德蘇聯占領區的德意志民族主義者，都因為德國的分裂而自認遭受嚴重挫敗。在蘇聯占領的東德，俄共頭子史達林透過蘇聯占領軍政府頒布一套法令，並成立「烏布利希小組」（Ulbricht-Seilschaft）。「必須使民眾產生民主的印象，但一切必須全掌握在我們手中。」這就是首位東德領導人烏布利希[2]當時的政治運作原則。至於西方陣營的西德所產生的政治領導階層，則持續致力於民主制度與市場經濟的建立與擴展。

當時東、西德的差異也反映出美國與蘇聯這兩個超級強權的不同。經由這樣的對照，德國人再度意識到德國與西方的長期歷史淵源，當普魯士因為納粹垮台而沒落之後，德國也開始回歸西方的懷抱。德國從前曾透過普魯士而在地理與精神上獲得向東擴展的機會，由於普魯士精神已被人們簡化為軍國主義，因此，普魯士必須為整個德國戰敗的悲劇負責。與普魯士切割，並把一切的過錯推給普魯士，是一種非常簡便而聰明的作法，如此一來，德國就可以不用承接所有納粹的舊帳。

一九四九年，一些西德的重要人士在制定基本法時，雖然立法的自由受到限制，不過，仍有一定的自主空間；西德基本法的起草者當時也這麼認為。這些法律專家在訂定基本法的條文時，把分裂的德國當成暫時的狀態，並未視為最終定局，因此，他們不稱這份過渡時期的法律文件為「憲法」，而是「基本法」，而且還深思熟慮地在序言中附上聲明，為日後德國的統一與政治常態的回復預作準備。因此，這部基本法的序言已預先設想往後冷戰結束時，德國將面臨新局勢的衝擊。其相關內容如下：

「德國人民意識到在上帝及人類面前的責任，意志堅定地捍衛民族與國家不被分裂，在團結的歐洲國家裡，作為平等的一員並致力於世界和平。巴登、巴伐利亞、不來梅、漢堡、黑森、下薩克森（Niedersachsen）、北萊茵－威斯特法倫（Nordrhein-Westfalen）、萊茵－普法茲（Rheinland-Pfalz）、許列斯威悉－霍爾斯坦（Schleswig-Holstein）、巴登－符騰堡以及符騰堡－霍亨索倫（Württemberg-Hohenzollern）等邦的德意志人民為了國家生存，並為了在過渡時期形成新秩序，根據憲法賦予的權限，通過德意志聯邦共和國的基本法。此基本法亦適用於那些拒絕參與的德意志人民。所有德意志人

2 東德頭子烏布利希還是興建柏林圍牆的執行者。一九四五年納粹倒台後，他才結束在莫斯科的流亡，返回柏林。

民將繼續被賦予任務，以獨立不受干涉的自決權完成德國的統一與自由。」

一如人們在一九四九年制定的西德基本法的序言所讀到的，這部德國國家的根本大法攸關德意志民族的統一與國家的自由，它反對分裂並賦予人民自決的權利。此外，這份序言還為德國人民從一九四五年的無條件投降中爭取到一些權利與自主的空間，並展現戰後德意志民族堅定的自信心。四十年後，蘇聯老大哥崩解，德意志民族獨立自主的自決時刻終於到來，德國的統一不僅時機成熟，它所象徵的歷史意義更為重要。由於西德在一九四九年制定基本法時，已預設日後兩德的統一，因此，對於一九九〇年德國的統一來說，這部基本法開頭的序言與條文內容並未過時，仍能切合當時的政治現實，並不需要做大幅的增刪和修改。基本法的本文規範德國公民的自由與權利，序言部分則在於維護德國國家至上的利益。一九九〇年德國正式統一時，經過修訂的基本法序言如下：

「德國人民意識到在上帝及人類面前的責任，在團結的歐洲國家裡，作為平等的一員並致力於世界和平。德意志人民根據憲法賦予的權限，通過這部德意志聯邦共和國基本法。巴登－符騰堡、巴伐利亞、柏林、布蘭登堡（Brandenburg）、不來梅、漢堡、黑森、梅克倫堡－前波緬（Mecklenburg-Vorpommern）、下薩克森、北萊茵－威斯特法倫、萊茵－普法茲、薩爾蘭、薩克森、薩克森－安哈特（Sachsen-Anhalt）、許列斯威悉－霍爾斯坦及圖林根等邦的德意志人民，已經透過獨立自主的自決權完成德國的統一與自由。這部基本法對於所有德意志人民一體適用。」

一九九〇年完成統一的德國一致通過這份基本法的序言，這不啻意味著戰後的兩個德國——前西德與前東德——已不再隸屬於美國和蘇聯，它們已經由順利的政治整合而確實歸屬於德國人民。即使某些西德與東德的思想家曾唱衰這個新德國的未來，但它的文化面貌並未因此而頹敗崩壞，反而靠著人民無比的意志力完成內在的蛻變。從前，有一位西德總統被問到關於熱愛祖國的問題時，這位政治家還必須顧左右而言他，俏皮地回答：「喔，我愛我的太太！」現在，那樣的時代畢竟已經過去了！國際的政治氛圍已再度允許德國人可以表現自己的民族特色。

德意志民族或許不優雅，不過卻堅定地支持自己的民族精神。

根據西德的基本法，國家主權屬於全體人民，關於這一點，西德和其他國家並沒有什麼差別。至於西德最特殊的地方，就是國內那些具有批判性格的知識分子所扮演的角色。他們在過去幾十年間不斷對西德社會進行批判，他們在乎的不是「誰比較敢說？」而是「誰提出較多的警告？」他們深信，自己已經在德國人的本質裡發現那些導致災難的因子，並因此而認為所有德意志民族的特質都是荒謬可笑的。後來，匈牙利馬克思主義哲學家和文藝批評家喬治・盧卡奇（Georg Lukacs, 1885-1971）也加入這批德國左派文人的行列，一起走在這條思想的歧路上。名氣響亮的盧卡奇還斷然地把德國豐富的哲學思想歸入非理性主義（Irrationalismus），他在一九五四年出版的《理智的毀滅》（*Die Zerstörung der Vernunft*）其中一段內容便可證明他的愚昧：「一方面，英國與法國人民在政治改革層面已領先德國一大截，這兩個國家的人民在十七世紀和十八世紀末所發動的民主革命已獲得一定成果；另一方面，位於德國東邊的俄羅斯民族由於較晚發展資本主義，因此，人民的民主革命能夠順利轉化為無產階級的民主革命，成功地避免德國人民至今仍在承受的痛苦與衝突。」

當時德國左派知識分子的思維終究禁不起時代的考驗：當一九八九年街道上的東德人和電視機前

的西德人一致支持東、西德統一時，全世界只有這群自命為言論捍衛者的人對這種現象感到驚訝不已。這些文人空有犀利的文筆，卻已無法對此出言反駁。一九六八年法蘭克福的學生運動曾喊出「人行道下方是海濱的沙灘」（Unter dem Pflaster liegt der Strand）這句廣受歡迎的口號，二十幾年後，事實的發展卻凸顯這句口號的謬誤。誰說，人行道的下方並不是海濱的沙灘？

相較於德國民眾的「不理性」，這些「特別理性」的左派人士仍不甘示弱，後來便展開反擊。在柏林圍牆拆除後，他們聚集在一家位於柏林新市中心的劇院食堂裡，公開指責德國人民背叛了共產主義的理想，只因為德國人民已無法再撐過長達二至三個世紀的過渡時期，已無法放棄以資本主義作為社會的主流價值。在這個左派文人圈當中，以東德社會主義文學家史提凡．海姆（Stefan Heym, 1913-2001）和海納．穆勒（Heiner Müller, 1929-1995）的發言最為熱烈。

這群左派知識分子曾短暫地針對一些關於德國統一的議題發表意見：他們認為，應該重新制定德國的憲法，或至少應該改換德國的國歌，畢竟西德在一九四九年時所作的相關決定，東德人民並沒有參與。根據他們當中某些人的想法，德國的國歌應該改成一首由布萊希特作詞的兒童頌歌（Kinderhymne）：「既優雅又辛勤，／既熱情又理智，／美好的德國繁榮昌盛，／如同另一個美好的國家。」

然而，德國左派文人這些主張只是讓自己再次出洋相罷了。他們在二戰後，選擇站在與西德的德意志聯邦共和國對立的立場，全力為東德的德意志民主共和國做政治宣傳，並取得這個社會主義政權的認同。因此，當西德強勢地統一東德時，他們對於以西德為正統的新德國憲法和國歌已沒有表達意見的空間！他們一向把西德的德意志聯邦共和國當作復辟的封建政權，而東德的德意志民主共和國雖然政治方向正確，卻還是個需要照顧與呵護的孩子，在初期的發展階段難免會暴露許多缺點和弊端，就像孩童會生病一樣。持有這種觀點的代表人物，就是戰後入籍瑞典的猶太裔德國文學家魏斯，他曾直言不諱地指責西德的陳腐與墮落。相較之下，一九九九年諾貝爾文學獎得主葛拉斯的態度就顯得比較模稜兩可，他曾以批判性眼光觀察東德的政治與社會發展，也曾經坦言，東、西德的統一將會引起一些問題，無法一帆風順。曾在青年時期被蘇聯占領軍的軍事法庭以間諜罪判處八年有期徒刑、而後逃往西德的作家華爾特·肯波斯基（Walter Kempowski, 1929-2007）則從頭到尾一貫地維持批評東德的態度。

這些左派自由主義分子並不想走回頭路，他們既不認同德意志帝國，也對西德的德意志聯邦共和國不以為然。那麼，他們是否真的為了制伏資本主義陣營的敵人而前往莫斯科？不，他們不費力氣地將自己定位為世界主義者（Kosmopoliten），並與所有發生的事情保持一定的距離，所以在面對實際的政治角力與衝突時，他們總是以和平主義者的姿態一味地反美國、反宗教、反以色列、反資本主義、反西方，實際上，這群知識分子根本是在反對西德與西方世界的連結。

戰後的西德若要與西方連結，就必須在歐洲打破與法國以及英國的政治隔閡，因為，光有美國這位盟友，西德仍無法在國際間生存，這是可想而知的事。與西方連結也同時表示，位處中歐的西德必須在冷戰時期的兩大對立陣營中選邊站，必須放棄向來所扮演的、協調工業先進的西方和斯拉夫東方的中介角色。西德與西方的聯合，就如同回歸神聖羅馬帝國時期的地緣政治形態：神聖羅馬帝國在中世紀是歐洲政治運作的主要政體，因此，人們可以從中了解它當時對於歐洲的真實意義。神聖羅馬帝國以一種歐洲的價值模式存在上千年之久（西元八〇〇年至一八〇六年），它與西歐國家彼此依存互動的方式，其實就是戰後西德如何建立常態對外關係的示範，而不是十九世紀以來由普魯士所主導的、與西歐保持距離的外交政策。

末代德皇威廉二世的威廉主義並沒有把德國推向光輝的歷史巔峰，而是讓德國走上一條大錯特錯的國家發展路線。在德國統一後的一九九〇年代初期，許多國際人士都認為，有必要對德國再三告誡，以免這個國家又回到納粹第三帝國的粗暴狀態；當時，只有一位法語作者獨排眾議，把統一的新德國視為神聖羅馬帝國的再起，他就是阿蘭・曼克（Alain Minc, 1949-）。這位法國猶太裔企業家暨作家在一九九三年出版的《新的中世紀》（*Le Nouveau Moyen-Âge*）這本著作中表示：「法國人對於德國的再起感到憂心忡忡，那是因為他們不了解這個國家的性質。他們把德國和俾斯麥的治國模式畫上等號，這種觀點是不恰當的，其實，這個國家還有另一種完全不同的政治模式，也就是類似中世紀神聖羅馬帝國的運作模式。東、西德在一九九〇年統一後，德國原則上已經排除『往斯拉夫東方發展』的傳統普魯士策略，而是重新固守自中世紀以來神聖羅馬帝國的版圖——中歐。這個地理區塊不僅涵蓋從前德意志帝國的國土，甚至還擴及哈布斯堡王朝的奧匈帝國疆域」。

一個國家的憲法同時也是它社會狀態的彰顯。與西方結盟仍是統一後的新德國最重要的國家特點，德國也透過基本法所制定的內容，確保這條政治路線的延續，而且基本法也因此而獲得更深層的意義。至於傾向往斯拉夫東方發展的普魯士，現在頂多只被視為一個位於古羅馬帝國邊境防線之外的日耳曼政治體。

德國可能出現的危險，並非如國際人士一再提起的第三帝國的重現，而是與西方連結的斷裂與放棄。現在的德國為了表明自己是西方的一分子，早已放棄德意志帝國——這個遲至十九世紀後期才形成的民族國家（相對於法國而言，成立時間較晚）——所遵循的向東擴展的政治方針。德國社會哲學家赫穆特．普雷斯納（Helmuth Plessner, 1892-1985）也曾指出，普魯士當時所主導的對外策略對於德國的發展而言，是一種特殊路線，而非常規路線。

儘管如此，德國某些左傾知識分子仍與東邊共產主義陣營的魔鬼簽訂了契約，他們戰鬥的動機並非想從這些鐵幕國家取得權力，而只是出於自身對烏托邦的激情，而且這種激情甚至僅止於同志們一起在室內吞雲吐霧、高談闊論時所產生的激情。他們向來不以革命者自居，卻總是推崇那些違反法律的人。這些德國唯心主義的精神後裔，後來還相當罕見地受到武裝暴力分子吸引，並與他們沆瀣一氣。一九七二年西德諾貝爾文學獎得主伯爾就曾在《明鏡週刊》發表文章，公開力挺當時已遭逮捕的西德「紅軍派」女性恐怖分子麥茵霍芙。麥茵霍芙曾是一家左翼雜誌社的女記者，在投身恐怖攻擊之後，便公然與國家為敵。她和自己所屬的德意志聯邦共和國作對，只是為了宣告這個國家的存在不具有正當性？這位激進的女性左派分子為了凸顯西德基本法第一條的無效性，揭露該條文內容只是狡獪的國家權力講究修辭的廢話，當時甚至還寫下「人類的尊嚴是可以侵犯的」這個充滿挑釁意味的句子。

當一九八九年柏林圍牆拆除時，德國並沒有發生革命，而是回復從前的狀態。回歸過往或許讓德國人民不勝感嘆，卻是一項必要的行動。回復過去的政治狀態就是回復德國和歐洲的常態。大家都看到，德國又再度在中歐站立起來，它所在的地理位置正好位於歐洲中心。經過將近半世紀的分裂，德國統一的事實已擺在眼前，東德和西德就這樣走入了歷史。

由於人們現今仍不斷探索納粹第三帝國出現的歷史根源，這種關注也連帶扭曲了人們對於德國其他歷史時期的看法，而讓德意志民族的歷史真相遭到曲解。為何人們還遲遲無法認知，第三帝國並非德國歷史發展必然的結果，而是一個集體道德崩解的現象？第三帝國的興起首先來自一戰後德國人民對威瑪共和政體普遍的不信任。它在形式上施行民主政治以及威瑪憲法所訂定的制度，但納粹黨的希特勒卻透過這套民主的遊戲規則贏得國會選舉，進而取得執政權力。

依照現代激進主義的黃金法則，威瑪共和時期的野心家確實有機會透過選舉勝選變更既有的政治體系，挾著銳不可當的民意，促使當時的德國國會通過授權法（Ermächtigungsgesetz），讓原本只具有行政權的德國政府，可以經由此法授權從國會手中取得立法權。當時德國社會竟被一位野蠻人牽著鼻子走，只因為他有本事讓大家對他心悅誠服，而且這種愚蠢的悲劇只要人們未加防範，就還可能重新上演。

一戰過後，德皇的退位、專制政權的消失，就是社會學大師韋伯所謂「世界的除魅化」。然而，當時的德國人民並未因這種演進與發展、因為自己可以當家作主而歡欣雀躍，反而因為頓失強人的領導而感到徬徨與迷惘，反而企盼新的政治強人出現，以代替退位的德國皇帝。當納粹上台後，獨裁政權開始掌控這個國家，讓它看起來就如同納粹黨代表大會那般嚴謹有序，而且會場上主要的演說者

——希特勒——看起來儼然如同救世主一般。然而，對於德國這個世俗社會而言，最重大的歷史事件之一，莫過於人們期待耶穌基督現身的熱情已快速消退。希特勒自殺、納粹投降，當德國社會必須為自己造成的災難付出代價時，才終於明白自己的限制，懂得收斂自己。當一切已經失序脫軌時，或許只有親睹生活的世界變成一片焦土，德國人才能再度找到方向感。

英國小說家克里斯多夫．伊舍伍德（Christopher Isherwood, 1904-1986）曾於威瑪共和時期住在柏林諾倫朵夫廣場附近，並在那裡寫下他的著名小說《柏林最後列車》（*Mr. Norris Changes Trains*）和《再見，柏林》（*Goodbye to Berlin*）——後來作者把這些作品集結成《柏林故事集》（*The Berlin Stories*）一書出版——這些故事後來還在一九七〇年代被改編成好萊塢歌舞電影《酒店》（*Cabaret*），描述一位美國女子於一九三一年在柏林夜總會登台賣藝的經歷，並側寫當時德國如何逐漸被納粹黨掌控的經過。至今德國人仍喜歡從伊舍伍德這些小說的視角，觀察威瑪共和時期的德國，而且還確認一項事實：當時的政府並沒有在德國社會建立起應有的政治威望。那些號召成立威瑪共和政府的政客們，對於當時柏林的政治交易與角力並沒有把握，他們為了讓新的共和政體擁有法律基礎，便決定避開柏林轉往威瑪，召開一戰後的德國國民會議，並通過這個共和政體的憲法。這群政客雖抬出威瑪的歌德和席勒，但骨子裡只是想為自己在新的政權裡爭取權力和利益，並非真的想服務全體德國人民，這樣的歷史事實至今仍值得人們深思。威瑪憲法竟由如此窘迫難堪的政權頒布並生效，而且這個政權對於自身的合法性也沒有十足信心。

如果人們讀到威瑪憲法第一條第一項，「德國是一個共和國」，可能不清楚這個句子有何不妥。

接下來的第二項聽起來就比較令人難為情：「國家權力來自於人民。」這條憲法條文的內容其實也在告訴我們：政治可以透過許多不同的方式運作，人民也可以出現各種各樣的組織。

如果在一九一八年，德國只廢除皇帝，而沒有廢除君主政體，接下來會出現什麼樣的發展？提出這種假設性問題其實是多餘的，畢竟人們無法用虛擬式句型來描述歷史事實，而歷史本身如果以虛擬式句型被論述，也往往不具實際的說服力。

霍亨索倫王朝的德意志帝國雖然在一戰後覆滅，但它卻在幾十年的執政期間，成功地發展出一種介於君主與共和之間的折衷模式。德國的君主立憲制就如同那個時期歐洲國家的君主立憲制，隨著歷史觀點的不同，有人會認為它比較傾向君主政體，也有人認為它比較偏重共和精神。德國皇帝當然可以根據憲法的解釋宣告自己是帝國元首，然而他卻無法忽視國內的共和勢力。德意志帝國的政權當時能有效而普遍地運作，是因為它能讓國內擁護皇帝和支持國會這兩大勢力，繼續對帝國抱持期待與幻想。因此，霍亨索倫王朝在統一建國時，決定實行君主立憲制，同時也草擬並頒布帝國憲法，以收編境內的共和派。

德意志帝國的建立一半來自上帝的恩賜，一半靠著德意志民族自己的努力。帝國時期的德國小市民一方面喜歡炫耀這個已完成民族統一大業的國家，另一方面卻也不忘積極介入一些帝國的政治事務。這個時期最成功的小說作品首推古斯塔夫．弗雷塔（Gustav Freytag, 1816-1895）的《借方與貸方》（*Soll und Haben*）。這是一部為當時德國市民階層辯護的作品，內容描述他們如何以品德和情操對抗好吃懶做的德國貴族，並成功地頡頏猶太人唯利是圖的生意人心態。

帝國時期的德意志社會是一個徵求人民意見的社會。一八七一年通過的帝國憲法對於國家體制的訂定，甚至已具有聯邦制的雛形。由於社會的平衡狀態已在憲法中預先受到規範，因此，人們已不必考量社會的所有派別和勢力彼此是否能達成平衡。我們可以把當時的社會比喻成一個交響樂團，樂團團員是人民，德皇則是團員們認可的指揮。樂團團員只能針對指揮準備要演出哪首曲子發表意見，其餘部分必須聽從指揮的指示！

德意志帝國的合法性只來自它行動的歷史意義與歷史緣由。只有這樣才能解釋，為何一八七〇年過後，德國許多歷史學家開始研究自己民族過去的歷史，畢竟歷史淵源的呈現最容易賦予當前德意志帝國存在的正當性。人們在此時期會哼唱這樣的歌謠：「法國人覬覦萊茵河，／俾斯麥說：萬萬不可。／打一仗吧！／法國人面無血色地倒在撒旦那兒，／德國人建立了德意志帝國。／安靜下來吧！」

德意志帝國還以相當後現代（postmodern）的表現方式，為德意志民族創造民族認同的基礎。德國自一八八〇年代開始大肆興建具有民族象徵意義的紀念碑，從北部戴特摩德（Detmold）附近的赫曼英雄紀念塑像，到德國中部萊茵河岸綠德斯罕（Rüdesheim）的日耳曼尼亞女神雕塑之間，就是一片廣大的「紀念碑地帶」（Denkmalsgürtel）。

歷史舞台是知識分子的表現場域，知識分子往往與擁有權力的執政者相互拉扯，造成彼此的分裂，雖然這種分裂經常被他們之間所達成的共識所掩蓋。德意志帝國與當時知識階層的衝突來自它本身的思想觀念，這種衝突還由於普魯士高居帝國的領導地位，以及帝國後來施行的威廉主義而更加尖銳化。不過，一些未公開披露的想法其實更具象徵性：一八四九年，德意志各地代表為建立一個自由、民主和統一的民族國家，在法蘭克福聖保羅教堂（Paulskirche）召開國民會議（Nationalversammlung），並熱烈討論所謂的「保羅教堂憲法」（Paulskirchenverfassung），為即將統一的德國做準備。然而，這部富含理念的憲法，後來卻因為普魯士與奧地利極力反對而胎死腹中。自由主義知識分子在保羅教堂所宣揚的政治理念，仍不斷和普魯士這個「秩序國家」（Ordnungsstaat）[3]——又稱為「專制極權國家」（Obrigkeitsstaat）——的運作模式發生衝突，其實後者在強調國家秩序時，不妨參考哲學家康德的理論學說，如此一來，就不會讓自己顯得如此病態、如此庸俗了！德意志帝國不只適用「小德意志解決方案」（kleindeutsche Lösung）[4]，依據當時的政治局勢，它也確實應該如此。人們或許會問，在這個由普魯士主導的德意志帝國正式建立的前一年，是否應該再度召開全德意志地區的國民會議？基於什麼理由？是根據法國大革命的思想嗎？然而，當時普法戰爭已經爆發，法國已向普魯士宣戰，況且當時的法國已不是大革命時期的法國，已不是高喊自由、平等、博愛的法國，而是拿破崙三世——一位政變發動者——的法國。

當時德意志地區四分五裂、邦國林立的政治生態，正需要現代國家井然有序的治理，而不是革命與叛變。林立的邦國以及它們不合時宜的政治權力和權威，都是阻礙德國統一的原因，這些小國雖然對於轄境內的人民仍有支配權力，但它們在這些人民眼中早已喪失統治的權威。在規模上，一個小邦國既無法建構一個金字塔型的社會，也無法形成民族文化。更糟糕的是，人民當時只能勉為其難地屈從於如此畸形的政治形態。

帝國時期的知識菁英與其他階層最主要的差異在於他們所接受的教育，尤其是這批人沒有足夠的身家財富，所以只能透過教育和學識在德意志社會裡爭得一席之地。德意志帝國的權力菁英主要由官員階層組成，這完全是普魯士的作風。這些國家的公僕雖然有固定收入，經濟來源有保障，但他們卻得面對一種未成年人的生活方式，因為，放棄個人意見的表達幾乎是工作分際的一部分。他們獲得社會的肯定和注目是因為他們在職位上的成就，而不是本身的創造力。

對於大自然愛好者或科技怪傑而言，十九世紀後半葉都是一段相當有利的時期。這個時期的發展重點在於自然科學與技術，而不是哲學，因此，方程式受到重視的程度也遠遠超出語言文字的論述。當時日新月異的科學發展讓人們又再次相信，人類已更接近永恆的前進，甚至可以讓黏土燒製成的假人獲得生命。至於哲學，還是停留在語言文字的表達層面，人們當時普遍認為這門學科嚴謹度不足，只具有格言的性質。這個時期的哲學家必須在不受外界認可的艱困情況下，為哲學命脈的延續尋找出路，十九世紀存在主義哲學家尼采便是一個典型的例子。

尼采的人生故事不啻表露了，在那樣的社會裡，人們可以開著才剛發明的汽車去參加星期天的布道大會，不過，與社會唱反調的知識分子仍不會特別受到矚目，除非他們已高調地讓自己公開成為時代精神的代言人。

3「秩序國家」是政治學的專有名詞，這種國家因為著重內、外在的秩序，而壓縮了人民的基本權利，普魯士就是這樣的政權。

4 所謂「小德意志」是指由普魯士領導德意志各邦建立統一的德國，而排除當時的奧匈帝國。

進步的概念已經成為十九世紀各種思想學說的標誌。當時的專家學者們紛紛提出學術理論，以闡明人類歷史不斷演化進步的線性發展。關於上帝的基督教神學已在這個歷史進程中終結，人類和他們的創造精神，已接手主導這個原則上已失去宗教神聖性的進程，西方對於社會禁忌的挑戰與破除也隨之展開。

那個時代所有重要的東西全拜自然科學知識之賜，創新技術的實用價值讓人們在日常生活中獲得更多便利。機械化時代的好處多多，諸多發明就這樣產生，而且還可以讓每個人檢驗它們確實的用處。

普魯士這個「秩序國家」對於接受新知識成果的實用價值來說，是一個理想的園地。普魯士的工程師與公務部門往來密切，工程師不僅是各項發明或專利權的所有人——誠如當時的普魯士官員所指出的——還連帶擁有強大的社會影響力。他們對於人民的勞動與即將引發的社會問題擁有發言權，因此，官員必須聽取他們的意見，畢竟維持社會秩序與平衡狀態是公僕的任務。此外，科學技術的研發和工業化所帶來的技術掛帥風氣，也導致兩種現象出現，但人們當時幾乎毫無察覺：其一，大眾已成為社會主流意見的創造者；其二，繼承過往歷史文化的人類已取代上帝，成為衡量所有事物的標準。

當一切的強盛成為過去，只留下戰火所摧毀的廢墟時，西德地區的人民已普遍形成一個共識：德意志聯邦共和國的基本法應該導正自一八七〇年以來，可能或實際造成德國作為一個失敗變調法治國家（Rechtsstaat）的所有因素。西德地區的臨時參議會（Palamentarischer Rat）於一九四八年——距離提出「保羅教堂憲法」已整整過了一百年——在萊茵河畔不起眼的波昂小鎮召開，開始面對並承擔德國戰敗的大災難，以及德意志民族有史以來最大的生存危機。直到今天，德國人民仍受益於當時的有識之士在此極度脆弱的關鍵時刻所採取的決定和作為。一八七一年完成民族統一的德意志帝國，雖號稱法治國家，不過它所帶來的負面影響，卻早已被德國人民徹底揚棄。

德意志聯邦共和國樂於宣稱自己是一個憲政國家。人民向憲法法院請求權利的保護完全是美事一樁，有些個案甚至還引發民眾廣泛討論，參與程度之熱烈有時宛若一場公民運動。此外，德國基本法的實際有效性，也或多或少平息了國際間那些質疑德國軍國主義再起的聲浪。這部基本法是德國歷史上最受尊崇的一部憲法，它成功地為德國社會帶來自由、民主與法治，這就是它的價值所在。

與其說德國文化與納粹主義有關，不如說納粹這幫人當時濫用了德國文化。二戰後的德國人從不堪的納粹經驗中學到一件事：矜持和觀望的態度總是正面的。西德在一九四九年所制定的基本法內容顯得相當節制，已不再強調德國國歌或日常使用的母語——德語——是德國的象徵，這部國家根本大法後來果真運作得宜，而且受到應有的尊崇。然而，一些態度比較激進的人士卻無法掌握基本法的立意，因此一味地批評德意志民族團結一心的精神，已經被基本法的文字內容所建構的「憲法愛國主義」（Verfassungspatriotismus）淡化了！當德國選手在國際運動競賽獲勝時，德國人會欣喜地在比賽現場高呼「德意志聯邦共和國」或「德國」？如果我們重讀威瑪憲法第一條第一項，「德國是一個共和國」，其實也可以把這句話做反向的解讀：德意志聯邦共和國就是德國，就是德意志民族的國家。所以，大可不必在遣詞用語上費心計較。

25. 漢薩同盟

Hanse

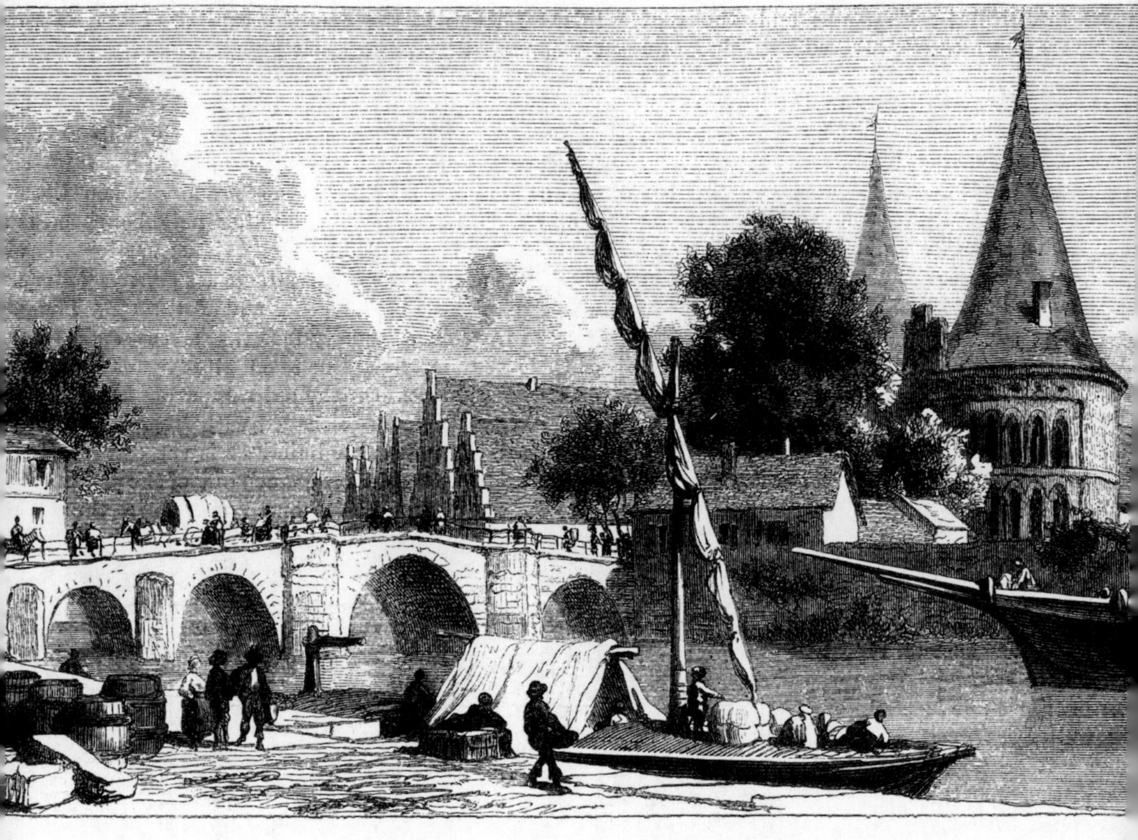

十二世紀中葉至十七世紀中葉，德國北部城市的商會為了保護商船航行安全並維護它們在國外的商業利益，共同組成「漢薩同盟」。這個商業聯盟的全盛時期，在北海及波羅的海地區總共涵蓋將近三百個海港與內陸城市，後來由於美洲和亞洲新航路的發現，該聯盟才逐漸衰微，並於一六六九年正式解散。

漢薩同盟的商人通常不只是船舶的擁有者，還是經營者和使用者。商業貿易在動盪的中世紀時期是高風險的活動，現代人幾乎無法想像，中世紀的商賈如何在那種惡劣的經商條件下，讓貨品的流通與交易順利進行。

前後歷時達五百年的漢薩同盟曾有過平順的時期，也曾經歷艱困挑戰，總之，時局時好時壞。商人在艱難時期並不會想到危險，因為，大部分他們所從事的貿易活動都是冒險的、甚至是不可能的任務；在承平時期，這些生意人也不覺得特別有保障，因為當時的海運貿易本來就有一定的風險，其中有部分問題來自船上水手的管理。當時船員如果敢公然和船長對抗，就必須接受一連三次被丟下船的處罰；誰如果敢在憤怒中拔刀，事後他的手就會被那把刀刺穿，並牢牢地釘在桅杆上，這些都是漢薩商船上的生活實況。

我們似乎很少聽到有人稱讚德國人有經商天分。德國人生存所在的地理位置，剛好介於西邊最善於商品議價的英國人和荷蘭人、以及東邊注重自給自足經濟的斯拉夫民族之間。位於德國西邊的那些國家會認為，德國人對於商業買賣比較不感興趣，德國人所強調的秩序就是政治力對自由市場經濟的干預；至於那些位於德國東邊的斯拉夫人則認為，德國人對謀生過於汲汲營營，對商品物流的運作總是過度追求秩序。德國位處中歐地區，然而它真的只能夾在西歐和東歐之間？為了讓自己能掙脫這個夾困在東、西歐之間的麻煩處境，德國從未停止經營南北向軸線。這種南北向的連結一直伴隨出現在所有德意志的歷史發展中，這條縱向軸線不啻意味著德意志民族在文化思想上，一向仰慕希臘和義大利半島的文明以及以羅馬教皇為首的天主教。如果可能的話，德國非常希望變成一個臨靠地中海的南歐國家，不只是為了那些陽光和沙灘，還因為這些地中海文明曾在歐洲歷史上大放異彩。由於德國在現實上不可能成為地中海國家，因此，德國人向來會透過一些南歐文化的象徵，試圖接近那些夢幻般的海岸。至少德國的詩人和思想家有時會模仿那些古希臘先賢，關於這一點，從前的德國人感受特別深刻，他們當時確實認為南歐文化的發展遠在日耳曼文化之上。

現在的南歐雖然自滿於跟西歐國家的相似性，卻仍對於境內分散四處的歷史遺跡以及過去偉大的文明感到相當自豪！相較之下，西歐國家則認為，自己必須有能力向全世界宣告什麼是現代與流行。總之，西歐和南歐的種種對於中歐的德國人而言，總顯得無法掌控。

即使人們以武力征服南歐，終究還是會被南歐同化。歷史上那些征服羅馬和雅典的勝利者，最後不都消失或消融在這兩座偉大的城市裡？羅馬和雅典早已人事全非，已不是過去的羅馬和雅典，不過，歐洲如果失去了與這兩座城市有關的文化象徵，其他部分也就不值得談論了！畢竟古希臘羅馬文化是歐洲文化的骨幹。自從文藝復興之後，南歐文明已沉寂了好幾百年，南歐人似乎只是在野地裡放羊吃草，悠閒安逸地過日子。南歐這種消極的轉變是否來自對於現實的絕望？還是對於過往輝煌的抗拒？如果德國人認為希臘人和義大利人是在自我放棄、是在聽天由命，這或許只是「日耳曼蠻族」的觀點，雖然從另一方面來說，南歐人在野外的大自然中放牧所造成的思考怠惰，確實無法為他們的文化和社會帶來實質進展。德國人在南歐經常只做短期造訪，或為了考古挖掘而到遺跡現場進行勘查和監督，在他們眼中，希臘田園牧歌般的牧羊生產方式，正是孕育歡悅輕快的阿那克里翁風格詩作的沃土。德國文化史上最了不起的思維模式全都受益於南歐文化，試想，如果沒有古希臘哲學，德國的唯心主義會是什麼樣子？

德國不論和西歐或南歐之間，都存在一條清楚的分界線。德國人覺得西歐國家是庇護者、市場擁有者和關稅的收取者，南歐國家則是文化遺產的精通者，而且還善於管理圖書館、珍貴文件以及古老的羊皮紙文獻，甚至還包括一些非物質的思維，一些闡明與證實、回憶與臆想、法律與法律效力。因此，在南歐的德國人通常是顧客和遊客。

德國的歷史進程只有在接觸東邊的斯拉夫民族時，才出現自由的發展，未受到優勢文化的局限。日耳曼人在中世紀早期開始往東移民墾殖，在這些斯拉夫開墾區裡，他們以建立自己的城市為首要目標。當時這些日耳曼城市主要以工匠技藝及城市法律（Stadtrecht）著稱於歐洲。

日耳曼人在十二世紀往東歐移民開墾之初，德意志騎士團在波羅的海地區便已具有舉足輕重的影響力，而且還與同時期興起的漢薩同盟結盟。當時德意志騎士團的首領就是漢薩同盟的成員，因此，這個騎士團也負責保護漢薩同盟的商戶，以及那些分布於波羅的海地區的貿易路線。

漢薩同盟的商業活動和商業政策在許多方面展現了驚人成果。這個商業組織原先是中世紀德國北部商人基於共同利益所成立的，後來才逐漸擴展為城市之間的聯盟。漢薩同盟城市給世人的第一印象或許類似同時代義大利北部的文藝復興城市，不過，就文化創新與美學而言，北方的漢薩城市其實遠遠不及南方的義大利城市。當時北義大利的文藝復興企圖回復歐洲歷史上曾經擁有的文化成就，然而，對於當時北方的日耳曼人而言，南歐的文藝復興仍是一種優勢的外來文化學習。

漢薩同盟的版圖幅員廣大，西邊從比利時的布魯日（Brügge）一直延伸到東端的俄羅斯最古老城市大諾夫哥羅德（Welki Nowgorod）。就字面來說，Hanse（漢薩）這個古老的德語詞彙是指隊群、護衛隨從或一群有武裝的人。漢薩同盟是藉由許多約定和協議所形成、結構鬆散的城市聯盟，並不是一個國家或國中之國。從一開始，呂北克（Lübeck）就是這個城市聯盟的中心，許多貿易航線都從這個波羅的海港都輻射而出。漢薩同盟是神聖羅馬帝國的一部分，然而這個帝國的組織也很渙散，也不是真正的國家，因此無法執行國家的威權，無法有效糾正或制裁境內平民和貴族的踰矩與違法行為。

比起當時歐洲文明的核心地區——南歐，漢薩同盟的存在和它的商業活動則為歐洲比較落後的、低度開發的偏北地區，創造出一種基本的政經、文化與社會結構。漢薩同盟在這個地區所興築的城市都是該同盟的經商據點，不過，漢薩同盟對於該地區的影響卻不只是經濟領域，甚至還有政治和文化層面。因為商人不只用貨船流通商品，他們也會傳播屬於他們時代的想法和精神，即使它們不是什麼了不得的思想。

漢薩同盟的勢力來自它所擁有的船隻。漢薩船隊在漢薩同盟鼎盛的十四世紀達到最大規模，船隊的運載力已有十萬公噸。這個商業同盟使用「寇格帆船」（Kogge）運送貨物，一種船腹鼓出、造型特別、卻不易行駛的貨船。「寇格帆船」後來還成為一些盾徽上的象徵圖案，至今我們還可以在某些漢薩城市的盾徽上看到它們。

漢薩同盟的幅員和它的商業運作範圍，遠比德國人現在所認為的規模還要廣遠。現在的德國人大致認為，漢薩同盟在德國的活動範圍只是從北海的不來梅、一路往東到波羅的海港都史卓拉尊特。至於萊茵河岸的科隆早已被人們徹底遺忘！科隆是信仰天主教的萊茵地區大城市，雖然距離北海出海口尚有兩百公里，卻是漢薩同盟最重要的加盟城市之一。由於科隆方面從不強調這段曾加入漢薩同盟的歷史，或嘗試喚起相關的歷史記憶，因此人們後來便忘記它曾是一座漢薩城市。雖然漢薩同盟當時也透過內河航運和陸運，讓內陸的交易擴及南德地區，德國人現今仍普遍把這個商業同盟的活動，當成只是波羅的海沿岸的商貿現象。

呂北克曾是漢薩同盟的中心樞紐，曾經歷它船運貿易的全盛時期。漢薩同盟後來因為歐洲海外貿易的興起而逐漸衰落，十九世紀初的拿破崙戰爭，為當時僅存的漢薩城市——呂北克、漢堡和不來梅——帶來最後一擊。呂北克從此衰頹不振，漢堡則拜易北河流域廣大的銷售腹地之賜以及德意志帝國的建立而崛起，後來便順勢取代呂北克，成為德國北部商業中心以及最重要的漢薩城市。「漢薩同盟」是所有漢薩城市共享的商業標誌，具有現在所謂的「企業識別」（corporate identity）效應。漢薩同盟的商業精神並未隨著這個組織的瓦解而完全消失，它還繼續存留於當今的德國社會，而且還成為人們公開論辯的依據：二〇一〇年九月，出身漢堡市的德國鐵路公司董事長綠迪格．葛魯伯（Rüdiger Grube, 1951-）和綠黨的交通政策發言人溫弗利德．赫爾曼（Winfried Hermann, 1952-）曾用如下的言辭彼此交鋒——

葛魯伯：「身為漢薩城市的市民和受人尊敬的商人，我所學到的是，必須先簽下契約，然後才履行契約。」

赫爾曼：「漢薩城市的商人也必須審查契約的基礎。」

現在的德國人會仿造船身圓凸的「寇格帆船」，不過已無法確知這種船型原本真正的模樣和構造。德國人以觀光之名，繼續發揮打造不來梅市政廳前那尊大型「羅蘭英雄」（Bremer Roland）石雕像的幻想，著手仿製漢薩同盟的「寇格帆船」，讓歷史上的漢薩同盟最終化身為旅遊景點和兒童玩具。

比起歐洲當時在亞、非、美洲所進行的海外探險與貿易活動，局限於歐洲北方的漢薩同盟在歷史上確實很不起眼。漢薩同盟的生意人難道不敢像西班牙和葡萄牙的航海家及商人那樣，勇敢地在汪洋大海中破浪前進？漢薩的船隊大多沿著海岸航行，船長也會運送自己的貨物，自己做買賣，而且貨品不只要送達，還要不受損害。北海和波羅的海也會有海盜或其他惡棍出沒嗎？漢薩同盟的英雄到底在哪裡？在這些船運公司海外辦事處工作的雇員，能有什麼轟轟烈烈的事蹟？

漢薩同盟雖然已經解散好幾百年，「漢薩」這個名稱仍廣受德國工商業界喜愛。許多知名的德國企業都以「漢薩」做為公司名稱，例如：漢薩．麥丘利保險集團（Hanse Merkur）、專門生產廚房衛浴五金的漢薩器材公司（Hansa Armaturen）、歐洲規模最大的創傷絆製造廠漢薩普拉絲特公司（Hansaplast）。當然，還有德國的漢莎航空（Lufthansa），它是全世界在飛行安全方面數一數二的航空公司。

漢薩城市的富商家族後代，還在德意志帝國晚期讓市民的社會階級大大提升：托瑪斯・曼在一九二九年以《布登勃魯克家族》這部長篇小說榮獲諾貝爾文學獎，呂北克這個漢薩同盟的樞紐，不只是這部德國最重要市民小說的背景城市，也是托瑪斯・曼的故鄉。他的家族在二十世紀全力捍衛德國人的尊嚴，而且立下很好的榜樣。

撇開這位諾貝爾文學獎得主不談，德意志歷史上最知名的漢薩之子，就屬中世紀經常劫掠漢薩同盟商船的海盜頭子克勞思・施多特貝克（Klaus Störtebeker）。據說，這位粗魯的漢子可以一口氣喝下四公升啤酒。當他於一四〇〇年左右被捕，即將在漢堡城的一座廣場被處死之前，曾與漢堡當時的市議員諸公們有一個私下約定：當他的頭被砍下後，允許他那無頭身軀自由爬經那些一起受刑的人面前，而且只要經過誰的面前，誰的罪刑就可以獲得赦免。如果這個傳說屬實，當時行刑的劊子手是否會想辦法阻止他的爬行，以便終止這場駭人聽聞的鬧劇？

史卓拉尊特這座波羅的海的漢薩港城，有一種啤酒以海盜「施多特貝克」命名，而且還被人們視為正義之酒！史卓拉尊特附近的呂根島（Rügen）居民每年夏天都會在拉斯維克（Ralswiek）海灘舉辦「施多特貝克戲劇節」，演出這位海盜頭子的傳奇故事。德國流行歌手阿幸・萊赫爾（Achim Reichel, 1944-）也曾為這名海盜英雄譜寫〈施多特貝克之歌〉（Das Störtebekerlied）。對於種種紀念海盜施多特貝克的現象，我們只能表示，老百姓的心態有時很古怪，有些人寧可看到違法的情事發生，也不願讓船舶順利航行，享受商品貿易所帶來的好處。

漢薩同盟在歷史上為自身的開展爭取到所需的空間，而且還達到一定的成就。這個商貿組織自行成長茁壯，最後也自行瓦解消失，具有規模的運作時期前後足足持續四個世紀之久，交易的貨品有布料、毛皮、蠟、鹽、鹹魚、大麥、木材和啤酒等。漢薩的「寇格帆船」把英國和荷蘭的織品運往東歐，回程則把蘇俄、普魯士和波羅的海東岸地區的毛皮運送到西歐國家。東歐不只生產毛皮，它還輸出蜂蠟，蜂蠟為人們的生活帶來了光亮！

26.
家鄉

Heimat

家鄉可以是一個寶貴的家園，或只是一個令人覺得舒服自在的地方。每個人都可以擁有自己的家鄉，不過，家鄉的存在確實有它先決的構成條件。

家鄉的認定和人們的童年有關。一個地方如果和人們童年的生活經歷與記憶沒有關聯，就不算是家鄉。人們出身的地方也代表一種地域的歸屬感，在這份歸屬感裡，有他們孩提時期的成長記憶。家鄉是空間，也是時間，對於離鄉的遊子而言，家鄉的生活經驗或許短暫，卻在他們的記憶裡永久停格。當他們再次回到故鄉時，會突然覺得眼前的景物很熟悉，自己的母語一字一字地成了當地的方言，成了當地人口中說的家鄉話。

一般來說，德國民眾與家鄉之間存在著複雜的關係，因為，家鄉也可以具有不同意義或替代意義。家鄉也可以是依照自己意願所選擇的家鄉，也就是新的家鄉。德國工會聯盟（DGB）所屬的住宅營建公司不就以「新家鄉」（Neue Heimat）作為公司名稱？

「家鄉把每個人帶回那個渺遠的、未經世事的童年時光」，德國當代馬克思主義哲學家布洛赫這句話，不只定義了德國人的「家鄉」概念，也更加彰顯二十世紀德國知識分子的作風。他們習慣把硬邦邦的邏輯無法解釋的事物，歸入不存在於現實的烏托邦裡，他們認為，凡是無法用理性掌握的東西，就無法在知識地圖中為它們定位。從前德國的文人頑固地認為，精神和權力是彼此對立的概念，這種僵化的思維正好彰顯出他們長期以來對於民眾、對於具有投票權的公民的誤解。

哦，家鄉！家鄉並不存在於虛幻縹緲的烏托邦裡！家鄉是人們最初的、最真切的生命體驗，由於它深深銘刻在人們的心裡，以至於往後生命中的所有行為和情感都在複製這種經驗，而且人們還把懷念早期生活經驗的感覺稱為「鄉愁」。

我在就寢前閱讀了一會兒，也思考了一下，然後，我入睡了。半夜醒來時，我的雙唇吐出Deutschland（德國）這個字詞。沒錯！我說完Deutschland（德國）之後，還接著說Muttersprache（母語）。突然間，我又再度成為一個生活在遙遠的巴納特地區（Banat）的孩童。巴納特是我的家鄉，這個地區位於匈牙利、羅馬尼亞和塞爾維亞的交界地帶。我的日耳曼先祖們在兩百年前離開南德施瓦本地區的烏姆市（Ulm），乘船順著多瑙河一路往東，最後在巴納特落腳，定居下來。當時巴納特地區屬於奧匈帝國的一個行省，後來被劃入匈牙利版圖，第一次世界大戰後，改屬羅馬尼亞，因此，我們這些世居巴納特的施瓦本人，突然間成了羅馬尼亞的德裔少數族群。我們已在當地定居了兩百年，卻被當局認為是外來者，是前奧匈帝國的遺民。

我又回到了童年時代，我的老家坐落在村莊外緣。我站在自家庭院裡，目光越過木板條搭成的圍欄，看著火車從森林旁駛過，也看著它從地平面消失。我想像一路遠去的火車何時會抵達終點站，還有它所到達的城市會是什麼樣子。當時我仍無法參與這一切，因為我還只是個孩子。

我看見自己站在家中的庭院裡，我看見自己坐在砍好的木柴堆上，那些粗砍成塊的木頭都是廚房爐火的燃料。生活隨著春夏秋冬而輪轉，那是一九五〇年代，有女人在庭院裡穿梭走動，是兩個女人：我的母親和我的祖母。

我走進家屋，聽到她們在院子裡唱歌，歌唱的神態就像回到了自己的年輕時光。我祖母的青春歲月正值第一次世界大戰爆發，我母親的花樣年華則在第二次世界大戰中度過。這對婆媳以二部合聲唱著：「女孩，請到我的左邊來！」「妳，妳在我的心裡，我思念妳！」或「妳，妳帶給我許多傷痛，卻不知道我多麼愛妳！」

在羅馬尼亞的巴納特地區，德裔族群的孩子通常會有一台手風琴。手風琴可以稱得上是德意志民族的樂器，我們在演奏手風琴時，羅馬尼亞的小孩有時會在一旁欣賞我們的演出。我們的德製手風琴只有兩個品牌：「霍納」（Hohner）和「維特麥斯特」（Weltmeister）。在我們這個德裔村莊裡，大多數的孩子都使用「維特麥斯特」手風琴，而我那架卻是「霍納」牌。

我會演奏〈當所有的小泉水都汩湧而出〉（Wenn alle Brünnlein fließen）這首十九世紀的施瓦本民謠：「當所有的小泉水都汩湧而出，／人們就必須取飲這些甘泉。／當我無法呼喚我心愛的人兒時，／我就向她揮手致意。」我還會彈奏自己在收音機裡聽到的新曲子，包括當時德國最新的流行歌曲，我們村莊有一位音樂老師會把收音機播放的樂曲記成樂譜，然後讓我們把歌詞填入。在羅馬尼亞的故鄉，我們會收聽德國巴伐利亞邦、黑森邦、薩爾邦以及奧地利電台的廣播，當然，我們也不會錯過盧森堡電台的節目。總之，只要是德語廣播我們都不放過，至於要收聽哪個電台，就得視天氣狀況而定了！當時這些電台的無線電放送都採中波廣播，這種中波波段的電磁波不僅為聽眾們傳遞音樂，有時還會播送天空陣陣的雷鳴。

巴納特是我們的故鄉，德語是我們的母語，我們是德意志民族，我們重視自己的族群身分。然而，我們在羅馬尼亞也可以隨時變成羅馬尼亞人，並藉此安撫自己身為少數族群的恐懼。

學校會灌輸我們這樣的觀念：除了巴納特這個家鄉之外，還有一個更大的祖國（Vaterland），這個祖國就是羅馬尼亞。不過，我們這些德裔族群還有一個跟羅馬尼亞人不同的地方——我們除了羅馬尼亞這個祖國之外，我們還有自己的母語，還有自己的母國（Mutterland）。這種民族認同並不是我們自己有意識的覺知，不過它卻深入我們的生活當中，而且比我們所體認的還要密切。我在孩提時期不曾回到德國，專制獨裁的羅馬尼亞共黨政權奉行史達林主義，邊界被嚴密地封鎖，無法自由通行，而且我們也沒有護照，沒有出境前往母國的機會。當時，德語廣播節目帶給我們極大的生活安慰，透過收音機，我們取得許多關於德國的訊息細節，德國也經由這種空中播音的方式繼續扮演我們的母國。

在羅馬尼亞的鄉下，一切都有條理和安排，居民也是如此。德國人有自己的村子，羅馬尼亞人也有自己的聚落，這兩個族群各說各的語言，並沒有雜居在一起。對於羅馬尼亞的德裔少數民族而言，羅馬尼亞語是官方語言，德語則是母語。當我說德語時，我的思考是德式的，當我必須說羅馬尼亞語時，我的思考還是德式的，還是固著在自己的母語裡。

有一天，我發現同村一棟民宅的閣樓藏書中夾著一本德語歌曲譜集，我把它帶回家，拿出家裡的手風琴看譜彈奏，並哼唱裡面的歌詞。當我唱出第一段歌詞時，並不知道這些德語歌曲的首段歌詞已被納粹動過手腳，改成他們所要的內容。由於這些歌詞含有納粹的政治宣傳，因此我後來被告知，在翻閱當時出版的歌譜時，其實可以跳過第一段、甚至第二段的歌詞。當時的我幾乎無法想像，一首德語歌竟然應該從第三段歌詞開始唱起，或只唱第三段。畢竟我那時還年幼，並不知道其中的歷史原委，所以，無法理解為什麼要這樣。

行至中年，為了回歸母國，我離開自己土生土長的東歐共產國家，穿越鐵幕，最後在西柏林落戶。在尚未回歸德國之前，我把我的母國藏在體內，如同走私貨品一般。我的母國就是口中的母語和身上的德意志文化。當我終於在德國安住下來時，我發現母國的同胞們喜歡議論外來移民及境內多元族群的融合，不過卻對自己的民族特質略而不談。德意志的民族特性建構了德國這個國家，為何我們德國人要迴避自己的民族性？

沒錯，我們已經把德意志的民族精神遺忘了！

然而，我們也可以試圖釐清，為什麼我們已經把它遺忘了！有些德國人甚至認為，最好把民族的精神和特質忘得一乾二淨，它就像昨日降下的積雪，然而，卻跟鉛塊一樣沉重。誰如果想要這些沉甸甸的雪堆，就自行把它取走吧！

試想，如果連我們德國人都厭棄它，那又有誰會接受呢？

二戰過後，德國東邊的領土有一大部分劃歸波蘭，原本生活在該地區的德國人，因為被驅逐，而往西逃難遷移，因此，失去故鄉的處境成了當時德國社會關切的一大議題，至於後來的世代就沒有這個問題，他們都能說出自己的故鄉是在哪一個城鎮。我們現在幾乎無法想像，二戰後流離失所的德國人竟把一切歸咎於歷史的災厄。

直到一九七〇年代，許多原本屬於理所當然的話題——包括「家鄉」在內——才開始在德國的媒體小心翼翼地出現。在此之前，大眾傳媒只要碰觸這類議題，就會受到告誡或懲處，然而，一位來自與盧森堡接鄰的渾斯呂克（Hunsrück）地區的德國導演艾德格．萊茨（Edgar Reitz, 1932-）卻突然打破了這項禁忌和限制：他拍攝的電視劇不僅以自己故鄉的家庭故事為題材，而且還以《家鄉》（*Heimat*）為這齣連續劇命名。這部電視連續劇曾在西德國內造成轟動，德意志民族確實在這個特別的時刻受到了震撼！

自一九八〇至千禧年這二十年期間，導演萊茨依照劇中時代背景的先後順序——從一九一八年一戰戰敗到二〇〇〇年——一共拍攝了三十集《家鄉》電視劇。這些以「家鄉」為總括性主題的影片在地區、行省和國家所構成的張力之間，呈現了一些德國家庭的故事。因此，「家鄉」也可以是一個地區，也可以是一個行省，「家鄉」就是國家組成的構件。「家鄉」起初是德國人土地登記管理的概念，它原本是指一個家庭的所有物，特別是房舍和土地。「自己的房子就是一個目的地，當人們走進自己的家屋時，就已經抵達了目的地；當人們離開它時，就需要再尋找一個新的歸屬。個人擁有的房子並無法構成他的家鄉，不過，家鄉如果沒有個人所屬的房子，便只是一個空洞的概念。」萊茨在二〇〇四年主編的《家鄉三部曲》（*Die Heimat Trilogie*）這本畫冊裡，曾作如上表示。

其實，人們還可以繼續推衍這個思維：祖國如果沒有家鄉，這個祖國並沒有實質的意義，因為，一個人對於祖國的情感也同時包含了他的鄉愁。

那麼，在萊茨陸續推出的那些「家鄉」主題影片之後呢？

集法學教授和小說家於一身的班哈特．胥林克（Bernhard Schlink, 1944-）曾在二〇〇〇年發表的〈作為烏托邦的家鄉〉（Heimat als Utopia）這篇散文裡，再次嘗試這個主題的討論。他把「家鄉」和「流亡」（Exil）這兩個在德國知識分子圈裡頗為熱門的概念連結在一起，而且還探討烏托邦，並進一步修正了布洛赫的馬克思主義哲學觀。胥林克認為：「家鄉不是一個是什麼的地方，而是一個不是什麼的地方。」我想，這句話的論述方式，應該頗合乎那些支持啟蒙思想的辯證論者（Dialektiker der Aufklärung）胃口才是。

在這裡，我們其實只想強調，「家鄉」是德語裡最美妙的詞彙。

27. 青年旅舍

Jugendherberge

Jugendherberge

不久前，我曾在上網時，無意間闖入德國一家青年旅舍的網站。當時我覺得，既然青年旅舍是給疲累的漫遊者休息歇腳的地方，既來之則安之，便決定在裡面逗留，閒逛一番！當時我還沒把首頁看完，畫面就跳出一句問候我的話：「歡迎體驗我們的青年旅舍！」這讓我覺得受寵若驚。

後來我還在網路的搜尋引擎上輸入「有特色的青年旅舍」這個關鍵詞，根據搜尋結果，我發現德國青年旅舍還有所謂的「文化青年旅舍」，這類青年旅舍會提供年幼的會員一系列文化創意活動，例如讓孩童們在香腸罐頭的鐵皮上作畫，當他們上台表演時，這些彩繪的鐵罐還可以用來布置舞台，製造反光的炫目效果。此外，我還在其他青年旅舍的網站上看到專為小學生們舉辦的「環保營」，這類營隊以環境的永續經營為主題，著重學員的體驗，因此普遍受到好評。全德第一家生態青年旅舍位於多湖的梅克倫堡平原中心點的米洛夫（Mirow），它的房舍是有機的舒適建築，沒有走廊，裡面還有一間桌椅呈環狀排列的討論室（全世界第一家擁有這種設備的青年旅舍！未來的教室型態！）。米洛夫青年旅舍還在星期天提供入住的兒童和青少年一些生態教育課程，比如一種以遊戲方式認識太陽能的活動。孩子們可以動手操作一輛裝有太陽能板的電動車，如果要到附近遠足，可以一道把它開去，利用它在村落廣場上舉辦太陽能舞會，或把它開到林間空地，用車上蓄存的太陽能電力烹煮食物。位於魯爾工業區附近小村莊菲能特洛普—黑根（Finnentrop-Heggen）的青年旅舍，則以養生和療癒為訴求，住客們可以藉由各種另類療法，如嗅聞香味、感受顏色及觸摸牆壁的質感，活絡身體的各種感官。這家青年旅舍還在夜間提供認識柯奈普水療（Kneippen）及芬蘭桑拿浴（Sauna）的課程，此外，它所提供的飲食全都使用有機食材，吃起來既健康又可口。

至於那些從前就存在的青年旅舍，現在又是什麼樣子？不再用雙層疊床塞滿一個簡單的大房間？淋浴間的熱水不再時有時無？負責經營的夫婦不再擺出一副臭臉？早餐檯上的大鐵壺裡不再只是紅茶或浮著一層厚泡沫的淡色熱巧克力？晚餐不會再提供因為久置而變得乾硬的黑麵包切片？（相形之下，塗在上面的軟質乳酪反而成了值得珍惜的美味）學生們雖然參加青年旅舍舉辦的減碳環保營，卻還會抽空在房間裡玩轉空瓶的遊戲，一同起鬨胡鬧？住宿的青少年是否還會在晚上偷偷抽著人生的第一根菸，而且還自以為很酷，覺得理所當然？青年旅舍是否還像一座混亂、沒有紀律的軍營，在那裡雖比在家裡的生活還要嚴格，有時卻也可以和同儕肆無忌憚地瞎搞？

我還在網路裡搜尋我曾在家鄉黑森地區住過的青年旅舍：茨韋恩伯格（Zwingenberg）的青年旅舍建物外觀看起來充滿斯巴達的雄武氣息，一種典型德意志的特色，就如同我記憶中的印象，沒什麼改變，這讓我頗感欣慰。它會舉辦一些「從做中學」的體驗教育（Erlebnis-Pädagogik）活動，讓兒童和青少年可以藉由這些優質課程，增進本身的體驗和探索能力。上萊芬伯格（Oberreifenberg）的青年旅舍坐落在優美山景中，那四棟造型粗獷平實的平頂房屋，就跟一九八四年我在那裡時一樣。當我在網頁上看到那些砌磚外露的屋牆和木製疊床的照片時，心裡覺得很感動，照片下方還寫著「上萊芬伯格青年旅舍的房間住起來都很舒適，一共有二百二十二個床位。」

我還想要知道更多關於德國青年旅舍的訊息，於是隔天上午，我便到圖書館查找相關資料。我發現，十九世紀末期德國民間所發起的野外健行運動，不僅促成德國青年旅舍的創立，也催化了德國環保運動的興起。

德國青年旅舍的創辦人是一位喜歡健行的老師——理查・許爾曼（Richard Schirrmann, 1874-1961）。許爾曼是東普魯士人，出生並成長於波蘭北部多湖的馬祖倫地區，隸屬於當時德意志帝國的一個行省。他在家鄉教書時發現，每當他帶著班上學生到大自然踏青之後，那些以波蘭語為母語的孩子在德語學習方面會比較有效率，因為，實際體驗過的德語生字已不再只是文字，還帶有視覺的圖像。有鑑於戶外教學對學習效率的提升，許爾曼在野外上課的頻率就變得愈來愈頻繁。一九〇一年，時年二十七歲的許爾曼轉往德國魯爾工業區的蓋森基興教書，當他發現當地在工廠煙囪陰影下成長的青少年個個面容慘白後，便帶著這些學生到附近魯爾山（Ruhrberge）以及明斯特地區（Münsterland）的鄉間健行。他以赤足的方式走在前面當嚮導，身上穿著開領襯衫並背著背包。校方後來覺得這位熱愛健行的新老師看起來怪裡怪氣，便把他調到附近饒爾地區（Sauerland）的阿爾泰納（Altena）教書。許爾曼後來就在阿爾泰納這座充滿綠意的小鎮，創立全世界第一家青年旅舍，而且至今已營運一百多年。不過，在正式創辦這所青年旅舍之前，許爾曼還必須經過一段曲折的歷程，因為，他在阿爾泰納任教的學校也無法接受他所主張「飄著新鮮空氣的學校」（Frischluftschule）的教育理念，因此，他只好又轉到另一間學校教書。

一九〇〇年前後，並非只有許爾曼老師觀察到，德國新生代因為遠離大自然而出現身心不健全的現象，他也不是唯一想拯救德國青少年脫離工業區和大城市廢氣煙塵的有識之士。當時德國社會已普遍認為，可以透過野外健行活動，降低青少年身心受到都市浮華庸俗的生活方式以及空氣汙染的危害。德國青年於十九世紀末最後幾年在柏林的胥蝶格利茨（Steglitz）發起「漂鳥運動」，鼓勵學子們學習候鳥精神，在漫遊和探索大自然的過程中，激發自我的冒險精神並從中獲得生活歷練，創造青年的新文化。數年之後，也就是一九〇七年，德國出現了第一批「學生旅舍」（Schüler- und Studentenherberge），這些「學生旅舍」大多是一些願意提供徒步旅行學生住宿折扣的普通旅館。當時喜歡在山林中漫遊的青年主要來自德國的中產階級，這些家境富裕的孩子出門遠行，當然有能力負擔「學生旅舍」的費用，不過，一些來自普通家庭國民中小學的學生卻付不起這樣的開銷。

儘管在第一次世界大戰之前，「校外郊遊日」（Schulwandertag）已經成為德國中小學的例行活動，但出遊的情況卻不理想。許爾曼這位青年旅舍之父，曾心痛地描述威廉二世在位時期學校「校外郊遊日」普遍發生的狀況：「學校舉辦這種校外踏青活動，根本是讓家境富裕的學生穿著正式體面的服裝，帶著滿滿的荷包，走一小段路到森林中的小餐館用餐。貧窮家庭的孩子沒有錢，無法進餐館消費，只能留在外頭從窗戶或樹籬的角落，嫉妒地看著自己的同學在裡面吃吃喝喝。有些學校甚至會帶學生搭火車做比較長途的旅行，當他們一行人抵達某座名山的山腳下之後，會先前往一座非造訪不可的古蹟，等參觀結束後，就在附近一家餐廳用餐。餐廳的餐桌上擺著精緻餐具，還有許多蛋糕和咖啡，穿著燕尾服的侍者來回穿梭席間，他們在服侍這些男孩和女孩時，就像在服侍紳士和貴婦一般。用餐過後，學生們會先在餐桌上玩些小遊戲，然後再偷偷地溜出餐廳外胡鬧，踩壞附近居民的草地和農田，彼此打得頭破血流，或把自動販賣機裡的商品買光，隨行的老師總是在事發之後，才知道大事不妙！」有鑑於這些脫序的行為，許爾曼當時曾呼籲教育當局，應該讓學生們從事一種簡樸且需要消耗體力的校外旅行，除了穿上堅固耐磨的鞋子之外，背包裡只需放入少量隨身需的飲食和用品：「在野外健行時，應該吃自己家裡做的雜糧麵包，而不是甜麵包。我希望能把德國的少男和少女教育成健康且體魄強健的森林健行者，以及熟悉家鄉一切的童子軍！」

許爾曼當時能帶著學生一天走完四十至五十公里的健行路程，這全歸功於健行途中的日光浴和森林浴，以及中午休息時所做的足浴。許爾曼對於自己的學生在健行時從未出現足部不適或受傷的情形頗感自豪；如果要跨日健行，許爾曼會和他的學生在農家穀倉或儲藏乾草料的頂棚裡過夜。

一九〇九年夏天，許爾曼帶他的學生到山林健行時，在布洛爾谷地（Bröltal）碰上雷電交加的暴風雨，無法繼續前進，必須儘快在附近尋找可以避雨歇宿的地方，還好當地有位老師表示可以讓他們暫住在學校教室裡。這件事讓許爾曼心裡萌生創立青年旅舍的想法，當他回到阿爾泰納後，便熱情地展開這個計畫，親自說服更多學生，願意在暑假期間把他們擺放書桌椅的教室騰出部分空間，來擺放一些床架和塞著乾草的被褥，讓長途健行的學生們在路過時可以有地方過夜。許爾曼此時在阿爾泰納的奈特中小學（Nette-Schule）教書，他在學校放假期間，率先把自己班級的教室改成可供住宿的房間，成為全世界第一個「國民中小學生旅舍」（Volksschülerherberge）。同時，他還為這項學生外宿計畫積極尋求支持者和贊助者，其中以威廉．慕克（Wilhelm Münker, 1874-1970）這位工廠老闆最為熱心。慕克愛好健行，是當時活躍的環保人士，曾發表一些批判工業文明的文章，並在魯爾工業區一帶發起自然保育運動。

一九一二年，許爾曼在阿爾泰納山腰中古世紀城堡所成立的全世界第一家青年旅舍正式對外開張，並由他親自經營，這項創舉讓他感到無比欣慰和驕傲。可惜的是，兩年後爆發第一次世界大戰，許爾曼應召入伍，阿爾泰納古堡青年旅舍的營運也因而中斷。一戰結束後，由於青年旅舍的理念已廣獲社會認同，德國各地紛紛設立青年旅舍，到了一九二〇年，即一戰結束的兩年後，青年旅舍已在德國遍地開花，數量高達一千多所。而且，從一九二〇年到一九三三年納粹上台期間，德國青年旅舍在這十三年當中又在數量上翻了一倍。

此外，國際間也開始注意到許爾曼提出的青年旅舍構想。一九三二年，「國際青年旅舍聯盟」正式成立，所有德語系國家均派出代表與會，雖然席間也有英國人，不過該聯盟的成立大會仍以德語為會議使用語言，與會者還一致推舉許爾曼擔任該聯盟主席。一九三五年，許爾曼以「國際青年旅舍聯盟」主席的身分訪問美國，早在他到訪的兩年前，美國東北的新英格蘭地區已依照這位創辦者的教育精神，成立了北美洲第一家青年旅舍。這位青年旅舍之父在美國訪問期間，還熱情地呼籲：「世界所有民族和種族的教育工作者應該和青少年團結同心，藉由舉辦健行活動和設立青年旅舍來形塑新一代的人類，以制止敗德的物質主義，並確保真正的世界和平！」

然而，反觀當時的德國，情況卻已陰霾重重。早在一九三三年四月，希特勒青年團的負責人巴杜爾．馮．席拉赫（Baldur von Schirach, 1907-1974）[1]便指責青年旅舍已遭馬克思主義者滲透，強行接收德國各地的青年旅舍。起初，許爾曼和慕克還天真地相信，自己可以跟希特勒青年團周旋。他們會

---

1 馮．席拉赫在納粹執政後，成為首位「帝國青少年指導者」，他是希特勒青年團得以大幅擴張勢力的關鍵人物，後來在一九四六年紐倫堡大審中被處以二十年有期徒刑。

私下取笑馮・席拉赫這位「帝國青少年指導者」（Reichsjugendführer），雖然掌管德國境內所有的青年旅舍，卻從未背著背包健行，更別提在青年旅舍過夜了！當時馮・席拉赫任命他的愛將約翰尼斯・羅達茲（Johannes Rodatz, 1905-1972）擔任「帝國青年旅舍聯盟」的指導者，許爾曼和慕克還曾戲稱這位納粹長官是熱愛高馬力的「汽車酋長」（Automobilhäuptling）。這兩位創辦青年旅舍的老前輩並不認同希特勒青年團學生所表現的青春激進，但也只能私下搖頭嘆息。他們雙方在一九三〇年代的通信中會不禁抱怨，在森林裡健行卻碰不到青少年時，內心所感受的遺憾與苦楚。畢竟納粹黨人所抱持的剛強威武式浪漫主義和漂鳥們與自然連結的浪漫主義存在很大的差異！

早在一九三三年九月，希特勒上台後不久，慕克便被迫卸下他在青年旅舍的職務。許爾曼雖然也被納粹解除所有他在青年旅舍的正式職位，卻仍堅持留在阿爾泰納古堡的青年旅舍裡。直到一九三七年，由於許爾曼實在無法忍受帝國青年旅舍聯盟指導者羅達茲黨羽千方百計的刁難，只好離開這家自己一手創建的城堡青年旅舍，搬到法蘭克福北方的陶努斯山（Taunus），過著深居簡出的退隱生活。

許爾曼和慕克都不是納粹黨員，他們當時對於納粹政權的反抗也很有限。就慕克本人而言，他在什麼地方都可以跟當權者妥協，獨獨對於環境保護從不退讓一步。慕克也和環保運動健將威廉・黎能康蒲（Wilhelm Lienenkämper, 1899-1965）相當熟識。這位出身阿爾泰納的納粹黨員曾於一九三八年在《饒爾山區通訊》（*Sauerländische Gebirgsboten*）這份期刊裡，公開對「納粹黨執政以來的自然環境保護措施」表達深切的憂慮。慕克除了和黎能康蒲攜手合作之外，他在當地擔任「搶救闊葉林委員會」主席期間所傳達的自然保育思想，在許多方面跟納粹空軍總司令兼林業部長戈林[2]初上任時提出的「永久林」（Dauerwald）概念很接近，戈林在剛上任前幾年確實曾把森林的永續經營當作德國林業政策目標。慕克自始至終都在強力批判現代文明，如果我們閱讀他在二戰後所發表的文章，或許會同意他的見解：停止德國學生的健行活動是納粹犯下的大錯之一。

一九四九年十月，西德的德意志聯邦共和國成立數月之後，「德國青年旅舍聯盟」重新在阿爾泰納成立。許爾曼和慕克分別獲頒榮譽主席和榮譽會員的頭銜，他們當時都已是七十五歲的老人。一九五二年，「德國青年旅舍聯盟」主席在《青年城堡圖書室》（*Jugendburg-Büchere*i）這本慶祝德國青年旅舍成立四十週年紀念冊的前言裡，以混雜新、舊德國特有的修辭表示：「四十年了！人的一生當中，精華的歲月大概也是四十年。德國青年旅舍在過往這四十年裡，愈來愈被認為是真正德意志思維與創造的結果，在這期間，德國幾乎沒有一項作為和行動能像廣設青年旅舍一般，充分展現我們最深刻、最普遍的德意志特性。拜德國青年旅舍普及之賜，德國青年的健行活動也成功地推廣。〔……〕因此，本人在此依據本會創辦人的意志，並以最高貴的期許表示，青年旅舍應該成為世界各地區與各民族青年彼此真正交流的場所，它應該是一座和平紀念碑，一個標舉整潔、秩序、教養及不同族群相互了解的地方。」

---

2 戈林在納粹德國身兼空軍總司令、國會議長和林業部長等要職，其政治影響力僅次於希特勒。他在一九四六年紐倫堡大審中，被判處絞刑，在死刑執行前夕，於牢房內吞服氰化鉀毒物自殺。他在擔任林業部長十幾年間，雖曾喊出永久保存森林的口號，但當時納粹為了加強軍備武裝以利對外擴張，決定大肆興建高速公路、增設工業區和軍事區，並密集利用林業資源，這些政策已造成德國境內許多山林的破壞。

和平主義既然是德國人民的共識，在克服所有困難和限制之後，這種精神是否在大自然中最能蓬勃發展？現代社會著重以輕緩的運動達到身心健康，這種作法不也隱藏著相同的核心觀點？我們是否應該再次嘗試，把那些在大都市裡成長的兒童，特別是那些受到良好教育、卻在生活上跟大自然疏遠的孩子，帶到戶外走走？他們是否應該學會分辨杉木和山毛櫸的差別？他們是否應該體驗，草莓不是只放在冰箱裡供人取用，而是長在一種草本植株上，而且整顆草莓果吃起來比食品加工過的草莓冰淇淋還要美味可口？當然，比較沒有經驗的教育工作者，為了向學生們展現自己的生態學訓練，所以不會把「人工培植」（Zucht）這個語詞掛在嘴邊。他們從不讓中小學的學生們長途跋涉，因為他們認為，這種挑戰體能的活動，只是讓參與的學生在行進途中曬曬太陽、呼吸野外清新空氣或停留在森林的小溪邊休息，讓雙腳做一下足浴，如此而已！曾幾何時，德國學生的遠足活動已經轉成趣味的、比較不要求體能的戶外活動。

如果青年旅舍之父許爾曼還在世的話，他或許會認為德國青年旅舍現在舉辦的「駕駛太陽能車」和「太陽能野炊」活動過於墮落，而要求改用傳統的營火；或許他也會熱情地支持這種讓投宿學生接觸可避免地球暖化的太陽能電動車活動。誰知道呢？只有一點是可以確定的，許爾曼如果現在還主持青年旅舍，一定會在出遊時，親自駕駛太陽能車。因為，他在一九〇九年已經清楚地表示，健行時，只有嚮導才能掌管燃料的供應：「沒有人可以擁有火柴，只有我可以保管這種『昂貴的火種』。」不過，在希臘神話裡，火神普羅米修斯卻不是健行的嚮導啊！

28. 幼稚園

Kindergarten

德國教育學家暨現代學前教育之父弗利德里希・福祿貝爾（Friedrich Fröbel, 1782-1852）於一八四〇年七月二十八日，在圖林根的魯鐸胥達特（Rudolstadt）附近的布蘭肯堡（Blankenburg）成立了全世界第一所幼稚園（Kindergarten）。他當時提出「幼稚園」這個新穎的幼兒教育概念，其意涵是：「孩童也跟植物一樣，生長在受上帝庇護的庭園裡，並受到經驗豐富、善解人意的園丁無微不至地照顧，而且是一種符合自己本性的照顧。在這方園地裡，應該讓世上最珍貴的植物——人類的幼童，也就是人類的新生代、人類整體不可缺少的部分——獲得最好的培育，讓他們在一種與大自然及上帝處於和諧的狀態下接受教育。」因此，當我們一聽到「幼稚園」時，腦海中便會浮現一個幼童，他就像剛抽芽而冒出泥土地的洋蔥嫩苗，或灌木叢上隨著時間逐漸成熟的莓果。英文的Kindergarten（幼稚園）這個單字就是十九世紀直接從德國幼兒教育採借的德語詞彙。

熱情的學前教育專家福祿貝爾在創設幼稚園之前，德國已經有所謂的「幼童托顧所」（Kinder-Bewahranstalt）存在。有別於當時具有救濟性質、讓窮苦人家孩子免於極端物質匱乏的兒童之家，「幼童托顧所」是白天專門接受民眾委託照顧孩童的機構。至於福祿貝爾經營的幼稚園，則以尊重每個孩童都是完整的個人為前提，他當時對於幼兒教育已經有一套獨特而完整的理念，所以，他的幼稚園和當時「幼童托顧所」只負責照顧兒童的作法並不一樣。福祿貝爾的父親是路德教會牧師，母親在他不到周歲時，便病故離世，因此他的童年缺少母親的照顧和呵護。福祿貝爾長大後，曾一度擔任貴族子弟的家庭教師，後來因為對教育學感興趣，還專程去瑞士洛桑北方的溫泉度假勝地伊維東（Yverdon-les-Bains）拜訪當時最知名的教育改革家約翰・裴斯泰洛齊（Johann Heinrich Pestalozzi, 1746-1827）。

裴斯泰洛齊的教育改革理念，則深受前輩啟蒙思想家盧梭的教育思想影響——人們不只應該促進幼童在智識方面的學習，更應該把他們教育成一個簡樸謙遜的、敬虔的、愛好大自然的、擁有一技之長的人。

十八世紀日耳曼教育學家約翰・巴賽多（Johann Bernhard Basedow, 1724-1790）於一七七四年在後來以包浩斯學派著稱的德紹市，創立一所以希臘文「仁愛」（Philanthropin）來命名的幼兒學校，雖然這間學校以「仁愛」作為校名，實際的教學內容和教育方式卻是在培訓天才兒童，教師們會讓三歲孩童開始學習閱讀和書寫，並鼓勵六歲的孩子說拉丁文（即當時歐洲的學術語言）。這一點讓福祿貝爾完全無法苟同，因為他認為，學前教育不該只強調智育，不該要孩子們贏在起跑點。另外，在哥達（Gotha）附近的胥內普芬達（Schnepfenthal）也有一家以「仁愛」為號召的兒童教育機構，由巴賽多的學生克里斯蒂安・薩爾茲曼（Christian Gotthilf Salzmann, 1744-1811）主持。薩爾茲曼是一位新教牧師，他在這所學校採用嚴格的獎勵制度，以校內榮譽榜上插入黃色針頭的多寡，呈現寄宿生的勤學程度。這種只鼓勵學生追求學業成就的作法，也讓福祿貝爾無法認同，因為他關注的重點是幼童的自由發展，他認為只有給予兒童一定的自主空間，才能喚醒人類內在本有的神性。早在一八二九年，福祿貝爾對於一所能順應並發展三至七歲幼兒本性和本能的幼稚園，已形成初步的規劃。

新教虔信派神學家法蘭克於一六九五年在哈勒附近的格勞哈，設立一所收容孤兒及招收寄宿生的綜合學校，這位虔誠的神職人員把他所成立的學校稱為「植物的花園」（Pflanz-Garten）或「為全日耳曼培育幼苗的學校」（Baumschule für das ganze Land），這些校名讓這所學校彷彿成為一座牧歌般的恬靜樂園，似乎很接近福祿貝爾的幼兒教育理念，然而這個綜合學園實際的作風卻與它的名稱有很大落差。依據虔信派的教義，人類被上帝趕出了伊甸園，在本質上是墮落的，因此必須藉由教育來改善人類的質素。然而，身為啟蒙思想家盧梭的追隨者，福祿貝爾一向反對基督教的原罪論，他認為，新生命來到這個世界原是純潔無瑕的，教育工作者應該以防阻孩子受後天環境影響而墮落為優先要務。

路德派神學家約翰・昂特（Johann Arndt, 1555-1621）也曾對幼兒教育發表看法：「我們會看到，幼小的孩童如何自母體中開始形成不好的習性，特別是自我的意志和乖張的性情，等他們再長大一點，那些與生俱來的私愛、報復、說謊、自誇和自豪等，就會逐漸暴露出來。」虔信派神學家法蘭克後來還把昂特對孩童如此嚴厲的觀點，當作他教育準則的基礎。法蘭克所提倡的教育以提升兒童素質為主要目標，他透過建立一種嚴格由工作、課程和禱告三種活動構成的日常生活，來摧折孩子們本有的自我意志，讓帶有原罪的人類孩童能學習順從神的意志。至於遊戲和玩樂的趣味都是來自魔鬼的誘惑，只要有人被抓獲，就必須接受處罰。

福祿貝爾這位敏感的教育改革家，對於虔信教會如此嚴格的兒童學習訓練感到憂心忡忡，因為他認為，遊戲不僅不是來自撒旦的誘惑，還可以幫助幼童的正向驅力達到最好發展：「就像上帝在這個世界上已經在牧草地和農田裡〔……〕教導人類正確的生活方式〔……〕同樣地，我也要在兒童的遊戲和人們生活的樂趣上表達我的教育理念……」德國詩人席勒不也讚美遊戲是人類最理想的存在方式？不過，福祿貝爾的遊戲式教育觀點，並不像一九六〇年代末和七〇年代一些專門讓兒童體驗買賣的遊樂性店鋪（Kinderladen）那樣反權威且毫無秩序可言，他所謂的「遊戲」並不是任由孩子們在泥巴堆裡胡鬧，而是在教師指導下所進行的遊戲，這種遊戲才是學前教育成功的關鍵。為了滿足兒童在遊戲方面的需要，為了讓孩童能在遊戲中發展想像力、創造力以及精細的肌肉動作，這位主張遊戲教育的教育家，還特地設計一組專供兒童抓握和拼組的塊狀、球形和圓柱體等形狀的積木。福祿貝爾當時認為，他所設計的遊戲教具是上帝恩賜給兒童的禮物，因此便稱它們為「恩物」（Gaben）。直到如今，德國一些評比等級較高的幼稚園，仍在使用福祿貝爾設計的這套、已有將近兩百年歷史的遊戲教具。此外，現在德國幼稚園裡的孩子們，也還興高采烈地唱著從前福祿貝爾的幼稚園所教唱的兒歌：「小兔子坐在土坑裡，也睡在土坑裡，牠坐在土坑裡，也睡在土坑裡。可憐的小兔子！你生病了嗎？無法再蹦跳嗎？小兔子，蹦！小兔子，跳！小兔子，蹦蹦跳！」

福祿貝爾幼兒教育的實踐重點就是在耕耘幼稚園這塊兒童園地，這個園地不只可以讓兒童學習辨別蘋果和梨子的不同，它更應該像一座失而復得的伊甸園，那座人類先祖亞當和夏娃因為犯過而從此被迫離開的伊甸園。還有，福祿貝爾當時還開歐洲風氣之先，率先讓婦女有機會進入專業職場，擔任幼稚園老師。

十六世紀宗教改革家馬丁．路德曾在講道時說過，母親奉獻自己的青春來照顧孩子，或許是負有原罪的成年人可以獲得靈魂救贖的唯一道路。身為新教徒的福祿貝爾承續了路德這項教育使命，他除了創辦幼稚園之外，還成立專門培訓幼稚園女老師的教育機構，而且還以「來，讓我們的孩子好好生活吧！」這句格言的精神，發表《慈母曲與歌唱遊戲》（*Mutter- und Koselieder*）這本大版面的圖畫書，這也是福祿貝爾的最後一本著作。

依照福祿貝爾的教育理念，幼稚園存在的目標絕不是代替母親在白天照顧她們的孩子，讓她們在想從事其他活動時，會因為可愛的孩子在幼稚園裡受到良好照管，而減輕自己對於孩子的愧疚感。母親的家庭教育和老師給予的幼稚園教育是兒童學前教育兩大支柱。福祿貝爾認為：「人類真正的感性深植於他們的性情之中。生而為人，人類一方面有自己的個別性、特殊性和自主性，另一方面也有彼此共通的普遍性和一致性，這兩個人性的面向最後應該匯流成一種慈愛的、活潑的整體性。」幼稚園的學前教育有助於統合人類存在的個體性與普遍性：兒童的發展被視同植物的成長，他們在幼稚園裡不只可以表達最自我的、最內在的、充滿情感的、安靜而不受干擾的內心世界，而且在這個教育園地裡，他們個別的特殊性，還能得到人性普遍性及共同性的浸潤與整合。

福祿貝爾認為，個人在這種自然形成的集體主義（naturwüchsiger Kollektismus）保護下，才能充分開展自我，不過當時的普魯士政府卻不以為然。一八五一年八月，普魯士當局認為幼稚園是「福祿貝爾社會主義系統的一環」，下令關閉王國境內所有的幼稚園。儘管福祿貝爾的支持者曾集會抗議這條禁令，而且其中不乏許多社會有力人士——如傳記作家暨編年史家卡爾·馮·恩瑟（Karl August Varnhagen von Ense, 1785-1858，作者註：馮·恩瑟就是著名猶太裔女作家暨柏林文藝沙龍女主人拉荷·范哈根的丈夫。由於妻子比丈夫年長十四歲，當普魯士當局宣布禁止設立幼稚園時，范哈根已不在人世。）——卻還是無法讓普魯士當局收回成命。馮·恩瑟當時認為，普魯士的文化部長簡直就是「愚蠢的畜生」，弗利德里希·福祿貝爾應該是被他的侄兒卡爾·福祿貝爾（Karl Fröbel, 1807-1894）公開主張社會主義一事所牽累。（卡爾·福祿貝爾畢生捍衛婦女教育，致力於不同民族間的相互理解，曾擔任漢堡女子學院〔Hochschule für das weibliche Geschlecht in Hamburg〕院長）

瑪仁豪茲—畢羅男爵夫人（Bertha von Marenholtz-Bülow）是福祿貝爾的崇拜者。多虧這位貴族女性的奔走與疏通，一八六〇年四月，普魯士終於再度同意幼稚園的設置，當時，福祿貝爾已過世八年。福祿貝爾在世時雖曾不友善地貶抑這位女門徒，數落她為「誘騙者」，並認為她再怎麼努力也無法成立半所幼稚園。不過，這位男爵夫人仍舊非常熱中於推廣福祿貝爾的學前教育理念，還不辭辛勞地遠赴歐洲各大城市，如倫敦、巴黎、蘇黎世、日內瓦、安特衛普和阿姆斯特丹等地，籌設幼稚園，讓幼稚園成為德國十九世紀後半葉熱門的「出口貨」。直到今天，英語及其他歐洲語言仍保留Kindergarten（幼稚園）這個德語詞彙。

繼承並發揚福祿貝爾幼兒教育理念的後輩清一色全是女性。瑪仁豪茲—畢羅男爵夫人的姪孫女於一八七四年在柏林成立第一所「裴斯泰洛齊暨福祿貝爾之家」，這所民間機構以改善幼童照顧、青少年教育以及提供婦女家務方面的職業訓練為宗旨。相較之下，女教育學家涅莉．沃爾芙罕（Nelly Wolffheim, 1879-1965）在二十世紀的嘗試似乎更具革命性：這位猶太裔女性曾試圖融合佛洛依德的心理分析學和福祿貝爾的教育理論，並於一九二二年在柏林成立第一家心理分析幼稚園。

德國人對於學齡前兒童教育所奉獻的熱情，在許多方面很類似他們全力發展的森林業。德國進入工業時代後，境內的森林便因為工業不斷進步而遭受極大的生存威脅，若要繼續保有林木生長的空間，只有把森林轉型成投入人力經營和管理的林場一途。這種情況就像當時進步的婦女解放與婦女外出就業危及幼兒應受的照顧和保護，而必須由幼稚園來遞補這個傳統母職的空缺。不論是林場或幼稚園的設立，德國社會從一開始便熱烈爭論，到底誰可以從這兩種新成立的機制獲取最大利益。敵視進步的人士認為，林場和幼稚園的設立，只是工業界試圖確保生產所需原料以及便宜勞動力（包括婦女勞動力）可以源源不絕的結果。相反地，支持進步的人則深信，林場和幼稚園不只是暫時解決問題的權宜之計，它們還有助於提升某些潛能：林場由於受到專業人員的照管，而變成生長狀態較為良好的林區；上幼稚園接受專業學前教育的孩子，確實比那些留在家裡受親人照顧的孩子擁有更高的幸福感。

如果我們觀察一下周遭就會發現，人們現今在這方面的意見爭執與從前並沒有太大的不同。幼稚園對於支持進步的人士而言，似乎一直是家境比較困苦的孩子開始走向成功的人生機會。相反地，反對進步的那一方，不是依據社會生物學的觀點，認為母子分離會造成幼兒傷害（假定這個說法具有科學根據），就是認為幼稚園的設立會造成母子分離，而讓兩造雙雙走上歧途；況且幼稚園的設立比較不關注孩童的愉悅和幸福，而較著重如何將孩子形塑成在整體系統中符合既定規範的成員。

其實，德國人只要心裡還眷戀消失的樂園，他們就會繼續美化森林和母親。不過，似乎有愈來愈多德國人發覺，林場和幼稚園雖然差強人意，雖不是上帝所應許的伊甸園，卻可以讓成人和兒童獲得連亞當、夏娃都無法擁有的行動空間。

在福祿貝爾的幼稚園裡，應該不會發生這樣的事：

〈孩童們的屠殺遊戲〉

有一次，孩子們觀看父親殺豬。中午過後，孩子們一起玩耍，一個孩子對另一個孩子說：「你當豬，我來當屠夫。」隨後哥哥拿來亮晃晃的刀子，往弟弟的咽喉刺下去。當時他們的母親正好在樓上幫最小的孩子洗澡，她一聽到孩子的慘叫聲，便立即奔下樓，可是為時已晚。這位母親趕緊上前把插在孩子身上的刀子抽出來，氣憤地刺入那個扮演屠夫的孩子心臟裡。當她再度跑回樓上時，又發現澡盆裡的孩子已經溺死。這位母親非常害怕，陷入絕望中，也不聽僕人的勸慰，自己就上吊死了。她的丈夫從田裡回來，看到家裡發生的慘事後，傷心萬分，不久也死了。

出自《格林童話集》初版[1]第一卷（一八一二年）

1 這則小故事只收錄在第一版的《格林童話集》裡。《格林童話集》剛出版時，由於這個故事的情節被認為過於恐怖與悲哀，不宜兒童聆聽和閱讀，因此，第二版以後的《格林童話集》便刪除了這則故事。

29. 教會稅

Kirchensteuer

德國教會稅的徵收開始於以戴特摩德為首府的利珀侯國（Lippe-Detmold），後來奧登堡（Oldenburg）和薩克森也陸續跟進。

言辭辛辣尖刻的德國《明鏡週刊》創辦人魯道夫．奧格斯坦（Rudolf Augstein, 1923-2002）曾於一九九一年在該週刊的一篇社論裡表示，「統一後的德國實質上並不是基督教國家，它既不是天主教、也不是新教國家。德國的基督教只存在於德國人民繳納的教會稅。」

親愛的德國同胞，您現在是否為了緊急狀況而向上帝禱告求援？在這裡，我們有一個折衷的建議：不妨暫時停掉清晨的瑜伽練習，試著用下面的《聖經》主禱文向上帝祈禱。您可以大聲而清楚地禱告，也可以輕聲低語向上帝祈求，或許您還會回想起自己在什麼時候第一次唸誦這份主禱文：

「我們在天上的父，願人都尊你的名為聖。願你的國降臨。願你的旨意行在地上，如同行在天上。我們日用的飲食，今日賜給我們。免我們的債，如同我們免了人的債。不叫我們遇見試探，救我們脫離凶惡。因為國度、權柄、榮耀全是你的，直到永遠，阿們。」

以上的主禱文記載於《新約．馬太福音》第六章第九至十三節，是拿撒勒人耶穌教導他的門徒向天父祈禱的經文。十九世紀浪漫樂派作曲家孟德爾頌（Felix Mendelssohn Bartholdy, 1809-1847）和成立於一九八二年的「死褲子搖滾樂團」（Die Toten Hose）都曾為這份主禱文譜曲。宗教改革家馬丁．路德在離世的前一年，經常用這份主禱文的德文譯詞做祈禱，而不是拉丁文。當然，那些長久以來依靠教會稅補助而得以運作的教會（Steuerkirche）教友，也會念誦這段主禱詞。繳納教會稅的德國人喜歡公開介入這些教會的事物，因為他們認為，審核與教會稅有關的帳目是行使公民權最好的證明。總之，他們爽快地繳納教會稅，卻也喜歡審查這些接受稅款補助的教會。對於他們來說，公民繳納教會稅就跟社團成員繳交會費沒什麼兩樣，教會於是成了民間社團，而《聖經》則是這些社團的規章。繳納教會稅的德國公民就如同沒有神職的講道者，他們會依據《聖經》以及所有的一切，告訴基督徒如何參與教會。〈馬太福音〉的主禱文經過他們審閱批改之後，可能會出現以下的內容：「祢，上帝，是我們在天上的父與母，願人都尊你的名為聖。願你正義的國降臨。願你的旨意行在地上，如同行在天上。我們需要的飲食，今日賜給我們。免我們的債，如同我們免了人的債。不要讓我們背叛祢，而是救我們脫離險惡。」

以上這段主禱文出自一本於二〇〇六年重譯完成的德語《聖經》，這份《聖經》德譯本是由一群德語區的《聖經》學者，以符合現代社會倫理、女性主義和解放神學的公正精神翻譯完成的。因此，這份主禱文不含任何價值的偏見，而且非常適合國力衰弱的債務國把它呈遞給國際貨幣基金組織（IMF）。當路德於十六世紀為《聖經》做德語翻譯時，他認為，神的召喚在這份主禱文裡是莊嚴而鄭重的，而且這種隆重會讓神的呼召超越時代限制。然而，二十一世紀主張性別平等的人士在重譯德語版《聖經》時，卻認為應該讓這份主禱文確實符合社會工作的精神，且讓主禱文所祈求的內容成為社會福利事業。實際上，他們的主禱文就是《聖經》主禱文的終結，他們認為，終結主禱文才是在拯救主禱文，也是在拯救他們自己，同時他們也為了拯救這份主禱文而繳納教會稅。

政府為教會張羅財源向教徒徵收教會稅，這是德國獨有的現象。收取教會稅的想法起初來自十九世紀德意志帝國尚未建立前的公侯國政府，當時只有幾個邦國實施這項稅制。雖然，歐洲其他國家有各種不同的賦稅以支付教會開銷，卻沒有像德意志地區把教會稅變成一種納稅制度：教會透過和政府財務機關的協商，確認向教徒徵收教會稅的稅額，而且政府的財稅單位還可以向委託徵稅的教會收取手續費。

為何十九世紀會出現教徒繳納教會稅的規定？這當然是因為拿破崙的緣故。這位善於製造附帶損失的軍事天才在打敗神聖羅馬帝國之後，雙方於一八〇一年簽署《呂內維和約》（Frieden von Lunéville），神聖羅馬帝國把亞爾薩斯（Elsass）和洛林（Lothringen）這兩個地區割讓給法國。當時一些日耳曼貴族因而喪失位於萊茵河西岸的莊園和領地，位於萊茵河東岸的教會和修道院只好把自有的土地資產讓渡給這些貴族，以補償他們在這項停戰和約中所損失的土地。這些教會因為這項解決貴族領地問題的權宜之計，頓時失去了賴以生存的收入來源，只好暫時向當地人民額外徵收稅款，以補足教會和修道院的財務缺口。

雖然這項稅金當時只是為了因應特殊情況而出現的規定，不過，它就像所有推行成功的特殊措施一樣，會讓食髓知味的為政者再度拿出來使用。當在上位者決定使用政治手段開發公庫的財源時，哪一個不是陷於財務困境？後來德意志地區有些邦國便紛紛仿效這個作法，北德的利珀公國（一八二七）率先向人民開徵教會稅，後來奧登堡（一八三一）和薩克森（一八三八）也跟進，德意志帝國建立之後，巴伐利亞地區（一八九二）的人民也必須繳納教會稅，普魯士（一九〇五／一九〇六）則是帝國境內最後徵收教會稅的地區。德國人繳交教會稅，是對於世俗化教會開始從事社會福利工作的報答嗎？或者不只如此？難道教會稅不也和人們對於上帝以及世間的意見爭論有關？難道它不是讓政教分離的一種簡化作法？德國的天主教會曾經表示，市民到教堂聚會時，隨意把零錢丟進神職人員手執的那個附有長柄的捐款袋裡，這種底部繫有小鈴鐺的捐款袋其實是國家遞給他們的。因為在大彌撒儀式結束後，教會雖收走這些錢幣，但國家卻可以因為教會累積這種小額捐款，在事後向教會收取一些費用。

教會稅的徵收屬於地方性事務，在德意志帝國時期，它的徵收方式仍沒有統一規定。直到一戰後的威瑪共和時期，教會稅才明訂於憲法條文中，這雖為德國徵收教會稅奠下法律基礎，卻也成為教會稅改革的絆腳石。納粹執政後，教會稅的課徵也跟某些制度一樣，得以延續和保留。二戰過後，由於西德基本法明確地繼承了威瑪憲法的精神，教會稅的規定也就依照歷史的往例，繼續交由地方的邦政府立法處理。

不只天主教和新教教會這兩大基督教組織有權利獲得教會稅的資金補助，其他的宗教團體，如猶太教會、獨立於羅馬教廷的「舊天主教會」（Alt-Katholiken）或獨立於各個基督教派的獨立教會（Freikirche）也同樣享有教會稅的稅收分配。不過也有例外的情況，例如，漢堡市的丹麥海員教會便自行向教友徵收教會稅，並未透過該市的稅務機構。還有，德國有許多獨立教會也放棄爭食教會稅這塊稅收大餅，而全部依靠信徒的自由捐獻，而且從未發生財務危機。雖然德國的教會已因世俗化而普遍喪失宗教信仰的意義，不過，教會畢竟還是宗教信仰的組織，並不會因為資金缺乏而消失。

德國的教會稅後來已不只和宗教社群有關。依據德國憲法法庭的法律解釋，一些以宣揚理念為宗旨的社團確實有助於人民的精神信仰，因此，人道主義團體如果向政府申請教會稅補助，也可能獲得批准。

您同意這種作法嗎？

30. 庸俗[1]

Kitsch

如果我們把庸俗當成一種評價藝術的概念，就無法理解什麼是庸俗。庸俗似乎無關任何的藝術概念，而是跟本身所具有的功能比較有關聯。在人們的生活世界裡，庸俗一直都是具體的現象：一個大象造型的瓷製撲滿；鑲金邊的鋼筆上印著某位獨裁者的肖像；希臘餐廳壁龕裡的普羅米修斯塑像；或義大利阿爾卑斯山區——即南提洛地區——民房陽台上的聖母瑪利亞木雕像。

庸俗往往不是被指涉的事物本身，而是人們對於這些事物的詮釋：如果有一個男人來到一處景色優美的地方，人們的庸俗可能會把他比喻成這片風景裡那隻正在交尾的公麋鹿。十九世紀浪漫主義風景畫家佛烈德里希的代表作之一〈雲海上的漫遊者〉（Der Wanderer über dem Nebelmeer）並不庸俗，庸俗的是，它不斷被人們複製在許多書本的封面上。從比較令人尷尬的觀點來說，庸俗就是人們已不想再看到的東西，不過，當人們看到它們而想發笑時，不一定會忍住不笑。

關於Kitsch（庸俗）這個詞彙的起源，有各種各樣的推測。經過專家考證，它首次出現在一八七〇年代的慕尼黑藝術拍賣會場，不過還是有人推測它其實源自猶太人的意第緒語（Jiddisch）[2]，或甚至出自英語。無論如何，Kitsch這個語詞後來從慕尼黑傳播到歐美各地，它激盪了當時的藝術辯論，甚至還引爆藝術品拍賣的醜聞。至今法語和英語依舊保留它原初的德語拼寫方式，儘管它的語義仍不十分明確，卻仍擁有一定的具體性，法語和英語人口還是很喜歡使用這個外來字。

接下來關於庸俗的討論就是社會學和藝術社會學的領域：庸俗是市民社會的伴隨現象，它的出現應和了該社會的物質技術條件以及對於美感的期待。此外，藝術的可複製性也會造成人們的庸俗。收藏在巴黎羅浮宮美術館的達文西名畫〈蒙娜麗莎〉並不庸俗，不過，人們如果把〈蒙娜麗莎〉大量複印在明信片或博物館藝品部販售的咖啡杯上，就是庸俗，而且人們在這些商品上看到〈蒙娜麗莎〉時，似乎還覺得這位絕世美人正在對自己眨眼示意呢！如果每兩戶人家就有一戶的門廊牆壁上掛著美國繪畫大師愛德華・霍普（Edward Hopper, 1882-1967）描繪夜店場景畫作的廉價複製海報，這種現象也是庸俗。

大眾社會渴求大眾藝術。在德意志帝國建立後，德國經歷了前所未有的經濟繁榮，大眾藝術也在這段時期找到了一項廣受老百姓喜愛的主題：園丁小矮人（Gartenzwerg）。當時德國民眾都想擁有這種公仔，都想藉由這個玩意兒找到彼此的歸屬感，而不是彼此的區隔。這種庸俗的藝品消費現象在當時的德國社會特別明顯，似乎是跟它的快速發展有關。

自從市民社會興起之後，每個時期的德國人都有自己的庸俗。德國民眾在十九世紀後期，對於園丁小矮人和麋鹿造型的藝品出現大量消費需求，進入二十世紀後，德國社會的庸俗依然存在：德意志帝國的庸俗、宗教的庸俗、納粹的庸俗、共產主義的庸俗以及消費社會隨處可見的庸俗。二戰過後，有些德國人只要一看到那些納粹時期流行的、厚重的「蓋森基興巴洛克」風格家具，就會隨口在別人面前批評納粹，即使他們對於這種造型的家具毫無自己的看法。不過，這或許也不是壞事，畢竟議論

---

1 Kitsch 一般都譯成「媚俗」，然而，這個中文譯詞卻過於強調個人向外求取的主動性，而窄化了Kitsch的涵義：Kitsch不一定是某些人為求得別人認可而出現的言行，或創作者為投大眾所好而呈現的膚淺作品，它還是一種不自覺的人云亦云、隨波逐流的大眾品味。因此本書譯者認為，把Kitsch譯成「庸俗」較為恰當。

2 意第緒語是中歐和東歐各國猶太人之間的通行語言，是一種夾雜德語、希伯來語、羅曼語及斯拉夫語的混合語。

可以讓人們彼此連結。除此之外，消費社會還會操弄民眾的心理，並讓他們有機會以某種特定方式回應消費的庸俗。

在英語系國家裡，人們早就用流行文化探討庸俗這個議題。英語世界所發展出的流行文化以肯定的思維做基礎，它接受了瑪麗蓮．夢露，也認可了毛澤東。美國現代藝術家安迪．沃荷（Andy Warhol, 1928-1987）那一系列以各種配色製作的瑪麗蓮．夢露肖像版畫，究竟是庸俗或是對這位性感偶像的狂熱崇拜？如果這種作品不是庸俗，那什麼是狂熱的崇拜？庸俗的東西接下來會成為垃圾，或者這兩者其實沒什麼差別？

儘管我們在此可以透過「庸俗」的討論觸及美國的社會文化現象，不過，討論在此並不是重點，而是「庸俗」這個字詞。我們必須承認，「庸俗」是個既親切又溫馨的語彙，只要一聽到這個詞，我們便以為自己已對它所指涉的事物了然於胸。

「庸俗」特別適合形容那些門外漢，因為他們對事物的看法很淺薄，以至於專業術語在他們面前也顯得多餘。「庸俗」是個富有權力的字眼，基本上，人們只要標明什麼事物是庸俗，就幾乎可以扼殺它們存在的價值。人們只要指稱什麼是庸俗，就是在批判指涉的對象，與「庸俗」相關的事物後來也因「庸俗」的染指而敗壞。被指為庸俗的人如果心裡不服氣，試圖為自己辯駁，反而會引來更強烈的攻擊，德國人甚至會用「高級的庸俗」（Edelkitsch）這麼激烈的言辭，批評一些拙劣的藝文作品。

31. 林立的小邦國

Kleinstaaterei

Baden-Württemberg

Bayern

Niedersachsen

Berlin

Brandenburg

Bremen

Nordrhein-Westfalen

Hamburg

Hessen

Mecklenburg-Vorpommern

Sachsen

Sachsen-Anhal

Schleswig-Holstein

Thüringen

Saarland

Rheinland-Pfa

瓦列里歐（Valerio）：「我們用最快的速度急匆匆地趕路，在短短半天內，已經穿越了十二位侯爵的領地、六個大公國和一些王國（……）該死！我們現在又得越過邊界。這裡就像洋蔥一般，國中有國，一個國家就是一層洋蔥皮；這裡也像一個套一個的連環套盒，最大的國家就是最外面那個最大的盒子，最小的國家就什麼都不是了！」

十九世紀德國文學家暨革命家畢希納的劇作《雷昂采與蕾娜》（*Leonce und Lena*）

「什麼是德國人的祖國？／我覺得，它應該是個大國！／它是某個侯爵騙來的領地嗎？／從神聖羅馬帝國和皇帝那裡偷來的？／哦，不！不！不！祖國的疆土必須再大一些！」

〈德國人的祖國〉（Des Deutschen Vaterland）是一首流行於十九世紀的德語愛國歌曲，由致力於德國統一運動的民族主義文學家恩斯特．阿恩特（Ernst Moritz Arndt, 1769-1860）填詞

德國從前是由許多公侯分治的地區，邦國林立，因此，至今各邦、各地區的地域主義仍相當濃厚。德國人每天都可以在媒體上看到與聯邦主義（Föderalismus）有關的訊息，雖然，這不算負面的事，不過德國人通常會自問，真的需要不斷強調聯邦主義嗎？每當我們談到德國的聯邦制度，坦白說，首先我們會想到聯邦參議院（Bundesrat）裡的一些議事衝突、持續不斷的邦議會選舉，以及一向沉悶無聊、像在採掘泥炭的邦議員選舉造勢活動。此外，我們還會聯想到一些不利於聯邦政策的邦議員選舉演說和競選承諾、各邦在參議院的席次分配，還有那些被各邦推派為參議院代表的侯爵老爺

們。他們每個月都到柏林的聯邦參議院開會，為了推動所有聯邦制度的改革、並表明改革決心，往往會把事情搞得更複雜。這些大人物在前往柏林途中，會利用行車時間翻閱一些隨身攜帶的卷宗，有的文件和某地的鐵路平交道有關，有的文件則關於某座攔水壩。當他們抵達首都柏林、從豪華轎車走出時，會有一群記者蜂擁而上，爭著把麥克風擠到他們嘴邊，詢問他們對於一些聯邦政策的意見。

當德國某邦的邦總理（Ministerpräsident）和邦務祕書長（Staatssekretär）出現在別邦時，他們看起來往往就像外國派來的大使，這種情況哪個德國人看了會不搖頭？他們甚至在首都柏林還設有代表處呢！由於強烈的地域主義作祟，各邦的人民幾乎把到訪的他邦首長當成外國人。以下是德國地方級政府所頒布的重要行政法規，我們可以從其中的內容看到各邦互不一致的政策：

- 慕尼黑市的「樹木保護實施要點」規定，樹木幹身的圈圍達八十公分、高度達一百公分以上，才具有保護價值；柏林市則規定，樹木高度需達到一百三十公分以上才需要保護。
- 只有北萊茵─威斯特法倫邦所頒布的「狩獵管理實施辦法」普遍允許邦民使用上方裝有翻板的箱型陷阱捕捉野生動物；圖林根邦的狩獵規則雖允許邦民使用某些捕獵器械，不過只限於捕捉野兔以及官方法令准許獵殺的肉食性動物。
- 關於人們在餐飲營業場所抽菸的規定，各邦之間也有出入：巴伐利亞邦只允許人們在「戶外的餐飲場所」抽菸，比如啤酒館的露天啤酒園；其他各邦則允許人們在餐飲店專設的吸菸區抽菸。此外，有些邦還有一些特殊的相關規定：柏林市一些專供顧客抽水煙（Shisha）而不販售酒精飲料的阿拉伯餐館，就沒有禁菸的限制；在柏林邦、黑森邦、北萊茵—威斯特法倫邦和薩克森邦，專門服務癮君子的夜店，如果室內營業面積少於七十五平方公尺，就不一定要設置非吸菸室；在薩爾邦，如果酒館和夜店由店東親自經營，該店就不需要遵守禁菸規定；在北萊茵—威斯特法倫邦還有抽菸者專屬的俱樂部。這些癮君子專屬的活動地點並不對外開放，所以不受限於地方政府的禁菸法規，而且黑森邦、北萊茵—威斯特法倫邦和薩克森邦也有相同的規定。

- 德國境內有許多來自伊斯蘭國家的移民，邦政府對於穆斯林婦女是否可在公共場所戴頭巾的規定也南轅北轍：巴伐利亞邦、巴登—符騰堡邦、薩爾邦、黑森邦、北萊茵—威斯特法倫邦、不來梅邦和下薩克森邦嚴禁女老師戴頭巾到學校上課；至於萊茵—普法茲邦、許列斯威悉—霍爾斯坦邦以及德東各邦，則允許信仰伊斯蘭教的女老師可以在學校戴頭巾。

不過，各邦並非在所有事務上都擁有自決權，而且德國人現在認為，德國的聯邦制並不完全是地方自治。德國的聯邦制度雖然有其優點和充足的存在理由，不過，德國人不僅認為有些部分已經過時，甚至連其中的大部分都無法接受，因為對於德國人而言，這項制度似乎應該是一個完美無瑕的存在。我們德國人確實有一種不好的、卻普遍存在的習慣：傾向於把所有的正面性和所有成果視為理所當然。

讓我們回顧一下過去的歷史：十八世紀初期，德意志地區由於邦國林立，所以境內大約有五十所大學，對比之下，該時期大不列顛島的英格蘭卻只有牛津和劍橋兩間大學。牛津、劍橋在現今的全球大學排行榜上一直都名列前茅，德國大學的教學和研究卻因為各有各的重點領域，學術資源比較分散，因此沒有一所大學的整體表現可以和英國這兩所菁英大學匹敵。

比起當時歐洲的其他國家，這些林立於日耳曼各地的大學在數量上頗為可觀，因此能提供家境不富裕的優秀子弟一些出人頭地、提升社會階級的機會。對歐洲文化史著墨甚深的英國資深記者彼得·華森（Peter Watson, 1943-）曾在二〇一〇年出版的《德國的天才：第三次歐洲文藝復興、第二次科學革命及二十世紀》（*The German Genius: Europe's Third Renaissance, the Second Scientific Revolution, and the Twentieth Century*）這本著作中提到，德國從作曲家巴哈的時代一直到希特勒上台這兩百年期間，所展現的智識及文化影響力其實已超越了以英、法為首的西歐國家。在納粹執政以前的二十世紀早期，德國知識分子在各個領域都有突出表現，德國人當時獲得諾貝爾獎的次數領先世界各國，甚至超過英國和美國加起來的總獲獎數，雖然這個中歐國家曾一度受挫於納粹嚴重的政治錯誤，不過至今它仍在許多方面持續對全世界發揮影響力。因此，華森試圖針對德意志文化興起的原因提出一個論點：比起其他西方國家，德國從前的知識分子更活躍於官方實際的行政管理。在此我們或許可以再補充一下：德意志帝國儘管在工業方面卓然有成，但從某方面看來，它並不是一個真正的工業國家。因為，帝國當時新的領導階層並非來自工業界，而是一群受良好教育、學有專精的專業人士，其中有些專家甚至會在正職之外，義務地輔助各級政府管理財政收支。這些德意志知識分子曾把哲學家康德的「絕對命令」（kategorischer Imperativ）放進背包裡，像浪漫派畫家佛烈德里希〈雲海上的漫遊者〉這幅代表畫作的主角一樣，獨自一人帶著主觀的使命走到雲海上的山巔。

德國以尊重地域主義為原則的聯邦制度貫穿了整個社會結構，而且這種制度在一定程度上已有效地整合境內各個地區。一七八五年，儘管當時神聖羅馬帝國已處於分崩離析的狀態，徒做最後的生存掙扎，然而，這個帝國統轄下的日耳曼地區，文化事業卻蓬勃發展，該年一共有一千二百二十五種期刊雜誌出版，相較之下，同年法國這類的出版品卻只有八十二種。直到今天，德國境內的歌劇院數量仍占全世界歌劇院總數的五分之一，它們全是從前日耳曼封建邦國林立的歷史遺產，全是畢希納筆下所諷諭的那些「洋蔥和連環套盒」文化產物。

有鑑於德國各地區強烈的在地精神，資深媒體人、也是前西南德廣播公司總經理彼得·弗司（Peter Voß, 1941-）便曾對德國公共電視第一台的節目製作模式有感而發地表示：「沒有國家會像我們德國這樣製作電視節目！」或許我們在這裡還可以幫他補充一句：「不只節目的內容多樣化，而且還有國家行政的考量。」《犯案現場》（*Tatort*）和《每日新聞》（*Tagesschau*）都是德國公共電視第一台長年的招牌節目，尤其是《犯案現場》這齣刑事偵察影集自一九七〇年開播至今已四十多年，劇情的構想竟然也不脫所謂的「聯邦主義」：至少每三集就會更換一處犯罪地點，而且還輪流出現在各邦。

德國聯邦主義的原則不僅是聯邦政府統整各邦的工具，聯邦政府還必須依此而認可各邦的地位，對它們有所承諾，並把它們整合入國家體系之中。德國各邦可以派代表出席會議，對聯邦政策發表意見並參與表決。

當然，德國也曾有人士極力反對國內各地區相互較勁的現象，雖然它還算是一種平和的競爭。這些人士認為，德國的地方保護主義是社會弊病的淵藪，舉例而言，德國體操之父楊恩在一八〇八年發表的《德意志民族性》（*Deutsches Volkstum*）一書中，便對這種現象不以為然地寫道：「德意志民族所有的歷史災難全來自人民的『鄉黨情節』（Völkleinerei）以及對於『同鄉情愫的渴望』（Landsmannschaftsucht）。」這位投身早期德意志民族統一運動的體操家還表示：「只要誰和自己一樣，曾經用相同的水源接受教會洗禮，被同一條教鞭處罰過，踩過同一坨糞便，而且從年少便吃著相同的餐食料理，如馬鈴薯糰（Klöße）、魚肉料理、香腸與沙拉、黑麥粗麵包、煙燻鵝肉、罌粟子麻花麵包（Mohnstriezel）以及家鄉特產的火腿與牛肉，就會對他特別關注和重視；因此，人們也就不再渴望，而是要求每個人應該吃『道地的』、『真正的』馬鈴薯糰、魚肉料理、香腸和沙拉、黑麥粗麵包、煙燻鵝肉、罌粟子麻花麵包、火腿和牛肉。德意志人民渴求同鄉情愫是一個嚴重的缺點，它會導致民族的衰敗。試想，王公貴族們如果把自己的彈丸之地視為一個王國或一個民族區，並把其他地區的德意志同胞視為競爭敵手，那麼各地的德意志人民就無法團結成一體，而是各行己事，如此一來，德意志民族只有走上分崩離析一途。誰如果自陷於這種錯誤當中，就犯了『鄉黨情節』的毛病，德意志地區也會因此而沉淪。」

在讀完德國體操之父這段鞭辟入裡的論述後，人們是否會問，當時的日耳曼地區為何會出現這樣的演變？神聖羅馬帝國的皇帝既沒有最高的集中實權，也沒有真正的政治權威，充其量只是虛位元首，是帝國的象徵。如果神聖羅馬帝國當時在東方的話，它的皇帝就可以舒服地坐著轎子，被臣僕們恭恭敬敬地抬到帝國各處巡行。然而，中歐神聖羅馬帝國的皇帝在當時卻只能自己騎著馬匹，從一處行宮搬遷到另一處行宮，所以，他看起來比較像一位入住豪華官邸的帝國最高督察官，而不是無家可歸的皇帝。

儘管皇帝不像皇帝，這個內部邦國各自為政的帝國還是不能沒有這虛位元首。其實，當時日耳曼地區只需要一位弱勢的皇帝，這樣一來，地方的公侯們在打交道時，才有權力運作的空間。神聖羅馬帝國只是內部治權紛亂的外在形式的統合，當時其他國家在看待這個不具政治實體的「帝國」時，大概覺得有些可笑吧！

神聖羅馬帝國由三百多個邦國組成，而且帝國境內還有許多享有特別法律權利的地區，這些特權地區的公侯所享受的特別權利以及特許的優惠，讓帝國內部秩序更加混亂，並衍生出一些無法解決的問題。當拿破崙率軍攻打神聖羅馬帝國時，這個以帝國為名的鬆散政治聯盟，其衰弱和缺失就更明顯地暴露出來。拿破崙不只想搗爛這個「帝國」，他還想摧毀它的象徵，不過這位軍事天才卻沒有料到，他的法蘭西軍隊占領日耳曼地區後，反而強化了德意志人的民族意識。為了建立統一的民族國家，德意志人後來便群起反抗法國占領軍的統治，這是拿破崙始料未及之處。或許德國人應該對拿破崙的入侵心懷感激才是！

在一八七一年德國正式統一之前，至少在德意志地區的菁英圈裡，早已出現統一的德意志「文化國」（Kulturnation）和「語言國」（Sprachnation）。拿破崙法軍的異族統治催生了德意志人民建立強大德意志帝國的夢想，不過，這種統一的夢想最後卻付出了慘痛的代價：末代德皇威廉二世的威廉主義最後讓德國成為第一次世界大戰的戰敗國，德國不僅因此喪失許多領土以及所有的海外殖民地，而且還必須支付天價的戰爭賠款。

普魯士是德意志地區反抗拿破崙統治的最大贏家。在德語區，足以與它匹敵的競爭者是哈布斯堡家族統治的奧匈帝國。由於奧匈帝國當時把政治勢力從自身的德語文化圈過度向外擴張，因此必須花費許多精力處理帝國內部歧異的問題。這反而讓普魯士有機可乘，於是輕易地把奧匈帝國排除在外，而成為德語地區的霸主，並領導德意志民族完成國家統一。

這個說法或許有人會反對，因為當時還有一股第三勢力也是普魯士的競爭者：在一八四八至四九年的「德意志革命」（Deutsche Revolution）期間，一群德意志地區中產階級的自由主義者以自由民主及德國統一為目標，在法蘭克福聖保羅教堂召開盛大的國民會議，不過，這場反抗貴族統治的「德意志革命」，卻早在一八三二年「韓巴賀節慶」（Hambacher Fest）的暴動便已開始醞釀。法蘭克福的國民會議，後來由於普魯士的優勢，以及這些自由派革命人士主張的議會政治過於前衛，最終以失敗收場。由於普魯士在幾十年前的反拿破崙戰爭中曾扮演關鍵角色，戰勝之後，普魯士國王便說服許多德意志地區的邦國組成「德意志聯盟」（Deutscher Bund），暫時代替已瓦解的神聖羅馬帝國，參加奧匈帝國首相梅特涅在一八一四至一五年間所召開的「維也納會議」，以協商拿破崙戰敗後歐洲政治秩序的重整，以及各國領土的重劃問題。以下是組成「德意志聯盟」的各個邦國：

奧地利帝國（其中包括哈布斯堡王朝的世襲領地）
普魯士王國（包含數個行省）
巴伐利亞王國

薩克森王國
漢諾威王國
符騰堡王國
巴登大公國
黑森大公國
盧森堡大公國
梅克倫堡—什未林大公國（Mecklenburg-Schwerin）
梅克倫堡—施綴利茲大公國（Mecklenburg-Strelitz）
薩克森—威瑪—埃森那赫大公國
奧登堡大公國
黑森選帝侯國
霍爾斯坦公國
許列斯威悉公國
勞恩堡公國（Lauenburg）
那紹公國（Nassau）
布朗許維克公國（Braunschweig）
薩克森—哥達公國（Sachsen-Gotha）

薩克森—科堡公國（Sachsen-Coburg）
薩克森—麥寧恩公國（Sachsen-Meiningen）
薩克森—希德堡豪森公國（Sachsen-Hildburghausen）
昂哈特—德紹公國（Anhalt-Dessau）
昂哈特—柯騰公國（Anhalt-Köthen）
昂哈特—伯恩堡公國（Anhalt-Bernburg）
林堡公國（Limburg）
霍亨索倫—黑興恩侯國（Hohenzollern-Hechingen）
霍亨索倫—西格瑪凌恩侯國（Hohenzollern-Sigmaringen）
列支敦士登侯國（Lichtenstein）
利珀侯國
老洛伊斯侯國（Reuß ältere Linie）
小洛伊斯侯國（Reuß jüngere Linie）
蕭姆堡—利珀侯國（Schaumburg-Lippe）
舒瓦茲堡—利珀侯國（Schwarzburg-Lippe）
舒瓦茲堡—松德斯豪森侯國（Schwarzburg-Sondershausen）
華戴克侯國（Waldeck）

黑森—宏堡伯爵領地（Hessen-Homburg）

不來梅自由城市

法蘭克福自由城市

漢堡自由城市

呂北克自由城市

32.
戰爭與和平

Krieg und Frieden

一六一八年，歐洲大陸爆發了一場毀滅性戰爭，即「三十年戰爭」。這場長期宗教戰爭首先由波希米亞當地的貴族引發，他們為了爭取在地的宗教信仰（捷克新教——胡斯教派Hussiten）和語言（捷克語）的正當性而發動革命，把天主教陣營哈布斯堡王朝派駐於布拉格的一些官員，從一座城堡高處的窗戶丟下，造成受害者當場死亡，這起「布拉格墜窗事件」（Prager Fenstersturz）便是以德意志地區為主戰場的三十年戰爭正式引爆點。

據說在戰爭爆發前夕，曾有一顆彗星劃過夜空，灼灼發亮的長尾似乎在預示人間即將出現的饑荒、瘟疫和死亡。

自從馬丁·路德於**一五一七年**在德國北部發動宗教改革以來，德語區便一直處於衝突狀態，即宗教改革和反宗教改革、新教徒和天主教徒、北方的新教教會和以南方羅馬教廷為首的天主教會之間的衝突。這兩個基督教陣營都擁有強大的軍事武力，雙方旗鼓相當。從宗教改革到三十年戰爭爆發這一百年間，新教徒和天主教徒之間已陸續出現一些相互攻擊的陰謀詭計、小規模的爭鬥以及零星的武裝戰役。**一五三一年**，新教徒的政治勢力在圖林根的胥馬卡登（Schmalkalden）集結，並組成第一個新教徒陣營的軍事協防組織——「胥馬卡登聯盟」（Schmalkaldischer Bund）；**一五五五年**，德意志地區信奉新、舊教的王公諸侯們停兵休戰，在奧格斯堡締結宗教和平條約（Augsburger Religionsfrieden）；以上這些事件都是三十年戰爭爆發的歷史背景與徵兆。

一六〇八年，日耳曼北部地區一些信仰新教的公侯，為了對抗羅馬教廷以及信奉天主教的神聖羅馬帝國皇帝和哈布斯堡家族，遂彼此串連，正式組成「新教聯盟」（Protestantische Union）；支持羅馬教皇的舊教陣營也不甘示弱，隨即於隔年組成「天主教聯盟」（Katholische Liga）。被新教徒譽為「北方雄獅」的瑞典國王古斯塔夫・阿道夫（Gustav II. Adolf, 1594-1632）於**一六一一年**登上王位。**一六一二年**，荷蘭為了商貿利益而背叛基督教世界，逕自在信仰伊斯蘭教的土耳其設立使節館。**一六一三年**，俄國出現了歷史上最強盛的王朝——莫斯科的羅曼諾夫王朝。**一六一七年**，各地新教徒大肆舉辦馬丁・路德宗教改革一百週年紀念活動。同年，瑞典（據有芬蘭領土）和鄰國俄羅斯簽署《斯多波瓦永久和平條約》（Ewiger Frieden von Stolbova）。以上這些歷史紀事已注定了三十年戰爭的爆發。

出身比利時地區的約翰・馮・蒂利伯爵（Johann T'Serclaes von Tilly, 1559-1632）和波希米亞的阿布雷希特・馮・華倫斯坦公爵（Albrecht Wenzel Eusebius von Wallenstein, 1583-1634）是三十年戰爭前期天主教聯盟軍的兩大統帥；新教聯盟則由盧森堡貴族恩斯特・馮・曼斯菲德（Ernst von Mansfeld, 1580-1626）率軍迎戰。**一六二〇年**，蒂利伯爵指揮神聖羅馬帝國軍隊，在布拉格附近殲滅了新教陣營的盟軍，即三十年戰爭初期的白山戰役（Schlacht am Weißen Berg）。這個天主教雇傭兵團的憤怒是他們贏得白山戰役壓倒性勝利的關鍵：在交戰之前，他們曾耳聞新教徒已把天主教教堂裡的聖徒雕塑和畫像拆走，而且還把他們眼睛戳掉的消息。這個說法並非事實，因為神聖羅馬帝國皇帝發動白山戰役的真正原因，是想取消當時波希米亞信仰新教的貴族在帝國境內享有的特權。

一六二四年，「玫瑰十字會」（Rosenkreuzer）這個直到十七世紀初才為世人所知的基督教祕密教團，正在等待他們所宣稱的世界末日，雅可布・波瑪（Jakob Böhmer, 1575-1624）這位十七世紀偉大的神祕學家也在這一年辭世。**一六二五年**，信仰新教的英國、荷蘭和丹麥為了拯救「德意志的自由」

（die teutsche Libertät）而組成「海牙同盟」（die Haager Allianz），自此，三十年戰爭便完全以中歐日耳曼地區為主要戰場。**一六二六年**，瑞典國王古斯塔夫．阿道夫率軍南下，駐紮於普魯士，雖然他當時與神聖羅馬帝國軍隊交戰經常獲勝，不過，這些戰事卻也造成日耳曼地區的破壞。雙方的軍隊和支持者到處對峙交鋒，把老百姓的生活世界變成了殺戮戰場，石磨和燒紅的鍛鐵四處丟散。新教陣營英勇的軍事統帥馮．曼斯菲德不是還在那裡指揮若定嗎？他怎麼會陣亡？據說，他在身負重傷後，還穿著全副戎裝把遺囑寫完，並在兩位友人的撐持下保持數小時站姿，以靜待自己的死亡。

一六二七年，波希米亞地區實行政治專制制度；英國因為接受被法國迫害的新教胡格諾派教徒，而與法國之間出現外交危機。

一六二八年，天主教聯盟軍統帥華倫斯坦公爵圍攻北德漢薩港都史卓拉尊特，後來失利未果。

一六二九年，哈布斯堡王朝的神聖羅馬帝國皇帝和丹麥締結《呂北克和平協定》（Frieden von Lübeck）。

一六三〇年，瑞典國王古斯塔夫．阿道夫率軍進入北德臨靠波羅的海的波緬地區（Pommern）；天主教聯盟的華倫斯坦公爵遭神聖羅馬帝國皇帝解除軍事統帥一職；日耳曼占星學家暨天文學家約翰尼斯．克卜勒（Johannes Kepler, 1571-1630）過世。

一六三一年，瑞典和法國簽署《貝爾華德條約》（Abkommen von Bärwalde），這兩個歐洲強權還宣稱，這項條約對於拯救「德意志的自由」具有劃時代的意義；神聖羅馬帝國軍隊統帥蒂利伯爵與騎兵團團長勾特弗利德．馮．帕鵬罕伯爵（Gottfried Heinrich Graf von Pappenheim, 1594-1632）聯手攻破並摧毀德國北部信奉新教的馬格德堡城。

一六三二年，已被解職的華倫斯坦公爵，帶著他的副將回到波希米亞領地；瑞典國王古斯塔夫．阿道夫率軍往南征戰；天主教信仰的狂熱者蒂利伯爵過世；古斯塔夫．阿道夫國王和帕鵬罕伯爵率領軍隊展開呂岑會戰（Schlacht bei Lützen），雙方均不幸陣亡；荷蘭和西班牙進行和平談判。

一六三三年，瑞典首相亞瑟．歐森史蒂納（Axel Oxenstierna, 1583-1654）與萊茵地區信仰新教的公侯們正式結盟，並成立「海布隆聯盟」（Heilbronner Bund）；法國樞機主教也是法王路易十三的宰相黎胥留公爵（Armand-Jean du Plessis, Herzog von Richelieu, 1585-1642）[2]努力在萊茵地區擴張天主教陣營勢力範圍。

一六三四年，華倫斯坦公爵被謀殺。

一六三五年，法國公然介入德意志地區的內戰。

一六三六年，瑞典軍隊在德北的威特胥多克（Wittstock）附近打敗神聖羅馬帝國軍隊；名詩人谷綠菲斯發表他的重要詩作〈祖國的淚水〉（Tränen des Vaterlandes），並在詩句中控訴戰爭造成民不聊生的悲劇。

一六三九年，為哈布斯堡王朝效力的佛羅倫斯貴族歐克塔維歐．皮柯洛米尼親王（Octavio

---

1 這裡的teutsch即deutsch（德意志的）的舊式拼寫方式。

2 黎胥留公爵對於當時法國的政局和政務具有主導性影響力，他在三十年戰爭期間透過一連串外交努力，為法國爭取到不少利益，並鞏固了法國的君主專政制度，為後來「太陽王」路易十四鼎盛的國勢奠下根基。

Piccolomini, 1599-1656）指揮「天主教聯盟」軍隊，在法國北部的蒂庸維（Thionville）大敗法軍；從事德語詩學改革的著名詩人馬丁．歐皮茲（Martin Opitz, 1597-1639）因感染瘟疫而去世。

一六四〇年，霍亨索倫王朝的腓特烈．威廉（Friedrich Wilhelm, 1620-1688）[3]繼任神聖羅馬帝國的布蘭登堡選帝侯暨普魯士公爵，開始統治當時慘遭戰火蹂躪、破敗不堪的普魯士地區；神聖羅馬帝國為了結束德意志地區的長期戰爭，在雷根斯堡召開帝國議會。

一六四三年，德北的明斯特和歐斯納布律克（Osnabrück）成為兩大交戰陣營進行和平談判的地點。

一六四四年，北歐的丹麥和瑞典發生戰爭。

一六四六年，瑞典的大元帥卡爾．烏朗爾伯爵（Carl Gustav Wrangel, 1613-1676）和法國的大元帥亨利．德．杜倫尼子爵（Henri de Turenne, 1611-1675）聯手合作，舉兵進入神聖羅馬帝國；瑞典軍隊再度進占波希米亞地區；由哈布斯堡王朝統治的西班牙和新教陣營的荷蘭在明斯特進行談判。

一六四八年，西班牙與荷蘭訂定和平條約；瑞典軍隊劫掠布拉格城；神聖羅馬帝國皇帝及其「帝國階層」（Reichsstände）的各邦國，與法國在明斯特、與瑞典在歐斯納布律克簽署永久和平條約：法國從神聖羅馬帝國獲得亞爾薩斯部分土地，並加強法軍在萊茵河前沿陣地的部署；瑞典由於得到不來梅和波緬地區的支持，而被神聖羅馬帝國皇帝納為「帝國階層」，並因此取得帝國議會的席位。

我們可以把十七世紀的三十年戰爭視為二十世紀兩次世界大戰的原型。這場長達一個世代的戰爭把廣大的歐陸地域變成軍事鏖戰的現場，對戰雙方則以不同的宗教意識形態作為戰爭號召。

如果從路德的宗教改革開始算起，三十年戰爭其實已經醞釀了一百年。衝突不斷的新、舊教勢力猶如兩個地殼的板塊，它們或許需要彼此的碰撞擠壓，才能搖醒大地沉睡的萬物，但它們卻不考慮，這樣的衝突會對民間造成多少的損失和傷害。

一九一四年，歐洲再度爆發大規模戰爭：第一次世界大戰。開戰前夕，彗星又再度出現在歐洲的夜空，當時的歐洲人不但沒有當真，以為那是即將發生大災難的預兆，反而還拿這顆彗星開玩笑。畢竟二十世紀的歐洲民智已開，一切以理性掛帥，誰還會迷信這些？當時歐洲的商人會打趣地把這顆彗星的照片印在明信片上販售，人們也會開心地相互寄送。總之，一切都很平常，並沒有什麼事情發生。

而後，突然間，歐洲所有國家紛紛相互宣戰，直到今天人們還困惑不解，為什麼會出現世界大戰？實際上，當時參戰國的元首能力都很平庸，都對這場大規模戰爭顯得興趣缺缺。他們沒有能力做比較重要的決定，連德國皇帝威廉二世也沒有這種決策能力，更別提那位早已被德國人遺忘的帝國首相帖奧巴登．馮．貝特曼．霍爾維格（Theobald von Bethmann Hollweg, 1856-1921）。這位首相的執政採取保守略偏自由派的政治路線，和社會民主黨溝通良好，只負責帝國的內政事務。

歐洲強權在十九世紀透過外交協議所達成的政治均勢與集體的安全系統，已無法在二十世紀繼續

---

3 布蘭登堡選帝侯暨普魯士公爵腓特烈．威廉被後世尊為「大選帝侯」（der große Kurfürst），他所施行一連串果決的政治改革，為後來建立的普魯士王國奠下堅實基礎，也讓霍亨索倫家族成為德意志地區最有影響力的貴族。

發揮原有功能，這就是第一次世界大戰爆發的時代背景：參與維也納會議的幾大歐洲強權所組成的「神聖聯盟」（Die Heilige Allianz）雖然在一八一五年把拿破崙大軍打得落花流水，不過，這個後來還聯手打壓歐洲各地民主與民族主義運動的政治同盟，在經過整整一世紀後，也就是在一九一四年第一次世界大戰爆發時，已經喪失了運作能力。因為在這一百年間，中歐的工業發展突飛猛進，完成民族統一的德意志帝國已躍升為歐洲強權，然而，十九世紀初在維也納會議所組成的「神聖聯盟」，卻無法接受普魯士統一德國並成為強權國家的事實。

當德意志帝國經過迅速的工業發展而擁有強大國力，足以和大英帝國這個西歐霸權較勁時，中歐德語區的另一個帝國——奧匈帝國——卻遲遲無法適應現代化潮流，而陷入前所未有的困境。當普魯士所領導的德意志帝國順應時代的精神及趨勢，毫不費力地以民族國家之姿立足於國際舞台時，盤據於多瑙河流域的奧匈帝國看起來就像是歷經數世紀的歷史遺留，一個過時的國家政體。歷史告訴我們，這種過氣的政權往往會因為許多勢力的運作而加速瓦解，因此，不論是大、小事件，甚至是芝麻蒜皮的小摩擦，都可能成為一場政治災難的導火線。

德國宣布參加第一次世界大戰後，《德意志帝國日報》（*Deutscher Reichsanzeiger*）這份官方報紙便立刻在一九一四年八月六日的特刊中，登出德皇威廉二世昭告德國全體人民的文書，其內容如下：

「親愛的德意志同胞們！

德意志帝國自成立以來，至今已經過四十三個寒暑。敝人及父祖無不以十萬分的熱誠致力於維持國際和平以及國家的強盛發展，然而，我們的敵人卻妒忌我們的成就。當我們已意識到自己的責任和力量時，卻還必須忍受國土的東、西兩邊以及大西洋對岸國家對我們德意志帝國或明顯或隱藏的敵意。現在這些國家企圖屈辱我們，它們希望我們德國人袖手旁觀，眼睜睜地看著它們為了進行險惡的軍事突襲而展開武裝軍備。我們的盟國為了維護身為強權國家的聲望而奮鬥，如果它們受到凌辱，身為盟邦的我們也將失去我們的勢力與榮譽。況且與我們敵對的國家並不會容忍我們對盟友毫不遲疑的忠誠及支援，因此我們必須訴諸武力。我們生活在和平當中，卻受到敵人的攻擊，為此我們必須拿起武器！親愛的同胞們，你們對於每個信念的動搖和遲疑都將是對祖國的背叛。這場戰爭攸關德意志民族的素質與勢力維持，我們將誓死反抗，直到我們的軍士和他們的馬匹嚥下最後一口氣為止。我們將挺過這場戰鬥，並戰勝敵方陣營。只要德國內部團結一致，就不會被敵人打敗。讓上帝帶領我們前進，祂將與我們同在，就如同祂曾與我們的先祖同在一般。」

末代德皇威廉二世的戰時動員通告正式刊出之後，《法蘭克福時報》（*Frankfurter Zeitung*）對當時柏林市中心菩提樹下大道（Unter den Linden）的情況做了如下報導：

「當皇帝正式宣告戰時動員後，菩提樹下大道以及柏林皇宮前的廣場迅速聚集數十萬名群眾，車輛根本無法通行，皇宮大花園（Lustgarten）也被人潮擠得水洩不通。人們在現場高唱愛國歌曲，而且還齊聲喊著：『我們要見皇帝！』一切進行得整齊劃一，似乎有人在現場指揮一般。約莫在六點半左右，德皇在皇后的陪伴下，出現在皇宮二樓的大陽台，民眾立刻以最熱烈的歡呼聲向他們的元首致意，接著又唱起愛國歌曲。過了一會兒，當德皇示意將發表談話時，人群才安靜下來。在經過片刻的靜默後，皇帝開始向民眾演說，他那洪亮的聲音連遠處也聽得見，而且還隨著情緒的激動而愈來愈大聲。我們的皇帝表示：『如果德國應該參戰，國內各黨派就應該消弭彼此的歧異，一致團結對外，畢竟大家都是手足同胞。在國家承平時期，我雖受到這個或那個政黨的攻擊，不過，現在我已經完全原諒他們。如果我們的鄰國不讓我們過太平日子，那麼，我們只能期待德意志帝國精銳的軍事武力在這場戰鬥中大獲全勝！』

威廉二世的演說一結束，廣場上的群眾便歡聲雷動，貴為皇帝的他在柏林還不曾經歷如此熱烈的場面，後來聚集的群眾又興奮地唱起愛國歌曲。」

德國參戰後，便採取閃電作戰計畫，出兵中立國比利時，以迴避強固的法軍防線。德軍轟炸魯汶市（Leuven）時，蓄意以汽油及易燃劑焚燒魯汶大學圖書館，致使這座蘊藏許多歐洲文化記憶的寶庫慘遭浩劫，許多珍貴的古籍珍本因而燒毀。協約國陣營便利用德國在魯汶大肆破壞歷史文物的惡行所引起的國際公憤，立即廣作政治宣傳。德國知識界為了回應協約國的攻擊，便由九十三位知名人士聯合發表〈對文化界的號召〉（Aufruf an die Kulturwelt）這篇聲明，其中有一段這樣的內容：「德國出兵被認為違反國際公法，這並不是事實。德軍並沒有出現一些不守紀律的暴行，然而在東線戰場的土地上，卻流淌著被俄軍那群烏合之眾屠殺的婦女與孩童的鮮血；在西線戰場上，德軍將士們卻被達姆彈（Dumdumgeschosse）炸開了胸膛。如果人們希望自己的言行舉止像個歐洲文化的捍衛者，就應該避免和俄羅斯人及塞爾維亞人結盟，盡量不要在世人面前出現一些可恥的言行，包括煽動黃種人和黑種人來攻訐白人。」

這份聲明由熱中政治運動的喜劇作家路特威・富爾達（Ludwig Fulda, 1862-1939）起草，簽署者都是德國學術界及文化界的代表人士：諸如，知名抒情詩人理查・德墨爾（Richard Dehmel, 1863-1920）、猶太裔諾貝爾化學獎得主弗利茲・哈柏（Firtz Haber, 1868-1934）、生物學家暨達爾文—華萊士獎章得主恩斯特・黑克（Ernst Haekel, 1834-1919）、教會史學家阿道夫・馮・哈納克（Adolf von Harnack, 1851-1930）、諾貝爾文學獎得主豪普特曼、德國象徵主義畫家麥克斯・克靈爾（Max Klinger, 1857-1920）、猶太裔德國印象主義代表畫家及一戰後的普魯士藝術學院院長麥克斯・利伯曼（Max Liebermann, 1847-1935）、帝國國會議長瑙曼、提出量子力學理論的諾貝爾物理獎得主麥克斯・蒲朗克（Max Planck, 1858-1947）、知名的奧地利猶太裔演員暨導演麥克斯・萊因哈特（Max Reinhardt, 1873-1943）、發現X光的諾貝爾物理獎得主威廉・倫琴（Wilhelm Röntgen, 1845-1923）、歌劇作曲家理查・華格納之子暨拜魯特慶典歌劇節藝術總監齊格菲・華格納（Siegfried Wagner, 1869-1930），以及創立第一座心理學實驗室的現代心理學奠基者威廉・溫特（Wilhelm Wundt, 1832-1920）等。

不過，德國國內當時還出現另一種不同的聲音：德國和平主義者格奧格・尼可萊醫生（Georg Friedrich Nicolai, 1874-1964）對文化界這份為德國軍國主義辯護的聲明深表不以為然，幾天後便發表〈對歐洲人的號召〉（Aufruf an die Europäer）這份聲明作為回應，呼籲歐洲各國和平團結，然而連署人數卻寥寥無幾，只有物理學家愛因斯坦和其他兩名人士。

德國因為施行軍國主義以及威廉二世對外擴張的野心，而加入第一次世界大戰，但實際情況卻不利於德國參戰：德國當時距離上一次戰爭——即一八七〇年的普法戰爭——已有四十四年之久，帝國軍隊對戰爭的陌生程度就如同二戰後西德成立的聯邦國防軍（Bundeswehr），一直未參與戰事，直到一九九〇年代才被派到巴爾幹半島參加聯合國維和行動一般。參與第一次世界大戰的德軍在戰場上普遍缺乏戰鬥力和爆發力，種種表現並不符合作戰要求，反而比較像晚上泡啤酒館的大學生在遵守一些成文或不成文的習慣和規矩（Biercomment）。德國東邊的斯拉夫地區一向被稱為「斯拉夫後院」，當時有一大片區域由奧匈帝國統治，由於當地人民不願再被德語系政權整合入中歐地區，一些有影響力的人士便透過政治宣傳，鼓動人民和協約國——蘇俄及西歐國家——站在同一陣線，以建立統一的民族國家。畢業於維也納大學的捷克哲學家托瑪斯．馬薩里克（Tomáš Garrigue Masaryk, 1850-1937）曾抨擊奧匈帝國的專制以及對境內異族的壓迫，為了達成捷克建國的夢想，他遵循波希米亞的政治傳統從事遊說活動，後來還在一戰期間遠赴美國，並在華盛頓成立捷克臨時政府。一九一八年第一次世界大戰結束後，捷克終於獨立建國，馬薩里克順利獲選為捷克的首任總統。

德意志帝國曾企圖對西歐國家展現自己的競爭力，因而被視為討厭的競爭者，這也是第一次世界大戰發生的原因之一。總之，德國人跟西歐人愈類似，就愈惹人嫌；德國人希望打響自己的名號，卻也侵犯了別國的利益。所有這一切都造成普遍的利益衝突，至於一戰爆發的其他因素則是人人皆知的緣由：當時歐洲各國在外交方面的愚昧和無知。由此可見，人們在討論第一次世界大戰的問題時，不能只聚焦於戰爭罪責的釐清。

即使是一場大規模的世界大戰，也可能起因於一個小事件。一九一四年，主張兼併塞爾維亞王國的奧匈帝國皇儲斐迪南大公（Franz Ferdinand, 1863-1914）在波士尼亞行省的首府塞拉耶佛（Sarajevo）視察時，被一名塞爾維亞民族主義者槍殺身亡，這起暗殺事件引起一連串強烈反應，最終演變成一場全面性戰爭：奧匈帝國因為不滿塞爾維亞未懲罰肇事者而向塞爾維亞宣戰，蘇俄身為塞爾維亞的保護國，便聲援塞爾維亞，後來由於複雜的國際結盟關係，最後連西歐的強權國家——英國和法國——也捲入這場戰爭。位於中歐的德國是奧匈帝國的盟國，在宣布參戰後，便面臨敵國陣營的雙面夾擊。德國原本打算透過閃電作戰計畫速戰速決地處理這場戰爭，不過，最後仍不敵周邊強敵夾攻，而與奧匈帝國一同淪為戰敗國，霍亨索倫與哈布斯堡這兩個德語系王朝也就此終結，走下歷史的舞台。高舉民族主義與自由主義的德國國會議長瑙曼，曾在一戰期間出版《中歐》（*Mitteleuropa*）這本深具影響力的著作，其內容的論述便是以德國的地理位置和它的國際處境作為主要起點。

一戰結束後，戰勝國在一九一九至二〇年所主導的《巴黎和約》，對於整個二十世紀的發展影響甚鉅，也導致了它的不幸。曾有人士指出，十九世紀的市民世界（bürgerliche Welt）已隨著第一次世界大戰而結束，而且這種社會現象不只發生在戰敗國，在戰勝國也是如此。隨著一戰的進行，大眾社會（Massengesellschaft）首次透過自身的匿名性而立穩腳跟，不過，它初次現身歷史舞台時，看起來並不起眼，也沒什麼重要性。

德國大眾在國家戰敗的危機時刻突然失控地採取行動，不願再一味地遵從任何的制度與規矩。他們在一戰期間，已因為戰壕中那些既血腥又無意義的經歷、作戰行動的焦慮和驚恐、軍事指揮官專業能力的不足、國內經濟蕭條、民心不安以及政治情勢的混亂，而失去了對國家權威的信心與尊崇。在大眾社會匿名性的保護下，一些曾正式配備武器的軍人，在一戰之後便成為反抗政權的群眾以及叛逆的無政府主義者。社會及政治的混亂情勢，讓信仰世界主義的下層階級有機會展開行動，他們當時深信，資本利益才是這場世界大戰發生的原因。當時德國人民由於厭戰，因此更認同共產主義所主張的階級鬥爭。馬克思主義似乎變得很有道理，不過，這種將一戰爆發歸咎於資本家剝削的說法並沒有事實根據，而是來自德國國內的反戰風氣。當社會主義成為時代潮流之後，歐洲各國那些曾在一戰的戰場上拿著槍桿相互廝殺數年的無產階級者，突然發現了彼此共同的利益。

一九一七年，聖彼得堡的沙皇政權被推翻，列寧領導的布爾什維克發動十月革命，透過暴動取得俄國政權；一九一八年一戰結束，戰敗國——特別是德語區的兩個帝國——內部開始出現動亂和革命。以俄共為首的共產黨國際組織準備在慕尼黑、柏林、維也納和布達佩斯建立蘇維埃共和國（**Räterepublik**），卻都沒有成功。德國在社會民主黨、納粹黨及共產黨三方勢力的激烈角力下，最後妥協出一個折衷的政體：威瑪共和。

威瑪共和政權成立後，德國國內的經濟依然蕭條，並未因威廉二世退位而有所改善，不過，經濟衰敗並不是社會動盪不安的唯一因素：德國社會對於施行威瑪共和體制並沒有準備，德皇退位後，德國人民頓失強人領導，其實德國人當時不一定需要威廉二世，而是君王所代表的政治威信，然而，德國大多數的政治黨派和利益團體卻看不到威瑪政權的權威性。威瑪共和時期的德國猶如沒有皇帝的德意志帝國、沒有國王的普魯士王國。

自從德意志帝國滅亡後，普魯士地區年復一年推出一些宣揚普魯士王國和德意志帝國歷史偉蹟的電影，這種現象並非出於偶然。光是一九三二年，普魯士地區便拍攝了七部這類型的影片：《前進的元帥》（*Marschall vorwärts*）描述普魯士的蓋博哈特．布呂赫元帥（Gebhard Leberecht Blücher,

1742-1819）如何領導德意志人民成功打敗拿破崙法軍的歷史故事；歷史劇情片《普魯士少校席爾手下的十一位軍官》（*Die elf Schilschen Offiziere*）、喜劇片《黑衣輕騎兵》（*Der schwarze Husar*）和傳記電影《詩人泰奧多・科爾納》（*Theodor Körner*）也都以反抗拿破崙的德意志解放戰爭為背景；歷史喜劇片《忘憂宮的舞孃》（*Die Tänzerin von Sanssouci*）則是腓特烈大帝——使普魯士軍力和領土大幅擴張並成為歐洲強權的國王——和女舞者芭貝莉娜（Barberina）的愛情故事；此外，歷史愛情片《探險家特連可》（*Trenck*）也以腓特烈大帝在位時期的普魯士盛世為故事背景；戰爭片《東線的塔嫩山戰役》（*Tannenberg*）則是關於第一次世界大戰期間，出身普魯士的保羅・馮・興登堡將軍（Paul von Hindenburg, 1847-1934）如何在塔嫩山附近大敗蘇俄軍隊的故事。然而，這些影片所頌揚的普魯士和德意志的勝利事蹟與豐功偉業，對於威瑪共和時期的德國人民而言，卻有負面的影響。

德國人民在威瑪共和時期最喜歡辯論和討論關於第一次世界大戰發生的原因。在保守派的圈子裡，人們特別關注為什麼德國會打輸第一次世界大戰？這些人士當時把德國的戰敗歸咎於內部的背叛，軍方最高領導階層甚至還刻意散布所謂的「背後暗箭說」（Dolchstoßlegende）這種論調：德軍在前線的戰敗是由於「後方的背叛」，當時社會民主黨人和猶太人都在扯後腿。

戰勝國在《巴黎和約》中所貫徹的協議，是德國威瑪共和體制失敗的主因。戰勝國透過該和約的內容刻意屈辱德國人民，所以，完全不留任何讓戰敗的德國人可以為自己辯白的機會。總之，《巴黎和約》稱不上是一份妥當的和平條約，因為，締約的戰勝國並未思考該和約長期的可行性，在這方面，它甚至連終結十七世紀三十年戰爭的《西發里亞和約》都還不如。

《巴黎和約》對德國內部而言，比較有利於那些主張修正原有政治方針的黨派。納粹黨在政治宣傳中提出修正主義（Revisionismus），後來還對德國社會造成廣泛影響。納粹在一定程度上透過戰敗後的德國情勢取得執政權，不過，這並不表示德國社會當時已向極權主義及非正規權力投降。

威瑪共和時期的德國政府依照民主原則，進行立法與行政管理的制度化，不過，德國人要在這個動盪不安的時期維繫民主制度，還必須借助武力。德國在威瑪共和時期已經形成合法的政治黨派系統，由於政黨間的鬥爭愈趨激烈，只要是有分量的政黨，都會設立附屬的半軍事組織，比如納粹的「褐衫突擊隊」、德國共產黨的「紅軍陣線戰士同盟」（Rotfrontkämpferbund）與德意志民族民眾黨（DNVP）的「鋼盔團」（Stahlhelm）。社會民主黨、德國中央黨（Zentrumspartei）和德國民主黨（DDP）這三個政黨後來也攜手組成跨黨派的「帝國旗幟團」（Reichsbanner），以回應其他政黨的武裝趨勢。當時德國共產黨非常活躍，「紅軍陣線戰士同盟」的成員在打招呼時，還會隨口喊出「莫斯科萬歲！」、「史達林萬歲！」等口號。

幾乎所有參與建立威瑪共和的人士都認為，這個共和政體只是暫時因應德皇退位所造成的中央權力真空的權宜之計。有鑑於德意志帝國的戰敗與覆亡，「修正」因而成為二〇年代德國政治的基本原則。納粹當時已懂得順應主流趨勢，而把自己包裝成修正主義最堅決的支持者。德國民眾也認為納粹的主張很有原創性，在他們眼中，其他政黨所提出的見解只是納粹思想的複製品。

一九三三年：納粹接掌德國政權；三月二十四日，帝國議會通過「解除國家和民族所面臨的急難」這項法案，也就是所謂的「授權法」。依據此法，帝國議會將立法權授予行政機關，即納粹政府；四月十日，納粹政府宣布五月一日為「全國勞動日」；六月一日，帝國議會通過「降低失業率條例」，即納粹政府為人民創造工作機會的施政計畫；七月二十日，納粹德國和天主教中樞梵蒂岡為了雙方的相互尊重而簽署一項條約；八月二十五日，納粹政府公布被撤銷德國國籍的國民名單；十月十四日，德國退出國際聯盟，即現在聯合國的前身。

一九三四年：四月十七日，法國因為德國違反《凡爾賽和約》而向英國發出外交照會；四月二十四日，希特勒在柏林成立人民法院（Volksgerichtshof），專門審理叛國案件；八月二日，德國元帥、威瑪共和時期的德國總統興登堡辭世。

一九三五年：三月十六日，帝國議會通過一項擴增軍備的法案；九月十五日，帝國議會通過一項關於保護德國人民榮譽及血統純正的法案。

一九三六年：三月七日，希特勒派兵進駐德國萊茵地區，公然違反《凡爾賽和約》對萊茵地區為非軍事化地區的協議；八月一日，柏林奧運隆重開幕；十一月二十六日，納粹官方禁止人民發表藝術評論。

一九三七年：一月二十六日，帝國議會通過「公務員法」；三月十四日，天主教教皇發出〈令人焦急的憂慮〉（Mit brennender Sorge）這份通諭，藉此批評德國納粹的政策和意識形態，並對納粹政權下德國天主教會的處境表達嚴正關切；七月十九日，一場被納粹指為「變態藝術」（entartete Kunst）的現代藝術展覽在慕尼黑開幕；同年秋天，納粹政府開始系統性地把猶太人的資產雅利安化（Arisierung），也就是把猶太人的財產變更為雅利安人（德國日耳曼人）的財產。

一九三八年：甫於一九三四年成立的「信奉基督教會」（Bekennende Kirche）馬丁．尼莫勒牧師（Martin Niemöller, 1892-1984）因為反對納粹政權而被送進集中營；三月十二日，德軍進駐奧地利；八月十七日，納粹當局為了在公開場合易於辨識猶太人，強制將猶太人冠上一些特殊名字；八月十八日，德國陸軍總司令路特威．北克將軍（Ludwig A. T. Beck, 1880-1944）因為反對一項攻擊作戰而辭職下台；九月二十九日，德國在未知會捷克參與協商的情況下，片面和英國、法國及義大利簽署《慕尼黑協定》，把波希米亞的蘇台德地區（Sudetenland）劃入德國領土；十一月九日，德國納粹在「大屠殺之夜」（Reichspogromnacht）開始公然殺害猶太人，並破壞他們的住家、商店、會堂及墓園。

一九三九年：四月二十日，為了隆重慶祝希特勒五十歲誕辰，德國舉辦大型閱兵典禮；五月二十三日，希特勒向所有德軍將領說明他的攻擊作戰計畫；八月二十三日星期三，德國代表在莫斯科和史達林簽署《德蘇互不侵犯條約》；九月一日，德國和蘇聯簽署《德蘇互不侵犯條約》的八天後，德軍入侵波蘭，第二次世界大戰正式爆發；九月二十二日，德軍入侵波蘭三個星期後，和蘇聯紅軍在《德蘇互不侵犯條約》所議定的分界線碰頭，共同舉行一場慶祝勝利的閱兵大遊行。德國的亨茲．古德里安（Heinz Guderian, 1888-1954）和蘇聯的賽門．莫西葉維奇（Semjon Moissejewitsch, 1899-1978）這兩位將軍還歡歡喜喜地一起拍照留念，紀念這場「布列斯特戰役」（das Ereignis in Brest），因為他們已經順利達成《德蘇互不侵犯條約》附屬祕密議定書第一部的協定：瓜分波蘭。德國在波蘭核心地區實行專制統治，至於蘇聯占領的波蘭東部加利西亞地區（Galizien）的人民，則活在布爾什維克的恐怖政權之下。蘇聯人民所遭受的暴力、專橫、射殺和流放等困境又再度出現在波蘭——這個已被德蘇附屬祕密議定書鎖定的東歐國家。該年八月，一些氣象資料顯示，德國夏季均溫明顯高於往年；波列羅短上衣（der kurze Bolero）可以讓女性展現纖細的腰身，是當時德國婦女跟上時裝流行的必備品；BMW 335和Maybach SW 42是當時新型的車款；該年度最熱門的影片是費雯．麗和克拉克．蓋博主演的《亂世佳人》（*Gone with the Wind*），一部以美國南北戰爭為背景的愛情片；德國小說家允爾發表《在大理石峭壁上》（*Auf den Marmorklippen*）這部小說；愛爾蘭文學家詹姆斯．喬伊斯（James Joyce, 1882-1941）出版他的最後一部小說《芬尼根守靈夜》（*Finnegans Wake*）；法國名劇作家尚．季洛杜（Jean Giraudoux, 1882-1944）在巴黎推出他的新劇《水妖》（*Undine*）；西洋棋的奧林匹克大賽在阿根廷首都布宜諾斯艾利斯舉行。

一九四〇年，蘇聯紅軍依據《德蘇互不侵犯條約》的協議，占領波羅的海地區、布可維那北部和貝薩拉比亞地區（Bessarabien），所以，這一年可以算是「紅軍之年」。當紅軍入侵這些東歐地區時，其實已經預示這些地區在二戰結束後會出現什麼情況。當紅軍於一九四四年擊退敵對的德軍，再度進入波羅的海地區、波蘭和羅馬尼亞東部時，當地人民並不認為這些蘇聯人是可以讓他們重獲自由的解放者，獨獨只有一群人例外：納粹集中營裡的猶太人。受納粹迫害的猶太人被關押在集中營裡，過著煉獄般的生活，當時蘇聯紅軍已成為他們獲救的最後希望。不少被紅軍從集中營釋放出來的猶太人，特別是年輕的猶太人，為了報答這份恩情而加入紅軍的行伍，為蘇聯的布爾什維克政權效力。在東歐蘇聯化的初期，這些留在東歐的猶太人自然而然地成為史達林的幫凶，因此，當這些東歐國家後來展開打擊親蘇勢力的行動時，他們便慘遭鬥爭：這些猶太人當初借助蘇聯獨裁者的權勢將一些東歐國家的利益據為己有，而且還以不正當的手段幫助當地親蘇人士奪取政權，這筆帳到頭來都算在他們身上。德國納粹在二戰期間的表現就像屠殺種族的惡魔，蘇共頭子史達林則像操弄權力的撒旦，這也是為什麼蘇共從一九四〇年出兵東歐國家以後，還能繼續掌控這些附庸國長達半世紀，直到一九九〇年蘇聯開始分崩離析。

蘇聯在二戰結束後，已成為與西方強權平起平坐的戰勝國。西歐的英國和法國雖也是戰勝國，國力卻已大不如前，相較之下，史達林領導下的蘇聯正值霸權勢力巔峰。這位無產階級獨裁者還曾經兩度獲選為美國《時代》（*Time*）雜誌年度風雲人物，分別是一九三九年和一九四二年。（一九三八年，即二戰爆發前一年，《時代》雜誌封面的年度人物是希特勒，獲選理由是因為這位納粹獨裁者對國際事務深具影響力，不過，我們也可以把這個看法視為英語系國家對希特勒的姑息和讓步。）

美國和西歐強權最後打敗了希特勒，不過，卻是在史達林的協助之下。當時西方國家和這位無法無天的蘇共頭子結盟是基於二戰的戰略考量，但卻低估了這個共產極權政體的實力，付出的代價就是在二戰後陷入長期與蘇聯的冷戰和軍備競賽當中。

在這樣的時代背景下，蘇聯總算如願地發展出新型態的帝國主義，首都莫斯科也順理成章地成為當時號召世界革命的中心。蘇聯在二戰結束後，不只成為西方的主要敵人，它還是所有西方敵人的主要代言者。冷戰就這樣展開，歐洲和德國因為處於美蘇兩大超級強權的勢力交界範圍而一分為二。在沒有實際動武的冷戰狀態下，語言的力量就顯得更重要。兩大陣營會出言貶損對方來鞏固自己的地盤，也會透過語言交相指責，或刻意用曲解對方語言的方式大肆攻擊對方。

在長達數十年的冷戰裡，人們盼不到類似十七世紀《西發里亞和約》的簽署，只能耐心等待，直到一九八九年柏林圍牆倒塌。一九八九年之後，這個世界又進入一個新的時代。撕裂歐洲的鐵幕已然消失，統一的德國也開始付諸行動，致力於歐洲的和平。

戰爭之歌

德國抒情詩人馬提亞斯・克勞迪烏斯（Matthias Claudius, 1740-1815）作於一七七九年

這是戰爭！這是戰爭！啊，上帝的天使在制止
而你卻涉入！
可惜這是戰爭！而我希望
自己在這場戰爭裡沒有罪過！

我入睡時會感到悲痛，這該如何？
一群被殺戮者的鬼魂
流著鮮血、蒼白地、毫無血色地
朝我走來，
並在我面前哭泣。為何會如此？

當英勇的男人為了追求榮譽
而被斷肢，半死不活時，
他們躺在我面前，在塵土裡翻滾，
開口咒罵我，
因為他們處於生命的險境？

當數以百萬計的父親、母親和新娘
在戰前如此幸福，
現在卻都如此可憐而困頓，
他們在控訴我嗎？

當飢餓、可怕的瘟疫已造成苦難，
當朋友和敵人都到墓地聚集時，
有人朝我叫喊著榮譽，
那是來自一具死屍的呼叫？

國家、國王的冠冕、黃金和榮耀能給我什麼幫助？
這些東西都無法讓我開懷！
可惜這是戰爭！而我希望
自己在這場戰爭裡沒有罪過！

33. 文化國

Kulturnation

我們至今還可以清楚地看到，法國大革命的精神對於人們的生活世界所造成的影響，民族國家就是其中一個要項，只是很少被凸顯出來。法國大革命高喊的「自由、平等、博愛」也跟民族國家有關，然而這些精神卻一再被人們誤用。拿破崙身為歐洲現代史的首位獨裁者，深知如何把民族國家當成一項政治工具。拿破崙執政後，銳意推動司法改革，自詡為民法的保證者，因此，法國在拿破崙時期編修完成的《法國民法典》便被法國人尊稱為《拿破崙法典》（*Code Napoléon*），關於這一點，應該沒有人會有異議。拿破崙大帝當時希望藉由該法典的頒布，公開表示：「朕即革命！」

德意志地區的人民在被拿破崙統治之前，雖然有時會用強烈的言辭哀嘆他們的神聖羅馬帝國分崩離析，卻一直缺少建立統一民族國家的動力。直到拿破崙法軍入侵時，德意志民族才驚覺，必須為了保衛祖國展開全體的緊急動員。

身為德意志民族的一分子，到底應該保衛什麼？是普魯士這個「秩序國家」嗎？或是哈布斯堡王朝約瑟夫二世在擔任神聖羅馬帝國皇帝期間（1765-1790）所主張的政治改革？還是那些反對法國外來政權的主張？德意志地區不只像從前一樣割據分裂，人民還必須忍受政治混亂的局面。

當時德意志人民乾脆撇下棘手的「政治」不談，轉而以「文化」做為全體民族的認同標竿。德意志民族對於文化國的狂熱崇拜，早在拿破崙占領之前便已開始！文學家席勒和歌德這兩位彼此相知相惜的好友，在告別浪漫激情的狂飆突進運動後，轉而在威瑪攜手創作古典主義風格的文學作品，這兩位文學巨匠的合作，在德國文學史上稱之為「威瑪古典主義」（Weimarer Klassik）。他們活躍於當時的「繆思宮廷」（Musenhof）——即威瑪宮廷的文化沙龍——並以約翰·馮·赫德（Johann Gottfried von Herder, 1744-1803）和萊辛這兩位前輩哲學家暨文學家的啟蒙思想為基礎，討論世界主義和文化國的理念。從威瑪的角度來看，這兩位大文豪對於民族的論述，不單是呼籲德意志人民與現實局勢妥協，也是攀登新型態自我意識頂峰的嘗試。一個民族即使沒有國家政體，也應該全力支持自己的詩人和思想家，這兩位威瑪的文學大師當時的確實踐了這個想法。總之，威瑪的「繆思宮廷」就是個「學者共和國」（Gelehrtenrepublik），雖然從一開始，相關人士並不希望它被貼上這個標籤。

關於民族的議題，首先，席勒曾在一篇未完成的散文殘稿裡寫下一首詩，不過在世時一直未發表。席勒過世後，後輩的日耳曼文學史家卡爾．戈德克（Karl Goedeke, 1814-1887）在整理他所留下的手稿時，才發現這首詩，並為這首詩下標題，即〈德意志的偉大〉（Deutsche Größe），而後將之發表出版。根據戈德克的考證，席勒這首詩應該完成於一七九七年，而且他還發現席勒在他留下的文稿中，曾針對這首詩的構想寫道：「德意志民族的土地和德意志民族的國家是兩回事。德意志民族的崇高從不在於各地公侯們的政權，而在於德意志民族本身在政治領域以外所建立的價值。即使德意志民族的神聖羅馬帝國滅亡了，還是無損德意志民族的尊嚴。〔……〕它是一種品行的高尚，它存在於德意志民族的性格和文化中，而且獨立於自身的政治命運之外〔……〕當政治局勢動盪不安時，德意志民族在精神上便愈發堅定而完善。」

席勒這個論調頗為誇張！就民族國家的問題而言，這種見解即使算不上愚昧無知，至少也過於天真。根據這位文學大師的說法，所謂的「文化國」並沒有自己的疆土、政權和威信，對於德意志民族而言，它就是一種為個人自我而存在的「內在」國度。

一七九六年，當歌德和席勒這個威瑪文學雙人組以警句形式共同完成《贈辭》（*Xenien*）這本諷刺詩集時，似乎已成為德國文化史上不朽的人物，似乎那座紀念他們兩人的雙人銅像已經在威瑪國家戲劇院前豎立起來！這兩位威瑪文學明星在這本詩集的第九十五首〈德意志的國度〉（Das Deutsche Reich）寫著：「德國？它在何處？我知道，我找不到這個國家，／當有人開始倡導它時，就會出現政治的阻礙。」第九十六首〈德意志民族性〉（Deutscher Nationalcharakter）的部分內容如下：「把你們自己統合成一個民族國家，你們所期待的德國，這是徒勞無功的努力，／不過，為了這個國家的形成，你們卻可以擁有更大的自由，把自己培養成更完善的人。」

然而，德意志的國族問題並未因這兩位大文豪所發表的見解而得以解決：民族自我解放的行動如果不在民族國家的環境下，那麼應該在哪種制度框架下，經由教育和文化學習而展開？誰應該支持和發揚德意志民族的語言以及這個語言所承載的文化？

探險家洪堡德在完成南美洲的學術勘查活動後，便長居於巴黎，他曾用信件與歌德筆談民族的語言與文化問題：「哲學和藝術更需要自己的語言，這兩個領域已在語言的土壤中自行發展出思想意識、感覺和情感，並且透過語言而再次獲得塑造。」生活在異鄉的洪堡德認為，各個民族國家可以經由民族語言、哲學和藝術的精緻發展，產生愈多文化的個體性和異質性，他還在書信中寫道：「什麼讓我和德意志地區相連結？什麼是他鄉？我從自己已離開將近兩年的德意志文化圈裡創造出什麼？」「國家的憲法和人民的結社從來就不該混為一談，雖然它們可能已緊密地交錯在一起。」洪堡德這番話已經表明，他所主張的民族精神並不涉及政治性。在這裡，我們還要向德國研究古希臘文化的先驅溫克曼致意，這位希臘學家不僅讓德意志人民再度重視古希臘文化的價值，同時也代表了當時德意志知識分子普遍的思維：已不具政治實力的、衰弱的希臘卻能對歐洲文化發揮巨大影響。這種文化現象，讓當時德意志地區一些富裕的、受到良好教育的市民階層獲得極大的激勵和慰藉。他們認為，德意志民族就如同從前的希臘人，最適合以純粹人文的精髓勸誡人類。不過，他們也深深地體認到，德意志地區為數眾多的公侯雖然對自己領地的事務有決定權，卻無法有效促成德意志的藝術文化發展。

德國哲學家約翰・費希特（Johann Gottlieb Fichte, 1762-1814）曾在《當代的基本特質》（*Die Grundzüge des gegenwärtigen Zeitalters*）這本著作第十四章的末段中表示：「對於那些有真正學識的歐洲基督徒而言，哪個國家是他們的祖國？一般而言，他們的祖國就是歐洲，特別是那些各自在不同歷史時期達到文化高度發展的歐洲國家。」

一八〇六年，鄰國的皇帝拿破崙帶著大批軍隊和自己的藏書，以突襲方式攻占中歐地區，面對法蘭西民族的侵門踏戶，當時普魯士以及其他德意志地區的思想家反應非常激烈，紛紛致力於保衛自己的土地以及反抗拿破崙的異族統治，其中以哲學家費希特最為投入。這位被視為介於康德和黑格爾哲學之間的過渡人物，在經歷一八〇六年拿破崙法軍入侵後，開始積極參與政治而變得非常活躍。

一如歷史所告訴我們的，這位法蘭西皇帝的軍隊最後被普魯士、奧匈帝國和俄羅斯的反法同盟徹底擊潰。德意志地區在脫離拿破崙統治後，仍繼續經營自己的「文化國」。歌德和席勒這兩位文學家所留下的豐富文化資產，正是德意志文化國的砥柱，德意志人民對他們的尊崇也出現新的發展：大家都知道，這兩位大文豪是德意志文壇的莫逆之交，人們在他們過世後，特地將他們兩人往返的書信付梓出版。此外，在一八五七年九月四日這一天，他們那座位於威瑪國家戲劇院（當時的宮廷劇院）前的雙人紀念銅像落成時，這個典禮還被視為德意志民族文化國信仰的高潮。

早在這起文化界盛事之前，一八二六年在威瑪落成啟用的薩克森－威瑪－埃森那赫大公國的王族墓園，便已大大地肯定德意志文化國的重要意義。在該墓園正式完工的兩年前，威瑪王族一共二十六具棺柩已被移入墓園的那座拱頂大墓室裡。這座王族墓園落成後所舉辦的第一場葬禮，便是一八二七年十二月十六日為已逝的文學家席勒舉行的遷葬儀式。席勒崇高的文化地位讓人們認為，必須把當時他們信以為真的席勒骸骨埋葬在這座威瑪王族的墓園裡。一八三二年歌德過世後，他的遺體也備受威瑪大公禮遇，同樣下葬於這座王族墓園，而且和席勒的墓地相鄰。當時曾有人士提議，應該在威瑪為這兩位德國文學史的大文學家分別興建專屬墓園，不過他們最後還是歸葬於當地這座王族墓園。一八八二年，歌德逝世五十週年時，德國人紛紛前往威瑪朝聖，在這兩位文學家的墓前致上他們的敬意。

當德意志帝國隨著一戰戰敗而瓦解後，歌德和席勒這兩位德國大文豪，便成為某些人士辯護自己意識形態與政治主張的依據。由於這兩位文壇至交在威瑪的文學活動曾在德國文化史上大放異彩，當德皇退位後，一些政治人物便認為，應該以這兩位文化巨人作為德國的象徵，因此，他們便決定在威瑪召開德國國民議會，並通過所謂的「威瑪憲法」，這個在希特勒上台之前的共和制政體也被歷史學家稱為「威瑪共和」。在威瑪共和時期，文化國的主張很快便淪為「民族國家」這個概念的外在裝飾，當時的納粹黨及德國共產黨都在濫用威瑪所代表的文化符號，以藉此展現自己是威瑪古典主義的正統繼承者。舉例而言，納粹宣傳部長戈培爾曾把席勒的戲劇《威廉．泰爾》（*Wilhelm Tell*）稱為「領袖劇」（Führerdrama）；納粹黨的理論家羅森伯格還曾公開談論「歌德的日耳曼本質」；東德首位國家領導人烏布利希在一九六二年的一次公開談話中則提到，東德將來以社會主義統一德國之後，人們便可以用這項偉績為歌德的《浮士德》補上第三部。

德國納粹在二戰期間，為了避免席勒和歌德這兩位德意志文化偉人的遺骸被盟軍炸毀，還特地把他們的棺槨移到耶拿的防空洞裡。一九四五年五月，德國宣布投降後，席勒和歌德的遺骸在八月便已返回威瑪的王族墓園。二〇〇六至二〇〇八年，德國科學家曾展開一項檢驗席勒遺骨真偽的研究計畫，研究結果卻顯示，席勒墓穴裡的遺骸是假的，是前人從多具遺骸中拼湊而成的。現在席勒的棺槨已被淨空，不過，這並沒有影響德國民眾造訪席勒墳墓的興致。這些觀光客仍以同樣好奇的眼神注視著席勒的墓地，就好像裡面還放著席勒的遺骨一般。

十八世紀的古典主義文學家在邦國林立的德意志地區，可以和王侯稱兄道弟，碰面打招呼時，還可以拍拍對方的肩膀——至少在威瑪的宮廷裡是這樣——當時的文藝創作者有時也會把自己的作品題獻給某個王公貴族。相形之下，德國知識分子的地位在二十世紀的獨裁政治下，卻顯得相當低落，完全受到專制當局的支配，他們不是識相地和政權合作，就是被迫流亡海外，或以內心自我放逐的方式冷漠地面對世局。在威瑪共和時期，知識分子有的支持左派，有的支持右派，有的不做任何政治表態，不過，他們通常都和執政當局保持一定的距離。一九四五年德國戰敗後，知識分子有鑑於納粹極權主義的危害，而再度對執政者敬而遠之。西德知識分子反抗政治權威，首先便以波昂的德意志聯邦共和國政府作為挑戰對象，然而，這個在一九四九年所建立的西德政權，卻是德意志歷史上最具包容性、最不濫用權力的政權，因此，隨著時間的推移，現在德國的知識分子已不再刻意與政府保持距離。

戰後西德的知識分子比較左傾，喜歡把烏托邦當成德意志民族的集體歸宿。他們雖然沒有直接支持東德政權，卻相信烏托邦以及為人類帶來烏托邦的共產主義思想。他們認為，以農人和工人為主體的共產政體，是解決飽受人民厭惡的資本經濟問題的可能方式，然而，這種觀點卻等於把小間室的房門誤以為是天堂入口！

「文化國」這個概念後來被賦予直接的政治任務：在東、西德分裂的時代背景下，「文化國」一詞往往淪為空洞的外交辭令。西德人當時可以透過這個概念，談論兩個德國在文化方面的一致性，而不須一再質疑共產東德存在的正當性。因此，「文化國」也成為二十世紀後半德國人處理政治困境的工具。它在國家、民族分裂的情況下，緩和了兩個德國政體之間的歧異性，或多或少消弭了彼此的隔閡，相較之下，政治力的運作在這方面就顯得力有未逮。而且，「文化國」這個概念的使用並不只限於冷戰時期德國分裂的特殊狀態，它還以「歸屬德意志文化的模式」（Zuordnungsmuster）存在於戰後歐洲的德語區國家：因此，德語文學最重要的獎項，德國的「畢希納文學獎」（Georg-Büchner-Preis），也會頒給瑞士人和奧地利人；盧森堡廣播電台也會使用德國境內的發射站放送無線電訊號；瑞士和奧地利的電視節目也會在德國電視的文化頻道 3sat 播出，此外，還有許多不勝枚舉的例子。

西德一些具有批判力的作家曾在一九九〇年出言反對東、西德統一，他們認為，長期分隔的兩德人民擁有一個共同的文化國就足夠了，並不需要在政治上合為一體！當時尚未獲得諾貝爾文學獎的葛拉斯甚至還突然表態說，自己跟兩百年前的哲學家費希特一樣，希望成為歐洲人。相反地，曾在二戰時期入伍納粹空軍的德國小說家暨劇作家瓦爾澤，從來就不遺餘力地支持東、西德統一，他曾在一九八八年——即柏林圍牆倒塌前一年——公開指稱，文化國的想法只是對自身國家的不完整的一種粗糙補償方式，強調文化國將不利於德國統一。不過，他當時也表示，德國的統一不應該有既定的時間表。至於東德作家、研究普魯士平民史的編年史家鈞特．德．布盧因（Günter de Bruyn, 1926-）則強調，文化國對於一個民族國家的政體而言，具有正面的補強作用。

當德語系國家已經成為邊界開放的歐盟申根國時，德國人現今的「文化國」概念又是什麼？德國人已經在一九九〇年完成國家統一，而且各國所關注的法西斯主義也未在德國復萌，不過，「文化國」現在卻成為德國當前的重要議題，因為這個概念有助於處理統一之後德東與德西地區的整合問題。一個國家必須有能力消弭區域的隔閡，為人民創造出擁有共同歸屬感的有利環境，然而，這方面的問題已非國家憲法所能處理，只能借助文化的觀點和力量。

34. 男聲合唱團

Männerchor

到世界各地探尋音樂的旅者會發現，各個地域幾乎都有男性合唱活動，而且還相當具有地方文化特色，比如西班牙修士團的葛利果聖歌或蘇俄小型男聲合唱團「窩瓦・哥薩克」（Wolga Kosaken）的俄羅斯民謠。更特殊的是，從前的德意志地區有一種緊實地混合最深沉低音和最尖細假聲男高音（Fisteltenor）的多聲部男聲合唱，偷偷聽到的人往往在還沒有聽懂半個字之前，內心便已恐慌得不知所措。對於那些老是懷疑德國軍國主義可能再起的人士，德國男聲合唱團就是可怕的條頓民族在歌聲中的再現。對此，德國人有一句剴切的俗諺：「當男聲合唱團在風琴的伴奏下開始演唱時，會讓我想到地獄。」（Harmonium und Männerchor – so stell' mir die Hölle vor.）

德國著名偵探小說家漢斯約格・馬丁（Hansjörg Martin, 1920-1999）一九八一年發表的作品《男高音們的顫抖》（*Das Zittern der Tenöre*）便是一部以德國男聲合唱團為主題的長篇小說。這位曾擔任漢堡邦社會民主黨籍邦議員的作家，在他這部作品中著力描繪一群生活在德國小城市的男聲合唱團弟兄們，他們隨著年歲增長，不只聲音變得沙啞，逐漸失去原有的好歌喉，而且還極力掩蓋自己在納粹時期曾犯下的過錯。事實上，德國男聲合唱團從一開始就具備緊密的領導和組織。這種民間音樂團體不只是德國人民基於純粹的歌唱嗜好所形成的社團，它通常也是德國官方的政治工具，這是人們無法忽略的事實。

作曲家暨音樂教育家卡爾・徹爾特（Carl Friedrich Zelter, 1758-1832）曾擔任「柏林聲樂學院」（Berliner Sing-Akademie）——全世界培訓男女混聲合唱最古老的音樂教育機構——院長。一八〇九年一月，時值拿破崙軍隊占領普魯士期間，他還在柏林成立德國第一個男聲合唱團——「歌友合唱團」（Liedertafel）。這個男聲合唱團的活動以仿效英格蘭亞瑟王和他的圓桌武士的聚會形式為主，一些富有愛國意識的柏林市民和貴族每月固定聚會一次，在歡快而舒服的氣氛下，一起進用簡單的餐食，從事高尚的社交活動，並一起演唱合唱團成員親自作詞或譜曲的德語歌曲。法國占領軍當時對於這種雕蟲小技根本不屑一顧，這種輕蔑反而讓德意志地區男聲合唱團的弟兄們更渴望彼此合作，藉由合唱活動弭平德意志地區內部的分歧與隔閡。後來德意志各地陸續成立男聲合唱團，而且還一度風行以拉丁文這種從前的學術語言——例如 Concordia（和聲）或 Harmonia（和聲）——為自己的合唱團體命名，以強調社團的文化水平。由此可見，這種現象有它的時代背景，並非出於偶然。

蘇黎世聲樂教育家漢斯．聶格理（Hans Georg Nägeli, 1773-1836）是推動瑞士及南德合唱音樂發展的先驅。他曾向當時合唱團的男性團員證明，男人歌唱的優勢在於咬字比較清晰，女人則以轉音見長。男聲合唱在德語區發展的初步階段，並沒有像後來那樣強調尚武的男子氣概，而是充滿人的理想與真誠。在此，我們只要看一下德國共濟會（Freimaurer）〈同盟之歌〉（Bundeslied）的歌詞內容，便可以略知一二：「弟兄們，請握手結盟！／在這個美妙的歡慶時刻，／帶領我們到達光明的高處！／讓塵間的一切遠離，／我們和諧的友誼／是如此美好、穩固和永恆。」

德國共濟會會員聚會時最喜歡開口高唱的〈同盟之歌〉是否真的由莫札特譜曲，音樂學者至今對此仍爭論不休。從前，德國男人在一般聚會中喜歡一起引吭高歌，因為他們相信，男人在歌唱時可以獲得一對翅膀，可以展翅飛翔而超越日常鄙俗卑劣的行為。這種想法早在拿破崙法軍撤出德意志地區之前，便已在一些德語民俗歌曲中表露無遺，而且幾乎每次男聲合唱團的合唱聚會都會選唱這類歌曲，比如〈歌聲〉（Die Gesänge）就是很有代表性的曲子，它是依據約翰・左依莫（Johann Gottfried Seume, 1763-1810）在一八〇四年創作的同名詩篇譜曲而成的：「有人唱歌的地方，你便可以安心地坐下來休息，／無須恐懼人們在野外所擔心的一切。／有人唱歌的地方，就不會發生搶劫；／因為，歹徒惡棍不會唱歌。」

德意志地區的男人在反抗拿破崙統治的解放戰爭時期，用咬字清晰的、勁猛的歌聲為自己壯膽，也讓法軍聞之不寒而慄。一八一三年，作風狂野而果決的呂措浮志願軍（Lützowsches Freikorps）在普魯士地區成立，這支半正規部隊是由當時的大學生、作家和各界領導人士組成，如德國體操之父楊恩、學前教育學家福祿貝爾，甚至還包括一些性情敏感的詩人，如馮・艾興朵夫和提奧多・科爾納（Theodor Körner, 1791-1813）等。令人遺憾的是，詩人科爾納在參戰的頭一年便不幸陣亡。人們在他過世後，著手整理他的遺稿並集結成《古琴與刀劍》（*Leyer und Schwerdt*）這本愛國詩集，正式付梓出版，其中〈呂措浮志願軍狂野而大膽的戰鬥〉（Lützows wilde, verwegene Jagd）這首詩還被浪漫派作曲家韋伯譜寫成一首非常重要的德語男聲合唱曲：「森林裡有什麼東西在陽光下閃耀著？／聽到急馳的腳步聲愈來愈近。／一群黑壓壓的隊伍往下方走去，／震耳的號角聲在森林裡響起，／讓靈魂感到恐懼戰慄。／如果你們詢問這群穿著黑色戎裝的士兵，就會得到這樣的回答：／這是呂措浮志願軍狂野而大膽的戰鬥！」

一八一三年十月，拿破崙法軍在萊比錫附近被普魯士、奧匈帝國和俄羅斯這三國的聯盟軍打敗，一路潰退到萊茵河西岸。拿破崙垮台後，奧匈帝國首相梅特涅為了重新建立後拿破崙時代的歐洲政治秩序及領土劃分，而召開維也納會議。他在會議中已明確向各國代表表示，歐洲政治勢力和領土的分配，應該以一七九二年的狀態為依歸。因此，歐洲保守勢力的復辟得以展開，德意志地區仍回復眾公侯割據分治的局面，德意志人民對於廢除貴族統治和建立自由民主、統一民族國家的期待也隨之幻滅。一八一九年，德意志聯盟比較有政治實力的邦國在梅特涅支持下，在奧匈帝國境內的波希米亞療養聖地卡爾斯巴德（Karlsbad）簽署《卡爾斯巴德決議》（Karlsbader Beschlüsse），準備對付各邦國內部試圖推翻貴族統治的自由民主人士。

德國體操專家楊恩所建立的體操協會，在反拿破崙的解放戰爭時期被視為一股振興民族的力量，不過，在拿破崙法軍被驅逐後，卻遭到德意志各邦國的禁止。還有，一八一五年濫觴於耶拿大學的大學生社團（Burschenschaft）也同樣遭禁。幸運的是，當時民間的合唱社團並未受到當局染指，雖然這些團體也具有強烈的民族主義及民主自由精神。對於當時各邦國的執政者而言，這些合唱團的弟兄們，較之體操運動者和性情火爆的大學生，比較沒有革命思想的嫌疑。還有，或許是因為音樂是德意志民族表現最突出的藝術類別，而讓當時握有統治權的德意志貴族對攻擊民間音樂社團有所顧忌。總之，德意志地區澎湃沸騰的民族精神在這個時期仍備受壓制，只能在歌曲裡找到宣洩出口。

當時，合唱團在德意志各地如雨後春筍般成立。迄今已運作近兩百年的「桂冠合唱團」（Liederkranz）於一八二四年創立於施瓦本地區首府斯圖加特，這個合唱社團的章程一開頭便表明，該合唱團有義務維繫人民對於民族偉人的鮮明記憶，因此，當時許多創始團員非常喜愛演唱一些以大文豪席勒的詩篇譜曲的歌曲。南德的「桂冠合唱團」並不像柏林的「歌友合唱團」那麼菁英化，它甚至還附設婦女合唱團，不過，女聲合唱團在一八二七年施瓦本地區首次於普洛興恩（Plochingen）舉辦的合唱音樂節（Sängerfest）裡，只扮演次要角色，這是可想而知的情況。

在當局思想檢查的監控下，普洛興恩的合唱音樂節曾有一位來賓在上台致詞時，談到這個合唱活動的目的和目標：「生活在塵世的人們不只可以從聲樂的水晶宮裡獲得喜悅，他們為了最崇高、最珍貴的東西，為了信仰、自由、王侯和祖國，還可以在歌曲中獲得情感的振奮（……）世人因而超越了狹隘的謀求，遠離了日常生活的憂慮，還透過歌唱而與周邊的人更為親近。當人們開口歌詠時，可笑的階級權勢與隔閡也消失無蹤。」

雖然，當時德意志地區的合唱團弟兄們仍無意挑戰男女有別的傳統界分，但他們有時卻能勇於跨越一些社會與族群的隔閡，這一點實在難能可貴，值得受到讚許。舉例來說，法蘭克福的「桂冠合唱團」於一九三八年主辦德意志地區的合唱音樂節時，還在那場音樂活動中喊出這樣的口號：「無論是基督徒、猶太教徒或異教徒，／來自近處或遠方，／平民或貴族，／在這裡人們只是歌者！」

德意志地區的男性合唱社團和大學生社團，雖然都成立於十九世紀初，但這些由男人所組成的合唱團在某種程度上，並沒有當時大學生社團的反猶太思想。當粗野的德意志暴徒在大街小巷裡齊聲吆喝地驅趕並攻擊猶太人時，合唱團的弟兄們並不會跟著起鬨。當時參加男聲合唱團的日耳曼人和猶太人頗自豪於彼此共同的語言——德語——而且渴望在音樂裡找到彼此共通的情感表達，所以能跨越宗教信仰的差異以及愚昧的族群偏見。人們在投入歌唱藝術時，本來就應該克服這些族群的隔閡，不是嗎？

今天我們或許可以說，作曲家孟德爾頌是當時致力於日耳曼人和猶太人族群融合的主要人物。孟德爾頌的父親是一位成功的銀行家，他讓他的孩子們受洗為基督徒，他自己後來也放棄猶太教信仰而改信基督新教。一八四六年，孟德爾頌擔任科隆主辦的第一屆德意志暨法蘭德斯地區合唱音樂節（Deutsch-Flämmisches Sängerfest）首席指揮時，氣氛熱鬧非凡，不只是一群吹奏銅管樂器的樂手一路伴隨他走向指揮台，而且夜間還有火炬遊行隊伍護送他走回下榻住處。音樂節開幕時，他還首演〈獻給藝術家們的節慶頌歌〉（Festgesang an die Künstler）這首以席勒詩作為歌詞、自己親自譜曲的合唱曲：「嚴肅的真理被它的時代所摒斥／而遁入詩歌中，／在繆思女神們的合唱裡尋得庇護所。／最嘹亮的歌聲散發著光輝，／更令人敬畏的是，它還洋溢著魅力。／真理在歌曲中復活，／以勝利的歌聲做為反擊，／把它傳入迫害者膽怯的耳裡。」

在比較崇高的「藝術宗教」（Kunstreligion）精神裡，猶太和德意志文化確實可以彼此共生在一起：當時這場合唱音樂節的現場，一共聚集兩千多名來自德意志和法蘭德斯地區的男歌手，他們不論是日耳曼人或猶太人，都同聲演唱這首頌歌，這種促進不同族群與地域人民相互理解的大型演唱會，比當代德國知名的合唱指揮勾特希福．費雪（Gotthilf Fischer, 1928-）自一九九〇年開始，把他成立的幾個合唱團帶到德國各地舉行大型戶外合唱演出，還要提早一百多年。

隔年（一八四七年）夏天，在埃森那赫郊區華爾特堡下方舉行的合唱音樂節，是一八四八年德意志革命之前日耳曼地區最重要的合唱團會演活動，而且同樣採取大型合唱的演出方式。德國各地的男聲合唱團在主辦單位圖林根合唱協會的邀請下，展開連續兩天的節慶大遊行與歌唱演出。音樂節舉行期間，人們開懷地暢飲啤酒，還有重要人士到場致詞演說。當時從哈勒到埃森那赫這段鐵路剛竣工不久，負責營運的鐵路公司還特地為這個音樂節加開列車。主辦單位當時選在華爾特堡下方舉行盛大的合唱音樂節，主要著眼於華爾特堡在德意志歷史的特殊地位：一五二一年秋天，宗教改革家馬丁．路德在華爾特堡完成《新約聖經》的德語翻譯，為德語樹立了文字化與書寫標準化的里程碑。（一八四七年的）三十年前，即一八一七年，為了慶祝馬丁．路德宗教改革三百週年，耶拿大學的學生社團——德國最早成立的學生社團——便曾號召德意志地區具有民族意識的大學生，齊聚華爾特堡下方，這就是首次的「華爾特堡節」（Wartburgfest）。十九世紀前葉在華爾特堡附近舉行兩次的盛大活動，都把路德當成戰勝心靈奴役的德意志英雄，並藉此強烈表達建立統一德意志民族國家的決心。

該次合唱音樂節的主辦人是致力於基礎教育的亨利希．徐威爾特牧師（Heinrich Schwerdt, 1810-1888）。他聽從孟德爾頌的意見，把作曲家韋伯的〈回聲合唱曲〉（Echo-Chor）排入演唱曲目，所以，當時會場的數千名男性便開口齊唱：「在森林裡，在森林裡，╱在綠意盈盈的森林裡，╱在回聲響起的森林裡，╱傳出人們的歌聲和陣陣的號角聲，╱如此歡悅地穿越寂靜的森林。」華爾特堡下方的音樂節現場正好位於一片岩石凹地上，當數千人的大合唱開始時，人們確實聽到附近的森林處傳出陣陣回音。請聽！這樣的音樂就是人與人的連結，也是人與大自然的融合。音樂節第二天則以〈我們的上帝開啟了一座穩固的城堡〉（Ein' feste Burg ist unser Gott eröffnet）這首著名的路德詩歌合唱揭開當天音樂活動的序幕，主辦單位特地用這首歌曲在華爾特堡的山腳下，向路德這位德語教會詩歌之父致敬。

會場最重要的來賓是威瑪大公國議員、也是隔年法蘭克福國民議會的與會代表奧斯卡・馮・威登布魯克（Oskar von Wydenbrugk, 1815-1876）。他在致詞時，把德意志民族比喻成一棵樹。他表示，共同的語言和共同的歌曲就是這個民族的根，雖然它會像樹木一般開枝散葉，然而，齊聚歡唱的活動卻能熱烈地確保德意志全體人民精神和性情的彼此連結。

在人民長久的企盼下，德意志帝國終於在一八七一年完成了民族統一的使命，雖然帝國的憲法違背了參與一八四八／四九年法蘭克福國民會議革命人士的自由民主精神。在德意志帝國建立的九年前，德意志各地的合唱協會與海外德國移民在移居地所組成的合唱社團，共同組成了「德意志合唱團聯合會」（Der Deutsche Sängerbund）。當時這些人士已有預感，德國會在不久的將來建立統一的民族國家，於是先把各地的合唱協會組成全國性合唱組織，率先向人民演示德國的統一。「德意志合唱團聯合會」的組織章程也充分表達了這些熱愛歌唱的愛國志士們對民族統一的信心：「德意志合唱團聯合會應該善盡本分，藉由德語歌曲本身所具有的團結民族的力量，強化德意志各地區的民族認同，並促進祖國的統一與強盛。」

然而，德國合唱團弟兄們這種擁抱一切的友愛精神卻沒有維持多久：在德意志帝國剛成立的一八七〇年代，一些思想左傾的合唱團團員，為了讓簡樸的德國工人也能在勞苦生活中乘上歌聲的翅膀，便開始動員成立一些不一樣的、以社會民主主義甚至是社會主義為號召的合唱社團。這些左派合唱團體並不採用歐洲菁英階層慣用的拉丁文——如 Concordia（和聲）或 Harmonia（和聲）——為自己的合唱團體命名，而是選用 Einikeit（團結）、Freiheit（自由）和 Vorwärts（前進）這類充滿戰鬥意味的德語詞彙。起初，這些由無產階級所組成的合唱團並不排斥把「資產階級的」宗教合唱曲（從韓德爾到貝多芬）或舒伯特和舒曼的浪漫派藝術歌曲列入合唱曲目中。而且他們似乎更喜歡演唱像〈塔勞村莊的小安娜姑娘〉（Ännchen von Tharau）和〈羅蕾萊〉（Die Loreley）這類的民俗歌曲，因為，這些曲子更能觸動那些陷入愈形殘酷的機械化與技術進步的勞動人民內心，讓他們不禁懷想工業化之前那些美好的舊時光。

第一次世界大戰過後，維也納出現了許多前衛音樂家，也就是從事現代音樂創作的新維也納樂派，諸如荀白克和他的學生艾斯勒與安東．魏本（Anton Webern, 1883-1945）等。新維也納樂派的歌曲作曲水準很可觀：荀白克的學生艾斯勒自一九二五年開始創作一些男聲合唱曲，他當時既沒有被複雜的節奏、也沒有被現代音樂的不諧和音嚇倒。由於受到當時社會主義思潮的影響，艾斯勒不只力求自己的作品能在音樂廳演出，還致力於徹底改造工人合唱團的體質，這也是那個普遍左傾的時代人們所樂見的發展。這位出生於萊比錫、成長於音樂之都維也納的左派猶太作曲家，還在〈趨向〉（Die Tendenz）這首海涅的詩作中找到符合左派戰鬥精神的歌詞：「德意志的歌手！歌詠並讚美／德意志的自由，這些歌曲／以法國國歌馬賽進行曲的形式，／影響我們的靈魂，／鼓舞我們採取行動。／它們不再是音色柔和的長笛，／田園牧歌的情懷，／而是祖國的長號，／是加農砲，是／吹奏、猛擊、雷鳴、毀滅！」艾斯勒辛勤地在這塊合唱作曲的園地耕耘，終於發展出一種新類型的、德語區特有的工人合唱曲，從此工人階級的歌曲便正式與民間合唱社團重視美聲的合唱曲分道揚鑣，它們已不同於一般民間為親朋好友獻唱、讓他們融入甜美夢幻的那些悅耳動聽歌曲。

相形之下，德國傳統的男聲合唱運動已在二十世紀變得委靡不振。這些男聲合唱團雖然也演唱一些十九世紀雄健陽剛風格的合唱曲，例如：「了不起的德國男聲合唱團，／讓你們的歌曲澎湃洶湧，／起身！率兵攻入敵人的陣營裡，／驚懼、暗夜與戰慄。」不過，還有誰會記得這首合唱曲的作詞者亨利希・史坦（Heinrich Stein）和譜曲者理查・簡涅（Richard Genée）？

以德意志民族精神創作男聲合唱曲的最後一位音樂大師，是奧地利後期浪漫派作曲家安東・布魯克納（Anton Bruckner, 1824-1896）。為了紀念維也納男聲合唱協會（Wiener Männergesang-Verein）成立五十週年，布魯克納於一八九三年正式首演他創作的合唱作品——由交響樂伴奏的大型合唱曲〈黑果蘭島〉（Helgoland）。奧地利的合唱團弟兄們用雄壯威武的歌聲頌揚從前黑果蘭島——位於北海、距離易北河口不遠的小岩島——居民如何藉由上帝的恩典英勇地擊退入侵的羅馬帝國軍隊。這些歌詞的內容是否符合史實，還有爭論，這並不是這首合唱曲的重點。當時觸發這位大作曲家創作這首作品的真正原因，應該是大英帝國已在前幾年把在拿破崙統治時期乘機占領的黑果蘭島歸還給德意志帝國這件事。這首呈現勝利喜悅的大型德語合唱曲，也是表現集體情緒慷慨激昂的合唱曲類型的終結，之後，一些在音樂藝術上值得嚴肅看待的戰鬥歌曲，全是左派作曲家的創作。

一九二五年秋天，艾斯勒遷居柏林，在柏林音樂院擔任教授，而且還跟德國共產黨走得很近，最後宣誓成為共產黨員。艾斯勒在維也納音樂院學習作曲時，師從荀白克，在加入共產黨後，不僅和老師荀白克決裂，還抨擊荀白克菁英的藝術觀：「當作品是藝術時，它就無法為大眾而存在；當作品為大眾而存在時，就不是藝術。」艾斯勒不僅是德語工人戰鬥歌曲的先驅，後來還成為東德國歌〈從廢墟中崛起〉的作曲者。

艾斯勒加入共產黨後，開始密集創作一系列無產階級戰鬥歌曲，如〈紅色陣線〉（Der Rote Wedding）、〈共產國際歌〉（Kominternlied）和〈失業者之歌〉（Stempellied）等。〈在街頭高歌〉（Auf den Straßen zu singen）這首男女混聲合唱曲，是艾斯勒為了宣揚左派政治綱領而創作的，並非真的要讓同志們在街頭高唱這首合唱曲，況且它的首演還選在艾斯勒執教的柏林音樂院音樂廳裡舉行。

作曲家艾斯勒和文學家布萊希特開始合作歌曲創作之前，便已經把階級鬥爭主題搬上表演舞台。每當工人合唱團在登台演唱前，音樂會的主持人便預先提醒在場聽眾：「各位聽眾請注意！今晚合唱團演唱的歌曲絕對和您平常欣賞的合唱曲不一樣！」這類合唱音樂會的演出曲目會巧妙地修改一些教會詩歌以及歌詠大自然和愛情的歌曲歌詞，並以人民喜愛的〈羅蕾萊〉這首以海涅詩作為歌詞、由作曲家弗利德里希．西爾賀（Friedrich Sielcher, 1789-1860）譜曲的民謠，做為演出活動最高潮，當然，它的演唱方式及歌詞內容也已經大幅更動。當工人合唱團開始演唱這首名聞世界的德語民謠：「我不知道，為了什麼……」音樂會主持人便在一旁用尖銳的聲調打斷合唱團的演唱：「因為我們知道，為了什麼！」這時合唱團接著以歌聲附和：「這是因為人們偏離了現實，偏離了生活的要求，偏離了我們的戰鬥。我們的歌唱也必須是一場戰鬥。」即使這首改編過的民謠合唱曲最後以暗示蘇聯的共產國際做結，不過，人們還是能在歌詞費勁的說教中，感受到那股濃濃的德國味！

納粹上台後，這群信仰共產主義的紅色歌手只好把發動鬥爭的街頭，讓給穿著褐衫制服的納粹黨員。成功削弱共產黨勢力的納粹已經可以毫無顧忌地高唱：「世界上羸弱的人們／懼怕紅色戰爭，／

而我們已經止息世人的驚恐，╱這是我們偉大的勝利……」

在海外流亡期間，艾斯勒仍不放棄為共產主義的信仰而奮鬥，仍繼續和劇作家布萊希特合作，企圖用共產黨的戰鬥歌曲對抗可怕的納粹政權。第一屆「工人音樂暨合唱奧林匹克賽」（Arbeitermusik-und Gesangolympiade）於一九三五年在法國史特拉斯堡舉行，為了順利串連當時四分五裂的左派團體，艾斯勒和布萊希特還為這次盛會共同創作了〈統一陣線之歌〉（Einheitsfrontlied）這首德國工人運動最著名的歌曲：「因此向左、二、三！╱因此向左、二、三！╱同志，這就是你的戰鬥位置！╱請加入工人統一陣線，╱因為你也是工人。」當時活動會場一共聚集三千名男女，這些來自不同國家的無產階級者在這座歐洲的核心城市，抬頭朝向愈來愈陰暗的天空，昂揚地高唱社會主義戰鬥歌曲。然而，這場左派人士的合唱盛會，並未讓左派團體彼此在政治上更緊密地團結在一起，而且這也不是左派合唱團體第一次的串連，其實早在一八四八年德意志革命之前，一些意識形態左傾的合唱社團便曾出現這種連結。

當人們回顧這段歷史時，還是無法知道，究竟是右派的納粹黨或左派的共產黨會帶來更多的震撼？理想主義的天真、德國人傳統的信仰以及時代的巨輪，都可能透過歌聲而讓情勢出現迅速翻轉。或者人們當時應該盲目地期待紅色的統一陣線可以和納粹的統一陣線對抗？當時左派分子確實認為，〈統一陣線之歌〉的「因此向左、二、三！╱因此向左、二、三！」就是在回應納粹黨歌〈霍斯特．威瑟之歌〉（Horst-Wessel-Lied）當中「堅定連結的行伍」這句歌詞。

第二次世界大戰過後，東、西德的男聲合唱團已不再做英雄式的音樂演出。作曲家艾斯勒投效東德，並和表現主義詩人、也是後來的東德文化部長貝希爾一起接受東德政府委託，為東德國歌譜曲及作詞。由於純男聲的合唱形式，在這個實施社會主義的中央集權國家已經失去它的功用，貝希爾和艾斯勒這個詞曲創作雙人組便開始為男女混聲合唱創作一系列「新德國民俗歌曲」（Neue deutsche Volkslieder）。我們只要看看這些歌曲的歌名，如〈美哉德意志故鄉〉（Deutsche Heimat sei gepriesen）、〈又是野外漫遊的時刻〉（Wieder ist es Zeit zum Wandern），便能窺知，他們兩人當時對於東德官方委託的音樂創作相當慎重。不過，這些「新德國民俗歌曲」當時並未真正打動東德合唱歌手的靈魂，這些人在備受戰爭的毀滅與罪責的歸咎之後，反而比較嚮往那些在美好的往日時光裡人們所詠唱的老歌。

由於德國的男聲合唱社團曾與納粹密切合作，二戰過後，這類團體便因為這個歷史汙點而退出表演舞台，退縮到陰暗的角落裡。從西德的「德意志合唱團聯合會」於一九四九年通過的新章程看來，這個全國性民間社團當時還在猶豫，是否要以「促進德國人民和其他愛好歌唱民族的和平、自由和歡樂」為目標。到了一九五二年，該章程已進一步刪除「藉由德語歌曲的凝聚力（……）強化德國人的民族意識，促進各階層人民的團結以及各地區人民彼此的歸屬感」這段引人質疑的內容。一九七五年，「德意志合唱團聯合會」才正式宣布擁護西德的基本法。這項簡單扼要的聲明，確實降低了西德民主社會對這個曾經和納粹過從甚密的民間音樂團體的疑慮。不過，這又意味什麼？用基本法的精神演唱〈羅蕾萊〉，真的會讓這首德國民謠聽起來不一樣嗎？

由於納粹罪行昭昭，二戰過後，德國男聲合唱團便力圖去除自身的德意志民族色彩，不過，在音樂表演方面，卻因為政治力的干擾而出現一個怪異的現象：以孟德爾頌的合唱曲為例，這些作品在納粹執政時期因為被認為是猶太人的音樂而禁止演出。然而，在納粹倒台後，西方占領軍竟然也禁演這些作品，而且根據的理由恰恰相反：孟德爾頌的合唱曲具有濃烈的德國味！沒錯！孟德爾頌確實是猶太人，而且他從事音樂創作的時期，正好是十九世紀前葉德意志民族愛國思想風起雲湧的時代。這位浪漫派作曲家曾把馮．艾興朵夫的詩作〈獵人的告別〉（Der Jäger Abschied）譜寫成他的創作中最成功的合唱曲，此外，他還對大詩人的這首詩歌做了一個微小卻關鍵的更動。馮．艾興朵夫在這首詩的每一段都以「再會吧，美好的森林！」作為尾句，孟德爾頌在整首合唱曲最後卻自行把「森林」改成「德意志」，以「再會吧，美好的德意志！」作為歌曲的終結。現在德國的男聲合唱團在演唱這首合唱曲時，已逐漸能夠順從樂譜指示，加強「德意志」這個字眼，只不過，現場的德國聽眾在聽到「德意志」時，還是會感到羞愧與尷尬，畢竟「德意志」這個詞彙早已隨著納粹惡行的定罪而被汙名化了！

高舉德意志民族精神的德國男聲合唱團早已喪失原有的政治作用，一九九〇年東、西德統一時，根本看不見他們的蹤影。從前許多男人聚集在一起所發出的合唱樂聲——例如華爾特堡下的合唱音樂節或史特拉斯堡的合唱比賽——總是讓在場的民眾不寒而慄，現在這種令人懼怖的歌聲只會出現在足球場上。德國國家足球隊每次參加國際足球賽時，數千名德國足球迷便會在比賽現場，用他們嘶啞的嗓音高唱從前男聲合唱團演唱的合唱曲。

德國綠黨或許有一天會想起〈當發電廠歸人民所有〉（Als das Kraftwerk wurde Volkes Eigen）這

首一九五〇年由艾斯勒譜曲、貝希爾作詞的東德「新德國民俗歌曲」。這首歌不只因為歌詞內容相當切合綠黨的政治訴求，而且它在形式上並不是純男聲合唱曲，而是一首男女混聲合唱曲，因此，相當適合重視性別平等的綠黨黨員在黨員代表大會上齊聲合唱！

男聲合唱團在這個以男女混聲為合唱音樂主流的時代，確實顯得相當突兀。目前德國境內仍存在四千個純男性合唱社團，這些團體不只顯得過時、讓人想起令人不快的歷史過往，而且它們還跟不上德國社會主流的性別意識。除了足球場之外，這些成熟老練的傢伙們還可以在哪個地方表現他們的多愁善感，而不覺得自己是懦弱的膽小者？答案是，在德語歌劇的演出中。每一位頑固執拗的歌劇院合唱團男性團員，在登台演出韋伯歌劇《魔彈射手》的〈獵人合唱〉或華格納歌劇《帕西法爾》的〈聖杯騎士合唱〉時，都能經歷到自己將會變得多麼柔軟，內心將有多麼特別的情感會受到這些合唱曲的觸動。

德國男聲合唱團在這兩百年的發展過程中，雖然歷經戰鬥的負擔與政治的不正確，然而，德國男聲合唱曲畢竟和其他德國民俗歌曲一樣，都源於相同的理想性與浪漫的情感需求。如果我們現在讓德國男人隨意開口，唱自己想唱的歌，歌詞內容一定不出以下這幾個基本詞彙：

女孩／愛／內心

美麗的／堅貞的／美好的

生命／幸運／傷痛

孤單的／沉默的／甜美的
上天／眼眸／神
溫柔的／嫵媚的／純潔的
親吻／哭泣／拋棄
遺忘／思念／回到故鄉

35.
中海拔山脈

Mittelgebirge

「當我站在極高處，舉目所及並無法令我感到愉悅，這是我登上哈茨山的布羅肯峰時，內心最真切的感受。請不要發笑，我的朋友，道德世界裡所運行的法則其實也跟物理世界相同。站在卡塞爾附近的御座山（Thron）上，也跟站在北德最高峰布羅肯峰一樣，寒氣如此料峭刺骨，讓人感到如此不舒服。如此冷冽的低溫並不適合人類體質，放眼望去的景觀也無法令人喜悅，因為立足點太高，山腳附近美妙而動人的景致已距離太遠。然而，每當我回想海拔高度適中的雷根斯坦城堡（Regenstein）廢墟時，卻帶給我許多樂趣，那裡的空氣不會瀰漫高海拔地區所特有的霧氣，讓你看不清四周的景色。不，眼前秀麗的自然風光就像一整塊漂亮的地毯，上面的圖案形形色色，每一塊都清晰可辨。」

以上內容引自浪漫派詩人馮·克萊斯特早年一篇題獻給他的好友呂勒·馮·利里安史登（Rühle von Lilienstern, 1780-1847）的文章。根據文學史專家的推測，它應該是馮·克萊斯特在一七九八年寫下的。當時這兩位私交甚篤的貴族青年，還一起結伴在日耳曼的中級山區漫無目標地遊走，他們決定放棄依循前人的腳蹤，希望另闢一條幸福的人生途徑。

年輕人這種輕率的行徑，如果要被認可是在開創幸福人生的新路徑，就需要具有觀察能力，而且還要能克服每個處境所出現的種種阻礙。中海拔山脈並不像高山那麼雄偉壯麗，可以帶來視覺的震撼，也無法讓人們登上足以令人自豪的高度；中海拔山區比較是讓人們健行漫遊的地方。其實不只德意志浪漫主義名詩人馮·克萊斯特對德國中海拔山脈情有獨鍾，生產「駱駝牌」（Camel）香菸的美國菸草公司在德國做行銷時，也曾在一款為該品牌香菸打廣告的T恤上，把「中海拔山脈也可以！」（Mittelgebirge sind auch okay!）這句德語俗話印在上面。

Mittelgebirge（中海拔山脈）這個名詞是德語貢獻給全世界文化的幾個詞彙之一。盎格魯薩克遜人的英語並沒有關於中級山的字彙，他們在指涉中等高度的山脈和高地時，就直接說德語的Mittelgebirge。Mittelgebirge無論如何都不算是必要的地理概念，當人們在為山區做地形和高度的區分時，有「山岳」和「丘陵」原則上就足夠了，就地理學而言，完全沒有再額外建立「中海拔山脈」這項概念的迫切性。然而，為什麼人們在生活中需要使用Mittelgebirge這個詞彙？為什麼這個看起來顯然是多餘的地理概念卻普遍被接受？

與崎嶇陡峭的山脈不同的是，中海拔山脈的植被會漸次出現由森林過渡為草地、以及從草地遞變成森林的現象。那麼，中海拔山脈和丘陵地形的區別何在？為什麼德國的中級山會被稱作「德國的中海拔山脈」，而不是「德國的丘陵地形」？

德國境內所有的山脈，除了南部的阿爾卑斯山和它的餘脈之外，都屬於中海拔山脈。這個橫越中歐的中海拔隆起地帶，從比利時和法國交界的阿登高地（Ardennen），穿越德國和捷克，向東綿延至斯洛伐克的喀爾巴阡山脈（die Karpaten），它的最高海拔高度僅一千六百零二公尺，它的南方還銜接從巴塞爾向北延伸至法蘭克福的上萊茵河地塹（Oberrheingraben），以及盤據法國北部和德國西南方的層疊梯形丘陵帶（Schichtstufenländer，最高點只有海拔一四九三公尺）。德國的中海拔山脈是歐洲最早形成的山脈。在二億二千五百萬年前的中生代三疊紀時期，中歐地區時而在海平面之上，時而在海平面以下，大部分的斑砂岩和貝殼石灰石後來都變成沉積岩層。接下來的侏羅紀則出現碳酸鈣沉積，在中生代的最後一紀——白堊紀——則有白堊沉積。此外，阿爾卑斯造山運動所帶來的地殼變動以及各種自然力量的侵蝕作用，也導致德國中海拔山區各種不同形狀土石塊的形成。

如果我們手邊有一份介紹德國中海拔山脈的地圖，就會發現，裡面的每座山都有名稱和級別標示，令人不由得認為，似乎從前林立於德意志地區的小邦國也散布在這片大自然中。在這份地圖資料上，每條健行路線都穿越不同的山區。循著地圖上的路徑標示，從A點到B點，從第一百個定點到第一千個定點，總是清清楚楚，該記載的訊息也有條不紊地寫在上面，絕不會讓按圖索驥的人迷路，旅館和飯店周邊的自然環境也打理得清爽潔淨。中海拔山脈就像一間優美而舒適的大自然屋室，山下的村落和市鎮則由成堆的地籍圖冊構成，一疊又一疊的檔案資料好似一塊塊含有墨水筆跡的沉積岩。

人們或在七山丘（Siebengebirge）這片位於波昂東南方、萊茵河東岸的丘陵群，或在黑森邦的陶努斯山，或走進一部德國影片裡，或正在逃跑的路途中，最後卻發現自己已經來到萊茵河西岸著名的辛德翰涅斯腳踏車旅遊路線（Schinderhannes- Radweg）上。（作者註：這條著名的自行車旅遊路線從艾默斯豪森〔Emmelshausen〕到齊緬〔Simmern〕，全長僅三十八公里，以十九世紀初在這個地區反抗拿破崙統治的知名俠盜辛德翰涅斯命名）

如果不必到辦公室工作，誰不想儘快走進蘭河（die Lahn）畔的一家小酒店？

如果不需要答應某個令人討厭的學術會議論文徵求，誰不想跳上腳踏車，騎著它來到哲學家小徑（Philosophenweg）的起點處，然後從容地下車，推著它沿著這條海德堡著名的陡坡路段前進，俯瞰對岸老城的風光？

誰若穿越黑森林並看過它的最高峰菲爾德山（Feldberg），誰若曾到海德堡東北方的歐登瓦德山脈（Odenwald）漫遊並見識過聳兀其間的貓背山（Katzenbuckel），誰若曾在弗萊堡附近的凱撒御座山（Kaiserstuhl）健行並眺望它的至高點骷髏峰（Totenkopf），誰若曾遊走於萊茵河東岸的七山丘丘陵群以及德國和比利時邊界的埃菲爾山脈（Eifel），他就能明白，為什麼人們會說：「德國的中海拔山脈比那些漂亮的住家還要令人賞心悅目！」德國的中海拔山脈呈長條狀分布，看起來很像人類手背浮起的筋絡和延伸而出的手指。這些山區已徹底被人們開發，而且已獲得最好的旅遊行銷，因此它們不只是大自然，還是一種文化風景，類似都市裡的大公園。德國的中海拔山脈就是休閒度假的德國，因此有些德國人喜歡留在國內旅遊。人們到這些中級山區遊玩時，還可以玩玩滑翔翼，從空中鳥瞰秀麗的山景。難道中部的崙山山脈（Rhön）不美？

談到南德的大學城弗萊堡，還有哪座城市能這麼幸運，旁邊就有一座引人注目、而且名稱富含詩意的中級山？這座山就叫做「望入大地」（Schauinsland），從前它被當地人稱為「礦箱」（Erzkasten），是否因為本身豐富的礦藏和曾經盛極一時的採礦活動而得名？把礦坑和礦井改成礦業博物館就能永保這座礦場的存在？

在此我們得承認：為了可以不帶偏見地、客觀地讚賞所有的事物，有時我們德國人會希望自己是新大陸的美國人。

36. 音樂

Musik

一、托瑪斯．曼：「人們可以身為音樂家，而不是德國人嗎？」

如果美國人在第二次世界大戰結束後，聘請托瑪斯．曼擔任「戰後德國思想改造計畫」的特別顧問，這位諾貝爾文學獎得主可能會在夜晚失眠了！該怎麼處理德國所有的管弦樂團、音樂廳與歌劇院？那些被炸毀的廳院就該這樣放著不管，讓它們成為一片荒蕪的瓦礫堆？躲過砲火而倖存的就該被關閉、拆除或改建成舞廳和樂隊池？是否該在自己的祖國禁止所有「嚴肅的」德國音樂？

一九四五年五月二十九日，即德國納粹宣布投降的三星期後，已是美國公民的托瑪斯．曼受邀在華盛頓國會圖書館進行〈德國與德國人〉這場演說。他在這場演講中嘗試分析與說明，納粹執政的十二年期間，如何引發世界大戰及種族屠殺的大災難，並很快地談到他當時正在撰寫的《浮士德博士：一位朋友敘述的德國作曲家阿德里安．雷維庫恩的生平》這部小說。他認為，德意志民族墜入納粹法西斯的深淵，就是一場和魔鬼的交易，是「德意志性情與魔鬼的祕密結合」，而且這個令德意志民族無法抗拒的惡魔對托瑪斯．曼來說，不是別的，正是音樂：「音樂是帶著數學負號的基督教藝術。它兼具經過最精密計算和規劃的秩序性，以及違反理智、追求解放的神祕性這兩種相互背反的特質；它以充滿魔幻咒語的姿態出現，大玩數字魔術，抽象而神祕，是最熱情、離現實世界最遙遠的藝術。如果我們認為，浮士德這個戲劇角色具有德意志民族的代表性，那麼，他必定帶有音樂性，因為德意志民族跟這個世界的關係，就是抽象而神祕的音樂性。」

抽象的，神祕的，惡魔般的，音樂的。該如何幫助這群既危險又已遍體鱗傷的德意志狂熱者建立一個文明的、「理智的」國家？十九世紀法國小說家巴爾札克（Honoré de Balzac, 1799-1850）曾於一八三九年發表自己對於德意志民族的看法，他當時指出，德意志民族雖對所有樂器擁有與生俱來的天分，卻好像不知道該如何彈奏「自由這件偉大的樂器」。活躍於威瑪共和時期的德國猶太裔政治評論家圖霍斯基曾語帶挖苦地表示：「由於氣候不佳的因素，才使得德意志民族發動了音樂方面的革命。」

托瑪斯．曼本身是音樂的信徒，如果他的音樂信念僅局限於理智的範疇，他在面對納粹所造成的歷史浩劫時，就會讓自己陷入不解的困境而感到無比痛苦。不過，這位大文豪畢竟沒有如此淺薄，他曾在二戰後談到：「他們（德國人）已給予歐洲，我不願說是最美的、與歡樂最密切結合的，但卻是最深沉、最有價值的音樂，為此，歐洲人應該不吝惜給予德國人應得的感謝與名聲。不過，世人也同時察覺到、或在今天更強烈地體悟到，德意志民族的音樂性已讓自己在其他領域，即政治領域——人類共同生活的場域——付出了慘痛的代價。」

托瑪斯．曼於一九四五年五月在美國國會圖書館的那場演說，正呼應了自己在三十年前——第一次世界大戰期間——寫下的〈一個政治冷漠者的一些觀察〉這篇雜文。那次演說的內容清楚地呈現他對於文明與文化、民主與音樂彼此互不相容的觀點。他那時擁有一個狂熱的目標：保護文化與音樂不受文明與民主（亦是德國納粹崛起的管道）的侵犯。他稱頌音樂為「最純粹的典範，是所有藝術創作的神聖基本原型」，並厲聲斥責所謂的「民主政治」是音樂——作為一個民族國家最高等級的社會與藝術成果——的排擠者。他談及「音樂的終結」是人類社會當前所面臨的危機，音樂在文明與民主建立時，便已無立足之地，就像雲霧會在日升前迅速消散一般。托瑪斯．曼還期許自己能和十九世紀作曲家華格納一樣，可以逆轉音樂的劣勢。

畢竟是華格納的音樂激發了青年時期托瑪斯．曼的愛國精神。二十歲的他曾在羅馬聆聽一場華格納音樂會，當「諾頌寶劍主導動機」（Nothung-Motiv）[1]第二次傳出時，他周圍的義大利聽眾竟開始起鬨、大喝倒采並持續發出噓聲，然而，他的眼眶卻突然湧出「神經質的淚水」。在那一刻，這位德國文學家才深刻察覺到，什麼是他「心靈的故鄉」。

「人們可以身為音樂家，而不是德國人嗎？」托瑪斯．曼曾以反問的方式提出這個問題。同樣地，「人們可以身為德國人，而不是音樂家嗎？」這個問句也很有啟發性，因為這位大文豪在早年還處於政治冷漠的時期，便努力向大家保證，雖然「他是文學家，但本質上更是個音樂家」。他後來決定成為自己過去曾如此厭惡的「文明的文學家」（Zivilisationsliterat），因為，「文明的文學家」已不再一心一意地用自己的藝術創作對抗人性，而是為人性服務。托瑪斯．曼因為堅持這個創作立場，而能屹立不搖地面對德國納粹的集體暴行，不至於落入可怕的道德深淵。

如果人們把所有德語的史詩、詩歌、戲劇、短篇及長篇小說作品從世界文學中剔除，它雖然變得比較貧乏，卻也還說得過去；全世界的視覺藝術如果失去所有德意志地區的繪畫及雕塑，這種損失則堪稱九牛一毛；然而，音樂就不同了！今天人們以不精確的方式，將十八世紀初至二十世紀中葉德語文化圈所創作的音樂作品統稱為「古典音樂」，試想，如果沒有這些作品，這個世界的音樂將貧乏到何等地步！

音樂是德意志民族的文化主幹，藉由音樂問題的探討，我們進入了德意志心靈的最深處。

二、巴哈：「在莊嚴肅穆的音樂裡，上帝的憐憫與寬恕無所不在。」

從一開始，音樂在德國就是一件嚴肅的事。在中世紀時期，身為德意志貴族騎士的宮廷抒情詩人（Minnesänger）的音樂彈奏，就比較不是生活娛樂的追求，而是情感的表達與抒發，因為他們當時除了透過音樂這個管道之外，一律不准表現個人的興致與樂趣。騎士們可以藉由七弦琴的撥弄而昇華自我的情感，卻不一定要對貴婦展開追求。德意志地區的宮廷抒情詩人，很明顯地比他們當時的法國同好者享有更大的創作自由。相較於法國的吟遊詩人（Troubadour）只能以較僵化的詩歌韻腳從事文學創作的吟誦，德意志的宮廷抒情詩人卻可以將他們內心的渴慕，化為流暢的音樂旋律表達出來。音樂應該從靈魂深處自然而然地湧流出來，這就是德國人對於音樂最原初的體會，自十四世紀初開始興盛的德意志民間歌謠也是如此：德國人當時在這方面的音樂創作，也比愛好歌唱的鄰國民族傾向於使用更狂野的音程躍動（Tonsprünge）。

隨著騎士階層沒落，宮廷抒情詩人消失，十六世紀的名歌手（Meistersinger）便成為第一批「市民階級的」歌唱參與者，與先前的宮廷抒情詩人形成顯著對比。這些以工匠為職業的名歌手紛紛將

---

1 以主導動機為主題而進行音樂的鋪陳與發展，是華格納獨創的歌劇作曲手法。寶劍的主導動機首先出現在華格納連環樂劇《尼貝龍根的指環》的第二部《女武神》第一幕裡：齊格蒙德來到敵人家中，碰巧拔出他的父親——大神佛旦——插在樹上那把名為「諾頌」的寶劍，但在第二幕中，這把寶劍卻被佛旦擊成碎片。在第三部《齊格菲》裡，齊格蒙德與孿生妹妹齊格琳德所生下的兒子齊格菲已經長大，成為不知恐懼為何物的英雄。在該劇第一幕中，齊格菲將他拿到的諾頌寶劍碎片重新鍛造成一把真正的寶劍。在上述這些音樂段落中，諾頌寶劍的主導動機會反覆出現。

鞋匠、裁縫師或木工的職業倫理與手工技藝的精確性，運用在音樂的創作與演唱，由於流傳下來的資料很豐富，作曲家華格納在三百年後創作《紐倫堡名歌手》[2]這齣樂劇時，並未感到任何困難。華格納在這齣喜劇裡，調侃地呈現名歌手之間的歌唱競爭，以及歌曲創作與演唱所必須嚴守的規則（Tabulatur）。歌唱比賽現場還設有一名「記錄員」，誰若在歌唱時違反規則，他就會大聲敲打手杖並加以斥責。毫無疑問地，華格納在這部作品裡，對於不諳歌唱大賽創作規則的年輕騎士華爾特．馮．史托欽（Walther von Stolzing）相當同情，這位騎士在歌唱比賽的考驗中，用他的「熱忱及熾熱情感」為他的音樂表演不斷注入創意，力抗那些只懂得依循複雜的歌曲比賽規則、喜歡用花俏手法從事歌曲創作與演唱的工匠師傅們。華格納雖然一開始透過「記錄員」貝克梅瑟（Beckmesser）的指責，讓騎士馮．史托欽受盡嘲諷，最後還是安排鞋匠名歌手漢斯．薩克斯暗助他，在全劇結束時，史托欽終於如願成為德意志地區的名歌手，大家也因為他的勝利而高聲歡呼。德意志民族的音樂熱情不只在於充分表達情感的渴望，還包含秩序條理的嚮往。在德語文化圈裡，每一位大音樂家都必須處理這個創作問題，都必須用自己的方式調和此二者。

十六世紀發動宗教改革的馬丁．路德則把歌唱提升到宗教靈修層面。在此之前，歐洲當然也有宗教音樂，特別是一千年前左右在義大利發展出來的葛利果聖歌——一種單聲部、無伴奏的羅馬天主教音樂。宗教改革家路德本身也是一位熱情的歌者以及魯特琴和長笛演奏者，還曾為自己創立的新教教會譜寫聖歌，並讓教堂會眾的詩歌唱頌固定成為新教禮拜儀式的一部分。當時人們或許會不以為然地認為，路德將信眾的歌詠加入儀式中，是因為經他改革的新教彌撒能提供給信徒的東西寥寥可數，只好拿教會詩歌充數。儘管曾有這些冷言冷語，路德當時的著眼點確實是基於音樂本身，對他來說，音樂就是「上帝恩賜的天賦與禮物」。他甚至認為，音樂具有祛除魔鬼的力量，因為人們只要沉浸在音樂裡，就可以從「諸多憤怒、縱欲、傲慢及其他加諸己身的負擔中」超脫出來。依據《餐桌閒話》（*Tischreden*）這本路德談話錄的記載，這位新教教會的創立者曾經宣告：「我將音樂置於僅次神學的地位，並給予高度尊崇。」由於路德對禮拜音樂的重視，音樂自此不再只是基督徒消遣解悶的玩意兒，它還是虔誠敬拜上帝的方式之一。這位宗教改革者賦予音樂靈修的重任，並讓音樂帶領基督徒走上屬天救贖的道路。

後來興起的新教虔信派則進一步強化音樂應該肩負的信仰使命。一六五九年，該教派牧師及靈修作家亨利希·穆勒（Heinrich Müller, 1631-1673）在羅斯托克出版《教會的心靈音樂》（*Geistliche Seelenmusik*）這本教會音樂小冊子，裡頭除了收錄一些教會詩歌之外，穆勒還針對音樂與禮拜儀式的關聯性，發表一些細膩的見解：「我們以上帝之名，用所有的話語和行動來榮耀上帝，然而，上帝卻是因為信徒的歌聲而獲得特別的尊崇與頌揚。因為開口歌唱的人更能表示，自己是帶著一顆喜悅、順從與歡樂的心來參與禮拜儀式，這就如同人們碰到喜歡的人或愛好的工作時，會感到心情愉快而開口歌唱一樣（……）誰若以歌聲禱告一次，就等於用言辭禱告兩次，因為他是以愉快的心情向上主

---

[2]《紐倫堡名歌手》是華格納一八六八年於慕尼黑首演的樂劇，描述中世紀自由城市紐倫堡職業工會及名歌手協會成員間的故事。劇中的主要人物——鞋匠漢斯·薩克斯（Hans Sachs）——在歷史上真有其人，是當時德意志地區最著名的名歌手。

祈禱。」

不過，在這個時期，並不是每一種聲樂都能讓人們的內心充滿崇高而莊嚴的感受，一些教會的衛道人士便曾對當時世俗音樂的整體發展憂心不已。舉例而言，主持漢堡市聖雅可布教堂（St. Jacobi）的路德派牧師安東．萊瑟（Anton Reiser, 1628-1686）便曾和其他的信徒弟兄們激烈杯葛一六七八年漢堡歌劇院[3]的落成啟用，直到萊瑟牧師去世後，該歌劇院才於一六八八年重新開幕。

當路德派的萊瑟牧師硬將音樂塞入基督教的框架時，虔信派的穆勒牧師已精準地預言，音樂將成為德意志地區往後幾個世紀的最高藝術形式。他認為，在這世界上，音樂似乎最能喚醒世人「鈍化的情感」並點燃他們「冰冷的內心」，因此他建議虔信教會的信徒，應該務實地讓生活和歌唱彼此協調一致。令人訝異的是，這位虔信派牧師的音樂見解，竟與後來的德意志浪漫主義精神不謀而合：「啊！讓這世界帶著它差勁糟糕的那一面運轉下去吧！」音樂一方面能燃起人們的熱情，另一方面還能把人們從所有塵世的糾結中解放出來，音樂從此在德意志地區已無法擺脫這種雙重角色，它已經成為德意志民族心靈殿堂的基石。

如果我們把目光投向英國，就可以清楚地看到，提升音樂在宗教領域的重要性，確實是德意志地區特有的發展：不列顛清教徒雖與德意志虔信派教徒奉行近似的教義，不過，這股英國的宗教勢力卻在一場教會「大革命」中，斷然廢除境內教會的禮拜儀式以及天主教的教會音樂。一六四四年，他們還通過法律，規定英國教堂裡不得擺放管風琴，而且強制解散所有教堂的合唱團（直到查理二世掌權之後，英國的宗教音樂才逐漸從清教徒的大規模清除行動中復甦）。

十七世紀德意志天文學家、數學家及自然哲學家克卜勒曾在《世界的和諧》（*Harmonices Mundi*）這本代表性論著中，探討音樂的理性面向。他的音樂論述繼承了古希臘柏拉圖和畢達哥拉斯學派的觀點，亦即音樂的和諧性正是世界與宇宙和諧性的反映。由於人類的心靈也是由這種和諧性組構而成，因此，音樂也可以將人類帶往良善與和睦。

為何音樂能令人如此舒暢並深受感動？巴洛克時期的全才學問家萊布尼茲是第一位深刻研究這項音樂問題的學者。他的音樂見解已超越克卜勒，而且還進一步指出，不和諧的聲音如何對人類感官發生作用，造成人們內心的鬱悶與不安。他認為，人類只有再次回歸音樂的和諧性，這個問題才能解決，人類的生活滿足感才能提升。雖然，萊布尼茲也強調宇宙秩序與音樂規則的關聯性，但他並不認為音樂具有道德教化功能。對他而言，音樂的創作是一種不自覺產生的數學演算樂趣，「一種隱藏在心靈深處的算術活動，在人們不知不覺中，它就運作了起來」。

當萊布尼茲在一七〇〇年寫下這個音樂的定義時，還未聽過巴洛克時期作曲家巴哈的音樂作品。堪稱德意志第一位音樂巨人的巴哈當時只有十五歲，是呂內堡（Lüneburg）米歇利斯修道院（Michaeliskloster）少年唱詩班的成員，每天固定在晨、晚禱時間演唱詩歌，月俸僅十二個銀幣。巴哈十八歲時，被帶往昂施塔特（Arnstadt），擔任該城一座重新建造完成的新教教堂管風琴手。該教

3 漢堡歌劇院是德國第一座市民歌劇院（非宮廷歌劇院），以上演德語民俗歌劇為其傳統，而非當時流行於德意志上層階級的義大利歌劇。

堂的管風琴是那一年新購置的，由巴哈負責維護管理。不久之後，這座教堂的高階神職人員便對巴哈彈奏的管風琴音樂很有意見，他們認為，巴哈在樂曲裡「做了許多美妙的變奏，混入許多陌生的音符」，這種音樂會讓「教區全體教友感到困惑」。這個時期的巴哈還是個年輕小伙子，他還得經歷一段長期的奮鬥，才有機會前往當時德意志地區的經濟文化中心萊比錫一展長才，在托瑪斯教堂（Thomaskirche）擔任唱詩班領唱與指揮以及萊比錫市音樂總監。

巴哈自青少年時期就相當有主見，自我意識強烈，教堂神職人員對他的種種批評與指責並無法動搖巴哈的音樂見解。雖然，他也跟許多前輩及後輩的作曲家一樣，受雇於貴族與教會，但他的創作還是跟他的同行不同，比如亨利希・徐茲（Heinrich Schütz, 1585-1672）以及令他讚佩不已的迪特利希・布克斯特胡德（Dieterich Buxtehude, 1637-1707）這兩位前輩作曲家。因為巴哈很清楚，自己是聲音的藝術家，而不是聲音的奴才。

巴哈在過世的三年前，曾應腓特烈大帝的要求，完成一首需要高超演奏技巧的對位曲式作品。這位普魯士國王將巴哈召往波茨坦皇宮，為了親眼見識他是否真是那位德意志音樂世界所尊崇的音樂全能者。為了考驗巴哈，擅長吹奏長笛的腓特烈大帝還為此挖空心思，想出一段非常複雜的、連他自己都認為不可能再做變奏發展的主題旋律（這段旋律也可能是由腓特烈大帝的宮廷音樂家——即巴哈的兒子卡爾・菲力普・艾曼紐・巴哈〔Carl Phillipp Emanuel Bach, 1714-1788〕——構想出來的）。巴哈當時一拿到相關的樂譜時，便在古鋼琴上即興彈奏出一首三聲部賦格曲（Fuge）而引起不小騷動，大大出乎腓特烈大帝意料之外。當巴哈回到萊比錫後，還繼續依據這個主題旋律進行創作，最後完成了

〈音樂的奉獻〉（Musikalisches Opfer）這首六聲部賦格曲。

巴哈在世時會跟選帝侯、國王或教會妥協，會對他們讓步，不過，他的音樂歸根究柢只為一個主子服務：上帝。這位接受虔信派教育、喜歡閱讀路德神學著作的音樂家直到生命結束時，仍維持一個堅定的信念：「在莊嚴肅穆的音樂裡，上帝的憐憫與寬恕無所不在。」

即使巴哈是第一位把音樂當成比較具有獨立性藝術類型的作曲家，並且還把音樂從虔誠的伴奏音樂或用餐時的背景音樂中解放出來，不過，德語音樂圈卻一致認為，巴哈從來就不想讓音樂脫離宗教而獨立。

當作曲家菲立克斯．孟德爾頌的外祖母貝拉．莎蘿蒙（Bella Salomon, 1749-1824）於十九世紀二〇年代因為整個家族從猶太教改信新教而被激怒時，孟德爾頌的姊姊芳妮．孟德爾頌（Fanny Mendelssohn Bartholdy, 1805-1847）當時便曾向她解釋，事實上，家人並沒有改信新教，而是信奉巴哈。如果真是如此，這位外祖母可就沒什麼好反對了：畢竟她本身就是狂熱的巴哈音樂愛好者，而且還曾受教於巴哈的門生。當她的外孫孟德爾頌十四歲生日時，她還送給他一份當時已被世人遺忘的巴哈〈馬太受難曲〉（Matthäus-Passion）手抄本。一八二九年三月，時年二十歲的孟德爾頌指揮「柏林聲樂學院」演出這部偉大的音樂作品時，巴哈同時也被擢升為德意志民族的聖者而開始綻放光芒，影響所及已遠遠超越了音樂的專業領域。

巴哈的音樂擁有巨大的影響力，對此我們只能如此解釋：他是音樂史上第一位融合兩種完全相反、彼此矛盾的作曲技巧的音樂家。他把大膽的旋律線條與複雜的和聲緊密結合成一個整體，然而在他之前，巴洛克音樂的作曲準則卻是旋律聲部只能由一組樸素、不突出的低音伴隨，不得與另一獨立的聲部相混合。巴哈當時已比義大利文藝復興時期的作曲家更強烈而透徹地認識到，可以將各個已完成和聲的旋律聲部交織在一起，當所有的聲部彼此融合時，整體的和聲就會更完美。

巴哈在樂曲中將對位法發展到音樂史的最高峰，不過，這不只是在形式上表現一種美學技巧，還與巴哈的音樂見解有關：音樂聲部的對位結構，正是上帝所創造的世界秩序的呈顯與象徵，各聲部經過一番交互激盪後，最終會以齊唱（齊奏）的方式達成「協和的高峰」（Concordia discors）。現今一些音樂大師仍然期待，可以從對位法的作曲原則，從一些彼此地位平等、卻不相同甚至相互對立聲部的交互作用中，為人類建構出一套完整的倫理學。當代知名的猶太鋼琴家暨指揮家巴倫波因（Daniel Barenboim, 1942-）在二〇〇八年發表的《樂聲即生活》（*Klang ist Leben*）一書中，便提到這個夢想：「如果以色列人與巴勒斯坦人能展開彼此對等的對話，如果他們能夠認識賦格的結構」，那麼，近東的衝突就能自然而然地化解。因為：「真正的肯定和尊重〔……〕意味著，接受他人與自己的差異性，而且不能損害他人的尊嚴。音樂的對位結構中彼此交疊的各聲部或多聲部的複調音樂已經顯示，這種人際的倫理是有可能實現的。人們其實可以而且必須接受別人的個體性，尊重別人的個人自由，這是我們從音樂中學到的最重要處世準則之一。」

巴哈當然不只在音樂作曲上開創了如此大膽而冒險的論辯倫理學（Diskursethik），他還在樂曲中成功地結合了嚴謹的數學建構與最深沉的心靈表達。他的〈馬太受難曲〉由於在結構上過於多重與繁複，以至於音樂學者即使經過數百年的研究，仍然無法將它徹底分析清楚。這部宗教音樂作品曾讓許多受盡折磨的心靈驚歎不已，如果人們聽到這種音樂，內心還是無法軟化下來，那麼他一定是個鐵石心腸的人。與講究機械性精確的名歌手不同的是，這位對位法的作曲大師在任何時候都能讓最激烈的情緒爆發開來：「閃電和雷鳴已在雲層裡消失？／開啟燃燒著烈火的深淵，喔，地獄；／毀壞的，墮落的，貪婪的，破滅的，／以突如其來的暴怒面對狡詐的背叛者，那要命的血液！」不過，人們如果只閱讀〈馬太受難曲〉的歌詞，而沒有聆聽它的音樂，便難以領略，耶穌在被捕之後，巴哈讓兩個合唱團開始發狂地飆歌所帶來的聽覺震撼。

如果不知節制和超越所有目的理性（zweckrational）的追求是德意志民族的基本特徵，音樂大師巴哈的一生便是這些民族特質最純粹的體現：一七五〇年，六十五歲的巴哈謝世時，留下超過一千首作品，其中包括聲樂、管風琴音樂、鋼琴音樂、室內樂以及許多以清唱劇、無伴奏合唱讚美詩、彌撒曲、受難曲、合唱曲、組曲、序曲、賦格曲、奏鳴曲、協奏曲及變奏曲等形式所譜寫的管絃樂作品。「巴哈並不是小溪[4]！他應該被稱為大海！」這位天才音樂家在接受世人推崇與致意之餘，也該準備退場，迎接下一次的音樂革命了！

三、提克：「聲音的藝術是信仰的終極奧祕，它是一種神祕主義，一種絕對受到神啟的宗教。」

如果說，巴哈的藝術家自我意識仍受制於本身對上帝的順服與虔誠的信仰，那麼後來出現的貝多

4 巴哈（Bach）這個姓氏的德語意思就是「小溪」。

芬就是第一位具有超凡意志的作曲家，他企圖把人類及世界塑造成全然不同以往的面貌，並奉行這樣的座右銘：「在復仇中掌握命運，就是這樣！」貝多芬是天主教徒，他對於親近上帝的信仰追求，實際上並不少於新教徒的巴哈，只不過他一直無法在傳統的基督教信仰中，碰觸到這位宇宙萬有的創造者。從根本來說，他是帶著憤怒的心緒不停歇地從事音樂創作，逐漸喪失聽力的他覺得自己被上帝遺棄，所以，音樂對他而言已不再是慈悲上帝所賜下的禮物，而是一種表達的媒介，他想透過音樂證明，自己是類似上帝的強者。他不接受傳統作曲技巧的和聲規則，而是傲然地把自己逐漸失聰的耳朵朝向上天並宣告，所有的一切都必須出於他自己的創造。貝多芬正是因為這種態度而成為一位比巴哈更強悍的聲音建築師。

更激進的是，貝多芬在十八世紀末、十九世紀初，便斷然拋棄音樂家向來為教會和貴族服務的傳統角色，儘管他一開始曾在波昂擔任宮廷樂師，負責教堂、小型音樂廳及戲劇院的音樂會演出，儘管他在維也納市民捧場的音樂廳建立不得了的聲望之後，仍依賴貴族的金錢贊助。一位曾跟貝多芬學習鋼琴的女性，提過一件關於恩師不為人知的軼事：貝多芬剛到維也納這座哈布斯堡帝王之都的頭幾年，曾有一位年長的伯爵夫人，向當時懶洋洋坐在軟椅上的青年貝多芬屈膝懇求為她演奏鋼琴，卻當面遭到拒絕。由此可知，貝多芬所具有的藝術家自我意識是何等強烈！我們實在無法想像，巴哈會用這種態度拒絕一位貴族的請求。

在私人音樂會的場合，貝多芬如果注意到在場聽眾對他的鋼琴演奏漫不經心，就會不留情面地中斷演出：「我不為這些豬演奏！」他曾這麼表示。相較之下，被當時的音樂界暱稱為「海頓爸爸」的古典樂派作曲家海頓（Franz Joseph Haydn, 1732-1809）從不會讓自己如此狂妄傲慢；連自個兒行為都亂七八糟的「音樂神童」莫札特，如果碰到這些心不在焉的「豬」，充其量只會覺得噁心想吐，或許他還想乘機作怪，乾脆當場唱起一首下流猥褻的小曲！

貝多芬後來在德意志浪漫派詩人、作家及思想家的圈子裡找到他的理想聽眾，可以和他們有充分的心靈交流。曾受教於康德門下的思想家暨詩人赫德，已率先把非教會的音樂稱為「神聖的音樂」；發起德意志浪漫主義運動的文學家提克，曾針對音樂提出自己的解釋：「聲音的藝術是信仰的終極奧祕，它是一種神祕主義，一種絕對受到神啟的宗教。」在此，我們可以概括地說，啟蒙運動者致力於宗教的世俗化，而浪漫主義者則把世俗的事物神聖化。一七九九年，提克熱愛音樂的至交瓦肯羅德在他撰寫的〈關於藝術的想像力——給藝術的愛好者〉（Phantasien über die Kunst für Freunde der Kunst）這篇文章中，再次描述自己一部短篇小說的主人翁——老邁的音樂家約瑟夫．貝格靈爾（Joseph Berglinger）——如何著迷於音樂，貝格靈爾其實就是作者瓦肯羅德的自我投射：「當約瑟夫出現在一場大型音樂會時，大廳已擠滿衣著光鮮的聽眾，他逕自在角落的位子坐下，看都不看他們一眼。音樂會開始後，他便凝神靜聽，好似在教堂做禮拜一般，如此沉默而且端坐不動，雙眼沉思地微垂，注視著前方地板。他沒有錯過音樂會的任何一個音符，從頭到尾都全神貫注。迨終場結束時，他已完全虛脫，筋疲力竭。」是否古典音樂的音樂會誕生於教堂的禮拜儀式精神？

如果音樂存在的目的已不再符合新教路德派、虔信派及巴哈的主張——為基督信仰服務——那麼，音樂將從何處獲得神聖性呢？「的確，聆聽音樂是一種純潔而動人的享受，置身於音符中，純粹的音符中，就是一種愉悅！一種孩童般純真的愉悅！其他人會用躁動不安的忙碌來麻醉自己，當他們的思維陷入困惑和迷惘時，宛如受到一大群貓頭鷹或危險的昆蟲包圍，最後便倒在地上昏厥過去。然而此時我卻將自己的頭浸入聖潔、清涼的音符泉源中，療癒人心的女神再度帶我回到童年的純潔無邪，讓我再次以新鮮的目光觀看這個世界，普遍的、欣喜的和解也隨著水流擴散開來。」瓦肯羅德在一七九九年發表的《音樂的奇蹟》（*Die Wunder der Tonkunst*）這本音樂論著中，曾做以上的陳述。

上面所節錄的文字段落也顯示，在浪漫主義者的思想及感受裡，音樂如何徹底地繼承了宗教的精神：對於那些被俗世耗盡以及被艱苦的生活重擔強壓在身的人們，音樂提供了終極救贖的心靈慰藉。這樣還不夠神奇，音樂還能進一步將人類的罪行完全洗淨，讓他們重新回歸兒童的純真狀態。「相互擁抱吧，萬民！／這一吻送給全世界！」當時間又過了四分之一世紀，貝多芬正為了完成他第九交響曲的最終樂章，而將席勒的〈歡樂頌〉（An die Freude）這首具有烏托邦精神的詩篇譜成合唱曲時，內心已對於全人類的團結友愛充滿嚮往。這首交響曲就是在表達他對於人性真善美的渴望。

那個時代的法國人和義大利人一味地推崇歌劇為音樂的最高形式，相較之下，德意志浪漫主義者卻有非常不同的音樂觀，他們反而認為，音樂神妙的療癒作用就在於它脫離了文字，沒有歌詞伴隨。本身也從事作曲及音樂評論的德意志浪漫派文學家霍夫曼，曾在一八〇〇年前後設計出一種「純音樂的」、被當時聽眾普遍視為激進的音樂會節目，而且還信心滿滿地評論貝多芬後來發表的第五號交響曲：「如果我們將音樂當成一種獨立自主的藝術類別來談論，就只能提到器樂（Instrumentalmusik）這個部分。它是一種拒絕混合其他藝術形式，只能從音樂的藝術本質表現音樂本身。」這位浪漫主義小說家雖然只創作了一首交響曲，其他的作品都是聲樂曲、戲劇配樂與室內樂，但他一向認為，交響曲是最頂尖的音樂類型，這是無庸置疑的。

我們現在幾乎無法想像，交響曲在當時是一種聞所未聞的、嶄新的音樂形式：這種音樂既不適合跳舞，也不能跟著哼唱，而且還無法讓音樂好手展露高超的樂器演奏技巧。在餐宴的場合，人們會選擇室內樂當背景音樂，完全不會考慮編制較大的管弦樂。因此，如果有誰想聽交響曲的演出，就必須到音樂廳朝聖了！不過，聆聽交響曲的經驗卻跟欣賞歌劇完全不同，因為，聽眾們無法在音樂廳接觸到偉大歌劇所表現的愛、死亡與激情，而是……好吧，到底如何呢？

交響曲的發展是從海頓和莫札特開始的。交響曲之父海頓曾強調，他的音樂是一種可以被全世界人類了解的語言，雖然沒有歌劇的歌詞和劇情，它的音樂性卻能表現許多角色和人物。然而，一直要等到貝多芬譜寫出他的交響曲後，交響樂才被當時的德意志浪漫主義者推崇為「器樂的歌劇」及「描繪人類情感的戲劇」。

貝多芬在創作交響曲時，並沒有像這兩位奧地利前輩作曲家一樣，似乎是在生產線的輸送帶上大量生產交響樂作品，而是把交響曲的創作數量限制在「九」這個似乎帶有魔咒的數字上，而且在他之後，（幾乎）沒有作曲家在從事交響曲創作時，敢踰越這個作品的總數。有趣的是，每一位具備古典音樂素養的人只要聽到貝多芬的交響曲，都能立刻知道該交響曲的主題；反之，如果要拿海頓超過百首、莫札特整整四十首的交響曲來考驗這些愛樂人士，就有點強人所難了！

這種在創作上的自我節制，並非只因貝多芬個人所面臨的外在壓力，更是因為他對於自己藝術創作的堅持——貝多芬總是期許自己所有的作品能以最一致、最完美的狀態留存下來。（貝多芬是第一位自行將作品冠上作品編號的作曲家。他認為，自己所創作的樂曲至少有半數具有高度藝術價值，應該列入必聽的選曲名單內。至於廣受世界各地學習鋼琴的學生們喜愛、卻總是被劈哩啪啦亂彈一通的鋼琴小品曲〈給愛麗絲〉〔Für Elise〕並不在此之列。）這種將作品精簡化和精緻化的作風，主要來自貝多芬本人的自我要求，因為他希望自己在每部作品所傳達的內容都是獨一無二、不可取代的。

貝多芬的〈命運〉、〈田園〉、〈舞蹈之神〉（指第七號交響曲）等交響曲的標題，雖然絕大部分不是出於他自己的決定，但它們卻顯示，這些交響樂的內容並不僅僅是音樂而已，它們其實還根源於某些非音樂的思維。貝多芬大部分的交響曲雖然都冠上主題，不過，它們卻不屬於後來音樂學者所提出的「標題音樂」[5]，因為，貝多芬交響曲的標題在樂曲裡並沒有與之對應的具體內容。不過，貝多芬如果出生在比較晚近的時代，或許並不反對理查・史特勞斯（Richard Strauss, 1864-1949）於二十世紀初在他的〈阿爾卑斯交響曲〉（Alpensinfonie）所做的標題音樂嘗試。這位後期浪漫派作曲家會在這首交響曲的某些段落標上如「在小溪旁健行」或「在瀑布旁」等具體的文字提示，他的聽眾在音樂廳聆賞這首交響曲時，就好像手裡拿著一本旅遊指南。

貝多芬在本質上絕對是音樂家，同時還是音樂史上第一位能像知識分子般思考的作曲家。這不僅是因為他勤於閱讀席勒、康德及赫德的著作——這一點也是他與海頓及莫札特不同的地方——而且還因為他的自信。他認為，自己的音樂作品可以對當前政治、哲學及世界觀的討論有所貢獻。然而，人們該如何把純粹的音符轉化成文字的訊息？音樂詮釋者如何解讀樂曲的訊息其實是很棘手的問題，貝多芬的第三號交響曲〈英雄〉就是一個很好的例子。

貝多芬於一八〇一年開始創作這首具有革新意義的交響曲。當時他為芭蕾舞劇《普羅米修斯的創造》（*Geschöpfe des Prometheus*）所創作的配樂在維也納首演時，獲得了熱烈回響，不過，貝多芬卻對這部芭蕾音樂作品不滿意。他覺得自己譜寫的這部舞蹈音樂不夠靈活，曲風太過保守，很像穿上緊身胸衣的婦女，總顯得很受拘束。這齣芭蕾舞劇是在敘述古希臘神話中的泰坦巨人普羅米修斯，看到人類被天神宙斯禁止使用火而生活在困苦之中，於是決定替人類偷取火種，最後觸怒宙斯而遭到懲罰的故事。貝多芬認為，如果當時只用音樂呈現這個神話故事，而不要有舞者在舞台上蹩腳地跳舞，不讓音樂受到這些舞者牽制，或許這部芭蕾音樂是一部成功的作品。後來貝多芬在創作第三號交響曲時，還把《普羅米修斯的創造》一些主題式素材加以處理並納入。此時他的作曲自由度已大幅增加，而且比較能貫徹作曲理念的前後一致性。

貝多芬在創作第三號交響曲〈英雄〉時，曾把高舉法國大革命理念的拿破崙視為第二位為人類帶來光明的人物。熱情推崇法國大革命的貝多芬於一八〇四年完成這首交響曲的創作時，還在總譜封面的扉頁上用拉丁文寫下：「一首題獻給波拿巴特[6]的大交響曲」（Symphonie grande, intitolata Bonaparte）。不料，拿破崙於同年十二月稱帝，貝多芬得知這項消息後，便憤怒地把這份總譜的封面

---

5 所謂「標題音樂」係指作品的標題可以具體反映音樂內容的樂曲，標題音樂的內容往往來自繪畫、詩歌、大自然景色、歷史事件等元素。

6 波拿巴特（Bonaparte）是拿破崙的姓氏，拿破崙的全名為Napoléon Bonaparte。

撕下，並批評這位剛登基的法蘭西皇帝：「他也不過是個凡夫俗子罷了！現在他也會把所有的人權踐踏在腳下，只為了滿足個人的野心。」當這首作品於一八〇五年四月首演時，總譜上的標題已改成：「英雄交響曲，為紀念一位偉大人物而作。」

至於哪一位「偉大人物」應該被尊為英雄，就交給每個時代的人民依據各自標準自行決定了！一八四七年十一月，人們為作曲家孟德爾頌在萊比錫布商大廈音樂廳（Gewandhaus Leipzig）舉行隆重葬禮時，貝多芬的〈英雄〉交響曲便再度莊嚴地響起。一八九二年，名指揮家漢斯・馮・畢羅（Hans von Bülow, 1830-1894）在柏林指揮這首交響曲之前，還特別提到：「我們樂團全體的樂手以心和腦，手和口，在今天這個莊嚴的時刻，將這首歷史性的交響曲（……）獻給貝多芬的兄弟、德國政界的貝多芬——俾斯麥侯爵！」二十世紀著名德國女鋼琴家及詮釋貝多芬作品的權威愛莉・奈依（Elly Ney, 1882-1968），在納粹執政期間是希特勒的追隨者。這位傑出的女音樂家曾在二戰期間，提到一位俯衝轟炸機飛行員寫給她的一封信件內容：「在一次由俯衝轟炸機執行的攻擊行動之後，我在晚間偶然從廣播中聽到貝多芬的〈英雄〉交響曲，那時我很明確地感受到，這首樂曲已響應我們的奮戰，已神聖化我們的行動。」

音樂作品因為遭到有心人士的政治濫用而被汙名化，這種現象真是荒唐可笑。貝多芬在十九世紀初把剛完成的〈英雄〉交響曲轉而題獻給一位不知名的「偉大人物」，這雖然會讓後世人有政治利用的空間，不過，這方面所造成的危險還算輕微；更具決定性的影響是，貝多芬在他的〈英雄〉交響曲中塑造出一種聲音語言，那是英雄希望獲得眾人理解的吶喊：「你們難道聽不到，我跟你們說了什麼！」這首交響曲就是用這種姿態緊緊吸引住群眾。當群眾們後來開始嘗試表達他們所理解的「偉大人物」時，語言卻已不聽使喚，或者他們已因為自己對於「偉大人物」一些政治不正確的詮釋而必須尋求庇護。在這層意義上，貝多芬這首交響曲確實帶有一種邪魔性質：一個發出樂聲、卻一直令人不解的魔鬼，卻用他所有的權力要求人們理解。

「光輝燦爛的光束穿透這個國度並劃破深沉的暗夜，我們發覺一個巨大的陰影激烈地上下晃動，愈來愈緊密地把我們包裹在它裡面，並摧毀我們內在的一切，只剩下無止盡的渴望所帶來的苦痛。」以上是文學家霍夫曼描述貝多芬第五號交響曲〈命運〉如何讓他的內心激烈地否定上帝的救贖。誰如果缺乏面臨深淵的勇氣，誰如果不想跟浪漫主義者一樣，將自己「奉獻給非言語所能描繪的事物」，當他聽到貝多芬這首交響曲時，心裡只會感到恐懼。

世界上沒有任何國家的哲學家會像德國哲學家這般，為了解釋音樂這種弔詭的、沒有文字詞彙的語言，而反覆地搔首苦思。對於生命充滿敬畏之心的哲學家康德在探討音樂時，還算能輕鬆以對：他認為音樂是一種「情緒與情感的語言」，不具有什麼價值，而且音樂的享樂性質超過它的文化屬性，因此無法像詩歌那般，留下可供人們沉思的東西。如果康德這位理性主義者生活在德意志浪漫主義時期，當他聽到那些浪漫主義者主張，人們在音樂裡從事思考會比較流暢，可以免於用語言思考時必須拐彎抹角的艱辛處境，我們相信，這位大哲人大概會聳聳肩，認為他們是在無理取鬧而不屑一顧吧！這位「純粹理性」的捍衛者幾乎無法接受「純粹的」器樂：在他的音樂美學裡，器樂位於最低的等級，大致介於「壁紙上（……）的綠葉圖案」與形形色色、千姿百態的「海洋帶殼軟體動物」之間。

顯然地，哲學家黑格爾對於音樂的解釋比康德更有企圖心，而且擁有更豐富的相關知識。黑格爾所建構的美學系統把藝術分為五個等級，由低至高分別為：建築、雕塑、繪畫、音樂和文學。由此看來，音樂在黑格爾美學中擁有頗高的藝術等級，僅次於最高級的文學。不過，這位哲學家也指出，音樂是「一種情緒的藝術，會直接隨著情緒而自行產生變化」，而且他還在音樂中察覺到一種「沒有依憑、不受約束的不安定感」以及「完全空洞、缺乏內涵的自我」所造成的危險。儘管如此，黑格爾仍高度推崇音樂能以最高度的表現方式，充分融合「最深切的熱忱」以及「最嚴謹的理智」這兩個極端，尤其是巴哈的作品。音樂對於黑格爾來說，是一種讓個體首次達到最深刻自我了解的藝術形式，音樂重要性的提升和個體——身為具有自我意識的公民——社會地位的提升是相互平行的發展。依據黑格爾的美學見解，音樂並無法讓受限於自我的個體與歷史、文化、民俗的共同實質達成妥協；音樂也沒有能力讓個體從內心深處的牢籠中破繭而出，特別是純粹的器樂。直到德國音樂的第三位巨人——華格納——出現後，才針對如何兼顧「絕對音樂」的創作與民族傳奇的打造，而展開大膽的作曲嘗試。

四、叔本華：「作曲家以一種理智所無法了解的語言，揭示世界最內在的本質，並表達最深刻的智慧。」

華格納的樂劇表現了世人的罪惡和墮落，最後終於能以莊嚴作結。他的藝術並沒有謙虛質樸的屬性。內心為神而敞開？真是可笑！到底誰是神？祂看起來不就像是個已經退休、鬍子斑白的老市儈？只有那些鄉巴佬般的教會信眾還相信祂的存在？祂會賞賜給那些已被日常生活弄得筋疲力竭的人們一場清涼的泉浴，讓他們得以神清氣爽、消除疲勞嗎？啊，真是庸俗至極！那麼，人性確實改善了嗎？多麼不切實際的目標啊！實際上，人類並不會期待自己變得更好，而是獲得救贖！所以，歡迎蒞臨華格納的「總體藝術」（totale Kunst）國度！

救贖就是華格納全部作品以及所有藝術層面的中心思想。在政治上，華格納曾是積極的革命分子，為了進一步拯救德意志民族脫離分據林立的諸邦國，脫離封建的、教會的、資本主義的壓迫者，他不僅親自撰寫政治宣傳冊子，甚至還投身參與一八四九年的「德勒斯登五月革命」。隔年，這位「薩克森王室的宮廷樂團指揮」因為參加革命顛覆活動而遭到薩克森王國通緝，連忙逃亡到瑞士的蘇黎世（Zürich）。在蘇黎世流亡期間，這位作曲家還寫下一篇內容洋洋灑灑的文章，陳辭慷慨激昂，就好比路特威・費爾巴哈（Ludwig Feuerbach, 1804-1872）、馬克思和恩格斯這三位左派哲學家好友在一起喝下過量的蜂蜜酒（Met）一般：「並非德意志地區特有的氣候讓我們這些縱情放肆、強悍的北方民族——從前曾搗毀羅馬人的文明世界——後來淪為卑躬屈膝、麻木不仁、目光呆滯、神經衰弱、醜陋齷齪的殘廢者；並非德意志地區特有的氣候讓我們這些神祕莫測、歡樂快活、行事詼諧、充滿自信的日耳曼英雄後裔，變成空虛沉鬱、膽小怯懦、阿諛奉承的市民大眾；並非德意志地區特有的氣候把我們從散發健康元氣的日耳曼人變成虛弱的病人，從揮擲長矛的勇者變成迂腐之人，從那位蒙神鍾愛的齊格菲變成驕橫的無賴。讓德意志民族墮落的原因，其實來自南方的羅馬天主教與羅馬法典。此外，在其他外來文化的種種影響之下，技術進步的工業和那些有失體面的、讓德意志心靈與精神日益委靡的藝術，也占據了光榮的地位。這些發展並非源自我們德意志民族本質的必然性，而是直接來自外來文明。」

日耳曼精神的復興對於華格納來說，只能經由藝術的精神——人類最高的集體生命表達——而實現。不過，人們要用藝術拯救日耳曼民族之前，必須先讓藝術擺脫所有的負擔與束縛，以及當時日耳曼地區四分五裂的困境。日耳曼藝術受到這些外在干擾而出現的癱瘓程度，並不亞於日耳曼神話英雄齊格菲那些軟弱的後裔——即當時的日耳曼人民。在華格納所謂的「未來的藝術作品」（Kunstwerk der Zukunft）中，創作者不論在內容或形式方面，都應該把屬於一個整體的所有質素整合在一起：當代的德意志文化應該和德意志民族最古老的經歷——寶貴的日耳曼神話和民間傳說——融合在一起，而且不能再任由各類別的藝術——從音樂、戲劇到造型藝術——各自孤立、平行地單獨存在。「總體藝術作品」（Gesamtkunstwerk）的創作者就是時代的先驅者，當工業化社會還無法妥善處理新型態的分工合作以及異化疏離的問題時，這些藝術家們已經率先跨出整合的第一步！華格納認真地實踐了席勒與德意志浪漫主義者所懷抱的夢想：創造一種能完整顧及人類所有面向的藝術。

華格納發現，「利己主義」（Egoismus）是他那個時代最深重的罪孽。他不只在人際關係與社會關係中，甚至也在音樂中察覺它的存在。雖然，身為作曲家的華格納也和身為革命者的華格納一樣，把個體解放視為人類社會必要的發展。不過，個體解放應該是個人在擺脫舊有的社會束縛時，有能力和他人共同建立新的社會型態；如果個體的解放是自私的個人為了讓自己在未來能完全獨立地發展，而脫離整體的系統，那就是一種墮落。華格納在〈歌劇與戲劇〉（Oper und Drama）這篇文章中，曾對於「總體藝術作品」的理論詳加著墨。而且我們還可以在其中一個段落裡發現，在這位大作曲家的思想中，社會理論與音樂美學理論之間的轉化，竟可以如此流暢而毫無滯礙：「剛長大成人的家庭成員在離開自小居住的家庭環境時，內心雖渴望獨立自主，卻沒有方向感。這些離家的青年必須透過與另一位來自其他家庭的成員的接觸與結合，才能真正取得自主性，而不是讓自己成為獨自在外單打獨鬥的利己主義者。」華格納接著還寫道：「未婚少女要成功而獨立自主地離開自己的家庭，只有透過愛上其他家庭的年輕小伙子，讓這位年輕人把自己迎娶到他的家庭裡。音樂方面也是如此：當一個樂音脫離原來的調性（Tonart）時，便已受到另一個調性的吸引與支配，而且這種轉換一定順隨必要的愛情法則。一個主題樂音（Leitton）從一個調性轉入另一個調性時，便已揭示自身與該調性的深切關係，而且這種調性的變動往往被認為是出於至高無上的愛的動機。」

華格納用這樣的哲學思考賦予音樂一種革命性的解放：這種音樂的解放就是讓那套源於歐洲的、先前所有作曲家都必須臣服的傳統調性系統，擁有比較自由的調性。「主題樂音」是華格納的作曲原則，它讓華格納的樂劇瀰漫著獨特性、排山倒海的氣勢與強烈的吸引力，並成為一種與戲劇精神以及音樂風格相互契合的音樂語言。華格納的樂劇經常描繪一對男女如何掙脫傳統束縛而沉浸於彼此濃烈的愛意中，例如「漂泊的荷蘭人」與仙妲、唐懷瑟與伊莉莎白、崔斯坦與伊索德以及齊格菲與布倫希爾德。

華格納雖然是音樂的解放者，但他的性別理論卻為人類的性別意識套上一副新的枷鎖，而且還跟他的社會理論一樣，都被轉化成樂劇作品的內在關聯性。在〈歌劇與戲劇〉這篇文章的第一段，華格納曾明確地提出一個令人訝異的觀點：「音樂就是女人。」（Musik ist ein Weib.）

如果讓貝多芬以及一些關心音樂發展的浪漫派文學家扮演華格納的角色，或許他們也會把音樂帶入一個歷史必然、卻又不幸的死胡同裡吧！作曲家一方面希望「絕對音樂」成為一種獨立自主的語言，另一方面卻還嘗試使用已脫離語言意義的「絕對音樂」表達一些具體的內容，這種自相矛盾的作法難道不會讓自己陷入精神錯亂中？

華格納是第一個讓歌劇院擠滿陷於歇斯底里狀態的女士們（及先生們）的音樂家。但偏偏是他出言指責貝多芬，把音樂搞得像一個被解放的婦女，卻又歇斯底里、冷若冰霜，除了透過文字尋求救贖外，人生已經沒有其他的渴望。華格納在分析貝多芬第九號交響曲時曾指出，貝多芬自己也知道他在這首交響曲所犯下的錯誤，所以才把席勒的詩作〈快樂頌〉納入終樂章，以作為補強。不過，這樣的嘗試卻是失敗的，因為，這位大作曲家所譜寫的旋律並沒有跟歌詞融合成一個整體，歌詞部分由於受到特別看重而顯得強勢許多，譜寫出的曲樂並無法和歌詞恰當地搭配。因此，華格納強調，作曲家在創作時必須明白，音樂應該扮演配合歌詞的角色，而且必須將音樂的力量局限為一種「正在醞釀中的奉獻精神」（empfangende Hingabe），並以此為基礎，發展成「綿密不間斷的旋律線」，讓它從舞台下方那個觀眾無法看見的樂隊池中傳出，當上頭的戲劇在舞台燈光下演出時，便可以獲得音樂的撐持而發揮最大的表演潛力。

身為作曲家的華格納如果要實踐自己的音樂理論，就必須同時由自己撰寫劇本，成為樂劇的劇作者，如此才能確保樂劇的文學水平。此外，他還細心地呵護自己的音樂，讓他的音樂只為了歌詞而存在——一些值得譜曲的歌詞。不過，他已不再讓歌詞專美於前，因為與歌詞搭配的音樂也相當美妙，已和文字的劇本具有同等價值。在此，「總體藝術作品」已不再是解放的烏托邦，而是這位如上帝般的藝術家所徹底掌控的創作思維集結，而且還以無比的威力呈現他那帶有亂倫色彩的幻想。

華格納當時很有自信地認為，自己畢竟是第一位讓歌劇的音樂及歌詞之間出現一種類似有機體緊密關係的作曲家，在他之前的歌劇作曲家只是恣意地將音樂與劇本硬湊在一起。華格納樂劇與以前的歌劇在劇本創作上大不相同，才華洋溢的華格納雖然對自己打算創作的樂劇已有基本構想，不過，他會先用詩句撰寫劇本——這些韻文腳本便是樂劇創作的開端——然後再把音樂從中徹底開展出來。詩人華格納也因此建立了自己對於頭韻法（Stabreim）的愛好，而且使用這種技巧所寫成的韻文歌詞——比如「冬天的風暴屈從於五月」（Winterstürme wichen dem Wonnemond）——也直接呼應了華格納先前的樂思，如此一來，音樂救贖了文字，文字也救贖了音樂，彼此融合成一件完整的藝術作品。華格納在他最後一部作品——宗教樂劇《帕西法爾》——中，還把這種形上學觀點表現得淋漓盡致，在樂劇的最後，他讓眾人齊聲高唱：「讓拯救者也得到救贖！」（Erlösung dem Erlöser!）

依據華格納的觀點，在他之前的歌劇創作存在許多缺失：一、這些歌劇都沒有能力統合音樂與戲劇這兩個領域，因此，作品的整體藝術性並不完備；二、構成歌劇的宣敘調、詠嘆調、二重唱及合唱並無法確實貫穿並整合音樂和戲劇這兩個領域；三、歌劇的主題僅止於一些當時歌劇消費者感興趣的題材，而非來自各民族神話的精髓。此外，當時歌劇的表演場地也存在許多不足之處，為了解決這些問題，華格納曾經積極地尋找理想的歌劇演出地點，以便讓他那些帶著魔幻救贖力量的「未來的藝術作品」能有機會以最神聖而莊嚴的方式在舞台上搬演。但是，德意志地區宮廷劇院的種種規矩，以及一些演出固定劇目的劇院和購買它們季票的觀眾及評論家，都讓他對當時的歌劇表演生態愈來愈反感。雖然，華格納曾讚揚作曲家韋伯的《魔彈射手》為德意志的民族歌劇樹立了一座里程碑，原則上是正確的創作方向，不過，他後來卻在〈歌劇與戲劇〉這篇文章中，著實把韋伯這部著名的德語歌劇數落了一頓：《魔彈射手》的音樂擷採了「生長於絕妙的自然原野」的民俗歌謠花朵，並將這些「甜美而羞怯的花朵」束之高閣，把它們擺放在「華麗廳房高處一個價值不菲的花瓶」中，獨獨取悅「那些狡猾登徒子們的鼻腔嗅覺」。

華格納希望他最重要的四部連環樂劇《尼貝龍根的指環》可以避免相同的命運。一八六三年，當華格納還未完成這套連環樂劇的創作時，便已為它寫下序言，並在內容中詳細陳述自己對於這部超級樂劇的想法，其中還包括未來專門演出他樂劇的慶典劇院的建築構想：為了避開大城市戲劇院那些令人厭惡的觀眾和他們的習慣，慶典劇院應該坐落在某個城鎮；這座劇院在造型上應該是一棟簡樸的半圓型劇場，裡面沒有任何讓觀眾從樂劇演出分心的擺飾，而且為了完美的音響效果，管絃樂團的樂隊池必須降到舞台前下方、一個觀眾看不到的位置；參加樂劇演出的歌手們不必在昨天演出葛路克（Christoph Willibald Gluck, 1714-1787）、明天又得唱梅耶貝爾（Giacomo Meyerbeer, 1791-1864）的歌劇，只要專門演出他的樂劇便足以維持生活；特地前來慶典劇院欣賞由四齣樂劇組成的《尼貝龍根的指環》的觀眾，若要從頭到尾看完這部連環劇，就必須一連花上四個晚上的時間——即一個序夜與而後的三個夜晚：「在盛夏的溽暑裡，前來慶典劇院的每一位造訪者，等於展開了一次消除疲勞的出遊，因為，這些賓客可以趁這個欣賞樂劇的機會好好地散心，暫時遠離日常事務的勞煩。都市裡的市民在經過白天工作的辛勞和折磨後，夜晚所呈現的精神緊張狀態，就好像身體才發生過一陣肌肉痙攣一般。為了放鬆自己，他們需要尋求生活的消遣，通常會依照各自的喜好，從事一些膚淺的娛樂活動，反正只要能讓自己感到舒適愉快即可。因此，如果這些市民離開他們居住的城市，專程到慶典劇院觀賞表演，就可以在白天從事休閒消遣活動，好好地放鬆自己，以便在黃昏來臨時能聚精會神地欣賞演出。如此一來，慶典劇院在發出樂劇即將演出的信號音樂時，對於他們才像一場隆重的邀請。」總而言之，生活應該是愉悅的，藝術應該是莊嚴的。

當然，華格納也知道，這項充滿藝術遠見的計畫會在執行時碰到什麼難處。建造劇院的經費從何而來？他自己的資金連建造入口的階梯都不夠，而且碰巧的是，他在這期間（又再次）破產了！為了募足興建慶典劇院所需要的款項，他只能指望私人贊助者或行事果決的王侯提供資金援助（儘管華格納對於封建制度相當反感，始終抱持反對態度），而且還得讓慷慨解囊的金主明白，唯有這樣的藝術表演場地才能讓德意志精神往前躍進一大步，因為它在本質上完全與德意志民族的特質相吻合：「德意志的民族性雖然存在地區差異，但這卻能讓人民往後享有彼此再度統合的歡欣！」最後，華格納在這份《尼貝龍根的指環》的序言末了提出一個令人擔憂的問題：「找得到這位王侯嗎？」

華格納後來果真找到了！而且，更令人覺得不可思議的是，他還是一位漂亮、年輕、俊美、有理想的國王，也就是後來興建新天鵝堡（Neuschwanstein）的巴伐利亞王國路特威二世。這位「童話國王」（Märchenkönig）由於曾被華格納的樂劇《羅恩格林》與《唐懷瑟》感動得流下眼淚，所以便在一八六四年五月、華格納五十一歲生日前幾天，把他召喚到巴伐利亞宮廷。當時這位年僅十八歲的巴伐利亞王儲不只把自己真誠的心獻給這位他所崇拜的偶像，還有巴伐利亞的國庫。

我們只要翻閱路特威二世與華格納近二十年間往返的六百多封信件及電報內容，就會很快明白，當時到底誰才是主宰，而誰又是卑躬屈膝的臣服者。統治者與藝術家之間棘手、充滿諷刺的關係也在此達到最高潮。

一八六九年十一月，當華格納寫信給他「高貴的友人與仁慈的慈善家」路特威二世時，這位國王已協助他在慕尼黑完成《崔斯坦與伊索德》與《紐倫堡名歌手》這兩部樂劇的首演。他當時在信件中寫道：「您在經過一番深思熟慮之後，是否能讓我了解，您是否確實想進行《尼貝龍根的指環》這項偉大的演出計畫，並透過這部連環樂劇，讓德語世界成為這個嶄新而崇高的藝術新紀元關鍵起點？」這位國王隨後在回函中，語氣堅決地向這位大師保證：「我對於您以及您那些偉大作品的熱情毫無消減，因此，您對於您最忠實的朋友及追隨者不必存有絲毫懷疑；不過，他確實不該承受您的猜疑帶給他的陰影，即使是最輕微的陰影。」

一八七二年，拜魯特慶典劇院隆重動土開工，四年後正式落成啟用，《尼貝龍根的指環》全劇四部也於該劇院順利完成首演。第一部《萊茵的黃金》的序幕前奏終於從神話般的萊茵河深淵（在這裡是指降到舞台下方的樂隊池）流瀉出來，北方神話的情節在渾丁（Hunding）的家中上演，齊格菲和布倫希爾德為他們「光輝的愛情」以及「含笑的死亡」歡呼喝采，最後，諸神的華哈拉城被熊熊的烈火吞沒。透過這場以日耳曼神話改編而成的超級樂劇，華格納終於實現了這個以藝術號召德意志民族的夢想，當然，這一切只會在他的領導下完成。那時剛剛成立的德意志帝國打算把行政中樞設於柏林附近的波茨坦，華格納及路特威二世對於這個由普魯士領導的帝國非常不以為然，對他們來說，「文化國」才是「真實的德國」，它的首都就在拜魯特。

存在主義哲學家尼采當時也受邀前往這座上法蘭克的小鎮，參加這場熱鬧的音樂盛會。這位哲學家暨古典語文學家不僅向世人宣告了上帝的死亡和超人的出現，還深深著迷於華格納的作品。一八七二年，他出版了第一本大部頭的哲學論著《悲劇的誕生：源自音樂的靈魂》。華格納向來喜歡用大型理論包裝自己的作品，而且從不覺得難為情，當時尼采的學說還額外地為華格納的音樂創作提供一些哲理支持：「德意志精神的狂熱激情（酒神戴奧尼索斯）本質促成了一種權力的產生，它和蘇格拉底式文化（富有理性與思考性）的原初條件完全不同，人們也無法用這些條件來解釋和辯解這種權力的出現。蘇格拉底式文化往往把這種權力視為可怕的、令人費解的、強大的、懷有敵意的事物，這種權力也就是德意志的音樂，從巴哈到貝多芬，再從貝多芬到華格納，一脈相承，如太陽在軌道上堅定地運行。」

尼采曾誇讚華格納的音樂，他稱許華格納樂劇「總體藝術作品」的理由，恰恰是對於聲響敏感的理性主義者康德的質疑所在：音樂具備強大控制力的性格。黑格爾對於音樂也是避之唯恐不及，他曾表示：「音樂特有的支配力是一種來自大自然的力量。」尼采是一位力圖教導人類享受生活的活力論者（Vitalist），對他而言，音樂是一種熱情的支撐力量。然而，尼采後來卻發現，他的偶像華格納其實並沒有用音樂帶領人們走向生命，而是邀請他們奔赴死亡，而且不用等到華格納的最後一部樂劇《帕西法爾》首演，尼采便已察覺到這一點了！後來這位對華格納大失所望的哲學家，還把《帕西法爾》這齣宗教樂劇貶為病態的、基督教禁欲苦行的雜耍表演，而且他還指出，這種作品勢將戕害德意志民族的生命力。青年時期的尼采如果能夠不受華格納音樂的迷惑，他應該從一開始就能看出，華格納那些以救贖為主題的作品之所以興奮地肯定生命的存在（Dasein），其實是為了在下一刻徹底否定生命的存在。伊索德深情款款地唱著：「在起伏的波濤中，／在鳴響的聲音中，／在充滿生命力的世界，／在悲嘆的宇宙，／消失，／沉沒，／不自覺的、／最大的喜悅！」最後，她便消亡於「愛之死」。在華格納樂劇的眾多人物中，只有伊索德的人生追求是要讓自己的生命最終能輕悄地滑向虛無。

華格納認為，只有一位哲學家的學說反映了他的想法，這位哲學家並不是可憐的、無可救藥的尼采，而是叔本華。一八五四年，華格納首次拜讀叔本華的主要著作《意志與表象的世界》（*Die Welt als Wille und Vorstellung*）。數個月後，他寫信給作曲家李斯特（Franz Liszt, 1811-1886）——也就是他未來的岳父——時，還談到：「在這本書出現之前，黑格爾和其他思想家所有的東西根本都在招搖撞騙！叔本華的主要思想——對於生存意志的終極否定——是非常嚴肅的，也是唯一能救贖人類的思想。這類思維對我來說當然不陌生，不過，應該沒有人會想到，自己不準備活下去。」

華格納對於叔本華哲學的熱情不僅是出於惺惺相惜的自戀情結。這位終身未婚的哲學家最幸福的時刻，就是在家裡用長笛吹奏莫札特和羅西尼（Gioacchino Rossini, 1792-1868）的樂曲。在西方哲學界裡，他不僅率先將音樂列為藝術的最高等級，甚至還將它提升至哲學等級。他在修改萊布尼茲對音樂所下的定義時，已把音樂視為「人類在形上學方面的一種本能練習，而且人們在這種練習中並不知道，自己已經在探索哲學了」。

德國哲學到底出現了什麼發展，而讓音樂得以獲得這項至高無上的榮譽？關鍵在於，當時的德國哲學界已對於理性出現激進的質疑。在此之前，啟蒙運動時期的哲學家康德認為，客觀存在的「物自體」（Ding an sich）雖然獨立於人類意識之外，卻能使每個個體趨近理性；康德下個世代的哲學家黑格爾則主張，代表理性的「世界精神」（雖然這個概念顯得比較粗糙）可以貫穿歷史發展的混亂而繼續往前邁進；叔本華則和黑格爾大唱反調，他根本不相信世事背後存在一股理性的主導力量。在他看來，這個世界其實受到人類盲目的、本能衝動的意志（Wille）所驅動。這位哲學家並不認為，教育可以讓人類獲得理性及獨立自主性。所有他能做的，只是讓人們明白，自己並無法徹底掌握自己的命運，自己只不過是個軟弱無能的生命體，深受個人充滿欲望和喜好的意志所宰制。人類只能透過否定自身的意欲來擺脫意欲的糾纏，這也是人類邁向幸福和心靈平和的唯一道路。

叔本華對於生存意志的否定並不是要人類集體自殺。他曾表示，人們如果達到最高的人生智慧，就能透徹地察覺到，應該把這個世界當作一部崇高的戲劇，觀戲時雖受到戲劇演出的感動，卻不會一頭栽入而把自己的情緒搞得七顛八倒。比起那些永遠看似理性的哲學家，音樂家在從事創作時更能毫無保留地奉獻給「世界意志」（Weltwille），並同時將此意志漸漸轉入純粹的觀念領域。「作曲家以一種理智無法了解的語言揭露世界最內在的本質，並表達最深刻的智慧；作曲家就如同神祕的夢遊者，能啟發人類領會某些在清醒狀態下所無法掌握的事物。」在這種恍神忘我的情狀下，作曲家讓聽眾置身於各種不同的情緒起伏，這些情緒已不再是對於某些特定事物的喜悅或恐懼，而是喜悅或恐懼的情緒本身。「只有如此，音樂才不會真正對我們造成痛苦，即使是在那些最令人傷痛的和弦裡，音樂依然帶著喜悅。即使是在最憂鬱的旋律中，我們都樂意體驗音樂所表達的各式各樣糾結、阻礙與折磨。在音樂的語言裡，我們樂於知曉那些關於自己隱晦的意欲以及意欲本身的衝動與探求。然而，在現實以及它的災禍裡，我們的意欲卻如此承受著刺激與折磨。」

叔本華認為，以音樂來推動一些對政治、甚至國家政治的建議或要求根本是在濫用音樂，而且他在世時，從未聽過任何一部華格納的樂劇。他雖然相信，音樂可以為人類創造出第二個、更能令人忍受的世界，不過，只要音樂本身還是一個完整、甚至獨立自主的王國，就應該和所有音樂以外的意圖保持距離。畢竟叔本華是把音樂提升到形上學層次，而非政治層次。這位哲學家在同情世人之餘還發現，音樂是人間唯一能防止人類相互折磨以及耍弄計謀的人性解毒劑，不過，他並不期待音樂還能做到社會的批判甚至社會的提升。可惜的是，二十世紀的德國音樂哲學已幾乎失去了這種審慎和矜持。

五、阿多諾：「音樂曾用古老的異議許諾人類：無懼地活著。」

法蘭克福學派的阿多諾是繼叔本華之後，第二位主張音樂是拯救人類脫離苦難的最後堡壘的德國思想家。猶太裔的阿多諾也是理性懷疑論者，不過，他和叔本華不同的是，他並不想告別理性本身，他的社會哲學更關切，如何把理性從西方辯證法的錯誤發展中——起始於古希臘時期，並在晚期資本主義階段達到它的巔峰——解救出來：人類雖然成功地運用理智，讓自己從原始的、大自然的生存壓迫中解放出來，但卻因此疏遠了生命蓬勃的大自然世界，讓自己反而必須面對更加殘酷的社會壓迫系統。身為法蘭克福學派的首腦人物，阿多諾一向堅持解放的理想。他和那些新馬克思主義的戰友們都深信，資本主義的市民社會並非個體的自由結合。這個學派所提出的批判理論主要是在探究，如何讓一個具有「盲目關聯性」（Verblendungszusammenhang）的社會，發展成一個真正自由的社會。在這種理想的人類社會中，個人可以確實保有個體性，而且除了物品的流通之外，還有人際之間真正的交流。

阿多諾不僅是社會哲學家，同時也是作曲家與樂評家，他是法蘭克福學派中唯一受過專業音樂訓練的思想家。除了人類社會之外，阿多諾還賦予藝術相同的烏托邦式動力（utopischer Impetus）。他認為，只有藝術才能在受損殘缺的生命中，統整出一個完整無損、讓自我的主體具有思想的生命。美學形式比所有截至目前為止曾出現過的社會形式更文明、更合乎人性，因為前者能夠付諸實現，後者卻硬生生地遭到挫敗，因為：「人類社會往往是沒有向心力的一群人所形成的渙散組合，然而在內部分崩離析及矛盾對立的狀態下，它卻依然受到維護（……）。」雖然，阿多諾盡可能避免在他的美學理論中使用「救贖」這個字眼，不過他也贊同，藝術簡直具有不可思議的魔力，它可以讓現代社會中處於人際疏離的主體不僅與自己——「藝術作品就是從個人的身分壓迫中解放出來的另一個自我」——同時也與周遭緘默的、被宰制的世界和解：「大自然想達成而沒有達成的東西，卻由藝術作品實現了：藝術作品開啟了人類的眼睛。」

然而，與叔本華的美學不同的是，阿多諾的美學並沒有在藝術中發現平靜與安寧，或以形上學的方式安撫世人的苦痛。真正的藝術對阿多諾來說，就是那些讓可能性得以具體化的東西，或其他的事物。此外，他還察覺到華格納樂劇的失真性（Unwahrheit），因為，這些作品並沒有體現具體的烏托邦，只提供虛無主義的思想，做為人們脫離已受損害生命狀態的出路。華格納的藝術「已將一切視為永恆且不可揚棄，已接受人類被剝奪尊嚴的事實，因此會嘲笑所有試圖改變的嘗試〔……〕當個人的關注及愛好與整體的生命過程出現矛盾時，個人便投降認輸，而且還把這種個人的屈服當成國家慶典般歡慶頌揚」。華格納偽宗教（pseudoreligiös）的救贖承諾已將一切簡化：「回鄉卻沒有家鄉，永遠的長眠卻沒有永恆，和平只是假象。」

雖然阿多諾曾要求藝術參與社會批判，他本身卻遠離一種過於天真的內容美學（eine biedere Inhaltsästhetik），例如社會主義式的寫實主義。藝術所傳達的人性，並非創作者為了達到教育人類的目標而嘗試喊出的某些口號：「由於藝術講究精緻的美學典範，因此，粗暴性和危險的主觀質素必然會遭到藝術的否定：藝術是透過本身的美學形式參與道德建設，並與重視人類尊嚴的社會發生連結，而不是僵化地宣告某些道德命題或直接促成某些道德方面的影響。」經由弔詭的方式達成無言的社會批判，「兩造雙方雖然勢不兩立，卻仍傾向於和解」，這些對於阿多諾來說，只能透過一種「非論述性語言」表達出來，而且他很明白，這種語言大多存在於（純粹的）音樂裡，而非其他的藝術類別中。

阿多諾這個美學觀點並非創新的見解，從前一些浪漫派的音樂理想主義者便已提出這種想法，只不過論述比較粗淺，而且歷史處境也已經改換。阿多諾是二戰過後第一位決心把古老的德意志藝術理想主義（deutscher Kunstidealismus），從納粹造成的歷史破產中拯救出來的德國知識菁英。德國人民在戰後重建時期備嘗艱辛，當時有誰會當真地宣告：「在莊嚴肅穆的音樂裡，上帝的憐憫與寬恕無所不在？」「療癒生命的音樂女神」再度帶我們進入「童年的純潔無邪」？當納粹的屠夫們在集中營裡成立囚犯管絃樂團後，德國人在聆聽舒伯特的絃樂四重奏時，還會流下感動的淚水？駭人聽聞的戰爭消息能用李斯特的音樂加以掩蓋？

在這樣的歷史傷痛中，阿多諾結束了他在美國的流亡而重回德國，他於一九五一年曾公開表示：「前往奧許維茲集中營（KZ Auschwitz）並寫下一首詩，是野蠻的行為。」阿多諾是一位徹頭徹尾的美學家，數年後，他在《美學理論》（*Ästhetische Theorie*）的論著中還寫道：「對那些想要廢除藝術、擁抱錯覺的人而言，決定性的改變是無法阻擋的。」不知他這番話，是否在批判從前那些納粹黨徒？阿多諾的父親是一位改信新教的猶太酒商，母親是一名義大利女歌手。他在孩提時代便經常聽賞母親的歌唱，還跟住在一起的鋼琴家阿姨學習彈奏鋼琴，由於實在無法放棄音樂，他成年後曾一度打算以音樂的專業謀生，即使未果，他在人生後期為了拯救戰後的德國藝術，仍竭盡所能地奉獻自己在哲學與音樂理論的學養。

阿多諾認為，並非只有野蠻的德國納粹把音樂帶向墮落的深淵。他在威瑪共和及流亡美國時期還深刻體驗到，自身已受時下「藝術」的脅迫：在這位社會哲學家暨美學家的眼中，活躍的「文化工業」之罪惡不只在於，它大量而標準化地生產一些可以讓大眾輕鬆消費的粗俗商品，而且這種生產模式已讓嚴肅的藝術作品退化成純粹的消費商品。在這種糟糕的文化境況下，為了找到一條出路，阿多諾已別無選擇，只能從藝術當中抽絲剝繭地找出這不幸的根源。對他來說，首要之務是讓大家能夠辨別「真作品」與「假作品」。「假作品」已經和所有的魔鬼達成協議，並且／或者已經從文化工業獲取利益；「真作品」則由於本身「神祕莫測的性格」，並不容易被大眾理解和消費，因此比較能擺脫一些野蠻、庸俗的勢力干擾。

以華格納為例，阿多諾對於這位樂劇創作者的態度非常明確：華格納的作品犯了兩個錯誤，即反猶太主義和主導動機（Leitmotiv）。許多華格納的鄙視者僅膚淺地批判，華格納是反猶太主義者，是希特勒最喜愛的作曲家之一，在這位殺人魔頭執政期間，納粹特別喜愛在拜魯特舉辦場面熱烈的揮旗遊行。然而，阿多諾卻認為，華格納更大的問題其實在於作曲時所使用的主導動機。他在《試論華格納》（*Versuch über Wagner*）一書中曾提到：「華格納音樂的那些失真性要素（……）甚至可以追溯到作曲層面。」華格納在他的連環樂劇《尼貝龍根的指環》中，雖然主導動機的作曲技巧已臻至完美，卻讓阿多諾感受到一種病態的「諷喻性僵化」（allegorische Starre）以及「尷尬的情緒」，他把這些狀況歸因於華格納「總是用音樂持續提醒聽眾」。對於阿多諾來說，華格納採用的主導動機並非貨真價實的音樂動機，因為，真正音樂動機的呈現需要錯綜複雜的音樂鋪排和變奏，而華格納的主導動機卻只有發出信號的作用。總之，華格納樂劇中那些象徵具體人事物的主導動機，可以讓聽眾們在漫長的樂劇演出時，即使處於最不專心的狀態，依然可以留下印象，依然可以在雷鳴般轟隆作響的日耳曼叢林裡維持方向感。

阿多諾不僅指責華格納的主導動機像廣告看板，而且還對他以類似小販叫賣的方式宣傳他的「總體藝術作品」不以為然，因為這種作法只會凸顯他樂劇作品的「商品性格」。更糟糕的是：樂劇裡的主導動機就像一部大機器裡完全配合運轉的小齒輪，沒有自己的「內在生命」，完全缺乏獨立自主的能力。曾經從事音樂作曲的阿多諾認為，作曲家應該以獨具特色的方式創作樂曲，在作品中建立「整體與細節的純粹內在關聯性」，如果使用主導動機這種僵化的作曲技巧，個別的音樂元素就會受到整體粗暴的箝制，而無法正常地發揮本身既有的特質，這種粗劣的狀態就好比未開化的野蠻社會：「在華格納的樂劇中，整體的主控性已導致音樂的原子化（Atomisierung），相對於音樂的整體性，個別的音樂要素已經喪失價值，音樂真正的、辯證式的交互作用已被排除在外〔……〕晚期市民意識的發展傾向在華格納的音樂中清晰可見，在集體的壓迫下，個體雖然會加強自我的凸顯，但在現實中，卻變得更虛幻更軟弱。」

華格納的樂劇在推出後一直很受歡迎，現在世界各地的收音機傳出的華格納音樂早就不只〈女武神的騎行〉（Walkürenritt）這首樂曲。力捧華格納音樂的德國納粹曾相信，他們不僅在《諸神的黃昏》，還在華格納的其他樂劇中找到了適合表現納粹統治世界的願景的音樂。這種炙手可熱的情況也同樣發生在貝多芬、布魯克納（Anton Bruckner）、布拉姆斯（Johannes Brahms）以及其他古典至後浪漫派時期的重量級作曲家身上。他們的作品至今仍是「古典音樂CD暢銷排行榜」中不可缺少的曲子，而且還在納粹第三帝國時期——當然，猶太作曲家的作品已遭排除——被四處演奏。阿多諾是否應該承認，這些作曲家的作品也含有華格納樂劇的「失真性要素」？

如果人們知道，阿多諾一生曾花費多少心血研究貝多芬，就能夠體會，要他回答上述的問題有多麼困難！阿多諾身後留下上百件關於貝多芬的筆記與評論片段，不過，這些資料後來並未集結成書。

他在評論華格納音樂的文章中曾明白地寫道，貝多芬對他而言才是最具真實性的作曲家。貝多芬樂曲中的音樂動機與華格納所採用的主導動機大不相同，前者是「以一種完全抽象的方式被導引出來，僅僅充作純粹發展的原則」，同時音樂的整體也隨著各個音樂動機而鋪陳開來，這些個別的動機雖然存在於整體之中，卻也獲得整體的具體化與認可。

阿多諾大概曾經意識到，提出這種論證等於讓自己走在一條狹窄的山稜線上。他在一份針對日後打算出版的貝多芬專著所撰寫的筆記中，曾清楚地提出自己的質疑：是否這位「早期市民音樂家」的典範，真的可以在音樂創作中讓個體與整體達成辯證式的和解？「貝多芬的音樂在它形式的整體性中還呈現了社會的演變過程，而且，這個過程的每個個別片刻，也就是社會裡每個個別的生產過程，只能從它對於社會整體再生產（Reproduktion）所具有的功能而獲得理解〔……〕貝多芬的音樂在一定程度上是在檢驗，是否整體就是真理。」貝多芬的音樂對於整體的強調，似乎令人感到，貝多芬和華格納之間的不同其實並不是本質上的絕對差異，而僅僅是程度上的相對差異而已。作曲家如何有序地掌控和鋪排那些充滿表現力的激情與迷醉？阿多諾在處理這個所有作曲家都必須面對的根本問題時也承認，音樂確實存在某種強大的力量：「同時處理冥界和市井的情境是貝多芬最內在的問題之一。」阿多諾在另一份關於貝多芬的筆記中還提到，喜歡節拍器的貝多芬在他樂曲的每一拍都會有所補充，最後，這些音樂讓人們聽起來似乎就像在遠處依循節奏齊步行進一般。

最後，阿多諾認為，音樂的聆賞者有責任不讓那些依照古典調性所譜成的音樂成為民眾的鴉片。欣賞者在沉浸於樂曲的同時，仍必須保持一定的分析性與思考性的距離。他在《美學理論》一書中曾寫道：「真正的美學經驗必須成為哲學，否則它就什麼都不是。」

阿多諾很清楚，自己並無意為聽眾在接觸音樂時設下一些（總是被音樂門外漢忽視的）嚴格的接受條件（strenge Rezeptionsauflagen），以藉此拯救音樂。音樂本身只要有能力阻止它的聽眾在散漫狀態下不自覺地陷入音樂當中，就可以避免遭人濫用的危險。音樂必須成為「新音樂」。這種「新音樂」雖然不被文化工業理解而遭到拒絕，而且還曾被納粹當成「墮落藝術」而加以詆毀、迫害和禁止，然而，它卻能在這兩條陣線上保持自己的清白。

能夠從根本上撼動傳統古典音樂的「新音樂」興起於二十世紀初期，維也納是它的大本營。阿多諾曾於一九二五年前往這個多瑙河畔的大都會，向新維也納樂派的阿班．貝爾格（Alban Berg, 1885-1935）學習作曲理論，後來他還恭賀這位作曲家已經成為「以最少的過渡音符進行轉調的大師」。新維也納樂派從事音樂革命的先驅是貝爾格的恩師——創立無調性音樂的作曲家荀白克。阿多諾打從內心服膺荀白克的音樂信念：音樂不是用來裝飾的，它應該是真實的。

荀白克在青年時期深受華格納音樂的吸引和啟發，後來力圖徹底掙脫調性束縛。不諧和音的解放是他在第一個創作階段的任務。他認為，固執的聽眾應當知道，只希望聽到諧和音而排斥不諧和音是錯誤的聽覺習慣。誰如果將不諧和的聲響只當成激發緊張情緒的媒介，以便讓自己在聽完這種音樂後，能再度怡然地沉浸於自己熟悉的古典和諧優美樂音中，那麼他將無法明白，諧和音與不諧和音的差異，其實只是程度的不同！

荀白克當時堅持在音樂作品中給予不諧和音應有的表現空間，不過，這些樂曲卻讓音樂廳裡的聽眾們大為惱火，不只是充耳不聞而已！當他的升f小調第二號弦樂四重奏於一九〇八年十二月在維也納的貝森朵夫廳（Bösendorfer-Saal）首演時，現場出現一陣騷動，聽眾們不斷發笑、喝倒采並發出噓聲，儘管這首弦樂四重奏仍只是一部在調性邊緣游移的作品。（作者註：隔年，荀白克完成的音樂獨白劇《期待》〔*Erwartung*〕才脫離調性音樂，完全以無調性作曲方式自由地從事創作）後來，維也納一個小型的愛樂協會決定為這首弦樂四重奏再次舉辦音樂會，並預先篩選入場的聽眾，當時演出現場的聽眾反應果真改善許多，減輕了這位前衛作曲家內心那種不被世人理解與接受的痛苦。基於上次慘痛的經驗，荀白克在這場音樂會的入場券上還特別印上自己的聲明：作曲者有權擁有安靜的聽眾，而不是表達意見和喝采的聽眾。

阿多諾曾在一篇比較晚期發表的評論荀白克的文章中指出，這位被他視為偶像作曲家的前衛作風，絕不像專橫獨斷的華格納在他的樂劇作品裡那樣耍權威和擺姿態。「被純粹的、毫不掩飾的內在表達所驅動的音樂，會敏銳地反抗所有可能侵犯這種純粹性表達的一切；雖然聽眾喜歡被樂曲討好，然而，這種音樂卻不會取悅聽眾的耳朵，也不會求取聽眾的認同和同情。」「荀白克的『新音樂』從一開始就對聽者多所要求：例如，以積極而專注地聆聽共同參與音樂的演出；對於同步出現各項音樂元素的多樣性展現最敏銳的注意力；放棄一般欣賞音樂的習慣——因為聽眾在一般的古典音樂曲目裡，通常可以預期接下來會出現什麼；竭盡所能地感受這種『新音樂』的特殊性與唯一性；具有精準掌握經常在最短樂段中出現許多變化的質素，以及不會重複出現的內容的能力。」由此可見，華格納雖喜歡使用沉重的音符作曲，卻無法強迫他的聽眾表現出類似在宗教禮拜儀式上的虔誠，但這位高舉音樂純粹性與獨立性的維也納「新音樂」作曲家，卻可以讓他的聽眾這麼做。

荀白克曾尖酸刻薄地談到，他之所以需要聽眾，「是基於音響的考量，因為空蕩蕩的音樂廳會減損音響的效果」。阿多諾不僅不認為荀白克這番話是在鄙視他的聽眾，而且還進一步指出，荀白克看似怪異的言行，其實只是理直氣壯地期待自己的作品能擺脫向來人們接受音樂的方式：「荀白克的作品已不再提供令人舒適愉悅的音樂。這位作曲家並未順應潮流地把音樂當成一塊被充公的自然保護區，而繼續在裡面縱容社會中一些幼稚的行為方式。他認為，音樂應該只讓那些受它吸引的人可以獲得一種受到節制的、單純的幸福。荀白克也反對在生活中刻意區分工作和休閒，因此，他鼓勵人們在空閒時間可以從事一種讓自己分不清是在休閒還是在工作的活動。」此外，荀白克還發表過一些呼應華格納設計「未來的慶典劇院」的想法，不過，這方面卻被美學家阿多諾忽略了。

荀白克非常渴望音樂界能成立一個菁英機制（eine elitäre Institution），如此一來，他的作品就可以在這個機制下獲得應有的尊嚴，一種不用與這個可恥世界打交道的尊嚴。他在一封一九二四年寫給富斯騰貝格（Fürstenberg）伯爵麥克斯．埃貢二世（Max Egon II., 1863-1941）的信件上，曾表露上述的感觸。這位伯爵是「多瑙興恩現代音樂節」的贊助者，這個現代音樂節成立於一九二一年，每年都會在多瑙興恩這個巴登地區的小鎮舉行一連幾天的現代音樂會。富斯騰貝格伯爵曾邀請荀白克在該音樂節指揮演出他的「新音樂」作品〈小夜曲〉（Serenade），荀白克在接到這項邀約後，興奮不已，立刻拍電報回覆伯爵：「每年在多瑙興恩舉辦的現代音樂盛會早已令我讚佩不已；這個音樂活動總讓人想起那些最美好往日時光的藝術。伯爵透過這個活動支持現代音樂家的創作，並向暴徒般的聽眾們展現，藝術是屬於伯爵的事物，不容許一般俗常的評斷。只有那些讓藝術家擁有更高權力、占有特別地位的人士，才有能力兼具理性和感性，分辨所有已經完成的和有待完成的、可以直接促成的和間接醞釀而成的藝術作品。因此，殿下，請允許我在此對多瑙興恩音樂節這項偉大的作為表達我最深刻的敬佩，本人將因您給予的這份聲名和榮譽而感到自豪。」沒想到這位充滿顛覆性的音樂天才，竟在這封電報的結尾處以「殿下」一尊稱富斯騰貝格伯爵！相較之下，華格納在面對他的路特威二世時，可少了許多恭順和奉承！

對於德意志國族主義的擁護，猶太裔的荀白克與華格納這位坐鎮於拜魯特、影響力形同王侯的作曲家相比，實在不遑多讓，而且人們只要與他們接觸就可以立即知道他們的態度。荀白克在發展他的「使用十二個密切相關音符的作曲法」時，曾發表文章說明，自己企圖透過這種十二音列的作曲技巧，確保具有音樂天賦的德意志民族能在音樂領域裡維持優越地位。他甚至在一九二三年宣布，透過十二音列所創作的無調性音樂，可以保證「德國音樂能在往後幾百年穩居音樂的主導地位」。當時高舉德意志國族主義的荀白克極力反對共產主義及民主政治，他雖身為奧地利的猶太人，不過，他對於自己的身分認同，既不是奧地利作曲家也不是猶太作曲家，而是德國作曲家。直到他親身經歷德語區日漸高張的反猶太運動後，才拋棄原先的德國文化愛國主義，轉向先祖的猶太文化，最後為了逃避納粹魔爪而展開流亡生涯。

阿多諾以下對於荀白克和華格納的批評其實很有道理：阿多諾曾指出，荀白克的「新音樂」並不具有革命和解放的力量，因為這位創作者抱持國族封建式的政治觀點；至於華格納的音樂在本質上並不會比較溫文謙恭，因為這位作曲家在他的政治抗爭論述中選擇和群眾站在一起，而且還認為，把老百姓鄙夷為「烏合之眾」是一種狂妄自大的愚蠢。

然而，荀白克的創作方式，特別是他的十二音技法，果真創造了全然不同於傳統古典音樂的「新音樂」？果真超越了所有調性之上，引領人類抵達真正自由的彼岸？人們如果問荀白克這個問題，或許他會氣憤地搖頭，拒絕回答。阿多諾為了讓荀白克的音樂成為法蘭克福學派的作曲分支，而力圖凸顯荀白克作品的風格，然而，這種作法是否違反了這位音樂大師的本意？荀白克在關注自己時代的藝術發展與偏差時，往往會出現一些激烈的批判性評論，不過，他這麼做並沒有其他的用意，他確實只想當個純粹的藝術家。他並不是為了提升社會對他這位「特立獨行者」和「局外人」的認同，而把傳統的調性音樂轉變成比較自由的調性音樂，最終還發展成無調性音樂。他的作曲行動對他來說，似乎只是人類音樂史必然會跨出的一步，他當時只是迫切地感到，必須瓦解古典的作曲規則，並以十二音列建立音樂的新規則。

所謂的十二音列，簡單地說，就是將歐洲傳統八度音程所包含的十二個半音隨意排成一個序列，不過，任何一個半音必須在其他十一個半音都已在音列中出現後，才能再度出現，因此，一個隨機組合的音列含有十二個不重複的半音。不過，這種作曲理論絕對無關社會的公平正義理論，或許我們應該感謝這位「新音樂」作曲家當時沒有把他的十二音列技法衍伸成一種社會原則。後來，十二音列的音樂創作也陷入危機：阿多諾這位荀白克的追隨者在生命最後十年也坦承，當荀白克的後繼者把十二音列技法擴展到所有的音樂參數時——比如音量大小和音符的時間長度——這種無調性音樂已經變成一種冷酷而僵化的音樂規則系統，相較之下，古典的、有調性的奏鳴曲形式反而在音樂表現上顯得比較自由。

如果在音樂以外，也有某個學科出現類似荀白克在作曲方面的革新發展，那麼這個領域應該不是批判性的哲學或社會學，而是自然科學。正如愛因斯坦以他的相對論在物理學世界掀起一場革命，荀白克當時也想在音樂世界展開徹底變革，並撼動數百年來一直被大家認為最穩固的根基——音樂在時間的連續性裡直線進行。換句話說，荀白克想要創造一個嶄新的音樂時空觀，其中「音符的運動〔……〕首先必須被理解為出現於各種不同時空各聲響（音波的擺盪震動）之間的相互關係」。

荀白克雖然曾出版《和聲學》（*Harmonielehre*）這本複雜的作曲論著，而且本身也是一位心思縝密的作曲教師，但他始終強調作曲者在音樂創作過程中的本能和直覺：「意識對於作曲的影響並不多。他（作曲家）反而覺得，自己的作為好像受到某種力量的操縱。當他行動時，只是依從某個內在力量的意志，而他卻不了解這個力量的運作法則。他僅僅是自己所無法知曉的意志、直覺和無意識的執行者。它們是新或舊、好或壞、美或醜，他都不清楚。他只感覺到那個他必須服從的本能（Trieb）。」這段出自他那本《和聲學》的引文，很明顯地更接近叔本華（與佛洛依德）的主張，而不是阿多諾，儘管如此，阿多諾仍堅定不移地認定，荀白克的音樂具有高度內省性格，和華格納音樂的「失真性」及征服性大不相同：「他的熱情能對音樂產生作用，即使這些充斥熱情的音樂會讓他感到難為情，他也不必因此而感到羞愧。他的音樂勢必因為呈現兩極化的張力而趨於成熟：這些音樂把具有威脅性的本能直接釋放出來（不然，作曲者在音樂作品中，通常只讓本能經由過濾與和諧的偽裝之後，才顯露出來）；漲滿的內在精神能量已滲透到最外部；自我的原則（das Prinzip eines Ichs）如果夠強大，就不會否定本能的存在。」

至今還有聽眾認為，荀白克的音樂聽起來缺少感覺，而且顯得如此「搔首苦思」，但荀白克卻認為，自己身處西方數百年來代代奇才輩出的音樂傳統中，所以可以無意識地從這個豐富的傳統裡汲取源源不絕的音樂創作靈感。他在那封傳給富斯騰貝格伯爵的電報上曾透露：他認為自己無法獲得作曲的能力，因為那是上帝特殊的恩賜。當這位作曲教師那時把目光投向一個勤奮向上、卻不具備創作天賦的學生時，還特地記下了自己當時的感觸：「想要設計並安排火山爆發的跡象，是徒勞無功的，因為內行人一眼就看得出來，那兒只不過是一個酒精爐在燃燒罷了。」

荀白克在一九三〇年代取材《舊約．出埃及記》，並以十二音列作曲法創作《摩西與亞倫》（*Moses und Aron*）這部大型（卻未完成的）歌劇。在此之前，從沒有一位作曲家會在一部歌劇裡如此自我折磨，為了表達一些無法形容的感受而絞盡腦汁地將音樂逼向極限。荀白克意圖透過這部歌劇表述，猶太民族的宗教創始人摩西是一位絕望的追尋者，他雖已在西奈山上接受上帝訓諭的律法，卻無法讓他所領導的以色列子民相信這部律法確實出於上帝旨意。亞倫則嘗試將弟弟摩西從上帝所接受的抽象誡律，以歌唱的方式教導人民，並加以歪曲造假，以迎合群眾的想法。此時音樂已墮落成迷幻藥物，已成為離棄真神轉而崇拜金牛犢的狂歡放蕩舞蹈。摩西曾表示，他的舌頭已不聽使喚，在整部歌劇裡他並沒有演唱，只說著台詞，僅在一處出現有旋律的說唱（Sprechgesang）。上帝禁止崇拜偶像的誡令，已轉成禁止歌唱的誡令，摩西所承接的神的信息，注定了他這段富於表情、聲音卻沙啞的說唱：「因此我為自己造了一個偶像，／一如偶像可能的樣子！／那是錯誤的，／我被擊倒了！／所有人就如同我想像的那般瘋狂，／並且不能也不允許說出來！／喔，言語，你這個言語，我無話可說！」在第二幕結束時，先知摩西沉默不語，荀白克也就此停筆，沒有繼續為接下來的第三幕譜曲。

荀白克是否想在創作結束時完全否定音樂，因為，音樂終究無法把它所意指的事物真正表達出來？答案應該是否定的，荀白克在晚年創作的最後一部歌劇《華沙倖存者》（*A Survivor from Warsaw*）——一種搭配男聲合唱團和管絃樂團的詩歌朗誦表演——就是一個反證。一九四七年，一位蘇聯女舞者交給這位定居美國加州的流亡作曲家一篇文章，內容是關於一九四三年初德國納粹企圖清除華沙的猶太區時，猶太人憤然起義而慘遭鎮壓屠殺，其中一位倖存者對這起事件的描述。荀白克再次對於這種表達自己不知如何形容的事物的挑戰感到畏懼，最後他決定讓歌唱融入舞台表演的口白之中：當演員說著英語台詞時，舞台上還夾雜著納粹黨徒用德語下命令的喊叫聲。當歌劇進行到最後的大屠殺場景時，荀白克決定不再讓音樂繼續保持沉默。他安排一個男聲合唱團用希伯來文齊聲唱出猶太教徒的祈禱文〈聽著，以色列〉（Schma Jisrael），並讓管絃樂團以充滿戲劇性和淒厲撕裂的樂音作伴奏。

「音樂本身那古老的異議曾許諾人類：無懼地活著。」荀白克這部直接批判納粹種族屠殺的作品，正好體現了阿多諾這句充滿希望的名言？一九五三年，阿多諾在一篇探討荀白克的文章中曾指出：「荀白克音樂的表現主題——恐懼——與人類在極權統治下遭受死亡折磨的恐懼是相同的〔……〕作曲家在音樂中所呈現的恐懼，從來沒有像荀白克表達得這麼真實。當人們高唱恐懼時，這種勇敢否定恐懼的態度也讓音樂產生了療癒的力量。在《華沙倖存者》的末段，當猶太人走入毒氣室赴死時，那段希伯來文的男聲合唱就是人類在對抗恐懼。」荀白克在世時，文章的發表量不多，他曾在這些文章中表示，音樂應該扮演社會批判的角色，並樂觀地預告一個比較人性化世界的來臨：「藝術是那些歷經悲慘命運的人們的呼救聲。藝術不是要補償人類的傷痛，而是要探討這種傷痛。藝術並不會麻木不仁到要為『黑暗政權』的引擎服務，而是讓自己置身於轉動的齒輪中，以便深入掌握這部機器的結構。」

十年之後，阿多諾在〈責任〉（Engagement）這篇文章中一反過去的態度，開始批判《華沙倖存者》這部荀白克的歌劇：「人們在聆聽荀白克這部作品時，總會有些許尷尬、難堪的情緒伴隨而生〔……〕似乎它勾起了人們對於那些罹難者的愧疚。藝術家為了祭奠這些受難者而準備了一些藝術作品，專門批判這個殺害他們的邪惡世界。」

直到今天，荀白克這部晚期創作的歌劇，聽起來仍讓人悵然若失。奧地利指揮家米歇爾・基倫（Michael Gielen, 1927-）曾在一場他指揮的音樂會中，在貝多芬第九號交響曲第三與第四樂章之間，穿插演出荀白克這部歌劇的某個樂段，不過，這樣的演出安排卻更加深了現場聽眾的失落感。這部直接譴責納粹「民族清洗」的歌劇，果真是阿多諾在五〇年代初所謂的「人類在對抗恐懼」？或者它其實已與恐懼結盟？荀白克所譜出的這些爆炸性樂音（die explosiven Klänge），真的有能力描述猶太民族在大屠殺中所承受的苦難？如果在場聽眾根本聽不懂朗誦出來的希伯來文內容時，他們就不會覺得，自己是在聆聽一首與貝多芬交響曲非常類似的、能讓人慷慨激昂的音樂？荀白克這部歌劇的批判性以及承擔人道責任的精神，難道主要不是存在於台詞和歌詞這些文本當中？更何況這部歌劇的音樂作曲部分還顯得抽象而神祕，是否這些音樂正好體現了托瑪斯・曼的主張：音樂整體的本質就是「冰冷的藝術」？

德國諾貝爾文學獎得主托瑪斯・曼於二戰後發表他的小說《浮士德博士：一位朋友敘述的德國作曲家阿德里安・雷維庫恩的生平》，其中作曲家雷維庫恩就是和魔鬼進行交易的浮士德化身。這位音樂家樂於將自己所有的才能都化為「熾烈的愛情」，並願意全心追隨魔鬼，而魔鬼必須帶給他創作革命性音樂的天賦——也就是十二音列的作曲技巧——以作為交換。當托瑪斯・曼於一九四七年出版這部小說時，荀白克尚在人世，他當時覺得自己被影射，而且遭受嚴重侮辱。難道這位諾貝爾文學獎得主說錯了嗎？不管音樂在表現性方面多麼具有沉思性，難道音樂在本質上不是一門「冰冷的藝術」？難道體現人類苦痛的音樂，不是只能逃入自己那個冷淡而獨立自主的天地？

六、史托克豪森：「現在時候到了，我只有一個渴望：迎接終點到來並拋下所有屬於人的一切，進入唯一與完美。」

德國最重要的現代作曲家卡爾亨茲・史托克豪森（Karlheinz Stockhausen, 1928-2007）曾受邀參加二〇〇一年九月的漢堡音樂節（Hamburger Musikfest）。當時主辦單位為了兩場取自他的系列歌劇《光》（*Licht*）的樂曲集錦音樂會而召開記者招待會，沒想到這場記者會後來竟演變成一件醜聞。托瑪斯・曼在二戰後曾經用《浮士德博士：一位朋友敘述的德國作曲家阿德里安・雷維庫恩的生平》這部小說警告德國人，應該提防那些與惡魔進行交易的音樂家，沒想到在整整半世紀之後，在民主政治已相當成熟的德國，竟會有這樣一號人物再度浮上檯面。為了呈現這起德國音樂界醜聞的實際狀況，我們有必要在這裡更精確地檢視，史托克豪森當時到底因為哪些爭議言論而遭到各方強烈抨擊。

這位前衛電子音樂的創始人在幾次接受訪談時，曾公開宣稱自己是在天狼星系的一顆行星上接受音樂教育。於二〇〇一年那場引發軒然大波的記者會上，他首先談到自己那天使般的幻想世界：「我每天向米迦勒（Michael）祈禱，但沒有向路西法（Luzifer）[7]。這我沒辦法，現在這位仁兄相當炙手可熱，也就是在目前剛發生九一一事件的紐約。就是這樣。」記者會的主持人嘗試將對談導向比較不具爭議性的話題，因此，便依照手上的筆記，主動和史托克豪森討論他在六〇年代創作的〈頌歌〉（Hymnen）裡那個關於和諧人性的主題。

不過，後來主持人也很想知道，史托克豪森對於幾天前發生的九一一恐怖攻擊事件有什麼看法。他在做出一長串回答之前，稍微思索一下，便打開了話匣子：「現在你們所有人必須換個思考的角度──那天在紐約發生的攻擊事件，當然是到目前為止人類所創造的最極致藝術作品。那幾個伊斯蘭傢伙的恐怖行動所達到的藝術成就，是我們在音樂中做夢也辦不到的，即使我們像發瘋一樣，為了一場音樂會狂熱地練習十年，也還是無法做到。被兩架飛機撞毀的紐約雙子星大樓，根本就是為了整個宇宙而存在的最偉大藝術作品。請您想像一下，當時發生了什麼事。當時人們都把注意力集中在這件事上，這是一場演出，然後五千個人就這樣離開了人間。就在一瞬間。這我做不到。相形之下，我們

7 米迦勒與路西法都是史托克豪森系列歌劇《光》的主要角色。

這些作曲家就什麼都不是了！我指的是，當我演出《光》這個系列歌劇的第五部《星期五》（*Freitag*）時，那時音樂廳裡可能坐了一些觀眾，我還想起一位上了年紀的男士上週在第六部歌劇《星期六》（*Samstag*）演出結束後，對我說的一番話：『嗯，您說說看：兩個半小時，這些低沉的樂聲的確不可思議，如同雲飄過我們上方，而且一直在移動〔……〕對於一個樂團來說，這是怎麼辦到的？』我回答：『根本就沒有樂團！』他問：『什麼？那您是如何做到的？您一定是用某種方法做到的！誰在演出這些？是誰在演唱或演奏？』我仍答：『沒有人。』他繼續追問：『是嗎？到底是怎樣？』我說：『是用發聲器和合成器做出來的。』他當下表示：『這麼說來，我們根本就不需要樂團了！』我試著向他解釋：『不是這樣的！』後來這位老先生就這樣走出去，好像內心和精神上都死了一般。我不知道，他到底怎麼了。〔……〕就像紐約人在前幾天經歷的那場大爆炸，砰！那場大規模的攻擊當時讓人們震驚不已，而且我不知道，是不是別的地方也發生類似的恐怖事件。經歷這件事之後，我的腦海裡也因此浮現了一些東西。我會用一些以前從沒用過的字眼來形容這場災難，因為這件恐怖攻擊事件實在太驚人了！那是人類有史以來出現過最了不起的藝術作品。請大家想像一下，這就好比我創作的藝術作品，不只可以讓你們所有人感到驚奇，而且還會讓你們立刻沒命，您將會死去，因為您已失去自己的意識，因為這一切實在太瘋狂了！有些藝術家會嘗試踰越一些可能的和可以想像的界限，等他們清醒過來時，還發現另外一個世界已向他們敞開。當然，我不知道那五千名罹難者是不是有重生的機會，但是不管怎樣，總是會有人重生。這是在剎那間發生的事。實在令人無法置信。」

作曲家史托克豪森就是這樣。他自己曾說，有些他寫的東西連他自己也不了解。當他在記者會發表完以上談話後，便已經察覺自己踩了政治的紅線，不再政治正確。後來在這場記者會上，他還試圖緩和剛剛說過的一些激進論點，比方說，他承認犯罪行為與藝術作品之間的差別：「人們之所以成為犯罪者，就如同你們所知道的，是因為他們沒有獲得別人普遍的認同。他們不會去聽音樂會，這很清楚，也沒有人告訴他們，這樣下去會完蛋。在藝術裡，這種情況並不嚴重，但如果發生在精神層面上，這種出自沉著確信、出自理所當然、出自生命的突然轉變，有時也會逐漸滲透到藝術中。或者，藝術就是虛無。你們所有人一下子都變得很嚴肅。路西法要把我帶去哪個地方？」然後，史托克豪森還帶著一絲執拗的不耐煩，詢問這場記者會的主持人：「您究竟是不是音樂家？您本身是音樂家嗎？」

隔天早晨，史托克豪森立刻為自己在記者會上的不當言辭公開道歉，不過，情況已經無法挽回：漢堡市當時立即取消兩場原先早已安排好的史托克豪森音樂會。直到這位現代作曲家在二〇〇七年十二月過世時為止，他在德國社會一直是個被孤立、不受歡迎的人物。

到底史托克豪森犯了什麼天條？說穿了，這位現代作曲家只是敢於在一個謹慎保守的時代，毫不掩飾地說出從前德國偉大音樂家及音樂理論家的想法罷了！他相信音樂就是宇宙的協調一致——這是克卜勒與萊布尼茲在數百年前所發表的觀點——即使他的現代音樂作品已不再使用古典的三和弦來創造這種宇宙和諧。漢堡的那場記者會剛開始時，他還這麼說明：「如果我透過音樂可以讓聽眾經歷到某些和宇宙運行相符合的東西，我就成了音樂高手〔……〕當我翻閱天文學書籍中那些哈伯太空望遠鏡拍攝的照片時，我很意外地發現，這些照片所呈現的天體影像和我的作品內容有許多——甚至愈來愈多——相似性。」

史托克豪森跟巴哈以及虔信派教徒一樣，相信音樂就是教堂的禮拜儀式。他在五〇年代初一封寫給比利時作曲家朋友的信中，曾披露自己的音樂觀：「畢竟我的音樂創作是在我之外形成後，才交付給我的。音樂本身只想被完成，卻沒有詢問我或某人是否願意替它譜出。身為作曲家，我會等待音樂創作的靈思，並祈求上帝引領我，賜給我平靜。」

史托克豪森也跟貝多芬及浪漫主義者一樣，意圖透過自己的作品擄獲聽眾靈魂。他在這封信件中還寫道：「在《少年之歌》（*Gesang der Jünglinge*；一部由男童與電音合成器演出的早期作品）裡，我已經把電子音樂（即合成的樂音）和歌唱（即自然的樂音）結合成一個整體：這是個有機的整體，在三年前，它看起來還像是個遙遠的烏托邦。它讓我更堅定地相信，應該創作一種純粹的、生命力旺盛的、可以再度和聽眾親近的音樂。音樂家如果想到，自己或許可以煉淨音樂的語言，去除它所有的渣滓，並讓聽者進入一個新的音樂世界，一定會覺得很幸福。」

史托克豪森也和華格納及叔本華一樣，渴慕浩瀚無際的虛無。他在另一封寫給那位比利時作曲家的信中還談道：「現在時候到了，我只有一個渴望：迎接終點到來並拋下所有屬於人的一切，進入唯一與完美。」

史托克豪森就如同荀白克，相當關注一個嶄新的時空觀，因此，他會嘗試在創作中讓兩百多個音符在短短十秒鐘內一起呼嘯而過。他和阿多諾都在絞盡腦汁地思索一個問題：音樂家如何保持批判的主體性卻又能同時融入音樂作品裡？一九六〇年代，這位法蘭克福學派的哲學家曾在廣播節目中以

「反抗所謂的新音樂」為題，與年輕的史托克豪森進行對談。當時這位作曲家明確地堅持，音樂是一種「心靈活動」，因為它可以讓聽眾在完全清醒與完全失控之間擺盪。誰如果想用理智來掌握音樂，就會落到什麼也無法明白，因為，音樂的精神只會啟發那些準備被音樂徹底浸潤的人。

人類總是渴望心靈的慰藉，德國人也不例外。所以，德國人不只會參加瑜伽以及靜坐冥想的課程，或依循傳統模式上教堂做禮拜，他們還會跟以前一樣，湧入音樂廳和歌劇院，希望德國人的內在精神世界能以最深刻的方式表現出來。然而，相信人類會變得更好、並將整個世俗政治的勢力範圍當作「骯髒齷齪」而加以揭穿的「文化國」概念卻顯得過於極端，而且還帶有狂熱的宗教本質。幸好青年尼采所眷戀的德意志音樂那種「勢不可擋的太陽運行」已在西方沒落，現在「文化國」不過是德國節日慶典的一個流行口號！民主主義者終於鬆了一口氣，放下了心中的那塊大石，不過，音樂家可有得受了！

37. 母親的重擔

Mutterkreuz

早在德國納粹頒發生育勳章（Gebär-Orden）給德國母親的數百年前，宗教改革家馬丁．路德便已呼籲當時的日耳曼婦女，要勇於承擔生兒育女的辛勞，因為：「真正的女人並不是為上帝守貞的處女（如天主教的修女），而是生養孩童的女性。」

這位孜孜不倦從事著作與傳道的新教神學家深信，基督徒並無法透過個人作為而獲得上帝的恩典。然而，在基督徒的許多行為領域中，他卻特別強調至少有一個領域可能讓男女教徒蒙受神的恩寵，即孩子的生育與教養。路德曾表示：「上帝的恩典不在於信徒是否曾到羅馬、耶路撒冷或西班牙北部山區著名的聖雅各教堂朝聖，它也和教堂的建造、彌撒的舉行或受人讚許的作為無關，而是和婚姻生活的生養子女有關，而且這還是一條通往天國的捷徑，因為，基督徒在神面前並沒有其他作為能比養育兒女更容易接近、更有可能進入神的天國。」

路德的妻子卡達琳娜．馮．菠拉（Katharina von Bora, 1499-1552）原是修女，後來受到宗教改革的影響而自行還俗，逃出修道院。路德原是天主教奧斯定會的修士，四十幾歲才和卡達琳娜結婚，並生下六名子女。依照路德新教神學的觀點，他的妻子在家撫育兒女，比中世紀在文學、思想和博物學方面成就卓然的女修道院院長希德嘉．馮．賓根（Hildegrad von Bingen, 1098-1179）放棄扮演母親的角色、一輩子在修道院裡祈禱、研究與著書，更有可能在死後獲得靈魂永恆的救贖。女人因為分娩而死在產褥上是上帝賜給女性最大的恩典，因此，丈夫在妻子瀕死的當下，不該掙扎地搶救她的生命，而是應該安撫和勸導即將離世的妻子：「記住！〔……〕妳是女人，妳生育新的生命是蒙神喜悅的事。請用神的旨意開心地安慰自己，讓祂能在妳身上執行神聖的權柄。把孩子生下來，盡全力達成這個使命。如果必須為此而蒙主恩召，就放心地離去吧！妳是有福的！因為妳為了順服神、為神從事神聖工作而奉獻自己的生命。是啊！假如妳是男人，妳現在也會希望單單為了生育這件神聖的工作而成為女人，並在上帝的作為與旨意下，甘之如飴地忍受生產的苦難和死亡。」

男人對於女人能孕育新生命的羨慕，很少用這麼深切的宗教熱情表達出來。當妻子因為難產而心甘情願地受苦並死亡時，男人並非只能束手無策地站在一旁。此外，路德對於父親角色的見解在當時或許顯得極端，卻在五百年後被認為是現代德國社會「新好爸爸」的先驅概念。路德曾談到：「男人如果放著自己的孩子不管；或把洗尿布或其他對孩子的照顧當成一種可鄙的工作；或取笑那些會分擔照顧孩子的父親是娘娘腔、沒出息的傢伙，而且這些男人是在基督的信仰裡出現這種言行（……）親愛的信徒，請你們說說看，誰在這裡最有理由取笑別人？」

這位新教神學家認為，養育孩童——從最基本的照顧開始，比如包尿布、哄孩子入睡——就是在服事和禮敬神，是很有意義和價值的工作，因此不該剝奪男人在這方面為神做工的機會。路德對於為人父者應該照顧孩子的主張，比後來那些主張應由母親全部承擔養育責任的神職人員還要進步。這些教會人士反對的理由僅僅是因為，男人在先天的生理構造上無法為嬰孩哺乳。

路德在十六世紀提出「母親十字軍」（Mutterkreuzzug）這個概念，足足兩百五十年後，才由一位虔誠的新教徒積極地繼承了這個教育觀，他就是啟蒙運動晚期歐洲最知名的教育改革家裴斯泰洛齊。裴斯泰洛齊的教育理念深受同為瑞士人的前輩啟蒙思想家盧梭教育思想的影響，他在拿破崙入侵瑞士期間，和他的妻子在諾伊霍夫（Neuhof）一間荒廢的修道院成立一所兒童教養院，以收容附近因為戰亂而無人照管的農家子弟，而且期望能把這些院童教育成簡樸的、對自然有感受力的、信仰虔誠的人。雖然他本身曾投入教育工作而累積許多兒童教養經驗，但是，裴斯泰洛齊這個另類教養機構的教育模式最後卻以失敗收場。他用瑞士前輩教育家漢斯．雅可布．托博樂（Hans Jakob Tobler, 1746-1827）的名字為自己的長子取名為漢斯—雅可布（Hans-Jakob），並用自己發展出來的教育方法教育他，然而，他卻因財務困難而破產，最後只能無奈地把這個孩子送給巴塞爾的友人扶養。

裴斯泰洛齊被後世尊為「平民教育之父」，他的教育理念後來還對德國學前教育家福祿貝爾產生決定性影響。他在經營兒童教養院失敗後，並沒有因此而質疑盧梭的教育學觀點，而是讓自己投入教育著作的撰寫，而且愈來愈重視母親在兒童教育中的角色。他曾在一八〇四年寫道：「直到我進入墳墓之前，沒有任何東西可以攔阻我在生活中活出這個教育觀，在這個世間也沒有任何事物比這個教育目標更值得重視：我們這個時代的母親由於受到基督信仰與教會教導的影響，可能會、或應該會對自己的孩子懷有比較淡薄而破碎的情感，我們希望可以透過我們的教育宣導，重新喚醒並強化母親對孩子的那份親情。」

路德在十六世紀發動宗教改革時，這位新教神學家頭號的女性敵人是拒絕過俗世生活與扮演母親角色的天主教修女；如果路德生活在十九世紀，就會把他的敵意轉向那些衣著華麗的「社交界婦女」（Weltweib），也就是那些以法國交際花為模仿對象的上層階級婦女。她們寧可活躍於大都會上流社會光鮮亮麗的社交圈，也不願待在家裡照顧和陪伴孩子，善盡母親的聖職。裴斯泰洛齊曾經指責當時這些「社交界婦女」：「當世俗的世界對她們輕聲低語時，她們就再也聽不到孩子的哭鬧聲。」他認為，這些女人的孩子基本上沒有母親，因此，人們最好把她們的孩子帶走，不要留在這些不負責任的母親身邊。不過，話說回來，把孩子全交給保母養育也只是暫時的權宜之計，裴斯泰洛齊也曾表示，就連最富有愛心和智慧的奶媽或幼保員，也無法完全取代母親對孩子純粹而完整的母愛。

德意志地區在十八世紀開始出現一些關於婦女社會角色的爭論。支持婦女解放最知名的代表人士便是康德的知交、後來擔任柯尼斯堡市長的提奧多·馮·奚帕（Theodor Gottlieb von Hippel, 1741-1796）。這位十八世紀政治家、諷刺作家暨社會評論家，已不再相信兩性之間存在與生俱來的，或由上帝創造出來的巨大差異。他在一七九二年發表的一份長篇政論文章中，曾經表態支持以教育和知識學習的管道提升平民婦女的地位：「人們最終必須讓女性這個優質性別不再受限於家庭的生活空間，因為，無法認識、重視並運用占有人類一半人口的女性潛在人力資源，是不可原諒的事。」雖然，地位獲得改善的平民女性仍應跟從前一樣，把心思放在孩子的教育上，不過，她們對於孩子的付出不應該超過那些地位早已提升的平民男性，以免落入馮·奚帕所謂的「母親的陷阱」（Mutterfalle）。馮·奚帕這位啟蒙主義者早就意識到，為什麼男人在歷史發展的過程中，可以躍升為女人的掌控者：「女人的懷孕和分娩所造成的工作停頓狀態雖然時間不長，卻毫無疑問地讓女性掉入了所謂『母親的陷阱』，女性在這段短時間的安逸生活〔……〕已經為自己鋪好往後走向奴隸般的人生道路。」

當時德意志地區的浪漫主義者也很尊重女性，不過，他們的女性觀點卻與啟蒙主義者馮·奚帕的平權女性主義相去甚遠，而且他們還主張，孩童其實既非男性，也非女性，這比法國女權主義者西蒙·德·波娃（Simone de Beauvoir, 1908-1986）提出兒童屬於「中性」（geschlechtslos）的觀點提早了一百五十年。一七九一年，浪漫派文學家諾瓦利斯在一封寫給母親的信中曾提到：「人類的幸福和圓滿是以女性的善解及美德為根基。」這位年輕詩人反對男人那種冰冷的、涉及目的性社會行動的理性，卻讚揚女性的心靈就像夢境一般，顯露出人類更深層的真實性。

普魯士的露易絲皇后（Luise von Preußen, 1776-1810）是當時浪漫主義藝術家及文學家心目中的偶像。這位皇后曾親口說過，她寧可把她所有的藏書丟入柏林的哈維爾河（die Havel），也不願因為知識的學習而讓自己日漸喪失對事物的感受力。當時的浪漫派文學家馮．克萊斯特曾把一首十四行詩（Sonnet）題獻給露易絲皇后；奧古斯特．施雷格則用〈人民心中的皇后〉（Königin der Herzen）這首詩作，讓露易絲皇后的聲譽達到頂峰（將近兩百年後，英國才出現另一個「人民心中的皇后」：黛安娜王妃）；被稱為「現代詮釋學之父」的哲學家暨新教神學家弗利德里希．施萊爾馬赫（Friedrich Schleiermacher, 1768-1834）則在露易絲皇后的國葬儀式致詞時，稱讚她從未跨越男女性別差異的界線。

當時德意志藝文界對於露易絲皇后個人的崇拜，實際上和她所展現的母性密切相關。這位早逝的皇后享年僅三十四歲，和普魯士國王腓特烈．威廉三世生下十名兒女。這位皇后身邊有一群為她提供各種勞務的宮廷侍從，以及負責照顧與教導孩子們的保母和教師，她大可讓自己遠離孩子們的爭吵和哭鬧，不過，這位「普魯士聖母」卻是一位謙卑的、對人充滿關懷的、喜歡居家生活的母親，寧可待在宮中搖著搖籃中的孩子，也不願打扮得光鮮亮麗，出場迎接國賓，或在拿破崙占領期間向這個法蘭西惡魔乞求憐憫卑屈的普魯士人民。大量關於露易絲皇后的小說和圖像，讓這位廣受人民愛戴的普魯士皇后直到希特勒第三帝國時期一直都是德國婦女的典範，因為，她那內斂的、慰藉人心的母性慈愛就是一種可貴的情操。

在十八、十九世紀之交受到指責的「社交界婦女」當中，還出現一些有別於主流的「才女」，哲學家叔本華的母親約翰娜・叔本華便是一例。叔本華的父母年齡差距頗大，他的父親是一位出身但澤市的富商。當叔本華父親過世後，他那位育有兩名子女、本身很有才氣的母親便立刻從漢堡搬到威瑪，以便能在那座人文薈萃的城市獨立地過著屬於自己的生活：大文豪歌德經常出入她的文化沙龍，她自己也勤於寫作，一共出版了二十四部著作，算是當時頗有名氣的女作家。她當時只帶著女兒阿黛蕾（Adele）——叔本華的妹妹——搬到威瑪居住。阿黛蕾雖然也是一名女作家，卻一直活在母親強勢的陰影下。當叔本華的父親在漢堡自殺過世後，他那位不負責任的母親竟然在家書中直截了當地告訴當時年僅十九歲的叔本華，未來他們母子應該各過各的生活：「我從前就一直跟你說，要跟你在同一個屋簷下一起過生活實在很難。當我愈貼近地觀察你，似乎就更堅定這個想法。只要你還是現在這副樣子，我就會直接對你表達我的感覺，我並不是不了解你的優點，包括你那些讓我退避三舍的優點。它們不在你的情感和內心中，而在你的本質、外表、意圖、見解及習慣裡。簡短地說，只要與外在世界有關的事情，我的意見就無法和你一致。還有，你的壞脾氣不只讓我感受到一股壓迫，而且還破壞了我原本開朗的幽默感，由此可見，我的幽默感並無法給你什麼幫助。親愛的亞瑟，你自己想想，你只在白天來我這裡探望一下，而每次我們都會沒來由地發生激烈爭執。當你離開後，我才能自在地呼吸〔……〕。」

以上是一八〇七年叔本華的母親用直白坦率的語氣寫信給叔本華的其中一段內容，叔本華的母親對待孩子如此冷酷無情，後來不幸導致母子反目。哲學家叔本華和母親衝突不斷，這很可能造成他日後偏激地出言諷刺：「孩子氣、幼稚無知和目光短淺的女性，當然適合擔任孩童初期的養育者和教育者，換句話說，就是那些終其一生都沒有真正長大的女性：她們的心智能力在男人之下，只比兒童高出一些。」

叔本華在人世間一直觀察到，人類的行動和作為其實源於一種盲目的、本能衝動的意志。在他的思想體系中，那些關於母親及女性的見解並不是最具說服力的論點，他在發表「女人不具備獨立思考的心智能力」這個結論後，對女人一定還心存畏懼。不過，這位哲學大師仍會在著作中揄揚那些據稱「頸部以下仍留在如母親一般的土地裡」的女性，這就如同他會誇讚人類克服人際隔閡的同情心，以及那些把孤立的個人重新融入世界實體的音樂。

當文明讓人類社會愈來愈遠離發現火源的時代時，人們就愈堅定地認為，母親是世界一切起源的最後守護者。奧地利女作家貝塔・艾克斯坦—迪娜（Bertha Eckstein-Diener, 1874-1948）在一九二〇年代後期，著手撰寫史上第一部以女性角度出發的女性文化史（在她之前，只有男人從事這方面的研究，例如，瑞士法制史暨古代史學者約翰・巴霍芬〔Johann Jakob Bachofen, 1815-1887〕為了尋找「父權政治是人類社會發展的最高峰」這個假說有力的論據，曾有系統地研究歷史上一些由女性統治的政體類型），但卻以男性化筆名「哥拉哈德爵士」（Sir Galahad）出版這本後世公認為母權制研究的經典著作——《母親和亞馬遜女人國》（*Mütter und Amazonen*）。

艾克斯坦－迪娜在書中呈現消失的母權制，以及希臘神話中那個由女人掌權的亞馬遜部落王國，不過，她卻在該書的後記裡清楚而遺憾地表示，人類社會雖然急切需要新型態的母權政治，不過卻仍看不到任何端倪：「就像古代正統的母權需要所謂的『母親』。母權制的母親，一半是天意命定的女神，一半則是親近土地的女性創造者，她們既閒坐在那裡，又向下廣泛地扎根，這種母親類型其實已經消失，或被認為已經消失，對於我們這個金錢掛帥、一切講求目的和數字的文明階段，已是不合時宜的存在。偏偏是那些還可能反對任何經由法律程序所形成之母權統治的男人，他們內心其實仍暗自渴望獲得強勢女性的眷顧，這絕對無關情色，而只是男人想透過這種強勢女性的庇護，讓自己可以一直當個被呵護的淘氣鬼〔……〕生命中總是應該有人在身邊，當危難來臨時，能有人狠狠地教訓他一頓、把他從惡水中拉出並放到安全的岸上，讓他把衣服弄乾：一位毫無顧忌、徹底解決問題的女性，卻不用在一旁多說什麼。」

女作家艾克斯坦－迪娜分別跟兩個男人生下兩個兒子，她為了能到世界各地旅行並從事寫作，不是把她的孩子交給他們的父親，就是送到寄養家庭。曾經撻伐「社交界婦女」的教育學家裴斯泰洛齊如果生活在二十世紀，一定會嚴厲指責這位不負責任的母親。不過，艾克斯坦－迪娜對那個長大後還需要媽媽嚴詞教訓、幫他解決問題的搗蛋鬼男生的描繪，卻是對於裴斯泰洛齊的代表著作《林哈特與葛忒露德》（*Lienhard und Gertrud*）一種嘲諷挖苦式的回響。因為，性格善良果敢的葛忒露德的懷抱不只可以讓她的孩子們盡情哭訴，還可以讓她酗酒好賭的丈夫得到溫暖的慰藉，只要他願意承認，自己不過是個愛胡鬧的孩子。

在德意志帝國時期，那些已公開表態的女性主義者，也希望母性慈愛的特質可以療癒這個問題叢生的世界。愛蓮娜．許朵珂（Helene Stöcker, 1869-1943）於一九〇四年和一些志同道合的友人共同成立「保護母親聯合會」（Bund für Mutterschutz），這個婦女組織雖然以生育控制、爭取墮胎權及婦女性解放為奮鬥的目標，然而，許朵珂卻更期待，德國社會能很快地瀰漫一股新的母性慈愛，如此一來：「監獄的圍牆就會倒塌，陽光就可以灑入陰暗的牢房裡，斷頭台行刑的劊子手將不再用死囚的鮮血褻瀆大地，貧窮和犯罪將銷聲匿跡，世間所有的人類將會擁有聰明、智慧、品德和自由。」跟裴斯泰洛齊不同的是，許朵珂並不相信，為了讓現代婦女成為好媽媽，所以必須刻意引導她們發揮潛藏的母性本能。她在婦女教育方面所付出的努力，不是以女性擁有比較優質的養兒育女先天條件做為出發點，而是要讓女性活出更完美的生命：「人類處理所有事情都會依從自己的理智進行判斷，因此，當人們在面對人生最重要的事情時——決定是否孕育一個新生命——應該擁有更多的自主權。」許朵珂是和平主義者，也是資本主義的激烈反對者，她曾在一九二七年專程前往蘇聯參加「十月革命」十週年紀念會，後來遭納粹政治迫害而流亡海外。儘管如此，她的社會進步思想仍贊同納粹當時提倡的優生學主張：無論如何，必須設法阻止那些無法醫治的病患和身心障礙者繁衍後代。

本身育有五名子女的女作家荷特薇希．朵姆（Hedwig Dohm, 1831-1919）是德國第一代女權運動者暨女性主義理論家，也是諾貝爾文學獎得主托瑪斯．曼的岳祖母。這位婦運健將是生物決定論的反對者，完全不受當時優生學熱潮影響。她認為，與性別有關的人類行為方式其實來自文化的影響，因此，滿懷教育熱忱的她，曾強烈抨擊女性基於生理構造、而在先天上比男人更適合養育孩童這種傳統觀點。對於婦女的母親角色，她當時還提出一個非常不同的看法：「一位膚淺而愚蠢的女人只會教出膚淺而愚蠢的孩子，在這種情況下，讓她從事照顧孩子以外的工作，對她的孩子來說，反而是一件可喜的事。」

對於這位女性主義作家來說，兒童教育是最複雜的藝術與倫理的使命，這種任務只能交付給兼具兩種特質的人：這種人一方面具有某些天分，但他們也會坦率地承認，自己完全不適合陪孩童在海邊撿貝殼，或為撿來的小石頭著色；另一方面，他們確實擁有成熟的、健全發展的獨立人格。偏偏大部分的女性仍依照傳統模式接受教育，她們的人格缺乏自我（Ich），缺乏獨立自主性，往往一輩子依附著丈夫過生活。與其讓沒有自主性的母親照顧自己的孩子，不如把這些孩子交給具有自主性的教育工作者：「兒童教育工作者在教導孩子時，必須具有濃烈的母愛，而且應該排除虛榮心、企圖心、驕傲自大和自私自利這些缺點，才不會讓自身的母愛失去光輝。兒童教員對於孩子所付出的愛心，就好比藝術家全心全意投注於藝術創作的熱情，在此，我們可以套用一句尼采的話，教員是孩童們的『男性母親』。」

女人是否適合接受教育？女人是否應該增長自己的學識？女人是否可以擁有自己的（高度專業性的）職業？對於這些議題，現代的德國社會早就沒有爭論了！不過，每隔一段時間，我們總是會聽到有人發出一些讓女性同胞聽起來頗為刺耳的牢騷：女性的教育程度愈來愈高，職業婦女愈來愈多，出生的孩子就愈來愈少，德意志民族的未來會是什麼樣子？

德國人對於婦女生養下一代的疑慮和擔憂，遠早於透過法律的訂定所確保的婦女解放成果。婦運老將朵姆早在一九〇二年出版的《女性主義的反對者》（*Antifeministen*）這本她最出色的著作中，便曾開玩笑地談到：她們那個時代還有些人認為，如果女人開始上大學，人類將會絕種。在德意志帝國時期，這種恐懼當然和當時的時代背景有明確的關聯：當時只有未婚、未生育兒女的女性才有機會成為帝國的公務員。這也意味著，（少數的）婦女如果要在以普魯士為主體的公務行政系統裡往上攀爬，實際上就必須放棄為人妻、為人母的角色扮演。在「女人是否可以兼顧職業和家庭」這個論戰開始前一百年左右，人們就已經為這場性別戰爭挖好了戰壕，每當德國的職業婦女在抱怨照顧孩子的時間太少，或誤以為自己負擔過重、即將崩潰時，躲在壕溝裡的那些女性主義反對者，便乘機攻擊這些德國的母親和成功的職業婦女，這種情況至今仍沒有改變。

德國母親的重擔已深深扎根在德意志心靈裡，而且無法快速獲得緩解，這確實是個值得憂心的問題。母親應該是抵拒現代社會各種沖毀一切的潮流的最後堡壘，對此，德國當代文學批評家依莉絲·拉蒂絮（Iris Radisch, 1959-）提出了最新、也最具說服力的主張：她在二〇〇七年曾大聲疾呼地要求德國家庭的改革，應該背離當代社會講求速度和經濟發展的主流趨勢。國家必須給母親（和父親）更多陪伴子女的時間，讓他們有機會跟孩子一起親近大自然，一起健行穿越溪流或樹林，而不是只把孩子送往芭蕾舞教室。母親除了必須具有高度的人文素養之外，還必須在孩子尚未被文明精緻化之前，運用她們的人文素養，讓這些受到生理退化威脅的現代社會孩童喜歡走向大自然。最後，為人母者仍須有這樣的見地：家庭的幸福其實不用遠求，它就在此時此刻，而不在於那些為了爭取更高的社會地位和更多財富所做的種種追求與奮鬥之中。

事實確實如此：德國母親必須跟象徵德意志民族的橡樹一樣堅強，才能屹立不搖地面對養育兒女的問題和負擔。

38. 神祕主義

Mystik

Sv.
Hilde
garda

如果人類在死後可以面見上帝，確實是一件不錯的事。不過，如果在世時就可以跟上帝直接接觸，那就再好不過了！誰如果為了請求上帝指引迷津而追尋上帝，那就是在探求一種可靠性和明確性。因為，他已相信那些在他看來是可信的事物。

中世紀的基督教神學已被納入經院哲學的領域，因此，關於上帝存在的證明以及和上帝有關的事物，都已提升到抽象的思維層面。用理智（Verstand）來解釋基督教信仰，雖然可以讓信眾清楚地了解上帝偉大的作為，不過，通常無法讓人們明白上帝比較神祕、隱晦的那一面。

誰如果喜歡上帝的可理解性（Nachvollziehbarkeit），很快就會發現，這種可理解性跟其他的人事物一樣，都是暫時的，終究會因為缺少具體的根據而站不住腳。因此，基督徒如果尋求信仰的確定性，遲早都會找上那些曾經顯現神蹟的聖徒。此外，上帝並不說拉丁文，然而在中世紀，上帝的旨意卻只能藉由拉丁文而獲得再現，這種不合理的現象也意味著，以拉丁文書寫的神學並無法確實傳達基督教信仰。

宗教畢竟是一種感覺的表達。它為人們帶來安全感，同時也引發人們對於個體本身無所依憑、沒有歸屬的生存狀態的共鳴。誰如果在童年時期不曾向上帝祈禱，不曾跟上帝說過悄悄話，或不曾體驗自己的禱詞突然獲得某種不同的意義，就無法認識、甚至無法領會禱告的效應。

為了信仰的普及，基督教會和高階神職人員不得不接受基督教的世俗化，但信徒對於這種作法並不是完全沒有異議。從一開始，教會的困境便在於：教會已轉化為一種制度，這反而讓教會陷入企圖透過這個制度以掌控宗教信仰的質疑。

後來，中世紀後期的神祕主義給予歐洲基督教會的缺失和墮落最尖刻的回應。神祕主義者曾指出，人們並不需要依從一些神學的說法才能親近上帝，禱告和傳教就是親近上帝的捷徑，而且還是一種直接而迅速的管道。不過，要走上這條靈魂得救的道路，信徒必須先擁有虔敬的信仰和豐富的內在。

德意志神祕主義源起於一場德意志和法蘭西地區的宗教合作：法國克雷弗修道院院長聖伯納（Bernhard von Clairvaux, 1099-1153）是十二世紀修道院改革運動領袖，也是中世紀神祕主義之父。他到萊茵地區講道時，結識了當時相當傑出的女修道院院長馮．賓根。馮．賓根在思想、博物學和醫學方面留下一些對後世影響深遠的著作，比方說，她在十二世紀根據修道院附設草藥園裡的藥用植物所擬下的藥方，直到現今依然是歐洲人經常使用的民俗療法。此外，她還是歐洲第一位發表醫學著作的女醫生，她曾把一些治療建議寫成《醫療知識：關於疾病的原因和治療》（*Heilwissen. Von den Ursachen und der Behandlung von Krankheiten*）一書，至今仍是歐洲軟性醫療的經典之作。

馮．賓根除了醫療方面的貢獻之外，她還是德意志地區最早的一批基督教神祕主義者，因此，她的祈禱詞也相當受重視。一百多年後，德意志地區出現了中世紀神祕主義運動最重要的領導人物——埃克哈特大師。他在《指導答辯》（*Reden der Unterweisung*）這本神祕學著作中，曾經寫道：「最靈驗的禱告是萬能的，幾乎有求必應。向神最鄭重的祈禱只出自祈求者的一種情緒狀態〔……〕既不依附於任何人事物，也不受任何人事物的疑惑和動搖〔……〕祈求者已看不到自己，已放棄自己的意志，完全沉浸在上帝最親愛的意志當中。〔……〕當人們有所寄望時，就應該進行如此有功效的祈禱，把全身的力氣和各個部分，如四肢、眼、耳、口、心及所有感官，全部投入禱告之中，而且在徹底感受到與上帝合一之前，不宜停止禱告。因為，他在這個當下所擁有的，就是上帝，所祈求的對象，也是上帝。」

從今天的角度來看，中世紀的德意志神祕主義不只過度表露情感，甚至還助長了德意志地區當時的基督徒長久以來對羅馬天主教會過於世俗化宗教制度的反感。十三世紀著名的女神祕學家梅席特希德．馮．馬格德堡（Mechthild von Magdeburg，生卒年份大約是1207-1282）在世時，寫下了德意志神祕學最重要的著作《神性綻放的光芒》（*Das fließende Licht der Gottheit*）。她在該書中曾毫不留情地把那些大主教堂的高階神職人員稱作「一群渾身發臭的公羊」。

致力於宗教改革的神學家馬丁．路德早年也曾對神祕主義的靈修方法產生興趣，一五一八年，就在他於威登堡發起宗教改革的隔年，他還完成一本作者佚名的十四世紀宗教宣傳冊《德意志神學》（*Theologia deutsch*）的編輯並付梓出版。這本書雖然與埃克哈特大師以及他的神祕學觀念有關，不過就內容而言，推測和臆想的成分已減少許多。神祕主義的宗教現象不只需要發言者和支持者，它還需要一些地區的響應，當時這個蔚為風潮的宗教運動已普遍擴及神聖羅馬帝國各地。

格爾利茲（Görlitz）是目前德國最東邊的城市，緊鄰波蘭，不過，在二戰戰敗之前，它卻位於德意志帝國的中心地區。直到今天人們還不太相信，在路德發動宗教改革數十年後，有一位非常重要的新教神祕主義者，在這座城市度過了他人生大部分的歲月，他就是雅可布．貝瑪（Jakob Böhme, 1575-1624）。貝瑪雖然只是個鞋匠，從未上大學接受高等教育，然而，他那些自稱受到神啟而寫下的神祕學著作，卻已出現哲學辯證法的端倪，因此，兩百年後的黑格爾還把這位神祕主義思想家尊為「第一位德意志哲學家」。貝瑪的講道內容為德意志神祕主義開啟了一個新面向，他的神祕主義思想和日耳曼紅衣主教暨神學家尼可拉斯．馮．庫爾斯（Nikolaus von Kues, 1401-1464）的泛神論、瑞士醫生帕拉塞蘇斯的自然哲學理論，還有日耳曼哲學家暨魔法師馮．涅特斯罕以新柏拉圖主義和猶太教神祕教義（Kabbala）為基礎的神祕學都有關聯。

由於部分新教徒對於路德發起的宗教改革成果不滿意，而開始追求沒有教會組織的基督教信仰，這就是德意志神祕主義運動的濫觴。以鞋匠為正職的神祕主義者貝瑪雖然聲稱曾閱讀許多書籍，不過，他的神祕學著作卻從未引用任何經典，也未採用任何人的理論作為神祕思想的依歸，因為，他認為「整體的本然」（ganze Natura）才是他真正的精神導師。「玫瑰十字會」這個直到十七世紀初才為世人所知的基督教祕密教派也對貝瑪的神祕學思想很感興趣，這個宗教祕密組織成功地結合基督教倫理學和巴洛克時期歐洲煉金術的符號系統。自從該會出現之後，神祕主義才開始獲得人們重視。

要探討神祕主義，我們還必須談到布拉格。直到十七世紀，這座捷克首都一直都是神聖羅馬帝國的領土，成立於一三四八年的布拉格大學還是帝國境內第一所大學。由於哈布斯堡家族的神聖羅馬帝國皇帝魯道夫二世（Rudolf II., 1552-1612）在位期間，曾致力於阿爾卑斯山以北地區的藝術和科學發展，當時的布拉格便因而躍升為歐洲煉金術、占星學和神祕學的中心。占星學家、天文學家暨煉金術士圖禾．布拉爾（Tycho Brahe, 1546-1601）和他最知名的助手克卜勒都曾在布拉格從事天文與星象學研究，並提出一些重要的推測和假設。

在整部德意志文化史中，神祕主義所留下的軌跡並不明顯。它能和每個時代流行的口號相融合，應該是歷史的偶然，不過實際上這也是可以解釋的現象。

從前的神祕主義者會出現在修道院、工匠作坊、頹廢的皇帝和王侯宮廷以及民間的宗教運動當中。在神祕主義的影響下，修道院的修女開始賦予祈禱詞某種文學性，作坊的製鞋師傅雖不了解既有的哲學概念，卻能自由地探究哲理，在憂鬱的君王身邊，還出現了一群煉金術士，而且創立新教虔信派的神學家史貝納也在教義中呼應神祕主義的思想。當時他曾批評新教僵化的教義，堅持信仰的虔誠，並鄭重地呼籲基督教信仰應該回歸《聖經》記載的內容，也就是回到《聖經》的詮釋並轉向奧祕的信仰層面。

同時，神祕主義也開始質疑受到教會勢力影響的世俗政治及世界秩序，由此可見，當時的專制制度不只受到以理性主義為號召的啟蒙運動的攻擊，還必須面對來自神祕主義的挑戰。神祕主義的風潮起始於十七世紀，而在十八世紀蔚然成風：在這股潮流下，不只虔信派教徒和啟蒙思想者能彼此相互包容，神祕主義運動還隨著共濟會的成立，在德意志地區形成一種新類型的祕密社會，而且還可以把信奉各種思想流派的組織——從人文主義到奧祕學——統合在一起。

現下的德國社會已經沒有真正的神祕主義，因此，德國人只好從世界各地引進各種受人矚目的神祕學思想，它們都帶有異國風情而且和薩滿信仰有關。

為什麼德國人現在會求助東方的佛陀，而不是中世紀日耳曼的埃克哈特大師？難道德意志文化已經丟失了原有的宗教神祕經驗？難道是因為德國人在追隨康德和黑格爾的哲學時，已經把其他的思想一概遺忘？或者，更糟糕的是，現在的德國人只從政治的角度看待宗教領域？一個文化只能以整體的方式維持運作，如果它有一部分被切除，即使不重要，還是無法擁有本身的完整性。

39. 裝瘋賣傻的自由

Narrenfreiheit

一八四八年德意志革命失敗後，普魯士軍隊曾經短期占領南德波登湖畔的拉道夫策爾（Radolfzell），當時這個小鎮有一位葡萄農名叫克薩弗．德胥勒（Xaver Deschle），因為頭上長年戴著一頂便帽而被當地人暱稱為「戴帽的德胥勒」。在普魯士軍隊占領期間，當地人民被明令禁止依照習俗在四旬齋戒期前夕舉辦狂歡節（Fastnacht）活動。德胥勒那時便親自跑到普魯士司令官那裡請求，至少在狂歡節當天准許他可以戴著面具「透過窗戶往外看」。普魯士司令官當下不疑有他，便答應了這個要求，於是「戴帽的德胥勒」便在那一天把自己動手做的窗框掛在脖子上，頭頂改戴小丑帽在街上跳來跳去，人們還看到一群孩童嬉鬧地跟在他的身後呢！

每個德國孩子都知道兩件事：德國足球甲級聯賽的勝負得分表以及每年二、三月天主教地區的嘉年華遊行。他們對這兩件事都會給予相同的關注，不過，對他們來說，卻是兩種很不一樣的活動。

職業足球隊可以製造民眾的認同感，可以讓個人以球迷身分加入球隊和球員的支持者行列；嘉年華則把民眾變成活動的參與者，也就是自己策劃的演出的表演者，但他們卻沒有機會像足球賽事一般，可以因為克敵制勝而成為活動盛會的英雄。足球比賽會引發民眾強烈的情感，不論是歡樂的陶醉或深刻的悲傷；嘉年華則是一種在每年某個特定時間被公開允許的、放肆的自由。德國人民雖然擁有言論自由，不過，他們在平日的生活裡到底可以自由表達什麼？

如果嘉年華的活動現場是一個沒有觀眾席的大舞台，如果嘉年華會和民眾的自我有關，而且人們的自我知道如何以非日常的特殊方式進行一年一度的狂歡節演出，那麼人們會想在這種場合裡表達什麼？

在此，我們還要談論另一件與嘉年華會有關的事：德國文藝復興時期著名的油畫家杜勒曾在一五〇〇年畫下一幅極度挑釁基督教會的自畫像。他在這幅自畫像中，把自己畫成了救世主耶穌，不過，畫面的人物肖像看起來卻很不起眼，而且頭部也沒有畫上基督聖像慣有的光環。杜勒在這幅自比為耶穌的自畫像裡，並未沿用歐洲中世紀以來的比喻手法，而是選擇使用當時盛行的一套符號意義系統。他在畫這幅自畫像時，並非著眼於信仰，而是人類自身的問題，而且他還暗示這幅自畫像的觀賞者：您也可能是救世主耶穌基督。

這位出身紐倫堡的大畫家藉由自畫像而讓「人」成為焦點，他也透過這個主題和觀賞者對話。接下來，還出現一個關乎所有人的問題：我們是否應該做原本的自己？對於自我的壓迫會導致最嚴重的後果，這難道不是身而為人的最大負擔？

杜勒是那個時代歐洲最偉大的畫家之一，是當時歐洲藝術界的明星，生前既沒有被迫害，也沒有遭到排擠。他的畫作所傳遞的信息基本上不具顛覆性，如果真的有，至少並不明顯。這位藝術大師生活在黑死病肆虐過後的時代，當時歐洲人對於自己的生活世界是否可以繼續存在並沒有把握，教會只說這場災難性瘟疫是「上帝的懲罰」，並未積極撫慰人心。在如此愁雲慘霧的時代背景下，杜勒卻難能可貴地用他的繪畫創作，強化了驚魂未定的歐洲人內心那份存在感（Seinsgefühl）。

人們當時也可以指著這幅暗喻耶穌的自畫像喊著：「看，這個人！」（Ecce Homo!）而不需要進一步揭露肖像人物的真實身分。雖然，杜勒和他一系列的自畫像曾引發人們關注自我，不過人們早就知道，誰只要戴上面具，就可以掩蓋自己的臉面，就可以隱匿自我。而且人們也認為，應該要這樣保護自己，偽裝自己。

德國民俗學家維爾納．梅茨戈（Werner Mezger, 1951-）是專門研究施瓦本地區和萊茵河流域的嘉年華會的學者暨編年史家。他曾依據中世紀的《舊約聖經》手抄本指出，〈舊約．詩篇〉第五十三篇開頭第一句就是在呈現傻子的形象：「愚頑人心裡說，沒有神。」由此可見，參與嘉年華活動的那些傻裡傻氣、瘋瘋癲癲的民眾用無法令人尊重、自我矮化的方式所進行的歡鬧，並不全是衝著世俗的秩序而來，它還包含人民對基督信仰的質疑。嘉年華狂歡活動其實是透過習俗的建立，把信眾對上帝的褻瀆正當化。

首先讓我們談談嘉年華會。它的起源就像德國大部分的習俗一樣，都始於中世紀時期。基督教會因為耶穌曾在曠野裡禁食四十天之久，因而規定信徒在復活節之前四十天期間必須進行齋戒，Karneval（嘉年華）這個德語詞彙來自拉丁文，字面的意義就是「禁食肉類」。因此，四旬齋期前夕便是基督徒可以縱情狂歡的最後機會。起初，嘉年華會是由城鎮的單身工匠所籌辦的狂歡會，而且直到今日它仍是城鎮性質的活動。

市民其實需要有別於日常一成不變的生活，一個倒反的世界，以便挑戰自己的極限。在齋期前夕的狂歡節裡，人們公然被允許獲得這種異乎尋常的生活體驗。這項習俗的傳統已經延續好幾百年，如果有誰想要阻止當地民眾享有一年一度放肆的自由，肯定會引起公憤！

新教教會在取得足夠的勢力範圍之後，雖也曾經嘗試舉辦嘉年華會，但新教教會及新教徒嚴肅拘謹的作風，卻和這種狂歡的慶祝活動格格不入，因此，嘉年華會依舊是德國天主教地區——以萊茵河及多瑙河流域為主——的民俗傳統。不過，後來這項傳統也因為一些衝擊而出現些許改變：狂歡節首先遭到啟蒙運動的攻擊。高舉理性主義的啟蒙主義者本來就比較無法包容民間的習俗，他們不只認為這種嬉鬧的民俗活動是一種過時的習俗，甚至還質疑，嘉年華狂歡不只對人民的理性思考沒有幫助，它還是一種非理性的誘惑。在某些時期，狂歡節的嘉年華會看起來似乎就要在一片歷史的唾罵聲中消失，似乎只剩下那些在歡慶中裝瘋賣傻的人們和嚇人的面具：木製、施瓦本式或萊茵地區式的面具。

中世紀晚期由於黑死病肆虐，老百姓對於死亡和毀滅已沒有明顯的禁忌。由於當時的天主教會認定這場大瘟疫是上帝的天譴，因此毫無安撫人心的作為，後來市民階層便集體透過一些恐怖造型的自我偽裝，來表達與抒發內心那種曾陷入黑暗深淵的恐懼。後來這種創傷性集體記憶，還不斷因為每個時期所發生的不同事件被喚起。每當社會面臨危機時，民眾就會在這種狂歡嬉鬧的民俗活動裡戴上自己的面具，這些面具是人民另一張異於平常的臉孔，人民希望藉由它們表達當下的生存困境。

當歐洲歷史進入十九世紀，大眾社會開始形成，民俗文化也逐漸出現了現代化的形式，而且還成為政治角力的場域。根據一八一五年召開的維也納會議決議，包含科隆市在內、信仰天主教的萊茵地區，被劃入信仰新教的普魯士王國版圖。當時萊茵地區的人民覺得，這種政治協議讓他們的自我認同遭受威脅，於是便開始運用各種派得上用場的方法，和普魯士政權展開對抗。每年二、三月舉行的嘉年華會便順理成章地成為民眾抵拒外來統治者的舞台，嘉年華活動因而明顯地政治化，那些站在桶型講台的演說者（Büttenredner），還大力鼓吹大家一起加入這場瘋瘋癲癲的歡鬧中。當時被普魯士統治的萊茵地區人民，便透過這種新型態的嘉年華活動向當政者展示他們不可小覷的勢力，嘉年華會也成了地域認同的標識以及城市權力結構的一部分，而不再是下層階級沉溺於粗魯無禮、喪失自制力、縱情嬉鬧的活動。一些舉辦嘉年華的民間社團開始與當地的政治黨派合作，並在幕後操控平日的政治活動。嘉年華的狂歡已不再是市民宣洩負面情緒的管道，而是市民透過參與群眾的規模，向普魯士政權直接展現統治者與被統治者實際的勢力對比。普魯士雖然擁有執政權，但發言權還是掌握在科隆城市貴族的手中。直到今天，我們都還能看到狂歡節的嘉年華會對於德國市鎮社會的影響力。

此外，德國還有第二個以縱情同樂的盛會成功展現地域認同的例子：每年十月為期兩週的慕尼黑啤酒節。這個啤酒節是全世界規模最大的民俗節慶之一，是從一八一〇年巴伐利亞王儲（即後來的國王路特威一世）連續數天的婚禮慶祝活動發展而來的。

確切地說，慕尼黑啤酒節其實是一個年度市集，它把各種玩樂活動全集中在每年十月舉行：雲霄飛車、摩天輪、在大型球體內壁面的摩托車特技演出，或一天好幾場耍噱頭的神奇魔術表演。作曲家孟德爾頌在一八三一年十月寫給家人的書信中曾提到：「我在慕尼黑的音樂會必須因為下個星期天開始的啤酒節而順延。這場盛大的慶祝活動持續整整一個星期，每天晚上都演出戲劇並舉辦舞會，所以，大概沒有人會想上音樂廳欣賞管絃樂團的演出。請記得，我會在十月十七日星期一晚上六點半開始我的音樂會，樂團的編制有三十把小提琴和雙倍的管樂器。」

德國有一本在一八三五年出版的匿名著作，曾描述當時在慕尼黑的特蕾希亞大草坪（Theresienwiese）舉辦啤酒節的情況：「人們跑來跑去、相互擠壓、碰撞，／人們大吃大喝、玩遊戲，／人們怒罵、扭打、鬥毆，／人們在這裡、在那裡、來來去去，／人們推擠、轉身或留在原地，／人們騎馬、坐馬車、疾馳而過，／人們蹦蹦跳跳、奔跑、行色匆匆，／人們歌唱、發笑、戲謔，／人們歡呼、跳躍、擁抱，／然而黑夜已經降臨，／今天他們度過了一段美好的時光。」

一八七二年，即三十七年之後，另有一位匿名作者對慕尼黑啤酒節做了如下敘述：「真正的慕尼黑人無法克制自己不在啤酒節裡徹底迷失自我，即使只有一天，他還是得讓自己在活動會場裡晃盪好幾個小時。十月的啤酒節對藝術家和習俗研究專家而言，還是一場大豐收，他們可以從中獲得擷取不盡的創作靈感與研究材料。」

諷刺作家姚阿幸．凌爾納茲（Joachim Ringelnatz, 1883-1934）曾在一九二八年寫下一首詩，描繪那些在慕尼黑啤酒節捧著許多啤酒杯穿梭於酒客之間的侍女：「大量的火山岩漿流自阿爾卑斯山的胸膛，／壯觀地向四方奔流。／艾美，這尊巨大的女性塑像。」出身慕尼黑的社會主義作家葛拉福在回憶自己第一次到慕尼黑啤酒節吃喝玩樂的情景時，曾說：「當時我的臉變胖了！」

為了消除人們對於慕尼黑啤酒節只是大肆吃喝玩樂的疑慮，詩作風格以幽默趣味見長的慕尼黑詩人歐伊根．羅特（Eugen Roth, 1895-1976）便於一九六〇年寫下一首關於慕尼黑啤酒節的長詩：「說到慕尼黑最美妙的樂園，／當然就是那塊大草坪／（……）在這裡我是人，在這裡我可以是人。」詩人最後這兩句確實讓人們留下了深刻印象，也讓人們想到歌德對於人的看法，不過，不一定非要做此聯想。

以今天的角度來看，一年一度的嘉年華會如果不容許人們增添新的表演元素，它就不會在二戰戰敗後，成為德國人民表達內心無處可訴的想法與感覺的機制。對於西德的德意志聯邦共和國而言，沒有嘉年華狂歡節，就像沒有足球運動一樣，是不可想像的。這兩種熱鬧非凡的活動都是戰後重建時期西德民眾的精神支柱。

德國社會向來都是從政治視角看待所有的公共事務，這種習慣不僅會簡化每個公領域的問題，而且似乎還會讓人民理所當然地認為，一定可以為所有的問題找到解決辦法，而且每個解決問題的辦法都有充分的理由做依據。

基本上，嘉年華的狂歡活動在德國公共生活所扮演的角色，和傳統的政治處理並不相同。許多民眾在日常生活中，不只因為喪失人生的信心，更因為困窘的處境而總是在尋找躲避義務、或至少開脫責任的機會，總是想辦法尋找各種各樣的藉口、例外的規則、請病假以暫停正在進行的事物。日常的生活世界就好像一個被我們轉動的輪子，當輪子轉動之後，我們反而被這個輪子帶動，反而受制於它而跟著轉圈圈。無數的德意志心靈——從《愚人船》（*Das Narrenschiff*）這本詩集的作者、文藝復興時期日耳曼諷刺詩人塞巴斯蒂安·布蘭特（Sebastian Brant, 1457-1521）到戰後德國歌手恩斯特·涅格（Ernst Neger, 1909-1989）——都曾經思量過這種人類生存的困境：人類到頭來如何能夠忍受一個自己曾用熱情和幹勁打造出來的生活世界？

涅格原是一名梅因茲的鋪屋瓦工人，一九五二年他在梅因茲狂歡節演唱〈傷口好了，傷口好了，小鵝〉（Heile, heile Gänsje）這首德國母親安慰受傷孩子的童謠時，用改寫過的歌詞反映戰後德國民眾重建殘破家園的艱辛而引發廣泛共鳴，自此一炮而紅，成為德國家喻戶曉的歌手。他所改寫的那段歌詞如下：「如果我是上帝，我只知道一件事：／我會牢牢地擁抱已被摧毀的梅因茲。／我會緊緊地抱住它，並對它說，你只需要耐心！／我會迅速把你重建起來！變成斷垣殘壁並不是你的過錯。／我會讓你再度恢復往日風華，／你可以，你並不會被毀滅……」。

社會菁英——不論是政治人物或諷刺劇演員——只能以自制的沉默回應民眾這種自我表達。德國社會懂得如何透過嘉年華會來獲得集體的生存利益，特別是在戰後重建時期，德國人民面對被炸毀的家園及西方盟軍的占領時，一年一度瘋狂的慶祝活動就是生活回復正常化的保證。

然而，德國社會卻也有愈來愈多人整年都戴著面具，不肯把它們拿下來：當社會愈來愈受到媒體的操控時，在真理被高舉的時刻往往尾隨著政治人物們虛偽的演出。在攝影鏡頭前，他們必須控制臉部表情的變化，這已和他們個人的可信度無關，而是他們戴上的那張面具的說服力。

德國追求生活享樂的社會階層（Erlebnisgesellschaft）當然也知道，嘉年華會要求自我的表現。這些追求人生各種愉悅體驗的享樂者，後來從嘉年華的狂歡中擷取靈感，進而創辦了柏林的「愛的大遊行」。這個曾是全世界最大的電子音樂節，是一九八九年由一位藝名為「莫特博士」（Dr. Motte）[1]的西柏林傳奇DJ帶動起來的，當時僅是一場以愛與音樂為號召的世界和平運動。這場在柏林圍牆倒塌幾個月前所發動的抗議遊行活動只有一百五十人參加，卻在短短數年之間發展成吸引數百萬人共襄盛舉的電音大遊行。直到二〇〇一年，充滿狂歡活動的「愛的大遊行」都被柏林當局認定為政治遊

[1] 創辦人「莫特博士」有鑑於「愛的大遊行」後來的發展過於商業化，而於二〇〇六年宣布退出這個盛大的電音活動。

行，因此，主辦單位只要每年想出一個遊行訴求的口號，就可以不用負責事後的清潔工作與垃圾處理費用。

這場在夏天舉行的大型國際電子音樂節，隨著狂歡遊行隊伍的出動而展開，它跟傳統的嘉年華會不同的是，歌詞和口號的語言訊息已變得不重要，人們在這裡只需要放肆地慶祝，以藉此彌補東、西柏林分裂時期，人民無法在冷戰肅殺的氣氛下一起從事康樂活動的缺憾。德國統一後的二十年間，「愛的大遊行」（由於二〇一〇年在杜易斯堡發生重大的死傷意外而從此停辦）已經成為柏林大型慶祝活動的標竿，它開啟了柏林一連串大型戶外集會的舉辦，例如，在布蘭登堡城門這個象徵柏林及德國的紀念建築物旁，舉行民眾派對或架設大型電視牆，讓人民一起觀賞德國足球代表隊參與國際賽事的現場轉播等。「愛的大遊行」讓德國公共空間的使用開始回復正常化，而且民眾在這類活動中手搖國旗、嘶聲吶喊已不再是政治的禁忌，畢竟納粹的歷史暴行已經遠去，國際間對德國軍國主義復萌的疑慮已經消散。

至於嘉年華會那些賣傻的表演者呢？他們還是跟從前一樣，戴著木製面具、穿著表演服裝，誇張地裝扮自己？沒錯！至今仍舊如此！這個源自中世紀的傳統在德國西南的施瓦本地區得到最好的維護，它與萊茵地區嘉年華會的政治化、以及世界其他天主教國家的嘉年華活動不同的是，施瓦本人即使在二十一世紀還是堅持自己的嘉年華風格，堅持那些幾乎已被遺忘、已被拋除的嘉年華文化最初根本要素：面具與穿戴面具者所扮演的角色。德國西南地區的嘉年華會與德國嘉年華活動的中心——萊茵河畔的科隆市——並不相干，也不在大城市進行，而是屬於小鎮民眾的盛會。施瓦本人在狂歡節所戴上的面具是數百年歷史的傳家之寶，這些面具不只是表徵家族身分認同的物件，它們還具有當地傳統文化最原初、也最荒謬的意涵——假的「面具」竟然只能被詮釋為真的「自我」！

一項習俗的存在不一定要有什麼理由，即使有理由也不需要有合理的解釋。社群共同的意志簡化了集體的記憶，也減輕了個人的負荷。總歸而言，這就是社會共同體的意義所在。

40. 秩序癖

Ordnungsliebe

LEITZ
Dreiländer-
eck
Dormotel
Mainz
Eggers
Einhorn

為了就近觀察法國大革命的發展，一七八九年夏天，日耳曼啟蒙主義思想家暨教育家姚阿幸．坎普（Joachim Heinrich Campe, 1746-1818）和他的門生——即後來著名的博物學家洪堡德——一起動身前往巴黎。他在一封寫給故鄉親友的書信中，曾興奮地寫道：「這裡已經成為一個自由的國家，它的人民已經扳倒了專制的君王〔……〕。我認為，全世界再也不可能看到更美好、更動人的東西了！即使那些可以振奮心情和情感的群眾活動，對我而言已不是什麼新鮮事，但我仍沉浸在驚訝和欣喜的情緒中，我現在還經常到巴黎一些人潮洶湧的公共場所，而且一站就是好幾個小時。我在那裡觀察巴黎的民眾，直到自己流下了喜悅和甘甜的淚水〔……〕。無遠弗屆、奇蹟般的革命效應已顯示出，新的自由感讓人類的性情和社會風氣得以改善與提升。」

這位啟蒙運動的思想家和詩人在前往巴黎之前，定居於布朗許維克—沃芬布特侯國（Fürstentum Braunschweig-Wolfenbüttel），才剛出版《父親給自己女兒的建議》（*Väterlicher Rat für meine Tochter*）這本針對年輕女性的教育手冊。法國大革命時期雅各賓派的獨裁者麥西米連．德．羅伯斯庇爾（Maximilien de Robespierre, 1758-1794）是一位高舉道德的恐怖主義者，坎普這本著作的內容應該頗合他的胃口；至於法國畫家歐仁．德拉克洛瓦（Eugène Delacroix, 1798-1863）的〈自由女神領導人民〉這幅名畫中的瑪莉安女神——法蘭西共和國熱情的自由象徵——如果讀到這本女性教育手冊，或許會因為恐懼或嘲笑這本書，而讓原本已大開、袒胸的衣領滑落下來，最後連她那對豐滿的乳房也全部裸露出來！坎普這本著作就是在強調「秩序之愛」（Ordnungsliebe）！他在書中寫道：「我該如何用言語向妳說明這種品德呢？它位居人類所有品德的首位，它為人生帶來幸福，並大大促進了各種有益的活動，它是所有美善、偉大而高貴事物的必要根基，然而，人們卻很少從它那全然的助益性、必要性和實用性來談論它。」為了說明秩序的重要性，坎普這位父親還懷著神聖的敬畏之心，說明一個凌亂的、打理馬虎的家戶會造成什麼負面效應：「最糟糕的是，外在的混亂雖然不明顯，卻會逐漸轉入人們的內在，然後滲透到他們的感受、思考模式及道德行動中。誰的眼目如果看到自己房間的雜亂無章和可恥的髒汙，而不覺得有何不妥，他的內心和靈魂就不會再反對自己和家人在行為上的道德混亂。」

坎普不只諄諄告誡年輕小姐，應該重視秩序勝於一切。在《父親給自己女兒的建議》這本書出版的前幾年，他便已用理性的話語對年輕男性再三叮嚀：「品德就是秩序，也就是用理性的準則維持自身諸多行動的一致性；惡習與不道德的行為就是混亂，也就是在理性的標準下，本身行動所出現的不協調和不一致。」

坎普並不是唯一在十八世紀晚期陷入那股瀰漫於德意志地區秩序狂熱的知識分子。數學家、也是德意志首位實驗物理學教授暨箴言文體開創者格奧格·利希登伯格（Georg Christoph Lichtenberg, 1742-1799）也在他那本文詞犀利的箴言著作《草稿集》（*Sundelbücher*）中闡明，秩序是所有品德的源頭。整體說來，德意志的啟蒙運動可以被視為一項大掃除行動：人們的思考必須跟情感一樣，個體生命的形塑也必須和國家一樣，都必須有條不紊。東西只要成三，就會被德國人歸類並納入系統之中。哲學家康德在撰寫他的主要著作時，對於內容如何分段落、分章節所表現的熱中，絕不輸給當時普魯士王國那兩位精細入微地改革行政結構與管理的首相——馮·史坦因男爵（Freiherr vom und zum

Stein, 1757-1831）及卡爾·馮·哈登伯格（Karl August von Hardenberg, 1750-1822）。德國市民階層的興起，實際上比較不是源於自由精神，而是來自秩序價值的強調。直到現今，德國社會依然存在這個舊習。

自認是德國市民階層最後代表者之一的歷史學家姚阿幸·菲斯特（Joachim Fest, 1926-2006）在過世前不久，曾描述他在戰後如何協助納粹戰犯許倍爾在胥班道監獄撰寫回憶錄的情形。他當時注意到，這位納粹時期的帝國首都建築總督察與裝備後勤部長，在他的回憶錄手稿中，對於納粹在一九三八年十一月九日夜晚發動的那場猶太人大屠殺隻字未提，他當時便催促這位在獄中服刑的納粹高官填補與這起事件相關的書寫空白。出身於德國中產階級上層家庭的許倍爾的回憶錄正式出版後，我們可以讀到他對於那個屠殺猶太人的「帝國水晶之夜」（Reichskristallnacht）的記憶與感受：「十一月十日，當我坐車前往辦公室途中，看到那座已燒成廢墟、仍在冒煙的柏林猶太會堂〔……〕。這個視覺記憶至今仍是人生中最令我感到沮喪的經歷，因為，一片混亂的狀況，也就是我在法桑能街（Fasanenstraße）所目睹的景象，讓當時的我感到特別不舒服：被烏煙燻成焦黑的陽台、崩塌的建築物屋牆、燒毀的圍籬——這些場景幾乎成為後來整個歐洲陷於戰亂狀態的預示。遭到破壞的商店櫥窗玻璃碎片特別妨礙了我身為市民階層的秩序感。」

前西德總理史密特（Helmut Schmidt, 1918-）從前公開宣稱自己信奉一些公民應有的品德時，我們並不須訝異，德國會出現像奧斯卡·拉芳田（Oskar Lafontaine）這樣的政治人物，以譏笑的方式回應這位與他當時同屬社會民主黨的老前輩：「人們也可以用次要的品德（Sekundärtugenden）維持納粹集中營的運作。」當然，也有人反駁拉芳田的說法，因為，搞集中營其實用不上次要的品德，就像克羅埃西亞的亞森諾瓦茨集中營（KZ Jasenovac）或蘇聯的古拉格集中營（Gulag）所呈現的歷史明證一樣。然而，在此我們還是要特別指出，過度強調秩序的價值，而且還讓它成為社會主要的、具有道德情操的美德，是德國市民階層所犯下的最致命錯誤。

德國社會到底從哪裡開始誤入了歧途，而必須在納粹時期經歷如此可恥而難堪的崩盤？

「每天大吃大喝、奢侈浪費的人們，／財富很難降臨在他們身上。／因為，人們在酒徒身上會看到／混亂、沒有規律的生活，／這種生活會衍生令人苦楚的貧窮，／這是紐倫堡的漢斯．薩克斯對你們的忠告。」這段雙行押韻詩（Knittelverse）是十六世紀上半葉日耳曼最知名的鞋匠、也是紐倫堡工匠行會的名歌手漢斯．薩克斯的詩歌創作。中世紀的工匠都參與職業工會，並自豪於自身手藝的精湛，當他們在行會演唱自己創作的歌曲時，也會用嚴格的工藝標準檢視歌詞和歌唱的品質，就像他們在檢驗自己所釘牢的皮件或鑄造的金屬器物一般。這些城市的工匠師傅是形塑德意志市民倫理道德（bürgerliches Ethos）的第一批人。市民階層和其他社會階層有明顯的區隔：它不同於社會上層那些不需要從事勞務工作、講究生活卻又喜歡發牢騷的、住在宮殿、城堡及修道院的貴族與教士，也不同於那些安於現狀、寧可過著貧窮、沒有品質的生活，也不願從事工匠技藝正規工作的下層勞動者。不過，中世紀晚期德國人實際的生活型態卻與人們所認為的勤勞、拘泥細節的形象——為了精確掌握時間，在忙完一整天後，還會例行地校準隨身那只紐倫堡生產的懷錶——大相逕庭。事實上，日耳曼人自古羅馬帝國時代以來，一直被認為是不知節制的酗酒者和鬥毆者。在十七世紀前葉的三十年戰爭期間，戰爭的血腥和混亂甚至助長了日耳曼人這種粗野狂暴的作風。

新教虔信派興起於三十年戰爭之後，這個教派發動了日耳曼歷史上首次系統性消除人民放蕩不羈的道德敗壞與素質低落的社會教育及宗教運動。當時虔信教會的信徒就跟支持馬丁・路德宗教改革的紐倫堡名歌手薩克斯一樣，都一致認為，貧窮和道德墮落並非命運使然，而是自身罪惡的標誌。基於這個想法，虔信派知名的神學家和牧師法蘭克便於十七、十八世紀之交，在格勞哈成立一家以虔信派教義為教育準則的孤兒院以及一所三級學校。在這個綜合學園裡，新生的一代可以獲得正確的引導，走向道德正途並因此獲得靈魂的救贖。

法蘭克的上帝就是《舊約聖經》呈現的那個「秩序的上帝」（Gott der Ordnung），信徒靈魂得救的唯一指望就在於絕對順服上帝所稱許的秩序。這位虔信派神學家還指導信眾，如何把上帝屬天的秩序轉化成世俗人間的秩序。舉例來說，格勞哈學園的院生必須嚴格遵守由學習、實際活動和禱告緊湊排定的日常作息，他們所有的生活領域——從正確使用爐火到如何以被許可的音量虔敬地唱詠聖歌——都受到院方嚴格的督導。依照學園的生活準則，當用餐的鐘聲敲響時，必須準時趕到餐桌旁就位坐好，才不至於讓群體的生活變得亂七八糟，而且院方還禁止院生，不論在中庭內外，都不可以在屋牆上小便。他們應該盡可能減少和父母的接觸，因為父母的愛往往不帶有遵守規矩的要求，因此容易導致院生出現脫序行為。

「法蘭克基金會」以仁愛、體諒、團結和友愛作為學園的教育方針，既不教導也不宣揚個人的批判精神。在新教虔信教會的世界圖像裡，「自我意志」就意味著「罪惡」，因此，這種「自我意志」

應該有系統地轉化成執行「上帝意志」的唯一工具，只不過這種想法很容易受到集權政體的利用。不過，如果我們把德意志民族的強制性紀律單單歸因於虔信派對權威的順服，這樣的看法其實太過簡單。

哲學家康德受到當時普魯士風氣的影響，要求同胞們運用自己的理智，不應該盲目地人云亦云，不過，他仍堅持，國家公民在公領域裡必須遵守公共秩序。這位柯尼斯堡[1]的哲學家跟大多數與他同時代的德意志啟蒙主義者一樣，相當樂見法國大革命的發生，曾因為法蘭西推翻專制君主並成立自由民主的共和政體而大受振奮，不過，他本身仍是一位嚴守紀律與重視條理的哲學家，會從私領域判斷個人在智識上是否真正成熟。他還指出，所有領域的井然有序，並不是要人們僵化而盲目地讓自己屈從於秩序的規範，實際上，秩序的形成反而是一種創造和思考的主動性過程。康德在他的哲學代表作《純粹理性批判》（*Kritik der reinen Vernunft*）裡曾表示：「我們把自然現象的秩序和規律帶入自己的生命中，而且還可能無法發覺它們的存在，似乎我們不曾把這些東西、這些或許已經成為我們性情本質的東西引入一樣。」

康德不僅從知識論的角度讚許人類對於秩序的維護，他還主張，日常生活的規律性與計畫性是人類心智健康的泉源。因此，這位哲學家在四十歲過後便徹底告別優雅文士那種懶散的生活風格，開始

1 康德的故鄉柯尼斯堡就是現在俄羅斯的加里寧格勒，它是一座鄰靠波羅的海的海港城市，也是德國東普魯士的首府。二戰末期，蘇聯紅軍占領東普魯士，二戰過後，德國原來的東普魯士行省後來約有三分之二土地變成蘇聯領土，其餘部分則劃歸波蘭。

過著非常規律的生活，並因而累積大量著作。「成熟時期的」康德每天清晨五點起床後，會先喝一、兩杯茶，抽個菸斗，然後開始準備當天在柯尼斯堡大學的哲學演講課，直到七點鐘；大學的演講課持續到十一點，下課後，他會開始寫作，直到中午用餐時間；他固定在下午外出散步，並和他最要好的朋友、旅居柯尼斯堡的英國商人約瑟夫・格林（Joseph Green, 1727-1786）碰面。康德的另一位好友普魯士貴族作家馮・希帕（後來高升為柯尼斯堡市長）在創作《依照時鐘作息的男人——或生活井井有條的男人》（*Der Mann nach der Uhr, oder der ordentliche Mann*）這齣喜劇時，便以格林作為該劇的主人翁，然而，後來的德意志作家們卻把這種永遠準時並嚴守生活紀律的性格描述，從格林轉移到康德身上。康德會在晚間完成比較瑣碎的工作並閱讀書刊，每晚準時在十點上床就寢。十九世紀詩人海涅後來便出言嘲諷康德，無法讓後人為他立傳，因為，這位已故的柯尼斯堡大哲人根本不曾擁有真正的生活和人生的故事。不過，從另一方面來看，康德正是因為如此嚴格地掌控自己的日常生活作息，才能成為一位持續不懈的思考者以及多產的寫作者。這位自疑患病的哲學大師為了防止心窩氣悶和便祕的症狀惡化，為了不讓自己因神經緊張而無法承受，而在日常生活中徹底遵守一套既定的生活準則。道德信條——即康德唯心主義哲學的「絕對命令」這個倫理原則——毫無例外地要求人們只能按照既定的準則行動，這些準則只要成為普遍的行為法則，人們就應該奉行。不過，我們在這裡談論的日常生活準則卻與道德誡律不同，它仍容許人們有一些自主空間，只要人們不是盲目地遵守規定，絕對可以從規律的生活中獲得自由。

我們當然可以這麼推測，在每一位秩序狂的心裡都有一個恐懼雜亂無章的靈魂，都畏怯隱藏在自己內心那個無法掌握的東西，都害怕會在這個世界上遇到無法預期的事情。在此，我們就拿一本一八七六年出版的德語歌曲集做例子吧！在這本歌本目錄第三段第二章的標題「情歌」之下，編者又把這些情歌分別歸類成「愛之喜」和「愛之悲」兩個小節，似乎這樣的整理和分類就可以清楚劃分愛情的喜悅與苦楚！從前德意志地區會出版像坎普的《父親給自己女兒的建議》這類書籍，殷殷告誡人們遵守紀律和規矩，這並不是偶然的現象，而且往往由男人向女人提出這類警告，因為，男性雖認為女性具有吸引力，然而，對他們而言，女人也是非理性的、難以捉摸的異性。

德意志民族遵守規範與紀律的傾向，難道是因為可以讓自己從此遠離恐懼嗎？雖然，從另一方面來看，德國人也很著迷於自己所無法掌握的東西。

哲學家尼采大概會同意，思緒混亂的人會走向毀滅，他們喜歡如癡如醉的酒神戴奧尼索斯勝於冷靜清醒的太陽神阿波羅。他甚至還看穿了他的德國同胞在整潔外表下的真面目：「德意志民族有自己的運作方式，有自己的深穴、藏身之處以及城堡地牢；這些隱處的紛亂因為充滿神祕性而散發著魅力；反正德國人總是能找到那些通往混亂的隱密小徑。」

後來，當代文學家齊伯格還因為討論尼采的這個想法而引起人們關注。他在威瑪共和時期曾致力於促進德國人和法國人相互了解，而且還做如下表示：「德國人其實深深贊同混亂並願意讓自己陷入這樣的本性中，但這卻讓鄰國人民感到恐懼。曾有人指出，我們德意志民族已經暈頭轉向，因為我們傾身探看自然界陰暗的深淵過久，而且過度俯身彎腰。有些民族認為，自然界就如同深淵一般。不過，我們德國人倒不這麼想。我們知道自己沒有足夠的規律性，所以，還大力參與了自然界的運作法則。我們仍是大自然的一部分，因此在任何時候，我們都有能力再度回歸大自然。」

德國人和大自然的矛盾關係在此已完全表露無遺：自然界是混亂的？它盲目地向前運轉而不考慮自身可能蒙受的損傷？或者，自然界在德國人對上帝超自然系統的信仰逐漸淡薄後，是目前德國人觀念裡僅存的宇宙秩序系統？事實上，惡名昭彰的德國納粹當時對世人的迷惑力，正來自於它所預設的目標：強制把混亂變成如鋼鐵般的、同時也符合大自然的秩序，並且還讓它保有運作的動能。作家允爾在深受納粹厭惡的威瑪共和政體正式瓦解幾個月前，出版了《工人》（*Der Arbeiter*）這本著作。允爾始終和納粹保持距離，並主張以忍受痛苦和犧牲的能力來衡量個人價值。在該書中，他讚揚工人是嶄新類型的人類——他們可以開心地把自己炸得粉身碎骨，而且還能在這種自我犧牲的行為中證明紀律的存在。

齊伯格在第三帝國時期並沒有真正信服納粹的思想，不過，他卻能巧妙地避開這個政治的大漩渦。二戰過後，至少對他而言，有一點是毋需質疑的：他認為，混亂並不完全是負面的，納粹維持的秩序中所包藏的混亂，其實不只是粗暴和野蠻，它還是一種集體的活力。齊伯格曾經非常擔憂，戰後西德人民會因為戰敗的膽怯而把那個混亂卻具有動能的源頭——也就是德國人向來擷取生命活力與創造力的泉源——完全堵住、封死。

戰後西德地區成立的自由民主憲政體制國家，已不可能發展成一臺狂熱的、具有毀滅性的政治機器，但令人抱憾的是，西德民眾的生活卻被這套憲政體制簡化為整齊有序的組織、經過周延思慮的社會結構以及有效能的行政管理。齊柏格這位講究生活的上層階級貴公子當時所關注的問題是，西德社會在避開法西斯主義的錯誤之後，如何再度讓井然的秩序與充滿生命力的混亂處於正確的關係。

這項挑戰至今仍存在於德國社會。秩序並非一切，它早已不適合作為一種道德情操。不只那些熱切希望德國中小學能恢復評量學生在專注力、秩序、勤奮和品行等各項成績的人士，應該改正自己強調秩序的錯誤，甚至連對此持相反意見而上街遊行的家長們，也不應該用秩序來壓迫子女，儘管他們對孩子的再三叮嚀都是正確的教導。

其實，秩序只要不成為愚蠢的束縛，它對於擁有豐富社會經驗的公民而言，仍是具有正面意義的生活準則，況且人們內心實際上已擁有足夠的混亂，一些值得花工夫理出頭緒的混亂。

41. 牧師住家

Pfarrhaus

看！屋頂上的虎眼窗！看！那幾隻特地為建造牧師住家而宰殺的山羊！人們還把牠們泡在戶外冰冷的水中，用這種方式儲藏了一整個冬天，據說，只要這麼做，這棟牧師的房舍就會很堅固，屋體可以維持很久仍不會塌毀……

「在古老的牧師宿舍裡過復活節」，一家德國的四星級飯店向消費者如此承諾。還有另一家飯店打出這樣的廣告：「在復活節假期裡，您可以享受非常不一樣的氛圍！」這份廣告主打的就是一棟興建於一七六二年的巴洛克式牧師房宅。誰如果想長期住在這類建築物裡，也可以考慮租賃或購買的方式，德國有專門經營這種房地產租賃買賣的掮客，例如所謂的「牧師住屋不動產仲介公司」。原來是有些教會想要出售它們從前提供給牧師居住的宿舍！在這裡，我們是否應該思考一下，教會脫手賣出這些牧師的住房，除了基於財務收支的理由之外，是否也連帶賣掉了一部分的德意志文化？

恩斯特·克雷曲莫（Ernst Kretschmer, 1888-1964）是德國一九二〇年代很有社會影響力的精神科醫師，他在一九二九年發表的《傑出的人士》（*Geniale Menschen*）這本書中曾談到，十八世紀以來，德意志地區重要的知識分子有一半來自新教的牧師家庭，例如，十八世紀哲學家約翰·勾特薛德（Johann Christoph Gottsched, 1700-1766）、德國啟蒙運動的領導人物萊辛、啟蒙時代詩人克里斯多夫·維瀾（Chritoph Martin Wieland, 1733-1813）、狂飆突進運動文學家雅可布·廉茲（Jakob Michael Reinhold Lenz, 1751-1792）、以幽默風格著稱的作家尚·保羅（Jean Paul, 1763-1825）、浪漫派文學家施雷格兄弟以及哲學家尼采等，不勝枚舉。這些出類拔萃的人物全都是牧師家庭的子弟。

德國表現主義詩人勾特弗利德・貝恩（Gottfried Benn, 1886-1956）也是牧師的兒子，他在一九三四年發表的〈德國的牧師家庭〉（Das deutsche Pfarrhaus）這篇雜文中，曾自豪地對牧師家庭做了一番詳細介紹：德國有百分之三十的醫生、百分之四十的律師和司法官、百分之四十四的科學家以及百分之五十九的語言學家出身新教的牧師家庭。此外，貝恩還指出，生長於牧師家庭的思想家往往兼具詩人的特質，或者，來自牧師家庭的詩人往往本身也是思想家。

從前的知識分子還經常提筆為文，公開稱許德國牧師家庭所扮演的文化角色。在讀過法國日耳曼學家羅伯・旻德（Robert Minder, 1902-1980）和德國日耳曼學家阿布雷希特・軒納（Albrecht Schöne, 1925-）所撰寫的、一些關於歷來德國牧師家庭所發表之德語著作的傳奇文章後，我們在此不禁要大膽地提出一個假設：新教的牧師家庭對於德國人的重要性，就像百科全書之於法國人一般。

百科全書與牧師所探究的對象都和人類及人類圖像（Menschenbild）有關，都與知識、教育以及啟蒙思想有關。百科全書致力於闡釋學術知識，牧師基本上仍以《聖經》為鑽研對象；參與百科全書撰寫的學者們會以「隨筆作家」（Essayist）自居，牧師作家則認為自己是神學家（Theologe）；前者探索未被人類研究過的領域，後者則探討人類無法研究的領域。

一些法國著名的思想家和科學家為了宣揚科學和理性，而共同編寫具有現代意義的《百科全書》（*Encyclopédie*）。這份重量級出版品於一七五〇年發表時，不只在當時的出版界造成轟動，還讓歐洲各國的知識階層為之震驚。這部法語的《百科全書》從此改變了法國的社會生活，相較之下，新教牧師家庭則是以低調方式轉變德意志人民私領域的生活，雖然它不具話題性，卻也連帶地逐漸影響了德意志地區的社會生活。

依據宗教改革家馬丁．路德的想法，牧師住家的生活應該對信徒發揮示範作用，應該成為信徒生活的典範。牧師的住家雖然在知識的教導與傳遞方面扮演重要角色，不過，它主要還是牧師和家人生活起居的空間。當時新教徒認為，《聖經》的內容才具有信仰的重要性，而不是羅馬教皇，但他們也受到時代潮流的影響，所以，很快地便把注意力轉移到一般的文獻書籍上。

法國知識界出版百科全書，等於是為往後人民推翻君王——即法國大革命——預做思想方面的準備，然而，在似乎無法改變政治現況的德意志社會裡，牧師的住家則是人民獲得心靈慰藉及知識教育的園地。百科全書成為法蘭西人民的權力工具，相反地，牧師的住家則是德意志人民的精神庇護所。當一個社會的民眾知道沒有機會推翻既有政權時，就會設法為自己爭取其他的自由空間。牧師住家是路德宗教改革最強固的據點，它並不是一種繁複的機制，卻取代了當時的圖書館、大學、學術協會與社會菁英，而且，總是不會缺少最必要的東西。牧師的住家適合執行一些應急性計畫，不過，從反方面來說，它有時也會把其他東西變成一些自己慣於處理的應急性計畫。

路德發動宗教改革後，開始為教會設立牧師住家，而且此舉還不乏政治意涵。牧師住家的存在畢竟是在攻擊天主教神職人員禁欲不婚的制度，這在那個時代並不是一件小事。新教牧師的住家長期以來一直都在德意志地區默默守護著信徒，既然身為無聲的參與者，也就沒有必要為自己做宣傳。由於牧師的住家具有庇護信眾的功能，後來它還因為這個角色而有不少的社會貢獻。不過，到了十八世紀，啟蒙主義者便開始從理性主義的角度，或至少運用啟蒙主義的思想工具，極盡所能地指責新教牧師的威權主義、宗教狂熱與固執狹隘。

德國人在十九世紀後期才遲遲建立了自己的民族國家，牧師住家自此才在德意志人民的公共意識中，正式成為一項社會因素。由於德意志帝國成立時必須迅速順應日耳曼各地區的社會與民情，為了向民眾有效地解釋國家的政策、疏忽及錯誤，執政當局不得不動用各地的牧師住家作為國家政治宣傳據點。除此之外，以普魯士為主體的德意志帝國還認為，應該善加鞏固本身的新教信仰，並表明本身講究紀律的文化傾向。後來的第三帝國則把德國基督教界一分為二：「信奉某一教派的基督徒」（bekennende Christen）和順從納粹政權的「德意志基督徒」（deutsche Christen）。在納粹執政時期，由於牧師住家的使命與社會責任和納粹黨衛軍的規定格格不入，因此，它也跟那時的某些制度和組織一樣，受到該政權的質疑。

就像大多數在德國已經取得成就和成果的人事物一樣，牧師家庭也必須接受社會大眾的檢驗，德國人對於牧師家庭的批評也因而形成一項特有傳統。安斯林是德國左翼恐怖組織「紅軍派」的創始人之一，曾在一九七〇年代參與多起炸彈攻擊，最後在獄中上吊自殺。性情叛逆的安斯林出身牧師家庭，德國社會如何看待這位牧師女兒的態度，正好顯露出它本身的問題：為什麼人們對於一件事情——比如對牧師家庭的態度——是否具有民族和國家的意義，無法達成共識？為什麼人們認為處理民族和國家層級的事務時，必須採取某個政治黨派的立場？德國的歷史發展與國情和法國不同，因此沒有一座類似巴黎的大城市可以位居國家正統的中心，連首都柏林都不是。其實，德國和德意志民族的中心並不存在於地理層面，而在於文化領域，也就是由馬丁．路德於十六世紀翻譯完成、仍沿用至今的德譯本《聖經》（德語書寫標準化的開端）以及保存德語文獻的處所。

牧師住家在戰後東德因成為庇護人民言論自由的場所，而具有重大意義。在東德這個一黨專政的國家裡，抱持不同想法的人士並沒有太多發表意見的機會，牧師的住家因而變成人民批判執政當局的地方，變成東德異議分子的基地。七〇年代東德異議詩人萊納．昆策（Reiner Kunze, 1933-）曾在〈牧師的住家〉（Pfarrhaus）這首詩作中寫道：「誰若受到壓迫，就會發現，／那裡有提供庇護的圍牆和屋頂，／而且不一定要禱告。」

為了避開主流的社會主義教條，不少東德的知識分子選擇以牧師為職業，藉此迴避政治意識形態的運作，所以，東德一些原本活躍於政治領域的人士，後來便成為教會牧師。東德政權垮台之後，這些牧師紛紛熱中於參與政治事務，後來甚至成為政治人物。[1]

實際上，德國的啟蒙運動比我們一般所認知的西方十八世紀啟蒙運動還要提早兩百年，德國的啟蒙運動就是路德用本地老百姓使用的德語方言翻譯《聖經》的政治化（Politisierung），而且還是一種持續擴張的政治化。如果世俗的改革沒有停止，為什麼宗教的改革應該停止？這類改革既不需要思想家，也不需要詩人，而是實際公眾事務的經營管理者。

隨著教會投入社會公益領域，大部分神職人員後來都成為某些民間組織和機構的幹部，成為維繫文明社會運作的系統工作者。牧師住家在德國雖然是特定的社會文化象徵，卻已經走到它的歷史終點。教會現在雖然仍為牧師準備住家，有些牧師卻表示，自己不搬進牧師宿舍，生活也過得去。儘管如此，大部分的德國牧師還是會住在牧師宿舍裡，讓自己置身在這個歷史的傳承中。他們雖然對於如何處理這份文化遺產所知不多，卻認為自己有維護它的義務。

如果我們讀過〈德國新教教會對牧師宿舍問題的建議〉（Empfehlung der evangelischen Kirche in Deutschland zu Fragen des Pfarrhauses）這篇於二〇〇二年九月發表的文章，一定會認為，牧師的工作量並不會因為入住宿舍的義務而增加多少。這篇文章指出，當前特別是一些比較年輕的牧師，因為不想一天二十四小時留在教區服務，而不願意住在教會為牧師準備的住所裡。這個現象已清楚地顯示，德國牧師住家的沒落不只和教會信徒人數的萎縮有關，它更和牧師對於會友的精神指導（Seelsorge）已淪為一種世俗的諮詢服務有關。直截了當地說，牧師和教會之間的雇傭關係，已經強過身為神職人員應有的使命與倫理。

難道為教區信徒提供服務的牧師已不合時宜？現下的德國社會，已經沒有人想光顧牧師住家的圖書室，牧師的言談也幾乎沒人感興趣，除非這些神職人員願意拿起吉他，高唱人類偉大的和平以及各國家和族群之間普遍的和解。

一九八〇年代的一些東德和平組織曾採用《舊約．彌迦書》第四章裡的「把刀打成犁頭」（Schwerter zu Pflugscharen）這句話，作為當時和平運動的口號。相較之下，西德的基督教界為了讓自己趕上一些社會流行議題的討論，老早就放棄了宗教的語言和《聖經》的語言！

1 許多東德牧師在德國統一後轉而從政，其中最著名的例子就是德國前任總統姚阿幸・高克（Joachim Gauck, 1940-）。他在東德時期是路德教會的牧師。

德國的牧師住家從過去刻意追求的儉樸演變至今，已經喪失了自身的重要性。牧師的住家在德國社會裡，雖仍未失去特有的象徵意義，不過，人們還是會問，教會如果沒有牧師住家會是什麼樣子？尤其當教會已不再面對這項問題時，這又意味著什麼？

我們是否還記得，德國的神學家曾經如何披荊斬棘，為哲學家爭取發展空間？後來隨著時代變遷，連哲學家的存在也顯得過時了，他們在思維方面的耕耘就像在管理修道院的藥草園一般，早已不受德國人民關注。現在的德國社會是心理治療師當道，他們並不需要修道院提供藥材，只要在公寓大門旁的住戶電鈴板上標出自己的姓名，方便患者按鈴求診即可。

在德國現在這個講究樂趣、喜歡搞笑的社會裡，匿名性已讓人們的靈魂失去了可以辨識的臉孔。人們雖然彼此互不認識，不過，在表達意見時卻會拉高說話的分貝。

現在，有些牧師的住家已經成為博物館。威登堡的「路德之家」（Lutherhaus）原是一座天主教修道院，路德發動的宗教改革因為受到該邦君主的支持，便把這座修道院送給路德作為長期居所。位於埃森那赫的「馬丁．路德紀念館」是路德少年時期的住處，館內還附設檔案室及圖書館。人們在那兒憑弔歷史人物之餘，還能增進自己對於牧師住家的了解，甚至對它的存在意義能有更清晰的想法。

42. 娃娃屋

Puppenhaus

紐倫堡，一六三二年

我的孩子，現在是戰爭期間，外面在打仗，去把家裡所有的門窗關好，我要為你蓋一棟漂亮的房屋。

現在神聖羅馬帝國已經成為人們大動干戈的地方，許多城市因為戰亂而荒無人煙，工匠師傅們也放下自己的手藝，無法再勤奮地工作。現在市民已一無是處，只有武裝的士兵才是一切，他們惡形惡狀地破壞我們的風俗，卻不會受到懲罰。一群凶殘的烏合之眾占據了這片飽受蹂躪的土地，在長期的征戰中，他們已變得更粗野暴虐。我們這個自由城市現在正受到毀滅的威脅，如果我眼睜睜看著它被摧毀，當然會心碎。不過，我相信，與我們結盟的瑞典國王古斯塔夫·阿道夫一定會來保護我們。我似乎已經看見他英氣勃發地騎在一匹駿馬上，這匹國王的坐騎被照顧得很好，毛皮很有光澤。我們紐倫堡城的防禦工事已大致完備，城牆外的護城河寬十二呎，深八呎，一定可以保護我們不受仇敵的傷害。

我的孩子，看向這裡！我已經為你的娃娃屋做好了精巧的支架，這是一幢三層樓的小屋子，屋頂的正面還有圖樣華麗的山形牆。裡面架設的樓梯可以讓你走到屋內任何一個角落，就連最小的房間也擺放裝飾品、以及所有我們日常生活會使用的工具。我該為你在天花板上畫些什麼呢？如果中間留白，只在四面的端緣畫上綠葉，這樣好嗎？我用深色木材為每個房間的牆壁裝上護牆板，上面的雕刻就如同公爵宮殿裡的裝潢那般精緻。

我的孩子，我現在並沒有哭泣！當有人凶惡地對你叫罵時，記得不要理會。現在我們的紐倫堡也跟北方易北河畔的馬格德堡一樣，四處充斥著哀號聲，人、牲畜和家產，所有這一切都被烈火燒成了灰燼。孩童用悲淒的哭喊聲在廢墟中四處尋找他們的父母，婦女必須在丈夫的臂彎中，女兒必須在父親的腳邊，奄奄一息地忍受臨死前無以復加的痛苦。那群沒心肝的殺人狂拿著矛戟刺向被母親抱在胸前的嬰孩。這樣可怕的命運和際遇連史家都不忍面對、提筆書寫，畫家也無法拿起畫筆描繪。

來！看向這裡！這是我為你的娃娃屋製作的迷你用品。我們就從最上面的樓層開始逛起，那裡放著一張有棚頂、掛著藍色簾幕的床，床上有麥稈填充的床墊、白色的床單和一件羽毛被。房間裡擺著箱子、櫃子和衣櫥，角落裡有一座壁爐，旁邊還有一張覆著桌巾的餐桌，上面整齊地擺放著餐具和餐巾紙。椅子、沙發和長條凳樣樣不缺。你看到這裡的燈具和燭台上的蠟燭嗎？有沒有看到魯特琴、豎琴、斯賓奈琴（Spinett）、祈禱書、編年誌以及遊戲用的骰子？特別是廚房，絕對不能錯過：那裡有專門放麵包和裝香草的編籃、大塊的圓形麵包、端緣有精細花紋的木質或錫製餐盤、平底盤、玻璃杯、陶罐和洗滌盆等。你再仔細瞧瞧那個鹽罐子，裡面真的有鹽巴呢！而且我還把砂糖罐、奶油和切蛋糕的輪刀全擺了進去。

我的孩子，要安靜，乖乖地待在家裡。我們的士兵趕來的時候會敲門，那是瑞典國王派來營救我們的軍隊。他們不會傷害我們，不是為了掠奪而進來我們紐倫堡城。這些士兵只會跟我們要熱湯喝，要我們撕一塊麵包給他們，有些兵丁甚至已經虛弱無力，雙腳幾乎無法站立。

敵人啊！請離開吧！請離開我們的家！我們已一無所有，肚子也餓得要命。我們已經在好幾天前把家裡僅剩的一小顆尚未熟透的蘋果給我們的孩子吃了。離開吧！你們只會把瘟疫帶進我們的家園。

我在街上看到市民的愁困和痛苦，我知道情況一天比一天還糟。即使敵人不對我們放火打劫，我們也會山窮水盡，一籌莫展。城內爆發的痢疾疫情一天比一天嚴重，不久前，倉庫還堆滿了物資，現在已一掃而空！紐倫堡城如果動員所有的磨坊，穀物磨粉的速度也趕不上戰爭的需求。自從敵人來襲之後，所有的田地因為作物被踩踏而荒廢了！然後天氣轉冷，開始下起寒雨，現在則是高溫、乾旱和溽暑。我看到街角有腐爛的死屍，由於擺放過久，人們已經無法辨識那到底是人或牲畜的屍體。我自己曾親眼目睹一位當銅匠的老鄰居，在夜晚躡手躡腳地溜到外面收埋一具尚未完全腐爛的屍體。上萬名市民的屍首已經敗壞腐臭，佩格尼茲河（Pegnitz）因為堆滿死屍，河水已變成黑色。屍堆中還有死者的手臂高高豎起，看起來就好像要在餓死之前，向上天伸手乞討一小塊麵包。

我的孩子，現在的情況已經好轉許多。那些暴徒已經離開了！這間房子又再度屬於我們，我還想帶你仔細看看娃娃屋裡的東西呢！

我的孩子，我放在娃娃屋馬廄裡的那匹小馬在哪裡？

我的孩子，你不說話了？你看起來為什麼這麼蒼白？你的眼珠子怎麼掉了出來？我的孩子！我的孩子！

慕尼黑，一八七一年

我尊貴的朋友！我衷心摯愛的朋友！北方的普魯士已在今年藉由德意志帝國的建立，將割據四處的日耳曼邦國統一起來，但是，這個帝國跟我們有何相干！它應該擁抱自己的加農砲，它應該為功業彪炳的普魯士君王及要臣設立紀念碑或紀念塑像，我們巴伐利亞大可轉身避開這個世界對德意志帝國發動的戰爭所燃起的怒火。在我們兩人的心目中，那個德意志帝國真是遙不可及！我們將因內心懷抱一個偉大、高貴的目標而剛強起來。我們必須打破習慣的限制，必須推翻這個既庸俗又自私自利世界的法則，一些美好的理想必須進入我們的生活中，也即將進入我們的生活中。我是巴伐利亞國王，而您是藝術大師，當我們協力合作時，我們將所向無敵。命運挑選了我們兩位，為了把生命中一些美好至極的東西擺在藝術這面永恆的鏡子前面。現在應該沒有人敢譏笑我們——一個是愛好音樂的國王，另一個是廣受歡迎的樂劇作曲家——這個世界反而會因為我們所立下的榜樣而感到羞愧，我們幸福的歡呼將會永永遠遠！

當我收到您的來信，讀到您寫下的「完成這件永恆之作！」這句話時，我的內心充滿了狂喜。再過幾年，等拜魯特慶典劇院完工後，我們將在那裡一起欣賞您所創作的《尼貝龍根的指環》這組連續上演四天的系列樂劇，這讓我想起您的樂劇《崔斯坦與伊索德》幾年前在慕尼黑首演時，那種令人無法忘懷的盛況。每當我回想起當時的情景，心裡總是雀躍不已，那真是我人生中最美好的時刻！

然而，現在這個世界卻已變得如此可怕，如此令人感到悲哀：世俗的政治權力已落入陰森恐怖的鬼魂手中。積極對外擴張的普魯士想把我變成一個沒有實權的影子國王。他們逼迫我在一封請求普魯士威廉一世登上德意志帝國皇位的書信上署名簽字，隨後霍亨索倫家族的威廉一世就這樣順理成章地成為德意志帝國的皇帝，總之，他們擺著高姿態侮辱我這個巴伐利亞國王。而您，我唯一的朋友，誠如您所知道的，除了讓您愉悅地過生活，撫慰您在現實中百般忍受的憂慮和苦楚之外，我已經沒有其他的生活目標。為了讓樂劇作品能順利演出，您必須面對一些不愉快的事物，不過，我們現在就快要到達完美的藝術高峰了！「完美」就是我們現在的口號！當您擁有一家專門上演自己作品的劇院時，您就不用再為了讓自己的樂劇獲得演出機會，而屈就於其他戲劇院的演出場地了！

您知道嗎？當您告訴我，您看到《萊茵的黃金》和《女武神》在慕尼黑國家劇院首演時的窘況而感到痛苦不堪時，這番話就像一把匕首刺入我的內心。而您願意忍受這一切，只是為了讓我這個朋友從這些舞台演出中獲得欣賞的樂趣？基於我們神聖的友誼，我一定會資助您完成拜魯特慶典劇院的建造。這座歌劇院的整體設計將完全符合您樂劇的演出需求，因此，那裡的表演一定能夠達到最好的藝術效果。最大膽的夢想必須實現！我要解除《尼貝龍根的指環》本身的魔咒！我人生的使命就是催生並培育您的藝術！您將不用再面對這個世界的卑劣！我要將您高高地舉起，遠離這世間的勞苦！您應該幸福地過生活！

希望拜魯特慶典劇院能儘早完工，不要讓我們等待過久。我已經看到德國各地正飄揚著代表您音樂風格的大旗，我相信，您的藝術追隨者不論遠近，都將在您的號召下聚集在一起。這座了不起的慶典劇院和裡面演出的樂劇，才是我們送給德國——真正的德國——的禮物，我們也想讓其他國家的人民看看，什麼是德國的藝術。因此，我在此懇求您，盡量不要跟外面的世俗世界有任何接觸！盡量保全自己不受它的干擾或侵害。

我愈來愈覺得，完全待在屬於自己的空間是應該的，日常的生活世界既讓人感到憂心，又令人作嘔，我不會讓自己捲入現實的漩渦而以沒頂作終，我會跟您一樣，我所尊崇的朋友，堅持讓自己停留在一個理想的、富有詩意的、君主的高貴和孤獨之中，而不去理會別人的虛偽和攻訐。如果一個傳道者跟這個世間有太多糾葛，他崇高的熱情就無法繼續散放耀眼的光芒。人們無法同時侍奉上帝又要追求財富，所以，藝術在這裡也必須和世俗有所區隔。

我心愛的城堡如果不要蓋得這麼慢，那該有多好！城堡的建築工事還是無法完成，這讓我的內心備受折磨。我是否曾寫信告訴您，我要在波拉特谷壑（Pöllatschlucht）旁的古堡廢墟上，重新建造一座真正日耳曼風格的中世紀騎士城堡？我現在知道，建造這座城堡必須一切從頭開始。我多麼期待自己能儘快住進這座城堡裡，我多麼期待那一天的到來！城堡裡有許多客房，這些房間的擺設應該讓我的賓客們住起來很舒適，而且還有一種居家的親切感。他們在房間裡就可以享受窗外的美景——壯觀的提洛山脈、宙伊苓峰（der Säuling），還有靜躺在山腳下的那片綠野平疇！我還想在城堡裡留宿您這位他們已經認識的貴客，只有藉由這座神聖而不可親近的城堡，這座為您這位高貴朋友所準備的崇高殿堂，這個世間才能獲得真正的療癒和祝福。您也可以在這處幸福的堡壘中，找到某些和您的樂劇《唐懷瑟》與《羅恩格林》（*Lohengrin*）相似的場景。這座新的城堡在各方面當然會比它下方那座由我父親建造的高天鵝堡（Schloß Hohenschwangau）還要美麗，而且住起來更舒適。我大部分的童年時光是在高天鵝堡度過的，我母親每年在那裡寫下的散文，好像在褻瀆守護它的眾神。我相信這些神祇還會前來這座位於高處的新天鵝堡與我們同在，而且這座夢幻城堡的四周還有上天的氣流吹拂著。

我的計畫不會再受到限制。我還打算在離新天鵝堡不遠的丘陵地上建造林登霍夫宮（Schloß

Lindenhof）[1]，好讓我能徹底遠離慕尼黑一切的喧囂嘈雜。當我閉上雙眼時，我就進入了這座行宮花園裡的維納斯洞窟（Venusgrotte），這是模仿您樂劇《唐懷瑟》的故事情境所建造的人工鐘乳石洞，洞穴中央還有一座人工湖，湖水清澈，裡面放著一艘貝殼造型的金色小船。當我坐進這艘小船時，一些天鵝還會靠向船的四周與我親近，湖水波漪平緩，上方還有個瀑布，此外，我還打算用燈光及水影營造奇幻的空間氣氛。這座洞窟的一切就像維納斯在《唐懷瑟》第一幕的唱詞：「親愛的，過來！看看這個岩洞，裡面瀰漫著柔和的玫瑰香味！那是連神仙都會陶醉流連的、極樂無比的地方。」

我親愛的大師！您必須讓我親自看看您收藏的檔案中所有舞台布景的草圖，我要把您的每一部樂劇作品如實地再現於大自然裡，我要消除舞台和觀眾席、理想和現實、黑夜和白天等所有這些區隔的界線。偉大的靈魂可以幸福並滿意地生活著，這不單讓他們周遭的人們感到訝異，也激起他們生活熱情。難道這種美事不該發生？

勇氣將會讓可怕的枷鎖消失！我知道，我們將會勝利，因為我們的武器已被神聖化，就是那些我們不斷努力與奮鬥的事。

請接受來自我心靈深處最誠摯的問候和祝福！

您永遠忠誠的朋友　路特威

---

[1] 林登霍夫宮採洛可可式建築風格，它是路特威二世起造的三座宮殿建築中，唯一於他在世時興建完成的一座。

43.

思考新異的怪咖

Querdenker

他們就是一些愛發牢騷的人（Querulant），嘴巴老是愛批評這兒，批評那兒，生活總是有不合意的地方。他們和群體格格不入，卻從不會高分貝地表示自己和別人有哪些不同的意見。他們總是對於這個問題或那個問題有所顧慮，至於一些已成形的建議，他們也喜歡從中挑剔一些細節。

愛發牢騷的人很容易惹惱別人，基本上他們會質疑一些人們苦苦思索才獲得的結果。愛發牢騷的人說話不用太衝，就會讓人感到不愉快，不過，人們還是可以容忍他們的存在、包容他們的存在，最後，連這些怪咖也必須面對自己的怪異。

當人們碰到愛發牢騷的人，通常會諒解他們就是愛發牢騷的人。他們的突兀是人們可以料想到的，人們不僅可以猜出他們會抱怨什麼，而且還可以從他們的行為中發現，是否一般民眾對於某件事物可能會出現比較大的反彈，因為，愛發牢騷者的怨言往往對於執政者有示警作用。

德國於第二次世界大戰戰敗後，在政治體制上終於結束了獨裁統治，建立了政治正確的民主制度。受到各方鼓勵的自由主義風氣，讓人們已不能再把他人的抱怨當成是在找碴兒，或貶抑一些與自己想法不同的人。最遲在一九六〇年代，「愛發牢騷的人」這個概念便已在西德社會顯得過時了，儘管當時人們沒有大張旗鼓地表示。

隨著社會公眾的政治參與度逐漸增加，「思考新異的怪咖」（Querdenker，簡稱為Qu.）這個詞彙也漸次取代了「愛發牢騷的人」，成為德語的新概念。「思考新異的怪咖」原本是學術界指稱那些剛進入陌生的學科領域、尚未適應該學科知識模式的研究者。在管理學辭典中，怪咖是指能做自主性、原創性和非正規思考的人，他們的思考與眾不同，已背離標準的思考方式。一些刁鑽的、填入字母的猜字遊戲就跟思考的轉向有關，據說透過尋找這些字謎的解答，可以強化人們思考的活潑度和自由度。

在德語文化圈裡，一些跟大家很不一樣的人都會被歸類為怪咖：比方說，曾創作一些頗富爭議性作品的維也納雕刻家暨沙龍共產主義者阿弗烈德・赫爾德利奇卡（Alfred Hrdlicka, 1928-2009）、德國基督教民主黨的改革派政治家暨前薩克森邦總理庫爾特・畢登寇普夫（Kurt Biedenkopf, 1930-）、風格獨樹一幟的慕尼黑諷刺秀藝人卡爾・華倫廷（Karl Valentin, 1882-1948），或是博學善辯卻因批評前輩和同僚、而不見容於教會當局的中世紀法國神父暨經院神學家皮埃爾・阿伯拉（Pierre Abélard, 1079-1142），他和哀綠綺思（Héloïse, 1097-1164）的愛情悲劇以及當時流傳下來的情書，已是世界文學的一部分。德國的民眾普遍認為，這些怪咖並不覺得必須對自己的政黨維持忠誠，不過，他們也不至於要背叛自己的政黨。他們為了實現自己新穎的想法，會不惜質疑自己的黨派所使用的政治修辭和口號。此外，他們還會刻意批評其他陣營的人士，而且他們也知道這些人會有什麼反應、該怎麼跟他們打交道。

怪咖也會嘗試修正德國戰後社會學大師哈伯瑪斯的溝通行動理論和尼可拉斯・魯曼（Niklas Luhmann, 1927-1998）的社會系統理論。這些怪咖所能達成的，或許就是從事所謂的「政治方面的家庭排列治療」（die politische Familienaufstellung），以便找出隱藏在社會集體潛意識裡的那股動力。

受到一九六〇年代末期學生運動和嬉皮運動的影響，一九七〇年代仍是批判性知識分子挑戰權威的時代，一個充滿「詢問」和「質疑」的時代。當時一些新異的、不同於俗常的思維往往可以快速獲得社會普遍認同。由於怪咖們會刻意凸顯自己的想法與一般陳詞濫調的差異性，後來還獲得來自政治界和哲學界相關的正規委託。這些怪咖因為思考的獨特性而廣受器重，忽然間成為擁有權力的社會主流，讓西德民眾對於原本抱持的觀念失去信心，進而鬆動了社會公開討論所依循的既定遊戲規則。比方說，西德知名記者塞巴斯蒂安．哈夫納（Sebastian Haffner, 1907-1999）曾在這個時期突然公開表示，自己並沒有明確的政黨屬性，所以在選舉投票時，不會固定投給某個政黨。由於西德社會的變遷，哈夫納在做此發言後，竟未受到任何指責。不管說者有意或無意，或只是想利用這類言論作為一種外顯的自我標榜，公開表示自己沒有固定政黨屬性的政治表態，已徹底搖撼了德國人當時既有的黨派思維模式。

思考新異的怪咖為了維持自己的可信度，必須在社會大眾之間營造一種不平凡的表象，然而，這種作法卻成了他們最大的阻礙。怪咖雖然可以反抗任何一個多數的決定，只依據自己健全的理智和一些合理看法做判斷，不過，他們卻沒有能力主導多數人的決定，而且往往造成公眾意見兩極化，這種發展不僅對問題的解決沒有幫助，甚至還讓社會的衝突更尖銳化，把一切搞得更糟糕！有鑑於此，限制怪咖們的發言與社會影響力，對於講求和諧的德國社會來說，絕對是正確的作法。

現在德國的怪咖已經比從前減少許多，這或多或少跟德國人的心理焦慮有關。因為，怪咖可能在無意間動搖了某些社會觀念的基礎，即使這些觀念早已被人們揚棄，但人們畢竟不希望再面對這方面的質疑。誰不遵守封口的約定，誰就是遊戲的破壞者，所以，怪咖應該知道德國社會期待自己扮演什麼角色，有些怪咖就是可以巧妙地勝任這種角色。只不過，我們偶爾還會聽到德國公共電視第一台

（ARD）星期天中午的政論節目《新聞俱樂部》（*Presseclub*）的來賓，不識時務地脫口說「我們應該要誠實」這句話。

我們應該要誠實。誠實回答問題確實比提出質疑還要困難，這或許就是我們在德國社會裡愈來愈難看到怪咖的真正原因。

44. 不負責任的母親

Rabenmutter

《格林童話集》有一則這樣的故事：

從前有一個王后生下一個小公主，襁褓中的公主還很小，王后經常抱著她。後來她變得很愛哭鬧，王后說什麼哄她，都無法讓她安靜下來。有一天，王后終於耐不住性子，這時剛好有一群烏鴉繞著皇宮盤旋飛翔。她於是把窗戶打開，生氣地對小公主說：「我希望妳變成一隻烏鴉飛走，這樣我就可以安靜地過生活！」王后這句話還沒說完，小公主果真變成一隻烏鴉，從她懷裡飛出窗外了！

啊，我們敬愛的王后！事情竟發生得如此快速，令人措手不及，令人懊悔不已！您是慈母的象徵，自從孩子出世後，一直把自己的嬰孩抱在懷中細心呵護，從未假手保母，最後卻因為衝口而出的一句話，就這樣成了「不負責任的母親」（Rabenmutter）[1]！

在現在這個缺少童話的時代裡，關於母親的故事卻是這樣：如果母親無法夜以繼日地親自照顧自己的孩子，雖然沒有把他們遺棄在陰暗的森林裡，而是交給環境明亮舒適的托兒所、幼稚園或一些專門讓兒童體驗買賣的遊樂性店鋪，這些母親還是會感到焦慮不安，因為自己已經成為所謂的「不負責任的母親」。媽媽們如果想省事，不想親自為孩子做點心，而直接在外面購買現成的（比較不營養而且往往含有化學添加物的）餐點塞進孩子書包裡，當她去學校接放學的孩子回家時，校門口可能會有一群烏鴉對著她聒噪。

我不知道從前德國家庭的父子或父女關係是否比較糟糕，因為，人們過去還會提到「不負責任的父親」（Rabenvater）。上帝要求每位父親忠實地照顧自己的家庭和家人，然而，從許多為人父者的言行看來，他們似乎只配被斥責為殘酷的、不負責任的父親。大文豪席勒也曾透過他的名劇作《陰謀與愛情》（*Kabale und Liebe*）讓大家把目光聚焦在這種「不負責任的父親」身上：「看看這裡——這裡，你這個狠心的父親！——難道要我掐死這個安琪兒嗎？」

德國人現在早就不說「不負責任的父親」這個詞彙，它已經從德語中消失，現在德國人的嘴上只會提到「不負責任的母親」。由於「不負責任的父親」已不使用，「不負責任的母親」這個語詞的使用頻率便因此增加了三倍之多！

可憐的王后！沒有人可以安慰您那破碎的心，您所承受的苦痛已遠遠超過與自己同一時代的母親！只因一時失去耐性而衝口說出的一句話，竟讓您受到失去幼兒的懲罰。跟您同一時代的母親如果要受到「不負責任的母親」的詛咒，還得犯下更嚴重的過錯：她們會溺斃自己的嬰孩，或是趁著起霧、別人不注意時，活埋他們，或是把他們丟進中空的樹幹凹洞裡。

啊！希望我們能嚴格地要求自己，希望我們的內心能有更多的愛與包容，只去咒罵真正卑劣可鄙的人！

啊，我們敬愛的王后！我無法對您透露，關於您這個童話故事後來的發展，或者您是否能再見到自己的骨肉。我頂多只能提醒您：如果小公主後來回到您的身邊，您不妨問問她，當她變成烏鴉時，到底經歷了什麼？我們人類在提到這種黑鳥時，總是帶著輕蔑的口吻，這是不是非常愚蠢？（因為，牠們可能是高貴公主的化身？）這位一度變成烏鴉的公主，是否曾對自己身上發生如此離奇的事件表

1 Rabbenmutter 在這裡中譯為「不負責任的母親」，其德語的字面意義則為「把孩子變成烏鴉的母親」。

示了什麼？我在一八六〇年《園亭》這份家庭雜誌所刊載的內容裡找到了答案：

「今年五月十五日那天，我跟往常一樣，前往距離我的住家約半小時腳程的福克豪森（Volkhausen）先生家中做私人授課。為人正直善良的福克豪森先生一看到我，便跟我寒暄並說道：『我想帶您看一些您平常不會看到的東西，那是一項很有意義的自然觀察：我已經請幾名工人來這附近砍倒一棵橡樹，樹上正好有烏鴉在那裡築巢。我們可以趁著橡樹快要倒下時，看看烏鴉在這個危急關頭，親子之間會有什麼互動？』

我當然很願意跟他去看個究竟。當橡樹被工人重重砍了幾下之後，已支撐不了多久，剛好我們及時趕到。我們在遠處還未靠近那棵橡樹時，看到一隻成年的烏鴉繞著牠即將傾覆的窩巢盤旋，而且愈繞愈近。這棵橡樹開始向地面倒下，巢裡的雛鳥正向牠們的母親求救，這隻母烏鴉便迅速撲向自己的鳥巢。再猛砍幾下，橡樹終於倒在地上！這時粗魯的伐木工開口問道：『烏鴉的巢在哪裡？』它還在，烏巢裡的母烏鴉已被樹枝打中身亡，死時還用自己的一對羽翼護衛牠那兩隻幼鳥呢！」

45. 宗教改革

Reformation

日耳曼宗教改革家馬丁．路德為了宣揚基督教的福音而設計了一款被稱為「路德玫瑰」（die Luther-Rose）的圖徽，其中的圖案和顏色都深具象徵意義。對於「路德玫瑰」，他曾這麼談到：「這朵玫瑰是白色的，因為純潔的白色是聖靈和天使的顏色。白玫瑰的中央有一顆紅心，表示信仰所帶來的喜樂、安慰與平和，畢竟相信自己內心的人就是正直明理的人。紅心裡面的黑十字提醒我們，耶穌基督為了拯救世人而在十字架上受難，這也是基督福音最核心的事件。白玫瑰的背景是藍天，意指信仰所帶來的喜樂只是即將到來的天國般歡悅的開端。圍繞藍天的金環象徵天國永恆的祝福，因為，信徒獲得的喜悅和財富是無止盡的，就像黃金一般珍貴，並且禁得起時間的考驗。」

路德為了描述他的徽章「路德玫瑰」——一個不同於羅馬天主教的信仰標誌——如此欣喜若狂地寫下以上這段文字，而且還使用圖像鮮明的、母語式的用詞，闡明該徽章裡被認為比較接近德意志神祕主義的視覺主題。難道新教神學家路德是神祕主義者？

人們如果坐在德國高鐵ICE的車廂裡翻閱高鐵列車發行的專屬雜誌，通常會在內容裡讀到關於「路德玫瑰」的文章。這時列車剛好在威登堡——這座號稱路德的城鎮——停靠一分鐘，這裡距離終點站柏林已不到一個小時的車程！從車廂窗戶望出去，可以看到火車站的建築。如果有人當機立斷選在這一站下車，他就會發現，在下車後的頭一分鐘，一切是靜止的。然後他會在月台的長椅上坐下，一副茫然不知所措的樣子。

這座小火車站的服務窗口已經關閉，出口處掛著一家旅館的廣告海報。那是一家歷史悠久的旅館，一家路德曾投宿過的旅館。

順服或違抗羅馬教皇的權威？信仰羅馬公教或新教？路德發起宗教改革至今幾百年間，這個問題一直左右著德國人的社會觀。我們幾乎無法相信，迅速現代化的德意志帝國內部最嚴重的問題之一，竟是新教徒和天主教徒通婚之後所衍生的教籍問題。對於當時的帝國國民而言，這項議題遠比海外殖民地更值得關切。但是，執政當局卻為了解決這個問題而犯下錯誤：以普魯士為主體的德意志帝國，當時便依照從前普魯士王國相關的法律規定而宣布，宗教信仰並不是個人出於自由意志的選擇，所以，應該讓兒子自動承接父親的教籍，由女兒自動延續母親的教籍。然而，這種教籍的處理方式並沒有解決問題，所以，這項法律根本無法確實施行。

十六世紀初的宗教改革基本上源於一些技術的創新、地理的新知識以及由此而來的人類眼界擴展：一四九二年，哥倫布從西班牙南部的安達魯西亞駕船出海，展開發現新大陸的偉大航程；一位曾參與葡萄牙航海探險的紐倫堡商人馬丁·貝海姆（Martin Behaim, 1459-1507）在一四九三年設計出所謂的「地蘋果」（Erdapfel），即全世界最早的地球儀；天文學家哥白尼（Kopernikus）提出眾天體並非環繞地球、而是環繞太陽運轉的天文學主張，徹底顛覆了人們當時的宇宙觀；紐倫堡人彼得·亨藍（Peter Henlein, 1485-1542）在一五〇四年發明了懷錶；梅因茲的古騰堡發明活字印刷術，由於能快速而大量地印製書籍，因此大幅降低了出版品的價格。

誰如果口袋裡放著一只懷錶，就不用再依賴教會的鐘塔。古騰堡的活字印刷術促成歐洲的知識普及，文盲大量減少後，民眾已不需要神職人員代為閱讀了！

此時歐洲已正式告別中世紀，邁入近代！

此時是城市和市民的時代，是城市貴族（Patrizier）的時代。在封建貴族和農民階層之外，城市這股中世紀的第三勢力知道如何利用中世紀的危機，讓自己取得有利地位。

十六世紀是歐洲歷史由中世紀進入近代的重要開端。人們在跨越這道門檻時，可能會受挫、失敗，也可能順利地過關。為了達成夢想，人們總是樂於適應這樣的轉變。

在中世紀末期，歐洲人甚至把黑死病的肆虐和基督教所謂的世界末日混為一談。十六世紀的歐洲告別了無上宗教權威所主宰的中世紀，開始進入一個嶄新的時代！十六世紀的歐洲人不只在技術創新方面有突出的表現，他們對於人類的看法也出現轉變。歐洲人的價值觀正面臨一場自羅馬帝國覆滅以來從未有過的總清算。

一名手拿長矛的騎士，口袋裡竟有懷錶，這實在令人無法想像。

那不只是顛覆的時代，而且還是重要歷史人物嶄露頭角的時代，他們似乎要用自己的行動力彌補當時世界圖像所裂開的缺口。自從羅馬帝國滅亡後，歐洲人再也沒有比這個時刻更有機會發揮自我，大膽的思考突然間被讚許為精英特質。在這個時期裡，最重要的是背離中世紀的傳統，而不是平息時代變遷所帶來的風波。

一四八三年，馬丁．路德出生於埃斯雷本（Eisleben）的一個農民家庭，後來到艾爾福上大學，主修法律和哲學。一五〇五年，他決定違抗父命，進入修道院成為一名天主教修士。一五一二年，馬丁．路德取得神學博士學位，因受推薦而在威登堡擔任神父及神學教授。

路德後來因為做了兩件不得了的大事而聲名大噪，並成為重要的歷史人物：用日耳曼地區民眾使用的語言——德語——翻譯《聖經》，以及嚴詞批評羅馬天主教會與教皇。當時這位宗教改革家為了躲避教皇和神聖羅馬帝國皇帝的通緝，而隱身於華爾特堡，並在短短十一個星期內，把希臘文的《新約聖經》譯成通俗的德語，翻譯效率如有神助。路德為了讓每個日耳曼人都能讀懂《聖經》，而從事《聖經》的德語翻譯，並因此建立了使用羅馬拼音的近代德語標準書寫法。自從基督教神祕主義者在中世紀的日耳曼地區出現以來，路德是第一位體認到母語力量的有識之士。哲學家黑格爾曾在他的經典著作《歷史哲學講演錄》（*Vorlesungen über die Philosophie der Geschichte*）裡表示：「路德翻譯的德譯版《聖經》對於德意志民族具有無法估量的價值。德意志民族從此有了一本以自己母語書寫而成的『民眾之書』（Volksbuch），這樣的書籍是任何一個天主教世界裡的國家所沒有的；在天主教世界裡，以拉丁文撰寫的祈禱文這類小出版物雖然汗牛充棟，卻沒有普遍公認的典籍可供一般民眾研讀。」

在強烈抨擊教皇的言辭中，路德特別對贖罪券的買賣大加撻伐，而且還把販售贖罪券視為羅馬天主教墮落的象徵。路德認為，羅馬教廷要廣大的信眾用金錢贖罪，「這是購買、販賣、轉化、交換、癡迷、說謊、欺騙、搶奪、偷盜，是奢侈、淫穢和卑劣的行徑，這些全都受到上帝的鄙夷，沒有什麼能比這件事更為褻瀆末世基督。」一五一七年，他在威登堡發表〈九十五條論綱〉（die 95 Thesen），公然批判羅馬教廷和教皇，正式發起宗教改革運動，最後導致歐洲基督教界的分裂，這些改變難道不是語言的力量？或許軍隊和武器都無法引發如此廣泛的效應！

我們可以把十六世紀路德翻譯《聖經》的作為以及與羅馬天主教的衝突，視為日耳曼地區對抗羅馬中心主義的本土化運動、視為德國人意圖建立民族國家的濫觴。路德當時是羅馬教皇所支持的神聖羅馬帝國最激烈的批判者之一。這位新教神學家認為，日耳曼地區會出現神聖羅馬帝國這種政治體制，其實是羅馬教皇設下的圈套。他曾對此表示：「我們德意志人被教育成乖順的人民：我們誤以為自己已經當家作主，其實早已淪為最陰險暴君的奴僕。德意志人只擁有神聖羅馬帝國皇帝的名號、頭銜和盾徽，然而，實際掌握這個地區財物、武力、法律以及人民自由的人卻是羅馬教皇；教皇控制了德意志地區實際的主體，而德意志人卻只能玩一些表面的東西。」這位宗教改革者甚至進一步指出，德意志人其實是被羅馬教廷用來對付「那位身在君士坦丁堡的、真正的羅馬帝國皇帝」。難道路德當時已經和君士坦丁堡的東正教（Orthodoxie）勢力沆瀣一氣？

就歷史的發展而言，一個民族國家形成的關鍵就是它的建國神話，人們總是不斷提起並討論它。「國族自由」（Nationsfreiheit）這個概念是建構每個歐洲民族國家的神話核心。爭取國族的自由對於當時條件仍不足的德意志地區而言，便是率先務實地爭取宗教的自由。一五五五年，德意志信奉新、舊教的王公諸侯們在奧格斯堡締結宗教和平條約，讓路德的新教正式獲得認可，成為一項法律事實。不過，條約的決議內容卻只是基督教會和世俗貴族各方勢力彼此妥協的結果，並沒有為德意志地區建立一個統一的秩序：舉例言之，神聖羅馬帝國境內各個基督教派都有存在的權利，不過，各個邦國內部只能容許一個教派存在。這項和平條約也預示了德意志民族國家觀念的特殊性：國家的建立主要不是在境內施行一套劃一的標準，而是優先處理各地區的差異性。為了維持德意志地區的秩序，該條約規定「人民必須隨從統治者的宗教信仰」（wessen Herrschaft, dessen Religion），這句話也成了當時一句著名的口號，然而，這個由爭執雙方達成妥協的權宜之計，從長遠看來，卻可能阻礙德意志地區後來朝向統一民族國家發展的可能性。當神聖羅馬帝國在德意志地區無法站穩腳跟時，就無法鞏固它所應該維持的秩序，無奈的是，從歷史事實看來，領導中心的不穩固卻是神聖羅馬帝國得以存在將近一千年的先決條件。

路德是神學家，也是政治神學家。他的宗教理論有一部分是和政治解決方式有關的神學論辯。路德於一五三四年發表的德譯版《聖經》，讓日耳曼民眾不用再透過神職人員的講述，而能親自閱讀《聖經》，接觸上帝的話語。以日耳曼這個落後地區的日常通俗語言譯寫《聖經》所展開的語言文字化，也讓這個語言有能力開發並累積自己的文化。當然，路德也深知語言文字與文化的關聯性，比方說，他曾為了正確掌握日耳曼的民間智慧而蒐集了四百句以上的日耳曼諺語，並把這些民俗資料當成可以隨時取用的知識寶庫。一直到浪漫主義時期為止，這位新教神學家對於日耳曼本土文化的重視和維護依然無人能及。

路德所開啟的德語書寫是粗獷而直白的。相較於活力漸失的拉丁文，德語沒有文飾的鄉野性格反而顯得更有生命力和未來性。

路德從事宗教改革時，曾接受許多人士的幫助、建議和支持，這些關係密切的夥伴所組成的智囊團，猶如政府行政首長的內閣。除此之外，路德當時還有一群志同道合的朋友願意為他效勞，其中包括以下幾位人物：語言學家菲利浦・梅藍希同（Philip Melanchthon, 1497-1560）曾為路德審閱德譯版《聖經》全文，是一位偉大的人文主義者，以「德意志民族的導師」聞名於世；神學家尤斯篤斯・悠納斯（Justus Jonas, 1493-1555）曾不顧生命危險，陪同路德前往沃姆斯（Worms）參加神聖羅馬帝國當時召開的帝國會議；另一位出身波緬地區的神學家約翰尼斯・布庚哈根（Johannes Bugenhagen, 1485-1558）是路德的告解教父（Beichtvater），曾給予路德多方支持，被後世譽為「北方的宗教改革家」。

此外，還有還俗的修女卡達琳娜・馮・菠拉，她在一五二五年與路德結為夫妻；薩克森選帝侯「智者腓特烈」（Friedrich der Weise）和他的祕密文書格奧格・胥巴拉汀（Georg Spalatin, 1484-1545）曾經全力支持並護衛路德的宗教改革運動；德國藝術史上最偉大的畫家之一老克拉納赫（Lucas Cranach d.Ä., 1472-1553）[1]是路德的知交好友，曾用他的畫筆為路德身邊那群不同凡響的人物留下歷史身影。

在路德諸多的跟隨者中，還有日耳曼貴族作家烏利希・馮・胡騰（Ulrich von Hutten, 1488-1523）。他是當時很有影響力的人文主義者暨出版商，由於他在世時曾致力於抵拒羅馬天主教會勢力，維護日耳曼獨立自主的精神，因此被後世視為最早的德意志民族主義者之一。「我已經放膽做了！」（Ich hab's gewagt!）這句他所創作的一首傳單歌曲的歌詞，儼然成了宗教改革時代的口號。他是《身處黑暗中人士的書信集》（*Dunkelmännerbriefe*）這本書的主要撰寫者，力圖以諷刺手法反對中世紀的基督教經院哲學。此外，他還為德意志民族建構「赫曼英雄」的神話。被後人稱為「赫曼英雄」的日耳曼部落首領阿米尼烏斯（Arminius）戰勝羅馬帝國瓦魯斯將軍的史實，在中世紀的日耳曼社會裡並沒有傳述的重要性，直到宗教改革時期，日耳曼人才發現，可以利用這位先人的勝利者形象鼓舞民眾參與反羅馬的抗爭。在這個歷史背景下，日耳曼人——特別是馮・胡登——便開始把赫曼塑造成民族英雄，影響所及，浪漫主義文學家馮・克萊斯特在十九世紀初還以這位勇武的日耳曼英雄為主人翁，創作了《赫曼的戰役》（*Die Hermannsschlacht*）這部著名的德語戲劇。

路德並非起義者和動亂者，他既不贊成也不支持那些因為他的宗教改革而引發的農民暴動；路德也不是革命家，他所主張的宗教改革理念，甚至還讓德意志地區的革命思想失去依據。路德是十六世紀的人物，是修士、神祕主義者、神學家，同時也是前衛的思想家。在日耳曼地區，影響廣泛的軍事武裝衝突並未發生在新、舊教分裂的十六世紀前葉，而是在承認新、舊教分裂的《奧格斯堡和平條約》簽署之後，才開始出現。十六世紀中期新、舊基督教派在奧格斯堡所達成的宗教妥協，正是十七世紀上半葉慘烈的「三十年戰爭」的前奏曲。

路德的宗教改革對德意志歷史發展所產生的效應，遠遠勝過原先著眼的教會改革。試想，普魯士如果沒有路德當初所宣揚的日耳曼自覺精神，會在十九世紀躍升為歐洲強權嗎？難道這位十六世紀的宗教改革家沒有替威廉一世所建立的德意志帝國提供立國基礎？難道新、舊教的分裂後來沒有為普魯士王國和奧匈帝國的勢力範圍畫出清晰的分界線？十六世紀初期，北方的新教勢力若不與南方的羅馬天主教會分庭抗禮，信仰新教的普魯士難道可以在十九世紀順利地統一德國？

由普魯士建立的德意志帝國不僅需要鐵血宰相俾斯麥，還需要一批全力支持威廉二世軍國主義的中產階級市民，例如，女權運動者朵姆、天才抒情詩人葛奧格、探險家暨殖民地官員裴特斯、前衛作風的倡導者暨《狂飆》（*Sturm*）[2]雜誌發行人赫瓦特·華爾登（Herwarth Walden, 1878-1941）等，甚

[1] 老克拉納赫是德國文藝復興時期非常重要的畫家，他的兒子小克拉納赫克紹箕裘，也是知名畫家，畫風與其父親畫作極為相似。

[2]《狂飆》雜誌（1910-1932）是二十世紀初隸屬於德國表現主義的一份藝術文學刊物。

至還包括了類似亨利希．曼在第一次世界大戰前夕完稿的小說《僕從》（*Der Untertan*）主人翁黑斯凌（Diederich Heßling）這類型的人物。這個德意志民族有史以來首次建立的大型現代國家，為了展現本身存在的合法性和正統性，極需利用並詮釋整部德意志歷史，也就是呈現德國統一以前德意志民族的由來與發展，在這波時代潮流下，路德便因而被神話成歷史偉人了！

在現今的德國人眼中，路德是個具有代表性的人物，甚至還是個具有現代性的人物，只不過他所完成的歷史使命已經不值一提！所以，路德比較是一個歷史的象徵，而不是學習的典範。路德在宗教改革時期所建立的新教教派，在政治方面對十九世紀的德意志建國具有一定貢獻，然而，對於社會方面，影響力卻有限。

十六世紀的宗教改革讓本土意識開始在德意志社會萌芽，但新教教會到底從這場分裂運動中獲得什麼呢？世俗社會對新教教會採取徹底容忍的態度，但新教教會卻因為完全向世俗權力讓步而失去本身在宗教方面的重要性。在宗教改革五百年後的今天，德國的新教教會距離以《聖經》訓諭建構教徒的信仰生活這個目標，甚至比以前更加遙遠。新教教會的勢力並未因宗教改革而持續壯大，反而陷入一種鞏固既有地盤的狀態。人們喜歡把新教教會對於世界的看法，當成新教徒特有的思考模式和行為方式，它們也成為一些抽象的學術論文探討的對象，特別是關於新教和工作倫理之間的關聯[3]。

到頭來，新教教會的處境並沒有勝過它那保守的宿敵——羅馬天主教會。從宗教改革所引發的效應裡，我們可以得出這個結論：宗教改革的思想對德意志社會的重要性更甚於德意志基督教界。擁有廣大信眾的基督教會目前在公開的社會場域不僅面臨改革難題，還陷入一個無法自拔的惡性循環：當教會為了爭取更多信徒和社會認可時，就喪失愈來愈多的權威性；當教會愈來愈喪失權威時，就必須爭取更多的信徒和社會認可。

德意志民族的心性深受基督教影響——不論是新教或舊教——不過，德意志社會實際上並未遵從基督福音的倫理，以基督教教義為基礎的道德觀念，只能有條件地落實在世俗的生活世界中，這就是現下開放的德國社會所面臨的問題。畢竟世俗社會缺乏一種絕對性，因此穩定性不足。況且，並非所有能帶給人們方向感的東西，都具有長久的確定性。

現在的歐洲和十六世紀的時空環境已相去甚遠，德國人現在談論的宗教改革，已經不是針對羅馬天主教會的墮落所應實施的變革，而是如何讓基督教會去世俗化，正本溯源，回歸基督教的宗教信仰和人本主義本來的面貌，一如德國基本法所明示的：如果人們想要維持正面的人類形象，而且認為它值得維持下去，就應該讓基督教和人本主義再現生機。

改革就是重新改造。每一種改造首先必須檢驗改革對象的靜態平衡，也只有尊重這種靜態平衡的人，才能避免改革對象的崩解。這是十六世紀宗教改革的餘緒帶給我們的啟示，此外，我們還可以從這起歷史事件的發展中學到，不論是宗教信仰或世俗生活，最關鍵的還是人類的尊嚴，以及相隨出現的習俗與風土人情。

3 例如社會學家馬克斯·韋伯的名著《新教倫理與資本主義精神》。

46. 純粹度的要求[1]

Reinheitsgebot

在清潔方面的世界排名，德國並非名列前茅，頂多只能算是中規中矩的國家。這個說法或許有違人們一般對於德國的刻版印象，因為，一九一一年第一屆國際衛生保健展就是在德國的德勒斯登舉行，隨後，發明歐多爾漱口水（Odol-Mundwasser）的德國企業家卡爾．靈納（Karl August Lingner, 1861-1916）還於該市設立了全世界第一座衛生保健博物館；而且，人們還會繪聲繪影地描述，施瓦本地區的家庭主婦如何在公辦的街道清潔週，帶著吸塵器和抹布打掃住家附近的人行道。這種公共空間的清潔活動是施瓦本首府斯圖加特市各城區之間的清潔競賽，市政府每年固定舉辦幾次這種「一起大掃除」的活動，主要目的是希望「盡可能網羅熱心的市民，特別是孩童和青少年，以團體行動的方式一起打掃公共空間」。德國的環境其實沒有特別乾淨，搭乘過柏林地鐵的日本人大概會認為，應該在下車後把自己的身體徹底地消毒過。在德國做商務考察的新加坡人，如果晚上到法蘭克福酒館林立的薩克森豪森區（Sachsenhausen）閒晃，當他們看到地上的口香糖或人們吐出的穢物時，會不知道自己的腳該往哪裡踩去。美國中小學的交換學生入住德國的接待家庭時，往往會覺得，該家庭在給自己使用的浴室裡準備的潔牙和沐浴用品種類過少（只有歐多爾漱口水是不夠的），實在過於寒酸。

德國從前有一則商品廣告可以充分彰顯德國人講究的清潔重點，它與上述羅列的現象無關：從一九六八年到一九八四年為德國知名的阿里爾洗衣粉（Ariel）做電視廣告的克蕾門緹娜——一位形象靈巧而果決的德國媽媽——十幾年間在螢光幕上持續向德國觀眾承諾：「阿里爾——不只洗得乾淨，還能徹底潔淨。」（Ariel–wäscht nicht nur sauber, sondern rein.）直到今天，這句深藏在德國人集體潛意識的廣告詞，有時還會浮現在生活當中。

德國人對於表面所看到的乾淨會存有疑慮，其實源自於十六世紀新教教義的核心。

基督教雖然跟猶太教和伊斯蘭教同屬於一神論宗教，然而，就整體而言，基督教並未實行其他兩大宗教所規定的潔淨儀式。基督徒不會因為不吃豬肉或海鰻、牡蠣這些被認為不乾淨的海鮮，或不烹煮仍吸母奶的小羊羔，就能在神的面前獲得稱許。基督徒雖然相信，洗禮具有清洗罪惡的力量，但他們卻認為，一些儀式之前的淨身作法，比如禱告前用水把臉、口、鼻腔、下手臂、雙手以及雙足洗淨，只是一種自我欺騙罷了！耶穌在世時，曾向他的門徒們表明，口裡吃進什麼並不重要，重要的是從口中說出的話語，以及從內心發出的意念和想法。使徒保羅在《新約．提多書》第一章第十五節也說：「在潔淨的人，凡物都潔淨。在汙穢不信的人，什麼都不潔淨。連心地和天良也都汙穢了。」

宗教改革家馬丁．路德直接繼承了使徒保羅對於潔淨的主張，他公開指責以羅馬教皇為首的天主教會向廣大的信徒兜售可以洗淨自身罪愆的贖罪券，並大力抨擊這些高階神職人員已把清楚寫於《新約．福音書》裡的、基督教最原本的關於潔淨的想法歪曲到無以復加的地步。路德在清算天主教會時，絲毫不留情面，他還向羅馬方面呼籲：「是的，一頭全身沾滿爛泥的豬需要沖洗身體，不過，當牠全身已經洗淨卻又到爛泥堆裡打滾時，牠仍舊是一隻骯髒的豬，還是沒有改變。」

如果我們現在查閱道明會修士約翰．帖策爾（Johann Tetzel, 1465-1519）所留下的贖罪券交易登記簿，就可以理解五百年前新教徒對天主教會的反抗和憤怒：信徒如果犯下雞姦和獸交（還包括各種

1 Reinheitsgebot這個德語詞彙，最早是指五百年前南德巴伐利亞所頒布的「啤酒純釀法」，也就是只能使用大麥芽、酵母、啤酒花和水來釀造啤酒的法令。

淫亂勾當）的罪行，可以用十二個杜卡特金幣（Dukaten）為自己贖罪；至於那些施行巫術的人，必須付六個杜卡特金幣給教會，才能洗清自己的罪孽。相較之下，謀殺父母的罪行反而比較輕，只需要四個杜卡特金幣就可以讓煉獄的靈魂進入天國。一些有錢卻惡名昭彰的大爺還可以為自己的惡行開設贖罪專屬的戶頭，只要預先把一筆錢存入該戶頭內，下次在雞姦自家車伕那位年幼俊美的兒子時，就完全不會感到良心不安。這位在路德時代最知名的贖罪券推銷者，曾在薩克森地區大量販售教會贖罪券，這種肆無忌憚為教會斂財的惡行，最後讓路德忍無可忍，終於在一五一七年十月把〈九十五條論綱〉張貼在威登堡教堂的大門口，正式發起宗教改革運動。

當然，路德對於靈魂潔淨的堅持，並不只是要揭發羅馬公教公然欺騙信徒的弊端與醜行，他還從信仰的本身提出質疑：基督徒是否可以透過虔誠的好作為，透過蒙神喜愛的生活行為轉變，或透過實際行動的贖罪方式，或多或少讓自己的內心獲得淨化？他雖然要求基督徒必須「一天比一天還要潔淨」，卻又同時斥責，自從亞當和夏娃因為犯罪而被逐出伊甸園後，人類為贖罪所做的一切都是愚蠢而不乾淨的。最後，這位新教神學家終於在這方面得出一個結論：「我的靈魂是純淨的，不是因為我曾做過什麼努力，而是因為上帝的恩典。」所以，連神學家路德都不確定，自己是否真的可以蒙受上主的憐憫。

路德原本是羅馬天主教奧斯定會（Augustian Order）的修士，生活嚴謹，後來因為不滿教會的腐敗而決定脫掉修士袍，還俗結婚。奧斯定會以聖奧古斯丁（St. Augustine, 354-430）的神學思想為依歸，這位羅馬帝國晚期的基督教神學家認為，罪人的得救必須完全仰賴神的恩典。路德的新教神學思想便深受聖奧古斯丁的影響，所以，他在他的「救恩論」（Gnadenlehre）裡也同樣堅持：如果神的恩典是神對於人類善行的獎賞，那麼神的恩典就不再是神的恩典，而是人類靠著自己努力所獲得的回報。上帝必定早就賜給信徒祂的恩典，然後信徒才有能力在這個世間行善。

這個世間是否存在一條讓人類的原罪可以獲得煉淨的途徑？關於這個問題，路德並沒有把握。他當時只是確信，應該譴責教會實際出現的錯誤作為。神職人員的禁欲苦行，放棄一切情欲與生理需求滿足而隱身修道院，這種刻苦的作法對於當時已存在一千多年的基督教而言，即使不是全然的神聖，也是達到靈魂潔淨的理想途徑，然而，在路德眼裡，這卻是最糟糕的靈修方式之一。

倘若基督教純淨的理想典型在現世真有它的化身，那就是處女，特別是受聖靈懷孕時仍保有童貞的聖母瑪利亞，至今這位耶穌的母親仍被視為「純淨無瑕的」（Immaculata）和「未被玷汙的」象徵，而受到廣大天主教信眾的敬拜。路德（應該是在情緒不好而不是在比較熱情的狀態下）一定也承認，聖母在受胎時仍是童女之身，而且應該把真正的處子（在這裡意指男女兩種性別，即誓守獨身的修女、修士和神父）當作「上帝特別的傑作」，並以「崇高而豐富的聖靈恩典」約束他們終身維持童貞，只不過在一千人當中，還不到一人能受到這樣的揀選。神父、修士和修女原本在修道院的圍牆內過著清心寡欲的修行生活，以便滅除那些內心可能已察覺到的欲望。一旦這些曾為上帝堅守童貞的修女和修士離開修道院，進入世俗世界為自己尋找丈夫和妻子，並依據上帝在舊約中對人類的命令「繁衍子孫後裔」時，這種還俗所形成的反差，反而讓他們更覺得顏面無光。

路德棘手的「救恩論」以及對於人類自由意志的激烈否定，也顯現在如下的神學論述當中：貞潔並非人類透過積極作為所能達成的（或透過放棄欲望所能維持的），它是上帝的恩賜。被迫、非自願的服事在神看來都不算數。誰若察覺出自我竟想有所作為，就必須明白，自己已經迷失了！

路德曾是一名天主教僧侶，後來和還俗的修女馮．菠拉結婚，在四十三歲到五十二歲這十年間，一共迎接了六個孩子出世。他在一五一九年的〈論婚姻的價值〉（Ein Sermon von dem ehelichen Stand）這篇講道詞中，對於禁欲所遭受的肉體痛苦有很生動的表達：「當一個人和另一個人因婚約而結合，並受到對方吸引時，便能在一起享有肉體的歡悅，至於婚姻以外的其他管道則是被禁止的。就上帝來說，婚姻生活可以緩解肉體的性欲，如此一來，這股成年人的欲望就不會在城市裡四處猖獗地蔓延。憐憫世人的上帝允許人們在婚姻的忠誠裡稍微降低性的興致，因為，讓母體受胎的性行為更重要。婚姻的性生活既不能像糞堆，也不能像豬圈一般，人們應該慎重地看待婚姻裡的性行為，而且應該有所節制才對。」

路德所帶動的這股宗教改革旋風，一向反對修道院這種魔鬼機構。他要求教會當局解散修會並關閉修道院的行動，深刻影響了歐洲後來的歷史發展，這些行動的緣由並非因為他對自己無法為上帝守貞、不是「上帝特別的傑作」而感到絕望，而是因為他很明白，自己屬於不被上帝揀選的大眾，因此，只能期待肉體欲望至少透過婚姻的性生活而能有所緩解。維持童身貞潔在某種程度上已被壓縮成基督教聖潔的象徵，婚姻制度儘管允許肉體交歡，卻也因為可以維持靈魂潔淨而受到重視。為了完成這場孤注一擲的神學冒險，路德於是採取行動：和一位還俗的修女結婚。路德在成為人夫和人父之後，還在一場宴會上致詞表示，上帝支持神聖的婚姻，以便讓每個人能維持自己這個彰顯神榮耀的器皿的潔淨。比起至今仍強制神職人員誓守獨身的天主教會，是否宗教改革者所開創的新教教會對人性更友善而務實？或者，允許新教牧師能毫無羞愧地在教會提供的牧師宿舍裡經營「聖潔的婚姻」，是解決這種充滿矛盾的窘境最好的方式？關於這些問題的答案，各方仍有爭議。

十八世紀的德意志啟蒙主義者開始把宗教圈限在理性的範圍內，不過，他們並未把基督教所尊崇的聖潔典範，丟入意識形態的垃圾桶裡。萊辛這位領導德意志啟蒙運動的文學健將，在他《論人類的教育》（*Die Erziehung des Menschengeschlechts*）一書的引言中曾多次強調，人的價值在於「內心的純淨」，而且只有堅持這個理念，才能讓那些受到理性啟蒙的思想開明者，為了自身的緣故而熱愛美德，而不是因為害怕死後下地獄，害怕受到可怕的處罰，或指望能獲得天國的獎賞。大文學家席勒在他的名著《審美教育書簡》裡也談到了純潔。他在該書中指出，當人們完全沉浸於「美」時，他所體會到的「美感經驗」就是純潔最後的堡壘：「在這裡，我們會感覺自己宛如從時間裡掙脫出來；我們會流露出純潔和正直，就好像不曾受到外力影響，未曾因此而受到摧折和傷害一般。」

席勒對一件藝術作品的要求，不在於它能激起或減退人們的熱情，而是它本身的「美感純粹性」，這種美學思維也隱約地顯露新教徒的信仰態度：「觀眾和聽眾的情感必須保持在完全自由以及不受傷害的狀態，他們的情感在經過藝術家的魔法圈洗禮之後，必須純粹而完美，就像出自造物主的雙手一般。」

純粹對於哲學家康德而言，更為重要。這位柯尼斯堡的大哲人在他的代表作《純粹理性批判》中，曾展開一場大膽而激烈的哲學探索，目的是為了證明獨立於所有經驗以外的知識是可能存在的：「任何不與稍稍異於本身性質的東西相混淆的知識都是純粹的。不過，有一種知識特別被稱為絕對純粹的知識，這種知識完全沒有混雜任何人類的經驗或感覺。」康德還歌頌「純粹理性的國度」或「真理的國度」（好一個誘人的稱號！）像一座島嶼：「而它的周圍是一片廣闊而洶湧的海洋，即幻相的大本營，其中好些海市蜃樓、好些即將融化的冰山都被謊稱為新大陸，不停地以空幻的希望誘騙東奔西闖的航海家從事種種探險與發現，將他捲入那永遠無法放棄、但也永遠無法抵達目的地的冒險。」

康德對於經驗知識非常不信任，然而，他的柯尼斯堡同鄉好友也是哲學對手約翰・哈曼（Johann Georg Hamann, 1730-1788）則對康德意圖清除所有實證的、情緒的、歷史的以及其他種種「摻雜的」知識訊息以達到純粹理性的主張，深深不以為然。這位後來又回歸新教路德派信仰的啟蒙主義者曾在他的大作《對於理性純粹性的後設批判》（*Metakritik über den Purismus der Vernunft*）裡揭露，康德的純粹理性思想是一種偽宗教（pseudo-religiös）的狂妄。就如同從前的宗教改革者對於羅馬公教教士階層的指責，知識論者哈曼則批判康德，竟然會相信能靠自己的力量把自己的思維徹底清理得乾乾淨淨，而且所謂的純粹理性「竟如此不可思議地傾向於一種空洞的形式」，根本無法令人苟同。

喜歡漫談性事、自稱為「精子學家」（Spermologe）的哈曼堅持，人類的生命起源於肉體和汙穢是不容否認的事實。當感性和理性能以「自然的婚配」彼此結合時，使人信服的知識和人生才有可能存在；此二者的關係不應該是不正當的私通或強姦，或是一方獨身禁欲或自唱獨角戲地自慰。

是否性與純潔能彼此相容共存？以什麼方式？另一位德國天才長期在他的人生和作品裡辛苦地思索這個棘手的問題，他就是作曲家華格納。在華格納的浪漫主義樂劇《唐懷瑟》裡，墮落的騎士唐懷瑟為了尋求肉欲滿足，而在維納斯山深受愛神維納斯的迷惑，縱情享受肉體的歡快。聖潔的伊莉莎白是華爾特堡郡主的姪女，她為了替愛人唐懷瑟贖罪，最後犧牲了自己的性命。這位癡情的女性在過世前不久，曾向聖母瑪利亞祈求：「請讓我跟天使一樣純潔，／並進入妳那喜樂的國度。」新教徒華格納在這部樂劇裡表現出基督教典型的處女崇拜：女性的純潔就意味著她們的貞潔以及拒絕「罪惡的渴求」和「世俗的盼望」。墮落的唐懷瑟為了贖罪，特地到羅馬朝聖，請求教皇赦免他的罪愆，但教皇卻宣稱，去過維納斯山的人已無可拯救。唐懷瑟只好絕望地返回，當伊莉莎白的棺槨經過他的面前時，他喊出：「神聖的伊莉莎白，請為我祈求！」而後隨即倒在棺木旁，氣絕身亡。最後，處女的犧牲平緩了上帝的憤怒，縱欲的罪人也在彼岸獲得了赦免，伊莉莎白這位純潔的處女用她的「愛之死」拯救了極端不純潔的唐懷瑟。

《唐懷瑟》所揭示的聖潔處女的救贖力量，在華格納最後一部作品《帕西法爾》中，則移轉到男性身上。華格納還為這齣宗教樂劇下了一個副標題：「舞台祝聖節慶劇」（Bühnenweihfestspiel）。在這齣樂劇裡，聖杯騎士之王安佛塔斯（Amfortas）負責保護聖杯——那只盛過耶穌釘在十字架時流出最聖潔的血液的酒杯——但卻在魔法師克林索爾（Klingsor）的「魔法花園」中，被一位邪惡的美女昆德麗（Kundry）以女色誘惑而受到詛咒，一心企盼自己的靈魂可以獲得救贖。還有，自從安佛塔斯被魔法師搶走聖矛並被該矛刺傷後，身上的傷口便定期流出血液，差可比擬女性每月來潮的經血，當時只有「因同情而獲得智慧的，／純潔的傻子」才能拯救聖杯騎士之王安佛塔斯脫離這個令人難堪的痛苦。很快地，天真的年輕人帕西法爾便出現在聖杯城堡附近，這位主人翁是在遠離文明的森林中由他母親養育長大的。美麗而邪惡的昆德麗後來也試圖用性誘惑傻子帕西法爾，當她給他熱情的香吻時，就在親吻的那一瞬間，帕西法爾突然想起因受傷而痛苦不堪的安佛塔斯。當時他才明白，自己已受到神的呼召，只要維持處子聖潔的童貞，就能拯救這群聖杯騎士。最後，傻子帕西法爾成功地達成這項神聖使命，安佛塔斯的傷口因為得到醫治而安詳地過世，惡女昆德麗的罪惡也獲得赦免，然後緩緩倒地身亡，純潔的帕西法爾終於在安佛塔斯之後繼任為聖杯騎士之王。

愚者帕西法爾的純潔在這齣樂劇裡經常受到頌讚，因為，不只他的肉體仍是從未有過性行為的童子之身，在智識上，這個在大自然裡長大的青年也沒有受到人類社會的汙染。當他因為昆德麗的色誘而受到驚嚇時，內心不僅害怕身體失去童貞，還憂慮心靈是否受到玷汙。純潔的帕西法爾雖然想法跟一般人不同，卻對人們充滿同情和憐憫。不過，帕西法爾內在的純淨也可能會消失，這個懵懂無知的年輕人，後來可能受到跟自己本性完全不同的人事物影響，而且可能跟人類的始祖亞當、夏娃一樣，因為偷吃了分別善惡樹的果實而具有分辨善惡的能力，開始懂得反省與思考，最後卻因為沒有完全服從神的旨意而被趕出伊甸園。求知的欲望與知識的掌握所帶來的樂趣，就如同肉欲和生理的快感，都會汙染人類的性情。純潔的帕西法爾其實就像一隻伊甸園裡自我折磨的德國野豬，對他而言，亞當和夏娃似乎從未犯下什麼罪過。

純潔在人類歷史發展的過程中仍舊發揮強大的、不受文明制約的作用。拜權力之賜，純潔的每一個意義面向最後都能有所突破：就男同性戀而言，純潔就是完全待在自己所屬的圈子裡，任何外來的、另類的摻混都會造成同志們的驚慌，所以，應該被徹底排除。《帕西法爾》這齣宗教劇是否真的在譴責所有和性有關的事物？（哲學家尼采曾針對這齣宗教樂劇發表長篇大論，然而，其中的內容似乎是在譴責昔日他所景仰的偶像華格納，而比較不是在批判異性之間的性行為。）關於這個問題的答案，目前仍沒有定論。華格納以狂熱的男聲合唱曲表現聖杯騎士，在潛意識的層面上，這似乎透露著：既然把兩性的交歡和汙穢畫上等號是在折磨人性，那麼男同性戀的集體性狂歡或許是一種兩全其美的解決之道。

華格納的系列樂劇《尼貝龍根的指環》當然是偉大的藝術創作，適合讓每一位虔誠的基督徒在胸前畫十字聖號，祈求神降臨祂的恩典。不過，這位十九世紀的藝術家還在這部系列樂劇中，針對性被汙名化的現象提出另一個解決辦法：華格納把「純潔」概念用在這套歌劇第二部作品《女武神》的齊格林德這個女人身上，她的愛人則是她失散多年的孿生哥哥齊格蒙特。這對孿生兄妹是父神佛旦的骨肉，他們在重逢的夜晚激起了愛情的火花，陷入熱戀與性愛之中。齊格蒙特宣稱，除了他之外，沒有人可以碰觸他所鍾愛的「純潔女性」。除卻個人的手淫不談，人類性行為的對象不宜來自於自己的圈子（Bei-sich-Bleiben）。齊格林特後來生下的齊格菲，便是兄妹亂倫的結晶。英雄齊格菲在這個系列的最後一部樂劇《諸神的黃昏》裡，被自己所愛戀的妻子女武神布倫希爾德頌揚為「最純潔的血統人」——在她對齊格菲的愛情尚未成為多舛命運下的犧牲品之前——由此可知，齊格菲所象徵的血統純粹就是貫穿《尼貝龍根的指環》這組系列樂劇的邏輯。近親交合的戲碼又在此重演：布倫希爾德是佛旦的女兒，是齊格菲的姑媽。這位女武神為了幫助同父異母的妹妹齊格林特和她肚子裡的小生命齊格菲（即佛旦的孫子），而被嚴厲的父神佛旦斷絕父女關係。套用精神分析大師佛洛依德的說法，亂倫禁忌是人類所有文明濫觴的標誌，人類文化對於亂倫存在著潛在的排斥，然而，華格納卻如此大張旗鼓地在自己的樂劇作品中呈現這種性禁忌。原因何在？因為，近親交媾繁殖是維持英雄血統純正的方式。德意志民族對於純粹度的要求，已經讓他們失去了理智，這種極端的思維最後還在二戰期間演變成屠殺六百萬猶太人的「種族清洗」瘋狂暴行。相較之下，血統純正的英雄齊格菲還是可以被忍受的，畢竟他只存在於華格納的樂劇中。在接下來的討論裡，這位擁有純正血統的英雄還會再度復活。

如果路德可以透過一場時光之旅，前往華格納的拜魯特慶典劇院觀賞《尼貝龍根的指環》演出，他可能會認為連續四天的表演所歌頌的，竟是惡臭不堪的「糞堆和豬圈」！他可能會抓起一罐墨水瓶，直接朝華格納身上砸去。不過，就德意志民族對於純粹的追求而言，曾有觀點指出，基督教的改革者路德和歌劇的改革者華格納，在某個重要的面向上其實是完全一致的：亦即語言的純粹度以及語言表達的純粹度。路德是德語標準書寫的建立者，他在十六世紀初把《聖經》翻譯成德語，為德意志的文化發展樹立了一座非常重要的里程碑。當他在解讀《舊約聖經》〈彌賽亞書〉時曾表示：「為了獲得《聖經》純正、簡單、真正屬於德意志的意義，我們必須付出辛勞，就像我們可以達到這個目標一樣。」路德透過自己在翻譯方面的耕耘，把《聖經》裡神的話語新鮮而純正地帶上教堂的講道壇，並且上帝還可以透過德譯版《聖經》直接向日耳曼的基督徒說話。當時這位北方的宗教改革家深信，只有讓自己的日耳曼同胞明白，南方的拉丁民族不是什麼了不得的民族，只有放棄拉丁文而使用自己的日耳曼語言來理解《聖經》記載以及聆聽神職人員講道的內容，屬天的訊息才能直接通達人心。

作曲家華格納也全力追求純粹的、從舊有束縛中解放出來的音樂語言。一如路德反對當時的羅馬公會使用拉丁文望彌撒，華格納則用自己的創作挑戰三幕的義大利「正歌劇」（Opera seria）以及場面豪華的法國「大歌劇」（Grand opéra）。一如路德在十六世紀為了讓教會禮拜儀式以更自由的方式舉行，而廢止傳統天主教僵化的分段彌撒儀式，華格納則創造了形式更為開放的樂劇，而揚棄了傳統歌劇由宣敘調、詠嘆調、合唱及合奏（Ensemble）拼組而成的音樂結構。當時的歌劇作曲家已自滿於把劇作家所完成的腳本，裁剪成一齣或多或少帶有華麗音樂技巧的歌劇，而忽視戲劇的藝術性。華格納有鑑於當時歌劇的缺失而提出樂劇的主張，也就是以音樂和戲劇並重的方式創作一種「總體藝術作品」，將腳本、歌詞、音樂和舞台效果等要素融合為一個不可切割的整體。一如路德要求教堂的布置和擺設應該樸實無華，以便信徒與神交流時，不會受到教堂裝飾物的吸引而無法專注；華格納在拜魯特建造專門演出自己作品的劇院時，內部的裝潢也很普通，一點也不華麗，就跟當時一般的辦公機構沒什麼兩樣，在這方面，華格納確實顯出了過人的自信。

路德和華格納這兩位改革家對於基督教和歌劇所推動的淨化，還不約而同地以雙重的方向進行：就往外的方向而言，所有外來的、附加的、陌生的東西都應該被清除乾淨；另一個方向則朝向內部：自己的內心、自己的語言以及自己民族的深處。由此可見，納粹的國族主義和反猶太主義，不僅源於希特勒個人狹隘的領導方式，其中其實還有一部分來自路德和華格納的思想：個人內心的表達只能透過語言，而語言卻是集體的工具。語言若要純淨，必須源自單一的民族心靈，不能有外族的語言摻混其中。

路德的反猶太情結主要是在宗教方面，猶太人那種自視為上帝選民的意識讓他深受觸怒。華格納則是公開反對猶太人，他曾在他那本惡名昭彰的小冊子《音樂裡的猶太特質》（*Das Judentum in der Musik*）裡解釋道，為什麼他認為猶太作曲家無法創作真正的音樂：因為猶太人在亡國後，流浪各地並寄居在其他民族的地盤上。猶太人聚居在自己的猶太區裡，他們的心靈和語言從未在當地真正扎根。如果猶太人不再把自己當成失根的族群，而能融入當地的生活，吸取當地文化的養分，那麼，在最理想的狀況下，他們也能創造出美好的藝術。不過，實際的情形卻剛好相反，猶太藝術家仍閉鎖地只在自己的民族文化裡汲取創作泉源，這注定會嘗到失敗的苦果，因為希伯來文化過於死寂，已無法再有效地開展出新局；至於各地猶太人使用的意第緒語的聲調，猶太作曲家從來不曾、也永遠無法把它轉化成偉大的音樂。事實上，華格納早期在巴黎時，曾經發表一篇音樂評論恭維法國猶太裔作曲家弗羅門塔·哈勒維（Fromental Halévys, 1799-1862）最知名的法語大歌劇《猶太女郎》（*La Juive*），他還曾稱讚孟德爾頌能夠在音樂作品中深刻掌握德意志民族的性情與情感，然而，他後來卻在撰寫《音樂裡的猶太特質》這本論戰性質的小冊子時，敏感地排除了猶太作曲家的一些優秀表現。

德意志民族對於純粹的欲望，其實深深固著於一種矛盾狀態，這種欲望甚至是汙穢的，因為，不論它針對哪個生活領域，隨時都可能轉成心理的偏執，這是我們德國人無法粉飾的事實。

巴洛克時期的詩人菲利浦·馮·策森（Philipp von Zesen, 1619-1689）、辭典編纂者約翰·阿德隆（Johann Christoph Adelung, 1732-1806）、教育家暨作家坎普，以及一些語言協會——例如十七世紀日耳曼地區規模最大的德語協會「豐收學會」（Die Fruchtbringende Gesellschaft）和紐倫堡的「佩格尼茲芳花文學會」（Der Pegnesische Blumenorden）——都在巴洛克和啟蒙運動時期熱情地投入語言淨化運動，把原先混亂不一的德語，從數百種方言中形塑成一個富有文化的標準語言。這批人不僅致力於德語的標準化，他們對於引入一些生動活潑的德語詞彙也具有決定性貢獻，比方說，他們會用Augenblick（眼前所見）來表達「瞬間的片刻」，代替既有的單詞Moment；會用Trauerspiel（悲傷的表演）指稱「悲劇」，代替經常使用的Tragödie；當他們要表達「散步」時，除了平常的詞彙spazieren之外，還多了lustwandeln（有樂趣的漫步）這個語詞的選擇。在這一連串麻煩不斷的語言嘗試中，他們不只把外來字，還進一步將借詞（Lehnwörter）[2]以及日耳曼民族本有的語彙（Erbwörter）轉化為標準德語。當這些知識分子嘗試用Zitterweh（打哆嗦的疼痛）代替Fieber（發高燒），用Tageleuchter（白天的光源）取代Fenster（窗戶），用Jungfernzwinger（處女院）替換Nonnenkloster（女修道院）時，他們在這些文字實驗上，還扮演了詩人的角色。

我們應該堅持，言語不能空洞、缺乏內容或言不及義；而且我們還應該思索，喋喋不休地說著廢話這種沒有思想的語言表達，到底意味著什麼。現在的媒體界人士和政治人物所表達的語言，已墮落成只會嘰嘰喳喳地說著一些深奧的專業術語，是否這種怪現象也應該受到批判？早先的語言維護者為了挖掘出語言裡蘊藏的金礦，還必須親自進入這座奇妙的礦井裡一探究竟，此時人們大概還不需要敲響語言的警鐘。不過，如果有人主張應該發現德語詞彙的「原始本質」（Urwesen），而且有鑑於這種「原始本質」跟一些事物有最直接的連結，應該把德語神化為所有語言裡的祕密語言。啊！如果這種情況真的出現時，問題就會變得更棘手。早在納粹國族主義興起的一百多年前，支持語言淨化運動的教育學家坎普便已對德國人提出警告：必須謹慎小心，因為從這種本質論（Essentialismus）的語言神

[2] 借詞即語音德語化的外來詞，例如德語的Schule（學校）便是源自拉丁文的schola。

祕主義跨向種族主義式的高尚品行的妄想，其實只是一小步。此外，他還在自己所編纂的《外來語的詮釋及德語化辭典》（*Wörterbuch zur Erklärung und Verdeutschung der unserer Sprache aufgedrungenen fremden Ausdrücke*）的前言中批判：「就像習俗、紀律和正直品行的嚴格性，通常會因為文化教育的提高、社會地位的上升以及富裕的增加而降低，我們的語言也會因為一些社會變遷，而從過去的文雅往下墜落，就像一位見多識廣的宮廷女僕，隨著一年又一年的時光流逝，也從過去少女的端莊和拘謹逐漸每況愈下。她們後來跟陌生人在一起時已變得比較放蕩，不受拘束，最後差一點就跟賣身的娼妓一樣，無恥地跟剛認識的陌生人混在一起，所幸她們還沒有完全失去羞恥心。」

在我們這個時代，語言淨化主義者每年都會藉由票選「年度最糟糕的語言表達者」或「年度最愛混雜外來語說話的人」來凸顯他們的語言訴求。漢堡知名的時裝設計師怡爾·桑德（Jil Sander, 1943-）就曾經被這幫人消遣過。這位女性時尚大師以極端簡約的風格聞名於世，後來由於在接受媒體訪談時曾做如下表示，而被一群極力主張語言淨化的人士列入他們的黑名單：「誰如果想要打扮得**有淑女味道**，請不要來怡爾·桑德的專櫃**找**衣服。我的客戶必需要能感受到我設計風格中的**魔力**和**不費力氣**。」[3] 這群視語言淨化為使命的人們可能還記得，就連德語標準書寫的開山祖師路德在寫德語時，也間或使用當時的社交與學術語言——拉丁文，例如，他曾寫道：「我的肉身就是個有臭味的、大腹便便的身軀，就是一個**身體**，**因此**，**它並不**純淨，**即使它**是健康的。」[4] 或許只有那些願意認同孿生兄妹孕育出愛情結晶不算亂倫、而是極致純粹的體現的人，才能要求徹底的語言淨化。然而，日耳曼諸神的居所華哈拉城（Valhalla）最後卻遭魔火焚毀，諸神只能走上滅絕的道路。相形之下，是否德語的純粹化比之日耳曼神祇英雄世族血統的純粹化，會出現較好的發展結果？我們相信，這一點仍會受到質疑。

一九三五年九月，納粹黨頒布「紐倫堡種族法」（Nürnberger Rassegesetze），其中第C章對於所謂「血統保護法」（Blutschutzgesetz）的規定，是為了「維持德國人血統的純正與德意志民族的榮譽」，因此，明言禁止「猶太人和德國公民以及有部分德國血統的人」締結婚姻關係或發生婚外性行為。由於反猶太的納粹黨最終還是無法相信自己先前所聲稱的，已經可以從相貌特徵辨識猶太人，因此，分別於一九三九年九月和一九四一年重複下令，猶太人必須在外衣左胸部位縫上六個星芒的「猶太之星」黃色徽章，以方便他人辨識他們的族群身分。這是德國納粹針對猶太人所實施的社會排擠、歧視與屈辱的措施。

自從罪惡深重的德國在二戰期間被炸成瓦礫廢墟後，德意志民族對於純正的妄想（Reinheitswahn）似乎也一併被盟軍的炮火摧毀！不過，事實果真是這樣嗎？為什麼我們德國人對核能的恐懼強過法國人、日本人和美國人對核能恐懼的總和？這難道不是因為德國人已經警覺到，輻射線雖然不是人類感官所能察覺的環境汙染，但這種無形、無臭及無味的輻射汙染，卻能以可怕的方式損害人們身上的遺傳物質，讓人們無法孕育健康後代？在納粹時期，第一批研究人員便抱著極大的不信任感，從事輻射

3 黑體字部分即桑德說德語時所穿插的英語詞彙。
4 黑體字部分即為穿插其中的拉丁文語詞。

線對人體造成的健康風險的研究，儘管他們都是科學家，德國民眾對於他們所建立的安全輻射標準還是無法真正放心。

二〇〇六年，「環法自行車大賽」爆發了一件天大的醜聞：根據相關當局調查的結果，這項國際體育活動其實早已被禁藥滲透，因為，過去在這個比賽中贏得獎項的得主，沒有一位不在賽前服用禁藥來提高體能表現。不過，我們是否想過，當這項醜聞公諸於世之後，為什麼德國公共電視第一台和第二台（ZDF）當時立刻暫停、甚至全面停止這場運動賽事的現場轉播，而且動作比歐洲其他電視台還要迅速？自從二〇〇六年「環法自行車大賽」爆發禁藥醜聞以來，德國評論員每次碰到自行車選手有突出的表現時，總會想知道該名運動員的驗尿結果，以確認他是否服用禁藥。身為電視體育節目的觀眾，聆聽這種體育賽事的播報實在是一項難得的樂趣。

當世界各地的人們不只毫無顧忌地拿基因改造的玉米餵食牲畜，還把它做成爆米花，吃得津津有味時，為什麼基改玉米在德國已成為所有科學技術違反自然法則的象徵，即使這種科技農產品已經在德國存在多時？為什麼一些具有生態意識的民眾在購買食品時，會出現一種儀式化行為——他們只信任有機商店（Reformhaus）架上那些又小又醜蘋果的品質？因為把「外表整潔，裡面骯髒」這句德國俗話倒過來說，就是「外表骯髒，裡面整潔」？

德國這個國家的組成從來就不具有同質性和「純正性」：它在德意志帝國建立之前，內部一直都是眾邦國割據林立的局面；對外由於地理位置處於中歐，不斷受到來自東邊或西邊國家的影響，而且它在歐洲還是擁有最多鄰國的國家，因此，德國人歇斯底里地想維持內部的純正性是沒有意義的。純粹屬於德國的東西根本不存在，因此，這種歇斯底里的妄想既不切實際，也不可能達成，它只能幫助德國人了解，自己的民族對追求純粹度的欲望是出自什麼根源，而且必須照管這個欲望的根源，以免再次從中出現如希特勒之流的人間惡魔。

要滿足對於純粹度的渴望，最好來一杯沁涼的、遵照十六世紀巴伐利亞前後任攝政王威廉四世公爵和他的兄弟路特威十世公爵頒布的「啤酒純釀法」（das Reinheitsgebot）所釀造的啤酒。在所有日耳曼地區曾頒布的啤酒釀造法令當中，於一五一六年四月二十三日在慕尼黑北方茵格胥達（Ingolstadt）、由巴伐利亞攝政王所簽屬生效的「啤酒純釀法」的規範，內容最合情合理，並沒有過高的、苛刻的要求：「只能使用大麥芽、酵母、啤酒花和水做為釀造啤酒的原料。」這兩位巴伐利亞攝政王已清楚地看出，男人們喝啤酒時往往豪飲無度，如果釀造業者胡亂把所有能發酵的材料——從豌豆到公牛膽汁——都一併倒入釀造桶裡，將會嚴重危害人民的健康。德國境內曾頒布的啤酒法令現今都已失效，只有巴伐利亞的「啤酒純釀法」五百年來一直在該地區落實啤酒釀造的管理。不過，巴伐利亞的這項規定在德意志地區並不具絕對性，像老式啤酒（Alt）、科隆啤酒（Kölsch）或白啤酒這類表面發酵的（obergärig）啤酒，在釀造時都會添加小麥胚芽。

我們德國人並不是唯一樂見德國酒廠以「啤酒純釀法」釀造啤酒的民族：德國啤酒在世界各地廣受歡迎，已被視為「受保護的特產」，而且現在的德國啤酒產品，已完全通過歐盟所有關於酒品的檢驗，確實符合歐盟對內部流通商品普遍施行的「和諧化方針」（Harmonisierungs-Richtlinien），因此，啤酒花和麥芽這兩種「啤酒純釀法」所規定的主要原料依然不可或缺。

47.幸災樂禍

7

此時被裝進袋內的麥克斯和莫里茲心神不寧，相當緊張，因為這位農夫要把他們送進磨坊裡。

8

「穆勒師傅，過來一下！請儘快把這袋東西磨好！」

9

「沒問題！」穆勒師傅抓起那只穀物袋，把裝在裡面的兩個搗蛋鬼一口氣丟進輾磨機的漏斗口裡。

10

咵哩咵啦！咵哩咵啦！輾磨機這時發出陣陣響聲。

11

我們在這裡可以看到已經輾成碎塊的麥克斯和莫里茲。

12

隨後，磨坊主人穆勒養的兩隻鴨子便立刻過來把他們的殘骸吃掉。

13

穆勒先生的家禽

最後一次惡作劇

麥克斯，莫里茲，你們這麼做會倒楣的！
這是你們最後的惡作劇了！

1

為什麼一定要在這兩個穀物袋上各劃一刀？

2

看，農夫梅克已經把一袋穀物背在身上了！

3

他一背起那袋穀物，裡面的穀粒就開始洩下來了。

4

他訝異地站在那裡，並說道：「見鬼！袋子裡的東西怎麼愈來愈少！」

5

哈！他很開心地發現麥克斯和莫里茲躲在穀糧堆裡。

6

於是他便抓起鏟子，把這兩個小無賴鏟進穀物袋裡。

Schadenfreude

親愛的德國同胞，如果您人在紐約，想到百老匯觀賞《Q大道》（*Avenue Q*）這齣得獎的音樂劇，而且很高興已經買到入場票，卻聽到旁邊有人這麼對話，您會有什麼感受？

「哈！Schadenfreude（幸災樂禍）？」

「那是什麼？是納粹用語嗎？」

「它是德語，意思是指，對於別人發生不幸的事感到很開心。」

「幸災樂禍？而且還是德語！」

這種情況一點也不有趣。身為德國人，您或許當場會提出抗議。這個詞彙確實是德語，不過它所描述的現象難道只會出現在德國人身上？古希臘哲學家亞里斯多德不也曾思索過人們幸災樂禍的衝動？英國人、加拿大人和葡萄牙人在看電視時，不也是幸災樂禍地看著螢光幕上那些愚蠢至極的小孩、狗兒和駕駛人發生了什麼倒楣事？美國史丹佛大學一位主修生物學的學生甚至在一九九四年創設「達爾文獎」（Darwin Award），以表彰該年度使用最愚蠢方式自殺成功的死者。

由此可見，不只是德國人會嘲笑別人的失敗、倒楣和破產。那麼，為什麼國際間會出現德國人喜歡幸災樂禍的偏見？英文中的schadenfreude是直接借自德語的外來字，而且英國人遠在德國納粹上台之前，便已開始使用這個德語詞彙。難道我們德國人在骨子裡真的比其他民族還要邪惡？這真是冤枉，同屬日耳曼語系的荷蘭人、瑞典人和挪威人也都有拼音極為近似Schadenfreude的字詞啊！

丹麥存在主義哲學家齊克果曾指出，幸災樂禍是嫉妒的衍生物，而且更令人厭惡。德國人普遍認為，德國社會充斥著嫉妒，人們總是隨時在妒忌鄰居所擁有的房子、車子和遊艇。德國雖然在一戰戰敗後廢除了君主政體與貴族制度，但社會階級的落差依舊很明顯，人民還是覺得社會不公不義。德國雖然拜迅速工業化之賜，人民普遍的生活水準已大幅提升，但比起過去大家必須在零下五度的戶外一起排隊買東西的物資缺乏時期，富裕之後的德國社會並沒有變得比較溫暖融洽。德國人的嫉妒並沒有什麼特別之處，他們並不會比其他國家的人民更容易嫉妒別人。只不過，德國人不僅不會刻意掩飾這種負面情緒，甚至還會刻意把它表現出來，以便讓對方知道，自己不是好惹的！

從另一方面來說，被嫉妒其實是一種很棒的感覺！如果社會上的有錢人已能預期自己的財富會引起同胞們的紅眼症，難道他們沒有從中獲得很大的愉悅感？不然，英國Jaguar汽車從前在德國做行銷廣告時，為什麼會喊出「特別划算的選擇：相同價格的消費，卻能讓別人更嫉妒」這句廣告詞？如果有錢人把他們的豪華房車停放在路邊的路燈桿旁，公開地向大家炫耀，或甚至在那輛車子的停放處走來走去，那就更有趣了！

人們對於別人碰到不順心的事而發笑，實際上並非完全因為幸災樂禍。比方說，當我們最要好的朋友手上拿著一盤壽司，卻不小心滑倒，狼狽地滾下樓梯，而在一旁的自己卻無法及時拉他一把時，心裡便會有所警惕：我們的日常生活雖然順利平安，卻還是會碰到一些始料未及的事。相較於別人嘲笑自己的不幸，我們更會因為這種倒楣事沒發生在自己身上而感到開心。想法開通的人最後其實是在笑自己，因為他知道，哪一天霉運也可能降臨在自己的身上。

真正的幸災樂禍並沒有同情，而是絕對的冷酷，因為，那些生活不如意的人（即使不是碰到什麼致命災禍）並不是我的夥伴，而是我的敵人。當我看到他們失敗時，我會認為，他們確實活該，而不會想到自己也可能陷入相同的困境。由於我向來對他們不以為然，所以，當我知道他們可憐的際遇時，並不會想到印在日曆上那句帶有教育意涵的格言：失敗為成功之母。那些傢伙根本不可能或不應該成功，他們只應該消失！

真正幸災樂禍的人會有意識地為別人的淪落和毀滅喝采。早年支持軍國主義、菁英政治並反對民主政治的作家允爾，是威瑪共和政體的極端反對者，他曾在一封書信中，對於一九三〇年九月德國下議院國會議員選舉的結果——反對民主政治的納粹黨和共產黨一共囊括全國三分之一選票——幸災樂禍地表示：「這幾個月來，我帶著更高的自我價值，抱持對災難幸災樂禍的心情四處旅行，當我想起歐洲那些販售精美瓷器的專賣店時，也同時會想到具有破壞力的熱帶氣旋，人們只能透過精準的數學計算才能找到它的中心點。」

一九七七年，當西德檢查總長齊格菲・布巴克（Siegfried Buback, 1920-1977）遭德國恐怖組織「紅軍派」謀殺後，一位哥廷根大學學生便以「哥廷根的馬斯卡雷洛印第安人」（Göttinger Mescalero）這個筆名在學生會的報刊上發表〈哀悼布巴克〉（Buback—Ein Nachruf）這篇文章，立刻轟動了當時的德國社會。這位大學生非常同情「紅軍派」的立場，幸災樂禍地看待布巴克的死亡，而且態度相當堅決。他在那篇文章裡寫道：「當檢察總長布巴克被槍殺後，我迅速寫下自己當下直接的反應和感受：我實在無法、也不願隱藏自己內心極為祕密的欣喜。」「極為祕密的欣喜」這個語詞由於當時一再被許多德國媒體重複引用，而讓許多德國民眾可以倒背如流。這種幸災樂禍的態度究竟是缺少身而為人最後的良知衝動，或者只是要報復一九七二年西德總理布蘭特對激進分子所發布的職業限制命令？至今這仍是個未解之謎。

難道我們德國人真的是世界上最冷酷的施虐狂？因此，當英語、法語、義大利語、波蘭語以及其他語言，借用德語的Schadenfreude這個字詞來表達一種卑劣的人類心理特質時，是德國人自己罪有應得？應該逆來順受？或者，這種語言現象只是因為德國人總是以最坦率、最真實的方式，表達一種普遍存在的人類性格缺陷。

這種性格的缺陷可以存在，不過，我們的內心卻會因此再度失去理智的重心。世人應該沒有忘記，德國音樂家貝多芬曾把大文豪席勒的〈歡樂頌〉這首歡欣鼓舞的詩作，譜成第九號交響曲末樂章的合唱曲，讓這首詩篇成為振奮德意志人民的頌歌：「歡樂，天國美麗的火花，／極樂世界的仙女！／我們如醉如狂，／走進你的聖地。／習俗風尚讓人們彼此歧異，／你的魔力使人們攜手相連，／在你溫存的羽翼下，／四海之內皆兄弟。」如果我們被要求立刻以極度的熱情擁抱全人類，是否會感到訝異不已？因為，我們通常很容易閉鎖自己的內心，完全隔絕它與外界的互動和聯繫？

西方哲學應該感謝德國哲學家叔本華，他曾經嘗試為人類建立一種只以同情為依歸的全面性倫理。這位思想家向來認為，人性的幸災樂禍和殘酷密切相關。他不只認為幸災樂禍是人類天性中最惡劣的質素，甚至還認定它就是惡魔的本質，當人們幸災樂禍地譏笑和嘲諷時，地獄也發出了它的笑聲。然而，諷刺的是，這位提出「同情倫理」（Mitleidsethik）的哲學家本身卻是個固執己見的憤世嫉俗者，甚至連自己的母親都無法和他相處。

在幸災樂禍這個令人不快的主題裡，有一點是我們唯一可以確定的：德國插畫家威廉．布許（Wilhelm Busch, 1832-1908）[1]曾在《頑童麥克斯和莫里茲》（*Max und Moritz*）這本著名的漫畫書中，以最出色的故事畫面呈現幸災樂禍以及它致命的後果[2]。布許的確不愧是一位擅長表現德式幽默的大師！

---

1 威廉．布許所繪製的經典漫畫書也有中譯本出版，即《100%頑童手記》（三民，1996）和《非尋常童話》（三民，1996）。

2 見本篇標題頁連環圖畫。

48.
市民農園

Schrebergarten

市民農園最早起源於德國，也最盛行於德國。在平常的生活裡，沒有什麼地方能像市民農園這般，只用一方小小的土地就可以讓德意志民族如此精神煥發。您只要走進德國的市民農園，就會看到入口處有幾個小矮人公仔在那裡向您致意，接下來還有成排的蘋果樹（品種：Alkmene）夾道歡迎您。剛採收的洋蔥和胡蘿蔔已被園主整理成一串又一串。園內小木屋前面還有菊花綻放著，是「紅色狂野」（Rotwild）這個品種，原本的名稱過長——「麋鹿在夕陽西下時走出森林，進入了晚霞中」——聽起來拖泥帶水，所以不適合當作花卉品種的名稱。

德國也是世界上最早制定「市民農園法」的國家。依據該項法律規定，園內的樹木和圍籬之間至少必須維持一點五公尺的間隔距離。為了保留果樹、觀賞植物、花卉和草坪的生長空間，菜圃的占地比例不得超過農園總面積的三分之一。市民農園的承租戶應該優先選擇種植當地的植物品種，避免栽植一些具有毒性或可能造成危害的植物。市民農園雖然禁止使用化學除草劑，但不可以放任農園雜草叢生。草坪周圍可以擺放石頭，至於園內步道的鋪設和加固一律禁止使用水泥。農園裡的小屋寮必須是平房，而且不可以挖建地下室，占地面積不得超過二十四平方公尺。原則上，只要該農園不是素食者專屬的市民農園區，只要隔壁農園的承租戶不覺得受到打擾——特別是對於煙霧和氣味——人們就可以在園內的烤肉架上烤幾條香腸來吃。關於噪音的管理，人們如果要整理農園，只能在星期一至星期六早上七點到下午一點，以及下午三點到晚上七點這些時段內，使用手動或機動的除草機、電鋸、園藝用大剪刀和碎枝機等器械，星期天及國定假日則完全禁止使用（請參考德國「噪音危害防治條例」）。管理單位樂見承租戶自行在農園內挖建小池塘，有時為了防漏工程的需要，也允許使用ＰＶＣ

塑膠軟墊、橡膠或黏土等建材。此外，每個市民農園的承租戶有義務參與該農園區的公共勞務。

有些喜愛森林的德國人，靈魂似乎已被森林的下層林叢纏住似的，相較之下，嚮往市民農園的德國人雖然也渴望回歸大自然，卻喜歡讓大自然在自己的掌握之中，他們的內心並未憧憬那些陰暗、長滿苔蘚、有霉腐味的森林。德國市民農園愛好者和森林愛好者的對比，就好像牧羊犬和野狼的差別。人們或許會譏笑前者的小市民習氣，不過，他們卻處於較高的文化階段（Kulturstufe）。

市民農園自從十九世紀創設以來，便和市民社會出現一種相互糾葛的關係。在一八六四和六五年之交，教育改革家恩斯特・豪緒德（Ernst Innocenz Hauschild, 1808-1866）在萊比錫市區外緣設立了德國第一座市民農園，不過，就當時的情況而言，它並不是市民的休閒小天地，也不是一八二〇年以後在德意志各地出現、讓生活困苦的城市居民可以取得新鮮蔬果的「窮人農園」（Armengarten）。豪緒德是萊比錫一所中學的校長，他所建立的市民農園模式，起先是為了教育改革而進行的校園空間擴展。豪緒德校長當時為了紀念萊比錫大學醫學院骨科教授丹尼爾・施瑞伯（Daniel Gottlob Moritz Schreber, 1808-1861）——他曾針對工業化導致都市青少年的身心問題，提出一些教育改革理念——決定以這位醫學教授的姓氏為自己創立的教育改革協會命名，而且還把該協會所管理的這塊校園農地取名為「施瑞伯園圃」（Schrebergarten）。後來德國人便沿用這個名稱，把市民農園稱為「施瑞伯園圃」。

身為教育改革家，豪緒德校長已經察覺到，萊比錫市的青少年因為城市快速發展、生活空間不足，而出現體魄退化的現象，因此，應該讓學生們擁有一塊可以自由活動的空間，並於老師的督導下，在那裡進行體操訓練以鍛鍊體能。因此，豪緒德主持的「施瑞伯協會」（Schreberverein）便在一塊大草坪上放置和架設各式各樣的體操器具，協會之家就蓋在旁邊，協會的圖書館除了提供書籍借閱服務之外，也會舉辦一些關於教育問題的演講。退休的小學教師亨利希・格塞爾（Heinrich Karl Gesell）在加入「施瑞伯協會」數年後，由於受到福祿貝爾創立幼稚園的啟發，才提議把「施瑞伯園圃」的周邊變成一壟一壟的菜畦，讓可愛的孩子們可以透過農務勞動來鍛鍊體能。不過，這些孩子對於播種和鋤草的興趣卻快速消退，家長們只好親自整理這塊已荒蕪的農地，孩童們的菜畦因而變成了家庭的菜園。由此可知，德國的市民農園其實源自一項失敗的教育改革計畫，沒想到後來竟變成大都市成年居民最喜愛的休閒治療。

然而，施瑞伯醫生卻從未踏入「施瑞伯園圃」。他雖是相關教育改革運動的倡導者，不過，當豪緒德校長成立「施瑞伯協會」時，這位萊比錫知名的骨科醫學專家早已過世。施瑞伯醫生在過世前不久，不只發明了頭部固定器或肩帶這類器具來矯正成長中的兒童骨架、改善他們的駝背情況，還在《園亭》這份當時頗暢銷的生活雜誌裡發表文章，探討青少年休閒活動的健康與教育意義。他反對呆板沉悶的家庭散步、自命不凡的趨風附雅、流行的娛樂消遣，以及一些扼殺孩子們天真性情的作法；他建議兒童和青少年應該到戶外嬉遊奔跑，如此一來，人類才能「一代比一代更高貴完美，並依據自己本身的創造性想法，從本性中逐漸活出自己該有的生存樣態」。

如果「施瑞伯園圃」於施瑞伯醫生在世時便已成立，也許會在教育改革方面出現比較正面的發展：「施瑞伯園圃」或許可以藉由農藝勞動充分展現施瑞伯的骨科醫學和教育學理念，而非試圖把孩子們栽培成農園裡成排果樹上的果實。施瑞伯醫生的兒子丹尼爾（Daniel Paul Schreber, 1842-1911）

是一位法官，而且還升任要職，擔任德勒斯登高等地方法院判決委員會主席（Senatspräsident am Oberlandesgericht Dresden）。後來他卻不幸成為德國最出名的妄想症患者，當時身為父親的施瑞伯醫生早已不在人世。在療養院裡經過一段長期治療後，丹尼爾於一九〇三年發表《一位精神病患的回憶》（*Denkwürdigkeiten eines Nervenkranken*）一書，書中的內容立刻成為當時精神病學及心理分析學的重要研究材料——丹尼爾在書中表示，上帝透過強光的照射和他溝通，並同時改變了他的性別，讓他變成「施瑞伯小姐」。他在絕望之餘，還嘗試回應他父親施瑞伯醫生對人類如何變得更加美善的作法。後來他甚至宣布自己受到上帝的揀選，要依照父親施瑞伯醫生的精神，在人間塑造一群新人類。

最後，施瑞伯父子都未能成功地塑造出新人類，人們原初創設「施瑞伯園圃」的熱情也逐漸消減。一九一四年一戰爆發時，位於萊比錫西郊的「施瑞伯協會」理事會雖仍設有競賽、園藝、慈善、娛樂委員會和鼓笛隊等下屬組織，然而在一戰期間以及戰後的經濟蕭條時期，物資缺乏，百姓謀生不易，「施瑞伯園圃」的農務勞動者主要是為了填飽肚腹，才拿起鐵鋤和釘耙從事農作。

在納粹獨裁期間，柏林市民農園的小木屋卻成為更具戲劇性的生存工具：早在一九二一年，德國各地的「施瑞伯園圃」、自然療育農園、窮人農園、工人農園及柏林園圃之友會，便共同組成「德國市民農園協會」（Reichsverband der Kleingartenvereine Deutschlands）。納粹上台後，這個全國性市民農園組織也必須在組織、活動和思想上與納粹黨的政策一致化（Gleichschaltung）。當納粹開始屠殺猶太人時，曾有三位承租柏林市民農園的婦女把猶太青年漢斯．羅森塔（Hans Rosenthal, 1925-1987）——後來在戰後成為知名的西德電視節目主持人——藏在她們農園的小木屋裡，成功地幫助他逃過這場種族屠殺的浩劫，雖然早在納粹上台之前，德國當局便已嚴令禁止人民在市民農園的小木屋裡留宿過夜。

德國市民農園最蓬勃的時期竟是在戰後的東德，這個發展實在出乎人們意料之外。依照東德當局的構想與決心，市民農園的私作原本應該只是社會主義體制下，為了解決戰後糧食短缺的折衷辦法。一九五一年，東德官方開始實施蘇聯社會主義式的第一個五年計畫，但卻遭到市民農園承租戶集體頑強的反抗，後來政府只好以妥協的方式，讓農業部門管理這些市民農園的私作者，不過，他們仍不願遵從行政部門的相關規範，也就是只能在承作的休閒農園裡種植一定數量的農產品。（現在德東地區有些市民農園協會，反而還比較認同嚴格執行關於承租戶耕作限制的規定。）或許是這個社會主義政權為了補償東德人民無法像西德人到南歐的亞得里亞海岸邊度假、為了補償許多東德人民只能住在政府為他們興建的集合式大樓公寓裡，後來東德政府甚至允許市民農園的私作者擁有比西德人更大的園圃面積，而且還可以在農園裡興建所謂的「鄉間房宅」（Datsche），並樂見人民在那裡過夜，度過屬於自己的休閒時光。（相反地，在兩德統一後，德國「市民農園法」規定，人民不可以長時間住在市民農園的小木屋裡，因為該建物的特性——尤其是內部的擺設和配備——並不適合人民在裡面生活起居。德國統一後，聯邦政府相關部門為了落實管理，硬是把德東地區市民農園的使用權和其中「鄉間房宅」的使用權分開，然而在東德統治時期，此二者是合一的。）

比起西德，東德市民農園的發展更像休閒的田園生活。許多東德人一整年的週末及假期全在市民農園裡度過：二、三月的狂歡節過後，便是春日節（Frühlingsfest），然後是五、六月的聖靈降臨節（Pfingsten），人們會趁著這個節日在園區裡舉辦音樂會，並在會後相偕到酒館裡一起喝午前酒（Frühschoppen）。接下來人們還會在園區裡慶祝夏日的來臨、秋天的收割、烈性黑啤酒（Bockbier）的釀成以及豬隻的屠宰。當一年接近尾聲時，園區裡還會舉行退休人士耶誕節聯歡會以及大型跨年舞會。在沒有節慶的休閒時間，人們會到園區裡打打保齡球，玩三人制的斯卡特（Skat）紙牌遊戲，有時還會在一旁播放英國（西方資本主義陣營）流行歌手比利．桑德斯（Billy Sanders, 1934-）的那首關於市民農園的熱門歌曲：「三十平方公尺，／花椰菜和羅蔓萵苣，／誰若擁有這樣的菜園，／住在城市裡一定覺得很愉快！／阿德荷，阿德荷，請送我一個小矮人公仔！／阿德荷，阿德荷，請好好幹活！」

德國統一的前一年夏天，東德官方的統計資料曾顯示，東德有高達二分之一的家戶從事市民農園私作。看到這樣的數據，我們不禁要問：這個以農人和工人為主體的社會主義國家，難道不也是一個以市民農園為主體的國家？

人們下次如果散步經過市民農園的園區時，最好不要高姿態地報以微笑。試問，德國還有哪個地方可以讓自然和文化、秩序和欲求、自由和節制、健康和瘋狂這些對立的元素在一塊頂多四百平方公尺的土地上相互角力？「就連一小塊農園也帶有無限的使命！」園藝哲學家、也是菊花品種「紅色狂野」的育種者卡爾．富爾斯特（Karl Foerster, 1874-1970）這句對於市民農園充滿浪漫感、卻也最犀利的諷刺，還曾賦予德國市民農園運動一股迷人的魅力呢！

49. 渴望

Sehnsucht

H 17
Nimm mich mit Kapitän
auf die Reise . . .

每個人都會渴望些什麼。當渴望被滿足時，應該會感到幸福；當願望實現後，人們就會處於安靜、平息和滿足的狀態。

然而，欲求如果已成為人們的癮癖時，情況就不太一樣了！它會沒完沒了地驅使你，沒有節制，也不知停止。還記得浪漫派詩人布連塔諾的〈輕浮生活裡的愛好與悲傷〉（Lieb' und Leid im leichten Leben）這首詩？「輕浮生活裡的愛好與悲傷，／讓自己飄浮起來，再往下滑落，／內心想要攫獲一切，／只是欲求，卻從未實現……」

當渴望升起時，人們會盡力付諸實現，但它往往在即將達成的時刻突然消退。渴望既不是一種狀態，也不是持續的追求，而是一種永不停止、來回反覆的拉扯。渴望會跟自己玩貓捉老鼠的遊戲，德意志浪漫派女詩人貝緹娜．馮．阿爾寧——也就是布連塔諾的妹妹——甚至認為，只要把人們渴望的能量聚集起來，就可以成立一門「懸浮的宗教」（Schwebe-Religion）。

人們可能會把這種渴求的癮癖（Sehn-Sucht）視為一種疾病，但卻沒有任何疾病能比這種癮疾為人類的靈魂帶來更多張力。

極限登山家蘭厚德．梅斯納（Reinhold Messner, 1944-）非常了解自己內心的渴望以及這種生命原動力所帶來的折磨：這位被譽為史上最偉大的登山運動員，來自義大利北部說德語的南提洛山區，他不僅是首位不用攜帶氧氣筒而成功登上聖母峰的人，還是第一個攻克全世界十四座八千公尺以上山峰的登山家。當地勢的高度對他已不再有挑戰性時，他便轉而從事極地和沙漠的探險活動。他在《永不回頭》（*Nie zurück*）這本書中曾提到：「如果有人在家跟妻子過生活時，卻對她說，我要去北極，然後當他真的抵達北極時，卻一直思念家中的妻子，這真是一種精神分裂的狀態。」或者，他還用比較哲思性的語言表示：「我在征途中的奔波，就好像浪漫主義人士內在的分裂狀態：當他在家時，靠著內心對於外面世界的渴望過生活；當他在外時，卻一心一意想要回家。然而，我自己卻是個渴念家鄉的背叛者（Heimatsehnsuchtsverräter）。」

渴念家鄉的背叛者……這種生活態度讓這位來自南提洛、以德語為母語的義大利登山家，比出身自北海岸地區的德國知名男影星兼歌手漢斯·阿爾伯斯（Hans Albers, 1891-1960）更接近德意志浪漫主義精神。阿爾伯斯出生於漢堡港都，他在銀幕上時而優雅、時而粗暴，同時又不掩善良本性的演出，讓他成為二十世紀最受德國人喜愛的男演員之一，他在戰後還唱紅一首關於內心渴望的歌曲：「請帶我航向遠方，船長！／請帶我前往遼闊而遙遠的世界！／您要航向何方，船長？／請一路開往南極，我們身上的錢夠我們到達那個天邊海角！」家鄉的背叛者後來在這首歌的末段歌詞裡，卻又轉變成家鄉的渴望者，他央求著：「請帶我離開遠方，船長！／一直把船開到漢堡，我要在那裡下船。／我的星星在家鄉的夜空中閃亮著，／我要回到家鄉，回家待在母親身邊。／我們的星星在家鄉的夜空中閃亮著，／請帶我回家，船長！」

誰說這張專輯和這首歌曲不可以再從頭播放一次？雖然沒有什麼比跟母親一起坐在沙發上更溫馨美好，不過，如果母親的沙發上沒有那塊繡著引誘我們前往遠方的圖案的靠墊，那又會是什麼樣子？

家裡明亮的樓梯上了地板蠟，益發顯得市儈氣。身為一家之主的父親一向只偏好抽菸，卻突然渴望遠行，嘴裡還哼起奧地利流行歌手俞爾根斯的一首金曲：「我這輩子還沒到過紐約，也沒去過夏威夷，／絕不要穿著破爛的牛仔褲經過舊金山。／我這輩子還沒到過紐約，也不曾擁有真正的自由，／人生不妨瘋狂一次，從所有的束縛中逃離。」不過，這位父親出門旅行的意念最後還是消散在電視機螢光幕前——怎麼會這樣？想要遠行的感覺還是存在。誰知道？或許他的妻子在下次結婚紀念日時，會拿出兩張俞爾根斯音樂劇的入場門票，它可能在漢堡、維也納或至少是在斯圖加特演出，而且還可以憑票入住三星級飯店雙人房一晚呢！

人們如果覺得投幣式自動播唱機的流行歌曲過於無聊乏味，可能會喜歡聆賞比較有文化水平的歌曲：「你知道這個地方嗎？那裡有萊姆樹的花朵盛開，／在暗沉的綠葉中有金黃色的柳橙灼灼發亮，／柔和的微風自藍天吹拂而下，／香桃木安靜地、肉桂樹高高地站著——／你大概知道這個地方吧？就在那裡！就在那裡！／啊，我的愛人，我想跟你一起去那裡！」沒錯，這首歌的歌詞就是歌德的一首詩作。到底這位文學大師比較喜歡讓哪位作曲家為他的詩篇譜曲呢？徹爾特、貝多芬、舒伯特、路易斯．斯博爾（Louis Spohr, 1784-1859）、菲利克斯．孟德爾頌的姊姊芳妮．孟德爾頌、李斯特、舒曼，還是現代樂派的胡果．沃爾夫（Hugo Wolf, 1860-1903）或貝爾格？總之，這是歌德自己的事。在此我只建議，不要採用小約翰．史特勞斯圓舞曲的變奏音樂。

當靈魂為了飛向某個地方而張開它那對翅膀時，人們會覺得胸口緊繃，甚至感到疼痛，只是每次強度不一罷了！內心的渴望會化身為溫柔的感傷，它就像一層薄紗一般，略略濾除了這個世界原有的色彩：「如果我可以懷抱什麼願望，／我希望自己處於難堪。／到底我應該持有什麼期待，／一段糟糕或美好的時光。／如果我可以有什麼請求，／我希望自己可以獲得一點幸福，／因為，如果我過於幸福，／我就會思念那原本我所歸屬的哀傷。」（這首歌曲是德國著名的猶太裔作詞、作曲家弗利德里希·侯連德〔Friedrich Hollaender, 1896-1976〕於一九三一年完成的作品。侯連德後來受納粹迫害而流亡美國，當時的好萊塢諧星卓別林曾暱稱他為「偉大的小弗利德里希」。當人們難以判斷某些樂曲究竟屬於嚴肅性或娛樂性音樂，而且這種粗糙的二元劃分還經常受到德國文化評論的批評時，侯連德雅俗共賞的歌曲就可以不用捲入這類爭端。）

欲望升起時所產生的痛苦，可以讓個人的內心深受煎熬和折磨，就像歌德在以下這首更知名的詩作中，曾讓他可憐的主人翁唱出如此苦楚的心聲：「只有了解內心渴望的人，／才能明白，我為何受苦！／孤伶伶一人，而且／無緣於所有的喜悅，／我看向蒼穹，／看往另一方。／啊！那位愛我、了解我的人兒，／在遠方。／我感到暈眩，／我的臟腑在燃燒，／只有了解內心渴望的人，／才能明白，我為何受苦！」

內心的渴望就像凸透鏡一般，可以感覺遠方的愛人已近在咫尺。渴望者只在乎那唯一的、尚未達成的人事物，其他所有的一切便因而黯然失色。渴望到頭來也可能轉成對於世間一切的厭倦：誰若期待每扇窗戶都會有人探出頭來友善地對他微笑，他會很快地發覺，自己所看到每塊窗戶上的玻璃其實已經變得不清澈、不透明了。

只有停止才是渴望的禁忌，因為那意味著渴望的終結。如此一來，不只渴求者本身不再渴望什麼，甚至他整體的自我感將因為失去企盼而無法察覺自我的存在。人們希望透過努力讓自己強烈的熱望能夠實現，然而，每一次的努力似乎把企求的目標從自己身邊推得更遠。欲望的世界是一間神奇的鏡屋，這個能從各個面向反映自身欲念的間室，才是渴求者真正的家、真正的歸屬。如果有人在此片刻套用歌德《浮士德》的名句對你說：「停留一下吧，你多麼美呀！」你就會在當下擁有美貌，即使你從未把自己的靈魂交給魔鬼。

內心充滿渴望的人往往無法忍受，必須眼睜睜看著自己念念不忘的人事物，以及內心最深處所意想的美好，在日常生活的淘洗中逐漸褪色而變得乏味，最後瓦解並消散無蹤。因此，渴望者總是顯得匆匆忙忙，或者他們為了欲望的實現正卯足全勁地衝刺。我們會是哪一種欲求者？莫札特歌劇《唐・喬凡尼》或華格納樂劇《崔斯坦與伊索德》的男主角？風流成性的花花公子喬凡尼對一個女人調情的渴望，往往終止於在她肉體上所達成的性高潮；崔斯坦的情況恰好相反，他會盡量推遲與戀人出現性高潮的時刻，所以，最後只能在「愛之死」中宣洩自己的情欲。有些人會輕率而放縱地展現自己的生命欲望，有些人卻想要解開欲望的謎底，而且愈努力就愈無法尋得，還因此顯得焦躁不安。

關於人們的渴望，現在至少還有一個建議是有益的：請您走向自己的CD架、CD收藏櫃，或走進一家CD唱片行，找一張自己喜歡的音樂CD！現在您只需要聆聽！聆聽、聆聽、聆聽……

50. 社會福利國家

Sozialstaat

GASSE

親愛的讀者，如果您在德國南部旅行，打算從愛因斯坦的出生地烏姆市坐火車前往慕尼黑時，不妨中途在奧格斯堡下車稍作停留，進內城看看布萊希特紀念館（Brecht-Haus），如果還有時間參觀「富格社會住宅區」（Fuggerei），就更理想了！布萊希特紀念館是左派劇作家布萊希特的住家，緊鄰一條湍急的溪流，我們可以想像，這位桀驁不馴的文學家如何在奧格斯堡城區的巷弄裡，安適平靜地度過他的童年和青少年時光。在地理大發現時期，當地的富商家族由於成功的海外貿易而累積巨量財富，便在城內為窮困潦倒的人民興建「富格社會住宅區」，該集合式住宅區不僅是社會救濟的典範，還是全世界最古老的社會住宅區，而且至今仍在營運。

布萊希特早年便因《三便士歌劇》（*Die Dreigroschenoper*）這部作品的反資本主義色彩而一舉成名。他高舉當時的時代精神，並針對當時的公民道德提出諷刺性社會批判，這些作風建立了布萊希特身為左派作家的形象，並讓後來的德國世代明白，什麼是有責任感的政治思想家。受布萊希特影響的思想家直到今天仍具有影響力，他們甚至成功地節制了一些作家在評估公共事務方面的恣意與輕率。我們可以這麼說，所有布萊希特的跟隨者都深受社會主義大師馬克思的吸引。

這位戲劇大師應該沒有讀過馬克思的著作，他當時應是從一九二〇年代很受歡迎的馬克思理論詮釋者、政治黨派批判者及社會哲學家卡爾．寇爾許（Karl Korsch, 1886-1960）的著作中零碎地知道一些馬克思主義的假設。寇爾許的社會主義論著歷久彌新，後來甚至對一九六八年主導西德學生運動的「社會主義德國學生聯盟」（Sozialistischer Deutscher Studentenbund；簡稱ＳＤＳ）發揮了相當重要的影響力。

左傾的布萊希特成功地在藝文界闖出了一片自己的天地，不過，他的見解卻禁不起檢驗。他曾相當自豪自己把當時的社會問題，簡化成一句布爾什維克式的宣傳格言：「擁有資產就是偷竊。」（Eigentum ist Diebstahl）就是這樣一句簡略的教條式口號，讓布萊希特原先應該傳達社會良知的藝文作品淪為淺薄的民粹。我們都知道，布萊希特曾在一九三〇年出版的《三便士歌劇》劇本中惡劣地寫道：「反對銀行持有金錢而闖進銀行偷錢，這意味著什麼？」

擁有資產絕不是偷竊，而是所有社會秩序的基礎，它也是布萊希特能過舒適生活的前提。十六世紀便已開始營運的「富格社會住宅區」不就是資產者的善行？難道這種社會救濟是偷竊？五百年前，奧格斯堡財力最雄厚的富格家族（又稱為「奧格斯堡的梅第奇家族」）基於社會公益的美意，創設了這座人類史上最早的社會福利住宅區，讓一些窮困市民能有安身立命的處所。

雅可布．富格（Jakob Fugger, 1459-1525），綽號「有錢人」（der Reiche），於一五二一年慷慨捐資，在奧格斯堡城內興建「富格社會住宅區」。他是富商，也是銀行家，然而，依照布萊希特的那句格言，這位大慈善家卻是個小偷。德意志聯邦共和國自一九四九年建國以來，「社會市場經濟之父」經濟學家艾哈德[1]和他同派的戰友，特別是阿弗烈德．穆勒—阿瑪克（Alfred Müller-Armack, 1901-1978），所推行的「社會市場經濟」（soziale Marktwirtschaft）廣獲國內各政黨力挺，其實這套兼顧社會福利措施的經濟制度，卻不是這位經濟學大師的創新，而是源自五百年前奧格斯堡大富豪富

[1] 艾哈德是西德首任經濟部長兼勞動部長，並於一九六三至六六年期間擔任西德總理。

格所創始的社會福利傳統。而且，這套建立於十六世紀的制度，也影響了「萊茵地區資本主義」（der rheinische Kapitalismus）[2]、天主教的社會救濟準則、新教的工作倫理以及左傾的「工人教育協會」（Arbeiterbildungsvereine）。

鐵血宰相俾斯麥早在十九世紀，便已經看出這些社會因素彼此交互作用對於現代德意志社會的意義。普魯士維護秩序的決心遲早都必須碰觸下層窮人的問題，而且依照習慣是由行政管理系統處理。不，帝國的主政者並不關心社會的公平正義，我們在這裡也不作此主張。當時帝國處理社會議題其實著眼於維持國內各勢力之間的平衡，因為，各方勢力處於均勢狀態就是帝國存續的保證。根據後來當上國會議長的自由派政治家瑙曼的看法，當時德國國內最重要的一股社會勢力是工人和他們的政治工具——社會民主黨，識時務的帝國政權已同意和他們進行協商。

俾斯麥是保守派政治家，深諳統合主義（Korporationismus）的政治妥協，他對於工人階層採取恩威並用的方式：他先對這些黨派與社團組織的首腦進行政治清算，特別是奧古斯特．貝伯爾（August Bebel, 1840-1913）和威廉．利柏克內希特（Wilhelm Liebknecht, 1826-1900）這兩位社會民主黨的創黨領袖。他們因為公開支持巴黎公社，而於一八七二年在萊比錫被以謀反罪起訴判刑。一八七八年，普魯士通過〈反對社會民主黨危害社會秩序條例〉，經由這項立法，社會民主黨和「工人教育協會」已經無法再成為德國國內主要的反對勢力。

這項法律條例就是俾斯麥對付社會民主黨人的利器。隨後關於社會福利的立法，則是這位鐵血宰相施予這股政治勢力的恩澤：身為帝國首相，俾斯麥總是在考量，如何把社會主義者的要求持續而具體地納入自己的施政藍圖中，他在這方面的施政成果，也為至今仍在德國有效運作的社會保險體系奠定了重要根基，總而言之，俾斯麥把十六世紀奧格斯堡富格家族所創設的社會福利事業，變成了國家事務。就當時的情勢而言，普魯士堅定不移地貫徹這項照顧社會弱勢的制度，是恰當而正確的作法。

拿破崙戰爭帶給普魯士的屈辱與衝擊經驗，是普魯士蛻變為現代化國家的起點。這場戰爭是歐洲歷史上第一次跳脫傳統思維的戰爭，也就是說，戰爭的勝負不光由軍事武力決定，參與戰爭的雙方對當地民眾的思想號召力也是戰爭成敗關鍵之一。拿破崙戰爭不只關乎權力，它還涉及權力政治。簡短地說，這場戰爭不只是透過武力來嚇退敵方，它還外加了一些細緻的政治操作，因此，歐洲各地區如果要成功地反抗拿破崙法軍的占領，就不能只限於槍彈和重砲的軍事配備，還需要進行國家政體的改造。當時若沒有史坦因男爵和哈登伯格公爵這兩位內閣大臣大刀闊斧地進行行政、財政、軍事及教育等各方面的現代化改革，普魯士王國早就滅亡了。

德意志帝國作為普魯士王國的延續，在發展現代經濟的同時，實際上也考慮到與經濟層面息息相關的社會福利立法。德國接下來的社會福利政策並沒有太多改變，每個時期的政權只是繼續補強俾斯麥在十九世紀晚期所建立的社會福利制度，繼續擴充這個以統合主義的妥協為基礎的德意志社會，希望它能更加完善。最遲在戰後的西德社會，勞動市場的政策已經成為實際的政治權力運作要素。為了

2「萊茵地區資本主義」是法國經濟學家於一九九一年所提出的，它是一種有別於美國資本市場經濟的德國社會福利國家資本主義模式，雖然它的經濟成長動能較弱，卻比較有效率，而且比較符合人性及社會公義。

維持社會和諧，避免社會出現動亂的危險，貧富及勞資雙方在共同身為「社會夥伴」（Sozialpartner）的關係下，都肩負平息社會爭端的義務。

「萊茵地區資本主義」是企業董事會、監事會、工會、銀行以及財稅機關相互角力的結果。這些單位彼此的協商雖然比較緩慢，雖然無法徹底維護社會和諧，但這樣的互動機制至少已取得了形式的和諧。這種勞資雙方以及社會強勢與弱勢之間的表面和諧，讓德國的經濟得到普遍讚譽，這些掌聲也再度保證了人民勞動所創造的價值以及誠實納稅的道德。「萊茵地區資本主義」不只透過社會福利的問題，它還藉由工作的倫理和資本經濟產生連結。人們勤奮地工作，卻不一定要接受新教教會那套僵化的工作倫理以及連帶的宗教威懾手段。「萊茵地區資本主義」雖然會在每年二、三月的狂歡節舉行嘉年華會，卻仍具有生產性，甚至這種資本主義在某些方面還帶著嘉年華般的愉悅與安樂。

社會學家韋伯曾在德意志帝國時期探討新教倫理和資本主義精神的關聯性，然而，在此我們必須一提的是，這個著名的論點其實是不完整的，因為，價值創造的前提不只是人們刻苦地工作，也很可能是人們預期價值創造所應獲得的喜悅。為了讓上帝的帆槳大戰船往前航行，信徒們不一定覺得自己有義務必須留在船上為祂划動櫓槳，他們也可以只為了到達某個航行目的地而划槳，而且還可以在搖槳時，隨興哼個曲子或暢飲啤酒。在德意志帝國時期，源於宗教改革的社會變遷確實在政治領域發揮很大的作用，因此，當時的德國人會當真地相信，新教徒在工作勞動方面基本上比天主教徒還要勤奮。這種錯誤的認知雖然沒有對新教的喀爾文教派造成比較多傷害，不過，它帶給喀爾文教派的負荷應該超過它給路德教派的壓力。這種誤解是因為新教徒普遍認為，在汗流浹背的勞動後，就會出現好的報酬。相反地，天主教徒卻覺得，大家互相挽著手臂、隨著音樂節奏搖擺，對於繼續投入工作是有幫助的。人們在努力工作之餘也可以好好享有人生，就像發源於柏林的「愛的大遊行」，以及追求享樂與愉悅體驗的社會階層所從事的一些看來沒有意義、卻刷新金氏世界紀錄的活動。

韋伯於一九〇五年發表《新教倫理與資本主義精神》這本相當具影響力的代表作的真正意義，並不是在恭維新教——雖然當時認同普魯士行事風格的德國人樂於見到這種情況——而是在指出以新教為基礎的倫理和資本主義精神的原則性關聯。人們總是會這麼解釋並確信：市場經濟的各種勢力有強有弱，無法自由地相互影響。市場經濟的原動力就是利益或至少是在追逐利益，它並不是自由的，所以，人們不可能放任市場不管。誰若相信經濟可以做好自身調節，很快就會失去辛勤勞動的成果。

我們在此不會為資本主義的合理性做辯解，而是要說明它存在的理由，雖然只是創造價值這個理由。誰如果製造出什麼東西，就一定要看到它的意義所在，一方面是創造的樂趣，另一方面則是它的市場價值以及對社會的貢獻，例如「萊茵地區資本主義」的社會保險、累進稅率以及社會的團結。在這裡，法國大革命的口號「自由、平等、博愛」或許顯得多餘，不過，它們理所當然都是「萊茵地區資本主義」的一部分。這種德國特有的資本主義運作模式就是保守的經濟計畫，雖然德國人不喜歡這麼說。同樣地，德國人也不喜歡指出，資本主義發展的動力只存在於資本主義的整體條件裡，而且這股力量並沒有受到控制。

其餘就是倫理的議題。人們應該知道自己負有什麼責任、必須承擔什麼義務。

市場經濟的成功不只拜自由之賜，它還來自各種勢力彼此持續地較量，以及人們不斷透過國家立法與社會的氛圍和道德觀來控制市場。

當社會道德——作為開放社會最重要的權力因素——拒絕一項商品時，幾乎沒有什麼力量可以真正和這股社會意志對抗。比方說，自二十一世紀初以來，德國人廢除核能發電廠的主張已經形成強烈的社會共識，因此，人們幾乎聽不到相關的反對意見。

到底什麼才會成為多數意見？以何種方式？是誰在主導公眾意見？這些問題當然都還存在。就現在的德國而言，民主政治能順暢地運作，真的是靠社會的多數嗎？或者，有權謀和計策的少數可以透過媒體來塑造主流民意？

經濟的發展不只遵循社會倫理，也以偽善為依歸。資本市場也深諳這一點。我們愈來愈察覺到，現今的德國正面臨這樣的問題：人們不只藉由有機耕作、畜牧以及替代能源向德國產業界（至少有一部分）進行道德勸說，其實德國產業界本身也會利用社會主流風氣，主動向民眾及消費者進行道德教育，以塑造正面的企業形象，並讓商品的市場行銷合乎當前世界潮流。

我們不只可以用已經達陣的成果，還可以用意識形態務實地說明，為何統合主義主張政治的妥協。這種政治手法曾在二十世紀的德國出現過兩次：希特勒的第三帝國以及二戰後的東德。這兩個政權都利用社會和諧作為政治號召來壓制人民，不過，最後都以失敗告終。

統合主義並不是分配權力，而是規範人民對政治與社會的參與，諸如應有的責任、義務與權利。因此，它是民主政治的工具（雖然人們通常不這麼認為），而不像人們一般所認為的是獨裁專制的工具。

納粹主義和共產主義已經成為過往歷史，然而，五百年前所創立的「富格社會住宅區」至今仍在營運。這個全世界最早的社會福利典範呈現什麼樣的理念呢？目前我們只能從倫理的角度闡釋社會福利國家存在的依據。誰如果在意識形態上接受了這種制度，就會認為它確實可信。

51.
蘆筍季

Spargelzeit

即使時令是冬天，我們還是可以在德國超市的蔬菜架上看到蘆筍。這些重量固定、用塑膠袋包裝的蘆筍，是從南歐溫暖的希臘和南半球正值夏季的智利進口的。記得有一年冬天，我想在超市購買那些遠道而來的蘆筍，不知是不是因為這些蘆筍解凍而讓塑膠袋出現水滴凝結的緣故，它們看起來顏色有些改變，已失去新鮮蘆筍應有的光澤。戶外已經積雪好幾個禮拜了！想吃一頓蘆筍大餐的渴望突然變得很強烈：西芹炒馬鈴薯片，煎幾條培根，再把加熱融化的奶油或荷蘭蛋黃醬（Sauce Hollandaise）淋在煮好的蘆筍上，享用這份蘆筍餐是何等的生活樂趣啊！不過，我的手卻已經從那包已開始退冰冒汗的袋裝蘆筍中縮回去，這其實不是我的環保意識在作祟，我的內心並不會因為購買大老遠從南歐或南美洲運來的一級農產品、徒增地球的二氧化碳排放量而感到不安。我後來決定不購買這些冬天進口的蘆筍，因為我知道，不論我多麼深情而溫柔地拿削刀削蘆筍皮，並把這些蘆筍一根根地放進優質鋼鍋裡烹煮，一旦這些異國的蘆筍裝盤上桌後，我一定會感到失望。冬天在德國吃進口蘆筍就好像跟陌生人發生一夜情，只因為他或她突然讓你想起那位身在遠方的心上人，便決定和對方上床，事後卻又覺得空虛寂寞。

從前蘆筍在德國是昂貴的食材，只有富人才吃得起蘆筍大餐。隨著蘆筍的平價化，享用蘆筍大餐後來便成為德國人的一種生活儀式，這種儀式的舉行必須在特定季節，而且必須使用恰當的烹調方式。

二戰前風靡全歐、後來卻因納粹迫害而各奔東西的德國男聲五重唱「詼諧的和聲高手」（Comedian Harmonists），曾唱紅一首長期在德語區流行的歌曲〈薇洛妮卡，妳正值青春年華〉（Veronika, der

Lenz ist da）：「薇洛妮卡，妳正值青春年華，／少女們都歡快地哼哼唱唱。／整個世界像被魔法催眠一般，／薇洛妮卡，蘆筍正在田野裡生長！」從前就連納粹的廚師也禁不住要哼唱這首流行歌曲，當四月天來臨時，就會有人在歌唱或播放這首「蘆筍歌」，從德國中部胥維青恩（Schwetzingen）到柏林附近貝利茨（Beelitz）的蘆筍農場似乎已從冬眠中甦醒一般，農場附設的餐館也開始為顧客呈上新年度的蘆筍料理菜單。

蘆筍的美味與可口絕不是德國人率先發現的。埃及和希臘不僅是西方文明的起源地，也是最早栽種蘆筍的地方，不過，羅馬人卻是最鍾愛、也最講究蘆筍料理的民族。他們後來還將蘆筍引進日耳曼地區種植，在古羅馬時代便已建城的特利爾市（Trier）附近，曾有好幾塊西元第二世紀的鉛板出土，上面還寫著蘆筍的價格呢！

自從羅馬人離開日耳曼地區後，蘆筍這種昂貴的食材也跟著消失無蹤。後來可以確定的是，一五六五年，蘆筍又再度出現在德國，在南德斯圖加特宮廷的大花園裡。十七世紀初期，德國中部巴登地區及北部柏林和布朗許維克的市郊開始大量栽種蘆筍，不過，還要再過兩百年，等到荷蘭的蘆筍農發現新的蘆筍栽培法後，德意志地區的農民才競相種植蘆筍，吃蘆筍才真正成為德國民眾的飲食風尚。在這之前，西方只有綠蘆筍，我們今天在義大利或美國的餐廳點蘆筍料理時，吃到的就是綠蘆筍。荷蘭農民在十九世紀發明的新式栽植法，就是在蘆筍生長期間用泥土覆蓋整枝蘆筍，阻絕日光照射，如此一來，蘆筍的質地不僅變得非常細嫩而且顏色顯得白皙光潔。德國人當時非常喜愛這種荷蘭的白蘆筍，便紛紛把農田堆成一壟一壟的菜畦，以便把生長中的蘆筍株完全埋入土裡。這種蘆筍田在外觀上很顯眼，人們在遠處就能辨識出它們。當時德國農人在學習這種外來的蘆筍栽培法時，是否已意識到，他們是用如此違反一般農耕的方法——不讓農作物接受日照，而是徹底埋入土中——讓綠蘆筍變成白蘆筍？

這些蘆筍必須一直隱藏春天生長的訊息，直到採收期，才從泥土被挖出而得見天日。蘆筍畦一片光禿禿，栽種的蘆筍只能在土裡暗自生長，根本看不到一點綠意，而且這還不是種植白蘆筍唯一有違德國農耕常態之處：白蘆筍的採收工作非常麻煩，德國雖然有數百萬人失業，卻沒有人願意（或有能力）一整天在蘆筍田裡彎著腰，熟練而精準地把待採的白蘆筍挖出，因此，二十一世紀的德國蘆筍農場每逢蘆筍的產出期，就必須招雇數千名來自波蘭和羅馬尼亞的採收工，才能順利收成。雖然德國的機械工程師自許久前便持續不懈地研發專門採收蘆筍的機器，希望有朝一日德國蘆筍農場的採收工作能全面機械化，不需要再雇用大量外籍勞工進行採收，不過，如果有一天這種機器果真問世，德國的蘆筍農其實還是會對這種機器的功效抱持懷疑態度。

即使德國人不願自己採收蘆筍，德國每年的蘆筍消費量卻節節高升。最近這幾十年，德國蘆筍消費的增加速度幾乎可比擬蘆筍在泥土下生長的速度：蘆筍在快速的生長期，每小時甚至可以抽高近一公分。德國現在每年的蘆筍消耗量是十幾萬公噸，百分之八十是德國自產的蘆筍。德國每年的蘆筍銷售總額約六億歐元，蘆筍也因而成為德國最賺錢的農產品。許多蘆筍小姐選美會、蘆筍節、削蘆筍比賽以及和蘆筍有關的新習俗，不斷讓一枝枝白蘆筍繼續擴大它們的美食影響力。美極濃湯在德國電視打廣告時，主角還會哼唱著：「啊，美妙的蘆筍季……」

此外，企業行號還可以利用蘆筍作為面試員工的工具：對於雇主和人事主管而言，再也沒有比招待應試人員吃蘆筍餐更優雅的面試方式了！應試者如果還用手指吃蘆筍，那麼他／她就有可能在履歷表上謊報年齡，因為，不鏽鋼餐具在德國普及以後，就沒有人會再用手拿的方式吃蘆筍了！除非這位應試者比較不在乎自己是否被錄取，或者他／她出身於豪門望族，只習慣使用銀製餐具。

公司主管還可以從應試人員如何吃蘆筍來判斷他／她屬於哪種性格類型。如果應試者一根接一根、大快朵頤地把蘆筍吃完，或者先從比較細嫩有滋味的蘆筍頭開始吃起，那麼他／她肯定無法勝任那些需要耐心和毅力的工作，因為這些人不知道應該先苦後甘，他們大概不清楚，什麼是「酬賞的延遞」（Belohnungsaufschub）。相反地，如果應試者是從根部開始吃蘆筍，一口一口地慢慢吃到蘆筍的嫩尖，這也就表示，這名應試者可以充分控制內在的衝動。這時老闆如果要恭喜這位應試者已被錄取，應該毫不猶豫地當場點一瓶最高價的麗絲玲（Riesling）白酒。

不論是口腹的饗宴或性格的測試，只要在蘆筍生長的季節，德國人就應該好好享用蘆筍料理。當六月二十四日「施洗約翰誕辰日」（Johannistag）來臨時，一年一度的蘆筍季便接近尾聲，那一壟一壟的蘆筍畦會開始雜草叢生，這也意味著德國人必須告別美好的蘆筍季，而後在逛超市時，必須再鼓足勇氣抗拒希臘和智利蘆筍的誘惑。不吃外來冷凍的蘆筍其實是值得的，因為，間隔九個月再吃到當令新鮮的德國蘆筍時，我們內心就會更珍惜、更滿足地享用眼前的蘆筍大餐。

有誰見過寧堡（Nienburg）的蘆筍小姐？
德國選美協會工作小組急尋

在聖靈降臨節假期的星期一（Pfingstmontag）早晨，寧堡的蘆筍小姐和緒達托登朵夫（Stadtoldendorf）的熊蔥花小姐（Bärlauchblütenkönigin）一起前往麥布雷克森（Meinbrexen）拜訪草莓小姐。路途中，她們剛好碰到侯姆—賽彭森（Holm-Seppensen）的荒原歐石楠花小姐（Heideblütenkönigin）、許聶維丁恩（Schneverdingen）的荒原小姐（Heidekönigin）以及巴特·貝文森（Bad Bevensen）的荒原馬鈴薯小姐（Heidekartoffelkönigin）要去找阿特蘭（Altland）的櫻桃小姐，並接著拜訪萊費登—愛希特丁恩（Leinfelden-Echterdingen）的藥草夫婦，所以應該會有一小段路程和她們三人走在一塊。很可能就在此時，哈茨山南部的石灰岩小姐、勞夏（Lauscha）的玻璃小姐、歐雪斯雷本（Oschersleben）的低原小姐及費曼島（Fehmarn）的油菜花小姐也一起去歐汕—蒙策（Osann-Monzel）拜訪當地的葡萄小姐。然而，葡萄小姐後來卻否認那幾天曾有人去拜訪她，因為她那時剛好去參加拉騰伯格（Rattenberg）的啤酒小姐為胥巴特（Spalt）的啤酒小姐舉辦的一場慶祝活動，才剛剛回來。這個慶祝會後來不歡而散，因為當時拉寧恩溫克（Lallinger Winkel）的果汁小姐喝了太多杭恩啤酒廠（Herrnbräu）的白啤酒小姐帶來的白啤酒，在醺醉的狀態下，便向圖林根的香腸先生頻送秋波。雖然黑茂（Hemau）的甜李酒先生也在場，然而，圖林根的香腸先生才是現場女性矚目的焦點。普夫龍騰（Pfronten）的乾草小姐（Heukönigin）認為自己和香腸先生才是一對，因此醋勁大發，當場便鬧起脾氣，把整個場面搞得很僵。

不過，歐汕—蒙策的葡萄小姐這番話卻不足採信，因為勾瑪汀恩（Gomadingen）的松子酒小姐已經透露，她在參加塔朗特（Tharandt）森林小姐的加冕典禮時，親耳聽到甯堡的蘆筍小姐說，圖林根的香腸先生已經在最近這次德國選美協會會員代表大會中向她告白，她是他唯一的心上人。香腸先生向蘆筍小姐示愛的消息，還讓曾介入萊茵河畔費許村（Gemeinde Fisch）副村長夫婦婚姻的葡萄小姐極為不悅。

甯堡的蘆筍小姐到底人在何處？我們現在並不想倉促地下結論，而是懇求所有知道她下落的人，可以跟德國選美協會工作小組位於維岑豪森（Witzenhausen）的辦事處或羅騰堡（Rotenburg/Wümme）分處聯絡。

52.
市井小民

Spießbürger

在當代德語中，「市井小民」這個詞彙帶有明確的負面性。它起源於中世紀，而且從一開始就帶有貶抑的意味：在神聖羅馬帝國境內一些直接受皇帝管轄的自由城市裡，市民必須依照家庭財產多寡負擔城市的安全防禦工作。當時「市井小民」這個語詞就是指那些身上只帶著一支矛（Spieß）參與城市守備的窮市民。

中世紀晚期，上層貴族階級既有的生活方式已愈來愈與社會現實脫節，成為一種空洞的生活儀式，軍事訓練也已淪為體育活動。當時的貴族騎士階級在現實世界存在的正當性愈少，就愈熱中於騎馬比武活動。一些只配備一支槍矛的窮市民有時會被安排在這類活動中，與全副武裝的騎士對打，而且一開始還成為眾人取笑的對象。對於貴族騎士而言，要和這種貨色對打，簡直有辱他那一身精銳而尊貴的裝備。然而，窮市民雖然臨時湊出一支簡單的槍矛上場，這種兵器卻很輕盈，操作起來很靈活，而他們的騎士對手則把自己塞入整套鐵製盔甲中，由於負重過重，還需要一隊人員的攙扶和支撐，才有辦法坐上馬鞍，除了還擁有令人欣羨的堡壘要塞之外，他們就什麼也沒有了！小市民如果要用單支槍矛攻擊騎士，讓他跌下馬來，就需要精湛的戰鬥技巧。他們後來果真以簡單的矛成功打敗全副武裝的騎士而轟動社會，不過，這也嚴重違反了當時社會的遊戲規則。總而言之，在中世紀後期，城市裡的窮市民已讓那些受過專業軍事訓練的騎士變得既可笑又多餘，騎士階層的消失也就指日可待了！

中世紀是一個誇耀資產與特權的世界。市井小民在身分與資源方面遠遠比不上貴族騎士，卻被迫拿著單矛與裝備精良的騎士們交手，沒想到後來還能以非正規的作戰力擊敗他們，讓他們敗興而歸。

如此出乎意料的結果，竟大大增強了這批市井小人物的自我意識。他們發現，騎士一身不得了的戰鬥裝備竟是虛張聲勢，如此不堪一擊，因此他們覺得，不該再讓全副武裝的騎士們趾高氣昂地在他們面前耀武揚威。

隨著時代演變，市井小民也開展出自己的一片天地，它很貼近社會的現實，並且鬆動了舊有的社會秩序與價值，貴族騎士的騎馬比武競賽，後來就逐漸被城市一年一度盛大的市集活動取代，活躍於表演舞台的，不再是那些出入宮廷、騎士階層的遊唱詩人，而是逗人發笑的小丑。市井小民就是丑角，他們為自己保留了這個最好的角色，而且一直在維護這個角色。貴族的騎士階層面對這種屈居下風的難堪處境，幾乎沒有著力點可以反擊，因此，便把「市井小民」這個概念用作譏貶小市民的粗話，以作為報復。

德國的社會充滿能量，人們很喜歡爭執，而且不斷在追逐新的知識和流行，鞭策自己一直處於進步狀態。所以，人們總是盡量把時間做妥善的規劃與安排，盡可能不要錯過什麼。然而，當一切的追求已沒完沒了，到頭來還陷入死胡同時，有時他們卻在不起眼的「市井小民」身上以及他們沉默的力量裡，找到生活的答案。

「市井小民」的優點在於他們的從容自得。他們並不需要清楚地表示自己要什麼，只需要在平凡的生活裡把它完成，也就足夠了！當德國人沉默地跟隨時代潮流、跟隨社會的多數人一起往前時，卻突然發現，大家已經在使用「市井小民」這個原本具有負面意義的詞彙，或至少已經可以使用它了！

這個德國社會的語言現象，開始於一家建築儲蓄銀行打出的一則電視廣告：一個住在移動式聯結車車廂裡的家庭，爸爸和成長中的女兒正在對談。女兒很羨慕同班好友可以住在一間頂樓公寓裡，而且還反駁父親認為他們只是市井小民家庭的看法：「爸爸，如果我長大了，我也想成為市井小民。」這則電視廣告一推出，便立刻在德國社會造成轟動。由此可知，德國的普羅大眾想成為市井小民的渴望，可能遠遠勝過承租一塊市民農園所獲得的寧靜清歡的田園之樂。

當一則電視廣告突然成為社會的熱門話題時，不僅沒有人會感到訝異，而且裡面的廣告詞還成了日常生活中受到人們認可的文化表達與複製。沒錯！廣告也可以在商業操作之外，傳播一些想法。當一則商品廣告引起民眾熱烈回響時，至少我們可以相信，這種熱潮已經跟它的商業行銷比較沒有關係，而是它所引發的社會效應。當某則廣告已經成為社會流行時，對於那些近來已把自己視為文化學家（Kulturwissenschaftler）的社會學家而言，它就是一項重要的社會觀察指標。

那些從社會學家躍升為文化學家的社會詮釋者，會刻意從平日的生活世界裡、從人們普遍表現出的行為中，觀察相關的價值變遷。他們會留意有哪些正面或負面的概念存在，並深入探究其中的原由。因此，這些文化學家也活躍於市場研究的領域：文化學家負責找出消費者關注與感興趣的對象；市場專家則運用這些研究成果來為產品做市場定位。

小市民並不會閃躲「進步」的挑戰，而是把「進步」當成拳擊練習時的對手一般，躍躍欲試一番，並且嘗試發展出自己的策略來適應這些挑戰，讓自己也能取得「進步」的視野。德國名演員埃克爾·阿佛列德（Ekel Alfred, 1924-）曾在一九七〇年代很受歡迎的電視連續劇《內心與靈魂》（*Ein Herz und eine Seele*）裡，飾演一位頻頻和六八世代的孩子發生衝突的父親，這個角色就代表當時那個叛逆青年世代的敵人，但他也是一個原型人物，人們可以從他身上學會小市民如何在想法中做清楚的界分，而且從另一方面來說，這位自由與進步思想的反動者甚至很完美，因為，我們可以在他身上看到許多主要與次要的品德。當六八世代的青年運動已經升格為一種被社會認可的儀式，甚至撼動了政治路線保守的基督教民主黨決策高層時，德國人還是得面對一個老問題：到底自己想過什麼樣的生活？

小市民在生活中並沒有典範，只有他們所依循與維持的習慣；他們通常會對火車誤點感到惱怒，而且不把氣象預報當一回事；他們不會出言批判，不過，已打從心底確信某些事情；他們早就不再抗議美軍在世界各地蠻橫的軍事行動，但是，從他們說某些英語單字時的那種怪腔調中，我們還是可以明確地知道他們對美軍的想法。小市民一向鄙夷他們的反對者，就像他們在幾百年前輕視那些被他們打下馬來的貴族騎士一般。

他們的敵對者無所不在，而且他們還認為，敵對者所在之處，總是一片混亂。由於他們無法正確管理自己的事務（不光是他們自己這麼認為），所以他們傾向於成為社會的多數，並且喜歡自己屬於社會的多數。他們能察覺到一股主流趨勢，這股趨勢對他們而言，正是遙不可及的社會烏托邦替代物。

末代東德頭子艾利希．何內克（Erich Honecker, 1912-1994）似乎可以被視為德國頭號的市井小民。人們並不需要投入太多的精力、財力和時間，就可以把他主政期間在柏林北方設立的那座專供東德當局權力核心人士辦公和生活的禁區——萬特里茲（Wandlitz）——擴建成一座專門展現小市民生活的博物館。

市井小民並沒有堅持什麼理念，不過，有時他們也會基於自己的習慣而表現出一些原則，這種作風充斥著折衷主義（Eklektizismus），而不是理性主義，比方說，他們在討論中所表達的意見，普遍來自一種混合六八學潮所喊出的口號以及目前當道的有機飲食的主張。現在我們只要星期日上午到德國老牌女歌星克萊爾．華爾朵夫（Claire Waldoff, 1884-1957）住家所在的那座漂亮廣場旁吃早午餐，就會在那裡碰到許多市井小民。他們會隨意遊走於各桌客人之間，到處哈啦，有時還會專注地仰視廣場上那些樹木的樹冠，好像他曾受到誰的委託而必須認真地估算樹木的樹齡。最後要離開時，他會走向自己的腳踏車，費事地把車上的鎖打開，跨上座椅就如同跨上馬鞍一樣，然後雄赳赳氣昂昂地騎著這匹鐵馬離開，彷彿覺得自己就是貴族騎士，而不是一般徒步的市民。

假革命者

獻給德國的社會民主主義

德國猶太裔無政府主義詩人艾利希・穆撒姆（Erich Mühsam, 1878-1934）的諷刺詩作，撰於一九〇七年

假革命者曾是
平民，曾是路燈擦拭工，
後來與其他假革命者一起，
走向假革命。

他喊出：「我要革命！」
還把頭上那頂革命的便帽
拉向左耳，
並想像自己已帶有極度危險性。

他的假革命夥伴們卻走在
街道的中央，
從前他曾在那裡專注地
打掃所有燃瓦斯的路燈。

他們把這些路燈
從鋪石路面拔起，
從原地移開，
為了構築路障街壘。

然而，這位新加入的假革命者
卻呼喊：「求求你們，請手下留情！
我是這些路燈的擦拭工，
專門照顧這些美好的路燈。
如果街道旁的路燈熄滅了，
市民在夜晚就會看不見。

請讓路燈繼續立在原地，求求你們！
不然，我就不再跟你們一起搞革命！」

這群假革命者卻發出笑聲，
路燈轟隆一聲倒塌在地，
路燈擦拭工於是離去並悲傷地哭泣。

然後他留在家中
撰寫一本書：
內容談論如何從事假革命，
又能同時擦亮路燈！

53. 帶篷沙灘椅

Strandkorb

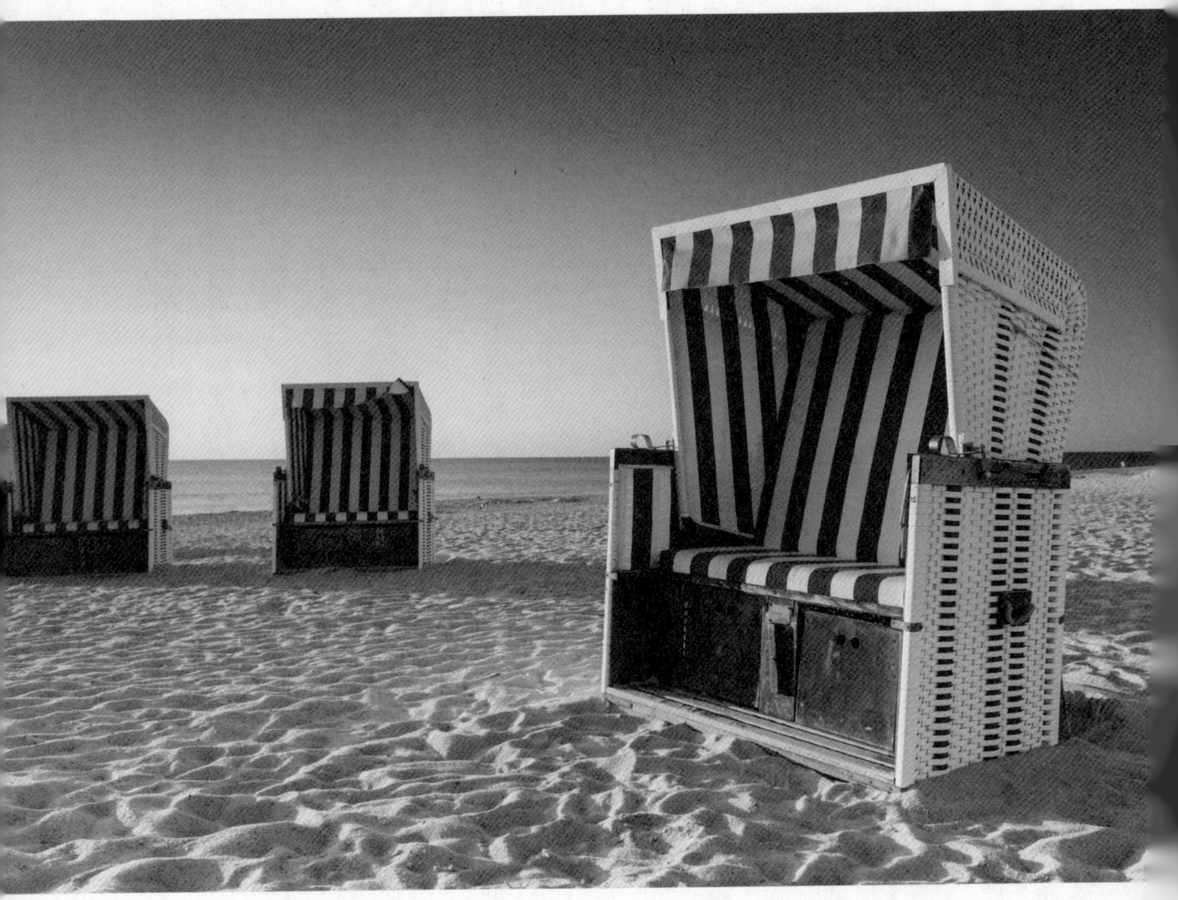

關於帶篷沙灘椅的故事，至少關於它的起源，聽起來就像一則印在日曆上的趣聞軼事，因為，沒有一件東西的由來能比帶篷沙灘椅更容易解釋了！威廉．巴特曼（Wilhelm Bartelmann）是一位出身呂北克的編籃筐師傅，他在港都羅斯托克開店，販售自己的籐編品。後來，有一位德國古老貴族世家的千金小姐愛芙莉德．馮．瑪特蒼（Elfriede von Maltzahn）找上他，把自己富於想像力的設計與指示告訴他，於是他便製作出世界上第一個帶篷沙灘椅。這件事發生於一八八二年初的羅斯托克，這座波羅的海港都的華納明德沙灘（Warnemünde），也是全世界第一個擺放帶篷沙灘椅的海灘。

馮．瑪特蒼小姐當時為了在沙灘上度假時，保護皮膚不受日曬風吹的傷害，而出現這種帶篷沙灘椅的構想。畢竟當時還沒有防曬乳液，那是很久以後的發明。

很快地——最遲在十九、二十世紀之交——帶篷沙灘椅已經變成德國北海及波羅的海沿岸沙灘的標誌以及畫家戶外寫生的主題。那些在沙灘上專注地觀察與作畫的畫家，甚至更適合成為繪畫的主題與攝影焦點，因為，海灘上的畫家本身就具有明顯的角色替換性。我們可以在拍攝德國沙灘的照片上看到真實物件的展示，然而除了帶篷沙灘椅，還是帶篷沙灘椅，規格大小還一樣呢！

德國的帶篷沙灘椅大多是單人座或雙人座。遊客們都希望在沙灘上舒舒服服地休息，當他們發現身旁作畫的表現主義畫家再度把畫面呈現得如此陰沉憂鬱時，他們不一定想注視或觀賞。畢竟不是每一場即將來臨的暴風雨，都是災難的前兆。

坐進帶篷沙灘椅的人不只可免於風吹日曬，也可以保有自己的隱私。他們可以獨自在篷椅裡守著自己的東西，不過，他們也知道如何與群體相處。當他們回到帶篷沙灘椅中休息時，便可擺脫外在的一切，同時又不會錯過眼前海灘的美景以及海面起伏的浪濤。這種製作堅固沙灘椅的雙重性，正是末代德皇威廉二世在位期間的德國特色之一。

德國諾貝爾文學獎得主托瑪斯．曼也有一座自己的帶篷沙灘椅。這位大文豪還額外在篷椅上裝設了一塊寫字板，好讓自己坐在裡面時可以方便地書寫。托瑪斯．曼會穿著襯衫、繫上領帶，坐在海灘的帶篷沙灘椅中，在寫作之餘偶爾也會抬頭望向大海。他當然也知道，其他來到海邊的德國人也會朝著這片海洋張望，不過，他卻無法認同別人在觀看大海之後，還相信德皇威廉二世對於海灘是讓人民享受陽光的承諾。不！歷史事實告訴我們，這位末代皇帝後來親自把這些德國海灘變成戰壕的所在。

一戰過後，德意志帝國滅亡，帶篷沙灘椅卻繼續存在，而且還挺過接下來動亂的政局和慘烈的第二次世界大戰。真正優質的發明並不受時代的限制，本身持久的實用性可以讓它不受任何時代精神影響。就像在東德時期，私人的責任有限公司（GmbH）儘管全被國營企業（VEB）所取代，卻也只是暫時的現象，東德最後不也被西德統一了？不論德國人的意識形態如何變遷，帶篷沙灘椅總是清楚地表明自己就是德意志民族性格的主要見證者。美國猶太裔導演比利．懷德（Billy Wilder, 1906-2002）原是一名柏林的記者和編劇，因為希特勒掌權而流亡美國，後來還對好萊塢的電影發展發揮了深遠影響。他在拍攝《熱情如火》（*Some Like It Hot*）這部他的代表作時，曾低調地使用德國的帶篷沙灘椅當道具，當時，第二次世界大戰已結束好幾年，人們已逐漸淡忘了德國納粹的惡行，而開始談論海灘上那些德國人發明的帶篷沙灘椅。在這部喜劇片裡，老牌男影星東尼．寇蒂斯（Tony Curtis, 1925-2010）坐在沙灘椅內，正向性感女星瑪麗蓮．夢露吹噓自己擁有一艘遊艇，站在一旁的傑克．

李蒙（Jack Lemmon, 1925-2001）則顯得訝異不已。這就是一九五〇年代！所有的言辭話語似乎都有言外之意。

自從這部好萊塢影片上映之後，人們或許會認為，帶篷沙灘椅已不再專屬於德國，而是全世界。不過，直到今天，全世界其他國家人民在戲水的沙灘上依舊偏好使用輕巧、比較不穩固的海灘傘遮陽，帶篷沙灘椅依然是德國北海及波羅的海沙灘景觀的特點。除此之外，德國人還會零星地把它們放在專門播放老電影的電影院入口處，充當營造懷舊氣氛的擺設品。

二〇〇七年，德國在波羅的海海邊的海利根達姆（Heiligendamm）主辦世界八大工業國（G8）高峰會。會議結束後，總理梅克爾還邀請這八個國家以及歐盟輪值主席國的元首，一起坐在一座超大型的帶篷沙灘椅上拍照留念。這一大座帶篷沙灘椅是專門為了這場重量級國際會議而打造的，同時它還是政治人物如何和現實打交道的例子。這些政治人物在預定拍團體照的時間，坐進一個現實中並不存在的九人座帶篷沙灘椅中，並藉此向民眾傳遞一項親民的訊息：他們到海灘時，也跟一般民眾一樣會坐在帶篷沙灘椅上。把帶篷沙灘椅當成政治利用的工具，其實是一種不恰當的作法，這已讓它與原本的用途發生了疏離（Zweckentfremdung）。這種作法幾乎跟所有政治公關的手法沒什麼兩樣，只是這次的對象是帶篷沙灘椅。對此，德國人下了一個結論：有權力的人來了又走，只有那座帶篷沙灘椅還留在那兒。

54.
荒誕詭譎

Das Unheimliche

一九一九年十一月十九日與二十日之交的深夜，F醫生[1]一直無法入眠。那是個星期三的夜晚，他仍一如往常，在每個星期三晚上留在他的診所裡，和他的祕密委員會（*geheimes Komitee*）在工作室裡一起吃晚餐。他們這夥人一邊用餐一邊猛抽雪茄，空氣也因而變得混濁、沉悶不堪。他心想，應該把門關上才對，或者更好的是，他應該停止抽菸喝酒，不過，接下來他該做什麼？他已經享用了半杯的馬撒拉甜葡萄酒（Marsala），這已超出了他的酒量。那就再來一根雪茄吧！

因為慣用左手拿雪茄，他便把右手伸進旁邊那座擺放古希臘羅馬藝術品的玻璃櫃中，還用食指和中指撫摸裡面那尊小小的、正襟危坐的帶翼獅身女怪斯芬克司（Sphinx）的頭部，而不是胸部（他曾有一次斗膽地嘗試過這種舉動）。這時，他突然想到《新約．路加福音》第十九章第四十節的一句話：「耶穌說，我告訴你們，若是他們閉口不說，這些石頭必要呼叫起來。」真是這樣嗎？

這並不是一個美好的夜晚，F醫生在席間和亞伯拉罕及薩克斯發生爭執。這兩個人非常著迷《嘉利格里醫生的小房間》（*Das Cabinet des Dr. Caligari*）這部新上映的電影，正試圖說服F醫生跟他們一起去看這場電影。不過，F醫生當時已經讀過不少關於這部新影片的報導，他知道，自己並不需要去看這類片子。拜託！那不過就是一個關於一位如惡魔般邪惡的神經科醫生和一位凶手在夢遊中殺人的故事！總歸一句，這部影片已被過於高估和追捧！電影藝術的創作者到底在幻想什麼？揭露人類靈魂的祕密？真糟糕！他寧可上歌劇院聽理查．史特勞斯剛完成的新歌劇《沒有影子的女人》（*Die Frau ohne Schatten*）。

雖然，F醫生整晚都在喝咖啡，他現在卻還想再來一杯。不過，所有的女人這時都已經入睡，他大概無法靠自己一路摸索到廚房裡，因為，那個區塊他並不熟悉。現在已經半夜兩點多了，或許他比較想回房就寢。一個多小時前，他就應該上床睡覺，他並不喜歡陷入混亂的生活節奏中。

當他決定把手中那根還抽不到一半的雪茄捻熄時，卻聽到一個聲響。那扇通往診療室的門仍跟往常一樣打開著，聲音應該是從診療室那兒傳來的。

「安娜？」F醫生朝著候診室旁那間燈光昏暗的小房間喊著，或許她的女兒還未就寢，還留在那兒。「安娜？」他似乎看到在沙發躺椅及單座沙發椅後面的那面牆上出現一道黑影。沒錯，它又再次出現在那裡。一道暗影突然閃過那尊古羅馬時代的頭像雕塑，當他在傾聽病人說明自己的病情時，這尊古董塑像總是用空洞的眼神望著他，一副瞧不起他的專業能力似的。F醫生回神之後，驚訝地發現，手上那根雪茄正在顫動著，原來自己正在發抖。如果在前一刻他問自己會不會感到害怕，他一定絕口否認。

他鎮定地從書桌前站起身來。

「是誰在那裡？」

他還沒把這個問句說完，便已經察覺到，自己問話的聲調聽起來很怯懦。他決定不讓自己用忐忑不安的語氣對著那道黑影說：「那裡是誰？」同時在這個片刻，他第一次感覺到那尊古羅馬人頭雕像在注視他，這是這幾年來的頭一遭。他只移動幾步，就從工作室走進了診療室。他的腳踩在地板上那

---

[1] 作者在此以F醫生暗指維也納猶太裔精神科醫師暨精神分析學家佛洛依德（Siegmund Freud）。

張厚重的地毯上，靜悄悄地，完全聽不到腳步聲。

此時F醫生簡直一肚子火，當他正想喊出「不要再胡鬧了！到底是誰在那兒？」這些話時，突然聽到一個陌生人對他說話的聲音。這位不速之客就站在候診室通向診療室的那扇門邊，散漫地朝著牆壁舉起雙手，玩起各種動物造型的手影遊戲。

「晚安，醫生大人！很抱歉，這麼晚還打擾您！」

「請問您是哪位？」F醫生正想開口問他，卻又把話吞回去。在微弱的逆光中，他隱約地看到這位陌生人，他很確定，自己並不認識他。他不是他的病患，從不曾向他求診。而後他便把診療間的電燈打開。

這位夜訪者手裡拄著一根黑拐杖，上身穿著一件破舊的襯衫並紮上領巾，一百年來已經沒有人這樣穿著了！他頂著一頭蓬亂的黑髮，未修剪的鬢角已長到嘴角邊，大衣和襯衫都沾有汙漬，模樣很邋遢。很顯然地，這位不速之客大概是個酗酒者和精神官能症患者；他也可能是一名演員，在演出結束後，連那一身舊式的表演服也沒更換，就上小酒館喝酒，然後跌跌撞撞地走進F醫生的診所。不過就在這時候，F醫生倒是回想起來，自己似乎曾經見過這個人。

「請您原諒我的冒失，醫生大人，因為，我急著想跟您聊聊。」

F醫生還沒來得及回應，這位陌生男子便逕自走到沙發躺椅旁，然後便伸展著手腳躺了下去，而且還發出一口嘆氣聲。

「您願意現在為我……」

「請您立刻離開我的診療室！」

這兩個句子幾乎同時從他們的嘴裡說出，接下來診療室裡突然變得鴉雀無聲。

「請您聽著，現在已經是深夜，不是我的門診時間。請您明天再來約診。現在請您離開！」

這位深夜闖入F醫生診所的不速之客微笑著，露出一口卡著棕色齒垢的黃板牙。

「或許您可以給我喝點什麼？不需要多特別的酒，紅酒、甜酒，只要身邊有的都可以，如果還能給我一根雪茄，那就太好了！」

F醫生沉默地走進候診室，看看剛剛那瓶沒倒完的馬撒拉甜葡萄酒是否還在桌上。果真如他所料，那張桌子早就被收拾得一乾二淨！他二話不說地回到自己的書桌前，把抽屜裡的雪茄盒拿出來，請這位夜訪者享用。F醫生當下覺得，可能無法靠自己的力量擺脫這位深夜來訪的客人，但由於他已相當篤定，自己從前見過這位邋遢的陌生人，儘管他身上散發著某種深度的不安，卻已不再讓他感到害怕。至少這個陌生人不像那些潛入的竊賊，會引發他的恐懼。

「先不要抽！」F醫生脫口說出這句話：「當您點燃雪茄時，不可以同時吸菸，這會破壞整支雪茄的風味。」

這位夜訪者滿臉訝異地看著F醫生，顯得有些孩子氣，實在讓人無法估計他的真實年齡。

「就像您所知道的，醫生大人，我一直都抽菸斗，實在抽不起雪茄。」

「我覺得好像在哪兒見過您。」

F醫生坐在一張從候診室搬來的椅子上，他心想，這位陌生人到底是誰？病患嗎？但是，他剛剛躺在那張診療用的沙發躺椅時，卻什麼話也說不出來。

「是，您確實認識我，醫生大人。您甚至很了解我的狀況，因為，您知道而且相信，我父親是我內心最深的傷痛。」

「我不認為，我們曾經交談過。」

這位夜訪者若有所思地搖頭說道：「交談有許多種方式，」他出聲地抽著雪茄。「您瞧，醫生大人，德語是一種很棒的語言，而且您還知道如何解讀這門語言裡的一些祕密。您曾對一些德語語詞做過很貼切的解釋，比方說，『如家一般的親切』(das Heimelige)就是一種『暗藏的隱蔽性』(das Heimliche)，而『暗藏的隱蔽性』就是『荒誕詭譎』(das Unheimliche)。雖然，『荒誕詭譎』比起『暗藏的隱蔽性』，就德語的字詞結構而言，多了一個否定的字首un，但『荒誕詭譎』事實上卻不是『暗藏的隱蔽性』的相反詞，而是『暗藏的隱蔽性』的極致。『暗藏的隱蔽性』。『荒誕詭譎』。『暗藏的隱蔽性』。『荒誕詭譎』。」這位夜訪者嘴裡在重複這些詞彙時，雙手也跟著口語的節奏交替地擺動著。

「再也沒有什麼地方能像我那安靜的四面牆壁帶給我如家一般的溫馨。柴火在壁爐裡燒得劈啪作響，一壺燙熱的香料甜酒在火焰上滾沸，屋外則有秋天的暴風雨呼嘯著。然而，當我內心感受到家居的親切和舒適時，我是否確實知道自己在做什麼？難道那不就是我所營造的暗藏的隱蔽性，而我也曾為此受到折磨？我突然對自己感到很陌生，感到荒誕詭譎。如果我把自己隱藏的私密揭露出來，把它攤在日光下，這是正面的作法嗎？如果我還是把這些暗藏的祕密留在陰暗處，會不會對自己更感到陌生？反正我就安住在荒誕詭譎裡。醫生大人，當您想把這一切顯露出來時，就無法舒適地留在荒誕詭譎裡，也無法在那裡獲得自己生命的歸屬。」

F醫生專注地聽著，內心愈來愈激動，然後便開口問他：「您看過我寫的〈荒誕詭譎〉（Das Unheimliche）這篇論文嗎？」

「哦，有，您發表的那篇和我有關的文章，我已經從頭到尾讀過一遍。」

「為什麼您相信我寫的那篇論文跟您有關？」

「又是這個問題。我之所以相信，是因為您確實這麼做了。您甚至還在內容裡把我推崇為無人能及的詭異文學大師。」

這位陰陽怪氣的夜訪者此時被雪茄菸嗆了一下，還咯咯地笑著。

「您相信，自己就是十八、十九世紀之交的浪漫主義文學家霍夫曼？」

這位夜訪者嘆息地答道：「醫生大人，我們無法再這樣談論下去了！我必須向您坦承，當我在閱讀您那篇討論我那些風格怪誕離奇文學作品的文章時，一開始還滿高興的，不過，當我繼續往下讀時，卻愈來愈生氣，因為，您竟然用精神分析學的方法討論我的短篇小說〈沙人〉（Der Sandmann）。如同您所知道的，我很喜歡自己寫的故事，所以當我知道您把可憐的主人翁納坦涅爾（Nathanael）害怕被挖去眼睛的恐懼，解釋為被閹割的焦慮（Kastrationsangst）時，這種詮釋真讓我感到心痛。您何以確定，納坦涅爾真正應該恐懼的，不是被陰險的柯裴利烏斯（Coppelius）挖走眼珠子，而是遭他去勢？為什麼眼睛在我這篇故事裡不再是眼睛，而是性器官的象徵？為什麼納坦涅爾真正害怕的不是想刨除他雙眼、破壞他親密關係的柯裴利烏斯，而是柯裴利烏斯所象徵的自己的父親？」

F醫生因為聽到夜訪者這番話，心情激動得忘了抽手上那根雪茄。「您這篇短篇小說的內容情節一再顯示，納坦涅爾非常依賴他的父親，他覺得父親的早逝有一部分是他的罪過。至於想挖去他眼球並破壞他親密關係的柯裴利烏斯，絕對代表一種典型的父親形象，雖然，柯裴利烏斯在現實中不是他的父親。不然，為什麼每當納坦涅爾即將獲得性欲的滿足時，柯裴利烏斯總是會出現？」

「這一點您不是已經在那篇論文中討論過了？所以，您現在相信，我就是文學家霍夫曼？」

「這不是我們現在應該談論的。」

「不，這才是我們現在要討論的重點！當您突然認為，我可能就是死於一八二二年七月二十五日的小說家霍夫曼，而現在，一九一九年十一月二十日，我卻在您這兒，躺在您治療精神患者專用的沙發躺椅上，跟您一起抽雪茄，談論一些荒誕詭譎的東西，那麼，您就得面對我以小說作者的身分質疑您以精神分析理論所做的詮釋。我的納坦涅爾並沒有憑空幻想出柯裴利烏斯這個惡魔，他害怕失明的焦慮也不是恐懼自己會被閹割的焦慮。實際上，只有柯裴利烏斯才是故事中邪惡的勢力，只有他在迫害主人翁納坦涅爾，此外別無他人。」

此時，F醫生感到一陣暈眩。如果他現在要讓對方和他平起平坐，大概就得附和地表示：柯裴利烏斯是黑暗的勢力，他奪取了納坦涅爾的性命。或者，他已認為，是他的某位敵人在背後操控今晚這場惡作劇？到底是誰這麼無聊，會把一個穿得如此破爛的演員送來他的診所，只是為了想看看他到底會不會上當受騙？

「您現在最好趕快離開，我今天實在無法幫助您。」

「醫生大人，容我這麼說，我認為，您或許明天已經無法幫我，而且往後也會束手無策。當人們不願接受您的精神分析解釋時，您就把他們當成您的敵人，指責他們所依從的理性思維方式。或許我會立刻準備好遵循您的方法進入人類內在深處，不過，話說回來，當您確信，存在於現實的並不是惡魔，而是內心的幻影時，您不也在忍受一種冷酷而乏味的心境？您真的認為，人類所有令人不解的神祕性都可以用受創的童年經驗作解釋？」

「這種論調太天真了！」F醫生刻意把自己的聲調拉高，聽起來比較尖銳刺耳：「您就像每一位精神官能症的患者，總是過度強調心理層面的真實，而比較忽略物質層面的真實。您已經退回到本我（Ich），退回到已無法清楚區分自己與外在世界的幼兒時期。」

「所以，您想教我嗎？教我如何清楚地劃分自己與外在世界的區別？難道您不知道，這種區別是人類遭受痛苦與不幸的源頭？我必須坦率地承認：我好像在漂浮或在製造煙霧，向來讓人捉摸不定，也讓人看不清楚，沒錯，我就是這樣！我提筆書寫，是為了讓人們可以再次透過生命以及內心情感的激動，認出迎面而來的陰影到底是什麼。」

「在藝術創作中，您要不要這麼做，隨您的便，不過，在現實裡卻不可以如此！」

「您又在劃分！您相信嗎？如果我真的可以把藝術和現實一分為二，那我可能只會寫一種故事？」

此時，這位夜訪者已經從沙發躺椅起身，並對F醫生說道：「很抱歉，醫生大人，打擾了您夜晚的寧靜。雖然我還有許多疑惑，但還是很高興可以認識您，謝謝您招待我抽雪茄，為此我永遠感激您。」

夜訪者說完這句話，便略略欠身，向F醫生鞠躬告別，不帶聲響地離開診療室，就像他光臨的時候那般。

F醫生已記不清楚，自己到底在椅子上呆坐了多久。當他回過神時，手中那支雪茄已經熄滅。一小塊菸灰掉落在地毯上。他剛剛是不是睡著了？有做夢嗎？他注視著前方那張空空的沙發躺椅，當他終於起身時，椅子還被他翻倒。他覺得喉嚨不舒服，背部也很痠疼。

「瘋狂！」他聽自己這麼說著。他突然發覺，自己正在那張躺椅上尋索那位夜訪者所留下的任何蛛絲馬跡，不過，卻一無所獲。他很懊惱，如果先前把盒子裡的雪茄數目算清楚，他現在就可以知道是否少了一根。況且，這個夜晚自己實在抽了太多雪茄，以至於搞不清楚，自己到底抽了幾根。

「我必須減少工作量。」F醫生思忖著，在走回自己的書桌前，他希望立刻對這起特別的深夜經歷做一些紀錄。在書桌右邊的那張小桌子上，有一本被翻開的書，就擺在兩尊小陶偶之間。F醫生此時實在想不起來，自己什麼時候把那本書擺在那兒。他還沒有拿起那本書，就已經知道，那是霍夫曼的短篇小說集《夜間的故事》（*Nachtstücke*）。〈沙人〉就是收錄在這本集子裡的第一篇短篇小說，幾個月前，他在撰寫〈荒誕詭譎〉這篇論文時，曾經把這本小說集從書架上拿出來閱讀和參考，不過，那是好幾個月前的事了，而且，他記得當時已經把它放回架上了。咦！有人在第一頁潦草地寫了幾行字，是獻詞。

獻給　F醫生

荒誕詭譎才是真實！

謹致上崇高的敬意

E．T．A　霍夫曼

當F醫生抬頭張望時，剛好看到玻璃櫃裡那尊帶翼獅身的女怪斯芬克司，正對著他揮手致意。

55. 父親河——萊茵

Vater Rhein

一條河流如何成為人們心目中的父親？大致上，並不是因為這位父親毫無節制地沉溺於生殖樂趣而擁有許多子嗣，而是因為惶惶不安的人民做了這個決定：我們需要一位父親，一位親切善良、強壯、可以幫助我們的父親，即便傳說他那裡有好些水妖和水仙，也無損於他的聲威。

尚未基督教化的羅馬人是第一批有系統地移民萊茵地區的外來族群。以羅馬文化而言，這個民族每每在面對河流這棘手的自然環境挑戰時，總會以「父親」來呼喚該河流與掌理它的神祇，以祈求祂的幫助。羅馬人從前曾把流經羅馬城的臺伯河（Tiber）當作一條父親河，並且還以陽性的拉丁文名稱Danuvius稱呼當時的多瑙河。然而，時過境遷，現在羅馬人不僅早已不再詠唱〈父親河——臺伯〉（Padre Tevere）這首曲子，而且多瑙河也因為陽性的拉丁名稱早已被該流域普遍使用的陰性德文名稱die Donau取代，而喪失了本身原有的雄性形象。在斯拉夫民謠中，甚至還流傳〈母親河——多瑙〉（Mutter Donau）這首歌頌多瑙河的歌曲。對於多瑙河流經之德語區的德國人和奧地利人來說，陰性的「她」就是美的化身，而且河水總呈藍色。

反觀萊茵河，為什麼它能歷經時間洪流的考驗，而仍保有身為德意志民族父親河的地位？

事實上，萊茵河早就不是一條普通的水道，而是一條很特別的河流。羅馬帝國的奠基者凱撒大帝曾為了確認，萊茵河東岸的日耳曼蠻族根據地充斥著晦暗的森林、陰濕的沼澤和野蠻的日耳曼部落，並不值得從事殖民墾殖與開發，而先後兩次渡過萊茵河。直到羅馬帝國開國皇帝奧古斯都登基後，這位新皇帝才命令羅馬軍團再次橫渡萊茵河，征服日耳曼的東北地區，以進一步擴張帝國疆域。一首流傳自當時的日耳曼民歌就曾批評這起羅馬人的軍事侵略行動：「當羅馬人變得狂妄無恥時，／踢踢躂躂踢踢躂躂，／他們進攻德意志北方，／踢踢躂躂踢踢躂躂……」

西元九年，羅馬帝國新派任的日耳曼執政官瓦魯斯將軍在條頓堡森林與當時日耳曼部落聯盟的首領阿米尼烏斯——即著名的「赫曼英雄」——交戰時，慘遭滑鐵盧，被迫退回萊茵河西岸。而且，這位憑藉裙帶關係而位居要職的執政官，後來也沒能再率軍往西征服高盧地區。

大概又過了五百年，當法蘭克王國建立後，日耳曼部落才第一次在中歐和西歐取得統治權。萊茵河此時已不再是羅馬帝國的界河，而是法蘭克王國境內的一條河流。儘管如此，法蘭克人在立國初期還是無法動搖古羅馬帝國所建立的地域秩序：萊茵河東北方是條頓族的休耕地，西南方則擁有較高度的文化發展。

到了西元第八、第九世紀之交，法蘭克王國的版圖在查理曼大帝主政下，才開始向東邊擴張，萊茵河又再次成為歐洲文明及基督教世界的重要交通動脈。亞琛、特利爾、梅因茲、沃姆斯、許拜耳（Speyer）及史特拉斯堡這些位於萊茵河畔或萊茵河附近的城市，擁有德意志地區最古老的主教座堂（Dom）和大教堂（Münster），而且這些萊茵河左岸的城市還設有氣派的主教府邸（Bischofsitz）和大範圍的主教轄區（Bistum），因此，萊茵地區也成為天主教神職人員最活躍的地帶。（不過，萊茵地區最知名的主教座堂——科隆大教堂——卻是一個例外，人們一直拖到十九世紀後期才把它興建完成。科隆大教堂的起造開始於中世紀晚期，但卻一再中斷，後來又於一八四二年重新動工，終於在一八八〇年正式落成啟用。當科隆大教堂還在修建時，科隆市的中央火車站早已於一八五九年完工並開始營運。）

早在古羅馬帝國時代，羅馬人便已經把萊茵河當成一條通商航道，利用它的河運輸送貨物商品。迨中世紀結束，進入近代之後，萊茵河的船運又再度隨著商業活動的熱絡而繁忙起來。由於萊茵河滿布淺灘與漩渦，一般船長的駕船技術並無法勝任這條河流的航行，所以，勇闖這塊危險水域的人往往是一些大膽魯莽的水手。人們自中世紀便開始為萊茵河修築堤岸，進行河岸加固工程，這些建築工事或多或少抵擋了萊茵河氾濫的洪水。一八一七年，南德巴登地區的工程師約翰·圖拉（Johann Gottfried Tulla, 1770-1828）開始進行萊茵河截彎取直的河道工程計畫。他藉由挖通渠道而貫穿南部巴塞爾至中部沃姆斯之間所有彎曲的河道，成功地將其間的航程縮短了八十一公里。今天只有介於賓根和寇布連茨（Koblenz）之間這段狹窄的河道（也是目前最熱門的觀光航段）還能讓我們稍微了解，從前萊茵河中上游如何蜿蜒地曲流著。

難道德國人對待他們的父親河是如此強勢？

如果說，德國天才有什麼獨特之處，就是他們傾向於立刻賦予自己已擁有或仍在推動的技術一種浪漫性和神話性：德國人發明了林場管理，便著手把德國森林美化成童話般的森林。德國人從英國人學來鐵路技術，便把火車稱作「滾動的飛輪」（Rollendes Flügelrad）。當他們準備挖掘渠道，為萊茵河舊河道進行截彎取直的土木工程、並在河道旁鋪設火車鐵軌時，卻也同時渴望能與這條父親河象徵性地重修舊好。德國的大自然征服者果斷而有活力地邁向未來，德國的詩人則坐在這些征服者的肩上，感傷地回望過去。

在文藝復興和巴洛克時期，一些作家在描繪萊茵河這條父親河的作品中，依舊延續進步的羅馬文化和落後的日耳曼部落這種發展落差的歷史圖像。當十八世紀啟蒙運動的理性主義把千年的基督教信仰打得千瘡百孔時，德意志人民終於可以再度開懷地投入父親河——萊茵的懷抱。

當德意志浪漫主義詩人賀德林從前在瑞士阿爾卑斯山山腳下苦苦推敲〈諸神的暗夜〉（Göttemacht）這首詩作時，剛好就坐在這條既受崇拜卻也受束縛的萊茵河河邊。他的到來不只為了聆聽上游奔騰的水流聲，他還想順著萊茵河的流向，朝北方眺望，更因此寫下了〈萊茵頌歌〉（Rhein-Hymne）：「他是美麗的，就如同他在地面的流淌。／當他告別山區後，／靜靜地閒遊在德意志的土地上，／知足地止息了渴望。／如果他建設這塊土地，就會帶來繁榮，／父親河——萊茵哺養他可愛的孩兒們，／在他所建立的城市裡。」

十八世紀的民間詩人路特威・霍爾提（Ludwig Hölty, 1748-1776）曾於一七七六年，也就是在賀德林發表〈萊茵頌歌〉將近三十年前，寫下〈萊茵葡萄酒歌〉（Rheinweinlied）這首詩，詩作的內容對於上帝恩典如何藉由萊茵河照顧他的子民有比較樸素而直接的意象：「父親河——萊茵讓我們過著樂園般的生活；／我承認，親吻是甜美的，然而萊茵的葡萄酒卻更香甜！」

霍爾提這首詩後來帶動了以萊茵河葡萄酒為主題的藝文創作興起，而且歷久不衰，廣受民眾歡迎的程度數十年、數百年來一直未曾消減，因此，人們有時還會認為，父親河——萊茵並不是德國的河神，而是酒神。一九六〇年代，〈我看到父親河——萊茵躺在他的河床上〉（Ich hab' den Vater Rhein in seinem Bett geseh'n）這首德語流行歌曲，讓這個主題的創作達到最熱門頂峰，參與狂歡節嘉年華活動的民眾會彼此挽著手臂，隨著這首歌曲的節奏搖擺起來：「我看到父親河——萊茵躺在他的河床上。／是啊，他躺在那裡覺得好極了，從不需要起身站立。／河床的左右都長著最優質的葡萄，／啊，如果我是萊茵河這位老父親，那該有多好！」

萊茵河沿岸不只現在才因為蜂擁而至的觀光客而顯得混亂。早在十八世紀，來自歐洲各地的旅行者，特別是英國的遊客，都喜歡造訪萊茵河沿岸的景點，只不過，當時仍未時興尋找水妖羅蕾萊的蹤跡。他們當然會想參觀梅因茲、沃姆斯和許拜耳那幾座德國最古老的主教座堂；坐落於萊茵河中央、造型類似船舶的普法茲城堡（Pfalz；建造於中世紀末期、專門向過往船隻收取關稅的海關關口）及龍岩城堡（Drachenfels）；萊茵河沙洲上那座讓橫徵暴斂的梅茵茲大主教哈托二世（Hatto II）身陷鼠群而喪命的鼠塔（Mäuseturm）；以及萊茵河畔那些在中世紀晚期由一些攔路搶劫的騎士們所興築的美麗城堡與廢墟。有意思的是，它們的名稱不是聽起來很尊貴——例如，高貴岩城堡（Stolzenfels）和榮譽岩城堡（Ehrenfels）——就是帶有些許的趣味性——比方說，貓堡（Burg Katz）和鼠堡（Burg Maus）。然而，如果沒有萊茵葡萄酒所帶來的生活和歌唱的歡悅——這種連比較冷淡和呆板的人們也能感受到的歡悅——萊茵河將無法成為一座金礦，河底所蘊藏的日耳曼神話裡的所有尼貝龍根寶藏（Nibelungenschätze）都會變得黯淡無光。

當下薩克森的達達派（Dada）畫家與詩人庫特．許威特斯（Kurt Schwitters, 1887-1948）於一九二六年夏天跟他的父母及妻子在萊茵河乘船旅行時，曾出乎意料地發現，萊茵河沿岸地區竟比德國其他地方還要熱鬧許多，對此他曾表示：「威瑪是哲學家和思想偉人的城市，首都柏林是股市投機客的地盤，漢堡是商人的都會，萊茵河畔則是歌唱者的天地。不管歌喉好不好，這裡的每個居民都愛唱歌，自個兒獨唱，或一大夥兒在一起合唱。如果歌唱者的嗓音還不差，我會比較喜歡聽獨唱，因為，對於一位和善的遊客而言，如果他只想享受萊茵河畔的自然美景，高分貝的合唱對他所造成的干擾，甚至更甚於威瑪的思想、柏林的股市以及漢堡的買賣。」

然而，一些敏感的德意志心靈卻早已知悉，如此奔放的生活歡樂其實只是黑夜裡萊茵河面上那些顛簸擺動、閃閃發亮的小皇冠罷了！

「友善的問候和預兆／讓人們受到下方壯麗河流的吸引；／然而我卻了解它，閃爍發亮的水面下／隱藏著死亡與黑夜。」以上這些詩句是生長於萊茵河畔杜塞多夫市的詩人海涅對這條父親河的結論，他甚至認為自己是「遠比自由的萊茵河更自由的子民」。當然，萊茵河的危險主要在於它是一條流勢強大、變化無常，而且能毀壞各種治水工程的河流。直到二十世紀，萊茵河的賓根窟（Binger Loch）——一個距離賓根沙洲的鼠塔不遠的強大漩渦——還讓許許多多過往船隻因為沒有及時避開這個大漩渦而捲入沉沒。對於在萊茵河行船的水手們而言，最廣為人知的禍害當然就是那位美麗的金髮水妖羅蕾萊，根據傳說，她就坐在聖高爾小鎮（St. Goar）對岸那塊高高挺出水面的礁石上。

羅蕾萊到底是一個普通的女人？還是一名受魔法控制的女巫？這類對於羅蕾萊的爭論性觀點很早以前便已存在。浪漫派詩人布連塔諾率先把這位萊茵河岸邊的夢幻女性稱為「來自巴哈拉赫的羅蕾萊」（Lore Lay aus Bacharach）。她所散發的神奇吸引力其實來自一位負心漢的背叛，心碎的悲傷竟讓她的魅惑力變得如此強烈，甚至連最驕傲的男人都無從抗拒。然而，成為色誘男人的陷阱並無法讓這位心碎的女人獲得心理補償（當時尚未出現女性主義思想），她希望擴大這個災厄，讓自己溺死在萊茵河裡，如此一來，就可以成為被詛咒的、充滿傳奇的羅蕾萊，讓占有全世界一半人口的男性迷戀上自己。不過，誰知道呢？如果這位美若天仙的女子自投萊茵河後，已經在河底找到內在的平靜，海涅後來就不會寫下和她有關的令人迷醉的詩句，作曲家西爾賀也就不會為海涅的詩篇譜上動人旋律。今天，甚至遠在日本的中小學生在上音樂課時還唱著這首〈羅蕾萊之歌〉：「我不知道，這意味著什麼，／為何我這般憂愁；／一個古老的故事，／在我心中縈繞不去……」

羅蕾萊並不是唯一在萊茵河畔或河裡結束自己肉身生命的女子。在人們開始崇拜這位金髮女巫的好幾年前，擁有一頭深色秀髮的浪漫派女詩人卡洛琳·馮·君德蘿得（Karoline von Günderrode, 1780-1806）便已在萊茵河岸拿刀刺死自己，與此相較，家喻戶曉的羅蕾萊的人生遭遇並沒有比這位才女更悲哀。馮·君德蘿得二十一歲時，便已在一封信件中抱怨道：「我心裡經常有一個非女性的願望，希望自己能參加一場激烈而混亂的軍事戰鬥，最後壯烈犧牲。為什麼我不是男兒身！我對女人的美德與幸福毫無興趣，我只喜歡狂暴、劇烈、偉大以及光輝燦爛。我的內心有一個與我本身無法協調、讓我覺得不幸卻又無法改變的東西，而且它將繼續以這種方式存在，因為我是女人，雖然擁有男人的欲望，卻沒有男人的氣力。」

性情狂熱的馮·君德蘿得後來陸續和幾位男性陷入情感糾葛，首先是她的好友貝緹娜·馮·阿爾寧的兄長，也就是名詩人布連塔諾。他曾在一封情書中要求馮·君德蘿得：「割開妳白皙身軀裡所有的動脈，洶湧的熱血會從數千注令人歡悅的噴泉中迸出。此時我會注視著妳，傾身飲入這些流瀉而出的鮮紅漿泉，直到我醉了，而且可以用瘋狂的咆哮證明妳的死亡。我會再次流下眼淚，為妳以及妳流出的熱血而哭泣，直到妳的心再次跳動。妳那時依然信任我，因為，我的心會隨著妳的脈搏舒張和收縮。」

這種情感激烈的告白並未對馮．君德蘿得造成困擾，相反地，身為一名浪漫派女詩人，她反而強烈地渴望這種熾熱的示愛，只不過告白者布連塔諾並不是她內心愛戀的對象。文學才女馮．君德蘿得覺得，布連塔諾是一位與她志同道合的詩人，但不是自己所愛慕的男人。她當時已心有所屬，就是即將成為法律專家的弗利德里希．馮．薩維尼（Friedrich Carl von Savigny, 1779-1861），但馮．薩維尼後來卻和布連塔諾的另一個妹妹結婚。這位負心漢曾在書信中這麼回應這位「愚蠢的小君德蘿得」：「當妳遇見我時，不要再一臉悲傷地看著我！妳反而應該熱烈地擁抱我、親吻我，應該這樣才對！」

馮．君德蘿得的下一個戀人是海德堡大學教授弗利德里希．克洛伊策（Friedrich Creuzer, 1771-1858），這位研究神話及古希臘羅馬史的學者最終也辜負了馮．君德蘿得的愛情。克洛伊策在妻子的施壓下，結束他和馮．君德蘿得的關係，這位年方二十六歲的女詩人因為失戀，情緒變得異常激動，便跑到萊茵河邊，拿出藏在身邊多年的匕首刺向自己，斷然結束了自己的生命。這位在當時德意志學術界備受敬重的教授，一直保存馮．君德蘿得身後留下的最後一部詩集《繆思女神墨勒忒》（*Melete*），終其一生未將它付梓出版，因為他知道，那些都是馮．君德蘿得生前為他而寫的詩篇。

為了紀念這位女作家逝世一百週年，德國文化界曾於一九〇六年出版馮．君德蘿得的作品全集，而且詩人葛奧格後來還為她寫下一首詩：「您曾是傳說中那位嫵媚優雅的女子：／您漫無目的散發著精神的光華及月色的光輝／在這片河畔的青草地上，您已經熄滅了生命的火花〔……〕／一葉無人的扁舟漂流在黑夜的萊茵河上。」然而，馮．君德蘿得的文學作品卻一直沒有受到普遍重視，直到一九七〇年代，東德著名的女作家克莉絲塔．沃爾夫（Christa Wolf, 1929-2011）和西德一些女性主義者才重新發掘了馮．君德蘿得的重要性。儘管如此，今天那些萊茵河的遊客們如果路過溫克爾（Winkel）這個馮．君德蘿得埋骨的萊茵河畔小聚落，還有誰知道這處地方曾發生一個德國文學史上相當動人的生命故事？

父親河——萊茵的河底也曾深深吸引一生困頓悲慘的作曲家舒曼的親近。這位薩克森子弟在海德堡大學求學時期便曾打定主意，不再以葡萄酒排解自己所感受的那些美妙、詩意、即將解放的或枯燥無味的挫折和沮喪，而是乾脆讓自己溺斃在萊茵河裡，就此結束人生的苦痛。舒曼的悲鬱不只來自他的生活世界，也來自他在愛情方面的不順遂。他所愛慕的克拉拉（Clara）是萊比錫知名鋼琴家弗利德里希．維克（Friedrich Wieck, 1785-1873）的女兒，在父親精心栽培之下，克拉拉在十二歲時，便以「鋼琴神童」之姿舉行巡迴演奏會，一舉揚名於當時的歐洲樂壇。舒曼和克拉拉的婚約拖延了好幾年，一直等到舒曼的經濟情況略有改善後，兩人才得以結為連理，不過，婚後的克拉拉還是無法減輕舒曼生命中的感傷，因為，舒曼覺得自己實在無法達成身為作曲家所負有的音樂使命。克拉拉是鋼琴演奏家，本身也從事作曲，她和舒曼一共生了八個孩子，對於丈夫陰鬱的精神狀態總是懷有無比諒解。當他們終於有能力購置一間夠大的公寓時，克拉拉才把最角落的房間作為自己的琴房，此時，這位女音樂家才有機會再度坐到琴邊彈琴，而且不會打擾丈夫作曲。

一八五四年四旬齋前的星期一（Rosenmontag），這位作曲家冒著滂沱大雨離開他在杜塞多夫的住家，一路往萊茵河方向走去。由於使用由幾艘船所搭成的萊茵河浮橋需要額外付費，舒曼當時只穿著一件睡袍，身無分文，便從口袋拿出一條手帕交給浮橋收費員當作抵押品。那時正是四旬齋前的嘉年華期間，什麼都可以開玩笑，連男人都可以把婚戒丟進萊茵河，因此，舒曼要從這座浮橋跳河的舉動並沒有引起什麼騷動。這位對於世人惡劣行徑和世間卑鄙下流已經感到極度厭煩的作曲家，想在這條父親河裡尋求最後的庇護和慰藉，後來卻被一名船夫救上岸而未能如願。

自殺未遂的舒曼因為害怕自己可能做出對家人不利的事，便決定住進一家位於恩德尼希（Endenich）的精神療養院，因此，原本應該在四旬齋前星期一結束的艱困而痛苦的人生，往後又在療養院裡延續了兩年多的時間。而後舒曼的靈魂就跟「逐漸減弱而消失」（Verhallend nach und nach）這句他寫在樂譜上、音樂家如此熟悉的演奏提示一樣，漸次地銷聲匿跡於人間。

其實，還有比在萊茵河自殺更糟糕的事。詩人布連塔諾在他創作的《萊茵童話集》（*Die Märchen vom Rhein*）裡，把萊茵河的那座水下玻璃宮殿描繪得非常誘人。玻璃宮裡住著一位老人，他為了處罰世間冷酷無情的父母，而把他們的孩子召入河底玻璃宮內，親自照顧他們，並讓這些孩子們不願進入上帝屬天的國度。不過，如果岸上可以找到夠多熟知童話故事的父母，孩子們還是有機會再回到人間，這位玻璃宮的老人表示：「當我已經沒有童話故事可以講給這些孩子們聽時（……）梅因茲應該每隔一天派出一位好媽媽講一個童話故事給我聽，我就願意把她的孩子還給她，直到這些孩子全部回到岸上為止。」

德意志浪漫主義者在詩情畫意中，為這位萊茵父親編織花環，夜以繼日地對他歌頌讚揚，而且還把他當成人間至高喜悅的源頭，這是否很怪異？萊茵河最能讓德國人的欲望獲得滿足，他們覺得水下的深淵猶如家一般地親切，而全世界其他國家的人民，卻對這種深不可測的水底世界感到恐懼。萊茵河的深淵接納了那些被剝奪一切、失去一切的人們，它從來不是五星級大飯店的那種奢華「深淵」，雖然人們可以在那裡，走下通風的露台，拿著一小杯上等紅酒，諦聽理論大師們如何批判這個墮落的、已墜入深淵的時代。

關於德國人的萊茵情結，沒有人能比海涅有更清晰入微的體會了！他在〈巴合拉赫的猶太拉比〉（Der Rabbi von Bacherach）這篇未完成的短篇小說中，把他內在最衷心真摯的感懷獻給父親河——萊茵：中世紀末期，當萊茵河畔小鎮巴合拉赫的猶太人在準備逾越節（Pessach）前夕那頓豐盛的晚餐時，一群基督徒喬裝成猶太教徒潛入拉比亞伯拉罕的宅邸，偷偷把一具嬰孩的屍體放在鋪滿餐具的餐桌下。亞伯拉罕發現後，便已經明白，一場針對猶太人的集體屠殺即將爆發，於是便和他漂亮的妻子莎拉（Sara）匆忙離開這個猶太社區，坐上一艘駛往萊茵河上游的小船裡。當他們在河中航行一陣子後，莎拉原先強烈的絕望突然轉成極度的從容沉著，她在小說中說著：「真的是這樣，年老的、善心的父親河——萊茵並不喜歡看到他的孩子們啼哭；他會止住他們的眼淚，把他們放在他可靠的臂膀裡搖擺著，還為他們說最美妙的童話故事，承諾他們最晶亮耀眼的寶物——或許就是那些沉埋在萊茵河底、古老的尼貝龍根寶藏。」

如果我們仔細閱讀布連塔諾和海涅關於萊茵河的文學作品，我們就會發現，他們筆下的父親河——萊茵具有一種母性。這種帶有母性的父親形象是德意志人自己創造出來的，這是再清楚不過的事！海涅這位猶太裔詩人在年輕時，曾因為期待能有更好的職業前景而受洗為基督徒——不過，在許多人眼中，他依舊是「猶太人海涅」（der Jude Heine）——後來，他受馬克思的影響而成為左派革命分子，許多著作在德意志地區遭到查禁，後來因為在德語區備受冷落而移居巴黎。他在世最後那幾年，因罹患多發性硬化症而癱瘓在床，還把自己這種困頓的人生結局稱為「床褥墳墓」（Matrazengruft）。當他發現，萊茵河不再是撫慰所有承擔勞苦的人民的父親，而是德、法兩國交戰的爭奪目標時，內心感到相當惱怒。

立場親法的海涅極度厭惡德國人當時對於成為偉大而崇高的民族國家的渴望，但他卻忽視了一點：如果法國人不只企圖階段性、而是全面性地占有萊茵地區，那麼萊茵河將不再是他親愛的父親河。

「我們法蘭西人實在很難理解，德意志民族竟如此尊崇萊茵河。」撰寫《基督山恩仇記》的法國小說家大仲馬（Alexandre Dumas, 1802-1870）在一八三八年到萊茵地區旅遊時，曾如此寫下他的觀察。另一位法國小說家維克多・雨果（Victor Hugo, 1802-1885）則被視為法國有史以來最熱情的萊茵迷。他曾在一八四〇年出版的《萊茵河遊記》（*Le Rhin*）中回憶並思索道：如果在童年時期，家裡那位德國女傭沒有把那張萊茵河鼠塔的廢墟照片掛在他床頭上方，而且還跟他說梅因茲主教如何葬身鼠塔的故事，他很懷疑，那座陰森森的鼠塔是否還對他具有吸引力？

德意志民族和法蘭西民族對萊茵河的爭奪，始於一七九四年秋末。法國爆發大革命數年後，法國革命軍便占據萊茵河左岸地區。萊茵地區的人民起初對於與法軍對抗、如百衲被般林立於日耳曼地區的公侯國——雖然與自己同文同種——早已感到厭惡，當拿破崙率領法軍攻入日耳曼地區時，各地的民眾反而非常歡迎這個異族政權的統治，特別是他們所頒布的具有自由精神、有統一規範的法律，儘管法軍也為當地人民帶來一些困擾，但仍在可容忍的限度之內。後來，德意志各地人民逐漸認清拿破崙政權的真面目，便發動民族解放戰爭，成功地推翻法蘭西的異族統治。當德意志民族成功地將法國人逐出萊茵河流域後，他們的愛國熱血也跟著沸騰起來。

高舉德意志民族主義並積極投入德國統一運動的歷史學暨語言學教授阿恩特，曾於一八一三年以〈萊茵河是德意志地區境內的河流而不是它的界河〉（Der Rhein, Deutschlands Strom, aber nicht Deutschlands Grenze）這篇政論性文章的標題，作為他的政治口號。突然間，一千多年前雄才大略、功業彪炳的查理曼大帝的古老魂魄，似乎又飄浮在萊茵河水面上。當時日耳曼民族並不希望再次被排擠到歐洲文明的邊陲，雖然它在政治上尚未建立統一的民族國家，但實際上早已形塑出一個更傲人的德意志「文化國」。

當法國政府於一八四〇年片面宣稱擁有萊茵河左岸土地的主權後，便引爆了德、法兩民族之間一場歌曲創作的爭鬥。詩人麥克斯．徐內肯伯格（Max Schneckenburger, 1819-1849）為了號召德意志民族團結一心，便在萊茵河右岸寫下〈戍守萊茵〉（Die Wacht am Rhein）這首名詩：「怒吼地發出號召，像雷鳴，／像刀劍交鋒的聲響，像洶湧的浪滔：／走向萊茵，走向萊茵，走向德意志的萊茵！／誰要成為這條河流的護衛者？／親愛的祖國，您可以獲得清靜與安寧；／因為您的子民會穩固而忠實地戍守萊茵。」

在巴黎，法蘭西人也用民族的熱情，回應條頓民族的宣戰：支持共和政體的法國詩人、也是歷史學家艾德格．基涅（Edgar Quinet, 1803-1875）當時便創作一首詩篇，後來被譜成歌曲，在德法尚未擺脫世仇的時代，這首歌還是法國的地下國歌：「日耳曼的禿鷹／用牠的尖喙第一次展開攻擊，／牠主張，你無權擁有那些水域和天空，／牠要你起身離開，／法蘭西高貴的天鵝用甜如蜂蜜的舌頭高歌，／牠最善於頌讚和平。」

被後世譽為「歌詠萊茵的詩人」尼可拉斯．倍克（Nikolaus Becker, 1809-1845）在十九世紀曾用以下這首詩歌開啟另一輪的德、法民族歌曲競賽，而且後來還失控地演變成一場鳥禽牲畜的泥漿大戰：「你們不該擁有它，／自由的、德意志的萊茵。／你們是否就像一群貪婪的烏鴉，／為了這個獵物而嘶啞地啼喊？／只要它的波浪仍平靜地起伏，／它仍穿著那件綠色的衣裳，／只要船槳打在水浪上，／還發出聲響，／你們就不該擁有它。」

當舒曼及其他德意志作曲家努力將一些讚頌萊茵河的德語詩篇譜成歌曲時，法國貴族詩人阿弗烈德．德．繆塞（Alfred de Musset, 1810-1857）則回以這首詩作：「我們已經擁有它，德意志的萊茵。／我們在酒杯裡看到它的葡萄酒液發出光亮。／如果你們想用流行歌曲裡的吹噓和自誇／抹除那些令我們自豪的征服遺跡，／我們駿馬的鐵蹄就會把你們丟進血泊裡。」

夾在這兩個民族陣營之間的猶太裔詩人海涅在這期間旅居巴黎，當時他曾一度返回德意志，並寫下《德意志地區：一個冬季的童話故事》（*Deutschland. Ein Wintermärchen*）這首諷刺性敘事長詩。海涅在這篇敘事詩裡描述，萊茵父親雖然非常高興能在十三年後，再度與失散的兒子重逢，然而，他的關注卻又立刻轉到政治層面。海涅筆下的這位萊茵父親還抱怨，倍克這位「歌詠萊茵的詩人」的詩句讓他覺得憂愁難受：「他頌讚我，就好像我是／一位最純潔的處女，／不想讓任何人奪取／頭上那頂貞操的小花環。／當我聽到他那首愚蠢的歌曲時，／我就想扯爛／自己下巴的那把白鬍鬚，並真切地希望，／能溺斃於自己的河水裡。」這位萊茵老父親很懷念從前拿破崙占領時期，法軍穿著的緊身白褲搭配長馬靴的軍服，直到詩人告訴他一項事實，他才放棄對於法國的期待：現在連法國人也透過最便利有效的方式，讓自己變成德國的市儈庸人。

只有像海涅這種不偏不倚、獨立自主的嘲諷者，才有能力辨識出，在德法這兩個敵對的陣營裡，那些彼此互打筆戰的民族主義者忽略了什麼：在所有尚武的喧譁聲中，父親河——萊茵最後已變成一條無助、而且需要人們保護的河流。這種衰弱的萊茵形象以前只頻繁地在古羅馬帝國統治時期出現過，當時的羅馬人經常把萊茵河視為被他們所綑縛的戰利品。

更令人糊塗的是萊茵河的性別屬性：當一八八三年，也就是德國發動普法戰爭擊敗法國並建立德意志帝國的十二年後，德國官方決定在萊茵河右岸小鎮綠德斯罕的一處矮林（Niederwald）裡，設立一座以徐內肯伯格〈戍守萊茵〉這首詩為主題的紀念石雕像。那麼，到底是誰可以站在那裡，手拄著一把寶劍，守護這條地標性河流？入選的雕塑對象並非徐內肯伯格在他這首詩篇中提到的「誠實、正直、虔敬和強健的」德意志男性，而是一位女性：女神日耳曼尼亞。

難道完成德國統一大業的威廉一世御用雕塑家們，選擇這位日耳曼女神作為守護萊茵河的紀念雕像，只是出於偶然？然而，他們卻在介於北方的波塔．西發里亞（Porta Westfalica）小鎮、西邊萊茵河畔寇布連茨市的德意志之角（Deutsches Eck）以及德東的寇夫霍伊瑟山區這個三角地帶，到處為所謂的「第一位日耳曼皇帝」——赫曼英雄——豎立塑像，而且在條頓森林這座歷史戰場裡，這些赫曼英雄的雕塑還會把劍高高地舉向天空，這是不言自明的事。當然，德國其他地方也有日耳曼尼亞女神的雕像豎立，但卻沒有一座像綠德斯罕矮林中的這座塑像具有如此的戰鬥性。日耳曼尼亞女神紀念像的象徵意義，比較局限於哀悼那些為祖國犧牲的士兵，所以，她們通常不是投身戰場的女戰士，而是戰士的母親、戰士的遺孀。

或許當時那些紀念塑像的打造者也曾在構思設計時，考慮過中世紀德語敘事史詩《尼貝龍根之歌》裡的女戰士。這首史詩的場景，主要發生在距離這座日耳曼尼亞女神雕像往上游不到一百公里航程的萊茵古城沃姆斯。試想，如果不是《尼貝龍根之歌》的克琳姆希爾德公主（Kriemhild）和華格納樂劇《女武神》的布倫希爾德，還會有哪些古老的日耳曼女戰士可以教導男性（除了不知恐懼為何物的英雄齊格菲之外）什麼是害怕和顫抖？

不只德意志文學家賦予父親河——萊茵哺育與撫慰生命的母性，後來的帝國政權為了保護並支持這條父親河，還賜給它一位剛強的女兒，以上種種已導致十九世紀萊茵河的河面下出現一個性別錯亂的大漩渦。詩人海涅又再度率先指出這種德意志的詭異性，他在《德意志地區：一個冬季的童話故事》這部敘事長詩中，讓老邁的萊茵父親說出自己內心的憂慮：德意志人民已經把他變成「最純潔的處女」（die reinste Jungfer）了！這位萊茵父親的擔憂是有根據的。當然，這條父親河的「處女化」並非由這位萊茵父親所厭惡的詩人倍克所引發，而是肇因於這條父親河本身的名字：德國人狂熱地追求純粹度（reinheitsfanatisch），而且還把這種傾向強烈地表現在語言的奧祕中。Rhein（萊茵河）這個名稱跟 rein（純潔的、純粹的）這個形容詞在德語發音上幾乎相同，只是拼音多了一個 h 而已。偏偏就在萊茵地區這個德國天主教的生根地，萊茵河其實不想被當成純潔的處女，而是希望能以純潔的父親形象和純潔的處女聖母瑪利亞較量一番。

如果不是為了褻瀆這條因自身純潔而受到日耳曼人民崇拜的萊茵河，為什麼法國軍隊每次在橫渡這條河流時，總不忘在河的中央朝著它撒尿？「我並不是處女，／法國人更明白這一點，／他們經常在我的河水中／混入他們這些勝利者的體液。」詩人海涅曾用他的詩句描述異族入侵德意志地區時，如何侮慢具有民族象徵意義的萊茵河的慣例。當美國的喬治．巴頓將軍（George S. Patton, 1885-1945）於一九四五年三月二十二日、二十三日之交的夜晚，成功地在尼爾斯坦（Nierstein）指揮美國陸軍第三軍團渡過萊茵河時，就連這位四星上將也無法免俗地朝著河流小解一番，他並沒有忘記這項征服萊茵河的傳統儀式。當時從事軍用品買賣的生意人圈子裡還流傳過幾張照片，據說剛好是在巴頓將軍朝著萊茵河撒尿的這個重要片刻拍攝下來的。

詩人賀德林在創作〈萊茵頌歌〉這首詩時，完全遠離了這類不堪的人類行為，他以「源自純潔的東西是一個謎」這個詩句做為詩作第四段的開頭。當然，賀德林這首詩絕非意指耶穌基督從聖母瑪利亞的處女之身誕生的這樁宗教謎團，而是指萊茵河這條大河的生命。萊茵河幸運地源自大自然神聖的母腹，是少數被揀選為受人崇敬的、半人半神的英雄（Halbgötter），他以不受拘束的方式存在著，不論是否必須在最險峻的環境中開闢出一條自己的河道（例如上游流經瑞士狹窄的維亞．馬拉〔Via

Mala」峽谷），或與周邊的自然地形和諧地相依偎（例如位於瑞士聖加倫地區〔St.Gallen〕河面寬廣的上萊茵河谷〔Oberrheintal〕）。

二十世紀德國存在主義哲學家海德格是中世紀結束以來，最懂得掌握語言奧祕的學者，他把賀德林的〈萊茵頌歌〉這首詩，解釋成人世間對於命運和自由的偉大吟唱。萊茵河就是一位「純潔者」，而且這位「純潔者」還是唯一的「自由者」，因為，對萊茵河而言，自身的意志和外在世界抵拒的回應並不相互衝突，德意志的思想與理論發展就是這麼活潑！然而，一些實事求是的語源學家（Etymologe）卻對這種說法大吃一驚，因此曾嚴正地指出，Rhein（萊茵河）其實源於印歐語言的rei（流動）這個字根，它跟rein（純潔的）這個詞彙應該沒有任何關聯。但是，德國人實在聽不進這種專業的語言學見解，畢竟純潔的萊茵河（der reine Rhein）聽起來如此美好，他們總是樂於信以為真。

作曲家華格納在他的樂劇《萊茵的黃金》最後，讓三位在河底守護萊茵黃金的少女絕望地唱著那首尋找黃金的合唱，從這段歌詞的內容看來，華格納在作詞時，一定曾把Rhein（萊茵河）和rein（純粹的）聯想在一起：「萊茵的黃金！萊茵的黃金！／純粹的黃金！／啊，它還在閃閃發亮，／這純金的玩意兒在水底深處！／唯有在水底深處，／才是親密而真誠的；／虛偽與懦弱／卻是上面所喜好的。」

這首萊茵少女的合唱不只帶給我們純粹的文字遊戲樂趣，更讓我們清楚地看到，華格納確實認為，Rhein（萊茵河）和rein（純粹的）這兩個德語詞彙具有相關性。地底國尼貝龍的邪惡侏儒阿貝利希（Alberich）後來搶走了萊茵少女在河底守護的黃金，並把這些黃金打造成一只指環，得到這只指環的人，就擁有統治全世界的權力。然而，這個指環後來卻被父神佛旦奪走，阿貝利希因為心有不甘，便對它下詛咒：擁有這只指環的人會遭逢毀滅的命運。佛旦得到指環後，不僅沒把它還給萊茵少女，反而還用它支付奢華氣派的華哈拉城堡建造費用。《萊茵的黃金》是《尼貝龍根的指環》這組套劇的第一部，要等到第四部、也是最後一部的《諸神的黃昏》，父神佛旦才受到懲罰，他和他所建立的文明也隨著華哈拉城堡的燒毀而毀滅。此時，指環又重回萊茵河底，而且跟以前一樣，由萊茵少女們看守著，萊茵河（Rhein）也因為重新找回黃金而恢復了原有的純淨（rein）。

一九八六年十一月一日，瑞士山德士藥廠（Sandoz AG）位於萊茵河畔大城巴塞爾近郊的許維策哈勒工業區（Schweizerhalle）工廠，因為發生大火而焚毀，這場在萊茵河上游的祝融之災，深深地搖撼了人們當時普遍追求技術進步的思想，因為，藥廠內有毒的化學物質後來隨著撲滅大火的消防水流入萊茵河，造成河水汙染及大量魚類死亡。這種科技的罪惡似乎已對上帝所創造的大自然失去了最後僅有的敬意，因此，當時不是只有華格納的崇拜者對這場環境浩劫憤怒難平。

為了拯救這條父親河，德國人立刻採取補救措施，經過不到兩年的努力，德國當時的環保部長克勞斯·特普弗（Klaus Töpfer, 1938-）為了公開向德國民眾保證萊茵河水質的潔淨度，還於一九八八年五月在德國各大媒體的見證下，縱身跳入萊茵河游泳。

萊茵河的生態環境遭到嚴重汙染後，竟以驚人的速度迅速恢復，而且大多是靠著自身的復原力，而比較少受惠於人類一些善意的環保措施，這個現象讓許多人非常好奇，熱烈的程度甚至勝過對環境回復原樣的感激。二十世紀的德國生態學家就跟十九世紀的德意志國族主義者一樣，他們都認為，萊茵河是一位虛弱而且需要幫助的父親。一九九二年，科隆大學曾舉辦一場回顧山德士藥廠汙染事件的學術研討會，儘管環保部長在幾年前已親自跳進萊茵河做水質的保證，其中一位與會人士卻仍在會場中做這樣的表示：「父親河——萊茵已經生命垂危，幾乎無法再靠著雙腳站立起來。他即將倒下，這期間雖然可以離開加護病房，不過還是一直躺在病床上。」

「走向萊茵，走向萊茵，走向德意志的萊茵！／誰要成為這條河流的護衛者？……」德國人對萊茵河的呵護之情，又再度讓法國及其他歐洲國家的人民驚歎不已！

一九六七年四月二十五日，當西德首任總理阿登納的棺木從舉行告別式的科隆大教堂移出，然後被抬上船前往安葬地巴特．霍聶夫（Bad Honnef）時，這一幕也是萊茵河晚近現身於具有政治象徵意義的盛大場面的時刻。這場二戰後的國葬一直讓許多民眾深受感動，他們當時覺得，自一九四九年西德的德意志聯邦共和國成立以來，官方在政治領域上由於力求平穩而顯得平淡乏味，一直缺乏撼動人心的政治場合。然而，小說家伯爾（當時仍未獲頒諾貝爾文學獎）卻認為，這個場面浩大的葬儀呆板而僵硬、令人望而生畏。（即使這位作家一向認為，自己很像水妖溫蒂娜〔Undine〕那位性情溫順的兄弟，總是順服地相信他那強勢父親的一切，除了他所表現的那種夏日的輕鬆和愉悅之外。）其實，貴為德意志聯邦共和國第一位諾貝爾文學獎得主的伯爾，當時應該讓它的第一位總理安寧地在陰鬱的萊茵河上走完人間最後一程才對，畢竟在德國戰敗的慘況下，沒有人能比總理阿登納在政治決策上表現得更為強悍：其一，以波昂為西德（暫時的）首都；其二，在德國戰敗、社會徹底瓦解的時期，明確地主張西德應該靠向西方陣營，同時盡量維持國家的獨立性。這位老總理認為，在野蠻的納粹政權之後，德國人不宜再表現出一副打從心底就是日耳曼蠻族的模樣，而是應該從日耳曼蠻族的內心孕育出「文化」，並以此超越當前的西方文明。西德與西方的結盟結束了德國原本所採行的外交策略，結束了德國先前那些自以為是、誇大不實的政治口號，德國也因為在冷戰期間選擇作為西方陣營的追隨者而得以屹立至今。

德國人一直在尋找一則適合被當成偉大建國故事的神話，卻遲遲未有斬獲。從戰勝羅馬軍團的「赫曼英雄」、被後人認為安眠於寇夫霍伊瑟山區的巴巴羅薩皇帝、《尼貝龍根之歌》的勃艮第國王，到十九世下半葉建立德意志帝國的德皇威廉一世和他的鐵血宰相俾斯麥，這些德意志民族的偉人早已成為死寂的歷史沉積。德國人在犯下納粹的歷史罪行後，對於許多事情已變得謹小慎微，然而，父親河——萊茵卻因為耀眼、豐富的多樣性，而被戰後的德國人民視為唯一適合做為德意志民族的起源神話與心靈明鏡。父親河——萊茵可以讓德國人憂鬱地注視著它。德國早期浪漫主義文學健將弗利德里希．施雷格在兩百多年前發表《法國之旅》（*Reise nach Frankreich*）這本著作時，便已表達這樣的思維：「沒有一個地方能像萊茵河畔這般，可以讓德意志人民如此清醒地想起自己曾是什麼以及現在可能是什麼。他們只要放眼望向這條氣度如帝王般恢弘高貴的河流，內心一定會滿懷感傷。這就像有人會從崖岸的高處縱身躍下，讓自己帶著下衝的巨大能量撞擊水面，激起滔天波浪並讓河水漫過河濱已結實纍纍的果林，而這一切只為了讓自己最後能消失在一片比較平坦的地方；這種激昂作風非常忠實地反映出我們的祖國、我們的歷史以及我們的民族性格。」

56. 社團的活躍分子

Vereinsmeier

日耳曼人一向不喜歡別人過於貼近他們。這個民族的老祖先會避免居住在城市裡，就連簡單的聚落生活，對他們而言，都是一種社交的苛求，讓他們難以忍受。我們現在至少可以從古羅馬帝國著名史家塔西陀的文獻記載中得知，日耳曼民族並不喜歡群居，他們最喜歡各自分開居住，在這種散居的形態下，每個村宅都能擁有自己的水源、住房占地和一小塊樹林。

即使從今天的角度來看，這種民族習性也令人難以理解：德國人一直到二十世紀初還被歐洲其他國家的人民視為性情古怪、孤僻、不合群的個人主義者。從前，德國人的祖先喜歡把木棒擱在肩膀上，獨自一人孤獨地穿越森林地帶，而且與自己氏族的人往來，通常就足以滿足他們的社交需求。到了十七世紀，一些受過良好教育的德國人已開始苦惱於無法展現一個像樣的、過得去的社交生活，他們知道，自己並無法擁有像義大利人、法國人和英國人那樣活躍的社交能力。

要讓人民能以有教養的方式彼此交際應酬，首先需要一種有教養的語言。在中世紀跨入近代的過渡時期裡，德意志地區的語言其實處於一種困窘狀態：馬丁．路德翻譯的德譯版《聖經》雖已率先為通用的標準德語立下基石，然而各地區的民眾仍舊操著自己熟悉的方言，比如北德的低地德語、薩克森語、南德的巴伐利亞語以及西南德的阿雷曼語（Alemannisch）等。德意志的貴族階層則盡量以流利的法語彼此交談，至於一些有分量的學者依然使用拉丁文撰寫他們的著作。

德意志地區最早的一批民間社團竟然都是語言協會。一六一七年，就在三十年戰爭爆發前夕，昂哈特—柯騰公國的公爵路特威一世（Ludwig I）宣布成立日耳曼地區規模最大的德語協會「豐收學會」，這個語言社團的任務是要「讓我們高貴的、卻被華麗的外來語言所稀釋且敗壞的母語，再度回復它平常原有的語言純淨、感受力及光彩。會員們應該同心協力地繼續努力，把德語從外來語言的滲透與箝制中解放出來」。

後來巴洛克時期的一些語言暨文學協會，早在三十年戰爭期間便已成立，例如，史特拉斯堡的「正直冷杉協會」（Die Aufrichtige Tannengesellschaft）或紐倫堡的「佩格尼茲芳花文學會」。這些社團當時都一致認為，抵抗外來語言充斥是日耳曼地區的當務之急，不過，卻忽略了如何克服地區內部方言分歧的問題。德國早期的啟蒙思想家雖然和那些掌控十九世紀民間社團活動的德意志國族沙文主義者不同，但他們都認為，把德語的改革重心從排除外來語轉為建立標準德語確實有困難。當時精通多國外語，並以拉丁文及法文作為書寫語言的哲學家萊布尼茲，對皇家普魯士學院（Die Königlich-Preußische Akademie der Wissenschaft）的成立發揮了決定性作用。這位全才型學者曾促使共同參與該學院成立的各界人士，思考一個關於自己母語的問題：「是否應該讓古老的德語維持原本的純粹及自主性，而不要讓它最後因為混合各種外來語言而成為一鍋語意模糊不清的大雜燴？」

隨著市民階層興起，德意志地區在十八世紀後半葉已普遍出現這樣的社會期待：人民應該脫離原本獨來獨往、依附自己的氏族和社會階層的生活方式，成為開放的、願意接受新事物的社群成員。與康德及猶太裔哲學家摩西・門德爾松（Moses Mendelssohn, 1729-1786）並列德意志三大啟蒙思想家的布雷斯勞（Breslau）[1]學者克里斯蒂安・戈爾夫（Christian Garve, 1742-1798）便曾抱怨，具有教育

1 布雷斯勞是西利西亞地區的首府，位於目前波蘭南部，不僅是經濟與交通樞紐，還是一座人文薈萃的城市。

與文化水平的德意志市民普遍處於孤獨狀態，而且這種孤獨還讓他們在人群中參與輕鬆活潑的活動時，顯得很笨拙。有鑑於德意志人民普遍缺少像其他國家的國民那種表現儀態的精神，啟蒙運動時期作家阿道夫．柯尼格男爵（Adolph Frieherr Knigge, 1752-1796）便在《關於人際之間的交往》（*Über den Umgang mit Menschen*）這本於一七八八年發表的名著中，向德語讀者說明社交禮儀的重要。哲學家暨神學家施萊爾馬赫則試著提出自己的「社交舉止理論」（Theorie des geselligen Betragens），以批判柯尼格男爵對於社交禮儀只是為了讓人們在上層社會交際圈裡表現良好風度的論調。施萊爾馬赫認為，人與人之間真正的交往應該是一種盡善盡美的交流。要達成這種真正的社交，只能「讓自己的領域和別人的領域盡可能有各種各樣的交流。每個人在自己的極限點上，可能會看到另一個不同的、陌生的世界，透過人際的交遊，個人就會愈來愈了解人類所有的處境與現象。即使別人具有自己最不熟悉的性情和狀態，也可以習以為常，幾乎把他們視為自己的鄰居一般」。總而言之，德意志民族後來開始展開社交生活，主要是基於他們當時對於智識與教養的信念：只有和受過良好教育的人交流，個人才能具備健全的性格。

十八世紀那些跟歐洲鄰邦有頻繁生意往來的德意志商人，特別喜歡強調德意志文化的特點，如果他們把流行於荷蘭、比利時和法國的三角或雙角男士帽戴在頭上或夾在腋下，就幾乎無法凸顯自己的文化特色。這些生意人畢竟還是希望能在這些外國的貿易夥伴面前驕傲地挺直腰桿，而不再因文化低落而自慚形穢。他們當時最希望把自己塑造成能與外國商業盟友平起平坐的世界主義者，十八世紀漢堡市的新聞界人士雅可布．藍普雷希特（Jakob Friedrich Lamprecht, 1707-1744）就在這樣的時代風氣下，於一七四一及四二年之交創辦了一份名為《世界公民》（*Der Weltbürger*）的雜誌。

德意志人民早期的社交生活主要是從漢薩城市開始活躍起來的，這並非偶然的發展。早在一六二三年，波羅的海的漢薩城市羅斯托克便已成立學風自由的學院，遠遠領先當時的柏林和哥廷根。漢薩港都漢堡則成為城市交際生活最蓬勃的地方：一六六〇年，漢堡的音樂協會（Collegium musicum）便首次公開舉辦音樂會。雖然當時的知名作曲家巴哈和格奧格・泰雷曼（Georg Philipp Telemann, 1681-1767）所主持的萊比錫音樂協會在日耳曼地區最負盛名，但成立的時間卻比漢堡的音樂協會足足晚了四十年。漢堡還於一七六五年成立富有啟蒙主義精神的「愛國協會」（Die Patriotische Gesellschaft）。這個民間社團以促進藝術與應用性技藝為宗旨，不僅存在至今，而且依然顯露出漢薩城市貴族的驕傲。就連十七世紀濫觴於大不列顛的英格蘭共濟會，也選擇在漢堡市設立德意志地區的第一個分會。這個組織以人文主義和啟蒙運動的精神為號召，藉由舉辦聚餐、演講和討論會等活動，把社會各階層的人民聚集在一起，比如工匠師傅、商人、藝術家以及贊助藝術家的貴族等。由於漢堡是一座自由城市，居民的社會階級比較模糊，因此，這個易北河畔的大城比較容易出現新的社會型態。

在最早信仰新教的德北地區——從鄰靠波羅的海的波緬地區到北海港都不來梅——一些民間人士所成立的讀書會已彼此連結成一種跨地域性質的社團，他們完全不搞神祕的勾當或故弄玄虛，而是很務實地在各地設立圖書館，因此，當時連在衣帽間工作的小妹和為爺們駕車的馬車伕，也可以透過書籍借閱提升自己的知識與文化水平。這個地區的德意志婦女當時已可以公開出入民間團體及其附屬的圖書館，在那個女人拋頭露面還不是理所當然的時代，這是值得注意的現象。當時其他的團體、組織或共濟會分會都還是男人專屬的俱樂部，這些社團頂多只為男性成員未婚的、受過良好教育的女性親屬提供一個附設的聚會房間（Frauenzimmer）。沒有男女之分的社團聚會在當時還是例外情況，例如，萊茵河畔卡爾斯魯爾市的「髮編戒指協會」（Gesellschaft zum Haarenen Ring）。這個由私人朋友圈發展起來的社團，其男女成員固定每週聚會一次，而且每人的手指都必須戴上象徵該協會的標誌：由頭髮編成的戒指。儘管如此，當時在德意志地區活躍於交際生活的畢竟還是男人，甚至連明斯特的「貴族仕女俱樂部」（Adlige Damenclub）還是以男性成員為主體。

直到文藝沙龍出現，德意志婦女才真正活躍於公開的社交場合，這些仕女當時比較偏好以低調的名稱稱呼自家舉辦的沙龍聚會，比方說「飲茶桌」（Teetisch）或「頂樓小室」（Dachstube）等，直到今天，文藝沙龍的自由、才華洋溢與前衛的人際交流方式，仍受到人們相當的推崇與讚賞。德國最早的文藝沙龍起源於柏林市中心，即早期浪漫派猶太裔女作家恆麗艾特·黑爾茲（Henriette Herz, 1764-1847）的寓所。一開始，沙龍的聚會尚有男女之分，當男人們在真正的沙龍（大客廳）討論時下一些重要議題時，女人們則聚集在隔壁房間，一起沉浸於歌德文學作品的熱情中。後來，大約在一七八〇年左右，與會的男士數量開始減少，相較之下，客廳旁邊房間裡的婦女聚會卻比外面的男士沙龍更踴躍、更愉快而且充滿活力。後來，這些女士們乾脆離開那間女性專用的房間，到大客廳和男士們一起聚會。

接下來的二十年間，女主人黑爾茲每星期在家中舉行沙龍聚會，前來的客人都是當時學術界和藝文界的傑出人士，如洪堡德兄弟、文學家尚．保羅和布連塔諾等。作家弗利德里希．施雷格也在這個沙龍認識了猶太裔哲學家門德爾松的女兒朵洛苔雅，兩人後來還結為連理。這對夫婦婚後便搬到兄嫂奧古斯特和卡洛琳娜．施雷格居住的耶拿，和他們在那裡一起主持文藝沙龍，形成所謂的「耶拿浪漫派」（Jenaer Romantik），德意志文藝沙龍活動的重心也短暫地從柏林西移到耶拿（然而，耶拿的詩人和思想家和諧愉快的沙龍聚會，後來卻因為奧古斯特．施雷格的妻子卡洛琳娜愛上並改嫁給哲學家弗利德里希．薛靈（Friedrich Schelling, 1775-1854）而鬧得大家不歡而散，朵洛苔雅對於外遇的妯娌卡洛琳娜的情感也由親暱轉為厭惡）。

哲學家暨神學家施萊爾馬赫也經常出入黑爾茲女士的文藝沙龍，他在柏林社交圈的沙龍聚會經驗，對於他後來提出的「社交舉止理論」有決定性的影響，此外，他還發展出關於人與人之間如何交談和溝通的理想概念，而且這種互動獨獨只有一個目標：把每個人從所有市民的、家庭的角色牢籠中解放出來，讓他們成為更優質的個體。往後不到兩百年的時間，法蘭克福學派的社會哲學家哈伯瑪斯已經用他的代表著作《溝通行動理論》（*Theorie des kommunikativen Handels*）把這個主題發展到極致，同時還把學術界搞得筋疲力盡。

人們最好在女性的保護下，展開文藝沙龍這種新的社交形式，而且這樣的想法非常符合當時德意志浪漫主義者的女性圖像。與強調男女平權的女性主義大不相同的是，浪漫主義者認為，女性擁有較高的善感性與開闊的心靈，她們是人性慈善與仁愛的承載者。比起那些充滿企圖心與好出風頭的男性，人們比較有可能在女性身上看到施萊爾馬赫所謂的「無窮盡的人性」（unendliche

Menschlichkeit）。

促成這種人際交流最理想的人物，是另一位柏林文藝沙龍的女主人拉荷．蕾文（Rahel Levin），即後來結婚冠夫姓的拉荷．范哈根。這位猶太裔女文學家曾參與並感受過黑爾茲夫人沙龍裡那種熱烈的氣氛。她後來在一七九〇年成立自己的文藝沙龍，當時定期舉辦這類聚會活動的終極目的，是希望人們最後能在群體中成為完整的個體。詩人布連塔諾也經常參加這個在柏林號稱規模第二大的文藝沙龍，不過，他有時會抱怨，沙龍裡的交談往往過於閒散馬虎。總之，他認為這位沙龍女主人「並沒有什麼要求，往往任憑討論的話題偏移重點，即使已變得荒腔走板，她也只是在一旁微笑。她本身脾氣很好，很有同理心，而且還會恰當地表現風趣的一面」。

布連塔諾這番見解與拉荷．蕾文對自身社交天賦的看法相去不遠：「我對於交際的喜愛是無止盡的。我深信——而且不帶有絲毫懷疑——我為此而生，我生來就適合做這件事。我有無盡的精神可以處於當下，而且反應敏捷，可以理解、回答並關照我的沙龍客人。我對人的各種稟性、氣質與處境很感興趣，我能理解他們言辭中的正經與戲謔。沙龍裡發生的事，沒有什麼讓我感到陌生，甚至是那些愚拙的事。我向來處世低調，現在卻用說話來背棄自己的本性。我可以久久地保持沉默，我喜歡所有的人性與人情，我幾乎可以包容所有的人。」

二十世紀知名的猶太裔女思想家漢娜．鄂蘭已經點出，猶太女性經常出現在德國早期的文藝沙龍並主導這種聚會活動，因為，她們比同時代信仰基督教的日耳曼女性，更容易被主流社會邊緣化而且沒有地域的歸屬感，找不到可以發揮自我的社會空間。這些猶太女傑最強烈的特質就是克服所有傳統的限制，對此，鄂蘭寫道：「猶太女性在柏林所主持的文藝沙龍是一個社會以外的社交空間。」最後，這位當代傑出的猶太裔女思想家還心酸地下了一個結論：「當時的猶太人只是在填補一個介於走向衰敗與尚未穩定的社交空間空缺罷了！」

事實上，柏林猶太沙龍的全盛時期只持續了二十五年：一八〇三年，沙龍女主人黑爾茲喪夫，即使她從不以提供奢華餐點來吸引當時一些傑出而有名望的文士出入她的沙龍，但寡婦身分已讓她不再適合主持文藝沙龍。後來拉荷．蕾文在柏林的第一個文藝沙龍，也因為一八〇六年拿破崙法軍在耶拿和奧爾胥疊（Auerstedt）打敗普魯士軍隊繼而攻占首都柏林而停擺。（拉荷．蕾文後來結婚並改從夫姓范哈根，一八一九年，在拿破崙法軍被趕回法國好幾年後，她還以范哈根夫人的身分在柏林開始她的第二個文藝沙龍。）

文藝沙龍後來的衰落，不只由於拿破崙的占領軍政府持續監督普魯士當地可能的陰謀顛覆活動，而讓民間失去許多集會的自由，其實有一部分還歸因於當時許多曾參與黑爾茲和范哈根這兩位女主人所主持的沙龍聚會的男士們，後來在純男性圈子裡找到屬於男人的社交樂趣。在拿破崙占領期間，柏林各界名流於一八〇九年組成「無規矩協會」（Die Gesetzlose Gesellschaft），這個至今仍存在的男性社團，其活動目標——根據當時該社成員文學家霍夫曼的說法——只是要讓男人們以優雅的德意志方式一起共進午餐，雖然這個社團號稱沒有規矩和原則，但成員們卻必須遵守一項規定：女性必須被排除在外。不過，這種排斥女性的社交模式也不是導致文藝沙龍盛況不再的主因。

導致德意志地區文藝沙龍沒落更具決定性的因素，其實是時代風氣的轉變：當時被異族占領而備覺屈辱的普魯士所瀰漫的思想風氣，已經從普遍主義（Universalismus）和世界主義轉向德意志國族主義。在這個非常時期，公爵夫人露意絲．馮．佛斯（Luise Gräfin von Voß, 1780-1865）成為當時一種嶄新型態的沙龍女主人，但可惜的是，我們德國人現今已經把這樣一號人物給遺忘了！當時在公爵夫人豪華闊氣的府邸裡，有愈來愈多軍方菁英參與聚會，人們參與這種沙龍交際已不再著眼於讓自己能在人群中成為一個完整的人，而是策劃推翻法國人的統治。當然，在拿破崙法軍占領時期，這種顛覆性集會必須以文藝沙龍的形式加以掩護，這是不言自明的事。法國當時的占領軍政府一直懷疑馮．佛斯公爵夫人的沙龍其實是柯尼斯堡「品德聯盟」（Tugendbund）的祕密性集會。這個地下政治組織以推翻拿破崙統治為目標，致力於讓那些因遭受不幸而感到絕望的人能重新振作，減緩民眾在身體與道德方面的困阨，投入青少年教育的普及化，重新組織軍隊並提倡愛國精神，而且還呼籲人民效忠那些原先割據四處的德意志邦國。

作曲家暨音樂教育家徹爾特也在拿破崙法軍占領普魯士期間，於柏林成立德國第一個男聲合唱團──「歌友合唱團」。徹爾特在一八〇九年成立這個男性合唱團的動機，不只是要訓練柏林的男士們唱出優美悅耳的曲調，他更希望藉由這種以樂會友的方式，強化德意志人民的文化素質和國族意識。隔年，即一八一〇年，德國體操之父楊恩──後來還投入反拿破崙的德意志解放戰爭──與十一位志同道合的朋友在柏林南方郊區的哈森海德公園（Hasenheide）祕密成立了「德意志解放與統一聯盟」（Deutscher Bund zur Befreiung und Einigung Deutschlands）。再隔一年，這個組織便發起體操運動，並以「活潑、自由、愉快、虔誠」這句座右銘，教育青少年鍛鍊自己的體魄。當然，這種體育活動的主要目的是為了能在最短的時間內，把青少年的體能與體格訓練成最佳狀態，以便讓他們能盡快投身反拿破崙的民族解放戰爭中。

一八一一年，海德堡的浪漫派詩人馮．阿爾寧選在普魯士國王加冕紀念日當天成立「基督教德意志桌席會」（Die Christlich-deutsche Tischgesellschaft），而且還在該組織的章程中明訂，不接受法國人、猶太人、婦女及市井庸人入會。雖然這個社團以德意志國族精神為號召，但這群人依然不改浪漫主義者的本色，總是喜歡在集會時，玩一些浪漫、沒有實質意義的小遊戲，比方說，每當有人發表一場激情的演說後，就會有人以嘲弄的言辭加以譏諷反駁。二十年後，當流亡巴黎的猶太裔詩人海涅在總結德意志浪漫主義時，便曾激烈地抨擊這種狹隘的國族主義：「德意志民族的愛國主義〔……〕存在於那些已經變得狹窄的心靈裡，它們向內部緊縮，就像皮革遇冷收縮一般。這些人厭惡外國的東西，他們已不再是歐洲人，不再是世界公民，一心只想成為狹隘的德國人。因此，我們會在楊恩所建立的體操組織系統中，看到這種典型德意志的粗野與無禮。他的組織以卑劣、笨拙、下流的方式反對已在德意志地區出現的、最美好而且最神聖的思想信念。總之，這些人反對人性的慈善和博愛，反對促進人類之間普遍的兄弟情誼，反對萊辛、赫德、席勒、歌德及尚．保羅這些德意志地區的精神導師，以及所有知識階層所崇奉的世界主義。」

海涅把十九世紀前葉德意志地區興起的愛國主義氣量過於狹小的偏執歸咎於楊恩，實在有欠公允。這位德國體操之父是促發強烈德意志國族情感的先鋒人物，當時德意志地區被法國人占領與統治，因此，他在自己的土地上看到外來的事物時，當然會感到不快，而且他還傾向於主張，德意志民族就是上帝所揀選的民族。一八〇八年，他完成《德意志民族特性》（*Deutsches Volkstum*）這份政治論戰性質的著作，並於一八一〇年付梓出版，然而他在書中的論述，不僅沒有要求消除所有非德意志的東西，反而還達到一種席勒式的詩人激情：「如此一來，人類將永遠被人群永恆的連結所環繞，他們雖然曾與內心狹隘的自私自利緊密相連，不過，卻會因為再度增長識見而明瞭人類的一體性。所有的人、每一個個體都將被統一於一體的大海中，並一起經歷永不止息的漲潮與退潮。」

楊恩認為，孤僻以及對於利己主義盲目的崇拜，才是德意志民族應該盡快根除的舊習性。他在《德意志民族特性》中曾提到：「人類注定要成為像樣的人類，不過，人類卻無法單靠自己達成這種理想狀態〔……〕。那些遁世的隱居者鄙視自己在人群中的義務，也因此失去了相對應的權利。他們並沒有將自我培養成真正的人，所以，在人性與人情上無法成熟，青春與生命也隨即乘著翅膀，從他們身上溜走。在沒有人跡的荒漠裡，在靜悄無聲、矯揉造作的隱廬中，合乎道德的情感並無法變成美德與情操，因此，每個生命體都會逃離荒無人煙的地方。」

從這些呼籲看來，這位德國體操之父的想法，其實比較接近啟蒙運動時期那些在理念上鼓勵人們從事社交活動的知識分子，而不是在二十世紀利用他作為政治宣傳、最後幾乎把德國帶向毀滅的納粹黨徒。楊恩深信，民族內部的同質性首先必須從民族固有的語言、歷史和傳統中發展出來。試問，這樣的信念有什麼值得世人感到憤慨或反感？

除了被後世的納粹政權利用之外，還有另一幫人曾聲稱以楊恩的思想為依歸，再度讓這位德國體操之父的聲譽蒙上一層陰影：他們就是當時那些一路跟隨他、卻毫不關心德意志政治情勢發展的體操協會人士，當時這些人看起來簡直跟市井庸輩相去無幾。

當德意志人民於一八一三年贏得反法蘭西的民族解放戰爭後，整個德意志地區便瀰漫著民族覺醒的精神。人民一直希望能建立統一的、具備民主體制的德國，但這個期待後來卻在一八四八年法蘭克福國民會議期間，被主張維持君主政體的封建舊勢力所扼殺。在一八四八年德意志革命爆發之前，雖然表面上政局顯得風平浪靜，但人民不滿的情緒卻早已在各地持續沸騰，一八三二年的「韓巴賀節慶」所發生的群眾騷動，就是在激烈地傳達這股反抗貴族統治的民怨。當時大約有三萬人參加，他們來自社會各階層，有男有女，有知識分子，也有目不識丁的勞動者，此外，人群中還有許多因為先前的「十一月起義」（Novemberaufstand）失敗而逃到德意志地區的波蘭人。當時這三萬名群眾聚集在韓巴賀郊區舊宮殿的廢墟上，高聲呼喊：「自由而統一的德國萬歲！波蘭人萬歲！他們是德意志人的盟友！法蘭西人萬歲！他們重視我們的民族與自主性，他們是德意志人的兄弟！各民族萬歲！他們打斷了身上的鎖鏈，與我們一起宣誓加入自由的聯盟！祖國萬歲！民族尊嚴萬歲！跨民族聯盟萬歲！」

普魯士戰勝拿破崙軍隊後，普魯士國王便出面主導德意志地區各邦國組成「德意志聯盟」，以填補被拿破崙法軍所瓦解的神聖羅馬帝國留下的政治空缺。一八一九年，「德意志聯盟」幾個重要的邦國派出部長，參與波希米亞的卡爾斯巴德（Karlsbad）會議，該會議最後決議，嚴格監控並禁止境內人民的言論、集會、新聞及通訊等自由。這些「卡爾斯巴德決議」（Karlsbader Beschlüsse）在「韓巴賀節慶」的大型示威之後，被那些封建政權更加積極而落實地執行，自由派的大學教授紛紛遭到解聘，首批大學生社團被強制解散，楊恩在各地成立的體操協會遭禁，那些所謂「蠱惑民心」的帶頭者所遭受的政治迫害也愈來愈嚴重。在這波封建勢力反撲的政治行動中，楊恩率先遭到當局逮捕拘禁，被釋放後，還受到警察機關監控。

楊恩在名譽恢復之後，才於一八三七年開始重振自己原先推動的體操運動。一八四八年，他獲選為全德意志地區的法蘭克福國民會議代表，然而，參與這個被後人視為德國第一個國會的經驗，卻讓這位蓄鬍老人對當時的政局更心灰意冷。他在法蘭克福開會期間曾寫信給他的第二任妻子：「我們這裡一共有十個派別，我卻不隸屬任何一派，因為，每個派別都以內部的多數決來決定政治立場，如果我違背自己的信念，而接受所屬任何一個團體的多數意見，那就是一種罪惡，等於讓自己拋除良知、造假說謊以及起偽誓背叛選民。那些長期粉飾太平的寄生蟲，那些在徹底墮落狀態下沒有教養和規矩的敗類，只想把一個嶄新的國家政體建立在沒有信仰與道德正當性的基礎以及一些惡習陋俗上。」這位德國體操之父雖然極力追求社會的自由，但他本身也是普魯士皇位世襲制度的捍衛者，他在另一封寫給妻子的家書中曾提到：「拿破崙雖然惡劣，那些無產階級的紅色人士（die Roten）卻更加凶狠。」當黑森地區的林堡（Limburg）體操協會向他請求協助時，這位德意志體操運動的老前輩卻向該協會表示，他和所有體操團體早已沒有往來，早就不對這些社團抱有任何期待。他當時斷然拒絕林堡體操協會的原因，比較不是因為他懷疑這個社團已經被「染紅」，而是當時的體操界讓他感到相當心寒：德意志地區的體操運動雖由他一手帶動，然而體操界人士竟對當前的政治局勢和問題表現得如此冷漠！

普魯士人民在那個時期享有限制性集會權，所組成的社團不得對政治事務發表意見，這種官方的規定也迫使民間團體走向庸俗化。雖然在德意志革命爆發之前，普魯士政權在這個人民爭取民主自由的初步階段，已放寬人民集會權的限制，不過，這卻是短暫的現象。以建立民主、自由、統一的德意志民族國家為目標的法蘭克福國民會議，於一八四九年以失敗收場後，反革命的封建勢力甚至於一八五一年八月進一步反撲，全面否定那些已由國民會議通過、卻從未實際施行的人民基本權利，比如遷徙、就業、祕密通訊、言論及集會結社的自由等各項權利。拿破崙法軍被驅離後，德意志地區大大小小的邦國再度回復封建政權，尤其是普魯士王國。在面對境內政治團體紛紛興起之際，這些專制政體當時仍清楚地讓那些他們在往後數十年已無法再掌控與影響的政治黨派知道，他們比較能接受那些確實不關注政治的體操會成員、合唱團團員和大學生，而不是那些表面上從事相同活動、具有相同身分，卻充滿革命激情的人。

「社交生活是一個理想的國家最先被外人觀察到的、輕鬆的部分。」如果形式社會學的開創者格奧格·齊美爾（Georg Simmel, 1858-1918）這句話說得沒錯的話，十九世紀的德國人應該會想讓自己加入一個小而正派、章程清楚的團體，每位成員都準時向掌管財務的幹部繳交會費，當大家在集會現場爭鬧不休時，理事會諸君還能不受影響地端坐在原位。

約翰尼斯·特羅央（Johannes Trojan, 1837-1915）曾於十九世紀末——即末代德皇威廉二世在位時期——在柏林主編《帕嗒噹啷》（*Kladderadatsch*）這份諷刺週刊。這位作家在他的詩作〈社團之歌〉（Veieinslied）裡，對德國人參與社團活動的心態有相當傳神的描述：「讓我們加入社團，／因為社團正為此而存在。／它藉由凝聚群體而提供協助，／人們在聚會中彼此親近。／孤獨和寂寞還是無法搖撼，／每個人都在同一地方，／聚集在一起，／追求更高的目標。／讓我們制定章程，／不過，這還要看，／我們能否監督，／能否修改它。／如果我們做錯，／那將是很大的喜悅；／人們對於條文發生爭執，／才出現真實的人生〔……〕讓我們展開創社週年慶，／因為這是最大的樂趣；／我們開心地彈奏古弦琴，／也意識到自己崇高的目標。／孤獨的貓頭鷹在森林裡，／粗陋地建造自己的窩巢，／然而，獨獨在社團中，／人們的存在才會轉為歡樂和快活。」

在德國成立社團其實很容易，只要向初級法院（Amtsgericht）登記註冊即可。目前德國國內約有六十萬個民間社團，不過，這些社團並不都是由一些愛喝啤酒、經常聚在一起玩九瓶球（Kegelspiel）[2]、籌備嘉年華活動的人，或由一些喜歡在一起交換飼養心得的短腿臘腸狗飼主所組成的團體。德國沒有任何社團會讓人們在背後批評它為社會製造許多寂寞的貓頭鷹，因為，它們的活動內容確實熱鬧非凡，而且五花八門：從「德國素食者聯盟」到「北黑森地區傳統香腸推廣協會」；從「喪子父親自力救濟組織」到「男女同性戀火車之友社」；從「氣定神閒釣魚運動協會」到「正確的運動——預防腿部不適學會」；從「哥廷根古典文學之友會」到「另類嘻哈文化促進會」；從「婦女學習再度開顏歡笑協會」到「靜默哀悼會」。

這些形形色色的社團早已證明，德意志民族終於告別了長期以來靜僻的生活方式。不過，德國人還是跟從前一樣懷疑自己的社交能力，因為缺乏社交的優雅而感到苦惱，因此寧願以社團的章程、規則和條文來確保自己的社交生活。當財稅單位向他們所屬社團發出熱心公益的獎狀時，身為有助於社會公益的社團成員，他們的活動往往因為無私地促進物質、精神或道德等方面的公共利益而被凸顯出來，他們的社團參與也因此功德圓滿。而且，隔年要申報所得稅時，還可以少繳一些稅金呢！

或許有一天，德國規模最大的民間社團——德國汽車協會（ＡＤＡＣ）——可以挾著一千七百萬名會員的規模，獲得社員熱烈參與社團活動的最高階獎章。德國汽車協會在一九七〇年代曾喊出「自由的人民可以自由地開車」這句富有傳奇色彩的口號，而且直到如今，它依然是德國人對於生活周遭的表白。然而，或許更加令人欣賞的是，這個汽車協會曾把十九世紀廣受民眾喜愛的一句格言作為它存在的目的和目標：「我們不只想成為汽車駕駛人，我們還想成為實實在在的人。」

2「九瓶球」是一種類似保齡球的運動，球瓶比較細瘦，比十瓶球的保齡球少一個球瓶。它還有一個更普遍、語意卻比較不清楚的中文譯名，即「九柱戲」。

57. 林中孤寂

Waldeinsamkeit

森林是巨大的，森林是陰暗的。親愛的讀者，您不妨假想自己是格林童話裡的小紅帽，帶著媽媽準備好的蛋糕和葡萄酒，出門探望臥病在床的祖母。您獨自一人在森林裡行走，突然遇見了一隻大野狼，您當時並不知道，狼是一種生性凶猛的野獸，所以根本不怕牠。大野狼在您身邊走了一會兒之後，便想把您從路徑上引開，帶您走進森林深處。牠會這樣對您說：「小紅帽，你看周圍這些美麗的花，你為什麼不瞧一瞧呢？我覺得，鳥兒叫得這樣好聽，你卻幾乎沒有聽見。你只是走自己的路，好像要去學校上學的樣子，不曉得森林裡面這麼有趣……」

親愛的讀者，您還可以想像自己是格林童話裡的漢斯，和妹妹葛麗特在森林裡受到女巫那間糖果屋的引誘，後來那位老巫婆還招待你們進屋子吃薄煎餅、蘋果和堅果等。沒想到一覺醒來，自己已經被關在馬房裡，惡毒的巫婆打算把您餵得肥嘟嘟，然後再煮來吃。

親愛的讀者，您是否還看過英年早逝的德國童話作家豪夫寫下的〈冷酷的心〉（Das kalte Herz）這個故事？身為故事主人翁的燒炭工彼得（Kohlenmunk-Peter）一心想擺脫貧困的生活，有一天，他在黑森林裡碰到邪惡的巨靈「荷蘭人米歇」（Holländer-Michel），便用自己溫暖的心和這位巨靈換取大量財富。親愛的讀者，當您走進森林時，是否覺得「荷蘭人米歇」也在每棵樹幹後面潛伏著，覬覦您胸膛裡那顆跳動的心？不用緊張！您只要讓自己跟燒炭工彼得一樣，維持本性的天真無辜，玻璃小矮人就會出現在您的面前，幫您從施加魔法的「荷蘭人米歇」那裡搶回被它偷走的那顆柔軟之心。

陰暗的德國森林讓德國童話開展出最豐富的想像。這其實沒有什麼好驚訝的！然而，那些比日耳曼人更早接受文明洗禮（比如人際間相處的禮貌和禮節、民法的施行或地板下的暖氣設備）的民族，卻從不覺得他們自己的森林陰森可怕。古羅馬帝國著名的史學家塔西陀曾在《日耳曼尼亞》這本著作中使用「令人感到恐怖的森林和令人厭惡的沼澤」這樣的描述，形容羅馬帝國疆界以外日耳曼地區的陰冷和落後，也就是那片位於萊茵河以東、多瑙河以北的日耳曼蠻族所在地。就連一向無所畏懼的凱撒大帝在談到從黑森林向東延伸的那片中海拔山鏈的茂密森林時，也會不由自主地戰慄起來。他曾寫道，這個晦暗的日耳曼森林地帶經常會有頭長著怪角的動物麕集，而且曾有一位在行軍方面訓練有素的羅馬士兵在這片陰黑的森林地帶迷路，後來花了六十天的時間才從這座綠色大迷宮裡走出來。二戰過後，西方盟軍對西德占領區的媒體和各種出版品施行言論檢查制度。當時漢堡市有一位書商曾建議一名英國軍官把《格林童話集》列入符合民主精神、絕無納粹思想滲透的書籍目錄單上，不過，卻遭到這位軍官明確地拒絕：「哦！不，格林童話裡的森林實在太多了！」

突然間雲破天開，日光從葉簷的間隙裡穿洩而下，暗色的樹幹頓時閃著銀光，地上的苔蘚透著一片明亮的嫩綠，此時您還目不轉睛地往樹枝上陰暗的節孔裡瞧著，而且立刻發現裡面有一隻甲蟲正勤奮地工作。現在鬼魅已經消失，您已相信奧地利作家暨畫家阿達貝特．許第弗特（Adalbert Stifter, 1805-1868）[1]那振振有詞的保證：「所有曾經深入森林地帶的人，都會在那片美麗的大自然裡發現，到處都是健康生長的花朵、香草和雄偉的林木，那是無數不知名的鳥兒和動物棲身之所，就是沒有駭人的鬼魂。」

---

[1] 許第弗特是十九世紀前葉畢德麥雅時期的德語文學健將，他的小說創作內容幾乎都與森林有關。

眼前景色讓您的靈魂如釋重負而想高聲歡呼。一隻林間小鳥突然出現在眼前，用比您更棒的歌聲唱著：「在森林中的孤寂，／讓我感到欣喜，／明日一如今天，／在永恆的時間裡，／哦！我是多麼歡喜，／在森林中的孤寂。」

您真的相信這隻小鳥所唱出的心聲？您不妨試著回想自己在校園求學時所讀過的教科書內容：難道不是德意志浪漫派文學家提克讓這隻小鳥的啼唱顯得如此動人？這隻鳥兒不就出現在提克創作的〈金髮騎士艾克伯特〉（Der blonde Eckbert）這部早期浪漫主義風格的藝術童話中？一個不被父母疼愛的女孩從家中逃出，來到森林後，被一位老太太收留，過著森林外的世界無法提供給她的幸福平靜生活。難道不是那間林中的隱廬，讓這個女孩可以在裡面過著舒適安全的日子？不過，您若要敲門找她之前，請先仔細考慮一下，這個女孩其實已經不在那裡，因為她長大後，渴望與騎士有浪漫的愛戀而逃離了森林。儘管她曾因年少輕狂而背叛森林，卻還是無法脫離森林的掌控，畢竟曾以森林為家的人，森林並不會輕易讓她就此離開。這位女孩後來嫁給金髮騎士艾克伯特，婚後的她終究還是回歸森林，一直在森林的騎士城堡裡過著隱居生活，幾乎與世隔絕。

德國作家允爾早年是軍國主義者，他曾讚美自己所親歷的第一次世界大戰的槍林彈雨。後來又發生第二次世界大戰，在德國戰敗投降後，已是和平主義者的允爾還變成熱情的森林健行者。這位當代德國作家非常了解森林的隱蔽性，並曾對此表示：「森林是隱蔽的所在。這句話在我們德語裡還包含兩個相互矛盾的意思：隱蔽意味著安逸，是舒適的住處和安全的居所；隱蔽同時也含有隱藏之義，在這層意義上，它就有些陰森恐怖了！」

不論是舒適的或令人害怕的，森林只會吸引那些渴望擺脫現代文明的心靈投入它的懷抱。誰若想在德國的森林裡閒遊，而且希望在半途中遇上一陣令人清爽舒適的陣雨，就必須面對可能的阻礙。不過，這種阻礙不也存在於森林之外？這種阻礙不也存在於我們生活的都市裡？那些在城市生活中已找不到歸屬感、轉而投身森林的人，不也只能在井然有序的林場中再度獲得內在的平靜？

「美麗的森林，／誰培育了你，／讓你能如此挺拔聳立？」馮．艾興朵夫在十九世紀初曾以神聖、驚異的口吻問著。這位德意志浪漫主義森林詩人是普魯士官員，終其一生，他都無法停止對童年所經歷的上西利西亞森林的歌頌，而且他還承諾：「我要不斷讚詠這些營造森林的高手，只要我還能發出聲音。」詩人的這番話在被人們足足冷落一個世紀後，奧地利現代主義小說家穆齊爾才以充滿諷刺的口吻做出回應：「出色的能手是林務官、總林務官或林務顧問。這些專家把森林經營得如此欣欣向榮，如果人們沒有及時注意到他們培育與管理森林的專業成果，他們就有理由大發雷霆。他們為森林打點一切，舉凡光線、空氣、植林樹種的挑選、清除下層低矮的林木，以及砍伐區和聯外道路的設置全包括在內。高大茁壯而且排列整齊的林木，已讓我們這些過著雜亂而沒有規劃和管束的大都會生活的居民，感到如此心醉神迷。」

穆齊爾這番評斷是正確的，此外，他還認為，德國森林在魅力的擁有與失去之間彼此互有消長，關係變得更糾結，這個看法也算公允。沒錯！德國人培育森林的成效以及持續性的森林管理都是世界冠軍。早在一七一三年，薩克森地區礦務總署署長馮．卡洛維茲便已出版全世界第一本森林學教科書《林業經濟學——合乎自然原則的野生林木育種法》（*Sylvicultura oeconomica*）。他在該書中指出，中歐和西歐的原始森林已無法再維持良好的狀態，但卻對南歐森林早在古希臘羅馬時代已被砍伐殆盡的事實未置一詞。森林為人類提供燃料、建材和放牧的草地，城市和礦場卻隨著人類持續膨脹的欲望而不斷擴張。人類為了更大的生活空間，為了滿足更多的物質需求而砍伐森林，不過，從前的歐洲只有日耳曼人預先擔憂未來木材可能會大量缺乏而深感不安，因此率先開始有系統地造林。

還有，這本森林學書籍的次標題「合乎自然原則的野生林木育種法」也很值得注意：馮・卡洛維茲這位林業經濟學先驅，已經透過這本著作的次標題簡明扼要地指出，培育野生林木應該符合自然法則。「野生培育」是一個既了不起，卻又帶有矛盾的概念，林業專家如何既讓林木處於野生狀態，又同時栽培它們？我們是否可以假設馮・卡洛維茲也跟穆齊爾一樣，希望林場裡的林木能排列有序地生長著？然而，另一位德國森林學的奠基者卻表示：「森林會自然而然地形成，它若要存在，最好沒有人類以及人類的森林學。」這句話難道真的是從一位有秩序狂的林木培育者口中說出？

沒有人會比約翰・雍─許第凌（Johann Heinrich Jung-Stilling, 1740-1817）這位通才型學者更能讓我們看到童話森林裡德國林業經濟的矛盾。雍─許第凌的祖父是一名燒炭工，他自己曾擔任眼科醫生，後來因為發表一些技術經濟（technisch-ökonomisch）領域的論文，先後被海德堡大學及馬爾堡大學聘為經濟學教授，此外，他還是最著名的感傷主義（Empfindsamkeit）德語詩人之一。他於一七七七年發表自傳，而且一開頭便述說一則關於尤琳德（Jorinde）和尤林格爾（Joringel）的童話：「從前，在一座茂密的大森林裡，有一棟古老的宮殿，裡面住著一位孤獨的老太婆，她是一個很厲害的女巫……」這麼一則浪漫而奇怪的故事，跟格林兄弟所採集的童話〈芙琳達和耶林格爾〉的內容大致相同，只是主人翁的名字略有差異。

在這個童話故事的最後，男主角尤林格爾在夜裡夢見一朵血紅的花，他醒來之後，便依照夢境的提示，花了好幾天的時間才找到那朵紅花。於是他便把它折下並帶回宮殿，最後終於解除了女巫的魔咒，他的愛人尤琳德也從那隻被施以魔法的夜鶯、變回那位他朝思暮想的美少女。尤林格爾是否因為林管員和獵人願意保護德國森林，才能夢見那朵血紅的花和夜鶯，最後順利地解除魔咒？或者，這則童話裡的少年尤林格爾在真實世界裡就是林管員或獵人本身，他的任務就在於解除森林野性的魔力？在德語文學創作卓然有成的雍—許第凌，後來還寫下一部厚達兩冊的林業經濟學教科書。他在這本著作中曾提醒人們，為了保護森林，必須管制與調整林木的自然野生狀態。

出生於保加利亞、成長於維也納的猶太裔德語文學家埃利亞斯．卡內堤（Elias Canetti, 1905-1994）於一九八一年榮獲諾貝爾文學獎。他在《群眾與權力》（*Masse und Macht*）這本非文學類的論文集中，曾對德國森林提出一個比穆齊爾在二戰爆發前夕的觀點更尖銳的看法：「軍隊是德國人的集體象徵，不過，軍隊卻不只是軍隊，而是行進的森林。〔……〕一株株排列整齊、筆直站立的樹木，以及它們整體的密度和數量，就能讓德國人的內心獲得一種深層而神祕的喜悅。」這位猶太裔小說家後來為了逃離納粹政權迫害，而從維也納流亡到倫敦。他深知納粹當時如何利用綠色森林遂行其恐怖統治，比如在森林裡廣泛架設「我們德國人的森林不歡迎猶太人」這類的告示牌。

為納粹建構意識形態的理論家羅森伯格曾為納粹製作一部宣傳影片，其中有一段畫面還以蒙太奇的剪接手法讓人們交替地喊出「永遠的森林」、「永遠的民族」這兩個口號。而且這段畫面的跳接還接續了影片前面那段由普魯士軍人的雙腳、連同抵靠在旁的步槍和林立的樹幹，彼此漸次交疊的影像。以電影美學和創新技巧著稱於西方電影史的德國知名女導演里芬詩達，後來成為納粹御用導演，她曾在一九三四年為納粹黨於紐倫堡召開的全國黨代會（Reichsparteitag）[2]拍攝《意志的勝利》（*Triumph des Willens*）這部頌揚領袖希特勒的紀錄片。這部影片有許多畫面也讓人聯想到行進的植物。不過，這些行進的植物真的是森林嗎？或只是被硬生生修剪過的矮樹籬？納粹德國的第二把交椅戈林當時還身兼林業部長，也就是德國管理狩獵的最高官員。戈林本身也是打獵高手，當他在潛行狩獵時，並不會鎖定那些已被人類馴養的動物，而是野生動物。不過，他所看到的野生動物可能是幻覺，出現在他獵槍前的獵物也可能是那些已被馴化的動物。

誰若懷疑德國森林那種普魯士嚴謹的精神，就無法知曉德國森林特殊的光芒（當然也包括那種軍武、英雄的氣質）究竟來自何處？德國森林的魅力源於它本身無法被看透和被穿越的、令人捉摸不透的本質。

西元九年，日耳曼部落聯盟首領阿米尼烏斯——也就是德意志民族主義者所謂的「赫曼英雄」——打敗羅馬帝國瓦魯斯將軍領導的三個羅馬軍團，贏得傳奇性的條頓堡森林戰役，並成功地阻止羅馬帝國皇帝企圖在日耳曼地區繼續往東和往北擴張帝國版圖的計畫。這位年輕英勇的「赫曼英雄」能在戰事中取得勝利，並非因為他所帶領的那一大批日耳曼部落聯軍的戰鬥力，而是由於當時的羅馬軍團深陷條頓堡森林的灌木叢中以及暴雨所形成的泥沼裡。

在一八一三年和一四年之交，一些普魯士的大學生以及當時的文化名流——例如森林詩人馮．艾興朵夫男爵以及後來創建幼稚園的學前教育家福祿貝爾等——為了終結拿破崙在日耳曼地區的統治，便共同組成「呂措浮志願軍」，不過，這些荷槍的知識分子實際上並未嚴格地行軍，他們的行進比較像在森林裡漫遊。由於他們身上穿著自己親手染色的黑制服，因此便自稱「黑色獵人」（Schwarze Jäger）。在「呂措浮志願軍」的行伍中，有一位浪漫派詩人暨劇作家科爾納，他在陣亡前曾寫下德國文學史上非常著名的詩作〈呂措浮大膽而勇猛的出獵〉：「什麼東西快速穿越那陰暗的森林？／從這座山跑向那座山？／它陷入暗夜的圈套中，／歡呼聲夾雜著槍響，／是那些法國劊子手倒了下來。／如果你們詢問黑色獵人，就會得到這樣的回答：／這是呂措浮大膽而勇猛的出獵。」

德國作曲家韋伯後來還把這首名詩，譜寫成一首由法國號伴奏的男聲合唱曲，而且之後還在日耳曼地區廣為流行。數年後，即一八二一年，韋伯那齣以森林為故事背景的歌劇《魔彈射手》正式在柏林皇家歌劇院舉行首演。在這齣德語歌劇中，撒旦會以什麼樣的面貌出現呢？……在這齣關於德意志神射手的歌劇裡，惡魔已化身為「黑色獵人」。

「森林裡有強盜出沒」，這不只是一般德國人嘴裡哼哼唱唱的一句民謠歌詞，從十九世紀豪夫創作的童話〈胥貝薩特山裡的客棧〉（Das Wirtshaus im Spessart）到一九六〇、七〇年代風靡德國的兒

---

2 從一九二三年至一九三八年間，納粹黨每年都在紐倫堡舉行黨代會。一九三三年，納粹躍升為德國執政黨後，黨代會已成為納粹進行政治宣傳的重要途徑。一九三三年至三八年間，一年一度的黨代會都在紐倫堡東南邊的全國黨代會集會場（Reichsparteitagsgelände）舉行，里芬詩達曾連續三年為納粹黨代會拍攝政治宣傳影片，也就是所謂的「黨代會三部曲」：《信仰的勝利》、《意志的勝利》與《自由之日：我們的國防軍》。

童漫畫集《強盜霍琛普洛茲》（*Der Räuber Hotzenplotz*）都在重複這個主題：森林裡，沒有一根樹幹後面不躲著持有槍枝、準備襲擊過路人的強盜。文學家席勒在他的劇作《強盜》（*Die Räuber*）中，曾描述一些盜匪成群結夥地聚集在波希米亞森林，等待號角一響，便一舉攻入一座古老的貴族城堡裡。

起源於六八學運的德國左翼恐怖組織「紅軍派」，曾在西德境內犯下三十多起謀殺、銀行搶劫和爆炸攻擊等重大刑案。這個組織當時把自己定位為「城市游擊隊」，而且不願意放棄在漢堡東邊的薩克森森林建造組織專屬的軍火倉庫，然而，這座北德的森林卻是德國最富含歷史遺跡、而且原始林相保存得最好的一座闊葉林。「紅軍派」第二代領導人克里斯蒂安·克拉爾（Christian Klar, 1952-）後來於一九八二年在這座森林裡被捕，不知他當時是否讀過德國民俗學之父里爾教授的著作？「只有森林才能讓我們這些文化人還夢想著個人的自由，不受警察監督的自由。」里爾於一八五四年發表他的著作《吾土吾民》（*Land und Leute*）時，曾在內容中如此寫道，而且還肯定那些中世紀以來被封建領主處死的盜獵者是一群遊盪於森林中的自由魂魄。

克拉爾這位左派恐怖分子似乎曾認為，這位讚許日耳曼森林給予人們自由空間的里爾教授是一位「法西斯主義者」？或者，他曾私下相當贊同里爾教授向那些幾乎已失去真正森林的法國人和義大利人表示，德國的森林比較能充分展現德意志的民族性？甚至在被里爾貶抑的法國人身上，也曾出現與里爾相似的想法：十八世紀法國啟蒙思想家孟德斯鳩男爵在《論法的精神》（*De l'esprit des lois*）這部討論國家理論的名著中，不僅提倡藉由行政、立法和司法的三權分立與相互制衡，讓個人自由獲得保障，他還提到，他的自由思想其實來自於日耳曼的森林。

如果我們觀察德國的歷史發展，至少從德國人離開他們的原始林開始，德國人實際上應該比較傾向於制定法律和遵守法律，而比較不是爭取自由。難道日耳曼森林所賦予人們的自由空間只是一種慷慨激昂的假象？

一九五一年，德國作家允爾在〈行走於森林中〉（Der Waldgang）這篇散文裡，曾把森林和自由做最極端的連結。他認為，在森林裡步行並不是無關緊要地投入那一片綠意裡，而是不折不扣地作為人類走向自由的隱喻。森林中的行者就是優秀的、能單獨生活和行動的游擊隊員，他們有能力違抗這個被人操縱的世界所發出的命令。允爾還在該文中描述一個在納粹時期發生的故事：一位柏林社會民主黨的年輕人在他租屋處的樓房走道上槍殺了六個臨時警員，因為他當時無法認同這些臨時警員打算執行納粹黨強行沒收猶太人房產的命令。「這個社會民主黨員還保有實質的、古日耳曼的自由，理論上，他的敵對者應該讚許這種自由才對。」允爾這番話等於是在稱讚這位槍殺警員的年輕人，而且他還接著寫道：「此外，我們還可以假定，當時在柏林的每一條街道上，如果都有人願意挺身反抗納粹暴行，後來的歷史發展就不一樣了！」

這番話難道是允爾個人對於納粹時期德國同胞所犯下的集體暴行的認錯與道歉？為什麼這位作家在二戰期間還以納粹軍官的身分隨著德軍一路攻進法國，而且還進駐巴黎的拉法葉大飯店？為什麼他當時不留在德國，不在德國的森林裡行走？或許我們不該只根據這些事實，就過於輕率地對這位作家下評判。

總之，允爾在該篇散文裡所表達的主要思想確實很有啟發性，不該被人們遺忘——森林是讓每個人面對自己最原初焦慮的地方。他寫道：「古老的森林儘管已變成人工培育並具有經濟效益的林場，不過，總是會有孩童在裡面迷路。」他把德國森林稱為「巨大的死亡之屋」，每一位在裡面迷失方向的孩子必須獨自體驗，如何承受這種死亡的威脅和恐懼，因此，不應該依照自己的刻板印象，把德國森林視為普魯士訓練軍官的場域。

德意志浪漫主義代表詩人馮．艾興朵夫會在森林裡用口哨吹出非常動人的曲調，他對於死亡的恐懼莫可奈何，只能接受自身對於死亡的那種傷感渴望。「火紅閃光的後方，是我的故鄉，／雲朵從那兒飄來，／然而，我的父母早已亡故，／那兒已無人識得我，／不久，啊，不久之後，那寂靜的時辰將至，／我亦將入土安息，於我之上，／森林美好的孤寂將在枝頭窸窣作響，／那時躺在這兒的我也無人識得。」誰只要聽過舒曼這位悲傷的作曲家以馮．艾興朵夫的詩作〈在異鄉〉（In der Fremde）譜成的這首歌曲，就會立刻覺得死而無憾了！死亡不是為祖國慷慨捐軀，死亡只是單純的自我了結，而且還感到心滿意足。

生命終結於森林的想法並不浪漫，卻能讓人們的思考和情感獲得解放，生命也因為直到最後一刻都還能有所開展而處於自由的狀態。不過，德國社會後來對於森林凋零的集體焦慮卻出現在一種截然不同的基本氛圍中，而且已於一九八〇年代在國際間傳揚開來。「我們正面臨一場生態浩劫」，西德的《明鏡週刊》曾如此預言。此外，《星球》（*Stern*）雜誌也曾發布消息指出：「成排的林木愈來愈稀疏，就像部隊受到砲火密集而猛烈的攻擊。」西德那些激進的文明批判者——長期生活在富裕而沒有動亂的環境中——則公開呼籲：「森林的死亡是在要求我們人類徹底改變我們的生產與再生產體系——這當然意味著，我們必須再度徹底修正所謂的價值。如果我們的自我要求低於這個標準，就一概行不通。」身為德國綠黨創始人之一的巴伐利亞作家卡爾．阿梅里（Carl Amery, 1922-2005）如果不特別喜歡舒曼藝術歌曲中那些關於森林的描繪，難道他應該欣賞納粹那些與森林有關的政治宣傳？或者，他至少應該閱讀奧圖．耶格斯伯格（Otto Jägersberg, 1942-）這位當代作家及電影導演在一九八五年——也就是德國人民對森林逐漸消失感到最不安的時期——完成的一首散文詩：「總是在談論酸雨，／它讓森林整個病倒了。／沒有人再走進森林裡散步，／並發出讚嘆與驚奇。／所有人只是同情它，／森林已失去了生命力。」現下的法國人和美國人在說 Waldsterben（森林的死亡）這個在西方國家廣為使用的德語詞彙時，還會禁不住發笑呢！

擔憂森林是一回事，假借擔憂而高分貝地叫喊又是另一回事，更何況人們對於森林的擔憂追根究柢就是在擔心人類的生存。親愛的讀者，您可以破壞森林，縮短森林的壽命，也可以裝腔作勢地對森林的拯救者做出一副悔過的表情。然而，您卻無法預期，森林是否也會以牙還牙地減少人類的壽命。所以，您最好卸下自己的武裝，輕聲地走入森林並請求它，允許您有一天可以永遠消失在它裡面。

58. 野外遊走的興致

Wanderlust

WANDERLUST

山谷裡晨霧還未散去，我便已動身出發，那裡只有山巒、森林、河流和原野與我相伴。在出發的前一晚，我還在閱讀十九世紀德國民俗學之父里爾教授的著作，其中有這麼一段：「誰若想在徒步漫遊時研究或學點什麼，就應該自己獨行而不要結伴。只有孤獨的、經驗豐富的徒步旅行者才有敏銳的識別力，可以沿途不停地觀察而從不會感到倦乏。」里爾教授是德國第一位民俗學家，他當然知道這些。

空氣沁涼清新，鳥兒們雀躍地啾鳴，固守日常作息的人們已跨出腳步，展開一天的生活。我在山徑上已走了一大段，身後的市鎮看起來應該已經變得很小才對。如果我現在轉身，把手指伸向那唯一一棟高樓的屋頂，還可以讓手指在屋頂上散步呢！不過，我並不想轉身。

我在路旁發現藍色的花朵正綻開著，我知道這種花的名稱，但現在卻怎麼也想不起來！如果出門前把隨身本的植物圖鑑塞進背包就好了！我的背包裡只放著水瓶、麵包和起司，其實還有空間，不過我也學會一件事：在外出健行的背包裡，只放自己最需要的東西……

現在我得開始爬坡，我的呼吸會比較急促，不過，我並沒有停下來喘息，我知道，應該維持前進的步伐，中途不宜歇腳休息。此時，山坡處傳來窸窸窣窣的響聲。是鹿嗎？還是其他的野生動物？樹林裡的腳步聲離我愈來愈近，踏步堅決而快速，後來在蜿蜒山徑的拐彎處，我看到一位頭髮深色而微鬈的年輕人出現在我眼前。我認識他，他就是哲學家叔本華，世人應該比較熟悉他年老的相貌，而且都把他當作一位脾性煩躁的老人。此時的他離我愈來愈近，我想上前跟他打招呼，隨口哈拉幾句，但他卻把臉朝下，不願理睬別人，整個身影就像一塊警告牌，上面似乎寫著：「不要跟我交談！」

然後，這位年輕人突然在距離我數公尺的前方駐足停留，頭也不抬地自言自語：「哲學是一條阿爾卑斯山區高海拔的道路，只有一條陡升的山徑與那條道路相通，路途中還有尖銳的石頭和扎人的棘刺：那是一條孤獨的小徑，而且沿途的景觀愈來愈荒涼。如果有人走上它，而且愈走愈高時，就必須拋下一切，並自信地在這片冰天雪地裡憑自己的能耐開闢出一條路徑，因為，不會有年長的智者前來指點迷津。突然間，這位行者會走到懸崖邊，當他往下方俯望時，往往可以把綠意盎然的山谷盡收眼底。高度的落差會讓他感到暈眩，似乎就要朝谷底墜落，不過，此時他必須撐住，自立自強地站穩在山崖邊的岩石上。」

我在一旁本想反駁他：「我們只不過是在中海拔山區。」不過，我並沒有開口，只是低頭自喃：「誰在登山時還能同時保持沉默？您是否曾說過這句話？每當我和家父出門健行時，他總愛引用您這句話。」我不知道年輕的叔本華在離我而去之前，臉上是否掠過一抹微笑？

德意志巴洛克時期詩人暨政治家約翰．莫舍羅胥（Johann Michael Moscherosch, 1601-1669）曾在一六五〇年以筆名費蘭德．馮．齊特華德（Philander von Sitterwald）發表這首至今德國人仍琅琅上口的名詩：「想到野外徒步遊走的人，／一大清早就得上路，／不斷邁步前進並保持沉默。／不要在背包裡放太多東西，／而且記得把憂慮留在家裡……」

這條山坡路依舊持續向上，我也必須跟著爬坡。我開始察覺到，自身已和大自然融為一體，無法再分辨彼此：岩石、樹根和枝枒不再絆倒我，它們已和我組成戶外野遊的共同體。大自然似乎想告訴我，它贊同我行走的速度，這和人們坐在火車或汽車裡，看著窗外的自然風光飛快地迎面而來、又隨即呼嘯而過的體驗完全不同。

您是否還記得〈所有的路徑在行走〉（Alle Wege schreiten）這首德語民謠？「所有的路徑在行走，／所有的河流在流動，／所有的風乘騎著天空裡的雲馬（Wolkenpferde）。／山區的森林正往高處攀爬，／山丘在轉圈跳舞，／所有的一切都朝日頭傾斜。」

我聽到身後有男人交談的聲音，這兩名健行者並未在行進時保持緘默。我放慢步伐，希望他們能超越我。因為我不喜歡在步行時，覺得有人在後面追趕我。

「一般來說，走路的人會比開車的人對沿途的風土人情及宇宙天文有更多觀察和體驗。」那位一臉陰沉、下身穿著一條膝下紮起的燈籠褲、肩上背著沉甸甸的海豹皮背包的男人說著。於一八〇一年曾花九個月從萊比錫走到西西里島東岸大城錫拉庫薩（Siracusa）的日耳曼詩人左依莫，則在一旁應道：「我認為，步行是人類最有自主性、也最具榮耀的部分。當人們愈勤於行走，一切就會變得更好。」剛才說話的那位男士是邊哈德——二十世紀奧地利最重要的文學家之一——他接著補充說道：「為了進行思考，我們必須走路。當我們行走時，大腦也會跟著身體動起來。」

「太多汽車經過的地方，那裡的一切就會變得很糟！人們只想開車四處看看，不過，如果只坐在車裡，某種程度上就會和人的本性疏離。開車意味著身體的羸弱，徒步行走則表示體魄的強健。」左依莫一邊應和地說著，一邊揮動他那根沉重的、有木結的健行杖。

忽然間，我很後悔沒有攜帶健行杖。早在三十年前，我就已經把自己最後一根健行杖擱在祖父母家的角落裡，那是一根兒童手杖，旁邊則擺著兩根較長的成人杖。我從未用過成人健行杖，因為我認為，只有兒童和老人在健行時才需要使用手杖。德國人喜歡把有圖案的紀念金屬片釘在健行杖上：小白花、鹿角、黑森林的慕默爾湖（Mummelsee）、奧地利滑雪勝地野皇帝山（Wilder Kaiser）、德國阿爾卑斯山區的布萊塔赫峽谷（Breitachklamm）及內瑟旺小鎮（Nesselwang）……多不勝數。我在孩童時期喜歡收集這些有壓印圖案的旅遊紀念徽章，只要爺爺帶我走進他的工作間，把新買的徽章鐵片釘在木杖上，我便開心不已！

我走向林中的空地，十幾個男孩在那裡歇息，還有人彈著吉他唱著：「你們這些候鳥，／在天空裡、／在蒼穹的輝光中、／在藍天下的雲海所散發的日光香氛裡飛翔著，／歡迎你們成為我的友伴！／我也是一隻候鳥，／體內充滿清新的生命氣息，／歌唱的天賦是我最珍愛的資產。」

這些青年看起來像是外出遊歷的工匠，像是中世紀四處漫遊的大學生。在這個晨間時光，他們有的手拿著寬邊軟呢帽在空中揮舞，有的已脫下鞋子，把腳浸泡在溪水裡，有的還拿起脆裂腐朽的樹墩朝岩石丟擲過去。這群青年當中最年長的一位（很難判斷他還是學生，或已是老師）對我喊著：「請您看看這些身手敏捷的小伙子們！您是否能想像，他們已在野外快步地走了五個小時？讓我們遠離城市的煤煙和灰塵，走出那有壓迫感的狹隘空間吧！起身健行！頻繁地出走，並挑戰長途的路線，讓自己大量地健行！滿足都市孩子們對於新鮮空氣、寬廣原野和天空高遠的蒼穹的渴求，還有那些蔥綠的樹木、森林的遮蔭、穗浪隨風起伏的麥田、隱遁避世的草原以及承平時代的鄉間！」

漂鳥族已在德國存在了一百多年，我並不反對他們對於新鮮有趣校外生活的探索，但我卻不想跟他們一起漫遊，我在野外步行時，總會避開團體，自個兒健行。我不想在出遊時，還要聽令於別人，還要認識一些放蕩不羈或文質彬彬的人。

當那位彈吉他的小伙子還沒把歌唱完時，從另一個方向又傳來一陣歌聲：「野外健行是磨坊工的樂趣，／野外健行是磨坊工的樂趣，／野外健行……」

日耳曼人對於健行的渴望是否已征服了現今所有的人？

我繼續邁步前進，後來發現，那並不是磨坊工們在唱歌，而是婦女合唱團或婦女健行協會的成員們，趁著出遊的興致開懷高唱。這些女人身上穿著可以應付各種天候的功能型夾克，我則困惑不解地望向蔚藍的晴空。她們真誠地跟我打招呼，每個人手裡都握著一根可伸縮的登山杖。帶頭走在前面的女嚮導大聲對我說：「上個月我們剛走完全程超過一百五十公里的『赫曼健行路線』（Hermannsweg），上上個月我們征服了『連霄岱格步道』（Rennsteig），一共走了一百七十公里。您猜，下個月我們要去哪裡？」

「去走那條以格林童話的何勒太太命名的『何勒太太路線』（Frau-Holle-Pfad），全段路程更長，前後約一百八十幾公里。」我這麼回答。

「我們要走遍前總統卡爾．卡斯騰司（Karl Carstens, 1914-1992）[1]在擔任聯邦總統期間所走過的路段。」這位女嚮導喜形於色地說著，並示意與她同行的女伴們繼續步行前進：「哦！健行、健行、我的樂趣，健行、健行、我的樂趣，健行……」

趁著還未碰上我們的女總理梅克爾和她那群隨扈之前，我決定離開那條已被人腳踩踏出來的蹊徑。一隻烏鴉一邊隨我走入較低矮的林叢，一邊發出刺耳的吱嘎聲，警告我將有危險發生，應該折返原路。我看到前面那棵冷杉後方出現一位準備拘捕我的守林員，那隻烏鴉已停在他的肩上，胸前的羽毛還驕傲地豎挺起來。不過，這些只是我的幻覺，什麼事也沒發生，只有一隻螞蟻爬上我的右腳。

豔日高照，我想找一塊可以坐著觀賞風景的地方。現在該是我第一次歇腳休息、喝點水、吃些麵包和乳酪的時候了！家裡餐桌上平淡乏味的食物一帶到野外，就變成了美食，吃起來真是津津有味呢！坐落在山谷裡的小鎮，看起來已完全不像市鎮，只像一小塊汙斑，是一種可以被清除的、輔助記憶的資訊。我的背靠著一塊溫暖的岩石，上身穿的那件高領套頭毛衣感覺很柔軟。我想打個盹兒，不去理會周遭那些爬來爬去的昆蟲。

午睡時，有一個男人出現在我的夢境中，我雖不認識他，卻覺得他很眼熟。他沿著灑滿明亮陽光的山坡前進，那裡應該是阿爾卑斯山區，更確切地說，應該是瑞士義大利語區的提契諾。一副精緻的眼鏡架在他的鼻梁上，頭上那頂寬沿軟帽蓋住了他的額頭。有一位年輕的小姐在他身後赤足地追逐他，還一邊哭泣著。他並沒有轉身，只說道：「開心的金髮美人！我愛妳已經有一小時之久，沒有人愛妳會比我更久，沒有人願意像我這樣，把這麼多權力交給妳，但我卻被判定是一個對愛情不忠的男人。我是個靠不住的男人，我其實不愛女人，我所鍾愛的只是愛情本身。我們這些徒步漫遊的人就是這樣。我們在野外的遊盪和跋涉的欲望，都是一種變相的色情（Erotik）。我們這些徒步漫遊的人已

---

1 卡斯騰司原是科隆大學法學院教授，後來才轉入政壇發展。他在西德政界德高望重，曾擔任聯邦議會議長（1976-1979）及聯邦總統（1979-1984）。健行是他熱愛的個人嗜好，他在擔任總統期間經常利用健行活動和民眾接觸，被西德人民暱稱為「健行總統」（Wanderpräsident）。

經很熟練，如何藉由未完成的愛情讓自己對愛情的期待不至於幻滅。我們把那些該獻給女性的愛戀分散給村莊和山丘、湖海與谷壑、路旁的孩童、橋頭的乞丐、牧草地的牛隻、禽鳥還有蝴蝶。我們對於某個特定地方的喜愛已經消失，因為愛的本身已讓我們心滿意足。同樣的道理，我們在野外遊走時，並不會追求行進的目標，而是遊走本身所帶來的享受。」

我醒了過來，好像被什麼東西螫咬了！在略微迷糊的狀態下，我用嘴去吸吮那個出現在手背上的紅點。我覺得，它應該是我剛才在休息時夢見文學家赫塞的懲罰。其實我自己不也是日常生活的逃離者？難道我沒有把那個男人留在谷地的城鎮裡？臨走前，只在餐桌上留下一張字條給他：「我必須離開。我不知道什麼時候會回來，請不要為我擔憂！」

當我再穿上鞋靴準備上路時，才發現左腳的後腳跟長了一個水泡。在外出健行的背包裡，只放自己最需要的東西……當我重新把水瓶、吃剩的麵包和起司重新放入背包時，突然間有一位男人出現在我的面前。

「徒步於野外並不是享受，而是參與一場教堂的禮拜活動，」他開朗地對我喊著。他那雙明亮的雙眼閃爍著光芒：「野外漫遊本身含有純真的愛（ingenua dilectio）與內在的吸引力。」這位男士已皺紋滿面，此時他那張飽經風霜的臉正仰望著太陽，並繼續說道：「野外漫遊是人類最恣意的行為。我們在混亂中迷失了自我，而且還達到無以復加的地步。我們遊走時所跨出的每一步都讓我們走向無限，那是一種拋下所有、也失去所有的樂趣。歷史已了無新意，藝術已是多餘，事情也不一定非達成不可。」

他善意地從身上拿出一塊專門治療腳長水泡的藥布給我使用。我請問他尊姓大名，他卻搖頭笑著說：「我叫什麼並不重要，畢竟已經沒有人記得我是誰了！」等我把鞋子穿好時，他便用手碰了一下他頭上那頂寬沿帽，示意與我告別，便轉身離開。我發現這位野外漫遊者竟沒有隨身攜帶任何東西，連個背包也沒有！

我在他身後向他喊著：「請讓我知道您是誰，好讓我以後可以記得您！」

「俞爾根・馮・文澤（Jürgen von der Wense, 1894-1966）[2]。」他從那片接骨木的矮樹林（Holunderbusch）後方回答著。他說得對，實際上已經沒有人記得他了！

我孤單地走在山徑上，一路穿越苔蘚、綠葉以及長著小藍莓（Heidelbeer）的矮灌木叢。在登上山脊之前，只有蚊子圍繞在我身旁，我的臉還黏上了蜘蛛網。林木的稀疏處可以讓我遠眺下方的山谷，不過我並不想下山，仍然想待在高處。沿著山稜的路線東拐西彎、上上下下，每跨出一步，腳就痛一下，總之，我得在路途中學習和腳跟上的水泡共處。

天色開始轉暗，林木上方的葉篷不再透下一束束陽光。此刻我突然想起那群身著功能型夾克的女人，她們現在大概很開心吧！相形之下，我的裝備顯得如此不足。我只帶著一件薄薄的防雨外套，而且還隨意地把它綁在腰間。

---

[2] 德國當代作家暨作曲家馮・文澤已去世近半世紀。他出身貴族家庭，畢生熱愛健行，並把許多在野外的見聞和感受寫入作品裡。

後來有一個人匆匆跑過我身邊，好像他身後有什麼東西在瘋狂地追趕他。「廉茲（Lenz）[3]！」我對他喊著：「廉茲！停下來！你拚命地跑，我看得頭都發暈了！」他暫時停下腳步，喘吁吁地站在那裡，身軀往前傾，而且還睜大了雙眼，張大了嘴巴，好像要把那陣狂風吸進自己體內。此時他感到胸口快撕裂開來，一句話也沒說，便又往下坡衝去！我知道，這個人我根本幫不了，他的內心總是無法平靜下來，他的精力充沛，只會在無法顛覆這一切時，才偶爾感到不舒服。而後，我便自己唱起歌來，這是我今天第一次放歌高唱：「我們長期在外四處遊走，／來來去去，／上坡又下坡，／漫無目標，／而且沒有人再次見到自己曾遊歷過的地方。」

林風吹走我的歌聲。我該拿什麼來對抗樹梢發出的沙沙響聲？我希望此時哲學家尼采可以在我身邊教導我，如何從一個可以遠遠遙望的距離，觀察人類全面的真實性。這位存在主義哲人在他的詩作《孤獨之歌》（*Vereinsamt*）中曾寫道：「你現在臉色蒼白地站著，／由於受到詛咒而在冬天裡漫遊，／你抽著菸，／冒出的白煙總是飄往寒冽的天空。」

我想，我現在已經在遠方認出了一條路。我走在下坡路段，匆匆地趕到地勢較低的山區，然後又開始爬坡，登上了陡峭險峻的岩山帶。此刻，我看到今年第一次的降雪，雪花自空中緩緩飄旋落下，隨著夜晚的來臨，天色也變得陰暗漆黑，不過，我還不想把我那件防雨的薄外套披上。我後來在某個地方看見一個火光，朝它走去時，它便熄滅，隨後又再次燃起，原來是鬼火（Irrlicht）在跟我玩遊戲。

我發覺有一隻手輕放在我的肩上，於是便轉過身去。眼前是個身材矮胖的男人，前額掛著已被雪花潤濕的深色鬈髮，眼鏡還蒙上一層霧氣，我心想，他的視線一定模糊不清。這位跟我一起迷失在這片岩山帶的人並不是哲學家尼采，而是作曲家舒伯特。他不僅是史上最偉大的冬季漫遊者，他的音樂創作還讓他永遠屹立在人類歷史中。現在我終於明白了：沒有任何事情值得我們驚恐和畏懼。「有個路標就在我前面，／在我的眼前堅如磐石，／我必須走上那條／沒有人能夠歸返的道路。」這是舒伯特創作的藝術歌曲〈路標〉（Der Wegweiser）[4]的最後一段歌詞。後來我們攜手同行，一起走入狂風暴雪的林間深處。

3 廉茲是浪漫派文學家畢希納的小說《廉茲》的主人翁。他是一位精神狀況極不穩定的作家，會出現幻聽與幻覺，並經常錯置時空。

4〈路標〉是舒伯特連篇藝術歌曲集《冬之旅》的第二十首。

59.
女人

Das Weib

DEIN CUPIDITAS
UBI CONCEPERIT
PARIT PECCATUM:
PECCATUM AUTEM
CONSUMATUM
MORTEM.

「女人」（單數das Weib；複數die Weiber）這個德語詞彙一開始就是個謎團。德國人幾乎無法解釋，女人從生理特徵而言，明明就是陰性，為什麼Weib（女人）這個德語名詞是中性？這是什麼道理？

既然《格林兄弟德語詞典》這部長達三十三冊的德語語源學標準參考書對這個問題毫無著墨，我們就得訴諸那些對這個語彙之奧祕具有權威性的、隱晦的暗示：現代德語的Weib源自古日耳曼語的wîba，這個古早的詞彙並未顯示曾受到任何外來語言的影響，因此，我們有必要在Weib這個詞彙上，尋找和它有關的一些古日耳曼語概念的語義內容，而且這些概念必須能合理解釋，為什麼Weib這個名詞在文法上擁有如此突兀的中性。

如果我們把「女人」（das Weib）和同屬中性的動物名詞——比如「馬」（das Pferfd）、「綿羊」（das Schaf）和「牛」（das Rind）——做比較，並無法找到其間任何具有意義的相關性。若要為「女人」這個德語語彙為何是中性的問題找到解答，目前似乎只有兩種途徑：其一，人們必須找出「女人」這個語詞和「丑角、弄臣」（fifl）以及「妖魔」（troll）這兩個北方古日耳曼語概念的關聯性。這些人物所呈現的邪惡本質並沒有男女性別之分，全屬中性角色；其二，德國人稱呼那些無法獨立自主、必須依賴他人的女性勞動者為das Mensch（婆娘）或das Ding（小姑娘），這些名稱在文法上也都屬於中性名詞。

循著第一種途徑，我們似乎可以為Weib這個德語名詞明明是指女人，為何在文法上屬於中性，找到比較合理的觀點：從語源學方面來看，Weib的古字詞wîba可能是weibôn（意指搖晃、飄盪或滾動）這個語詞的母音換音（Ablaut），因此，Weib原先含有weibôn的詞意。而且古日耳曼人相信，女人擁有預言占卜的天賦，所以他們認為，女人的性格很接近惡魔的本質，他們稱女人為weibôn就是著眼於女人通靈時肢體的晃動搖擺、靈性的活潑以及那種超乎塵世的亢奮和熱情。我們可以在古羅馬帝國史家塔西陀的名著《日耳曼尼亞》中，印證這個關於古日耳曼女人的觀點以及相關古日耳曼語言的意涵。塔西陀在該書裡寫道：「日耳曼人甚至相信，女人的內在具有一定的神聖性及預言性，因此，他們會尊重女人的建議，聆聽她們所獲得的訊息。」反對這種觀點的人則質疑，難道Weib這個語詞從作為語言表達的一開始，就帶有一種著魔的意味，引發人們的敬畏之情？況且，人們還必須考慮一點：Weib這個德語詞彙一向指稱成年、具有工作能力的女性。

以上的解釋真的夠清楚嗎？其實Weib這個德語詞彙在意義指涉上所出現的混亂，到目前為止仍沒有改善。如果某個大型汽車集團旗下子公司的董事會成員們，在公司舉辦聯歡郊遊時，對著人事主管大叫：「那些女人在哪裡？」在場的人大概不會認為這是帶有尊重的問話。不過，從另一方面來說，Weib這個語詞也不一定帶有貶抑或歧視女性的意味：德國一些看起來很像從前巴洛克繪畫中的胖女人，喜歡自稱為「分量十足的女人」（Vollweiber）；德國通俗文學往往把能兼顧自身、家庭和事業的婦女稱為「女超人」（Superweib）；每逢二、三月的嘉年華會，一些德國婦女團體還會興高采烈地舉辦自己專屬的「女人狂歡節」（Weiberfastnacht）；一九六八年，當學生運動在全球蔚然成潮時，「德國社會主義學生聯盟」的女大學生還在法蘭克福另外成立一個雖與該學生聯盟政治路線接近、有時卻也會採取完全相反立場的組織——「婦女會」（Weiberrat）。當時這些女性主義者還挺身而出，要求那些高舉社會主義的名流，應該把自己從市民的生活習氣與偏見中完全解放出來；二十年後，另一批德國的女性主義者出版了《女性辭典》（*Das Weiberlexikon*）。

然而，這些德國女權運動可能還隱藏某種策略：當一些彼此歧異很大的解放運動還未一起攜手走向那條政治正確、僵化無力的道路時，如果我們不斷追蹤它們的發展過程，就會發現，這些包含女權運動在內的諸多解放運動背後，其實都在實行一種語言策略：投入解放運動的人士不僅不會排除那些主流語言所使用的侮辱性言辭，甚至後來還反過來以這些謾罵的粗話做為傲慢的自我描述，這樣的語言現象令人感到相當諷刺。

Weib（女人）這個詞彙並不像英語的 nigger（黑人）具有負面詞義。它經常被德國人用於價值中性的言語表達，所以不一定是一個鄙視性字眼。大詩人席勒從不貶低女性，他在〈歡樂頌〉這首詩篇中曾告訴男性同胞：「誰若贏得一位美麗嫵媚的女人（Weib），／就會在愛戀中混雜著歡呼！」不過，人們如果想在這位威瑪古典文學第二把交椅的言論及作品中尋找女權意識，將會徒勞無功。席勒雖曾在他的《奧爾良的處女》（*Die Jungfrau von Orléans*）和《蘇格蘭女王瑪麗一世》（*Maria Stuart*）這兩齣歷史戲劇中盛讚女性的資賦與生命的任務——「崇敬女性！她們紡布又編織。／屬天的玫瑰化成人間肉身的生命。」——但是，席勒的女性觀點畢竟不同於女性主義，而且他對於 Weib 這個詞彙的使用也跟第一把交椅的歌德不一樣。歌德在一八〇一年出版的《女士手冊》（*Taschenbuch für Damen*）中，有一篇以〈好女人對比壞女人〉（Die guten Frauen als Gegenbilder der bösen Weiber）為題的文章，歌德在該文一則風趣的對話裡，把 Weib 當成負面意義的詞彙使用：當這位德意志大文豪指稱壞女人時，會採用Weib這個語詞，意味好女人時，則使用Frau（女人、小姐、女士、太太）這個比較正式的詞彙。

更有趣的是普魯士政治家暨文學家馮·奚帕的女性觀在日耳曼歷史上所留下的軌跡。馮·奚帕是德國第一位女權運動的堅定捍衛者。雖然，他於一七九二年出版的〈關於女性市民素質的提升〉（Über die bürgliche Verbesserung der Weiber）這份論文，其標題似乎對女性頗不以為然，不過，我們可以很快地從內容中發現，他在使用Weib這個德語字眼時，其實相當敬重女性。這位終身未婚的貴族作家，不僅不像詩人席勒那樣會把值得擁有的女人說成嫵媚優雅的、玫瑰化身的美人，反而還質疑那些男士輕聲細語諂媚自己最愛慕與心儀女人的動機，其實是想貶抑她們。這位守護女權的男士不只證明，女性在學術研究、藝術創作和政治決策與行動上可以有所表現，而且她們在這方面的能力絕對不輸給她們的男人。雖然這位啟蒙主義者在宗教上仍視自己為新教虔信派信徒，但他卻一反《聖經》中的夏娃形象，大大地讚美這位人類的女始祖：雖然夏娃造成亞當的墮落，不過，後來卻也讓亞當有所提升，讓他能使用、應用並展現自己的理性。亞當也理所當然地希望，人們可以把夏娃視為理性的體現，以紀念她的行誼。

當時，日耳曼地區有些學者對於女性的批評，甚至比天主教的神父、新教的牧師和猶太教的拉比還要高分貝。他們和發起宗教改革的路德都深信，女人不只身體不夠強健、氣力不足，她們尤其缺少理解力和判斷力。

哲學家康德就是這些學者當中的一位。他總是把學識淵博的女性硬說成愛慕虛榮的女人。他認為，女人需要書籍就跟需要懷錶沒什麼兩樣，只想把這些東西帶在身上，好讓人們可以看到她們擁有什麼；至於她們的懷錶是否具備報時功能並不重要，或許它們早已停擺或已無法顯示準確的時間。

普魯士貴族馮．奚帕在柯尼斯堡大學求學期間與康德結為好友，經常到康德家作客，一起同桌進餐。馮．奚帕後來仕途順遂，還當過柯尼斯堡市長。不過，這兩位知交對於婦女的態度卻南轅北轍：馮．奚帕是女性的護衛者，他認為女人是理性的；然而，康德卻鄙夷女人，認為她們是蠢笨的，充滿本能的欲望和衝動。親愛的讀者，如果我們有幸能聽到當時他們兩人在這方面的對話，是否就此可以解開這個關於女人的謎題？

大力支持女性主義的馮．奚帕在他的著作中普遍使用Weib這個字詞，由此可見，這位貴族作家使用這個詞彙並非因為一時犯了修辭學的錯誤。一如格林兄弟曾在他們編纂的德語詞典裡提及從前日耳曼的女性現象，馮．奚帕也記起古早時代，「日耳曼的女人（……）比其他民族的女性更受到重視」，因為，她們的男人相當看重她們的意見，她們口中所說的格言甚至帶有一種神聖性。（不過，馮．奚帕在這裡卻對古希臘人前往德爾菲神殿朝聖，向該神殿女巫師祈求神諭的宗教現象略而不談。）馮．奚帕認為，這些提供建言的日耳曼女性為家庭和社會帶來的穩定力量，比砌築在地面上的磚牆還要穩固，她們絕不是席勒所推崇的那些端莊賢淑的家庭主婦以及懂得用智慧處理家庭事務的賢妻良母。

馮．奚帕可能曾跟他的友人康德談到，男人的理性發展高於女人，不過，女人具有實際生育能力的下腹卻往往比男人異想天開的大腦更明智。這位提出「純粹理性」的哲學大師是否當時也受到馮．

奚帕這番言辭的震撼？其實，就連那些認為踏實作風是所有理智的根基而不是阻礙的人，也不會完全否定這種想法所帶有的吸引力。

德國人如果聽到Weib這個詞彙，總會聯想到那些熱情有勁、充滿生命力，甚至帶有些許性挑逗意味的女人。與Weib對立的女性形象，似乎就是備受天主教會尊崇的聖母瑪利亞。這位耶穌基督的母親被天主教徒視為深受上帝祝福的處女（Gebenedeite），因受聖靈的感應而懷孕，最後在她的肚腹中孕育出世間最有價值的生命。

然而，德國人如果希望談吐穩當，避免引起誤會，就會忌諱說Weib（女人），而寧可使用Frau（女人）這個不會引起任何感性與感官聯想的德語詞彙。中世紀的貴族騎士在宮廷裡演唱抒情詩歌時，就已經注意到這一點，例如，活躍於十二至十三世紀的日耳曼吟遊詩人哈特曼．馮．奧爾（Hartmann von Aue）便曾創作如下的詩歌：「高貴的女人讓我感興趣，／她們對我的感覺就如同我對她們的感覺。／不過，我寧可留在可憐的女人身邊，／消磨我的時間。」馮．奧爾接下來還在這首抒情詩中表示，男人可以在可憐的女人（Weib）身上獲得比在高貴的女人（Frau）身上更多的樂趣，因為，高貴的女人雖然含情脈脈地望著你，卻碰觸不得。

由於Weib會引發德國人一些感性與感官的聯想，所以，德國男人心情不穩定時，除了在葡萄酒和歌唱中尋求慰藉之外，還喜歡找上女人。德國國歌在納粹倒台、二戰結束之後，內容比較有爭議的前兩段歌詞被正式刪除，只留下第三段。德國人現在對於那兩段已刪除的國歌歌詞顯得比較陌生，殊不知，已刪除的第二段歌詞開頭正是在頌揚「德國的女人，德國的忠貞，德國的葡萄酒和德國的歌唱」。

十九世紀哲學家尼采對女性的公然歧視最為激烈，他自己似乎也察覺到這一點。在他的代表作《查拉圖斯特拉如是說》中，宣告超人降臨的查拉圖斯特拉曾和一位老女人交談，並說出一句頗詼諧的警句：「女人的一切就是個謎，而且只有一個答案——懷孕。」當尼采花了兩頁的篇幅讓查拉圖斯特拉和這位老婦對於女人的觀點取得共識後，這位老太婆還對查拉圖斯特拉說出該書中的一個名句：「你要去女人那裡嗎？別忘了帶條鞭子！」

為什麼這位嘴上留著髭鬚的哲學家偏偏要在這裡提到女人？難道是因為在真正的女人身上，鞭子其實派不上用場？因為，她們的幸福早已被縮減為男人所期待的方式？只有那些具有博學傾向的女人，才需要挨男人的長鞭，因為——就像尼采在其他著作中也做同樣的推測——她們無法安份地扮演女性的角色？

當「女人」這個字詞總帶有情色的意味時，就必須讓每個男人自行決定，是否他要尊敬或鄙夷這個他不斷面臨的性誘惑。在另一性別上與「女人」（das Weib）這個詞彙相對應的——誠如格林兄弟在他們編纂的德語詞典中的見解——難道是「男人」（der Mann）這個陽性名詞嗎？或者中性名詞「傢伙」（das Kerl）更為恰當？出色的女人（Prachtweib）畢竟配不上出色的男人（Prachtmann），而是出色的傢伙（Prachtkerl）；就像人們提到惡魔般的女人（Teufelsweib）時，只會覺得她和真正的、如惡魔般的傢伙（Teufelskerl）比較相配。

難道我們德國人是世界上最嚴重的色情狂，因為，在我們的語言裡有一個名詞獨獨指涉性感十足的女性？或者，我們德國人對於色情總是感到侷促不安？德國人熱中性愛的程度，至少在歐洲算是敬陪末座的民族，因為，我們德國人認為有必要不讓女人受到色情肉欲的玷汙？

這些問題仍舊是沒有答案的謎團。

依照女性特質所呈現的德國婦女圖像

一、美好的心靈（Die schöne Seele）[1]

一八〇六年，柏林文恩出版社（Unger-Verlag）發行了一部匿名的長篇小說，即《一個美好心靈的告白》（*Bekenntnisse einer schönen Seele*）。故事內容是由一位名叫米拉貝樂（Mirabella）的小姐以第一人稱講述她的生命故事。在這本女性教育小說中，作者試圖回答一個關於女人自我成長的問題：女性如何發展出令人尊敬的個體性，卻又不會因為強調自我而形成古怪孤僻的性格？米拉貝樂這位一直嚴守處女貞節的貴族仕女，非常清楚個人適應社會的壓力以及可能被社會孤立的危險，所以，她在小說中表示：「如果我們叨叨絮絮地說話，這可能有助於讓我們成為所有人的朋友。〔……〕儘管如此，我們還是應該把我們性格中的一切當成最珍貴的寶物，好好地保存著，因為，對於個人而言，自我的個體性畢竟比社會整體更有價值。我其實不應該說這些，因為我是女人；男人在面對真理和真相

1「美好的心靈」這個源自古希臘哲學家柏拉圖的概念流行於十八世紀的歐洲，主要表示一個有修養的、靈魂符合真善美的女性。

時，總是保持沉默，因此，我也在沉默中為自己的想法辯解。」

這本匿名小說剛出版時，一位女主角米拉貝樂可能會心儀的男士，便立即對這部文學作品做出回應，他就是大文豪歌德。歌德在十年前便已出版德語文學史上最出色的一本教育小說《威廉・麥斯特的學習年代》，其中第六篇的篇名就是〈一個美好心靈的告白〉。歌德在這個故事中以一位無名的貴族女子為主角。自幼年開始，女主角的母親便以虔信派的宗教虔誠教育她，父親則以自然科學的知識教導她，讓她擁有廣博而完備的學識，然而，當時這樣一位才女卻必須隱藏自己的學養，因為她知道，展現自我是不禮貌的舉動，因為這會讓許多沒有知識的男士感到羞愧。面對一位以相同題名出版小說作品的匿名作者，歌德立刻發表一篇書評指責道：「我們寧可看到這樣一部女性教育小說以《一位亞馬遜族女戰士的告白》（*Bekenntnisse einer Amazone*）這個書名出版，一方面是為了避免和先前同名的出版品相混淆，另一方面是因為這個新的書名聽起來比較有特色。畢竟這個故事的女主人翁確實是一位很有男子英氣的女人，思想也與男人同出一轍。她就像古希臘神話中那位從父神宙斯的頭顱誕生而出的女戰神雅典娜，這位嚴格守身、終身不婚、樂於助人的處女神，出生自一位有智慧的男性的腦部，是真正的女中丈夫。我們珍視她並尊敬她，不過，卻無法被她吸引。」

歌德在撰寫這篇評論時並不知道，那部他所指責過於陽剛氣、而且還與他的著作篇名同名的小說很可能出自女性手筆。根據後來德語文學的研究成果，這本女性教育小說的匿名作者應該就是該出版社的老闆娘弗莉德麗克・文恩（Friederike Helene Unger, 1741-1813），她不只幫助她的丈夫從事編輯出版工作，她本身還是一位女作家。

如果我們知道這位匿名作者就是一位女性，我們在閱讀歌德這篇小說評論時，就更能掌握它的內容重點：歌德當時指出，這本小說提到女人在文藝沙龍裡自成一室的聚會，如何對抗外面以男性為社會主流的問題，因此他認為，女英雄（Männin）的出現可以進一步強化這種知識女性聚會的特質與獨立性。不過，歌德卻還主張，擁有豐富思想與情感的女人（Frau）所面臨的困境，或許可以透過角色的轉化來解決，也就是讓她們扮演不同於自己先前的學術與藝文傾向的女人（Weib）。具體地說，歌德就是覺得米拉貝樂這位女主人翁不對勁。對男人而言，她並未扮演女兒、姊妹、情人、妻子和母親這些角色，因此，人們無法預期她究竟是一位家庭主婦、丈母娘還是祖母。

歌德在這篇文學評論中並沒有提到，自己在《威廉·麥斯特的學習年代》所撰寫的〈一個美好心靈的告白〉是根據蘇珊娜·馮·克雷藤伯格（Susanne von Klettenberg, 1723-1774）這位真實女性所撰寫而成。出身貴族的馮·克雷藤伯格女士是一位信仰非常虔誠的虔信派教徒，由於和歌德的母親是手帕交，歌德年幼受病痛折磨而臥病在床期間，便曾由她親自照顧而得以痊癒。她本身曾接受自己父親在自然科學方面的教導，因此，小歌德在那段生病時期，還能和這位女性長輩一起探討神祕奧妙的自然科學。後來，她還成功地說服歌德的父親，讓歌德受聘前往威瑪這個小地方的宮廷任職。這位曾被歌德呈現在作品中的女性終身維持處女之身，後來終老於修道院並安詳地離世。這位傑出的知識女性與雅典娜的女性形象並不相同，她並不是氣質陽剛的處女豪傑。

女人美好的心靈其實只存在於女人——以及神——本身，並不局限於男人為女人所設定的框架裡。在啟蒙運動時期，儘管支持啟蒙思想的男士一直致力於讓自己——身為現代的個體——能從所有的角色束縛中解放出來，讓自我能充分獲得發展，不過，女人可以在丈夫、孩子和家庭之外擁有另一個生活重心的想法，卻讓這些具有自覺意識的男性充滿恐懼。當時以作家暨教育家坎普為首的啟蒙主義者，仍舊一致地堅持，女人具有三重使命：能為夫婿帶來幸福喜悅的妻子、有能力培育子女的母親，以及一位有智慧的家庭管理者。

德意志女性美好的心靈是從早期敬虔的、有學識的女性神職人員衍生而來的解放模式（Emanzipationsmodell）。十二世紀女博物學家暨修道院長馮・賓根並不會聲稱自己擁有「美好的心靈」，她在世時，把畢生的心血投入與上帝的神祕性對話以及對於大自然的研究當中。這位修道院女院長如果生活在十九世紀，大概會被當時的德國男人譏為「藍色長筒襪」（Blaustrumpf），也就是那些成天只顧著工作而失去女人味的女學究。這些德意志才女跟後來的女性主義者並不相同，她們不會耗費氣力去挑戰那個觀念狹隘的男性世界。即使沒有進入修道院，她們也會以一種內在自我放逐的方式，過著屬於自己的退隱生活，因為，她們在生活中主要還是著眼於自己內在世界的安寧與平靜。

《一個美好心靈的告白》這本匿名小說的女主人翁米拉貝樂坦率地承認，生命中唯一愛慕的男人死亡並沒有讓她受到震撼，即使這位男子曾讓她覺得值得為之付出辛勞並犧牲自由。其實這位女主角更在乎如何保護自我比較高貴的那部分，不受外在環境負面的影響，如何讓自己彷彿置身於希臘諸神所居住的幸福的奧林匹斯山。她從事的活動絕不會因為失去愛人而停擺，她也不曾覺得自己不幸福，因為她已察覺到，自己在任何時候都是清醒的，而且始終可以讓自己維持這種狀態。

古希臘哲學的斯多噶學派（Stoiker）如果有機會遇見這些女人美好的心靈，大概會因為嫉妒她們出色的涵養與超然的精神而臉色發白。相反地，哲學家黑格爾卻斥責這些美好的女性蒼白無血色、體弱多病而且性格懦弱。他在《精神現象學》（*Phänomenologie des Geistes*）一書中，明確地把女人美好的心靈比喻為引人誤入歧途的棧道之一。儘管具有現代意識的男性嘗試讓自己和外在世界處於正確的關係，不過，如果他們遇上這些女性，就會迷失自我。他寫道：「這類男人缺乏掙脫舊習的氣力，缺乏讓自己有所開展與達成、並忍受這種新存在狀態的氣力。他們的內心懼怕那些實質行動和存在將玷汙自己內在的美好，後來為了維持內心純淨，便逃避與現實的接觸，並在固執的無力感中繼續堅持著〔……〕就在這種時刻裡，一個不幸的、所謂的美好心靈出現了。不過，這個他所期待的美好心靈卻會逐漸黯淡下來，幻化成一陣煙霧，並消失在空氣中。」

然而，在十八世紀末到十九世紀初，與黑格爾生活在同一時代的德意志男士們，卻能以更親切而友善的態度對待這類擁有美好心靈的女人。他們稱讚這些德意志才女已讓和諧成為最高目標，他們看到，這些女人如何成功地弭平啟蒙思想者對精神（Geist）與性情（Gemüt）的截然劃分，並讓此二者達成和諧的一致性。這些女人能為自己找到一條通往生命的平靜與幸福的道路，而且更投入她們能為別人服務的事物，對此，這些思想進步的男士並不感到訝異。

「合乎道德的情感最終已確實讓人們所有的感受達到某種高度，讓人們可以把意志的主導權交給情感，一切由情感做主，而且依此所做的決定完全不會出現對立和矛盾的危險，這就是人們所謂的『美好的心靈』。」詩人席勒曾經如此稱讚女性的優雅。他還表示：「美好的心靈最值得讚揚的，就是她們本身。她們純粹依從自己的直覺，毫不費力地行動，並完成一些最令人為難、甚至難堪的義務；

她們能從本能的欲求中昇華並完成最英勇的犧牲，而且這種犧牲就跟人們那些本能的欲求一樣，會自動引發效應而引起人們注意。不過，她們並不知道自己的作為有多麼美好，也不知道人們可能還有不同的作法和想法。」

女小說家蘇菲．馮．拉．蘿緒（Sophie von La Roche, 1730-1807）跟馮．克雷藤伯格女士一樣，自幼便虔誠信仰新教虔信派，而且都是很有學識與才華的德意志女性，只不過馮．拉．蘿緒選擇過婚姻生活，並生養了八個孩子。她打理自己的家庭，從事一些藝文性質的活動和工作，同時還能保持內在心靈的平靜。要經營這麼豐富而精采的一生，等於是讓自己走在一條充滿挑戰的、狹窄的山稜線上。歌德比她年輕二十歲，私下喜歡稱呼她「媽媽」。詩人維瀾曾與她相戀並訂婚，非常愛慕她，視她為自己所擁有的「一個美好的心靈、一位聰明的女王」，雖然他曾在一封給友人的書信中寫道：「我完全同意您的看法，我的朋友，一個高文化水平的婦女聚會以及女性傑出的機智和風趣，幾乎無法為她們的丈夫和家庭帶來幸福。」

數年後，馮．拉．蘿緒夫人發行《德意志女性的果樹女神》（*Pomona für Teutschlands Töchter*）這份月刊，它也是第一份由女性開辦的德語女性雜誌，當時的訂閱者甚至還包括俄羅斯的凱撒琳大帝。馮．拉．蘿緒夫人作為這份女性雜誌的發行人及唯一的編輯，曾公開承諾她的女讀者，在翻閱它時，會覺得自己彷彿跟好友在一起散步聊天一般。她還在首刊的前言自信地闡述道：「這份專為婦女這個美好的性別以及女性沙龍聚會所開辦的、有意義的雜誌，可以讓我的女性讀者們知道，德意志男性會重視我們身上哪些令他們喜愛並可獲得幫助的東西。這份月刊將告訴您，同樣身為女人的我在這方面的看法。」然而，我們還是無法把馮·拉·蘿緒和德國當代最知名的女性主義者、女性雜誌《艾瑪》（*EMMA*）創辦人愛麗絲·徐瓦策（Alice Schwarzer, 1942-）相提並論。因為，這位啟蒙主義時期的大才女一旦遇上令她心儀的男子，便走入家庭，拿起毛線棒或刺繡框做起女紅來了！

馮·拉·蘿緒還是德國第一位女小說家，她於十八世紀後期出版《一位敘登罕小姐的故事》（*Geschichte des Fräuleins von Sternheim*）這本書信體裁的小說，是第一本女性撰寫的長篇德語小說。當時與她有過婚約的詩人維瀾，還以編者的名義為她匿名發表這份作品，一出版便在文壇造成轟動，立刻成為當時的暢銷書。這本小說廣獲讀者熱烈回響，不過，她並沒有在小說中鼓勵德意志女性同胞群起攻擊那些男性的堡壘，而是讓遭逢不幸、擁有真正美善靈魂的女主人翁以席勒式的語調說著：「我所接受的教育告訴我，美德與靈活才是人生真正的幸福與財富，對於高貴的心靈而言，它們才是真正的喜悅；命運已在我的生命經驗中向我印證了這些道理。」

馮·拉·蘿緒遠不只是一位具有實踐力的包容者，還熱中於長途旅行。她曾前往瑞士、法國、荷蘭和英國，是第一位抵達白朗峰冰河區的德國女人，後來還發表了幾本描述詳盡的歐洲遊記。

馮·拉·蘿緒夫人在德意志文化圈的地位，還獲得後輩文人歌德的正式認可。他在自傳《詩與真實》（*Dichtung und Wahrheit*）第十三篇裡，如此描述這位曾舉辦「多愁善感大型會議」（sentimentale Kongresse）的女主辦人：「她似乎什麼都參與，不過，基本上不受到任何事物的影響。她溫和地反對一切，也包容一切，不會讓自己陷於不快或痛苦之中；她在面對丈夫的戲謔和玩笑、友人的親切與溫情以及孩子們可愛的模樣時，都用相同的方式回應他們。她總是做本然的自己，內在的自我從不跟隨世間善惡或自己在文學創作的卓越或平庸而起伏擺盪。這種性情與意識狀態應該來自她本身的獨立自主性，即便她處於某些悲傷、不順遂的人生際遇或是在高齡的晚年。」

歌德這位威瑪古典主義的代表詩人，雖然對馮・拉・蘿緒夫人表現出一種對待母親的尊敬與恭順，不過，如果我們讀過他給文友席勒的一封信件，就會明白，歌德後來並不認同這位才華洋溢的女性長輩，字裡行間已出現一種既倨傲又不得不包容的態度：「她在本性上喜歡持平地對待一切，她會提升人們的粗野和鄙俗，也會降低他們的傑出與不凡。她處理群體的方式就像準備一桌宴席一般，會用自己的調味料和醬汁烹調各種料理，最後讓大家可以恣情地享受這場餐宴。此外，我還想一提的是，她的言談內容會出現一些有趣的東西。」由此可知，擁有美好心靈的女人不可以從這個世界隱退，必須勇敢地走上一條充滿挑戰的、艱難的道路，因為，兼顧個人主體性以及為他人付出的存在狀態，最後還會被批評只是一個遲疑的、態度模稜兩可的靈魂。

歌德寫信批評馮・拉・蘿緒夫人之後沒幾年，希臘神話中的復仇女神涅墨西斯（Nemesis）便化身為馮・拉・蘿緒夫人的外孫女貝緹娜・布連塔諾。當年輕的貝緹娜在波希米亞的溫泉療養勝地鐵普立茨（Teplitz）遇到被她當神一般崇拜的歌德時，便陷入一場單戀。她開始糾纏已屆花甲之年的他，而且不只以寫信的方式騷擾，這位文學大師則試圖擺脫這個惱人的生活阻礙。然而，貝緹娜對歌德的愛情卻熾烈而堅決，還讓自己恣意地開展白日的夢想與夜晚的夢境：「汗珠淌過他那好看、冰冷、緊閉的嘴唇，他深深地嘆著氣、呻吟著，我不受影響，還把他臉上所有的汗水舔淨。他把舌頭伸出雙唇間，我輕咬他外露的舌尖，然後碰觸他那兩瓣嘴唇。他把我的臉貼在他的臉頰，我的淚水流過他的面容；他再度開口說道：『女人！女人！如果妳知道自己有多麼甜美，那麼妳就會明白，妳的純潔無邪是套在我身上的一條苦澀鎖鏈，我已無法將它扯下。』」貝緹娜穿著一件毛皮大衣，手捧著一束鮮花，身體靠在歌德寢床尾端的一個枕頭上，就這樣陪伴這位大文豪度過一個夜晚。隔天清早，當郵局趕郵車的車伕吹響手裡號角時，這位女詩人也準備離開這塊情愛的聖地，並對她的戀人說：「我昨晚睡在你身邊，守著你一整夜。」

「我知道。」貝緹娜讓歌德這麼回答。「在這段共處的時間裡，我一直看著你，不過，請不要再走進來了，不然，你我都會迷失了！」她對歌德這些充滿情色的幻想便這麼結束了。

二、葛蕾卿（Gretchen）、凱特卿（Käthchen）及德意志女孩

十八世紀，法蘭克福一家三流旅舍有一位名叫蘇珊娜．布蘭特（Susanna Margaretha Brandt, 1746-1772）的女僕。這位小姐萬萬沒有料到，她在一七七〇年耶誕夜前幾天的夜晚投入一個荷蘭客人的懷抱後，竟會有一連串的災禍發生在她身上：她沒想到，自己會在一夜情之後懷有身孕；她也沒想到，自己會在旅舍的洗衣間生下嬰孩，並隨手把他殺死，埋進圈廄的糞肥堆裡；她甚至沒有想到，自己後來會被這個神聖羅馬帝國的自由城市判處死刑，並以刀劍行刑；而且，當時有一位名叫歌德的年輕律師追根究柢地關注她所犯下的刑案，最後還把她變成德語戲劇史中最知名的女性角色：歌德《浮士德》的葛蕾卿。

這位真有其人的葛蕾卿其實是一位很普通的小姐。她在生活中有點賣弄風騷，有點愛錢，內心有

一半信仰上帝，另一半則仍童心未泯。如果不是大文豪歌德把她塑造成一個悲劇女主角，她應該早就被世人遺忘了！她在戲劇中所委身的男人，已不是那位在旅途中下榻旅舍的、名不見經傳的荷蘭商人僕役，而是德意志民間傳說中一位頗富傳奇色彩的人物：浮士德。在審理布蘭特這樁殺嬰刑案的法院資料中，我們找不到任何關於她與那位沒沒無聞的荷蘭男子彼此愛慕並墜入情網的訊息，我們只是從留下來的書面資料得知，布蘭特小姐曾接受這位荷蘭人的招待，好幾杯葡萄酒下肚之後，便對他產生一時激情，而陷入對方所設下的情色圈套中。直到歌德創作《浮士德》時，才把她塑造成一位內心充滿真摯情愛的葛蕾卿。不過，這位女主人翁在最意亂情迷的時刻，也表現出自己對於感性經驗的渴望，她在劇中對愛人浮士德說：「親吻我！不然我就親你！」

犯下殺嬰案的旅舍女僕布蘭特在審判過程中，曾以愈來愈有說服力的說詞解釋，自己由於受到撒旦驅使，才會隱瞞懷孕的事實，而且還在分娩後親手殺害自己產下的嬰兒。（關於被告這項陳詞，至今仍有爭議。是否布蘭特小姐當時是因為法蘭克福法院為她安排的辯護人曾以刑求威脅她，所以她才表示，自己是受到撒旦誘惑而犯下罪刑？雖然，刑求在當時已不再具有合法性。）與實際案例不同的是，歌德筆下的葛蕾卿顯得很無辜，是受害者而非加害者。惡魔梅菲斯多安排浮士德與葛蕾卿發生悲劇性相戀，因此，這位魔鬼對葛蕾卿所犯下的罪過也有責任。此外，在《浮士德》這齣劇作中，真正被惡魔附身的，不是溺嬰的葛蕾卿，而是出賣自己靈魂、與惡魔立下契約的浮士德博士。歌德把一位不幸的、平庸的殺嬰女性提升為悲劇性人物，讓大家可以感受到她的悲慘與哀傷，最後，這位女主角甚至決定不和前來營救她的惡魔梅菲斯多以及甘願受祂操控的浮士德，離開關押她的地牢。她寧可走上斷頭台，也不願和他們兩人一起逃離。

葛蕾卿這個戲劇角色能夠成為歷久不衰的德國女性圖像，大概是由於歌德能以矛盾對比的、高超的藝術手法讓天真與墮落、罪惡和無辜這些相互背反的特質，同時存在於葛蕾卿身上，就像她頭上那幾條不同髮束彼此交纏糾結而紮成那兩條金髮的長辮一般。對於那些打從心底希望自己獲得保護的女性，葛蕾卿當然適合成為她們的偶像，而且這位女主人翁還會受到那些喜歡表現傳統騎士精神的男人仰慕。那些跟浮士德博士一樣，自認已陷於困境而無法掙脫、並指望被拯救的男人，必須再為自己尋覓一位值得愛戀的德國女孩。（或者這些男人必須耐住性子，把《浮士德》幾千行的詩句讀完，而且還必須面對這樣的風險：他們捧著劇本讀到最後，也就是第二部的結尾處，卻還是不明白，為什麼突然間永恆的女性已經引領他們向上飛升。）

誰如果真的想觀賞偉大的「愛之死」的演出，就必須上歌劇院看華格納的樂劇。在這些樂劇作品中，人們可以自由地選擇聆賞漂泊的荷蘭人和仙妲、唐懷瑟和伊莉莎白或崔斯坦與伊索德這類以死相許的愛情故事。這幾個與「愛之死」有關的女性角色氣質，似乎比較像成熟而有德望的婦女，反而比較缺乏少女的天真與純情，她們幾乎不會讓洪亮而堅實的嗓音迷失在自己柔軟的軀體裡。此外，如果能由心緒極度亢奮的女歌手演唱華格納樂劇中的女武神，整齣樂劇的演出就更對味了！

誰如果看過馮．克萊斯特《海布隆的凱特卿》（*Käthchen von Heilbron*）這齣戲劇的演出，一定會注意到那位情感非常脆弱的女主角。我們第一眼在舞台上看到她時，會以為那是葛蕾卿，因為這兩位女主角的造型很相似，不過，乍看之下的表面現象往往不確實。馮．克萊斯特筆下的女主角凱特卿是一位心懷暗戀、而且還對愛戀的男士糾纏不休的女子，然而，歌德的葛蕾卿卻是一位受到傷害的無辜女性。該劇一開始，凱特卿的父親便表示，自己女兒的性情極其溫柔可愛而且信仰虔誠，但這卻只是尚未遇上徐卓爾的維特伯爵（Graf Wetter vom Strahl）的凱特卿。自從她遇見這位伯爵後，便對他一見鍾情，而且就像狗兒一樣，開始不停地跟蹤他，不惜為這位心上人流下奔波的汗水，雖然伯爵壓根兒不想認識她。凱特卿與葛蕾卿並不相似，她反而比較像現實中那位愛慕年老歌德、在鐵普立茨相遇後便想睡在他腳邊的女詩人貝緹娜．布連塔諾，而且更懂得逆來順受。這位女主人翁在劇中指證歷歷地說道，自己和伯爵已有過幾次床笫之歡，而且對於自己可以夜宿在他城堡下的接骨木矮樹叢裡感到很幸福。她絕口不提自己為何癡迷於伯爵，只是表示：「內心隱密的世界所發生的事情，上帝並不會責罰，而且不需要讓別人知道。」隨著劇情的發展，我們後來才知道，她是在夢境裡遇見這位心愛的伯爵，而且夢裡的種種還讓她確信，自己已經是伯爵的人了！

馮．克萊斯特在形式上給《海布隆的凱特卿》這部劇作一個美好的結局：劇中的公爵最後終於明白，他其實並不打算跟一位門當戶對、出身高貴的小姐結婚，而是出現在他夢中的凱特卿。接下來的劇情就是這對有情人喜悅的眼淚以及讓他們締結連理的婚禮。

在現實的感情生活裡，這齣戲劇的創作者馮．克萊斯特最終並沒有流下喜悅的眼淚，也沒有和戀人步入教堂完婚。一八一一年十一月二十一日，這位浪漫派詩人在柏林小萬湖（Kleiner Wannsee）的湖畔拿著手槍朝女友恆莉葉特．芙格爾（Henriette Vogel, 1780-1811）心臟部位射擊，隨後再朝自己的口內開槍。在事發之前，附近餐館的老闆曾為逗留戶外的他們送點心，他後來表示，很少看到男女情侶如此情投意合地在一起，他們手牽著手，相互打趣調情，彼此追逐，好像在玩捉迷藏似的，後來他們便往湖邊走去。至今我們仍不清楚，是否當時三十一歲、已罹患癌症、而且沒有治癒希望的芙格爾在事前已同意要和馮．克萊斯特一起殉情，共赴黃泉。或者，他們在一起結束自己的生命真是一個沒來由的行動（Acte gratuit），芙格爾只是想陪伴年長她三歲的馮．克萊斯特前往彼岸的世界。

芙格爾在死前最後一晚，曾給她和馮．克萊斯特共同的好友寫下一封絕筆信，而且信中的內容似乎受到凱特卿這位戲劇女主人翁的影響：「我為您的友誼預備了〔……〕一場很棒的考驗，因為我們兩人——也就是我和名詩人馮．克萊斯特——正在〔……〕柏林通往波茨坦的路途上。我們處於一種非常遲鈍的狀態，因為我們身受槍傷躺在那裡。我們盼望一位善心的友人可以展現他的好意，把我們不堪的軀體交付給可靠穩妥的大地。」

馮．克萊斯特也在人生的最後一夜發出最後一封信。他當時坐在萬湖湖濱的一家餐館裡，寫信給他曾愛戀的表妹瑪麗（Marie）：「如果我告訴妳，我從不會想讓妳來取代我這位女友〔這裡是指芙格爾〕，因為她什麼都不要，一心只想跟我在一起，我相信這番話應該可以安慰妳。〔……〕她打從心裡下定決心，要跟我一起結束生命，就是這樣的決定吸引我投入她的懷抱，而我無法告訴妳，那是多麼難以表達、多麼無法抗拒的情感力量；妳或許還記得，我曾多次問過妳，是否願意跟我一起赴死？而妳總是拒絕。我目前正陷入一個漩渦裡，而且感受到前所未有的幸福。我無法否認，芙格爾的墓塚比世界上所有女皇的床榻更令我喜愛。」

馮．克萊斯特和芙格爾一起自殺的十一天前，兩人便已做出這項重大的決定。那時馮．克萊斯特還向他的表妹最後一次抱怨，他的姊姊烏麗克（Ulrike）總不讓他躺在她的懷裡。這件事一直讓他耿耿於懷，因為他從小到大一直和她很親近，彼此心靈相通。他認為，姊姊的缺點在於擁有一個女英雄的靈魂，然而這樣的靈魂對於她的性別而言，卻過於偉大。在臨死前的那幾天，馮．克萊斯特還曾表示，姊姊烏麗克不了解犧牲捨己的藝術——也就是只為了自身喜愛而把自己燃燒殆盡。這位浪漫主義詩人很擔憂，自己可能找不到一個深度足夠的深淵，讓他和他的同命鴛鴦能夠歡呼地向下墜落。這番生前的言論其實就可以證明，馮．克萊斯特自己就是一個足以令自己、也令他人失足的深淵。

對於心儀男士既順服又殷勤的凱特卿，其實不只是一個奇怪的、渴望獲得救贖的、性格狂烈的女性。芙格爾——即馮．克萊斯特在現實中遇上的凱特卿——在生命結束之前，不也溫柔地寫下馮．克萊斯特對她的一連串、聽起來像基督教葬禮中連禱詞（Litanei）的暱稱？這也是她人生最後的書寫：「我的恆莉葉特，我的小葉特，我的心肝，我的愛，我的小鴿子，我的生命，我的甜心，我的風信子花圃，我的幸福海洋……」

除了戲劇之外，在現下真實的德國社會中，是否還存在一些思想怪異的女孩，只要一出現適當的機會，就準備為自己愛慕的對象犧牲一切？自從那些陰暗的深淵被填平，德意志浪漫主義被弱化為燭光以及可以讓人們依偎的女裙後，凱特卿這一類型的德國女孩其實已減少許多。儘管仍有許多女性相信，可以用溫暖擁抱把她們的男人從困頓中解放出來，不過，詩人馮．克萊斯特如果活在我們這個時代，大概很難如願地找到一位願意和他一起殉情的女人。一九九二年秋天，德國綠黨的佩特拉．凱莉（Petra Kelly, 1947-1992）在卸任國會議員後，罹患重病而且受到人身威脅。她後來被同居男友，即德軍少將和綠黨國會議員蓋爾特．巴斯提安（Gert Bastian, 1923-1992）槍殺身亡，巴斯提安也隨後飲彈自盡。至今仍沒有人知道，凱莉當時是否確實想結束自己的生命。

特別是那些想藉丈夫身為社會名流的光環，而獲得榮耀與光彩的葛蕾卿們，最後往往悲哀地體認到，所有她們對於另一半的全然奉獻，到頭來只會讓自己陷入愁困當中。這些心碎的女人可以展開報復，藉由對媒體爆料，讓她們的負心漢面對盲目的公憤，或在平靜的孤獨中，默默承受這種情感背叛。

「與你在一起生活已四十一年，離開你讓我覺得很艱難。不過，我已不想再折磨我自己，也不想再拖累你，我想結束自己長期在黑暗中所承受的煎熬。〔……〕我已耗盡氣力〔……〕我要感謝你，讓我能與你共度一生，並陪伴在你的身邊——那些多采多姿的經歷、愛意、幸福和滿足。我愛你，而且很佩服你的能力，希望你能一直保有它，因為還有很多事情有待你去完成。你的小蛇（Dein Schlänglein）。」這是漢娜蘿樂．柯爾（Hannelore Kohl, 1933-2001）在二〇〇一年七月五日自殺前，留給她丈夫——德國前總理柯爾——的訣別信。

三、德國小姐奇蹟（Das Fräuleinwunder）

二戰後的西德是奇蹟熱（Wunderfieber）的年代：西德的經濟從二戰的廢墟中迅速起飛，蓬勃發展，幾乎跌破世人眼鏡；一九五四年七月四日，西德國家足球隊還在瑞士首都伯恩的旺克朵夫足球場首次贏得世界盃足球賽冠軍。在這場國際足球盛事的四年前，西德第一次在溫泉療養勝地巴登—巴登（Baden-Baden）那座豪華氣派的療養廳（Kurhaus）舉辦德國小姐選美大會。這場活動是當時西德社會的一件大事，公共電視第一台的《每週新聞回顧》（*Wochenschau*）還對此大幅報導。這場選美會的冠軍是蘇珊娜．愛麗克森（Susanne Erichsen, 1925-2002），她也是有史以來第一位德國小姐（Miss Germany）。這位二十四歲的柏林女性在納粹執政期間，曾被繼父禁止化妝，因為，當時的德國人認為，一個正經的德國女孩不該做這種事。納粹戰敗後，二十歲的愛麗克森和一位挪威人結婚沒多久，夫妻便隨後被蘇聯占領軍押走，愛麗克森被送到蘇聯勞改營，從此未再見過自己的丈夫。兩年後她才獲釋，重回故鄉柏林市。後來她為了謀生，便前往慕尼黑從事攝影及時裝模特兒工作。她於一九五〇年順利當選德國小姐，一九五二年還擔任德國時尚大使，前往美國訪問，並帶動了所謂的「德國小姐奇蹟」，讓當時許多美國男子開始傾心於戰後的德國新女性。

「德國小姐奇蹟」這個概念往往會帶來一些誤導：我個人以為，真正的「德國小姐奇蹟」是飽受傷害和刁難的葛蕾卿和凱特卿；然而，德國人卻普遍認為，「德國小姐奇蹟」是戰後靠自己的能力與付出，而在社會上出人頭地的德國新女性。她們不僅是打扮光鮮亮麗的德國美女，還能在戰後一片破敗當中，敏銳而準確地找出成功之道，並一路努力地往上攀爬。這些德國都會女性的母親或姊姊，都是那些戰後穿著打掃工作服清理被戰火毀壞的家園的女人。畢竟飢餓與艱苦危難的環境可以培養人們的美德。這些德國新女性不只遵守紀律，腳踏實地工作，而且還散發出一股相當吸引人的魅力。這些儀態萬千的美女開始以「德國小姐奇蹟」向自己和全世界證明，戰火只破壞了德國，並沒有毀滅它的人民。蓋蒂．夏荷特（Gerti Schacht）是德國戰後第一代時裝模特兒，曾在戰後柏林第一場時裝秀的伸展台上蹬著高跟鞋走台步，然而，當時的柏林根本還是個大廢墟，到處都是斷垣殘壁。數年前，這位德國模特兒界的老前輩，還提筆描述德國人當時如何從一無所有中重新打拚的精神：「我在戰後重建那段時期學會不讓自己消極地坐在那裡，看看是否會有一連串的好運降臨。這世間哪有幸運？反正就是睜開眼睛，打開耳朵，面對現實的生活。」

一九五二年，當美國人看到神采奕奕、婀娜多姿的德國小姐愛麗克森前來訪問時，確實感到很訝異：德國戰敗投降後，竟然在這麼短的時間內就有這麼漂亮的、神情沒有絲毫憂傷或憔悴的大美人飛越大西洋，在美國現身。該年四月，美國《生活》（*Life*）雜誌還以三頁篇幅刊登愛麗克森這位第一屆德國小姐的報導和照片，並以「戰前的胖丫頭變成了時髦的小姐」為該文下標題。「這位愛麗克森小姐戰後被蘇聯占領軍強制遣送蘇聯勞改營，在一處煤礦坑裡做了兩年粗活後，才得以返回柏林。現在的她已經是一位體重一百二十磅、肌肉發達的美女。」我們實在很難判斷，這樣的文字表達是基於當時美國人和西德人同屬反共陣營的盟友心態，或是一種細膩的、令人難以捉摸的挖苦方式。無論如何，這位美麗的德國小姐並未因為任何人事物而出現動搖或困惑。她後來留在紐約從事模特兒工作好幾年，賺取每小時數百美金的時薪，當時這樣的時薪是德國工人一個月的月薪。

愛麗克森小姐在美國的模特兒界取得成功的發展，其中一個原因應該歸功於她的造型。她那一頭深色短髮看起來跟穿著制服、金髮綁辮的「希特勒女青年團」（Bund deutscher Mädel）很不一樣，這種俐落的髮型，倒讓人們想起二〇年代在歐美大都會的劇院從事娛樂表演的那些灑脫大方、獨立自主的歌舞女郎。

被視為「德國小姐奇蹟」的女性，並不像有些在戰爭陰影下成長的女人，會因為匱乏感和危機感而出現輕佻與不健全的心態。她們雖然看起來性感動人，但在她們亮麗的外表下所潛伏的卻不是墮落，而是力爭上游的企圖心。世界各地的人民因為這些德國美女和行銷全球的福斯金龜車，而逐漸對於剛在西德成立的德意志聯邦共和國產生好感，當然，這些美麗俏佳人的身材曲線遠比金龜車的車身弧線對人們更有吸引力。「德國小姐奇蹟」就跟塑膠材質的家具一般，很容易清洗並維持潔淨無瑕的外表，隨著一九六〇年代電視在德國普及，這些出現在螢光幕的女性，還進一步征服了電視機前廣大的德國民眾。當時全世界沒有一位導演的電影，能像好萊塢知名猶太裔導演比利・懷德在德國拍攝的《一、二、三》（*One, Two, Three*）這齣反映冷戰的喜劇片讓德國觀眾如此著迷。這部影片主要在描述美國可口可樂西柏林分公司的主管，為了上司女兒和一位東柏林共產黨員的婚事，而來回奔走於政治分立的東、西柏林之間的故事。在納粹倒台，德國社會福利制度剛設立的不確定時代裡，這家美資企業主管的德國女祕書英爾葆小姐（Frälein Ingeborg）對當時的德國民眾而言，似乎是唯一的一道希望曙光。熱情的英爾葆小姐跟她的美國主管有曖昧關係，她很樂意下班後為老闆「加班」，前提是老闆要買衣服或帽子送她，當作是她「加班」的酬勞。

那些展現「德國小姐奇蹟」的女性，雖從不否定自己的德國人身分，然而，她們的內心總嚮往美國和西歐，這種情況至今仍然如此。德國網球女將葛拉芙（Steffi Graf, 1969-）後來和美國網球明星阿格西（Andre Agassi, 1970-）結婚；出身萊茵地區的德國名模海蒂・克隆（Heidi Klum, 1973-）是知名內衣品牌「維多利亞的祕密」的代言模特兒，這位甜姐兒一直把事業重心放在美國，是目前全世界年收入最高的模特兒之一，曾兩度和美國人結婚又離婚；另一位在氣質上比較類似葛蕾卿、有「真人芭比娃娃」封號的德國超級名模克勞蒂亞・雪佛（Claudia Schiffer, 1970-）曾和美國知名魔術師大衛・考柏菲（David Copperfield, 1956-）相戀並訂婚，婚事告吹數年後，嫁給英國導演暨製片馬修・沃恩（Matthew Vaughn, 1971-），目前定居於倫敦。總之，「德國小姐奇蹟」其實就是德國人走向「美國夢」的一座空中橋梁（Luftbrücke）。

一九九〇年代後期，一位在《明鏡週刊》撰寫文藝專欄的三流作家，曾把當時席捲德國文壇的幾位年輕女作家貼上「德國小姐奇蹟」的標籤，這種作法簡直是胡鬧！這些當代女作家，從卡倫・杜薇（Karen Duve, 1961-）到尤蒂特・赫爾曼（Judith Hermann, 1970-），對於那些創造「德國小姐奇蹟」的前輩——頑強而樂觀地相信，可以靠自身的勤奮和努力征服全世界——其實很陌生，就像美西的拉斯維加斯和洛杉磯的比佛利山莊之於她們一樣。德國人如果現在非要找出一位最能表現「德國小姐奇蹟」的女孩，或許可以將出身漢諾威的女歌手蕾娜・邁爾—蘭露特（Lena Meyer-Landrut, 1991-）貼上這個標籤。她曾代表德國參加二〇一〇年的歐洲歌唱大賽，並以〈衛星〉（Satellite）這首歌曲一舉登上冠軍寶座，而且許多美國大學德文系學生都會唱她的這首成名曲。

四、露露（Lulu）、蘿拉（Lola）和羅蕾萊（Loreley）

女人如果想讓德國男人愛戀自己，把自己名字的每個音節改成以L為開頭，倒是很管用的一招。蘿莉塔（Lolita）、莉莉特（Lilith）或莉莉・瑪蓮（Lili Marleen）難道沒有比蘇珊娜、卡門和莎樂美這些名字聽起來更具性吸引力？巧合的是，二戰期間風靡一時的德語情歌〈莉莉・瑪蓮〉的原唱者拉蕾・安德森（Lale Andersen, 1905-1972）名字的兩個音節也剛好都以L為首。

每個音節以L這個子音作開頭的女性名字，聽起來帶有一種童稚的天真，這並非偶然的現象。德國的露露、蘿拉和羅蕾萊既性感又天真爛漫，她們雖然也跟法語的「帶來厄運的女人」（Femmes Fatales）或美語的「蕩婦」（vamps）一樣，都可以讓男人墮落，不過，男人一旦陷入這些看似純真無邪的德意志女子的愛情網羅時，卻從不懷疑，自己所愛戀的對象其實懷有毀滅自己的意圖。

當羅蕾萊以美色讓男人們接二連三地溺死於萊茵河時，這位可憐的水妖倒寧願擺脫這個加在她身上的魔咒，因為她的內心並不快樂。詩人馮・艾興朵夫寫過一首關於羅蕾萊的短詩，詩中有一位男人突然在天黑時心血來潮，決定要騎馬穿越陰暗森林，娶回他美麗的新娘，女妖羅蕾萊則對他發出警告：「男人對於情愛的幻覺真是了不得，並且費盡心思，／我已因為愛情的傷痛而心碎，／號角聲會讓你在森林裡來來回回地瞎跑／哦，逃吧！你不知道，我是誰！」

德國現代劇作家法蘭克・維德肯特（Frank Wedekind, 1864-1918）的劇作以批評布爾喬亞的性態度著稱，露露是他的《大地之靈》（*Erdgeist*）和《潘朵拉的盒子》（*Die Büchse der Pandora*）這兩齣劇情相連貫的戲劇女主角，也是他所有作品中塑造最成功的戲劇人物。維德肯特以帶有古老《聖經》文學的風格描繪露露，他在《大地之靈》這齣悲劇的開場白裡，讓一位馴蛇師對他的蛇——當然由露露飾演——宣告：「妳到人間的目的是要帶來災禍，／妳要引誘、拐騙、然後下毒，／人們不會察覺妳的謀殺。／我親愛的蛇，切記不要忸怩作態！／即使評論者減少對妳的稱讚，／也不要傻裡傻氣、矯揉造作或怪裡怪氣。／妳沒有權利向我們發出嘶嘶的怪聲，／扭曲女人原本的樣態。／妳不可以瞎鬧、做鬼臉，／用這些孩童幼稚的壞習慣讓我們覺得掃興。」

露露這位蛇怪的化身曾在劇中被問到，自從她變得富有之後，整天都在做些什麼？這位看起來很孩子氣的女子，當時已陸續讓衛生機關的醫務顧問、繪畫藝術家、報章雜誌的總編輯及女伯爵魂歸西天，她回答：「我躺在床上睡覺〔……〕有時舒展一下身體，直到骨頭發出喀啦喀啦的聲響。」

維也納猶太裔電影導演約瑟夫・馮・許登伯格（Josef von Sternberg, 1894-1969）由於受到維德肯特筆下「露露」這個角色的啟發，而把亨利希・曼的一部小說改編成第一部有聲德語電影《藍天使》（*Der Blaue Engel*），並把小說原著的赤足女舞者「蘿莎・芙洛禮希小姐」（Rosa Fröhlich）改成走唱女歌手「蘿拉・蘿拉」（Lola Lola）。漂亮活潑的蘿拉也跟露露的角色形象一樣，一副既淫蕩、卻又天真無邪的模樣。

馮・許登伯格還做了一個更了不起的決定：由當時仍沒沒無聞的C咖女演員瑪琳・黛德麗擔綱演出蘿拉的角色。這位德國老牌女明星因為這部影片迅速走紅影壇，後來還跟著馮・許登伯格轉往美國好萊塢發展，躍升為二十世紀西方的銀幕女神之一。

在後來的訪談中，黛德麗不斷地提到，自己當時如何把劇中廣受男人愛慕的蘿拉演得維妙維肖：她刻意在鏡頭前表現出一副懶散、什麼都無所謂的樣子。至於如何獲選為女主角？根據她的說法，當時連她自己都很意外，因為，她並沒有期待自己會飾演女主角，所以在該片甄選演員的試鏡時，並沒有做什麼準備。當時她只是靠在一架鋼琴上，隨口哼了一首曲子。導演馮・許登伯格也在他的回憶錄中證實，一九二九年被他選為《藍天使》女主角的黛德麗在試鏡的表現，並不像一隻有企圖心的老虎，而是一副吊兒郎當的態度。不過，正因為她呈現的慵懶與劇中女主角的性情很貼近，所以最後能雀屏中選。但是，飾演男主角——一位衛道的老教授——的知名演員也是這部影片的製片埃米爾．亞寧斯（Emil Jannings, 1884-1950），一開始卻對導演這個選角的決定感到很驚訝。

導演馮．許登伯格當時慧眼獨具，他已看出這位毫無知名度的女演員的巨星潛力。當《藍天使》殺青並在電影院上映時，黛德麗果真一炮而紅！畢竟沒有人會比這位傲慢的柏林警官女兒更了解那個存在於社會角落的、頹廢墮落的泥坑。它讓來自小城市的一位循規蹈矩的老教授深陷其中，後來為了挽回自己和女主角蘿拉的夫妻之情，還應她的要求，上台扮演小丑。圍繞在歌女蘿拉身邊的男人就像撲向燈火的蛾一般，自焚於愛情的火焰中。這位浪蕩的女主人翁則一副事不關己的樣子，她既不想、也無法阻止男人這種自我毀滅的行動。蘿拉這個女性角色，就像當時電影作曲家侯連德為蘿拉所譜寫的那首經典、卻很頹廢的電影主題曲一般。

女性美好的心靈安於祥和，她們給人間最大的貢獻就是她們本身的美善；女性卑劣的靈魂則陷於一片混亂，她們最大的汙點正是本身的墮落。《藍天使》劇中的畫家許瓦茲（Schwarz）在為歌女蘿拉畫肖像時，曾沮喪地表示：「我在為別人描繪畫像時，還沒碰過一個人的臉部表情能如此不斷地變化，讓我幾乎無法捕捉對方的性格特徵。」

女性美好心靈所散發的寧靜氣息會感染她們周遭的人，露露和蘿拉則吞噬所有過於接近她們的人。由於她們本身的誘惑力很強，因此不需要再使出奸詐的伎倆或戴上面具做偽裝。她們偶爾蒙上的那塊面紗，充其量只是裝飾罷了！導演馮・許登伯格和黛德麗後來因為反納粹而一起轉往美西的好萊塢發展。馮・許登伯格在畫面中讓黛德麗展現完美的身材曲線，臉龐以半影（Halbschatten）方式做攝影處理，或貼近一張毛皮，或覆上一層薄紗，以這種夢幻風格把黛德麗塑造成好萊塢的銀幕偶像。以裸體舞蹈走紅於威瑪共和時期的柏林女舞者、女演員阿妮塔・貝柏其實比黛德麗更早公開抽菸，穿著男人的燕尾服，而且她的作風也跟黛德麗一樣狂野，但她卻沒有在這個大都會掀起騷動。當時的柏林市民只是把早逝的貝柏定位為一位裸體舞星，他們會期待她穿著華麗而暴露的舞衣出場，最後赤裸地在舞台上表演那些令人覺得不雅、恐懼卻又能帶來狂喜（Ekstase）的舞蹈。

那些專門誘騙男人的德國女性在本質上都屬於「大地之靈」，也就是劇作家維德肯特的露露首部曲劇作名稱。維德肯特在《大地之靈》腳本的一開頭便寫下一首詩，以下是開始的前幾句：「大自然用粗劣的材料把我創造出來，／貪婪與欲望把我拉向大地。／大地隸屬於惡靈，它並不／屬於善靈。」

對男人毫無惡意的葛蕾卿和凱特卿把全部心力聚焦在愛情上，她們只知道全心全意地為自己選擇的愛人付出生命的一切；那些專門誘騙男人的女子雖也在耗盡自己，但她們對男人卻毫無選擇。黛德麗在《藍天使》最經典的一幕中曾唱著：「什麼在我手心裡顫動著，／當我熱切地緊握它們？／它們想要揮霍，／它們從不滿足。」當時大剌剌地坐在橡木酒桶上的她活脫像個男人似的，一隻腳還高高地蹺在另一隻腳上。她望著那位迷戀她、向她求婚的老教授的眼神，似乎是在向他宣告，他已獲得情感的救贖，即使是一夜或兩夜。身為「大地之靈」，蘿拉這位風情萬種的走唱女郎絕不會讓自己變成像實用的家用器物那般平凡和平淡。當她的男人明白這一點時，卻已經太遲！老教授已從一般的生活常軌中脫離，當他試著要再返回時，平常的生活世界已經容不下他。他孤獨地守著自己，當身上的血液流盡時，他就這樣寂寞地告別人間。藍天使蘿拉則繼續被另一群男人簇擁圍繞著。

五、亞馬遜族女戰士、女武神及其他狂熱的女性

烏莉克．芙克茲（Ulrike Folkerts, 1961-）是德國公共電視第一台《犯案現場》這齣已開播三十多年的刑事偵察影集中，飾演女警官最久的演員。一九八九年，她剛扮演蕾娜．歐登塔（Lena Odenthal）這位菜鳥女警官時，還是一位年輕的女演員。劇情一開始，她便和一位警方當時鎖定的強暴與姦殺嫌疑犯一起比賽射箭，當他們第二次碰面時，這位嫌犯還稱她為「亞馬遜女王彭特西勒亞」（Penthesilea）。

一個解放的、美好的女性對於大文豪歌德而言，就像希臘神話中很有男子氣概的亞馬遜族女戰士。因此，一直到最近，一些言行比較大膽的德國女人幾乎都無法擺脫這個令人既敬畏、又憎恨的標籤。

馮．克萊斯特以古希臘荷馬史詩《伊利亞德》的內容作為創作素材，並於一八〇八年完成他的劇作《亞馬遜女王彭特西勒亞》（*Penthesilea*）。該劇中，號稱「古希臘第一勇士」的名將阿基里斯（Achilles）和他手下的士兵原本要征服特洛伊城，卻遭到一群亞馬遜族女戰士的襲擊，這個突如其來的變化完全出乎他意料之外。起初他被堅決發動這項軍事行動的亞馬遜女王彭特西勒亞制伏時，

還驚訝地問道：「妳是誰？了不起的女人！」女王此時已對這位仍在反抗的希臘戰神阿基里斯一見鍾情，希望能與他共結連理，於是便回答：「藝術所賜予的女性溫柔／我並沒有！（……）在血腥的殺戮戰場上，我必須尋找他，／那位我心所屬的青年，／我要用榮譽的臂膀擁抱他，／用柔軟的胸脯迎接他。」

「不可思議的女人，半帶著復仇的憤怒，半帶著綽約的風姿，她愛戀著我！」阿基里斯歡呼著。他在這場兩性大戰剛開打時，還信誓旦旦，要讓這位亞馬遜女王的額頭受到致命重創，並把她的屍體拖行遊街。然而，當他後來親自看到已戰敗受傷、失去意識的彭特西勒亞時，卻對她動了真情。現在這位高貴的希臘戰士決定玩一個調皮的孩童遊戲：假裝這場戰爭是由亞馬遜族得勝，而他只是個失敗者。然而，對於貴為女王的彭特西勒亞而言，對手假裝戰敗而讓自己獲得勝利卻比實際的戰敗更加屈辱，於是這位「半帶著復仇的憤怒，半帶著綽約的風姿」的女王便展開瘋狂的報復。她讓她的狗和大象追趕阿基里斯，最後還活活把他咬死。女王此時說道：「親吻或嚙咬，／一方可能會攻擊另一方，／但只要雙方對彼此懷有真愛，／兩者可以彼此合拍。」最後，女王拿著匕首刺死自己，隨著她那位已血肉模糊的意中人離開人世，這場德國戲劇中最殘酷、最血腥的「愛之死」就以這樣的結局告終。

在華格納《尼貝龍根的指環》這組系列樂劇中，齊格菲和女武神布倫希爾德這對戀人的悲劇性也不遑多讓。與馮．克萊斯特劇作《亞馬遜女王彭特西勒亞》不同的是，華格納讓這對古日耳曼的英雄男女先陷入一場熱戀。然後，齊格菲離開布倫希爾德和他所生長的那片山林，來到吉比宏族（Gibichung）位於萊茵河畔的領地。他受到該族國王昆特（Gunther）熱情款待，卻也中了在場的尼貝龍族哈根（Hagen）的詭計，喝下那杯已被哈根下毒的酒，而忘記與布倫希爾德的海誓山盟，轉而向昆特漂亮的妹妹古特露娜（Gutrune）求婚。至於國王昆特則打算迎娶齊格菲的愛人布倫希爾德，不過，這個決定卻是一項沒有勝算的冒險，因為昆特實力太弱，無法憑藉自己的力量征服這位女武神。

此時已喪失記憶的齊格菲主動向昆特表明，如果昆特同意把妹妹嫁給他，他願意用隱身帽化身為昆特，把自己從前的戀人布倫希爾德抓來吉比宏國和昆特完婚。眼看這項謀劃就要成功，然而，當昆特把布倫希爾德拖進城堡準備舉行婚禮時，布倫希爾德卻很訝異地發現齊格菲也在場，而且還和古特露娜興高采烈地等待婚禮的舉行。這位受到雙重打擊的女武神終於明白，把她擄來吉比宏族的人並不是昆特，而是她的愛人齊格菲。布倫希爾德認為齊格菲違背了他們永遠相愛的誓言，決定復仇平恨。尼貝龍族狡猾陰險的哈根則暗地向布倫希爾德表示，願意替她報仇，布倫希爾德便把英雄齊格菲唯一的弱點告訴他。哈根趁著大家在飲宴時，把他的槍矛刺進齊格菲背部的弱點，當場殺死這位日耳曼英雄，布倫希爾德後來才明白，原來這一切都是哈根的詭計。布倫希爾德把被謀害的英雄齊格菲的遺體帶到萊茵河畔，並在他身旁高高地堆起柴薪。當這個柴堆被點燃，人們開始火葬英雄齊格菲時，布倫希爾德便騎著她的戰馬躍入那片熊熊烈火中。

在中世紀的《尼貝龍根之歌》這部德語敘事長詩和十九世紀劇作家弗利德里希．黑博爾（Friedrich Hebbel, 1813-1863）的三幕悲劇《尼貝龍根》（*Die Nibelungen*）裡，都沒有出現女武神布倫希爾德為英雄齊格菲殉情的情節。直到華格納創作《尼貝龍根的指環》這組套劇後，布倫希爾德這位日耳曼及北歐神話裡——尤其是在冰島的英雄傳說中——的女性人物才蒙上一層浪漫色彩，成為英雄的夢中情人。華格納的戲劇處理方式雖讓這位女武神在某方面顯得更偉大，卻也在某方面變得普通而平凡。在華格納的筆下，布倫希爾德已被弱化，已失去原來的勇武與英氣而轉變成一位神聖的女性，不再是那位處死許多男人的冰島女王：依據冰島古老的傳說，男人如果敢向統治者布倫希爾德求婚，卻無法在跳遠、擲槍矛和扔岩塊這三項體能競賽中勝過她，就必須被處死。華格納樂劇中的女武神布倫希爾德卻是父神佛旦鍾愛的（非婚生）女兒，她並沒有和英雄好漢在運動方面一較高下，而是引領並護送陣亡戰士的靈魂前往諸神的居所華哈拉城。布倫希爾德後來為了幫助同父異母的哥哥，違背了父神的旨意而被趕出神界，貶落人間。仍舊深愛女兒的佛旦便讓布倫希爾德沉睡在一座荒山上，四周用岩石圍住，並召火神洛格（Loge）上場，令祂在布倫希爾德周圍燃起熊熊的火焰。佛旦還預言，只有真正的英雄才敢跨過這道熾烈的火圈，以真愛之吻喚醒祂的愛女布倫希爾德。依照華格納的想法，布倫希爾德已經無法靠著自己的力量和權勢，與那些想奪取自己童貞的男人保持一定的距離，此時能和受到懲罰的布倫希爾德結合的男人，已經不是能在體能競技中戰勝她的男人，而是能夠克服她父神所設下的障礙的男人。這位男人當然就是英雄齊格菲——佛旦（私生子所生）的孫子。在齊格菲喝下哈根的毒酒並決定為吉比宏族統治者昆特效力之前，齊格菲和布倫希爾德姑侄兩人早就熱烈地投入彼此的懷抱。

我們今天提到「女武神」這個概念時，總是會聯想到一個身材壯碩的華格納女高音穿著盔甲、手持盾牌和槍矛這樣的形象。華格納雖然在他的樂劇中以形式肯定布倫希爾德是一位女武神，其實已為布倫希爾德「去女武神化」（Entwalkürisierung），因為他把這位女武神塑造成可以用愛救贖男性的女人。除了雄壯的嗓音之外，人們在《尼貝龍根的指環》這套系列樂劇中根本看不到中世紀《尼貝龍根之歌》所呈現的布倫希爾德形象：一位孔武有力、氣力超強的女中丈夫。《尼貝龍根之歌》以中世紀德語精采地描述，布倫希爾德如何在結婚初夜和吉比宏族國王昆特打鬥的情形：「他竭力向新娘示愛，並扯亂她的衣裳。／這位了不起的女人便抓起皮帶，／還有一條衣服的厚滾邊。／她當時讓國王吃足了苦頭：／她把他的手腳捆住，／再把他拖向牆邊，還用釘子把他釘在牆壁上。」

從中世紀的敘事詩到十九世紀黑博爾的劇作《尼貝龍根》，雖然布倫希爾德表現出來的氣力與體能強度不一，卻不是遭受男性英雄粗暴折磨後，還因為沒有提防而被丟棄在一旁的可憐又可笑的女性角色。後來在華格納的連環樂劇《尼貝龍根的指環》中，布倫希爾德成為一名解救者，同時也是復仇者。在華格納塑造布倫希爾德之前，中世紀《尼貝龍根之歌》的克琳姆希爾德這位性情溫和的公主，一直是德語文學作品中相當重要的女性角色，但卻在華格納的樂劇中被邊緣化，成為配角古特露娜——齊格菲後來的愛人。直到齊格菲被謀害後，她才變成一名殺人的復仇者。

華格納並沒有讓剛強的女人直接呈現她們剛強的形象。他認為，她們的愛情只能有死亡這個結局，不然就只是一種談情說愛的生活消遣，而不是真正的愛情。愛戀的男女雙方彼此情感的激盪愈強烈，所發出的火光就愈耀眼。華格納往往在樂劇人物的愛情中表達關於人類生存的悲劇性觀點，而不是表現某些男人的那種父權妄想：把一些難以駕馭的女性成功地馴服成溫順的妻子。

在德國人的意識裡，堅強狂野的女性除了為愛情犧牲奉獻之外，是否還能另有一個屬於她們自己的天地？在十九世紀風起雲湧的德意志民族統一運動中被創造出來的日耳曼尼亞女神，從不會讓自己陷於情欲的掙扎。這樣的女性類型是否適合成為德國的女英雄？

一九〇六年，柏林洪堡德大學日耳曼學教授古斯塔夫．羅特（Gustav Roethe, 1859-1926）在德皇威廉二世的生日慶典上曾用簡練的語句，以〈德國人的英雄氣概〉為題發表演講。這位日耳曼學專家一開始便這麼說道：「德國現在四處設有穿著鎧甲、看起來很有威嚴的日耳曼尼亞女神大理石像或銅像，作為德意志民族統一的象徵。我個人並不欣賞這種非德意志的藝術表達方式，即使這個主題和相關作品可能具有美學價值。總之，日耳曼尼亞女神就是無法觸動我們德國人的內心，對我們德國人而言，這個德意志民族的女性擬人化（die weibliche Personifikation）象徵過於冷淡，熱情不足，無法讓我們感受到生命的血肉和體溫。德國人向來以英雄形象呈現理想和希望，不過，英雄卻是男人，而非女性。」

事實上，德意志帝國時期大部分的德國人似乎比較偏愛母親角色的日耳曼尼亞——孕育了戰場上的德意志士兵，也哀悼陣亡的德意志戰士——而不是手執刀劍、具有戰鬥能力的日耳曼尼亞。當時設立的一些披著鎧甲、看起來很有威嚴的日耳曼尼亞塑像，確實讓一些日耳曼學家感到不舒服，例如，那尊聳立於萊茵河右岸小鎮綠德斯罕的日耳曼尼亞女神雕像，就是一位自負的女英豪，而不是承受喪子之痛的聖母（Mater dolorosa）。第一次世界大戰剛開打時，日耳曼尼亞女神的塑像造型甚至變得更尚武好戰，她們已失去僅存的嫵媚，很像詩人席勒在〈鐘聲之歌〉（Lied von der Glocke）這首詩裡，對那些投入法國大革命的女鬥士的描述：「那裡的女人成了悍婦，／開著恐怖的玩笑，／還戴著花豹的尖牙迅速行動，／撕爛敵人的心。」

詩人席勒當時非常厭惡法國大革命的暴力，他不認為那些血腥場面只是一種病態的歡樂。這位出身施瓦本，後來選擇在威瑪定居的詩人，並未把大革命火爆不堪的場景寫成殘忍血腥的愛情火焰——一如馮．克萊斯特在劇作《亞馬遜女王彭特西勒亞》的呈現，而是創作《奧爾良的聖女》這齣敘述法國著名女英雄聖女貞德的悲劇，並特地賦予這位女主人翁一種女性的嫵媚。

數百年來，具有戰鬥力的女中豪傑一直存在於德意志人民的幻想中，因此，要在民族集體記憶中尋找一些真有其人的女戰士，反而讓德國人感到困難，人物寥寥可數：舉例來說，在普魯士反拿破崙的作戰中，艾蕾歐諾拉．普蘿哈絲卡（Eleonore Prochaska, 1785-1813）這位普魯士士兵的女兒，曾於一八一三年女扮男裝，化名為「奧古斯特．連茨」（August Renz），加入由普魯士大學生和文化界名人所組成的「呂措浮志願軍」，後來不幸被霰彈擊中而陣亡。試問，現在還有哪個德國人記得她呢？約翰．敦克（Johann Friedrich L. Duncker, 1770-1842）的《蕾歐諾拉．普蘿哈絲卡》（*Leonore Prohaska*）就是以她為主角所創作的悲劇作品，貝多芬還曾為這齣戲劇譜寫配樂，或許少數幾位關注貝多芬作品的愛樂人士，曾聽過這部貝多芬極冷門的音樂作品。此外，芙麗德莉克．柯綠格（Friederike Krüger, 1789-1848）也同樣受到德國社會的冷落。她也曾女扮男裝以「奧古斯特．呂北克」（August Lübeck）這個化名參與反抗拿破崙法軍的民族解放戰爭，當過普魯士的低階軍官，後來甚至獲頒二級鐵十字勳章，雖然她曾在某次戰役中，不小心被男性同袍發現她的女兒身。

約在十九世紀末期，一群活躍的女性主義者開始以女武神和亞馬遜族女戰士的形象，努力為女人開創出一條反抗男性箝制的道路。一八九九年十月，女權運動者阿妮塔．奧格絲蒲格律師（Anita

Augspurg, 1857-1943）和女教師暨女記者米娜．考爾（Minna Cauer, 1841-1922）首次在慕尼黑舉辦「巴伐利亞婦女會議」（Bayerischer Frauenkongress）。在這次婦女會議的高潮時刻，一些與會的女士們還特地穿上女武神的胸甲，戴上羅馬士兵的頭盔，手持刀劍或槍矛，朗誦下面這段詩句：「自由萬歲！勝利者萬歲！／在戰鬥中獲勝，在獲勝中制伏男人！／他們如果被征服，就是我們的奴隸，／我們必須創造自己的權利。」

不過，歷史上也有些德意志女性曾做過一些比較具有和解性的嘗試，把亞馬遜族的女人從鎧甲所代表的征服邏輯中解放出來：一七六〇年，薩克森侯爵夫人瑪利亞．娃普吉斯（Maria Antonia Walpurgis, 1724-1780）創作了一齣編制不大、以拉丁文為唱詞的室內歌劇《亞馬遜女王塔蕾絲特麗》（*Talestri, Regina delle Amazzoni*）。三年後，這齣小型歌劇由侯爵夫人的家人在薩克森首府德勒斯登登台首演，不過，侯爵夫人並未在其中擔任主要角色。在歌劇結尾，亞馬遜女王既沒有被男性戰士征服，也沒有在戰勝對方後置他於死地，而是與他結為夫妻，一起成為開明的君主，共同治理亞馬遜王國。

在德國當代女文學家依瑟．朗娜（Ilse Langner, 1899-1987）於納粹上台那年所創作的《亞馬遜族女人》（*Amazonen*）這齣喜劇中，女王彭特西勒亞受到希臘英雄奧德修斯（Odysseus）——即荷馬另一部史詩《奧德賽》的主角——熱情的歡迎和問候：「您是未來的女人，將要出現的女人！請您了解自己的使命以及男人與女人之間嶄新的關係。男女共同合作的美好新時代，正有待您的開創！」早婚的朗娜出生於西利西亞首府布雷斯勞（一九四五年後劃入波蘭領土），為了逃離不愉快的婚姻生活，便隻身到柏林從事新聞工作，而且很快地在戲劇創作方面受到肯定而成為一名劇作家。當時很有影響力的猶太裔文學評論家阿弗烈德·克爾（Alfred Kerr, 1867-1948）還因為她推出的《亞馬遜族女人》而稱她為「亞馬遜女王朗娜」。其實，朗娜創作這部很受當時藝文界矚目的劇作，是希望女性不要只從男性身上搶回社會與家庭的主導權，而應該更自立自強。由於自己曾有過不幸福的婚姻生活，因此，她比啟蒙運動時期具有理想色彩的侯爵夫人娃普吉斯更容易質疑，是否女人真的能兼顧事業和愛情。在《亞馬遜族女人》的第一幕裡，一位忠厚老實的普魯士公務員阿弗烈德（Alfred）要他那剛以優異成績取得醫學博士的未婚妻潘塔（Pentha）做決定，往後到底要行醫，還是嫁給他？這位女醫生聽了未婚夫這番話之後，便悻悻然地脫下帽子，咬一咬身上的衣服，然後便把一群很有男子氣概的女人吆喝過來：「亞馬遜族的女中丈夫！〔……〕我一直把妳們當成我真正的姊妹，勇敢又有膽量，不依靠男人，用自己的力量奮鬥，克服困難，失敗時，寧可死亡也不願被敵人俘虜。我並非勢單力孤，我們這些女人已串連成一個小型的女性戰鬥團，而且我們這個團體還會繼續茁壯。你們男人將會見識到我們這些女戰士的行軍。聽見了嗎？」

在原本的希臘神話中，亞馬遜族的女人其實沒有這麼英勇。雅典男人雖然因為忙著觀看奧林匹克運動會而疏於戍守雅典城，讓這些亞馬遜族女戰士有機會乘虛而入，一度掌控全城，然而，正是那位讚美亞馬遜女王彭特西勒亞是「未來的女人」、認為冷若冰霜的亞馬遜女戰士比雅典城那些善於打扮的婆娘更有女性魅力的希臘英雄奧德修斯，讓這群勇武的女人最後喪失了信心和勇氣。他後來決定送給這些女戰士珠寶首飾和華袍美服，然後看著她們從空中翱翔的兀鷹變成被人類豢養的觀賞性鳥類或帶著一群小雞的母雞。難不成這些亞馬遜女人看過瑞士法學家暨民族學家巴霍芬於一八六一年發表的著作《母權》（*Das Mutterrecht*）？巴霍芬這部名著對於當時歐洲社會產生很大的影響力，他認為，女性掌權的人類社會現象逐漸在歷史中式微與消失，是因為疲於征戰的女戰士們很高興能回歸安穩的婚姻避風港。（這個情況頗類似二戰過後那些在殘敗廢墟中重建家園的德國婦女。當他們的丈夫從戰俘營回來時，她們其實很樂於回歸家庭主婦的角色。）在《亞馬遜族女人》這齣戲劇的末段，女王彭特西勒亞只能帶著身邊僅存的核心分子，在毫無男人的跟隨下，黯然離開雅典城，再度回返亞馬遜族的山林。

當納粹執掌德國政權後，朗娜的《亞馬遜族女人》所面臨的考驗才正要開始。這齣喜劇首先遭到禁演，即使朗娜在一九三六年增添了男女兩性於該年柏林奧運彼此和解的結局，還是無法獲得納粹當局的解禁：當柏林奧運的飛行比賽最後在終點的奧運體育場結束時，代表德國參賽的柯妮希小姐（Fräulein König）駕著她那架「飛行的亞馬遜女戰士」號在群雄中脫穎而出，勇奪冠軍。這位德國女飛行員曾一度在離莫斯科不遠處降落，耗費一些時間幫助她最強勁的對手——駕駛「銀鳥」號的美國飛行員希洛斯先生（Mr. Heros）——修理他那架機械故障的飛機。這位美國飛行選手雖然輸了這場飛行比賽，卻很有君子風度地稱讚榮獲冠軍的柯妮希小姐：「我很高興亞馬遜女戰士贏得這項比賽，因為，她是個了不起的女人，是個很棒的戰友。」

其實，當時的納粹高層——以及後來西德德意志聯邦共和國的主政者——並不知道，該對朗娜的《亞馬遜族女人》抱持什麼樣的態度，因為，德國當時一些願意坐進飛機駕駛艙操作飛機、甚至投效德國空軍的女中豪傑，正是該劇所呈現具有英雄氣概的女性類型。就拿漢娜．賴璩（Hanna Reitsch, 1912-1979）做例子吧！這位納粹德國女飛行員曾以二十歲芳齡打破當時滑翔飛行（Segelflug）的世界紀錄而備受矚目。一九三七年，她被選為德國空軍的試驗飛行員，專門駕駛轟炸機、俯衝轟炸機和驅逐機，以測試這些新機種的性能。她在二戰期間還接受軍方委託，把一些「自願壯烈為國犧牲」的飛行員，組織成類似日本神風特攻隊的自殺攻擊飛行小組，不過，這項納粹空軍的計畫並未真正付諸實行。賴璩小姐還是德國史上唯一獲頒一級鐵十字勳章的女性，她雖不是納粹黨員，卻非常效忠領袖希特勒。一九四五年四月二十六日，在希特勒自殺四天前，她還開著Fi 156鸛式輕型偵察機，載著德國空軍上將羅伯特．馮．格萊姆（Robert Ritter von Greim, 1892-1945）飛入已被蘇聯紅軍包圍的柏林，接受希特勒任命為新任空軍總司令，以取代擅離職位的戈林。

貴為伯爵夫人的女工程師暨女飛行員梅莉塔．馮．施陶芬柏格（Melitta Schenk Gräfin von Stauffenberg, 1903-1945）的工作經歷，可能會讓許多人更難以置信。這位伯爵夫人是繼賴璩之後，德國空軍的第二位女性正駕駛員，她本身具有工程專業的訓練，專門研究如何提升德國轟炸機俯衝飛行與轟炸的準確度。為了親自試驗俯衝轟炸機的性能，她曾親自從高空做過二千五百次向下俯衝飛行。在納粹執政時期，她曾因本身的猶太血統而被德國空軍強制解職，後來又回復職位，一九四三年還獲頒二級鐵十字勳章以及鑲有鑽石及紅寶石的德國空軍金質獎章。一九四四年，她的小叔克勞斯．馮．施陶芬柏格上校密謀刺殺希特勒的行動失敗，她因為被連累而遭納粹當局監禁六個星期。後來她因為被賦予重要的戰爭任務而獲釋，重返空軍單位工作。令人惋惜的是，在德國宣布投降的前幾天，據說她為了在巴伐利亞追上被俘虜的家人可能搭乘的運輸車，所駕駛的飛機遭到美國驅逐轟炸機射落，不幸身亡。

另一位知名的女飛行員蓓阿特．吳澤（Beate Uhse, 1919-2001）一開始是在柏林的環球電影公司（Universum Film AG；簡寫為UFA）從事特技飛行表演，後來才加入納粹空軍，以空軍上尉軍階，專門負責把軍機開抵作戰前線、交予作戰的空軍單位。二戰結束後，喪夫的吳澤為了養活自己和兒子，開始經營性用品店，以滿足經濟困頓時期人民避孕的需求。她一手開創的情趣用品事業非常成功，公司規模愈來愈大，後來還在法蘭克福證券市場掛牌上市。

這些女性飛行員雖然當時相當受執政當局肯定，然而，女英雄的存在卻讓威瑪共和時期以及對外擴張的第三帝國時期的德國社會感到不自在。賴壿晚年曾在她的回憶錄中表示，自己在德國空軍服役期間，經常感受到一些男同事的敵意；相反地，吳澤倒認為自己跟男飛行員的相處並沒有出現什麼問題。

人們一開始可能會認為，德國的父權社會當時願意容忍這些「飛行女傑」的出現，是因為她們全都願意為祖國犧牲自己的性命。不過，事實卻非如此。知名的女飛行員艾莉．班紅從未在德國空軍服役，她致力於挑戰人類飛行的極限，是第一位單飛環繞地球一周的女性，甚至還在一九三六年創下二十四小時內飛越歐、亞、非三洲的世界紀錄。這些在國際間為祖國爭取的榮譽，讓她成為納粹時期一顆耀眼的明星。後來班紅和德國當時的賽車英雄羅澤麥爾結婚，並且和吳澤一樣，即使婚後懷孕仍孜孜不倦地在空中駕駛飛機，並未因此而中止飛行活動。

納粹宣傳部長戈培爾在日記中對德國當時知名女導演里芬詩達的描述和評論，正好反映出希特勒和他的黨羽對於這些狂野女性的矛盾心態。他曾提到，德意志帝國電影工業的這位女性指標人物最想完成的拍片計畫，是把馮．克萊斯特的劇作《亞馬遜女王彭特西勒亞》改編成電影，並由自己擔綱演出女主角彭特西勒亞。（然而，這部影片實際上只停留在構想階段，未曾開拍。）一九三六年十一月六日，戈培爾專程拜訪里芬詩達，這位女導演剛好在影片剪接室處理納粹委託她為該年夏天柏林奧運拍攝的兩部紀錄片，事後戈培爾在日記中寫道：「里芬詩達小姐在我面前就是一副神經兮兮的樣子，我實在無法跟這種粗魯的女人合作。」隔年，當他看過里芬詩達製作完成的柏林奧運影片前段部分之後，喜不自勝地在日記中表示：「這部影片的優異表現已超過筆墨所能形容，影片的攝影和畫面的呈現都令人深深地著迷，它已達到極高的藝術成就。一些個別片段也令人深受感動。里芬詩達是一位能力很強的人，我很佩服她。」

里芬詩達、賴璩、班紅以及當時其他傑出的德國女性全是激進主義者。她們的極端表現雖然不在政治領域，不過，她們卻為了操作技術、運動以及冒險活動的精進而燃燒自己的生命。只要她們能適時向當權者表達自己奉獻的決心，只要她們願意隨時為祖國獻上自己高超卓越的能力，她們就可以擁有隨意活動的空間。因此，在德國人的民族情感最高張、最具攻擊性的時期，這些優秀女性就順理成章地成為捍衛國家民族的女英雄了！

有鑑於納粹時期慘痛的歷史教訓，二戰後的德國人已經學會對民族情感以及任何形式的激進主義抱持懷疑態度。現任總理梅克爾在這方面的表現算是所有德國人的榜樣，這位國際政壇的女強人並不屬於亞馬遜女戰士這一型的女傑，雖然她已在從政生涯中，讓黨內曾擁有權勢的男性政治人物逐一失去他們的影響力。顯然地，我們可以在這位女總理身上觀察到一個關於日耳曼尼亞女神的新定義：這位傑出女性之所以能對德國各項政治決策鎮定地進行沙盤推演，她所端賴的，已不是手上握持的那柄寶劍，而是民意研究機構最新的民調結果。

60. 耶誕市集

Weihnachtsmarkt

現在是耶誕節之前為期四個星期的基督降臨節（Advent）！心型的德式薑餅（Lebkuchen）散發著誘人香氣！遠處傳來〈把門拉高〉（Macht hoch die Tür）[1]這首家喻戶曉的德語耶誕歌曲：「把門拉高，／把城門大開，／那榮耀的王將要進來。」在德勒斯登以東與波蘭及捷克相接鄰的上勞齊茲地區（Oberlausitz），摩拉維亞教派的信徒（Herrnhuter）已在住家、教會、社區會堂和幼稚園裡紛紛掛上用許多方錐體組合而成的星形吊燈。每逢十一月下旬，這個地區的居民會與一些親朋好友聚在一起，製作這種耶誕節應景吊燈，而且必須趕在基督降臨節的第一個星期日把它們全都掛上，這項古老的耶誕習俗當地民眾至今仍奉行不輟。

在這個時節，許多城市在夜晚被上千盞燈火點得明亮輝煌。

耶誕節應該是跟耶穌基督有關的節日，主要是慶祝祂在伯利恆誕生。當其他西方國家的耶誕節習俗都環繞聖嬰誕生的主題，火車站、百貨公司或覆有天棚的商店街會在節慶期間公開展示耶穌在馬槽出生的精美雕塑時，德國人過節的情況卻不太一樣。德國的耶誕節跟耶穌的誕生較無關係，而比較聚焦於素來象徵嚴冬的耶誕樹。這種現象和日耳曼地區尚未基督教化的舊習俗有關，這些習俗默默地依附日耳曼的神話傳說而存續至今。應景的耶誕樹可以很高大，也可以很不起眼，全看個人的心情、喜好與財力，通常耶誕樹會架放在家裡的客廳、市政府以及鄉鎮公所前的廣場上。怪異的是，耶穌在世時，卻從未於一生所在的近東地區見過北方溫帶的耶誕樹和白雪。

市政府前的大廣場往往是露天耶誕市集所在，我們逛過一個又一個攤位，有的飄出香草的味道，有的散發肉桂的馨氣。現場的樂隊演奏耶誕節歌曲，卻看不見他們的蹤影，這些應景音樂似乎是從天上的音樂盒傳出來的。此外，還有合唱團唱著：「為了我們這些罪人，道成肉身」、「神派遣祂的兒子來拯救世人」。試問，在基督教式微的德國，現在還有幾個人聽得懂這幾句歌詞的意思？還有幾個人能哼唱這些教會詩歌？

德國人在耶誕節所經歷的，大多是聲音。以整體而言，德國的耶誕節傳統帶有聽覺的屬性，樂曲一首接著一首，在為期四週的基督降臨節裡，總是可以聽到這些節慶應景的音樂。還有，那些耶誕市集上的棚攤群也散發著一股誘人魔力：燙熱香料甜酒（Glühwein）是德國耶誕市集的靈魂，一座耶誕市集如果沒有販售這種熱甜酒，就不像耶誕市集，節慶的氣氛會大打折扣。舉行露天耶誕市集的月份是寒冷的冬季，逛市集都得戴上手套。耶誕市集人潮匯聚，相當熱鬧，人們可以透過人頭之間的空隙，看到手工藝師傅現場示範手藝，或試著推開人潮，靠向其他攤位，買一份耶誕節應景的甜點來解饞，特別是很搶手的德式焙烤填餡蘋果（Bratäpfel）。當前來市集遊逛的民眾好不容易買到烤蘋果時，他們在欣喜之餘大概最喜歡表示，不知道自己是怎麼買到的！

其實，德國人不會為了要買什麼而出門逛耶誕市集，特別是為了特定的東西，儘管如此，他們還是會順便買些什麼帶回家裡。耶誕市集也是零食的市集，人們在那裡絕對可以吃到一些堅果類零嘴，像杏仁果和栗子等。在這種寒凜的露天市集裡，人們也會購買一些節慶應景的心型德式薑餅、長條

---

1 這是一首源自十七世紀東普魯士的教會詩歌，開頭的歌詞是從《舊約．詩篇》第二十四章第七節改寫而來：「永久的門戶，你們要被舉起。眾城門哪，你們要抬起頭來。那榮耀的王將要進來。」

果乾糕餅（Stolle）、架立耶誕樹的腳架，或其他自己喜歡的東西。誰如果想讓家裡過節顯得比較特別，還可以為擺放在客廳裡的耶誕樹訂製一個專屬立架。把耶誕樹插在新款的底架上既快速、牢固又很安全，不過，價格的落差卻很大，從二十四點九五歐元到九千九百九十九歐元都有。最高等級的樹架當然是用優質不鏽鋼的材質以純手工打造而成，而且還鑲有九千顆水晶！如果口袋夠深，誰家會不想在一年一度最重要的節慶裡，用邁巴赫（Maybach）這個品牌的立架撐起家中那棵耶誕樹呢？

耶誕節，就如相關的商品廣告所強調的，是一個充滿愛、沉思和回味的節日，跟市場經濟有交互的關聯性，然而，耶誕市集的出現卻早於市場經濟，由此可見，耶誕市集的歷史比資本主義還要悠久。

燙熱的香料甜酒？烤香腸？露天市集的空氣雖然冰寒卻帶有香味，擴音器還播放著〈耶誕鈴聲〉、〈平安夜〉、〈雪花輕輕地落下〉等耶誕歌曲。人們在這裡晃來晃去，有些還全家出動，他們似乎因為音樂或其他緣故，或毫無理由地突然迷失了方向，眼目所及盡是匯集的棚攤所組成的幻境。有人指著攤桌上的糕點叫賣著：「德勒斯登的長條水果乾糕餅（Dresdner Stolle）！」長條水果乾糕餅成為德國傳統的耶誕節糕餅，是從十五世紀薩克森地區首府德勒斯登開始的。當時這種撒滿白色麵粉（現在的配方已改採白色糖粉）的長條狀糕餅，造型上是在模擬包裹於白色襁褓中的聖嬰基督。當時的德勒斯登市民並不把這種節慶應景的糕點稱作Stolle，而是Striezel，因為，它起初是在Striezel這個城區的市集上販售，這座市集也是德國最早的耶誕市集。這種傳統的白色糕點在一四七四年首度被載入德勒斯登的城市誌內。

當時日耳曼地區還未出現宗教改革，全境仍信奉羅馬天主教。根據當時天主教會的規定，德勒斯登人製作這種長條水果乾糕餅只能使用麵粉、酵母和水。由於糕餅如果沒有添加奶油和牛奶，就會沒有滋味，於是當時薩克森選帝侯恩斯特（Kurfürst Ernst von Sachsen）和他的弟弟阿布雷希特（Albrecht）便聯名寫信給羅馬教皇，請求廢除只能使用麵粉、酵母和水製作紀念聖嬰的白長糕的限令。教皇後來回信同意了他們的請求，這封信件就被後世稱為「奶油信箴」（Butterbrief）。也就從那時開始，日耳曼人才可以在準備慶祝耶誕節期間，使用奶油和牛奶製作覆有白粉的長條糕餅。如果我們說習俗是依附神話而存在，那麼飲食的配方便是依附習俗而存在。一五六〇年之後，薩克森皇室每年都會請德勒斯登城的烘焙師傅們製作巨型的白粉長條糕餅。一七三〇年，薩克森選帝侯強者奧古斯特（Kurfürst August der Starke）在基督降臨節期間，甚至委託製作了一條重達一點八噸重的長狀糕餅，讓兩萬四千名市民一起共享並慶祝耶誕佳節，而且這項烘焙紀錄至今仍未打破。

啊，前後一共四星期的基督降臨節！一艘貨船駛來，／人們不停地裝貨，直到滿載。／這艘船安靜地駛離，／它載著昂貴的貨品離開。

耶誕市集是一座真正的迷宮，我自言自語地說著。一群人在這裡轉啊轉，繞啊繞！他們原本打算去瑞士滑雪，現在卻在城內的市集裡閒晃。何必遠遊？待在家就待在家嘛！在家慶祝耶誕節是最棒的！此時，我的腦海中浮現這樣的場景：家裡的壁爐烈火熊熊，還可以聽到有人在叫喚自己的名字。到底是誰在呼喊我？難道那不是來自童年的呼喚？那個已經消失的童年？那個被施以魔法的童年？

61. 重修舊好

Wiedergutmachung

第二次世界大戰結束後，德國人與猶太人「重修舊好」的主張，並非來自那些同情猶太人並協助他們在以色列建國的西方強權國家，也不是西歐的「復活節反戰暨反核武示威運動」（die Ostermarschbewegung）或基督教界的新教教會會議（der Evangelische Kirchentag），而是戰後第一任西德總理阿登納[1]。一九三三年希特勒執政之後，阿登納便遭納粹解除科隆市長的職位，其後十幾年過著隱居田園的生活。由於他是當時德國少數幾位敢於對抗納粹政權的政治家，在納粹執政期間保有道德與政治的清白，因此相當受到戰後西德人民及英、美、法占領軍的尊敬與倚重。一九四九年，德意志聯邦共和國在西方盟軍占領的西德地區正式成立，阿登納以七十三歲高齡接掌總理一職，前後在位十四年，卸任時已高壽八十七歲。這位「萊茵河畔的長者」（der Alte vom Rhein）在十幾年執政期間，雖飽受國內詩人和思想家的嚴詞批判，然而，這位二十世紀最傳奇的德國政治家之一，卻是戰後西德能在內政、外交、經濟和社會等各方面穩健發展的奠基者。他既沒有戰敗國民的感傷，也沒有政客的偽善。身為西德領導人，他很清楚，只有積極地向猶太民族道歉和賠償，才能改善德國的形象，重新融入國際社會。他當時主動找出德國人和猶太人——即過去的迫害者與被迫害者雙方——彼此共同的利益，這種政治主張在當時猶太人仍對德國人深惡痛絕的嚴峻情勢下，確實顯得勇氣十足，令人覺得不可思議。

起初，剛建國的以色列並不想直接和德國交涉，解決賠償猶太人的問題，而是委請西方的同盟國家代替以色列分別向東德和西德進行求償談判，不過，那時這幾個國家顯然不願承擔這項任務。當以色列國父、首任總理班恩・古里安（Ben Gurion, 1886-1973）後來對於求償問題轉為積極時，卻反遭東德當局斷然拒絕，西德方面則同意以色列的要求。一九五二年九月十日，西德和以色列簽訂《盧森堡條約》，依據該條約的內容，西德政府必須支付以色列三十億馬克，分十四年攤還，而且以物資商品和人力服務進行給付，而非貨幣。還有，西德政府還必須立法補償納粹時期受迫害的猶太人身家性命及財產損失，並額外付給援助納粹倖存受難者的組織團體一筆款項。

阿登納積極和以色列建立關係的外交主張，並沒有得到基督教民主黨黨內以及共組聯合政府的友黨普遍的認同。當時反對簽署《盧森堡條約》的政治人物全位居要津，如西德首任司法部長托瑪斯．德勒（Thomas Dehler, 1897-1967）及先後擔任國防、財政部長的法蘭茲．史特勞斯（Franz Josef Strauß, 1915-1988），部分西德民眾也對這項外交政策極不以為然，而對阿登納總理大施壓力。此外，一個積極支持阿拉伯國家的國會遊說團體，也大張旗鼓地反對賠償以色列，這些阿拉伯國家甚至以此舉將危害德國和阿拉伯國家的雙邊關係為由，威脅阿登納政府。一九五二年和以色列簽署《盧森堡條約》是否具有迫切的重要性？德國人當時實在不清楚，現在也還是這樣，畢竟德國在環地中海地區並沒有需要鞏固的地緣政治利益。更何況二十世紀以來，德國政府所有與地緣政治利益有關

1 阿登納在位期間致力於德國人和猶太人的和解、與宿敵法國盡棄前嫌並成為夥伴關係、成立歐洲經濟共同體（歐盟前身）、定都波昂、建立社會福利制度且促成西德經濟的起飛與蓬勃發展，總之，幾乎西德在二戰後的一切發展都是由他所定調和主導的。二〇〇五年，德國公共電視第二台舉辦民眾投票，評選最偉大的德國人：投票的結果由前總理阿登納榮獲第一，第二名則是宗教改革家馬丁．路德。

的考量，到頭來都弱化了德國的國力，不論是德意志帝國末代皇帝威廉二世擴張海軍的計畫，或希特勒在揮軍進攻波蘭之前，在阿爾卑斯山區的上薩爾茲山別墅對德軍將領的談話（Tischreden vom Obersalzberg）。

德國人反對賠償以色列的政治陣線曾一度很活躍，其中當然包括埃及共和國總統暨泛阿拉伯民族主義的倡導者格瑪爾．納瑟（Gamal Abdel Nasser, 1918-1970）的老戰友們，也就是在德國戰敗後逃往開羅的一些納粹低階軍官。他們在當地負責為泛阿拉伯民族主義者、為猶太的敵對陣營，建構一套安全的生存機制。另外，還有一些德國人士也在媒體公開表態支持阿拉伯人，例如伯爵夫人瑪麗恩．丹霍芙（Marion Gräfin Dönhoff）。她曾於一九五二年十二月十六日，也就是在西德政府和以色列簽署《盧森堡條約》三個多月後，在德國的《時代週報》（*Die Zeit*）發表文章指出，阿登納政府應該等到近東的以阿戰爭結束，等到以色列和周邊的阿拉伯國家簽署和平協定之後，才展開賠償以色列的行動。她認為這才是可行的解決方案，而且還可讓以、阿雙方都感到滿意。所幸德國政府當時沒有採納這位伯爵夫人的意見，因為，近東地區迄今數十年來戰事不斷，如果要等到以、阿雙方和平共處的那一天，賠償以色列的行動恐將遙遙無期。

然而，阿登納總理的態度卻始終堅定而果決，他知道，無論如何必須貫徹這項外交政策。為了讓簽署《盧森堡條約》的相關法案能順利過關，他還尋求反對黨——即社會民主黨——國會議員的支持，最後終於在國會順利取得過半的票數。

關於和猶太人重修舊好的問題，當時本應在西德內部出現一個相關的、具有普遍道德依據的公共討論。然而，戰後的種種情況卻讓西德人民和政府無法回歸這種常態的處理方式，尤其戰後西德的政治情勢及發展或多或少受到一些國內外自命為思想檢驗者的人嚴格的盯梢和監督。時值美蘇冷戰時期，這兩大超級強權不只在德國，甚至在全歐洲與全球四處爭搶地盤，劃分勢力範圍。就以、阿問題的立場而言，美國支持猶太人在以色列建國，蘇聯和它所結盟的東歐共產國家則支持敵視以色列的泛阿拉伯民族主義。

第二次世界大戰本身含有許多附屬的政治宣傳，這是之前的戰爭所沒有的。這場大規模國際性戰爭依循鮮明的意識形態原則而展開，因此，它的結束以及往後的國際秩序，也只能以意識形態來處理。在東、西兩方的冷戰衝突中，當時的西德是一個不完整的德國，只能接受資本主義陣營的西方盟軍保護，因為，它在戰後的國際外交上沒有可以結盟的友邦，因此，必須全力在國際公法的領域裡確保自己未來發展的位置，同時在內政方面，一切必須重新整頓，而且必須透明化。由於其他國家長期指責德國人在二戰期間犯下恐怖的種族屠殺，因此，不只在社會領域，還有外交方面都刻意對德國提出道德化的要求。

在這種不利的國際情勢下，西德內部的各方勢力必須取得平衡點，而且人民也不想冒險接受那些反對或敵視這種平衡布局的極端政治流派。為了避免內部出現激進的政治派系或團體，早在一九五一年，西德便已明文禁止具有鮮明主張的激進分子活動，比如第一個被西德禁止的政黨——社會主義帝國黨（Sozialistische Reichspartei，簡稱SRP）。這個極右派政黨是納粹黨勢力的殘留，它的創黨人之一就是奧圖・雷默（Otto Ernst Remer, 1912-1997），這位納粹軍官曾於一九四四年七月二十日成功逮捕了準備推翻希特勒的密謀者。相較於社會主義帝國黨立即遭禁的命運，拒絕接受西德基本法的西德共產黨則採取比較聰明的拖延策略：他們透過一些左傾律師在法院進行一連串沒完沒了的訴訟，直到一九五六年才正式被禁止。

西德國內因為美蘇冷戰的關係而出現許多政治陣線，這些立場不同團體的互動大多是言辭交鋒。當他們在談論賠償猶太人的問題時，會把它分成金額和非金額這兩個部分。有鑑於奧許維茲集中營——二戰期間納粹德國在波蘭南部所建立規模最大的集中營——的慘況，他們覺得不應該只談論賠償猶太受害者的金額多寡，還應該嘗試，在金錢賠償以外，以其他方式修復與猶太人的關係。通常人們只要嘗試把政治的概念性道德化，就會碰到許多問題，有鑑於此，當時的西德人便試著以道德觀點來處理道德問題。

如果德國人想和猶太人重修舊好，勢必得處理從前所犯下的過錯，如果想要改過自新，就必須讓別人來檢視自己過去的種種。然而，當時大多數德國人民卻深受戰敗打擊，對於情勢的轉變還來不及深思，就必須面對占領盟軍所設下的那套標準，並依此被分類。西德的占領軍政府為了進一步確定有哪些人曾是納粹幫凶，便在民間展開大規模的問卷調查，並根據問卷調查的結果將西德人民做政治歸類並貼上標籤，以此進行德國社會的去納粹化。德國作家恩斯特．馮．索羅門（Ernst von Salomon, 1902-1972）便於一九五一年出版《問卷》這本書，諷刺西方盟軍展開的問卷以及裡面的一百多個提問，成為德國當時的暢銷書，廣獲西德民眾的回響和討論。這就是威瑪共和時期知名保守分子在接受占領盟軍的問卷調查後所發出的抗議，它也是大多數沉默的德國民眾心聲。

西方盟軍針對德國人民政治背景和傾向的問卷調查，徹底影響了德國人後來對於紐倫堡大審的觀點：審判納粹戰犯不過是盟軍藉此表達何謂政治正確的一場以司法為包裝的樣板戲。阿弗烈德・安德旭（Alfred Andersch, 1914-1980）和漢斯・李希特這兩位「四七文學社」的作家是當時西德年輕世代的代言人，他們極力反對德國人必須為納粹的犯罪行為負起集體責任，兩人共同創辦的獨立報紙《召喚》（*Der Ruf*）早在一九四七年便已被西方占領軍政府查禁。

二戰後的德國不只政治激進分子才會使用「勝利者的司法審判」（Siegerjustiz）來形容清算納粹戰犯的紐倫堡大審，這個詞彙其實代表當時德國人身為戰敗國人民普遍的感受。一九九〇年，東德併入西德完成德國統一後，延續西德政體的德國新政府對於前東德高階官員的司法調查及審判，也被東德人視為典型的「勝利者的司法審判」。

在西德社會的公開辯論裡，處理納粹過去的種種已經成為最有力的議題。當時如果有人無法繼續相關的論辯，就會被認為無法充分面對和處理自己過去的納粹經驗而受到批評。二戰結束後的頭幾年，德國社會曾出現人民普遍相互指控對方為納粹的壞風氣。當政府開始主導與猶太民族重新修復關係，而且處理納粹過去的暴行已變成公領域的事務時，這種發展也讓許多個人可以從這些歷史醜行中順利脫身。換言之，當納粹的議題愈是占有公共議論的空間，個人就比較不用去面對自己生命史中那些相關的經歷。總之，過錯應該是別人犯下的，雖然自己也曾加入過他們。

當時西德的大學校園充斥反核和反戰運動以及一些主張世界和平的集會，雖然參與的大學生們確實非常認同這些政治主張，但不可否認的，這些活動經費的部分來源出自東德當局。當時德國人都很清楚，如果美國和蘇聯真的打了起來，德國肯定會成為主要戰場。為了阻止這種憾事發生，一些頭腦不清楚的西德人民甚至主張，西德應該裁撤聯邦國防軍。一些五〇年代的西德傻大叔們——像社會學家謝爾斯基以及在政治上很活躍、喜歡大放厥詞的喜劇演員諾伊斯——曾高分貝地質疑國防存在的必要，竟不知道要維護自己國家的自主性。

針對這種情況，西德戰後新右派健將卡斯帕·馮·胥仁克—諾青（Caspar von Schrenck-Notzing, 1927-2009）和曾在納粹統治期間坐牢的左派神經醫學專家亞歷山大·米卻爾利希（Alexander Mitscherlich, 1908-1982）也有備而來。他們曾用自己的著作發揮社會影響力，毫不客氣地批判這些傻大叔們。一九六五年，政治態度保守的馮·胥仁克—諾青在《個性的清洗》（*Charakterwäsche*）一書中，抨擊美國占領軍政府在戰後對西德人民所施行的「再教育」（Reeducation）計畫。左傾自由派的米卻爾利希教授則在《失去悲傷的能力》（*Die Unfähigkeit zu trauern*）[2]這本與妻子合寫的著作中極力主張，德國人必須為自己過去的錯誤和失敗負責，這個觀點對當時的德國社會產生了廣泛影響，也讓民族心靈受到挑戰。

德國這幾十年來一直在反省與處理納粹時期所犯下的過錯，這項被歷史學界稱為「反省過去的政策」（Vergangenheitspolitik）也隨著時代更迭而不斷出現新的發展，概括而言，德國每十年就會出現一、兩個跟納粹有關的熱門議題。比方說，六〇年代耶路撒冷法院對前納粹高官阿道夫·艾希曼（Adolf Eichmann, 1906-1962）[3]的審訊與判決，以及法蘭克福法院針對奧許維茲集中營的納粹管理階層所展開的「奧許維茲審判」（Auschwitzprozesse）。當時德國民眾也透過這件眾所矚目的司法審判，首次獲悉這個最大納粹集中營裡曾發生的一些極度悲慘的真相，相關新聞報導曾深深打擊當時德國的社會和民心。這個審判後來還由於被起訴的納粹軍官判刑過輕而在國際間引起軒然大波。在七〇年代，西德廣播公司（WDR）曾在電視頻道上播放一齣美國製作的四集迷你電視劇《猶太人的屠殺》（*Holocaust-Serie*），沒想到這個迷你連續劇竟讓德國人在面對納粹迫害猶太人這段不堪歷史時，出現了一種處理模式的轉變，而且收效良好：把虛擬的家庭故事用傳統手法拍成電視劇，可以讓人們透過螢光幕的劇情和畫面，體會猶太人曾遭受的一些令人無法想像的折磨和苦難。有趣的是，不知道身為政治侏儒的西德是否因為對一些阿拉伯國家有所顧慮，而必須慎重處理與以色列有關的議題，當時西德廣播公司竟剪掉了這齣德語配音版連續劇最後七分鐘的結局！在美國原版的連續劇中，結尾是關於一位倖存的猶太人最後選擇奔赴以色列，投身建設一個由自己的民族所建立的新國家。

2 一九四七年，米俗爾利希教授根據紐倫堡大審的資料發表著作，揭發納粹時期德國醫生如何蔑視人權，在集中營參與謀害猶太人的一些令人髮指的行徑。這份出版品惹怒了當時的德國醫學界，各大學醫學院立即把米俗爾利希列入黑名單，不再聘用他。由於他無法在醫學院取得教席，具有跨領域學術能力的他，後來便轉到法蘭克福大學哲學系任教。在他被德國醫學界掃地出門二十年後，他和妻子合著出版的《失去悲傷的能力》這本書，以哲學角度處理納粹的暴行，還獲頒「德國書商和平獎」（Friedenspreis des deutschen Buchhandels）。

3 艾希曼是策劃並執行大規模屠殺猶太人的「最終解決方案」（die Endlösung der Judenfrage）主要負責人，素有「死刑執行者」之稱。他在德國戰敗後逃往阿根廷，並在這個南美國家客居十幾年，後來於一九六〇年被以色列特工抓獲而被強制帶往耶路撒冷，接受以色列的司法審判。雖然這個猶太國家已於一九五四年廢除死刑，但卻在一九六二年以特例的方式為這位納粹戰犯執行絞刑。

到了一九九〇年代，統一後的德國還出現了歷史學界對於納粹的一些爭辯、好萊塢電影《辛德勒的名單》的上映，以及紀念第二次世界大戰終戰五十週年的「納粹軍武巡迴展」（Wehrmachtausstellung）。雖然這些事件和活動看起來都是在檢討納粹時期的歷史，不過它們所引起的回響卻很不同。一九九三年，猶太裔美國人史蒂芬．史匹柏製作的二戰電影《辛德勒的名單》非常震撼人心，內容講述一位具有納粹黨籍的德國商人如何拯救猶太人的故事。史匹柏這位猶太裔電影業鉅子，從個人主義觀點提供德國民眾另一種歷史角色的認同，而且還是非常正面的認同。相反地，哈佛大學猶太裔教授丹尼爾．勾特哈根（Daniel J. Goldhagen, 1959-）則在一九九六年出版的《自願配合希特勒的執行者》（*Hitler's willing Executioners*）這部著作中，再次揭開德國人民的歷史傷疤。他在該書中指出，納粹能有組織地大規模屠殺猶太人，是因為當時德國人民普遍存在反猶太情結，因此他們願意配合領導人的指示，而不是因為德國人民當時沒有自主性，必須執行少數掌權者的命令；由此推知，許多低階納粹黨員在戰後以必須服從上級命令為理由被無罪釋放，其實是錯誤的作法，因為，他們根本是自願配合希特勒政策的執行者。這本英文著作在德國引發了所謂的「關於勾特哈根的辯論」（Goldhagen-Debatte），統一的德國也透過這個辯論把「反省過去的政策」帶入國內嶄新的政治環境中，並藉此為德國社會、特別是為這個社會可能的政治解放畫出清楚的界線。

一九九五年，由鐵血宰相俾斯麥的曾孫克勞思．馮．俾斯麥（Klaus von Bismarck, 1912-1997）在漢堡市主持開展儀式的「納粹軍武巡迴展」曾在德國和奧地利各城市巡迴展出好幾年，所到之處往往引來新納粹的聚集和抗議。這個立意良好、以檢討過去德國軍國主義歷史為主旨的納粹展，應該在內容上具有一定廣度才對，然而，展覽策展人卻刻意把納粹德軍進攻蘇聯的行動作為展覽雙主軸之一，以藉此凸顯二十世紀不同集權主義在意識形態上的衝突，而且還把納粹屠殺猶太人的集中營和蘇聯關押國內異議分子的古拉格集中營強行比較討論。此外，展覽初期還出現錯放納粹在烏克蘭西部加利西亞地區檔案照片的烏龍，這些都是這個軍武展美中不足的地方。

經過幾十年納粹歷史的討論和反省，可以確定的是，現在我們德國人應該努力的，已不再是大動作的和解行動，而是了解德國目前的社會實況。我們從慘絕人寰的奧許維茲集中營真正學到了什麼，就會表現在跟以色列的雙邊關係上。為了不讓歷史的悲劇重演，我們不該只是尋找反猶太情結的原因、並指責華格納的音樂，而是應該確切掌握德國人目前反猶太的表現方式。

我們應該學習過去的歷史經驗，或者我們對於歷史已完全無動於衷？

62. 印第安酋長維納度

Winnetou

KARL MAY
WINNETOU

美國人並不知道維納度這個名字有什麼特別的意涵。這對於維納度・楚克麥爾（Winnetou Zuckmayer）這個德國女孩來說，卻是一件好事。當她在一九三〇年代，為了逃避德國納粹的迫害，跟隨父母遠渡大西洋並在美國東北的佛蒙特州（Vermont）定居下來時，已沒有人會再因為她的名字叫維納度，而心生好奇地跟她問東問西了！

維納度・楚克麥爾的父親是德國作家卡爾・楚克麥爾（Carl Zuckmayer, 1896-1977）。當她剛出生時，她的父親可能一時興起，而用當時知名的印第安小說主角維納度的名字為她命名。這位作家在往後的人生裡，仍持續不懈地從事文學創作，而且始終堅持要在作品中追求一種通俗性，並表達對於人性本善的信念。此外，楚克麥爾還在當時的德國通俗文學中注意到卡爾・邁（Karl May, 1842-1912）這位前輩作家。

撰寫印第安小說的暢銷作家卡爾・邁的創作態度跟楚克麥爾很類似，他一生結交過許多享有高度社會聲望的人士，例如激進的和平主義者、一九〇五年諾貝爾和平獎得主蓓塔・馮・蘇特娜（Bertha von Suttner, 1843-1914）。卡爾・邁於一九一二年在維也納舉行的「邁向一個高貴人類的國度」這場演講，就是由這位男爵夫人一手安排的，這也是他生平最後一次公開露面。

楚克麥爾和卡爾・邁彼此還有一些共通點。他們都具有鮮明的德意志意識，但在言辭上從未出現人們所預期的那種高亢與自大。楚克麥爾在他的劇作《科佩尼克上尉》（*Der Hauptmann von Köpenick*）裡，賦予主人翁和善溫情的特質，並以諷刺手法公然消遣威武的普魯士所宣揚的那種雄強美德。（當時有些德國人其實已不懂得開這些普魯士美德的玩笑了！）劇中，這位假冒上尉的科佩尼克先生成功地取信一群普魯士士兵，並在他們的助威下，順利地攻入柏林附近一間鎮公所，而且還把存放在裡面的公款洗劫一空。該劇情的荒謬性充斥著挖苦和譏諷，這也讓楚克麥爾的這部劇作超越了娛樂性。然而，在納粹執政的一九三〇年代，拿普魯士開玩笑是很危險的事。果真過沒幾年，楚克麥爾便攜家帶眷地流亡美國了！

在創作《科佩尼克上尉》之前，楚克麥爾曾於一九二五年完成《快活的葡萄山》（*Der fröhliche Weinberg*）這齣喜劇。之後，他其實可以繼續推出一系列歡鬧放縱風格的劇作，但他卻沒有這麼做，因為他後來陷入了政治意識形態的衝突當中。

二戰結束後，楚克麥爾隨即完成了《魔鬼將軍》（*Des Teufels General*）這部劇作，以紀念戰爭期間背叛納粹、舉槍自盡的德國空軍上將恩斯特．烏岱特（Ernst Udet, 1896-1941）。楚克麥爾對該劇主人翁懷有充滿矛盾的同情，而讓這部劇作張力十足，並成為戰後西方最重要的戲劇之一。一九五五年，它被改編為同名電影，由德國知名影星庫爾特．俞爾根斯（Curd Jürgens, 1915-1982）擔綱演出。後來這部影片還成為戰後西德民眾在觀看公共電視第一台的新聞節目《每週新聞回顧》時，評判黑白螢光幕上那些在紐倫堡大審等待受審判刑的納粹高級將領的標準。如果楚克麥爾沒有在二戰過後完成這部作品，楚克麥爾就不是楚克麥爾。不僅德國同胞因這部劇作再度接受已移居新大陸的他，楚克麥爾也因為這齣戲劇在德國引起廣大回響，而終於接受了那些曾配合與執行納粹政策的祖國同胞。這種關係就好比一對夫婦離婚之後，還在一起相互調情。或許這就是作家的命運！作家不管走到哪裡，終究還是屬於他的民族，他的民族就是他的觀眾、他的讀者群。

楚克麥爾的前輩作家卡爾．邁在世的時代，既沒有兩次世界大戰，也比較沒有機會從事刺激的探險活動。整體而言，卡爾．邁的生活經驗比較平淡。當時的德國人工作相當勤奮，他們賣力從事工業製造，產品生產的速度和價格都比英國貨更具競爭力，當然，這也惹惱了英國人！英國後來便索性規定，德國賣到英國的產品都必須在包裝上加印「德國製造」（Made in Germany）這個字樣，以提醒國內消費者，該商品來自讓英國工業深受威脅的德國。

然而，當時的世界也足夠寬廣遼闊，可以讓人們開展自己的夢想。在單調無聊的德勒斯登，作家卡爾．邁對於遙遠異地的想像，主要是順著十九世紀德國兩條海外擴張的夢幻航路而鋪陳開來：其一，漢堡——美國航線的開闢，主要是為了滿足當時對於祖國失望的德國人移民新大陸的需求；其二，威廉二世在辭退首相俾斯麥之後，積極為德國尋找國際政治的立足點，而在東方進行殖民擴張，並質疑英國和法國的海外殖民策略。

卡爾．邁筆下那些以美國印第安人為題材的小說，全以美國西部的開拓作為故事背景。第一本關於印第安酋長維納度的作品，其故事情節便隨著一條西部鐵路的測量和建造而展開，當然，這條鐵路對於那個時代白人在西部的拓荒相當重要。卡爾．邁的印第安小說的第一人稱敘事者，一直都是他的「年老的自我」（Alter Ego），例如，老薛特漢（Old Shatterhand）這個角色。這位德勒斯登小說家在這一系列作品中，對於維納度這位印第安酋長的角色塑造賦予許多虛構成分，亦即把維納度形塑成一位理想性人物。這些風靡德國至今的十九世紀印第安小說，其基調就是讓當時德國的社會倫理主導未開發的美國大西部的文明化，也就是以德國社會一些關於秩序和紀律的觀念來教化印第安土著。不過，如果我們深入探究維納度為何成為深受德國人喜愛的小說人物，我們便會發現，這位阿帕契族的部落酋長，其實不只是白人入侵者的敵人——一如小說中的情節——他更是德國男人想成為自由公民的心理投射，因為，在德皇統治下的德意志帝國，男人雖擁有公民權，卻必須臣屬於皇帝。還有，德國男人也很想擁有維納度手上那把槍托鑲銀的來福槍，至少他們可以在自己參加的射擊協會裡，拿著那把槍為正義與和平戰鬥，並躍升為備受人們尊崇的英雄。不過，當時的社會現實根本無法讓德國男人獲得這種英雄式的表現機會，因此他們便沉浸在卡爾．邁所虛擬的故事中，跟隨這位印第安英雄進入那個行俠仗義的世界。此外，維納度這位小說主人翁還成功地緩解了以增強軍備和海外擴張為主軸的威廉主義，對於德國民心所造成的焦慮和不安！反正德國同胞現在都成了歃血為盟的結拜兄弟，晚上還會一起坐在營火旁傳遞菸斗，輪流抽菸，以示和平共處。哪會有什麼事呢？

當作家楚克麥爾在一九二六年以「維納度」為剛出世的女兒命名時，維納度酋長早就征服了德國各地。當德國讀者們在小說裡讀到印第安人被奪走土地的情節時，感覺就好像被搶走工業重鎮魯爾區一般，失去了民族賴以生存的根本。

楚克麥爾和卡爾．邁是精神上的兄弟。即便如此，又跟維納度有什麼關係？這兩位作家踏上新大陸的美國時，都已處於個人創作的中晚期。他們書寫那些關於美國印第安人的故事時，其實都還未到過美國，那些內容和情節全是他們自己虛構出來的。卡爾．邁是否曾經質疑自己一手創造的印第安英雄維納度？提出這種問題就好像在問，是否楚克麥爾曾後悔用維納度這個名字為自己的女兒命名？

維納度酋長是德國文化史上最受歡迎的小說人物。每年夏天，位於漢堡市東北方的巴特．塞格貝格（Bad Segeberg）小鎮的「卡爾・邁戲劇節」，會搬演頗負盛名的卡爾・邁印第安露天戲劇。德國人不僅把維納度視為高貴的土著，也把他當作德國同胞。如果活躍於西曆紀元前後的日耳曼民族英雄赫曼——也就是羅馬人口中的阿米尼烏斯——活在當代的話，他或許會表示：維納度是高貴的德意志土著，維納度是日耳曼人。

當時這位德國暢銷作家藉由人類學主題的小說創作，徹底暴露出德意志帝國的本質，讓它的政治正確性重新獲得調整，而且還進一步弱化了盎格魯薩克遜的文明概念。德國人民對於末代德皇的威廉主義的態度，就好像中世紀的日耳曼部族聚集在廣場上彼此商量，是否要讓後來被羅馬教廷封聖的傳教士聖波尼法丘——也是促成日耳曼基督教化的奠基者——進入某座村子傳教一般。

德語文化圈當時對於部落土著的推崇，還明顯地表現在卡夫卡《沉思》（*Die Betrachtung*）這本散文集所收錄的〈希望成為印第安人〉（Wunsch, Indianer zu werden）這篇極短篇裡。他寫道：「如果能當個印第安人就好了！隨時準備好，騎上快馬，風馳電掣。馬上的身姿歪歪斜斜的，顫抖於震動的土地上，直到你不用馬刺，因為已無馬刺，直到你丟棄韁繩，因為已無韁繩。你在馬背上行進，看不清眼前地上彷彿已修理整齊的荒野地，馬頭和馬脖子也不見了，只剩下身軀繼續向前馳騁。」

63.
德式香腸

Wurst

德國人平日的吃食通常都離不開香腸。這個民族似乎對香腸情有獨鍾，似乎對這道國民小吃有無止盡的創意。我們甚至可以這麼說：德國人已經把食材的調理香腸化。德國的香腸林林總總，約有一千五百種之多，例如：啤酒香腸（Bierwurst）、咖哩香腸（Currywurst）、可久放儲藏的臘腸（Dauerwurst）、法蘭克福香腸（Frankfurter）、鵝肝香腸（Gänseleberwurst）、家庭自製香腸（Hauswurst）、獵人香腸（Jägerwurst）、脆感香腸（Knackwurst）、牛肉燻腸（Landjäger）、絞肉大香腸（Mettwurst）、紐倫堡香腸（Nürnberger）、炭烤香腸（Rostbrastwurst）、肉凍香腸（Sülzwurst）、茶葉香腸（Teewurst）、慕尼黑白香腸（Weißwurst）、牛舌臘腸（Zungenwurst）等，不勝枚舉。

德國如果只有香腸而沒有香腸亭，會是什麼樣子？德國每座城市都有一家市民普遍公認最好的香腸亭。以萊茵河畔的科隆市為例，該市居民可以在「烤香腸」（Wurstbraterei）這家小吃亭裡品嘗到當地最好吃的香腸，而且據說人們還可以經常在那裡看到連續劇《犯案現場》中飾演警官的那兩位男演員。

根據柏林當地媒體的報導，「艾伯斯華德路」（Eberswalder Straße）這座地鐵站的「寇諾波可小吃店」（Konnopke's Imbiß）販賣全柏林最美味的香腸。這家店就位於昔日的東柏林城區，儘管柏林圍牆已在二十多年前拆除，分裂的柏林已合而為一，但柏林人——更確切地說，西柏林人——至今在言語上仍習慣稱呼這個城市的東半邊為東柏林。

「寇諾波可小吃店」雖歷經許多風風雨雨，卻仍生存下來，包括前東德政權數十年的統治。後來，柏林市隨著德國統一與遷都柏林而開始大興土木，這家以德式香腸聞名的小吃店，便不斷碰到來自混亂吵雜的交通狀況及建築工事等營業方面的干擾，生意幾乎停擺。這個街區的市民當時為了讓「寇諾波可小吃店」繼續營業，還發動抗爭，最後他們和地鐵公司及相關單位達成協議：把這家小吃亭遷移到數公尺外的人行道旁做為長期營業據點。當搶救「寇諾波可」的行動圓滿成功後，不僅這個街區的居民開心地歡呼，連一些柏林的地區性媒體也出現一些相關報導，一起跟著湊熱鬧。

人們站在香腸亭旁的高腳桌邊吃香腸，很容易開口交談，這種現象並不只是因為店家服務親切的緣故。在香腸亭買香腸、吃香腸的顧客們並不需要寵物狗做媒介，就可以打開話匣子，彼此結識。當然，人們也可以和那兩位飾演警官的演員攀談，詢問他們最近在拍什麼電視影集或影片，不過名人總希望圖個清靜，他們確實有不受打擾的權利。

親愛的同胞，請您在小吃店吃香腸時，記得注意用餐禮貌！如果您不是點咖哩香腸（已切段、淋上番茄醬，並撒上咖哩粉），就可以直接用手拿著香腸吃，不過還是要有規矩。香腸亭的老闆雖然不是美食界的權威人士，卻很受人尊敬，當他為您做好餐點並遞給您時，他自信的神態就跟餐廳的老闆沒什麼兩樣。總之，他在他的地盤上享有一定的聲望。

香腸亭的顧客通常會看一看自己面前的紙餐盤，並用餐巾紙把滴落在桌面上的番茄醬擦掉。如果能自行把桌子清理乾淨，在吃完香腸要離開時，就可以心安理得地和老闆的眼神交會並道別。老闆這時通常會順口問道：「好吃嗎？」顧客回答「是」之後，便又轉身離開。這種小吃亭的老闆通常不只經營一家店面，因為，就如他們所說的，只經營一家的獲利無法讓他們維持生活。德國人靠吃香腸的習慣過生活，平均每人每年吃掉六十公斤香腸。然而，這個平均值又意味著什麼？

德國只要有香腸亭開張，就會成為當地日常活動的中心，由此可見，德式香腸已經成為德國人生活的重心。人們在香腸亭覺得自己受到歡迎，彼此和睦相處，只要說話的音量不要過大，不要談論世界局勢，就不會破壞氣氛，影響老闆的生意。德國人在香腸亭點餐往往帶有一種鮮明的民族認同，即使某些香腸亭所提供的餐點很多樣化，然而，對德國人而言，在香腸亭點美式漢堡或土耳其都納烤肉堡（Döner Kebab）卻帶有褻瀆的意味，況且德國的香腸亭幾乎不販售這兩種異國餐點。

香腸亭的顧客們通常都得站著吃香腸，如果他們單獨前來，往往會背對著香腸亭進食，並不想開口跟別人聊天。如果是兩個人結伴而來，而且已經跟店家混得很熟，他們在吃香腸時，就會把臉朝向店面，不過他們也很沉默，因為點餐、取餐和結帳的當下，該說的很快就可以說完，畢竟大家不是昨天才認識的。美味的香腸抓住了人們的胃，人們便成了香腸亭的忠實顧客，甚至在某些日子裡，只要能吃到好吃的香腸就會對生活感到滿意！當戶外下雨時，店裡收音機傳出的音樂便流露著純粹的感傷。

這樣的日子會令人想起南方的赤道或南方的白香腸，反正都一樣，無所謂！

有人說，白香腸——即巴伐利亞地區特產的白香腸——聽起來像是一種另類的德式香腸。沒錯！這種香腸的起源其實來自一場香腸製作的烏龍：一八五七年，當一位叫莫瑟・賽普（Moser Sepp）的慕尼黑肉鋪老闆把做香腸的肉泥餡準備好要灌腸時，卻發現要灌入的腸衣不是一向慣用的那種腸膜，在情急之下，他只好將錯就錯，就這樣陰錯陽差地發明了這種風味獨具的水煮白香腸。白香腸就這樣被寫進了十九世紀的德意志地方史，莫瑟・賽普也拜白香腸之賜而名留青史。

南德的白香腸逐漸在其他地方受到歡迎，最後還征服了德國全境，北起普魯士，往南一直延伸到慕尼黑西南方、以釀造啤酒聞名的安德克斯（Andechs）小鎮，以及位於奧地利邊境的觀光勝地新天鵝堡。

提到普魯士，人們總愛引用鐵血宰相俾斯麥曾說過的一句話：「關於香腸和法律的形成過程，人民知道得比較少，會睡得比較好。」

對於我們這些萊茵地區的科隆人來說，普魯士俾斯麥的這句話聽起來真讓人覺得不舒服。

那麼，你們是否可以說出一種普魯士特產的香腸？不，我們現在只想到外型比較細長的圖林根炭烤香腸（Thüringer Rostbratwurst）。

曾有人唱著：「任何事情都有一個尾端，香腸卻有兩個。」（Alles hat ein Ende, nur die Wurst hat zwei.）或許這就是所謂的「香腸學」（Wurstologie）。

當人們在香腸亭吃完香腸後，會順便把長條狀紙盤、殘餘的食物和醬汁丟入垃圾桶內，然後加快腳步離開。該工作了！就跟從前一樣。

不過，你今天並沒有去上班，而是在追趕一輛虛擬巴士，就在你快趕上它時，車門卻突然關上。那輛巴士裡坐著一位和十七世紀西班牙劇作家同名同姓的德國劇作家佩脫・卡爾德隆（Pedro Calderon de la Barca, 1600-1681）[1]，你當時很想跟他聊聊他的代表作《人生如夢》（*La Vida es sueno*）。人生是

1 卡爾德隆是十七世紀西班牙最重要的劇作家，一生總共寫下兩百多部劇本，《人生如夢》是他畢生最重要的作品之一。

一場夢，好吧！至少有人曾這麼說過，不過，這個夢境的內容是什麼？就在這當下，巴士的車門再次打開，這時下車的卻是那兩位電視劇裡的警官。

你問其中一位警官：「這是怎麼一回事？」那他怎麼回答？

他說：「當然跟香腸有關。」

「跟香腸有關？」你問道。

他反問：「不然還會跟什麼相關？如果這跟香腸無關，那可能就和夢境有關了！」

接著下車的是你已久仰大名的卡爾德隆。你當時便問他：「您是德國劇作家卡爾德隆嗎？您認為人生就是一場夢，而且還以為自己是西班牙人？」「不，不。」他微笑地答道。這時他已經走到香腸亭點餐的窗口，並對老闆說：「來一份咖哩香腸和炸薯條！」

咖哩香腸是柏林特有的香腸，就像白香腸之於慕尼黑一般。有一位名叫荷塔．霍依芙（Herta Heuwer, 1913-1999）的德國婦女在一九四九年發明了這種香腸，她當時曾為咖哩香腸特調的醬汁申請專利。由於這種香腸很快地受到德國各地民眾的喜愛，十年後，連慕尼黑也賣起這種香腸。

香腸亭對街的戲劇院正要上演卡爾德隆的劇作——他的代表作《人生如夢》。然而，上演的地點是在科隆？還是在柏林？人們總是熟悉香腸亭附近的一切，香腸亭的顧客雖能看到劇院入口和前方聚集的那些觀眾的嘴巴一直在動個不停，卻聽不到他們在交談什麼。中場休息時間，有些觀眾還特地從劇院走到對面的小吃亭吃香腸。真是太棒了！沒錯，這裡是柏林。這些人今天在這家戲院看表演，明天則到博物館看展覽，也就是德國第一家咖哩香腸博物館。它坐落於許琛街（Schützenstraße），就在查理檢查哨（Checkpoint Charlie）[2]正後方、城市的東半邊，一如柏林人——其實是西柏林人——說話時所慣於強調的。

[2] 查理檢查哨是冷戰時期東德設於柏林圍牆的檢查據點，也是出入東、西柏林的交會點，目前已成為柏林必訪的觀光景點之一。

64. 內在的衝突

Zerrissenheit

我的體內同時住著兩個靈魂，啊……這其實只是輕描淡寫！它們在我的內心不安地撲撲振翅，我感受到秩序和紀律的壓迫，幾乎無法達到這種高標準的要求，所以，我必須再度打亂這一切，懷疑這一切。我正往下墜落，無法再處於俯瞰的高處！

我無憂無慮地漫遊在大自然中，嘴裡輕哼著小曲。路途中，我遇見一棵生病的樹，便蹙起額頭上的皺紋。我想張開身上的大衣，跟它披在一起，但它卻推辭我的好意，它頭頂的葉篷此時也了無生氣地垂了下來。我曾大放厥詞，打算透過精進的技術保持領先的競爭優勢，但同時又感到羞愧不已。因為，我是自然大地的竊賊，是違法的偷獵者，是充滿野性的山豬，而且還是一名魔彈射手。六顆魔彈先後射中目標，第七顆魔彈卻屬於魔鬼。然而，我始終沒有放棄想要拯救這個世界的願望。

我是個孤獨的年輕人，不過，我加入了所有的社團。健行、體操和嘉年華等人們從事的社團活動，沒有一項我不熟悉，而且我總是準時繳交會費。吃冷食的麵包晚餐時，我會把德式肝醬（Leberwurst）塗抹在麵包片上，然後開一瓶實實在在的啤酒，搭配著享用。工作是必須的，生活的悠閒也不可或缺。收音機傳來陣陣肅穆的基督教禮拜音樂，剛剛還在辛勤勞動的雙手，現在已經合十地虔誠祈求。對我而言，上帝是至高無上的，然而，我的靈魂卻陷入無言的沉默，正反覆地思索，到底該向祂訴說什麼。

家鄉是舒適的，儘管如此，我還是無法放棄到他處旅行。指南針在轉動，東、西、南或北，哪個方向都可以去。德國人和平地走向世界各地，現在不僅冷戰結束了，連那座因冷戰而築起的、曾撕裂德意志民族的柏林圍牆也跟著倒塌了！我們已不再需要為了跨越邊界而跨越邊界！我們的護照上還蓋著寫有「世界公民」這幾個字樣的隱形印記。我家就住在一座黑森林的小鎮，但我的生活並不封閉，因為我已學會許多外語來接觸那些國際觀光客。

我護衛思想的自由，卻以安全作為行動考量，每天都會拿小指甲剪修裁羽翅的尖端：我不要偏激的觀念和行為，中道已是我的新標準。我會讓自己不落於兩頭的極端，盡量保持在中間點，直到自己被欲望所征服，畢竟我還渴望野性，而且我會情不自禁。我雖然想跟命運一搏，但焦慮卻會突襲我的內心。特別是那些外在的事物，總令我感到不安。薄暮時分，我看著天色昏暗下來，啊！我多麼希望自己最終能擁有自信心！我在夢境中開嗓歌唱，卻又從心底打了個寒顫。

我已變得心平氣和，有時我會覺得自己就像一具脾性溫和的殭屍。我的理性已成功地駕馭我的欲望，我承諾要牢牢地掌控自己的欲望，不過，也只有欲望在我裡面蠢蠢欲動時，我才會覺得自己還活著。

有些人相信，我的內在衝突就是因為百無禁忌，其實情況並非如此。我的內在衝突一點兒也不像令人快活的衝浪、旋鈕的轉動以及角色的變換，我的內在衝突甚至讓我感到痛苦，但是，我要、我必須、我也可以忍受這種苦楚。如果有人說，我的內在衝突實在是五花八門，在我看來，他就是在撒謊，就好像夜店的吧台上擺了一份待售的夏日雞尾酒，而站在吧台後方的酒保卻謊稱那杯酒飲才剛調好一般。

為了解決我內在的矛盾，性情粗野的人會試著把我拉離群體的秩序和紀律，循規蹈矩的人則把每個深淵說成禁區，嘗試說服我放棄內在的衝突。我承擔責任並且承認自己在政治上的謹慎。我接受人們的要求，尋求妥協，達成和解，不過，當我要對外發聲時，我並不想壓低自己的聲音。

就讓我保有內在的衝突吧！其實，它是我所擁有的最美好東西。

圖片來源說明

本書各篇標題頁圖片來自各大圖庫及特別授權，茲說明如下（數字為篇數）：

圖庫——

123RF.COM：3、5、7、12、16、17、19、24、26、29、33、42、43、45、46、56、57、63、64

iStockphoto：1、4、25、36、39、51、53、58、60、62

Shutterstock.com：2、8、9、10、11、13、14、15、18、20、21、22、23、28、30、31、32、35、37、38、40、41、44、48、50、52、54、55、59、61

單張來源——

第 6 篇「高山電影」：Alamy Stock Photo

第 27 篇「青年旅舍」：Hiro1775－Dreamstime.com

第 34 篇「男聲合唱團」：PublicDomainPictures.net

第 47 篇「幸災樂禍」連環圖畫：公版

第 49 篇「渴望」：Privatsammlung Meyn-Scheck

國家圖書館出版品預行編目資料

德國文化關鍵詞：從德意志到德國的64個核心概念／苔雅・朵恩（Thea Dorn）、理查・華格納（Richard Wagner）著；莊仲黎譯. -- 初版. -- 臺北市：麥田, 城邦文化出版：家庭傳媒城邦分公司發行, 民106.04
面；　公分. --（麥田叢書；89）
譯自：Die deutsche Seele
ISBN 978-986-344-443-5（精裝）
1. 文化　2. 關鍵詞　3. 德國
743.304　　106003286

麥田叢書 89

德國文化關鍵詞

從德意志到德國的64個核心概念

Die deutsche Seele

作　　者／苔雅・朵恩（Thea Dorn）、理查・華格納（Richard Wagner）
譯　　者／莊仲黎
責任編輯／江　灝
校　　對／吳美滿
主　　編／林怡君

國際版權／吳玲緯　蔡傳宜
行　　銷／艾青荷　蘇莞婷　黃家瑜
業　　務／李再星　陳玫潾　陳美燕　杻幸君
編輯總監／劉麗真
總 經 理／陳逸瑛
發 行 人／涂玉雲
出　　版／麥田出版
10483臺北市民生東路二段141號5樓
電話：(886)2-2500-7696　傳真：(886)2-2500-1967
發　　行／英屬蓋曼群島商家庭傳媒股份有限公司城邦分公司
10483臺北市民生東路二段141號11樓
客服服務專線：(886) 2-2500-7718、2-2500-7719
24小時傳真服務：(886) 2-2500-1990、2-2500-1991
服務時間：週一至週五09:30-12:00、13:30-17:00
郵撥帳號：19863813　戶名：書虫股份有限公司
讀者服務信箱E-mail：service@readingclub.com.tw
麥田網址／https://www.facebook.com/RyeField.Cite/
香港發行所／城邦（香港）出版集團有限公司
香港灣仔駱克道193號東超商業中心1樓
電話：(852)2508-6231　傳真：(852)2578-9337
E-mail：hkcite@biznetvigator.com
馬新發行所／城邦（馬新）出版集團【Cite(M) Sdn. Bhd. (458372U)】
41, Jalan Radin Anum, Bandar Baru Sri Petaling, 57000 Kuala Lumpur, Malaysia.
電話：(603)9057-8822　傳真：(603)9057-6622
電郵：cite@cite.com.my

封面設計／廖韡
印　　刷／前進彩藝有限公司

初版一刷／2017年4月
初版二刷／2018年3月

定價／1200元　推廣價／900元
ISBN／978-986-344-443-5

本書榮獲德國歌德學院Goethe-Institut「翻譯贊助計畫」支持出版

感謝歌德學院（台北）德國文化中心　協助
歌德學院（台北）德國文化中心是德國歌德學院（Goethe-Institut）在台灣的代表機構，四十餘年來致力於德語教學、德國圖書資訊及藝術文化的推廣與交流，不定期與台灣、德國的藝文工作者攜手合作，介紹德國當代的藝文活動。

歌德學院（台北）德國文化中心
Goethe-Institut Taipei
地址：100臺北市和平西路一段20號6/11/12樓
電話：02-2365 7294　傳真：02-2368 7542
網址：http://www.goethe.de/taipei